# 中国产业结构调整升级的趋势与政策研究

郭克莎 等 著

科学出版社
北 京

## 内 容 简 介

本书以供给侧改革和需求侧调控为背景，分析了深化国企国资改革、金融改革、财税改革，以及宏观经济政策取向与产业结构调整升级的关系，展望了我国三次产业结构、工业结构调整升级和服务业优化发展的中长期趋势，提出了“十四五”时期推进产业结构政策调整和改革的思路及建议。主要特色是把学术研究与政策研究结合起来，围绕我国经济发展中的实际问题展开理论分析。

本书适合从事产业经济、宏观经济、体制改革等领域研究和教学工作的专业人员参考阅读，是政府经济部门工作人员研究分析这方面问题的理论参考书，也是高等院校经济学类博士生、硕士生了解我国经济实践问题和进行相关理论研究的有益读本。

**图书在版编目（CIP）数据**

中国产业结构调整升级的趋势与政策研究 / 郭克莎等著. —北京：科学出版社，2022.4

ISBN 978-7-03-070752-9

Ⅰ. ①中… Ⅱ. ①郭… Ⅲ. ①产业结构调整-研究-中国 ②产业结构升级-研究-中国 Ⅳ. ①F269.24

中国版本图书馆 CIP 数据核字（2021）第 243974 号

责任编辑：陈会迎 / 责任校对：贾伟娟

责任印制：张 伟 / 封面设计：无极书装

科学出版社 出版

北京东黄城根北街 16 号

邮政编码：100717

http://www.sciencep.com

北京建宏印刷有限公司 印刷

科学出版社发行 各地新华书店经销

*

2022 年 4 月第 一 版 开本：720 × 1000 1/16

2023 年 1 月第二次印刷 印张：32 3/4

字数：660 000

**定价：198.00 元**

（如有印装质量问题，我社负责调换）

# 前　言

本书是我承担的国家社会科学基金 2016 年重大项目（批准号：16ZDA004）的最终成果。这个项目的主要研究周期为 2016 年底至 2019 年 8 月，最终成果于 2019 年 10 月结项后，几经修改和完善，于 2020 年 10 月形成了这部书稿。项目招标时的名称为"'十三五'时期供给侧改革与需求侧协同下的我国产业结构调整与升级研究"，在研究过程中，课题组考虑到我国经济实践发展和理论研究的需要，将研究时段扩展到"十四五"时期以至 2035 年，但研究内容仍紧扣项目招标时的基本要求。在修改成书后，我们把书名定为《中国产业结构调整升级的趋势与政策研究》。

1）本书的研究目的和意义

本书研究的主要目的，是适应我国经济新常态条件下稳增长和推动高质量发展的要求，深化对我国产业结构变动问题的研究。本书研究的重点时段是"十三五"和"十四五"期间。我们在已有研究文献的基础上，立足于供给侧改革与需求侧协同的大背景，深入研究这个时期我国产业结构调整升级的中长期趋势，提出实施产业政策的基本取向。

这项研究的理论意义是，根据我国经济发展阶段的变化和产业结构变动的新趋势、新特点，加强对实践问题进行理论研究和概括，以此推进我国产业经济学理论的丰富发展，提升对产业经济问题和规律的研究高度。实践意义是，通过深入分析和把握我国产业结构演进的趋势和特点，揭示未来一段时期特别是"十四五"时期面临的形势和问题，讨论新时期我国继续实施产业政策的必要性，特别是推进产业政策改革、转型和创新的基本取向，为政府部门确定促进产业结构调整升级的目标和政策，提供一定的参考依据。

2）本书的主要内容

本书共 16 章，包括总论、供给侧改革篇、需求侧调控篇、产业结构调整升级篇、工业结构调整升级篇、服务业优化发展篇。

第 1 章为总论，包括以下三部分内容。

（1）供给侧结构性改革与产业结构调整升级的关系。全面正确认识供给侧改革的主要取向，关键是深入学习理解习近平同志的两次重要讲话精神。从供给侧改革的重点任务和深化要求看，“三去一降一补”工作已取得显著成效，下一步要在“巩固、增强、提升、畅通”上下功夫。发挥好供给侧改革对产业结构调整升级的作用，重点要分析和解决三个问题：结构调整与深化改革的关系；行政手段的合理运用问题；短期政策与长期政策的关系。

（2）适度扩大总需求与产业结构调整升级的关系。扩大总需求是为了稳增长，适度扩大总需求是为了适度稳增长，这个适度的经济增长率，就是实际增长率不过多偏离潜在增长率，同时不会引起明显的通货膨胀。要调整完善需求管理政策，贯彻落实稳中求进的总基调，保持政策的稳定性、连续性，促进总需求特别是投资稳定增长，促进消费平稳较快增长，积极扩大出口和引进外资，保持价格总水平相对稳定，防范结构性通胀和价格大幅波动。发挥好需求侧协同政策对产业结构调整升级的作用，要注重处理好几个关系问题：协调好总量政策与结构政策的关系；协调好稳增长政策与防控金融风险的关系；协调好国内宏观政策取向与国际政策环境变化的关系。

（3）产业结构调整升级的中长期趋势与政策取向。从 2018 年到 2020 年再到 2035 年，影响我国产业结构变动的主要因素将发生新的变化，重大影响因素是：推动高质量发展的政策导向；新技术革命和工业革命的影响；新一轮深化改革开放的作用。2018~2020 年，产业结构调整升级具有承上启下的作用；2020~2035 年，将是产业结构调整升级快速推进的时期；到了 2035~2050 年，产业结构调整将进入相对稳定期。“十四五”时期我国要重点解决工业产能过剩、新兴产业发展、制造业地位和作用、服务业结构优化等问题。促进产业结构调整升级的政策思路是：坚持以供给侧结构性改革为引领，以深化改革促进产业结构政策的合理设计和有效实施；坚持处理好政府与市场的关系，使产业结构政策建立在使市场在资源配置中起决定性作用和更好发挥政府作用的体制机制上；坚持把加快产业升级与推进结构调整结合起来，推动制造业向中高端发展、高质量发展并增强对产业结构优化的带动效应。

本章的执笔人为郭克莎。

第一篇为供给侧改革篇，包括第 2 章至第 4 章。

第 2 章研究国企国资改革与产业结构转型升级的关系。主要内容是：搞活产业结构调整升级的微观基础，要深化国有企业改革；推进国企改革的重点任务是推进企业混合所有制改革，深化国有资本管理体制改革；要依托深化国资国企改革加快产业结构调整升级。主要政策建议是：结合分类改革，让民资在不同层次上进入国资垄断行业，尽可能地开放竞争性业务；坚持把“做强做优”作为“做大”国有企业的前提和基础；加快国有“僵尸企业”的混改，建立容错机制以激励国企高管推进改革的主动性；借力民资改善国企治理结构，规范股东在公司治理中的权利；去产能和杠杆，以效率为基准让市场进行选择；推进公平竞争审查制度，降低市场准入的制度成本；推动产业政策改革转型，减少选择性产业政策，增强政策的普惠性、公平性。

第 3 章研究深化金融改革与产业结构调整升级的关系。主要内容是：分析我国金融体系与实体经济的基本关系，揭示金融结构失衡带来的实体经济发展中的矛盾和问题；对我国产业结构与金融结构的变动关系进行实证分析，发现金融发展与产业结构升级存在长期稳定关系，但以间接融资为主的金融结构不利于经济效率的提升；研究金融业脱离实体经济发展的原因，认为主要是间接融资体制下货币宽松、利率市场化导致影子银行助推金融业高增长；研究金融监管对经济稳定性的影响，提出把货币政策与宏观审慎政策结合起来可以降低福利损失水平；为了增强金融业服务实体经济的能力，促进产业结构调整升级，需要深化金融体制改革。主要政策建议是：建立利率定价机制，完成利率市场化改革；完善汇率中间价形成机制，加强资本流动监控；推进金融机构改革，增强金融服务实体经济能力；大力发展直接融资，打造多层次的资本市场；调整货币政策目标，完善货币政策调控方式；完善双支柱金融监管框架，防范金融风险。

第 4 章研究深化财税体制改革与产业结构调整升级的关系。主要内容是：分析我国地方政府行为对产业结构调整的影响，包括地方政府对本地产业的布局特点，地区分割和保护主义对产业专业化的影响，地方政府过度参与企业活动造成的低端产能过剩；对现行财税体制下产业结构变动进行实证分析，包括税负与产能过剩的关系、行政成本对企业的影响；提出推进财税体制改革与促进产业结构调整升级的政策取向，主要包括减税降费和优化营商环境，财政支出补民生短板以推动高质量发展，以及促进产业结构调整升级的一些政策思路建议。

本篇的执笔人为刘诚、汪川。

第二篇为需求侧调控篇，包括第 5 章至第 7 章。

第 5 章研究“十三五”时期我国产业增长格局与调控取向，主要内容如下。①对经济增长总量目标进行结构性分解，从需求侧方面分析我国消费、投资和净出口的增长变化趋势、对我国国内生产总值（gross domestic product，GDP）的贡献和拉动变化趋势，以及现阶段面临的问题。②分析经济增长由旧动力转向新动力的动态路径，从供给侧方面估算了我国总量生产函数及经济增长中各因素贡献，分析目前经济增长动力存在的问题。③分析产业结构迈向中高端的战略选择。利用我国 2000 年至 2018 年的经济数据对产业结构高级化水平进行测算，然后从需求侧、供给侧和制度安排 3 个角度 7 个方面分析影响我国产业结构升级的因素，并用 2000 年至 2017 年省际固定效应面板模型进行实证研究，分析各个因素对我国产业结构升级的影响。④对以上分析结果进行总结，并根据推动经济高质量发展的要求，对我国三次产业的增长格局与调控取向提出政策思路建议。

第 6 章研究促进我国产业结构调整升级的宏观经济政策搭配，主要内容如下。①分析适度扩大总需求下积极财政政策与稳健货币政策的配合。在财政政策方面，需要加大投资力度，适度扩大财政赤字规模，进一步减税降费，切实提升财政资金的使用效率；在货币政策方面，需要把握好 M2 的增速，避免经济进一步脱实向虚，推进利率市场化改革，保持流动性基本稳定，同时管理好信贷规模，优化信贷结构。②分析促进产业结构调整升级的财税政策取向和重点。从全国及区域层级对政府财政支出和税收的规模及结构两个维度，运用加权最小二乘（weighted least square，WLS）法对产业结构升级的影响进行了实证分析。从全国来看，增加政府的支出和扩大税收规模，整体上有利于产业结构的调整升级。从财政支出结构和税收结构的回归结果来看，基础建设支出、公共服务支出、科学技术支出、民生支出的系数均为正，说明这四类支出的增加对产业结构的升级有促进作用。这要求进一步推进和完善“营改增”政策，减轻企业的税负。③分析促进产业结构调整升级的货币信贷政策重点和取向。构建了基于各省区市平均房价的货币信贷政策对产业结构调整的面板门限模型，研究结果表明东、中、西三个区域的货币信贷政策对产业结构的影响均存在显著的门限特征。要在控制好信贷规模的基础上，控制好信贷资金的流向，更多支持实体经济和新兴产业的发展。

第 7 章研究抑制房地产泡沫与促进产业结构升级的关系，主要内容如下。①分析房地产价格过快上涨对实体经济的影响。脉冲响应函数的分析表明，房地产价格和 CPI 之间存在着长期的均衡关系，房地产价格的持续上涨会推动 CPI 的上涨，短期内有助于工业增加值的上涨，但长期会对工业的发展产生抑制作用。②分析房地产市场调控与产业结构调整升级的关系。动态面板模型的分析结果发现，房地产投资与产业结构升级之间呈倒“U”形关系，在一定程度下，房地产投资的增加有助于产业结构的调整升级，但随着房地产价格的不断上涨，房地产投资的过度增加对产业结构的调整升级会起反作用。③分析改善资源配置格局的政策组合和制度创新。从税收分配改革、房地产税制改革、人力资源配置和信贷资源配置四个方面进行讨论，并提出相应的政策措施和建议。

本篇的执笔人为苏梽芳、吕延方。

第三篇为产业结构调整升级篇，包括第 8 章至第 10 章。

第 8 章研究“十三五”时期我国产业结构调整升级的趋势与政策取向，主要内容如下。①分析中国产业结构演进的趋势及特点，包括改革开放以来产业结构的演变趋势和与国际上一些国家比较的主要特点。②分析新常态下我国产业的融合发展和转型升级，包括我国产业融合发展的主要趋势，三次产业之间的互动关系，产业融合对行业生产率及增长贡献的作用特点，特别是对制造业服务化、服务业制造化的统计分析和国际比较。③分析适应产业融合发展趋势的产业结构政策定位和取向，包括我国产业结构服务化趋势及其效率评估，产业结构服务化对要素生产率的影响，以及促进产业结构调整转型和经济高质量发展的建议。主要政策建议是：促进劳动力流动和人力资本的形成，提高劳动配置效率；促进技术进步和资本自由流动，提高资本生产效率；加快制度与市场化改革，提升全要素生产率。

第 9 章研究贸易战背景下中国产业要素配置的效率，主要内容如下。①对中美制造业行业的要素配置效率变化进行国际比较。从中美劳动力配置比较看，美国制造业人均增加值仍大幅高于中国，中美制造业劳动力成本之间的差距明显缩窄，美国制造业劳动生产率仍然领先于中国，美国多数行业的劳动力投资回报高于中国；从中美能源配置比较看，中国制造业能源消费成本快速上升，中美制造业人均能源消耗差距不断缩小，美国制造业能源投资回报全面高于中国；从中美税负配置比较看，出口退税成为中国制造业税负配置的重要因素，出口退税影响下中国部分行业的税负率低于美国。②分析中国产业结构要素成本演变趋势。结果显示，劳动力成本是中美制造业要素成本的最主要构成，中美制造业成本结构不断动态变化。③分析要素配置效率与中国产业的竞争力。结论是：美国多数制造业行业相比中国有明显的竞争优势，这种优势主要集中在资本密集型和技术密集型行业。④分析美国制造业回流及其对中国产业结构的影响。⑤提出提高我国要素配置效率的对策建议，主要是：积极推进结构性减税，加快产业结构升级步伐；鼓励研发创新，着力培育产业国际竞争新优势；提高透明度和合规性，构建面向国际竞争新形势的产业政策体系；优化产业营商环境，切实为企业减负增效。

第 10 章研究“互联网+”助推制造业升级问题，主要内容如下。①分析“互联网+”助推制造业升级的实现机制，包括重塑制造业的方式与效应、“互联网+”实现制造业企业高附加值化的渠道。②分析“互联网+”的发展趋势及对制造业升级的效果，包括“互联网+制造”的发展趋势，评价“互联网+制造”效果的模型方法、数据和统计分析，对“互联网+”实现制造业升级的计量分析，“互联网+”实现制造业升级的作用机制。③分析“互联网+制造”的发展前景，包括平台化、智造化、生态化、非均衡化、金融化，并提出了相应的政策措施建议。

本篇的执笔人为徐小君、渠慎宁、彭继宗、傅联英。

第四篇为工业结构调整升级篇，包括第 11 章至第 13 章。

第 11 章研究“十三五”时期工业结构调整升级的趋势与政策取向，主要内容如下。①分析“十三五”时期工业结构调整的理论基础，包括结构调整理论分析和相关国际比较。②分析“十三五”时期我国工业结构调整升级的外部环境，包括新一轮产业变革、全球经济体系变动等对我国工业结构调整升级的影响。③分析“十三五”时期我国工业结构调整升级的特征和趋势，包括对“十三五”以来工业结构变化的特征、中国进入中上收入阶段后工业结构变化的趋势等的分析。

④对去工业化问题的进一步探讨，包括对去工业化与过早去工业化有关研究的评述，分析我国是否存在过早去工业化的问题，为什么出现了去工业化的问题，以及我国应对过早去工业化的空间，并提出了相应的对策建议。

第 12 章研究"十三五"时期工业结构调整升级的着力点，主要内容如下。①关于依靠创新驱动工业结构调整与优化的取向，主要是构建中国特色自主创新体系，解决工业技术创新中的不均衡问题。②关于改造传统产业与培育新兴产业并举的取向，包括新兴产业与传统产业的不同功能、"十三五"时期我国传统产业发展面临的主要问题、新兴产业发展的趋势与不足。③促进智能制造与服务型制造发展的取向，包括智能制造、服务型制造的发展及其对工业转型升级的作用和影响。④关于促进工业结构调整升级的政策建议。

第 13 章研究供给侧改革背景下的工业结构升级政策，主要内容如下。①分析工业经济运行中面临的主要问题，主要是：传统产业领域产能过剩，库存波动突出；企业高杠杆率和高成本，工业运行风险较大；工业创新能力仍比较薄弱；产业升级机制有待完善。②分析工业领域的供给侧改革问题，包括工业企业去产能、去库存、去杠杆、降成本、补短板的成效及问题，提出以"破、立、降"巩固深化供给侧改革。③分析供给侧改革中工业结构升级要处理好的关系，主要是：坚持问题导向，兼顾短期结构性目标与长期转型升级目标；注重政策协调，加强选择性产业政策与功能性产业政策的配合；找准政策对象，加强改造传统产业与培育新兴产业之间的衔接。④分析工业结构演进与转型升级的要求，包括国外工业结构演进规律的启示，我国工业结构演进的历史特点，当前工业结构调整升级面临的问题、挑战和要求。⑤分析未来工业供给侧改革的政策取向。

本篇的执笔人为黄阳华、邓洲、吴滨、庄芹芹。

第五篇为服务业优化发展篇，包括第 14 章至第 16 章。

第 14 章研究"十三五"时期服务业发展的趋势与政策取向，主要内容如下。①分析服务业在我国产业结构调整升级中的地位和作用，主要是：服务业发展有利于推动实现农业现代化，有利于推动制造业转型升级，服务业内部的优化升级是产业结构调整的重要内容，服务业对外开放是产业结构升级的助推器。②分析服务业供需互动趋势的理论和实践，包括服务业供给和需求之间互促共进，我国服务业供需仍存在结构性失衡。③对中国服务业发展趋势进行预测，包括分析预测中国未来经济增长趋势，利用外推法对我国服务业的增加值比重、服务业就业比重和服务业劳动生产率等指标进行预测。④提出促进我国服务业高质量发展的政策取向，主要是：推进供给侧结构性改革，推动中国服务和中国制造的深度融合，推动服务业创新发展，全力提升服务业对外开放水平。

第 15 章研究新常态下服务业发展和结构升级的重点，主要内容是：①分析服务创新推动结构升级的模式与机制，包括服务创新推动结构升级的模式、推动转型升级的机制，提出服务业创新是供给侧改革和需求侧协同的重要结合点。②分析服务业产业融合的理论与实践，包括对服务业产业融合进行理论分析，以产业融合对劳动生产率的影响为例进行实证分析，讨论我国服务业产业融合的具体实践。③提出新常态下生产性服务业发展的重点方向，主要是：促进生产性服务业与农业和制造业融合发展，推动我国产业从生产制造向制造与服务融合转型，加快生产性服务业创新和对内对外双向开放。④讨论服务业结构升级的条件和目标，包括服务业结构升级的主要条件、具体目标。

第 16 章研究推动我国服务业的改革开放和优化发展问题，主要内容如下。①分析服务业供给侧结构性改革的趋势和问题，包括服务业的杠杆率问题、成本问题、高质量发展问题等。②分析服务业对外开放的状况与问题，包括从承诺开放的角度、服务贸易的角度、外商直接投资的角度进行分析。③提出推动服务业改革开放和优化升级的政策思路，主要包括：深入推进服务业供给侧结构性改革，深挖服务业发展潜力；不断扩大服务业双向对外开放水平，激发市场活力；以及提出相应的政策措施建议。

本篇的执笔人为夏杰长、姚战琪、倪红福、刘奕、倪鹏飞、李勇坚、肖宇。

3）本书的重要观点和对策建议

本书的重要理论观点如下。

（1）提出现在推进结构调整再采用以往办法或途径已经走不通。主要原因是：大的经济条件变了，大的体制环境变了，不通过深化改革解决束缚结构变动的体制问题，使市场在资源配置中起决定性作用和更好发挥政府作用，产业结构调整升级难以得到深入持续推进。

（2）提出推进供给侧改革要处理好短期政策与长期政策的关系。主要包括：一是供给侧改革的短期政策要符合和适应长期政策的基本取向；二是供给侧改革的长期政策要在短期政策的成效上加快推进；三是加强对推动供给侧改革短期政策向长期政策转变的研究。

（3）提出对我国未来经济走势的基本判断依据。通过对国内外经济形势的深入分析，认为近几年中国经济难以走出周期性问题的困扰。现阶段判断我国经济走势面临的深层次问题，是要深刻认识经济发展的新常态，而不是停留在一般的经济周期，关于新周期的观点或“L”形增长的判断都经不起实践的检验。

（4）提出适度扩大总需求的“适度”依据。主要依据有两个方面：一是以稳定经济增长来衡量，适度的经济增长率，就是实际增长率不过多偏离潜在增长率；二是以稳定价格总水平来衡量，既防止陷入长期通缩也避免出现短期通胀，而防范结构性通缩是重点。

（5）提出中国产业结构调整升级趋势将不同于国际上的一般模式。这主要是反映了新一轮技术革命的趋势，反映了特殊发展中大国的基本国情，反映了中国体制改革和产业政策主导的特点，使产业结构演进的基本规律有所变化。我国推进产业结构调整升级不能照搬其他国家的模式。

（6）提出未来产业结构变动将出现并可能形成新的产业部门。在新经济日益带动传统经济转型升级的条件下，将出现服务业主导制造业发展的新局面、新趋势。这使传统的产业结构统计和分析框架面临挑战，实践发展可能要求一些新经济部门从原有产业分类中分离出来，形成一些新的产业部门，也许会出现一个“第四（次）产业”。第四产业将有以下特点：既包含了制造因素也包含了服务因素，两类产业的特征难以截然分开；体现了绿色发展的方式和理念，包含环境治理和生态保护的内容；体现了综合运行平台的性质，生产环节、流通环节、消费环节一体化；反映了新技术革命的趋势，信息化、大数据、人工智能等新业态融合和跨领域发展。

（7）提出我国产业结构的调整升级应当走自己的路。我国未来较长时期的产业结构演进，将不同于世界上的大多数国家和地区，不同于发达国家走过的道路和实施的模式。如三次产业的结构变化、制造业比重的下行、服务业比重的上升，将具有我们自身的趋势和特点，特别是在推动高质量发展的新时期，不能简单套用发达国家的一般模式。对于我国的产业结构政策，要从我国作为发展中大国经济和体制转轨过程的实际情况出发，既坚持实施符合中国国情的产业政策，继续发挥产业政策的积极作用，又坚持在深化改革中提高产业政策的有效性，避免可能出现的负面影响。

（8）提出讨论产业政策要认识经济理论与经济实践的内在关系。一切经济学理论都是为经济实践服务的，不同的经济理论主张只能适应于不同的经济发展阶段和运行条件，讨论中国产业政策问题必须注重不同经济理论对中国实践的适应性。新古典经济学的理论不完全适应中国经济的发展进程，更不适应中国经济的体制背景；奥地利经济学派的理论连当代发达市场经济的现实都不能适应，离中国经济发展和制度建设的实际环境相去甚远。

（9）提出推进供给侧结构性改革要重视发挥国有经济的作用。我国国企改革的红利尚未充分释放，将国企改革与供给侧改革相结合，依托国企国资改革加快产业结构调整升级，突破由所有制差异造成的新问题，发挥国有企业在供给侧改革中的带头作用，将有利于供给侧改革长效机制的形成。

（10）提出要加强金融结构性改革与产业结构调整升级的互动作用。通过建立分析模型，对 1992~2017 年我国产业结构和金融结构的数据进行实证研究，发现我国金融发展与产业结构升级之间存在长期稳定的关系，但作用方向较为单一，金融规模和结构的发展仅对产业结构合理化具有单向促进作用，而产业结构转型升级并没有对金融服务产生引致需求。

（11）提出要重视发挥服务创新对产业结构调整升级的促进作用。实证研究发现，当前我国服务创新主要体现在数字化、平台化、融合化、标准化和品质化五个方面，其作用是助力企业攀升全球价值链，顺应我国社会主要矛盾的变化，服务创新也是供给侧改革与需求侧协同的重要结合点。

本书的重要对策建议如下。

（1）加强宏观政策的结构效应要规定一个较长的时间区间。必须努力减少财税、信贷政策的短期化和随意性，规定一个相对较长的政策实施过程，并保持政策的稳定性和连续性。只有在一段时间内稳定实施兼顾总量与结构取向的政策，才能使宏观政策的结构效应持续发挥出来。这些政策可以有实质性的政策措施内容，也可以只给出一些明确的政策引导信号，两者的关系和组合需要深入研究，并根据经济形势变化有所侧重，在实践中不断调整完善。

（2）需求管理政策要把短期政策与中长期政策结合起来。需求侧协同政策要加强扩大内需尤其是扩大消费对经济增长的拉动作用，必须依托需求侧结构性改革，推动国民收入分配格局调整，提高城乡居民特别是低收入居民的收入水平，加快缩小居民收入差距，不断增强居民消费能力。

（3）“十四五”时期的产业政策要在“十三五”的基础上调整政策重点。“十三五”的产业结构政策主要服务于缓解结构矛盾、减弱经济下行压力，基本取向是以推进结构调整为重点，支持产业升级发展，促进经济稳定增长；而“十四五”的产业结构政策主要服务于提升产业链水平、推动高质量发展，基本取向应转向以促进产业升级为重点，带动结构调整优化，为高质量发展提供产业支撑。

（4）必须依靠深化改革来推进产业政策的转型和创新。重点是在推进简政放权改革条件下推动产业政策改革、转型和优化。基本原则和要求包括：逐步缩小产业政策的内容和范围，设计和建立产业政策退出的机制，改革和完善产业政策应用的手段，深化与产业政策相关的体制改革。

需要说明的是，因研究项目规定内容的关系，本书的基本风格是政策研究与学术研究相结合，书中许多章节内容的政策性研究的特征明显较强，学术性研究的深度相对不足。同时，由于课题组研究水平有限，研究时间较短，书中存在不少不足和疏漏之处，敬请读者批评指正。我们热切期望，有更多的专家学者关注中国产业结构的调整升级问题，一起来推动和深化这方面的理论研究。

最后，感谢国家社会科学基金对这个重大项目的资助，感谢对这个项目的研究过程做出贡献的各位专家学者和工作人员！感谢在项目开题和研讨会议上提出了重要指导意见的吕政研究员、金碚研究员、杨瑞龙教授、夏杰长研究员、吕铁研究员、胡日东教授，感谢项目子课题负责人夏杰长、汪红驹、贺俊、胡日东和各位课题组成员在项目申报、研究和写作过程中的大力支持和精诚合作，感谢华侨大学社会科学研究处的陈巧玲副处长、卢建华同志等有关人员对项目申报、研究和结项所做的大量工作，感谢华侨大学经济发展与改革研究院的陈小宁研究助理为项目研究的顺利进行做了大量协助和服务工作。同时，还要感谢科学出版社经管分社马跃社长及有关编辑为本书出版付出的辛勤劳动。在这里，我作为这个重大项目的首席专家，再次对从项目立项到结题、书稿写作到出版的过程中做出贡献的所有人员，一并致以诚挚的感谢！

郭克莎

2020年10月10日

于厦门水晶湖郡

# 目　　录

**第 1 章　总论** ········· 1

1.1　供给侧结构性改革与产业结构调整升级 ········· 1
1.2　适度扩大总需求与产业结构调整升级 ········· 13
1.3　我国产业结构调整升级趋势与“十四五”政策思路分析 ········· 32

**供给侧改革篇**

**第 2 章　国企国资改革与产业结构转型升级** ········· 57

2.1　搞活产业结构调整升级的微观基础：国企改革 ········· 57
2.2　推进国企改革的重点任务：混改、国资改革 ········· 59
2.3　依托国企国资改革加快产业结构调整升级 ········· 66
2.4　政策思路建议 ········· 76

**第 3 章　深化金融改革与产业结构调整升级** ········· 79

3.1　金融体系与实体经济的关系 ········· 79
3.2　金融发展对产业结构影响的实证分析 ········· 84
3.3　金融业脱离实体经济发展的原因和例证 ········· 86
3.4　金融监管对经济稳定性的影响 ········· 93
3.5　促进产业结构调整升级的金融改革思路 ········· 99

**第 4 章　深化财税体制改革与产业结构调整升级** ········· 107

4.1　地方政府行为对产业结构调整的影响 ········· 107

4.2　现行财税体制下产业结构变动的实证分析 …… 113
4.3　推进财税改革与促进产业结构调整升级的政策取向 …… 118

## 需求侧调控篇

**第 5 章　“十三五”时期我国产业增长格局与调控取向 …… 131**

5.1　经济增长总量目标的结构性分解 …… 132
5.2　从旧动力转向新动力的动态路径 …… 138
5.3　产业结构迈向中高端的战略选择 …… 143
5.4　主要结论与政策建议 …… 150

**第 6 章　促进产业结构调整升级的宏观经济政策搭配 …… 153**

6.1　适度扩大总需求下积极财政政策与稳健货币政策的配合 …… 154
6.2　促进产业结构调整升级的财税政策取向和重点 …… 163
6.3　促进产业结构调整升级的货币信贷政策重点和取向 …… 174

**第 7 章　抑制房地产泡沫与促进产业结构升级 …… 185**

7.1　房地产价格过快上涨对实体经济的影响 …… 186
7.2　房地产市场调控与产业结构调整升级的关系 …… 198
7.3　改善资源配置格局的政策组合和制度创新 …… 208

## 产业结构调整升级篇

**第 8 章　“十三五”时期我国产业结构调整升级的趋势与政策取向 …… 221**

8.1　中国产业结构演进的趋势及特点 …… 221
8.2　新常态下我国产业的融合发展和转型升级分析 …… 228
8.3　适应产业融合发展趋势的产业结构政策定位和取向 …… 243
本章附录 …… 256

**第 9 章　贸易战背景下中国产业要素配置效率研究** ······ 259

9.1 研究背景与分析视角 ······ 259
9.2 产业要素配置效率变化：分行业的国际比较 ······ 262
9.3 中国产业结构要素成本演变趋势 ······ 277
9.4 要素配置效率与中国产业竞争力 ······ 279
9.5 美国制造业回流及其对中国产业结构的影响 ······ 282
9.6 提高我国要素配置效率的对策建议 ······ 286

**第 10 章　“互联网+”助推制造业升级研究** ······ 290

10.1 研究背景及视角 ······ 290
10.2 “互联网+”助推制造业升级的实现机制 ······ 291
10.3 “互联网+”的发展趋势及对制造业升级的效果评价 ······ 296
10.4 “互联网+制造”的发展前景分析 ······ 302
10.5 研究结论与政策建议 ······ 312
本章附录 ······ 314

**工业结构调整升级篇**

**第 11 章　“十三五”时期工业结构调整升级的趋势与政策取向** ······ 325

11.1 “十三五”时期我国工业结构调整的理论基础 ······ 325
11.2 “十三五”时期我国工业结构调整升级的外部环境 ······ 332
11.3 “十三五”时期我国工业结构调整升级的特征和趋势 ······ 338
11.4 去工业化问题的进一步探讨 ······ 342
11.5 若干对策建议 ······ 348

**第 12 章　“十三五”时期工业结构调整升级的着力点** ······ 350

12.1 依靠创新驱动工业结构调整与优化 ······ 350
12.2 改造传统产业与培育新兴产业并举 ······ 356
12.3 促进智能制造与服务型制造发展 ······ 361
12.4 促进工业结构调整升级的政策建议 ······ 366
本章附录 ······ 373

第 13 章　供给侧改革背景下的工业结构升级政策研究 ………… 375

13.1　研究背景及视角 ………… 375
13.2　当前工业经济运行面临的主要问题 ………… 377
13.3　工业领域的供给侧改革问题分析 ………… 380
13.4　供给侧改革中工业结构升级要处理好的关系 ………… 385
13.5　工业结构演进与转型升级要求 ………… 390
13.6　未来工业供给侧改革的政策取向 ………… 394

## 服务业优化发展篇

第 14 章　“十三五”时期服务业发展的趋势与政策取向 ………… 399

14.1　服务业在我国产业结构调整升级中的地位和作用 ………… 399
14.2　服务业供需互动趋势的理论和实践分析 ………… 410
14.3　促进我国服务业高质量发展的政策取向 ………… 414

第 15 章　新常态下服务业发展和结构升级的重点 ………… 419

15.1　研究背景及视角 ………… 419
15.2　服务创新推动结构升级的模式与机制 ………… 420
15.3　服务业产业融合的理论与实践 ………… 430
15.4　新常态下生产性服务业发展的重点方向 ………… 444
15.5　服务业结构升级的条件和目标 ………… 447

第 16 章　推动我国服务业的改革开放和优化发展 ………… 455

16.1　研究背景及视角 ………… 455
16.2　相关文献综述 ………… 456
16.3　服务业供给侧结构性改革的趋势与问题 ………… 463
16.4　当前服务业对外开放的状况与问题分析 ………… 467
16.5　推动服务业改革开放和优化升级的政策思路 ………… 478

参考文献 ………… 485

# 第1章 总 论

2017 年底召开的中央经济工作会议是贯彻落实党的十九大精神的一次重要会议，会议指出，中国特色社会主义进入了新时代，我国经济发展也进入了新时代，基本特征就是我国经济已由高速增长阶段转向高质量发展阶段。这是在判断我国经济进入新常态之后做出的又一次重大判断。从经济理论层面看，这两个判断的立足点是一致的，新时代的判断是在新常态判断的基础上对中国经济发展进程有了一个更加长期、更加深刻的判断。在中国经济发展进入新常态或新阶段的大背景下，经济增长速度、结构和动力都将发生重大变化。这三个方面是相互联系、相互制约的，增长速度在下一个台阶后能否趋于平稳，是结构调整和动力转换顺利推进的重要条件；而结构调整和动力转换能否有效推进，又是经济平稳可持续增长的决定因素。

“十三五”时期是三者关系在变动中寻求均衡的关键时期。其中，产业结构调整升级是整个经济结构调整和增长动力转换的中心内容。为了促进经济稳定增长、结构调整和动力转换过程的协调演进，中央提出继续坚持稳中求进的经济工作总基调，坚持以推进供给侧结构性改革为主线的政策思路，这为产业结构调整升级提供了一个基本的政策框架。因此，我们要以供给侧改革作为推进产业结构调整升级的主要动力和路径，以需求侧协同（或调控）作为推进产业结构调整升级的基本条件和环境，在此基础上研究“十三五”“十四五”乃至更长一段时期我国产业结构调整升级的趋势和政策取向。

## 1.1 供给侧结构性改革与产业结构调整升级

新型冠状病毒肺炎（以下简称新冠肺炎）疫情还在国际上蔓延，对世界经济的冲击何时结束存在着很大的不确定性。我国的疫情防控取得了重大成效，但依然面临境外疫情输入和国际经济波动的较大影响。在这种形势下，我们必须立足当前、着眼长远，既要努力稳定总需求，积极实施“六稳”政策，切实做好“六保”工作[①]，又要坚持深化改革和扩大开放，坚持以供给侧结构性改革为主线，促进经济在高质量发展的道路上持续前行。深入推进供给侧结构性改革，是适应我国经济发展进入新常态的大逻辑，以解决结构性矛盾为主线促进总量矛盾逐步缓解的重要选择。面对疫情防控常态化和应对世界经济波动的双重挑战，如何进一步深化供给侧改革，推进产业结构调整升级，是我们需要深入研究的一个重要问题。

### 1.1.1 全面正确认识供给侧改革的主要取向

中央提出供给侧结构性改革已经许多年，社会各个层面对这个表述已经耳熟能详，然而，社会上特别是一些地方政府部门在这方面依然存在着不准确的理解和运用。特别是 2020 年以来，各地在应对新冠肺炎疫情影响和经济下行压力，落实“六稳”政策和加强“六保”工作的情况下，有些地方又出现了运用行政手段大上投资项目、推动产业发展的问题，忽视了供给侧结构性改革的正确方向和基本要求。因此，为了在应对疫情对经济影响的背景下有效深化供给侧结构性改革，防止一些地方偏离供给侧结构性改革的基本路径，我们仍然需要加强对这个问题的研究，特别是要深入学习理解习近平同志的有关论述。

对于供给侧结构性改革，习近平在不同场合有过许多重要论述，包括意义、内容、作用等，主要是适应不同对象需要和针对不同工作重点而展开的。其中，有两次系统性的论述可以作为我们全面、准确理解供给侧结构性改革的基本依据。

一次是习近平同志在省部级主要领导干部学习贯彻党的十八届五中全会精神专题研讨班上的讲话，他指出：“供给侧结构性改革，重点是解放和发展社会生产力，用改革的办法推进结构调整，减少无效和低端供给，扩大有效和中高端供给，增强供给结构对需求变化的适应性和灵活性，提高全要素生产率”“我们讲的供给侧结构性改革，既强调供给又关注需求，既突出发展社会生产力又注重完善生产关系，既发挥市场在资源配置中的决定性作用又更好发挥政府作用，既着眼当前又立足长远”[②]。在以上专题讲话中，习近平论述了供给侧结构性改革的重点内容，就是要依靠深化改革推进结构调整，提高供给的有效性以适应和带动需求；要注重发挥市场配置资源的决定性作用并处理好政府与市场的关系；要着眼当前经济运行又促进长远经济发展。

另一次是在 2016 年底召开的中央经济工作会议上的讲话，习近平同志进一步

---

① “六稳”即稳就业、稳金融、稳外贸、稳外资、稳投资、稳预期，“六保”即保居民就业、保基本民生、保市场主体、保粮食能源安全、保产业链供应链稳定、保基层运转。

② 参见《人民日报》2016 年 5 月 10 日第 2 版文章：《在省部级主要领导干部学习贯彻党的十八届五中全会精神专题研讨班上的讲话》。

指出："供给侧结构性改革，最终目的是满足需求，主攻方向是提高供给质量，根本途径是深化改革。最终目的是满足需求，就是要深入研究市场变化，理解现实需求和潜在需求，在解放和发展社会生产力中更好满足人民日益增长的物质文化需要。主攻方向是提高供给质量，就是要减少无效供给、扩大有效供给，着力提升整个供给体系质量，提高供给结构对需求结构的适应性。根本途径是深化改革，就是要完善市场在资源配置中起决定性作用的体制机制，深化行政管理体制改革，打破垄断，健全要素市场，使价格机制真正引导资源配置。要加强激励、鼓励创新，增强微观主体内生动力，提高盈利能力，提高劳动生产率，提高全要素生产率，提高潜在增长率。"①在以上重要讲话中，习近平进一步阐述了供给侧结构性改革的主要内容及相互关系，尤其强调深化改革作为推进供给结构调整、提升供给体系质量的根本途径，就是要完善市场决定资源配置的体制机制，明确了深化行政管理体制改革、充分发挥市场机制作用、增强经济发展内在动力的基本取向。

根据习近平的以上论述，我们可以理解和把握供给侧结构性改革的主要政策取向，大体包括以下三个方面。

（1）依靠推进结构调整提升供给质量，提高供给结构对需求结构的适应性和灵活性，从而提高全要素生产率和潜在经济增长率。这是推进供给侧改革的主攻方向。

供给侧结构性改革的提出，就是要化解结构问题对经济发展的制约，这种制约主要表现为供给结构不适应需求结构，导致部分生产能力不符合市场需求而闲置或过剩，加重了总需求制约经济增长的矛盾。这主要表现在以下两个方面。

一是三次产业的供给结构不适应需求结构的变化。工业的比重过高，服务业的比重太低，是我国产业结构中长期存在的问题，是工业化过程中工业过度扩张、服务业发展缓慢的结果。改革开放以来，这个结构问题一直依靠经济高增长、投资高增长来缓解，而当经济出现周期性回落时问题就会表现出来。1998 年亚洲金融危机冲击对我国国内产业结构矛盾产生了较大影响，工业产能过剩严重，经济增长受到较强的结构性制约。后来由于我国加入世界贸易组织（World Trade Organization，WTO）和住房制度改革的推动，进出口贸易大幅扩张和房地产市场加快发展，投资和经济的高增长使结构矛盾得到了缓解。但是，随着我国人均收入进入到中高收入阶段，需求结构的变动也上了一个新的台阶，对工业品的需求比重明显下降，对服务业的需求比重快速上升，这使产业结构不适应需求结构的矛盾变得日益突出。同时，随着我国经济发展进入新阶段或新常态，经济增长由高速回落到中高速阶段，加上经济总量上升到世界第二位水平，已经不可能再依

① 《中央经济工作会议在京举行 习近平李克强作重要讲话》，http://www.gov.cn/xinwen/2016-12/16/content_5149018.htm，2016 年 12 月 16 日。

靠投资和经济的高增长来缓解产业结构矛盾了。

二是产业内部的供给结构不适应需求结构升级的趋势。居民收入水平上升带动消费水平上升和消费结构升级，在产业内部表现为对中低端产品和服务的需求比重下降，对中高端产品和服务的需求比重上升，在人均收入进入中高收入阶段之后，需求结构的升级出现了由量变到质变的演进趋势，升级速度加快、幅度加大、持续性加强。产业内部的结构升级跟不上这种需求结构的升级，因而出现了供给结构在档次、品种和质量上不适应需求结构升级的矛盾。值得指出的是，这并非中国经济特有的问题，从国际经验看，一些先行国家和地区在相同发展阶段也出现过类似的结构问题。

以上两个方面，影响了产业的供给质量和经济的有效增长，只有解决好这两个结构问题，才能提高供给对需求的适应性和灵活性，从而提高全要素生产率，提高经济的潜在增长率和现实增长率。

（2）依靠深化改革推进结构调整，完善市场在资源配置中起决定性作用和更好发挥政府作用的体制机制，增强经济发展的内在活力和动力。这是推进供给侧改革的根本途径。

结构问题的背后有体制问题的原因。从三次产业的结构偏差看，我国工业比重过高、服务业比重太低的结构问题，是改革前实行计划经济留下的基本框架，也是几乎所有计划经济国家共同存在的问题。改革开放以来这种结构状况一直没有得到根本改变，除了我国处于工业化快速推进过程，特别是经济高增长、投资高增长模式为其提供了得以维持的市场条件外，主要有以下几个方面的体制原因。

一是政府推动产业发展的力量太强。20 世纪 80 年代，中国政府开始推行主要引进于日本的产业政策，通过计划、价格、信贷、财税等政策手段促进产业发展，当时这些产业主要是市场需求快速增长的轻纺工业。90 年代，尤其是 1994 年分税制改革以来，地方政府日益成为重要的经济发展主体和区域竞争主体，依托低价土地出让、引导信贷支持等方式全方位招商引资，大力发展电子、机械、汽车、化工、建材等制造业，中央政府部门则通过发展规划和产业政策的作用，积极推进能源原材料工业基地建设，客观上支持了加工工业的高速发展。进入 21 世纪以来的相当一段时间，地方政府又借助土地出让和投资平台大力推动房地产开发，由此也拉动了钢铁、水泥、玻璃等制造业的扩张。地方政府作为发展主体热衷于发展工业，主要是工业具有规模经济效应，对投资和国内生产总值（gross domestic product，GDP）增长拉动作用大，对地方财税收入贡献大，这是一般服务业发展不可比拟的。地方政府掌握着土地这个产业发展不可或缺的资源，可以土地抵押拉动银行信贷，并拥有规划、审批、管理等综合性行政职能，因而对工业发展有着很强的推动力。相比之下，依靠市场力量拉动的服务业发展，就明显逊色、缓慢得多了。

二是产业部门改革开放有较大差异。我国产业层面的改革开放是从工业部门开始的，计划、价格、物质等经济体制改革，以及简政放权、放开搞活、引进外资等政策，很多都是先从工业企业展开的。由于制造业领域改革开放较早、推进较快，产业进入门槛相对较低（包括环保要求较低），吸引了外商直接投资的快速进入，也吸引了国内民间资本的不断投资，外资企业、民营企业获得了持续快速发展，非国有经济在产业中的比重大幅度上升，很多制造行业早已是民营经济占主体地位。同时，持续推进的改革开放为大多数制造业领域创造了比较充分的市场竞争环境，也促进了各种类型企业的有效竞争和行业发展水平的较快提升。而服务业领域的改革开放则明显滞后，一直到前几年甚至现在，对于民间资本的进入，许多服务业部门还存在不少有形无形的体制障碍，造成这些服务业领域的民间资本、民营企业比重低，行业垄断现象比较突出，产业内部竞争不充分，影响了企业有效发展和产业水平的提高。

三是产业发展政策上存在不同待遇。我国在产业发展政策上，一直对工业部门实行倾斜政策或优惠政策，对工业企业的资源供给相对优先，工业用地、用电、用水等价格普遍比商业等服务业便宜。这些差别待遇政策沿用了数十年，被认为是支持工业化过程的需要，长期没有调整变化，直到最近几年才有所改变。这也在一定程度上影响了工业部门与服务业部门的发展关系。以上体制原因及由体制主导的政策原因，推动了工业过度扩张，同时抑制了服务业发展，导致了长期存在的产业结构偏差。

因此，要推进结构调整必须解决其背后的体制问题，以深化市场化改革作为根本途径，完善市场在资源配置中起决定性作用的体制机制，破除政府过度干预产业发展的体制弊端和障碍，完善更好发挥政府作用的体制机制，从而增强经济发展的内在活力和动力，形成有利于产业结构调整升级的制度条件和环境。

（3）坚持着眼当前实践和促进长远发展，在不断深化改革中推进结构调整和经济发展，既突出解放和发展社会生产力又注重完善社会主义生产关系。

供给侧结构性改革不是短期性政策，而是长期性战略，需要适应我国经济发展进入新常态的大逻辑、大趋势，持续推进以供给侧改革为动力的结构性调整，并根据形势发展变化适时调整战略重点。把解放和发展生产力与完善生产关系结合起来，就是既要通过深化改革促进结构调整和经济发展，为完善生产关系创造有利的经济条件；又要通过合理完善现阶段的社会主义生产关系，为推进结构调整和经济发展提供有利的制度环境。完善社会主义生产关系蕴含着丰富的内涵，就与供给侧结构性改革直接相关的方面来说，主要是深化行政管理体制改革，坚持推进近几年已取得明显成效的“放管服”（简政放权、放管结合、优化服务）改革，并在改革监管体制的基础上完善政府对市场的有效监管。

还有一个需要进一步讨论的问题，就是供给侧结构性改革中的供给与需求关系，以及改革政策的协调问题。习近平同志阐述过这个问题："供给和需求是市场经济内在关系的两个基本方面，是既对立又统一的辩证关系，二者你离不开我、我离不开你，相互依存、互为条件。没有需求，供给就无从实现，新的需求可以催生新的供给；没有供给，需求就无法满足，新的供给可以创造新的需求""放弃需求侧谈供给侧或放弃供给侧谈需求侧都是片面的，二者不是非此即彼、一去一存的替代关系，而是要相互配合、协调推进"[①]。供给侧结构性改革的最终目的是满足需求，而我国的结构问题中既有供给结构的问题，也有需求结构的问题，我们既要强调供给结构又要关注需求结构。正如习近平同志所指出的："从政治经济学的角度看，供给侧结构性改革的根本，是使我国供给能力更好满足广大人民日益增长、不断升级和个性化的物质文化和生态环境需要，从而实现社会主义生产目的。"[①]这从中国特色社会主义政治经济学的高度，深刻地阐明了我们在推进供给侧结构性改革中处理供给与需求关系的出发点和落脚点。因此，我们既要以推进供给侧结构性改革为主线，又要适时推进需求侧结构性改革。例如，我国需求结构的突出问题是投资率过高，消费率太低，消费需求增长比较缓慢，这与国民收入分配格局有很大关系。通过深化收入分配制度改革，促进国民收入分配格局调整，完善中国特色社会主义的分配制度，既是解放和发展社会生产力的基本要求，也是完善社会主义生产关系的重要内容，可以为供给侧结构性改革的深入推进提供可持续的需求支撑条件，更好地实现社会主义生产目的。

### 1.1.2 积极把握好供给侧改革重点任务的发展变化

2015 年底召开的中央经济工作会议提出：明年及今后一个时期，着力加强供给侧结构性改革，主要是抓好去产能、去库存、去杠杆、降成本、补短板五大任务。[②]这是中央首次把"三去一降一补"列为供给侧改革的主要任务。接着，习近平同志在省部级主要领导干部学习贯彻党的十八届五中全会精神专题研讨班上的讲话中进一步指出，"推进供给侧结构性改革，要从生产端入手，重点是促进产能过剩有效化解，促进产业优化重组，降低企业成本，发展战略性新兴产业和现代服务业，增加公共产品和服务供给，提高供给结构对需求变化的适应性和灵活性。简言之，就是去产能、去库存、去杠杆、降成本、补短板"[①]。这就进一步明确强调，"三去一降一补"是当前供给侧改革的重点任务。在这五大任务中，

---

① 参见《人民日报》2016 年 5 月 10 日第 2 版文章：《在省部级主要领导干部学习贯彻党的十八届五中全会精神专题研讨班上的讲话》。

② 参见《人民日报》2015 年 12 月 22 日第 1 版文章：《中央经济工作会议在北京举行 习近平李克强作重要讲话 张德江俞正声刘云山王岐山张高丽出席会议》。

去产能包括化解过剩产能和淘汰落后产能，主要目的是优化供给结构、矫正资源错配和促进产业升级；去库存是指减少部分城市尤其是三、四线城市房地产的过多库存，主要目的是抑制房地产市场泡沫，促进房地产业稳定发展；去杠杆是降低整个经济特别是企业部门、地方政府的过高债务率，防范和化解金融风险，保障供给领域安全；降成本是降低企业成本负担，特别是税费、融资等交易成本和制度成本负担，缓解企业经营发展困难，促进供给能力和效率提升；补短板主要是加强薄弱环节和短板领域建设，推动有效投资增加、有效供给扩大和提高发展协调性。这几个方面都是现阶段我国供给领域存在的突出问题，也是需要依靠调结构、促改革去化解矛盾的重要内容。

2016 年底的中央经济工作会议在部署 2017 年工作时又提出“明年要继续深化供给侧结构性改革”，并把重点任务扩大到四个方面。①除了要深入推进“三去一降一补”，还增加了深入推进农业供给侧结构性改革、着力振兴实体经济、促进房地产市场平稳健康发展三项重点工作。可以认为，这是对供给侧改革框架下重点任务的扩展，是对实践中面临的结构调整和深化改革任务的进一步阐述，也是为了更好地把短期政策与长期政策结合起来。需要说明的是，新增的三项重点任务与“三去一降一补”是密切相联系的，并没有偏离供给侧结构性改革的基本重点定位。例如，农业供给侧结构性改革在很大程度上也有“三去一降一补”的基本要求，只不过实施过程中有不同的具体任务和政策取向；振兴实体经济必须在有效实施“三去一降一补”的条件下推进，在此基础上才能真正实现创新驱动发展和增长动能转换；促进房地产市场平稳健康发展则是在继续去库存、去杠杆的过程中，进一步强调要加快建立有利于房地产长期健康发展的制度和机制。

从 2016 年以来，“三去一降一补”工作取得了显著成效。特别是，去产能政策在部分重点行业取得快速进展，去库存政策在多数城市取得明显成效，仅 2016 年当年，钢铁、煤炭产能就分别退出 6500 万吨以上和 2.9 亿吨以上；全国商品房待售面积同比下降 3.2%，其中住宅待售面积下降 11.0%（宁吉喆，2017）。根据国家发展和改革委员会（以下简称国家发展改革委）2019 年 1 月 22 日新闻发布会提供的信息，到 2018 年末，“十三五”煤炭行业和钢铁行业去产能的主要目标任务基本完成，其中钢铁行业化解过剩产能五年任务已在三年内提前完成。②

但也要看到，在“三去一降一补”工作取得有效进展的条件下，社会上还存在一些模糊认识，即把“三去一降一补”等同于供给侧结构性改革，使供给侧改革的概念泛用化和内容简单化。主要表现为：一是把供给侧改革理解为供给侧的

① 《中央经济工作会议在京举行 习近平李克强作重要讲话》，http://www.gov.cn/xinwen/2016-12/16/content_5149018.htm，2016 年 12 月 16 日。

②《国家发改委：“十三五”钢煤去产能主要目标任务已基本完成》，http://www.eeo.com.cn/2019/0123/346280.shtml，2019 年 1 月 23 日。

政府管理。一些地方政府运用政府机构的一般工作方式来实施供给侧管理，采取计划方式、行政手段来推进供给侧结构调整。二是把供给侧改革理解为供给侧的具体工作。一些企业、行业、政府部门使用供给侧改革的概念来描述、概括自己所做的具体工作及成就，把供给侧改革作为日常工作和成绩的总称。三是把供给侧改革作为一般口号广泛使用。基本上把供给侧改革作为一个大筐，什么都往里装。这就导致了以下几个方面的问题：一是忽略了以推进改革为动力；二是忽略了以结构调整为抓手；三是忽略了以市场机制为导向。因此，容易使推进“三去一降一补”的过程偏离供给侧结构性改革的要求，不能以满足市场需求为最终目的，不能以提高供给质量为主攻方向，不能以深化改革为根本途径。

2018 年底召开的中央经济工作会议指出，必须坚持以供给侧结构性改革为主线不动摇，更多采取改革的办法，更多运用市场化、法治化手段。①这表明，中央已发现各地方、各部门在快速推进“三去一降一补”工作并取得较大成效的过程中，也存在一些简单运用传统管理方法和手段的问题，但我们不能因为方法、方式上的某些问题而怀疑供给侧改革思路的正确性、可行性，因而中央既明确提出要继续以供给侧改革为主线，又强调要更多地运用深化改革的办法和市场化、法治化的手段，以此来调整和纠正推进工作中存在的问题。这反映了对供给侧改革过程的认识深化，对重点任务实施方式的不断完善，有利于更好地坚持以深化改革和市场经济思维解决供给结构问题的大方向。

2018 年底召开的中央经济工作会议还提出，要在“巩固、增强、提升、畅通”八个字上下功夫，即要巩固“三去一降一补”成果，增强微观主体活力，提升产业链水平，畅通国民经济循环。①这实质上体现了深化供给侧改革、扩展重点任务的新要求，从而可以把调结构与稳增长更好地结合起来。巩固成果的重点是从“三去”转向“一降”和“一补”，更注重降低全社会各类营商成本，加大基础设施等领域补短板力度；增强活力的重点是发挥企业和企业家主观能动性，更注重促进正向激励和优胜劣汰；提升水平的重点是依靠技术创新和规模效应形成新的竞争优势，发展新的产业集群；畅通循环的重点是提高金融体系服务实体经济的能力，促进金融与实体经济良性循环。

2019 年底的中央经济工作会议进一步提出，要“在深化供给侧结构性改革上持续用力，确保经济实现量的合理增长和质的稳步提升”，同时指出，要坚持巩固、增强、提升、畅通的方针，以创新驱动和改革开放为两个轮子，着力推动高质量发展。②2020 年以来，在应对国内外疫情影响的条件下，中央既提出要加大“六

---

① 《中央经济工作会议在北京举行 习近平李克强作重要讲话》：http://www.xinhuanet.com/politics/leaders/2018-12/21/c_1123887379.htm，2018 年 12 月 21 日。

② 《中央经济工作会议在北京举行》：https://baijiahao.baidu.com/s?id=1652710915417261692&wfr=spider&for=pc，2019 年 12 月 12 日。

稳”政策力度，做好“六保”工作，又提出要研究提升产业链、供应链的稳定性和竞争力，指出要深化供给侧结构性改革，充分发挥我国超大规模市场优势和内需潜力，构建国内国际双循环相互促进的新发展格局。①这表明，我们在应对短期经济波动的情况下，必须坚持经济长期发展的大方向，依靠深化供给侧改革来推进产业结构调整升级，推动经济高质量发展。

### 1.1.3 发挥好供给侧改革对产业结构调整升级的作用

对于供给侧结构性改革面临的问题和矛盾，一些研究文献进行了不同角度的分析和概括。其中比较突出、值得重视的，主要是理论认识与实践过程的矛盾，以及结构调整与深化改革的关系问题。深入分析这些问题和矛盾，对于在实践中落实好中央关于供给侧改革的精神和政策，确保供给侧改革有效推进和不断深化，具有重要的意义和作用。

有的同志认为，供给侧改革在实践深化方面，出现了一些亟待解决的新问题。一是对供给侧结构性改革的认识不够深入，一些实施部门对供给侧结构性改革的顶层设计和内涵理解不够到位，一些地方在推进改革中出现了简单化、表象化、运动化的问题。二是过度依赖行政手段推进改革，难以形成供求自我平衡的良性循环机制。例如，在去产能方面，一些煤炭和钢铁企业将去产能简化为去产量，导致很多产能存在死灰复燃的可能。三是重点不够突出。（刘元春，2017）这反映了供给侧改革中已经出现的一些问题及原因。实践中出现的问题包括：用简单化、运动化的方式推进“三去一降一补”；过多地采用行政手段去解决实际问题；更多地注重结构调整而忽视深化改革；偏重于近期的稳增长、调结构而忽视建立长期性的制度和机制。这些问题背后的主要原因是，没有把握好中央顶层设计特别是习近平重要讲话的精神实质，对供给侧结构性改革的长期战略性和改革导向性缺乏深入认识，把供给侧改革简单地等同于“三去一降一补”，依然采用传统的计划加任务方式去推进结构调整。

有的学者提出，供给侧改革存在两种可能的推进路线：一种是通过深化改革，利用市场机制来化解供给结构不适应需求结构的矛盾；另一种是在现有体制框架下直接对结构进行调整来改善供给质量。学者普遍认为应该是第一种路线，而各级人民政府则更多选择第二种路线。（黄群慧，2016）这在一定程度上反映了供给侧结构性改革中学者看法与政府行为的不同。为什么会出现这种理论认识上与实践过程中的较大差异？主要原因也许在于：经济学者更多地看到结构问题背后的体制原因，从理论上认为依靠深化改革和市场作用能解决这些结构问题，对于

---

①《中共中央政治局常务委员会召开会议 习近平主持会议》：https://baijiahao.baidu.com/s?id=1666713451893290822&wfr=spider&for=pc，2020年5月15日。

实践中推进改革的难度、可行性、有效性则缺乏切身的感受和深刻的认识；而政府部门特别是地方政府更多地看到现有体制下阻碍经济增长的结构问题，从实践中认为政府具有推动结构调整的多种手段，而依靠深化改革发挥作用需要具备多方面条件和比较长的过程。也就是说，学者更多依据理论知识来分析长期“应该做”的问题，而政府部门特别是地方政府部门则更多依据实践经验来处理当前“能够做”的问题，他们之间的看法与行为的差异，体现了供给侧改革推进过程中理论与实践尚未有机统一起来的矛盾。

结合以上问题，我们需要进一步讨论供给侧改革中的矛盾和关系。从发挥好供给侧改革对促进产业结构调整升级的作用看，重点要分析和解决以下几个方面的问题。

1. 结构调整与深化改革的关系

上面所引的习近平同志关于供给侧结构性改革的重要讲话中有两句特别的话，一句是“用改革的办法推进结构调整”，另一句是“根本途径是深化改革”，这清楚地表明了供给侧改革中结构调整与深化改革的关系，就是深化改革是推进结构调整的基本办法、根本途径。那么，为何还存在着认识上的不同和实践中的差异呢？主要原因除了上述的社会群体工作特点不同导致看问题的角度不同之外，可能与供给侧改革推进的过程有较大关系。近几年供给侧改革的重点任务是“三去一降一补”，这是针对当前经济运行的主要矛盾，与稳定经济增长相协调的、比较具体的结构调整政策。从短期看，推进这些工作可以主要依靠改革，也可以主要不依靠改革，在现行经济体制下，如果说要选择一些见效较快的办法或途径，深化改革可能不是最佳的办法或途径，因此政府部门特别是地方政府不采用这样的办法或途径就具有一定的内在合理性，深化改革就不会成为优先选择或必然选择。但是，必须指出，不依靠深化改革这个基本办法、根本途径，近期内虽然可能在“三去一降一补”工作中取得一些成效，但不可能真正有效或持续推进结构调整，尤其是促进产业结构调整升级。

改革开放以来，我国曾有过几次大的产业结构调整，第一次是20世纪80年代初期以推动轻工业发展为主的结构调整，第二次是80年代后期以加强基础工业、基础设施等瓶颈产业为主的结构调整，第三次是90年代后期以压缩工业长线产业和过剩产能为主的结构调整，这几次产业结构调整所依靠的主要是计划目标、落实任务和产业政策，其中也包含着一定的改革开放内容，但可以说主要不是依靠改革的办法，也没有把改革提到“根本途径”的高度上来。现在推进结构调整再采用以往的办法或途径是否走得通？答案应该是否定的。主要依据基于两个方面的变化：一是大的经济条件变了。我国经济发展进入新常态或新阶段，产业结构调整升级不再是适应经济周期变化，而是要适应发展阶段的重大变化，不是短期的应对性调整而是长期的战略性调整。比如说，工业比重过大、服务业比重低的问题，在过去的几次产业结构调整之后都没有大的改变，但这次结构调整不同，工业比重大的格局将一去不复返，服务业提高到最大比重后将保持上升趋势。二是大的体制环境变了。我国的社会主义市场经济经过二十多年的发展，各个地区、各个产业的市场化程度都有了很大提高，市场微观主体的构成及其行为有了很大变化。在这种条件和环境下，不通过深化改革解决束缚结构变动的体制问题，不通过深化改革使市场对资源配置起决定性作用，产业结构调整升级难以得到深入持续推进，难以适应新常态下的经济发展趋势。所以，处理好这个问题的根本出路是，必须加强顶层设计和政策导向，通过必要的推动和压力，迫使各地方、各部门更多地依靠改革的办法和途径去推进结构调整。

2. 行政手段的合理运用问题

对于“三去一降一补”尤其是去产能、去库存过程，企业界和社会上反映的一个问题，是政府部门过多运用行政手段，用计划经济的方式下达指标和推动工作。怎样看待这个问题？在市场经济条件下，政府干预经济特别是推进结构调整，可以运用经济手段、法律手段和行政手段，一般来说，市场经济制度越完善，前两种手段使用越多，后一种手段使用越少。我国的中央政府文件明确提出要用市场化、法治化的办法推动结构调整，但实际过程却缺乏这样的体制条件，主要是相关法律法规不健全，执法过程缺少必要的依据和手段，并且地方保护主义的影响比较突出。以煤炭、钢铁行业去产能为例，如果主要依靠市场机制或经济手段去产能，很可能到现在也没有多大效果，很难想象只用三年时间就完成五年的去产能任务；而运用行政手段下达指标限期完成，则能很快取得减少产量的成效，改变产能过剩引起的市场过度竞争、价格持续低迷乃至结构性通缩的状况。2016年第四季度到2017年上半年的工业增速企稳回升、企业利润大幅增长，在很大程度上就是供给侧去产能政策改变基础工业市场供求关系，拉动价格大幅回升，促使中下游企业补库存，带动工业经济增长变化的结果。可以说，去产能政策在实践中是用了行政手段去解决现有体制中存在的问题，客观上很快发挥了有效调结构、稳增长的作用。

但也必须看到，过多运用行政手段必然会产生一些弊端。比如，可能把部分好的产能与落后产能一起去掉，可能保护了一些国有企业而使一些民营企业过度承压，特别是很可能使去产能过程难以持续而出现反弹。因此，即使在行政手段不得不用和用就见效的条件下，也要注意深入研究和把握好以下几个方面：一是加强对“度”的把握。凡是市场能够起作用的尽量不运用行政手段，在使用行政手段过程中也要尽量利用市场机制。正如权威人士所指出，“不管用哪种手段，最终都是为了有效发挥市场在资源配置中的决定性作用和更好发挥政府作用，这是推进供给侧结构性改革必须把握好的关键点"[①]。二是选择时机适当退出。凡是行政手段已完成任务的就尽快转向运用市场手段。比如，在使用计划指标对严重过剩行业去产能之后，就要转向更多依靠环保监管和督察的办法来继续淘汰落后产能和限制新增产能。环保手段基本上属于市场化、法治化的手段，在提高市场准入门槛的技术、规模、安全、质量、环保等指标中，环保指标相对规范，弹性较小，法律法规比较健全，执法队伍也较强，通过环保手段取代行政手段进一步推进去产能，是供给侧结构性改革中一种合理而有效的选择。三是为退出创造必要条件。这就是要加快简政放权改革，进一步转变政府职能。权威人士的分析很有针对性，"我们的目的是为了更多地减少行政干预，让市场机制更多地发挥好决定性作用。但是靠什么手段能做到这一点？'解铃还须系铃人'，减少行政干预离不开政府自我革命"。[①]减少行政手段的最直接路径是简政放权，深化"放管服"改革，这是深化供给侧结构性改革的重要内容和条件。同时，要推进政府监管改革转型，建立健全适应管理体制变化的新型监管方式，搞好事中事后监管，为持续推进简政放权创造必要而有利的体制条件。

3. 短期政策与长期政策的关系

供给侧结构性改革是一个长期性问题，经济结构或产业结构的重大调整本身是比较缓慢的，依靠深化改革去促进结构调整也是比较艰难曲折的过程，需要持续相当长一段时间。而作为现阶段供给侧改革重点任务的"三去一降一补"则是相对短期的任务，有着化解当前经济运行中突出矛盾的目标取向，要通过近期内的具体工作尽快取得成效。这就需要处理好短期政策与长期政策的关系。从化解短期矛盾看，"三去一降一补"要围绕稳增长、防风险去调结构，比较注重短期政策效果，容易偏向于采取见效快的改革举措；而从解决长期问题看，供给侧改革要着眼于转变发展方式、转换增长动能去推进结构调整，更加注重长期制度建设，必须推行实质性的深化改革政策。

把两者结合起来，应当把握好以下几个方面。

一是供给侧改革的短期政策要符合和适应长期政策的基本取向。相对短期或中短期的供给侧改革政策，就是"三去一降一补"的重点任务及由此延伸的调结构、促改革的具体政策措施，服务于当前比较紧迫的稳增长、防风险、改善经济运行环境的客观需要，可能要采取一些短期阻力较小、见效较快的政策举措，包括一些含有计划经济特点的经济手段和行政手段，但从推进供给侧改革的长期政策取向看，这些政策措施凡是不符合发展社会主义市场经济、建立竞争性市场体系要求的，特别是在经济体制上有走回头路嫌疑、不利于继续深化改革的，应尽

① 参见《人民日报》2016年5月9日第1版文章：《开局首季问大势——权威人士谈当前中国经济》。

量不用、慎用、少用，用了也要与市场办法联系起来，注重利用或嵌入市场机制的作用，防止产生新的体制弊端或后遗症。基本底线是，短期性的政策措施不能影响或制约下一步供给侧改革的持续和有效推进。

二是供给侧改革的长期政策要在短期政策的成效上加快推进。2016年以来作为供给侧改革重点任务实施的“三去一降一补”政策措施，对于推动调结构、稳增长、防风险发挥了重要作用，2016年第四季度至2017年上半年的经济增速回升、工业企业利润大幅增长，与此有很大关系。然而也要看到，2017年第三季度以来经济增速又出现回落态势，周期性强的基础工业产品价格过快上涨给中下游产业带来了不利影响，特别是2018年第三季度以来经济下行压力加大。这说明计划经济方式或行政手段推动的短期调结构效应虽然较强，但难以有效持续，容易引起新的波动，必须进一步深化供给侧改革，在短期政策成效的基础上加快实施依靠深化改革推进结构调整的长期性政策。我们在推进“三去一降一补”工作中，之所以难以合理运用市场化、法治化的办法，主要与缺乏运用这些办法的体制条件有关。我们需要通过深化改革破除制约结构调整的体制机制障碍，建立规范市场竞争、引导企业行为、调节产业运行的法律法规，完善长期性制度安排。

三是加强对推动供给侧改革短期政策向长期政策转变的研究。根据前文所述，供给侧结构性改革的长期目标包含着相当宽泛而深刻的内容，从根本上说，既包括解放和发展生产力，又包括完善社会主义生产关系，以及发挥两者相互促进的作用。由当前从实践出发的调结构、促改革政策转变到按理论模式设计的深化改革、重建制度等政策，将是一个艰难复杂的长期过程，需要加强对这个转变过程和推进机制进行深入研究。总的来看，要按照建立和完善社会主义市场经济体制的基本要求，探索供给侧改革中连接短期政策与长期政策的过渡模式和转变途径，为平稳、有效的政策转变提供理论准备。

## 1.2 适度扩大总需求与产业结构调整升级

在中国经济发展进入新常态或新阶段的条件下，推进产业结构调整升级，需要实施需求侧协同的政策，在一定时期内和一定程度上缓解总量供求矛盾，为产业调整升级创造稳定有利的环境。面对经济增速下行的压力，需求侧协同的基本政策取向，就是解决如何适度扩大总需求的政策问题，并处理好总量政策与结构性政策等方面的关系。

### 1.2.1 研究两者关系的动因

扩大总需求是一个总量问题，产业结构调整升级是一个结构问题，两者并不在一个层面上运行。但是，结构矛盾可以引起总量矛盾，总供求问题也会影响结构问题。笔者把两个方面放到一起研究，重点是分析总量政策对于改善结构问题的作用。为什么提出要适度扩大总需求？这是因为，我国经济发展进入新常态或新阶段，相当一段时期内会出现总需求不足的问题，将影响经济运行和增长，进而影响产业结构的调整升级。从国际上有关国家或地区的历史经验看，产业结构的有规律变化，需要一个相对稳定的宏观经济环境，经济波动幅度过大，包括经济增长过快或增速下行过多，会对产业结构合理变动产生不利影响，甚至带来较大的负面冲击。就这个角度说，适度扩大总需求的基本作用，就是保持经济平稳运行和增长，为推进产业结构调整升级提供稳定环境和有利条件，稳定的环境有利于产业投资正常进行和投资结构持续调整，有利的条件可支持产业投资较快增长和投资结构较快改善。

如何界定适度扩大总需求中的“适度”？这需要有一个基本的判断依据。从理论上说，主要可以有两种衡量方式：一是以稳定经济增长来衡量。扩大总需求是为了稳增长，适度扩大总需求是为了适度稳增长。这个适度的经济增长率，就是实际增长率不过多偏离潜在增长率。经济学理论认为，潜在经济增长率是指一个国家（或地区）在各种资源得到充分利用和有效配置条件下实现的经济增长率。在宏观经济分析中，由于假定年度实际增长率会围绕潜在增长率上下波动，一般使用一个较长时期的年均经济增长率来替代潜在经济增长率。由此可以看出，潜在增长率是一个比较长期的概念，也是一个动态的概念。一般来说，当社会总需求小于社会总供给时，社会生产潜力得不到充分发挥，实际增长率低于潜在增长率；适度扩大总需求，可以使实际增长率接近潜在增长率，经济运行于合理区间。如果扩大总需求使实际增长率超过潜在增长率，引起经济出现过热，就超出了“适度”的范围。二是以稳定价格总水平来衡量。稳增长是为了稳就业，也是在稳物价。在经济面临较大下行压力的条件下，适度扩大总需求可以防止经济出现通货紧缩，但如果总需求的扩大使价格总水平出现持续大幅上涨，引起了明显的通货膨胀态势，就超出了“适度”的区间。

笔者查阅了扩大总需求与产业结构变动关系的文献，发现几乎找不到相关的资料或论述，原因大概在于，两者不是直接发生关系的，而是被一个或一些其他因素所隔离，它们之间的逻辑关系是：扩大总需求作用于宏观经济稳定，而宏观经济稳定有助于产业结构变动。这个逻辑关系基本上是不言自明的。要论证产业结构调整升级为何要适度扩大总需求，或者适度扩大总需求如何对产业结构调整升级起作用，只要论证稳定宏观经济环境是否需要适度扩大总需求，就可以大体说明问题。应当指出，扩大总需求本身并不能直接促进产业结构调整升级，只有具体的需求内容如消费需求、投资需求或出口需求才具有这样的作用，但这些不是本书要研究的对象，同时也已有很多文献进行了分析。

对于为何和如何适度扩大总需求的问题，目前国内各方的认识并不一致，经济学界和政策部门都存在着较大的分歧。这是笔者提出这个问题，并与产业结构调整升级联系起来进行研究的主要动因。这兼有学术研究与政策研究的性质。那么，本书试图解决什么问题呢？主要有三个方面：①讨论现阶段适度扩大总需求的必要性。如果这对于保持经济平稳运行和增长是必要的，那么对于支持产业结构调整升级也是必要的。②分析适度扩大总需求的政策取向。在深化供给侧结构性改革的同时，还要加强和完善需求管理的政策，既保持政策的稳定性、连续性，又适应形势变化及时微调、预调。坚持扩大内需为主和优化需求结构，促进民间投资扩大以稳定投资增速，依靠深化改革等长期政策推动消费较快增长，并保持价格总水平相对稳定，防范结构性通缩与结构性通胀的交错影响。③探讨促进产业结构调整升级的思路。主要是讨论宏观经济政策的关系问题，即如何在适度扩大总需求的基础上，发挥好需求侧协同政策的作用，搞好总量政策与结构政策、防风险政策、应对外部冲击等政策的协调配合。问题的主线是总量政策与结构政策的关系，重点是问题①怎样为问题③提供有利的环境和条件，但并不意味着确定了问题①就能够解决问题③。需要说明的是，这里只是提出倾向性观点和政策主张，缺乏深入的实证分析和具体的实施方案。

### 1.2.2 为什么要适度扩大总需求

习近平同志指出："纵观世界经济发展史，经济政策是以供给侧为重点还是以需求侧为重点，要依据一国宏观经济形势作出抉择。放弃需求侧谈供给侧或放弃供给侧谈需求侧都是片面的，二者不是非此即彼、一去一存的替代关系，而是要相互配合、协调推进。"[①]适度扩大总需求，主要是从需求侧促进经济稳定增长，减缓经济下行的压力。根据国际经验，一个国家在经济发展进入工业化后期阶段之后，经济增速都出现了大幅回落，经历过经济高增长时期的国家或地区，经济增速回落的幅度更大。以日本、韩国和中国台湾地区为例，它们在工业化过程中都有过长达25年以上的高速经济增长，年均增速都超过了8%，但在工业化达到后期阶段后，经济发展都进入一个新的阶段，经济增速均显著回落，在高增长期结束后的17~20年，日本、韩国和中国台湾地区的生产总值年均增速分别回落到4.3%、4.2%和4.5%，都由高速增长下降到中速增长（郭克莎，2016）。经济增速回落既有总量原因也有结构原因，主要制约因素是国内需求尤其是投资需求的增速大幅下行，引发了总供求矛盾和结构性矛盾，需求增长由高速下行到中速，使经济增长由高速回落到中速（郭克莎和杨阔，2017）。最近几年，中国经济发展发

---

① 参见《人民日报》2016年5月10日第2版文章：《在省部级主要领导干部学习贯彻党的十八届五中全会精神专题研讨班上的讲话》。

生了同样的变化，随着经济进入新常态或新阶段，经济增速大幅度回落，GDP 增长率从 2010 年的 10.4%下行到 2018 年的 6.6%，主要原因也是内需特别是投资增速大幅下行，其中既有需求总量问题也有供给结构问题。因此，我们在以供给侧结构性改革为主线，积极推进产业结构调整升级的同时，也要适度扩大总需求，稳定需求特别是内需增速，减缓经济增速下行压力，使产业结构调整升级有一个相对平稳的宏观经济运行环境。显然，如果需求增速下行幅度过大，经济运行环境不稳，产业结构调整升级将面临较大的困难和阻力。

2016 年第四季度到 2017 年，中国经济增长出现了一波反弹，2017 年 GDP 增速回升为 6.9%，比上年提高 0.2 个百分点。从经济回升的产业构成看，2016 年第四季度的经济回升主要是服务业拉动的，2017 年的经济回升主要是第二产业尤其是工业拉动的，特别是周期性强的部分能源、原材料工业，从供求关系到价格走势反弹力度都较大。面对以上经济走势，国内经济学家和市场研究机构做出了不同的分析判断，一些比较偏激的观点认为，我国经济已开启了新的周期[①]；一些比较乐观的判断也认为，国内经济出现了“L”形中一横的增长趋势。[②]对于这些比较偏激或乐观的观点，我们有必要进行更为深入的分析，因为这关系到宏观经济政策的基本取向，如果我国经济已进入了新周期的回升轨道，稳增长的政策就需要逐步退出，相应地，适度扩大总需求的政策需要调整转变。

如何看待中国经济是否已开启新的周期？2017 年上半年，“新周期论”的提出者认为，中国经济已经或正在开启一个新周期，即产能或投资走向扩张的新周期。按照经济学教科书关于经济周期的阶段性划分，新周期的开始也就是经济运行进入由复苏到繁荣的阶段，经济增长进入了一轮新的上升期。当时和此后的一段时间，虽然有些部门和市场机构支持这种判断，但许多经济学家对此并不认同，笔者也不认同这种观点。经济新周期的判断是否符合中国经济的实际走势，我们可以从以下两个角度来进行分析。

第一个判断：从近期看，中国经济还难以走出周期性问题的困扰。

从经济周期的理论看，按照各种周期的时间和性质划分，主要有以下几种类型：一是基钦周期。这是一种短周期，时间大体为 3~4 年，性质上属于库存周期。

---

① “新周期理论”是任泽平 2017 年 4 月在《站在新周期的起点上，来自产能周期的多维证据》一文中提出的（https://www.sohu.com/a/160167115_467568，2017 年 7 月 27 日）。随后，这种判断也得到了一些市场研究机构和政府部门的支持。

② 权威人士在《人民日报》上谈经济形势时，曾提出中国经济可能会经历一个“L”形增长阶段；主要是针对国内外对中国经济的不同看法而指出，我国经济运行不可能是“U”形，更不可能是“V”形，而是“L”形的走势（参见《人民日报》2016 年 1 月 4 日第 1 版文章《供给侧结构性改革引领新常态》，5 月 9 日第 1 版文章《开局首季问大势——权威人士谈当前中国经济》）。对于这个综合判断，许多市场人士和经济学家给予了比较乐观的解读。

二是朱格拉周期。这是一种中周期，时间大体为10~12年，性质上属于设备投资周期。三是库兹涅茨周期。这是一种中长周期，时间大体为20~25年，性质上属于建筑周期或房地产周期。四是康德拉季耶夫周期。这是一种长周期，时间大体为50~60年，性质上属于科技发展周期（熊彼特也称其为综合性周期）。现在“新周期论”者所说的正在开启的新周期，指的应该是也只能是朱格拉周期或一种中周期。对这种周期起作用的设备投资，主要来自工业及相关部门的设备投资或固定资产投资。然而，我国经济现在的状况是，工业及相关行业的产能过剩问题尚未缓解，很多实体企业特别是民营企业对市场前景总体上并不看好，对扩大设备投资或固定资产投资缺乏意愿和动力。

2017年我国经济增速有所反弹，主要是工业增长出现一定程度的回升，这与政策所起作用和短期因素变化有很大关系。原因有两个方面：一方面，去产能、去库存和加强环保监管的政策产生了调节作用。2016年以来，中央着力推进供给侧结构性改革，各级人民政府积极落实“三去一降一补”的任务，特别是，去产能政策在钢铁、煤炭等重点行业得到了强有力的实施，房地产业的去库存政策取得了较快进展，对工业等行业尤其是高污染企业的环保督察和监管也全面加强，这些政策措施的效果使部分行业的市场供求关系迅速发生了变化。同时，工业生产者采购价格和出厂价格经过长时间下跌已逐步从底部企稳回升，在供求关系变化的影响下出现了大幅反弹，促使很多中下游企业转向补库存、扩大需求量，进一步拉动了工业生产规模的超短期扩张。另一方面，国际环境回暖等因素拉动了我国外贸进出口较快增长。2017年，以发达经济体为主导的世界经济出现了明显复苏，带动了国际贸易和投资的一定好转，而我国制造业企业外贸结构逐步改善，也对利用国际市场变化扩大出口发挥了作用。同时，外贸政策的持续实施使政策效应得到增强，特别是在“一带一路”倡议及相关政策的推动下，我国对“一带一路”沿线国家的出口出现了快速增长。

但是，以上两个方面的可持续性都不强，国内外市场的不稳定、不确定性因素仍较多，拖累经济增长的需求不足问题仍占主体地位并产生较大的影响。从经济运行的实际过程看，到了2017年第三季度，我国一些主要需求指标如投资增长率、出口增长率等已开始出现较明显回落。总体上看，整个经济还远没有形成足以持续回升的主流趋势，能拉动经济回升的重大因素也没有出现，在这种情况下，说我国经济要走出周期制约或开启新的周期，显然缺少有力的依据或可靠的力量。从国际上看，世界经济仍缺乏持续复苏的动力。全球经济增长率从2010年的5.4%下滑到2016年的3.1%，2017年在美国经济增长加快、欧洲和日本经济超预期好转的情况下，全球经济增速出现了较大反弹。但受总需求依然不足等诸多因素的制约，尤其是在美国挑起与多国贸易摩擦、国际保护主义抬头的影响下，世界贸易和投资难以走出经济周期的困扰，2018年以来全球经济增长已出现再度回落的态势，2017 年可能成为未来几年的一个增长高点。这种外部环境对中国经济增长趋势形成了明显的制约。从国内情况看，当前和未来一段时间，中国经济走势仍受到一系列周期因素如工业周期、房地产周期、地方政府作用周期等的负面影响，不可能在短期内开启一个新的经济上升周期。

第二个判断：从根本上说，中国经济面临的深层问题是新常态而不是新周期。

当前的大环境是，中国经济发展进入新常态或新阶段，总量问题与结构问题交织在一起并相互影响，其中更突出的问题是结构性矛盾，除了我国经济长期存在的产业结构问题即工业比重过高、服务业比重偏低外，一个新的重要因素是人均 GDP 达到中上收入水平，工业化进入了后期阶段，需求结构发生了新的变化，供给结构不适应需求结构的矛盾更加突出，经济有效增长受到了更大的制约。在经济新常态与经济周期的相互影响中，新常态是我们面临的重大形势，是经济运行中的主要矛盾。

现在中国经济的运行状况与 2000 年前后的情况相比，表面上有不少相似之处，实际上却有本质差异。当时中国经济运行也有一些与最近几年相似的特征，例如，经济结构不合理，工业产能严重过剩，固定资产投资低迷，经济增长下行压力较大。然而，那时我国的人均 GDP 水平仍较低，工业化、城市化的发展还处于较低阶段，内需增长特别是扩大投资还有很大空间。也就是说，当时中国的经济发展还达不到进入新阶段的条件，经济增速回落并不是新常态的表现，而主要是受到周期性因素的困扰。因此，当我国在 2001 年底加入 WTO 和 2000 年基本完成住房制度改革之后，国际市场空间得到了拓展，国内商品房市场开始热起来，两大激发需求的事件使外需和内需交错发力，有力地拉动了投资、出口持续大幅扩张，经济增长随之在 2002~2007 年开启了一个新的周期，一直到 2008 年受到国际金融危机冲击才终止。而现在的经济情况就完全不一样了，中国人均 GDP 已进入中上收入国家行列，全国工业化水平基本进入了后期阶段，城市化水平如包括农村进城常住人口和短期流动人口在内（与国际上相比）总体上也已比较高，经济发展已实实在在进入了新阶段或新常态。在这种条件下，根据其他国家和地区的历史经验，我国国内需求从高速增长大幅回落、转向中高速或中速增长是必然趋势，即使世界经济复苏带来的外部环境出现好转，内需特别是投资增长也不可能像过去一样出现大规模扩张或持续性扩张，结构性矛盾引发的总供求矛盾成为经济增速的主要制约因素，并可能在波动中延续相当长的时间。在这段时期内，相对于经济发展阶段的转变，周期性因素的影响明显较小，特别是固定资产投资周期的拉动作用明显减弱，基本上被大的阶段性变化所冲淡以至淹没。因此可以说，不论我国经济是否开启新的周期，对经济运行和增长的影响都不是主要的问题。或者说，在经济新常态的矛盾没有化解的情况下，不大可能出现一个开启新周期并产生影响的问题。

还有一种观点认为，中国经济增长已经开始企稳向好，进入了“L”形的增长状态，虽然增速难以出现较大回升，但已经不会再往下滑了。在2016年底到2017年，这种判断拥有比较大的市场，也对决策层产生了一定影响。应当指出，这种观点具有积极的一面，看到了经济运行稳中向好的表现，但没有看到的是政策因素起了重要的作用，短期内改变了市场的走势，因而忽视了经济下行的较大内在压力。这种判断也可能引发宏观经济政策调整的风险，可能导致企业经营发展行为的不适当调整转变，因此也需要给予重视和进行分析。

如果说经济增速已经没有了下行的压力，那么中央政府的稳增长政策就可以淡出。但是，不论是2017年还是2018~2019年，如果稳增长政策开始退出，或政府给出稳增长政策退出的信号，经济增速将很快出现新的下行，或者说，经济下行压力将进一步加大。事实上，2018年上半年政府加强金融市场监管、控制地方政府融资平台、加大对企业环保监管力度等做法引起的经济运行和增长态势变化，已经表明了这一点。而这与外部环境变化的影响关系不大，或者说中美贸易摩擦的影响还没有表现出来。从国际经验看，经济发展进入新阶段或新常态之后，长期经济增速的变动与内需增速的变动基本上是一致的，投资增速下行对经济下行产生了最大的影响。中国经济增速的变化也面临着同样的问题，虽然政府对总需求的宏观干预一直存在，但受经济运行内在矛盾的影响，目前投资增速下行的压力还没有消除，这又会进一步影响消费和出口的增速，因此经济下行压力并没有从根本上化解。进一步从理论上分析，“L”形的经济增长可以表现为两种情况：一种是主要依靠市场力量实现的“L”形增长，另一种是较多依靠政策作用实现的“L”形增长。目前我国经济的运行和增长总体上仍处于后一种情况，只有加强宏观调控短期政策与改革开放长期政策的协调配合，特别是坚持不断深化供给侧结构性改革，才能推动经济增长由后一种状态向前一种状态转变。而在这个过程中，客观上仍然需要而且必须依靠适度扩大总需求的政策。

在经济进入新常态或新阶段的条件下，相对于高速增长时期，潜在增长率的下降是必然的趋势，但潜在增长率下行幅度多大或速度多快，却是一个难以分析判断的问题。这个时候依靠历史数据进行回归分析，往往会出现较大的偏差，缺乏准确性和可信度。中国近几年的实际增长率已下行到7%以下，处于6.5%~7%的区间，这个实际增长率是高于还是低于潜在增长率？虽然这其中已包含了经济刺激即扩大总需求政策的作用，但毕竟实现的是年度增长率，起了抵消短期影响因素包括市场预期变化以至恐慌因素影响的作用，并不等于就高于具有长期性质的潜在增长率。如果说现在的实际增长率已经超过潜在增长率，那就没有必要再扩大总需求了。问题在于，如何理解经济发展阶段变化后实际增长率与潜在增长率的变动关系。在一般的经济周期波动中，实际增长率是围绕着潜在增长率波动的，当经济过热时，实际增长率高于潜在增长率；当经济收缩时，实际增长率低于潜在增长率。但是，发展阶段变化引起的是经济增长率持续、大幅下行的趋势，实际增长率与潜在增长率的变动关系将表现出完全不同的特点，这个特点对我们把握宏观经济走势和政策取向具有重要意义，值得深入研究和讨论。

笔者认为，在经济新常态或新阶段引起的增长率下行过程中，基本的变动关系应该是：实际增长率先下降，然后引起潜在增长率下降。短期看，实际增长率下降较快和较大，潜在增长率下降较慢和较小；但潜在增长率下降之后，短期内就难以回升，并制约实际增长率的回升幅度，可能引起实际增长率持续下行。根据这种认识做出判断，当前中国的潜在增长率可能仍在 6%~7%，经济刺激政策或扩大总需求政策只是使实际增长率靠近潜在增长率，使经济运行保持在合理区间。由于实际增长率与潜在增长率的交互作用，经济还有持续下行压力，继续实施适度扩大总需求政策是必要的，这有利于使部分相对过剩的存量资产发挥作用，在一定程度上稳定实际增长率，并遏制潜在增长率的过快下行。

应当指出，对于潜在增长率的测算，可以只考虑供给因素，也可纳入需求因素。现代增长经济学的理论模型一般只限于供给领域，抽象掉需求因素，忽视了长期经济增长的需求因素制约，导致增长理论不能较好地解释和解决现实增长问题（郭克莎和杨阔，2017）。如果潜在增长率的测算只考虑供给因素，那么当实际增长率低于潜在增长率时，为了使两者趋向基本一致，就需要适度扩大总需求，这主要是短期性的需求调控政策；如果潜在增长率的测算包含了长期需求的变动，那么当实际增长率低于潜在增长率时，为了促进两者变动的均衡，不仅要适度扩大短期总需求，而且要通过深化改革来改善需求体制，完善需求增长机制，这属于长期性的需求管理政策。

### 1.2.3 适度扩大总需求的政策取向

习近平同志指出："供给侧和需求侧是管理和调控宏观经济的两个基本手段。需求侧管理，重在解决总量性问题，注重短期调控，主要是通过调节税收、财政支出、货币信贷等来刺激或抑制需求，进而推动经济增长。"①从总体上或本质上说，近几年中国一直在实施适度扩大总需求的政策，在"稳增长、促改革、调结构、惠民生、防风险"的五大政策组合中，多数政策的排序位置都发生过调整和变化，只有稳增长政策一直放在第一位，至今没有调整过位置，这不仅是应对经济周期波动的需要，更是应对经济进入新常态或新阶段后增速下行压力较大的需要。2017 年中央经济工作会议在确定 2018 年的宏观政策取向中，没有再出现"适

① 参见《人民日报》2016 年 5 月 10 日第 2 版文章：《在省部级主要领导干部学习贯彻党的十八届五中全会精神专题研讨班上的讲话》。

度扩大总需求”的政策表述，但提出“积极的财政政策取向不变”“稳健的货币政策要保持中性”[①]，两大政策的表述与上一年适度扩大总需求框架下的表述完全一样，这样的政策组合，反映出的取向仍然是适度扩大总需求的内涵，并没有发生变化。2018 年中央经济工作会议确定 2019 年宏观经济政策时提出“宏观政策要强化逆周期调节，继续实施积极的财政政策和稳健的货币政策”，不再提货币政策要“保持中性”，同时提出要“适时预调微调，稳定总需求”[②]。这又回到适度扩大总需求的基本表述上来，并强调要保持总需求管理政策的稳定性。

根据中央经济工作会议的精神，2019 年要坚持稳中求进工作总基调，统筹推进以稳增长为首的五大政策组合，保持经济运行在合理区间，进一步稳就业、稳金融、稳外贸、稳外资、稳投资、稳预期，提振市场信心。“六稳”政策中，稳就业反映的是稳增长的出发点和落脚点，中间的四个“稳”基本上是稳需求的主要内容，最后的稳预期也很重要，就是通过稳定经济运行引导市场预期，增强投资者信心。这些年，具有扩大总需求内涵的政策由短期政策演变为中期政策，同时由应对国际金融危机初期的大规模刺激转变为适度刺激，既反映了新形势下宏观调控任务的艰巨性和复杂性，也反映了中央把稳增长与防风险结合起来的政策考虑。到 2020 年，我国全面建成小康社会，实现 GDP 和城乡居民收入翻一番的目标，而世界经济复苏进程仍艰难曲折，国内经济增速还有较大下行压力，同时要为促改革、调结构营造相对稳定的环境，因此，围绕稳增长而实施的扩大总需求政策还要继续保持，并根据形势变化适当加大政策力度，提高政策的针对性、有效性。

根据中央经济工作会议确定的 2019 年宏观经济政策，以适度扩大总需求为主线的政策取向，主要涉及三个方面政策的适度调整。预计这些政策措施将持续一段时间，并将适应经济形势变化继续调整完善。下面我们对主要政策取向进行简要的分析和讨论。

财政政策适度调整的主要取向是：积极的财政政策要加力提效，实施更大规模的减税降费，较大幅度增加地方政府专项债券规模。[②]这就是要合理扩大积极财政政策的规模和作用，适度提高预算赤字率，主要用于更大范围、更大力度的减税政策，减轻实体经济尤其是中小微企业的税负，支持供给侧改革中降成本举措的有效推进；同时，较大规模扩大地方政府专项债券发行，支持补短板方面的基础设施投资稳定增长，助力推进和落实好政府和社会资本合作（public-private partnership，PPP）项目，发挥政府性投资对全社会固定资产投资的带动效应。与

① 《中央经济工作会议举行　习近平李克强作重要讲话》：http://www.xinhuanet.com/fortune/2017-12/20/c_1122142392.htm，2017 年 12 月 21 日。

② 《中央经济工作会议在北京举行 习近平李克强作重要讲话》：http://www.xinhuanet.com/politics/leaders/2018-12/21/c_1123887379.htm，2018 年 12 月 21 日。

2018 年关于“切实加强地方政府债务管理”的政策相比，2019 年对地方政府性债务的政策取向体现了扩大空间和规范管理相结合的特点，形成了更加积极的财政政策取向，也有利于把稳增长政策与调结构政策更好结合起来。

货币政策适度调整的主要取向是：稳健的货币政策要松紧适度，保持流动性合理充裕，改善货币政策传导机制，提高直接融资比重，解决好民营企业和小微企业融资难融资贵问题。[①]这就是，货币供给要保持适当水平，使市场流动性相对充裕，并适应广义货币 M2 与经济运行相关性下降的趋势，发挥好货币信贷和社会融资规模的调节作用，满足经济社会发展的基本资金需求。与 2018 年关于“管住货币供给总闸门”的提法相比，2019 年的货币政策取向显然转向相对宽松，同时，进一步强调促进多层次资本市场发展，增强直接融资的功能和效应，进一步缓解民营经济尤其是小微企业的融资困难。这抓住了经济运行中面临的主要矛盾，有利于支持小微企业渡过经营发展难关，避免小微企业过多停产关闭可能带来的社会就业压力，但也要防止货币信贷短期内过度扩张，加大银行体系的后续金融风险。

改革政策相对加强的主要取向是：结构性政策要强化体制机制建设，坚持向改革要动力，强化竞争政策的基础性地位，创造公平竞争的制度环境。[①]这就是，要坚持运用深化改革的办法解决经济增长中的动力机制问题，从搞活微观基础、要素投入机制等层面推进重点领域和关键环节改革，特别是创造各种所有制经济、大中小企业公平竞争的制度条件，为落实好适度扩大总需求的政策措施，使市场在资源配置中起决定性作用和更好发挥政府作用提供良好的体制机制环境。这是把稳增长政策与促改革政策结合起来的重要体现，只有立足当前，着眼长远，下决心、下力气解决制约经济发展的深层次体制机制问题，才能从根本上化解当前经济运行中的突出矛盾，更好地实现稳增长政策的效果。

未来几年是国内外经济形势变动比较复杂的时期。在实施以上政策措施的过程中，还要适应形势变化调整和完善需求管理政策。

从国际形势看，世界经济复苏的进程呈现波动性，刚刚有所回升的势头受到多种不稳定因素的拖累，不确定因素还在增多。根据一些国际大机构的预测，全球经济增长在 2017 年冲高、2018 年回落之后，2019 年和 2020 年仍将出现小幅下滑，而引起增速下滑的导因主要在于发达经济体。

世界经济走势不稳的原因主要有三个方面：一是大部分经济体复苏的基础不牢固，总需求不足的矛盾难以较快缓解，继续制约着世界经济复苏的进程。二是美国等国家货币政策的波动、新贸易保护主义的兴起，引起了国际金融市场的动

---

① 《中央经济工作会议在北京举行 习近平李克强作重要讲话》：http://www.xinhuanet.com/politics/leaders/2018-12/21/c_1123887379.htm，2018 年 12 月 21 日。

荡，使国际贸易和投资的格局受到新的干扰。三是各国经济增长不平衡的态势仍在延续，国际大宗商品价格波动、地缘政治等事件的发生发酵，对世界经济复苏进程带来了不利影响。

发达经济体中，美国的经济复苏趋势已出现波动，货币政策方向也已由收缩向再度扩张转变。美国经济将在美联储独立货币政策与特朗普一味扩张政策的矛盾中波动，美联储将根据美国经济走势调整货币政策取向，徘徊在货币政策回归中性与再度扩张的矛盾过程中，是否因经济增长放缓而重新开启量化宽松政策还有待观察；但特朗普政府的政策重点坚持放到增加就业、扩张经济上，推行大规模减税、贸易和投资保护等政策，如果这些政策得到有效实施，对搞活微观经济、吸引资本回流有一定作用，将加强美国经济稳定增长的态势，同时也加大美国与其他国家经济的矛盾。欧元区、英国的情况大不一样，经济还没有真正走好，而政策却被迫开始回收，发现经济再度下行又重拾扩张政策。大多数欧洲国家经济走势是不稳定的，但政策走势受到美国政策的影响，处于推动经济复苏与防范债务风险的矛盾过程，英国经济还受到脱欧过程的影响。未来几年欧元区、英国经济的增长速度仍有下行压力，经济走势和政策走势面临双重不稳定性，小幅波动是主要特点。日本经济总体上还受内在矛盾困扰而不能走出低迷的泥潭，国内需求不足的长期问题仍找不到解决的出路，对外部环境的依赖度较高。

大多数新兴市场和发展中国家的经济增长虽得益于内部需求的增长潜力，但受国际市场环境的影响也相当大，仍受发达国家经济走势的制约，美国的经济政策尤其是货币政策走势、减税政策效应，将对部分新兴市场和发展中国家的经济产生持续性冲击，带来多种不稳定、不确定因素。一些资源型国家可能有望受益于国际石油等大宗商品价格的波动回升，但价格回升趋势受市场需求不强、美元币值走强等因素约束将比较曲折而缓慢，对经济增长的拉动作用相对有限。

在以上情况下，未来几年我国经济发展的外部环境难以有明显好转，受国际贸易保护主义的影响还可能加大，特别是特朗普发起的中美贸易摩擦将对我国外贸格局产生较长时间的冲击，引起国内供应链和产业结构的被动调整。我们在坚持扩大内需为主的政策框架下，需要积极稳定和利用外部需求等条件，继续推进“一带一路”倡议和对外开放战略的实施，多渠道扩大出口和引进外资。同时，我国的需求管理政策要适应其他国家政策变化的影响，特别是货币政策要应对美联储政策调整波动带来的冲击，在坚持从自身的实际情况出发、调控国内经济运行为主的前提下，根据国际政策环境变化的趋势与特点，适时对需求管理政策进行微调、预调，减弱和缓解外部政策环境的影响。

从国内形势看，需求管理政策要适应经济走势与价格走势的综合变化，根据平衡两者关系的要求调整和完善政策。未来几年，我国经济增速仍存在下行压力，主要原因是内需增速还在缓慢下滑，特别是投资增速下滑的压力仍较大。我国全社会固定资产投资增速从 2011 年的 23.8%下行到 2017 年的 5.7%，6 年间下降幅度达到 76%。有的研究报告指出，由于固定资产投资统计口径的变化（趋严），导致 2017 年投资增速指标数据失效，与 GDP 增长趋势出现背离，测算季度固定资本形成数据可发现这个问题，如 2017 年前三个季度，固定资本形成增速同比上升而固定资产投资增速同比下降（阮健弘和郑桂环，2017）。对此需要进行深入分析。从统计角度说，固定资产投资增速包含了土地购买及其价格的变化，固定资本形成增速扣除了这些变化，能较好反映经济增速的变化。表 1-1 的数据表明，2011~2017 年，我国全社会固定资产投资占支出法 GDP 的比重从 64.1%大幅上升到 79.0%（其中 2016 年高达 81.3%），经济增长日益依赖于固定资产投资的增长；而固定资本形成占支出法 GDP 的比重从 45.2%下降为 42.7%，则表明固定资本形成对经济增长的作用在降低。然而，以固定资本形成作为投资指标，其增速也是大幅下降的，2011 年，固定资本形成名义增长 18.2%，而到 2017 年增速只有 8.9%，其中 2015 年和 2016 年的增速分别只有 3.9%和 5.5%。固定资本形成增速的下降趋势与全社会固定资产投资增速的下降趋势基本上是一致的，只是 2017 年可能由于特殊原因影响出现了较大的增速反弹（表 1-1）。

**表 1-1　固定资产投资与固定资本形成变动比较**

| 年份 | （1）支出法GDP/亿元 | （2）全社会固定资产投资/亿元 | （3）固定资本形成/亿元 | 支出法GDP名义增长率 | 全社会固定资产投资名义增长率 | 固定资本形成名义增长率 | （2）/（1） | （3）/（1） |
|---|---|---|---|---|---|---|---|---|
| 2008 | 319 936 | 172 828 | 128 002 | 17.8% | 25.9% | 21.8% | 54.0% | 40.0% |
| 2009 | 349 883 | 224 599 | 156 735 | 9.4% | 30.0% | 22.4% | 64.2% | 44.8% |
| 2010 | 410 708 | 251 684 | 185 827 | 17.4% | 12.1% | 18.6% | 61.3% | 45.2% |
| 2011 | 486 038 | 311 485 | 219 671 | 18.3% | 23.8% | 18.2% | 64.1% | 45.2% |
| 2012 | 540 989 | 374 695 | 244 601 | 11.3% | 20.3% | 11.3% | 69.3% | 45.2% |
| 2013 | 596 963 | 446 294 | 270 924 | 10.3% | 19.1% | 10.8% | 74.8% | 45.4% |
| 2014 | 647 182 | 512 021 | 290 053 | 8.4% | 14.7% | 7.1% | 79.1% | 44.8% |
| 2015 | 699 109 | 562 000 | 301 503 | 8.0% | 9.8% | 3.9% | 80.4% | 43.1% |
| 2016 | 745 632 | 606 466 | 318 084 | 6.7% | 7.9% | 5.5% | 81.3% | 42.7% |
| 2017 | 812 038 | 641 238 | 346 441 | 8.9% | 5.7% | 8.9% | 79.0% | 42.7% |
| 2018 | 900 310[1)] | 635 638[2)] | | 6.6%[1)] | 5.9%[2)] | | 70.6% | |

资料来源：《中国统计年鉴 2018》，国家统计局发布的 2018 年数据

1）为 GDP 数据

2）为全国固定资产投资（不含农户）数据

未来几年，影响投资增速的因素主要有以下几个方面。

一是制造业投资增长可能仍低位徘徊。我国制造业固定资产投资增速 2010

年为 25.5%，2018 年下降为 9.5%，但制造业占全国固定资产投资（不含农户）的比重为 33.4%，依然是对投资增长影响最大的行业。未来较长一段时期，我国制造业投资主要是结构优化过程，增速下行空间不大，也难以明显回升，其中投资增速加快的主要是高技术制造业、部分战略性新兴制造业[①]，投资稳定增长的主要是体现产业升级的技术改造投资、由消费升级拉动的中高端产品投资，投资增速下行的主要是环保监管强化的高耗能制造业和产能过剩行业[②]，由于后者比重较大，会对制造业投资增速产生较长时间的拖累。

二是房地产投资增速将呈缓慢回落趋势。我国房地产业投资占全社会固定资产投资的比重在 2017 年为 22.8%，与 2010 年相比变化不大，依然是对投资增速影响较大的行业。2018 年房地产开发投资（房地产业投资的主体部分）增长仍保持在 9.5%的较高水平，比全国固定资产投资（不含农户）增速高出 3.6 个百分点。但是，受房地产市场调控和因城施策的影响，未来几年各地房地产投资增速会出现分化，总体增速变化趋势将是小幅缓慢回落，出现明显回升的可能性较小，但不排除出现大幅下降的情况。

三是基础设施投资高位增长难以持续。我国政府主导的基础设施投资连续多年保持 20%以上的高速增长，占全国固定资产投资（不含农户）的比重也达到 20%以上。但 2018 年受控制地方政府融资平台等原因的影响，基础设施投资增速大幅下降到只有 3.8%，对整个投资增速产生重大冲击。随着 2019 年宏观调控政策调整和积极财政政策力度加大，由政府投资支持的基础设施投资增速会有所回升，但再度提高到两位数增长的可能性已经较小。由于政府资金投入的约束日益加大，PPP 项目的推进不如预期，特别是地方政府性债务负担及风险上升，基础设施投资增长的总体趋势将是逐步回落。

四是服务业投资活跃但比重较小。从国际上其他国家和地区的历史经验看，我国服务业正进入一个高速发展时期，投资空间大、机会多、前景看好。在“双创”（大众创业、万众创新）政策的引领推动下，各类市场主体积极进入各种服务业尤其是现代服务业、新兴服务业，加上服务业与制造业的融合发展，新业态、新模式不断涌现，投资范围和规模不断扩大。但应当看到，与工业部门的固定资产投资相比，大多数服务业固定资产投资的比重相对较低，未来一段时间对整个投资增长的拉动作用仍较小。

在以上国民经济投资格局中，全社会投资的增长越来越取决于民间投资的动

---

① 按照国家统计局高技术制造业分类（2013 年）统计，高技术制造业包括医药制造，航空、航天器及设备制造，电子及通信设备制造，计算机及办公设备制造，医疗仪器设备及仪器仪表制造和信息化学品制造等六大类，这些行业包含多数新兴制造业。

② 高耗能制造业包括石油加工、炼焦和核燃料加工业，黑色金属冶炼及压延加工业，有色金属冶炼及压延加工业，非金属矿物制品业和化学原料及化学制品制造业，这些制造业包含多数产能过剩行业。

向。近几年民间投资增速大幅下滑，2016 年增速下降到只有 3.2%，2017 年虽有所回升但仍低于全社会固定资产投资增速。2018 年民间投资增速回升到 8.7%，比全国固定资产投资（不含农户）增速高出 2.8 个百分点，占后者的比重回升到 62.0%，但仍比 2015 年下降了 2.2 个百分点。未来几年，民间投资依然是影响全国投资走势的最重要的因素，如果民间投资增长不能稳定回升，整个投资增速下滑的趋势就难以扭转。因此，需求管理政策要调节投资格局、稳定投资增速，政策重点要放在促进民间投资上。适度扩大总需求的政策措施要更多地向民间投资倾斜，从财税、金融、投资、用地等政策上支持民间资本进入新的投资领域，降低中小微企业的税费负担、融资成本和交易成本，增强民间投资的动力和活力。

在内需变动格局中，消费增长总体上比较稳定。但受消费环境、消费热点、供给结构等影响，特别是受收入分配差距较大、住房支出比重过高及投资增速大幅下行等中长期因素影响，近几年消费增速呈现较大的下降趋势。社会消费品零售总额增长率 2010 年为 18.3%，2018 年下降为 9.0%，降幅超过了 50%。虽然最终消费增长已转为快于资本形成增长，对经济增长的贡献率明显提升，但必须看到，这主要是因为资本形成的增速降幅更大，反映的只是经济下行过程的相对贡献水平，以最终消费增长所拉动的实际经济增长率来衡量，作用是明显下降的。从长期趋势看，我国经济的稳定增长取决于最终消费的持续稳定增长。未来几年，消费能否保持稳定增长，既取决于短期因素也取决于中长期因素，房地产市场的新一轮调整可能对消费增长产生较大影响。在这种条件下，需求管理政策要适应消费增长的趋势和特点，政策重点要立足当前、着眼长远、兼顾短期和中长期。由于加快居民消费增长在很大程度上依赖收入分配体制改革、国民收入分配格局调整、城乡户籍制度改革及居民消费环境改善等大的变化，调整完善需求管理政策要依靠深化经济和社会体制改革，特别是积极推进需求侧结构性改革。

价格形势是需求管理要重点考虑的另一半内容，价格总水平的变动趋势将影响适度扩大总需求的政策取向。我国的消费者物价指数（consumer price index，CPI）涨幅从 2011 年以来明显回落，近几年经常出现同比涨幅在 2%以下的情况，2017 年涨幅为 1.6%，2018 年为 2.1%，2019 年 1 月同比涨幅为 1.7%。生产者价格指数（producer price index，PPI）在 2012~2016 年连续 5 年下降，其中出厂价格指数累计下降 12.6%，购进价格指数累计下降 13.4%；2016 年 10 月开始 PPI 环比转正上涨，2017 年初开始 PPI 同比大幅上涨，全年出厂价格指数上涨 6.3%，购进价格指数上涨 8.1%；但 2018 年 PPI 涨幅已转向回落，出厂价格指数和购进价格指数分别上涨 3.5%和 4.1%。2019 年 1 月，PPI 上涨趋势已成强弩之末，出厂价格指数和购进价格指数同比只上涨 0.1%和 0.2%，而环比则下降 0.6%和 0.9%。

未来几年，我国价格总水平的走势如何，国内不少人担心的通胀周期会不会到来？从外部因素看，如上述分析，世界经济复苏依然缓慢曲折，在多种因素综合影响下，国际石油等大宗商品价格难以持续大幅上涨，对国内价格的输入性影响相对有限。值得注意的是，从2017~2018年美国及部分欧洲国家的情况看，经济与物价的走势出现脱节现象，如美国在经济明显回升、失业率大幅下降情况下通胀水平迟迟没有上行，这反映了经济与价格传导机制的新变化，究其原因，一方面是全球需求回升趋势比较弱，另一方面是市场预期没有升温。所以，未来世界经济即使能转为缓慢回升，通胀走势仍可能反应迟缓，国际通胀周期还看不见到来的时点，甚至可能再度出现通缩的威胁。从国内因素看，未来一段时间，工业品价格走势仍受产能过剩的制约，去产能政策会对供求关系产生一定冲击，但引发的只是短期性价格反弹,价格涨幅回落到低水平以至负增长将是大概率趋势；农产品相对过剩制约食品价格上升，使CPI上涨的趋势不强，同时电商等新的网络平台广泛发展也对消费价格起了抑制作用。

笔者判断，当前和今后一段时间，我国经济运行中的主要矛盾不是通胀而是通缩，来自通缩的挑战将大于来自通胀的挑战，这是我们要坚持实施适度扩大总需求政策的一个主要依据。当然，在以上大背景之下，国内多数服务价格仍可能较快上涨，国际粮食、石油等大宗商品价格可能阶段性上涨并产生输入性传导，国内流动性较多而可投资领域较少使市场投机炒作的氛围较浓，这些因素虽不至于引起价格总水平持续性大幅上涨，但可能在一定时间内和一定程度上推动某些商品价格结构性上涨。因此，需求管理政策在以防范通缩为主的条件下，也要关注引发结构性通胀的因素，在保持货币信贷平稳增长条件下，更多采用非货币手段调节供求结构，包括搞活市场流通，引导市场预期，加强市场监管，防控投机炒作，及时抑制部分地区、部分商品价格的不合理上涨。

总的来看，调整和完善需求管理政策的基本取向是，贯彻落实稳中求进的工作总基调，既保持政策的稳定性、连续性，又根据形势变化加强微调、预调。要依靠深化改革特别是需求侧结构性改革的办法，促进投资需求稳定增长，促进消费需求较快增长，积极扩大出口和引进外资，保持价格总水平相对稳定，防范结构性通缩与结构性通胀的交错影响。

### 1.2.4 发挥好需求侧协同政策对产业结构调整升级的作用

实施适度扩大总需求的政策，从根本上说是为了适应经济进入新常态或新阶段的趋势和要求，为产业结构调整升级创造有利的条件和环境。在我国经济高速增长时期，增速容易过快，引起经济过热，不利于结构调整升级；在经济进入新常态之后，增速大幅回落，下行压力较大，也不利于结构调整升级。只有实施以适度扩大总需求为基本取向的需求侧协同政策，促进经济稳定运行和增长，支持供给侧改革深入推进，才能有效推动产业结构调整升级。

发挥好需求侧协同政策的作用，就是使适度扩大总需求的政策促进经济稳定运行，形成支持产业结构调整升级的有利环境。但需要指出的是，适度扩大总需求只是提供了一个稳定的总量经济环境，要在此基础上推进产业结构的调整升级，还需要加强总量政策与结构性政策、防风险政策、应对外部冲击等政策的协调配合。为此，必须注重处理好以下几个方面的关系问题。

1. 协调好总量政策与结构政策的关系

我国使用的宏观调控概念，含义范围比较宽[①]，宏观经济政策包括总量政策和结构政策，这为协调两者的关系提供了有利的体制条件。需求侧协同政策在调控总需求的过程中，也要注重采取差别性的政策取向，致力于促进结构调整优化。从理论上说，协调总量政策与结构政策的关系，重要的是协调好短期政策与中长期政策的关系。

一是加强宏观政策的结构效应并规定一个较长的时间区间。财政税收政策具有明显的结构效应，需要加大政策力度，强化实施过程。货币信贷政策的结构效应较弱，虽然央行可以对不同行业规定差别信贷政策，但在实际执行过程中往往容易变通和走样，需要研究切实可行的结构性政策并加强有效监管。问题在于，产业结构调整升级是一个中长期过程，宏观政策的结构效应需要保持较长时间才能有效发挥作用。必须努力减少财税、信贷政策的短期化和随意性，规定一个相对较长的政策实施过程，这个过程中要保持政策的稳定性和连续性。这样，通过一段时间内稳定实施兼顾总量与结构取向的政策，包括在适度扩大总需求、稳定经济增长的条件下限制产能过剩行业、支持需求扩大产业、促进新经济发展和传统经济改造升级的财税政策和信贷政策，才能使宏观政策的结构效应持续发挥出来。这些政策可以有实质性的政策措施内容，也可以只给出一些明确的政策引导信号，两者的关系和组合需要深入研究，并根据经济形势变化有所侧重，在实践中不断调整完善。

二是加强总量政策与区域政策、城乡政策、产业政策的协调配合。区域、城乡、产业的结构失衡是相互关联的，都是发展不平衡的表现。协调总量政策与区域政策、城乡政策和产业政策的关系，就是要把解决发展不充分问题与解决发展不平衡问题结合起来。如果区域差距、城乡差距不能逐步缩小，产业结构调整升级会受到制约，经济稳定增长也会受到制约。实施需求协同政策要在统筹全国大市场的基础上，兼顾培育中西部市场和乡村市场，促进中西部经济发展和乡村经

---

① 改革开放以来，中央政府部门在有关文件中先采用了广义的宏观调控概念（相当于宏观领域的政府干预），定义范围包括总量调控、结构调控、区域调控等，初期阶段经济理论界仍按西方经济学的常用定义，把宏观调控的含义限定在总量调控的框架内。但时至今日，这种广义的宏观调控含义已基本上为国内学术界所默认并使用，成为一个具有中国特色的宏观调控概念。

济振兴，从而支持全国产业结构调整升级的顺利推进。区域政策、城乡政策和产业政策总体上都属于中长期政策，几大政策之间的协调配合，要有一个较长的时间安排和合理的规划设计，总的原则是立足当前，着眼长远，围绕近期面临的突出问题，实施综合解决根本矛盾的战略举措。

三是加强需求侧协同政策对需求结构调整优化的作用。需求侧协同政策是相对短期的，而需求结构调整是一个长期性问题。近几年，我们在适度扩大总需求的过程中，也经历了需求结构的迅速调整变化，投资比重持续下降，消费比重较快上升，出口比重波动回落。未来一段时间需求结构继续调整仍是必然趋势。需求侧协同政策既要稳定投资增速，保持出口平稳增长，更要促进消费较快增长，推动需求结构调整优化，而后者是更为重要的长期性问题。把短期政策与中长期政策结合起来，需求侧协同政策要加强扩大内需尤其是扩大消费对经济增长的拉动作用，必须依托需求侧结构性改革，推动国民收入分配格局调整，提高城乡居民特别是低收入居民收入水平，加快缩小居民收入差距，不断提高居民消费能力。

2. 协调好稳增长政策与防控金融风险的关系

2017 年底的中央经济工作会议确定，“按照党的十九大的要求，今后 3 年要重点抓好决胜全面建成小康社会的防范化解重大风险、精准脱贫、污染防治三大攻坚战。打好防范化解重大风险攻坚战，重点是防控金融风险”①。这里提出要防控的金融风险，不是经济运行中一般意义上的金融风险，也主要不是来自国际金融危机冲击带来的金融风险，而是前几年在稳增长过程中因地方政府性债务再度扩张、经济总体杠杆率上升而形成的新的金融风险。2018 年底的中央经济工作会议进一步指出，当年三大攻坚战初战告捷，2019 年要针对突出问题，打好重点战役，其中打好防范化解重大风险攻坚战，要坚持结构性去杠杆的基本思路，防范金融市场异常波动和共振，稳妥处理地方政府债务风险，做到坚定、可控、有序、适度。如果说实施稳增长政策是为了防止经济过度下滑，为产业结构调整升级创造稳定的环境,防控金融风险则是为了防范稳增长过程中出现新的金融波动，防范对产业结构调整升级产生新的冲击。

在应对这一轮国际金融危机冲击和随后应对国内经济下行压力的条件下，以稳增长为中心的货币信贷政策、财政税收政策、投资政策、消费政策、房地产政策等的实施，导致政府部门、企业部门、家庭部门的杠杆率上升，带动了金融部门的大幅扩张。有关资料显示，2006~2016 年的 10 年间，我国银行业总资产由 44 万亿元增加到 232 万亿元，增长了 4.3 倍；债券市场托管规模从 9.25 万亿元增加到 63.7

---

① 《中央经济工作会议举行　习近平李克强作重要讲话》：http://www.xinhuanet.com/fortune/2017-12/20/c_1122142392.htm，2017 年 12 月 21 日。

万亿元，增长了 5.9 倍；信托业信托资产规模由 0.35 万亿元增加到 20.22 万亿元，增长了 56.8 倍；增速均远高于 GDP 增速和 M2 增速。我国金融业增加值占 GDP 的比重在 2005 年不足 5%，到 2015 年和 2016 年达到 8.4%和 8.3%，2017 年也有 8.0%，而美国和日本这一比值的历史高位分别为 7.7%和 8.5%。从国际比较看，我国作为一个金融体系以银行业为主导的发展中国家①，金融业的发展规模和比重显然已经过度扩张。我国金融业的快速扩张具有以下几个特点：一是金融部门出现比较突出的脱实向虚、自我膨胀趋势；二是金融企业在很大程度上助推了政府性、政策性资产的持续膨胀；三是金融机构与国有企业、地方政府利益交错，共同推动了金融扩张；四是金融行业与实体经济尤其是制造行业相比投资收益差距很大，不断吸引包括实业资金在内的社会资金以各种可能渠道流入金融领域；五是金融企业的创新性扩张某种程度上利用了国内相关法律法规的漏洞，而金融监管的制度和机制难及时发挥有效的制约作用。这些特点使我国面临的债务风险和金融风险不断累积，并且已经到了不容小觑的地步。所以，中央反复强调守住不发生系统性金融风险的底线，并把防控金融风险列为需要重点抓好的三大攻坚战之首。

未来几年要继续实施稳增长政策，又要抓好防控金融风险工作，两个方面将出现一定的矛盾，因为稳增长需要货币信贷相对宽松，而防控金融风险则需要货币信贷有所收紧。需求侧协同政策要协调好两者关系，既防止货币政策出现不适当收缩，对实体经济投资发展产生较大制约，又防止债务压力和资产泡沫继续增大，带来更大范围和更多隐患的金融风险。必须处理好结构性去杠杆和总体杠杆率相对稳定的关系，处理好保持市场合理流动性、降低资金成本与引导资金流向、搞好金融市场监管的关系，促进形成金融和实体经济、金融和房地产、金融体系内部的良性循环，从而支持产业结构调整升级的顺利推进。

3. 协调好国内宏观政策取向与国际政策环境变化的关系

未来几年，国际政策环境将更加复杂多变，发达国家的宏观政策可能出现分化，美国的政策取向呈现多样性特征，货币政策与财税政策出现背离，对其他国家产生复杂性影响，国际政策环境面临更多不确定问题。美国的政策取向主要包括三个方面：一是美联储的政策由加息转为降息。美联储货币政策回归正常化的过程已经中断，下一步的走势将主要取决于美国经济的走势。二是特朗普的减税政策和扩大基建投资政策。其中对国际影响较大的是大幅减税政策及其可持续性问题。三是特朗普的贸易保护主义政策。这项政策可能因多种因素制约会有所波动，但美国加强国内市场保护的趋势是相当明显的，特朗普对我国发动贸易摩擦及相关政策还将持续，带来的影响具有一定复杂性和长期性。美国的以上政策将

① 一般来说，一个国家的金融体系以银行业为主导，其金融资产和金融业增加值占 GDP 的比重会明显低于金融体系以资本市场为主导的国家。

影响发达国家、新兴市场和发展中国家的政策取向，引起国际政策环境变化和波动，并对我国的宏观政策取向产生新的干扰，对国内经济运行、产业结构调整升级进程产生新的冲击。

需求侧协同政策必须重视这种国际政策环境的影响，从我国经济进入新常态或新时代的发展趋势出发，在坚持以做好自己的事情为主的前提下，研究采取适当的应对策略。一是针对美联储货币政策调整变化的国际影响，深入分析其他主要国家宏观政策的分化特点，根据我国稳定经济增长、推动高质量发展和产业结构调整升级的需要，保持我国货币政策的稳定性、连续性，努力减弱外部政策环境、短期资本流动的影响，使我国银行基准利率、人民币汇率保持在相对稳定的合理水平。二是针对美国大幅度减税政策的国际影响，深入分析中美两国税收体系的差异，进一步实施加大减税降费力度的基本政策，降低企业尤其是产业政策支持企业、中小微企业的成本负担，积极提升对外开放水平和引进外商直接投资，推进我国产业结构调整升级的进程。三是针对美国贸易保护主义政策的国际影响，特别是给中国经济制造贸易摩擦、实施知识产权保护、限制技术转让等政策带来的冲击，深入分析国际市场竞争、开放与保护的格局，一方面继续坚持全球化的战略取向，争取更多类型国家的支持和合作，依托“一带一路”倡议下国际合作的有效推进，采取有理、有节、有利、有序的贸易应对策略，推行更加灵活多样的进出口竞争政策；另一方面，根据国际贸易竞争和合作的新趋势、新特点，利用国际环境变化带来的压力促进实体企业加快创新发展，调整进出口结构，合理扩大对外直接投资，推进国内产业结构调整升级。

### 1.2.5 结论及政策含义

我国经济增速面临较大下行压力，根本原因是经济发展进入新常态或新阶段，国内需求增速大幅下行，总量矛盾与结构矛盾交错在一起。为了缓解结构性矛盾，推进产业结构调整升级，需要提供一个相对稳定的宏观经济环境。从这个基本思路出发，本节论述了三个方面的问题。

第一，适度扩大总需求的必要性和重要性。有关国际经验表明，一个国家（或地区）经济发展进入工业化后期阶段之后，国内需求增速大幅下行会引起经济增速大幅下行。当前我国正处于这样的发展阶段，经济下行压力将持续一段时期。在这种条件下，如果经济增速没有经历一个大幅下降和市场出清的过程，不可能在短期内出现经济回升的新周期，保持经济“L”形增长也主要是依靠宏观调控的作用。由于我国发展、改革和稳定的条件尤其是社会保障制度经受不起经济大幅下行的折腾，因此要把稳增长放到一个重要的位置。

这就是适度扩大总需求的必要性。稳增长需要扩大总需求，而适度扩大总需求只是为了适度稳增长。原因在于，受多种因素特别是总需求不足的影响，稳增长政策在世界上的大多数国家已经由短期政策演变为中长期政策，面临的财政和金融风险也在增大。如何从理论上界定适度扩大总需求的“适度”区间呢？一是在经济下行压力加大的情况下，适度扩大总需求是要使实际增长率接近潜在增长率，使经济运行在资源得到有效利用和配置的合理区间，如果实际增长率超过了潜在增长率，使经济出现部分基础资源短缺的过热状态，就超出了“适度”的范围。二是在经济下行导致物价下跌的情况下，适度扩大总需求是要防控通货紧缩，使价格总水平保持相对稳定，如果总需求的扩大引起物价普遍性上涨，出现明显的通货膨胀态势，就超出了“适度”的范围。

第二，适度扩大总需求的主要政策取向。自从中央确认我国经济进入新常态以来，宏观调控在实质上一直推行适度扩大总需求的政策取向。由于国际经济形势的变化，不稳定、不确定因素增多，2018 年底中央经济工作会议确定的 2019 年宏观政策框架，在强调“六稳”政策的基础上，对适度扩大总需求的政策取向进行了适度调整加强，包括积极的财政政策要加力提效、稳健的货币政策要松紧适度，并以改革为动力强化了竞争政策、制度建设的取向。这些政策取向的加强是适时的和正确的，预计将会持续一段时间，并在经济运行中调整完善。

在适度扩大总需求的框架下完善需求管理政策，要贯彻落实稳中求进的工作总基调，既保持政策的稳定性、连续性，又根据形势变化加强微调、预调。基本取向是：更多依靠深化需求侧结构性改革的办法，促进投资稳定增长和消费较快增长，积极扩大出口和引进外资，保持价格总水平相对稳定，防范结构性通缩与结构性通胀的交错影响。

第三，发挥好需求侧协同政策的结构效应。在适度扩大总需求的基础上推进产业结构调整升级，还需要加强总量政策与结构性政策、防风险政策、应对外部冲击等政策的协调配合。这里的关键问题是，要加强宏观政策的结构效应并规定一个较长的时间区间，加强需求侧改革政策对需求结构调整优化的作用，处理好结构性去杠杆与总体杠杆率相对稳定的关系，努力减弱外部因素变动对我国产业结构调整升级的负面影响。

把以上三个方面联系起来，笔者要表明的是，缓解总量矛盾需要缓解结构矛盾，解决结构问题也需要总量政策的支持，深化供给侧改革需要与推进需求侧改革相结合。

## 1.3　我国产业结构调整升级趋势与“十四五”政策思路分析

党的十九大报告对中国未来的长期发展做出了明确的战略安排：从现在到

2020 年，是全面建成小康社会决胜期；从 2020 年到 2035 年，用 15 年时间基本实现社会主义现代化；从 2035 年到本世纪中叶，再用 15 年时间，把中国建成富强民主文明和谐美丽的社会主义现代化强国[①]。这个战略部署是我们研究中国产业结构长期变动趋势的基本指导框架。以中国经济发展进入新常态或新阶段的重大转变为依据，总的来看，"十三五"时期是中国产业结构调整升级的初步推进期，2020~2035 年可能是中国产业结构调整升级的加速推进期，而 2035~2050 年将是中国产业结构调整升级的相对稳定期。因此，从"十四五"时期到 2035 年，是我们分析中国产业结构调整升级中长期趋势的重点时段。

### 1.3.1　产业结构变动影响因素的变化

产业结构的长期变动具有一定规律性，但引起产业结构变动的主要因素会因发展模式的不同、发展进程的变化，以及科技革命的影响而发生变化。一篇比较研究文献得出这样的结论（Bah，2008）：发达国家的结构转换过程是相似的，这就是库兹涅茨描述的模式（Kuznets，1966，1971），但发展中国家的结构变化路径不同于发达国家，亚洲、非洲和拉丁美洲国家的产业结构变动各有特点，只有极少数国家走了与发达国家相似的道路。中国改革开放以来影响产业结构变动的主要因素是什么？未来这些因素又将发生哪些变化？一些研究产业结构变动因素的文献［如 Dekle 和 Vandenbroucke（2012）、Uy 等（2013）］发现，中国的改革开放、民营经济发展对产业结构变化产生了较大影响；有的文献［如 Lee 等（2013）］提出，中国的投资状况、消费格局变化通过影响经济增长而使产业结构出现不同的变动特点。郭凯明等（2017）通过使用中国 1978~2011 年的宏观经济数据，测算了不同因素对此期间中国产业结构转型的影响，认为恩格尔效应、投资效应和转移成本效应是影响三次产业就业比重变化的最主要因素，其中恩格尔效应对第一产业的影响主要在 2000 年前，投资效应和转移成本效应对第二产业、第三产业的影响主要在 2000 年后；鲍莫尔效应[②]对第一产业和第三产业就业比重有较强降低作用，国际贸易效应对第二产业就业比重有一定提升作用。同时，需求收入弹性低、劳动密集度高和存在转移成本是导致第一产业就业比重高的原因，技术进步、投资和国际贸易对三次产业就业比重的影响相对较小。以上研究虽主要集中在影响就业结构变动的因素上，但已经在一定程度上反映了产业结构变动影响因素的变化特点。江小涓（2017）分析了近几年来互联网技术发展应用对服务

① 参见《人民日报》2017 年 10 月 28 日第 1 版文章：《决胜全面建成小康社会 夺取新时代中国特色社会主义伟大胜利》。

② 鲍莫尔效应由鲍莫尔（Baumol，1967）提出，主要是指不同产业部门产品相对价格的影响。如果不同产业部门产品存在一定互补性，技术进步较快的产业部门的产品价格相对较低，将推动劳动力转移到其他产业部门（Ngai and Pissarides，2007）。

业的影响，网络时代既冲击了传统服务业，又激发、衍生了大量的新兴服务业，促进了资源再配置、服务业增长及结构变化。这表明互联网技术应用已成为影响服务业供给结构和就业结构，从而影响产业结构变动的一个新的重要因素。

改革开放四十多年来，中国产业结构变动的主要影响因素与改革开放前相比发生了根本性变化，总的一条主线就是改革开放推进和市场配置资源的作用持续增强。在这条主线之下，影响产业结构变动的主要因素也在发生变化，仅从政策主导、需求拉动、技术进步等作用粗略划分，大概可归纳为以下几个小的阶段。

1979~1991 年，影响产业结构变动的主要因素是：轻工产品消费和投资增长、传统制造业技术进步。改革初期阶段农村改革、企业改革、引进外商直接投资、扩大外贸进出口等方面的推进，使市场需求得到快速释放，传统制造业获得技术更新改造，加工工业及相关产业加快增长，带动了农业劳动力向这些部门转移，农业的比重下降而非农产业尤其是轻工业、交通运输、批发和零售业的比重上升。

1992~2001 年，影响产业结构变动的主要因素是：地方政府主导、工业投资扩张。突出表现在 1992~1996 年，并导致随后几年的产能过剩。1992 年邓小平南方谈话掀起新一轮改革开放热潮，1994 年分税制改革提高了地方政府发展经济的积极性，发展是硬道理演变为 GDP 总量是硬道理，地方政府主导本地经济发展的作用增强，各地特别是沿海地区大干快上，推动了工业投资大规模扩张，拉动工业高速增长、比重继续上升。

2002~2011 年，影响产业结构变动的主要因素是：地方政府主导、工业品出口和投资扩张、房地产市场发展。其中地方政府的主导作用在持续，出口和投资双扩张的影响主要在 2002~2007 年，房地产市场的影响则贯穿这个时期。加入 WTO 提高了中国经济的开放水平，促进对外贸易和利用外资的快速发展，住房制度改革带动商品房市场发展，房地产市场进入扩张期。出口和投资的高速增长、“世界制造业基地或中心”的建设、房地产市场规模的不断扩大，使包括传统工业、基础工业在内的整个工业获得了新的发展空间，产业结构甚至出现了新的重化工业化趋势。2001~2007 年的 6 年间，工业占 GDP 的比重提高了近 2 个百分点，2006 年达到 42%，第二产业比重达到 47.6%。2009 年为应对国际金融危机影响实施了十大产业振兴政策，使工业的增速和比重在随后两年得到一定维持，但也留下了比较严重的工业产能过剩问题。

2012~2018 年，影响产业结构变动的主要因素是：消费结构升级、互联网等技术进步、新经济发展。随着经济发展进入新常态，投资、出口对经济增长和产业结构变动的作用减弱，同时，随着中国人均 GDP 进入世界银行按各国收入指标动态调整的中上等收入阶段，居民消费结构升级逐步加快，对产业结构变动的拉动作用增强。另外，互联网、大数据、人工智能等新技术的发展，促进了新产业、新业态、新模式的兴起，互联网的应用既融入了每个人的生活，又影响到生产的各个方面，全方位地促进了消费结构升级和产业结构升级，最突出的表现就是为生活服务和生产服务提供了各种新的平台，推动了服务业的大发展。中国第三产业占 GDP 比重在国际金融危机影响后的几年缓慢上升，而 2012 年之后转为大幅上升，2015 年超过 50%，2018 年达到 52.2%。

如果再对产业结构变动的影响因素变化作一个更大跨度的阶段性划分，那么，我们可以党的十九大召开或改革开放 40 年作为一个大的界线，以中国经济发展进入新时代作为一个新的起点。2018~2035 年，特别是“十四五”时期，中国产业结构变动将进入一个重要的新时期，影响结构变动的主要因素将发生新的变化，其中的重大影响因素包括以下几个方面。

一是推动高质量发展的政策导向。中国经济已由高速增长阶段转向高质量发展阶段，高速增长阶段的结束对高质量发展提出了新的要求，但并不等于会自然而然地进入高质量发展阶段。高质量发展阶段必然是一个更加艰难的发展阶段，而且是一个更加长期的发展阶段。推动高质量发展，是全面建成小康社会、全面建设社会主义现代化国家的必然要求，是当前和今后一个时期经济发展的中心任务。2017 年底召开的中央经济工作会议指出，必须加快形成推动高质量发展的指标体系、政策体系、标准体系、统计体系、绩效评价、政绩考核、创建和完善制度环境，推动我国经济在实现高质量发展上不断取得新进展。这七大政策体系的建立和实施，也将对中国产业结构变动产生重要的导向作用。产业结构调整升级与高质量发展的要求是一致的，都是解决发展不平衡不充分的矛盾、满足人民日益增长的美好生活需要的重要内容。推动高质量发展的指标体系、标准体系、统计体系、政策体系等方面，本身将包含对产业结构变动的内在要求，会使产业结构变动的趋势和特点更加明朗，有利于增强对产业结构调整升级的引导和促进作用。同时，这些指标体系、政策体系与绩效评价、政绩考核结合起来，对企业行为、政府行为具有约束性和调控力，将加大对产业结构变动的影响效应。

二是新技术革命和工业革命。技术革命与工业革命密切联系在一起，新技术在工业的应用引起了工业生产模式和格局的变化，带动了一系列相关产业的发展变革，对产业结构变动产生了重大影响。以蒸汽技术为标志的第一次技术革命带动了以轻纺工业发展为中心的产业结构变动，以电力技术为标志的第二次技术革命带动了以重工业发展为中心的产业结构变动，以计算机技术为标志的第三次技术革命带动了以高新技术产业和相关服务业发展为中心的产业结构变动。当前，新一轮技术革命或第四次工业革命正蓄势待发，未来一段时间将在新一代人工智能、互联网–物联网、大数据等影响大的领域取得新的突破。新技术革命和工业革命影响产业结构变动的主要路径是：新技术的应用催生了新产业、新业态、新产品、新模式，扩大了产业的生产规模和延伸链条；新技术的应用降低了制造成本和价格，促进了产业部门劳动力的流动转移；新技术的应用通过产业间的关联和传导机制，带动了产业结构的调整升级；新技术的应用促进了传统产业的技术改造和更新，使新兴产业与传统产业融合生长；新技术的应用刺激新的消费和投资，通过影响需求结构引领产业结构变动。同时，新一轮技术革命还将产生一些新的影响特点，例如：综合科学技术（多学科融合产生）和边缘科学技术（两个学科交叉产生）的应用，将推动产业部门分工合作的变化和一体化生产的发展；新技术的综合应用将促进制造业与服务业的融合发展，使产业的边界变得逐渐模糊。所有这些，都将对中国未来产业结构变动产生重大影响。

三是新一轮深化改革开放。为了适应中国经济发展进入新时代的需要，特别是为了推动高质量发展，建设现代化经济体系，中国必将掀起新一轮深化改革开放的高潮。2018 年初党的十九届三中全会提前召开，迅速出台《中共中央关于深化党和国家机构改革的决定》，已经表明了中央对于推进改革的决心和力度。就经济体制改革来说，深化改革的中心环节是破除制约市场在资源配置中起决定性作用、更好发挥政府作用的体制机制弊端，这将有利于更好处理政府与市场的关系，提升市场配置资源的功能和效率，为产业结构变动创造更好的制度环境。在这个大前提、大环境的基础上，新一轮深化改革开放的许多方面，都会对产业结构变动产生重要作用和影响。直接发挥作用的改革举措包括：深化供给侧结构性改革，有利于继续解决产能过剩的矛盾，促进产业结构的调整升级；深化国资国企改革，有利于提高国有资本配置的灵活性和有效性，推动国有企业加快调整优化产业结构；深化财税体制改革，有利于改善中央与地方的事权财权关系，规范地方政府的行为取向，减少地方政府对产业结构变动的过度干预；等等。间接发生影响的改革举措包括：深化土地使用制度改革，有利于改变地方政府对卖地收益的依赖，减弱地方政府热衷发展房地产业对产业结构变动的影响；深化金融体制改革，有利于打破金融部门的垄断地位，推进金融产业与实体经济协调发展，增强金融企业支持、服务产业升级的作用；等等。同时，进一步扩大对外开放，提升开放型经济水平，也对产业结构变动具有重要作用，如推进“一带一路”倡议的实施，扩大自由贸易区试点，探索建设自由贸易港，等等，都有助于更好利用国内国际两个市场、两种资源，更好地引进外商直接投资，支持国内产业结构的调整优化。

### 1.3.2 产业结构调整升级的中长期趋势

2018~2050 年，中国产业结构调整升级的大趋势是基本确定的，就是从中上等收入国家向高收入国家的产业结构演变，但会具有一些不同于一般产业结构模式的新特点。这主要是反映了新一轮技术革命的趋势，反映了作为特殊发展中大国的基本国情，反映了中国体制改革和产业政策主导的特点，使第一产业向第二产业、第三产业演进的基本规律有所变化。从这个角度说，世界上还没有任何一个或几个国家的产业结构变动模式可以直接对中国具有参照作用。例如，从三次产业增加值构成看，同样是第三产业的比重会持续上升，各类服务业特别是现代服务业快速发展，但由于中国城乡关系基本格局的影响，服务业比重的上升与现代国家相比将比较缓慢；同样是第二产业的比重会进入逐步降低的阶段，但受经济大国发展需要和中国推动制造业高质量发展等政策的影响，工业的比重将相对高于其他同等收入国家；同样是农业生产比重呈持续下降的趋势，现代科技应用水平不断提高，但受人口大国粮食地位和内需主导作用的影响，农业在相当一段时期将保持比较稳定的水平。但与产出结构的调整变化相比，在新一代人工智能发展和应用的推动下，简单化、重复性、重体力的劳动会更多被机器所取代，就业服务化的趋势可能明显更快，第一产业、第二产业的就业人数将较快向第三产业转移。

产业结构调整升级的新趋势是：由于互联网、大数据、人工智能、绿色低碳、共享经济等新技术、新模式与实体产业的融合日益加深，新经济从内容到形式快速发展，制造业与服务业的界限将在一定程度上变得模糊，两者相互渗透、融合发展，使新经济的类型和比重持续增加。在新经济日益带动传统经济转型升级的条件下，将出现服务业主导制造业发展的新局面、新趋势。这使传统的产业结构统计和分析框架面临挑战，实践发展可能要求一些新经济部门从原有产业分类中分离出来，形成一些新的产业部门，也许会出现一个“第四（次）产业”。第四产业可能具有以下一些特点：一是既包含了制造因素也包含了服务因素，两类产业的特征难以截然分开；二是体现了绿色发展的方式和理念，包含了环境治理和生态保护的内容；三是体现了综合运行平台的性质，生产环节、流通环节、消费环节一体化；四是反映了新技术革命的趋势，信息化、大数据、人工智能等新业态融合和跨领域发展。

2018~2020 年是“十三五”规划的后 3 年，是决胜全面建成小康社会的关键时期，产业结构的调整升级具有承上启下的重要作用。国家“十三五”规划纲要对产业结构变动的预测只有一个指标，就是第三产业增加值比重变化的预期目标。我们可以从这个指标推测其他产业比重的变化趋势。“十三五”规划纲要预测，“十三五”期间中国第三产业增加值比重从 2015 年的 50.5%[①]上升到 2020 年的 56%，年平均提高 1.1 个百分点。这大概与“十二五”期间的变化值有关，2010~2015 年第三产业增加值比重由 44.1%提高到 50.2%，年平均上升 1.2 个百分点。一般来说，以过去 5 年的经验作为参考依据是可行的，这段时期的产业结构变动趋势应该是大体相同的。但是，需要注意的一个问题是，产业结构的变化不仅取决于各个产业增速的变动，还取决于产业相对价格水平的变动。“十二五”时期，工业价

① 实际统计数据是 50.2%，见《中国统计年鉴 2017》。

格水平大幅下行，而第三产业的价格水平大幅上升，2015 年与 2010 年相比，工业品出厂价格指数下降了 5%，工业增加值的平减指数为-2.4%，第二产业的平减指数为-0.4%，而第三产业的平减指数为 27.3%，把以当年价格计算的第三产业增加值比重拉高了 5.1 个百分点[①]。也就是说，如果以 2010 年不变价格计算，“十二五”期间第三产业的实际增加值比重只上升 1 个百分点，年平均只上升 0.2 个百分点。“十三五”期间的产业价格结构变动可能与“十二五”期间有较大差别，由于去产能等政策的作用，工业及第二产业的价格水平将有所回升，而第三产业在加快发展中竞争逐步加强，价格水平上涨的趋势将得到一定遏制，从而使产业价格结构的变动幅度减小。这将使第三产业增加值比重的上升趋势明显放缓。这种情况已经出现，第三产业的增加值比重在 2016 年上升了 1.4 个百分点（提高到 51.6%），但 2017 年没有变化，2018 年提高到 52.2%，也只上升了 0.6 个百分点。主要原因是受工业品出厂价格指数回升幅度较大的影响。例如，虽然 2017 年第二产业增速与上一年相同（都增长 6.1%），第三产业增速比上年提高 0.2 个百分点（增长 8.0%），但工业品出厂价格指数上涨 6.3%，第二产业增加值的平减指数为 5.4%，第三产业增加值的平减指数为 6.0%，产业价格水平变动差别缩小使第二产业、第三产业的当年价格比重变化不大。

这样看来，“十三五”时期中国第三产业增加值比重的上升幅度可能没有“十三五”规划纲要所预测的那么大，不是提高 5.5 个百分点而是只提高 3~4 个百分点，年平均上升 0.6~0.8 个百分点，到 2020 年提高到 54%左右。以此为基础，我们再分析其他产业变动的趋势。先看工业和第二产业的比重变化。“十二五”时期工业增加值比重从 40%下降到 34.3%，下降了 5.7 个百分点，扣除价格变化实际下降 3.3 个百分点。“十三五”期间，中国的工业化将处于后期阶段，工业增速虽已进入持续低于服务业增速的时期，但仍有 6%左右的中高速增长潜力，价格水平也将转为相对平稳或小幅上涨，因此工业增加值比重的下降速度将放缓，预计下降 2~3 个百分点。同时，建筑业的比重也会小幅下降，整个第二产业的比重预计降低约 3 个百分点，大概从 2015 年的 40.9%下降到 2020 年不足 38%。再看第一产业的比重变化。第一产业增加值比重的下降有逐步放缓趋势，“十二五”时期从 9.5%下降为 8.8%，下降了 0.7 个百分点，而“十一五”时期、“十五”时期分别下降了 2.1 个百分点和 3.1 个百分点。“十三五”期间由于推进扶贫脱贫攻坚、乡村振兴战略，第一产业比重的下降幅度将继续减小，预计降低 0.5 个百分点左右，到 2020 年比重仍在 8%多一些。

全面建成小康社会之后，2020~2035 年是基本实现社会主义现代化的新时期，也将是产业结构调整升级快速推进的时期。主要表现是：在深化供给侧结构性改

---

① 以 2010 年不变价格计算，第三产业增加值在 GDP 中的比重为 45.1%。

革、推进需求侧结构性改革的推动下，新经济的比重和带动作用快速上升，绿色经济的理念逐渐深入人心，绿色产业获得空前发展，现代服务业、新兴服务业全面发展，传统产业尤其是传统工业加快技术改造和升级，先进制造业、高新技术产业的规模和水平持续提升，从而形成经济结构优化、发展质量提高的产业基础。这个过程中，"中国制造2025"的规划目标要努力实现和深化，世界经济也可能迎来新一轮发展周期，在新的对外开放和国际竞争环境中，中国的产业结构调整升级将面临新的机遇和挑战，中国的制造业发展要加快融入全球中高端价值链，只有这样才能向制造业强国进军。到了2035~2050年，中国已基本实现社会主义现代化，并向建设富强民主文明和谐美丽的社会主义现代化强国迈进。在进入高收入国家行列之后，工业化过程已经基本完成，城市化达到后期阶段水平（70%左右），产业结构调整升级将进入相对稳定期。可以初步预见的主要特点是：经济出现服务化趋势，服务业中高端化、优质化、细分化，先进制造业、高新技术产业在工业中占较大比重，新经济与传统经济已融合发展，绿色产业和绿色经济全面发展。作为一个新兴的高收入大国，中国的人均GDP仍较低，制造业发展和对外贸易依然不可或缺，产业对外投资将快速发展，由创新引领的高新技术产业成为经济发展的重要支撑，将决定中国从经济大国向经济强国发展的未来趋势。

### 1.3.3 "十四五"时期产业结构调整升级面临的问题

在展望中国产业结构调整升级的大趋势之后，我们还需要对"十三五"末期和"十四五"时期面临的问题做一些深入分析。应当指出，这些问题是未来一段时期中国产业结构变动将面临的主要问题，而"十四五"期间由于经济增速将进一步回落，问题会更加突出。

1. 工业产能过剩问题

化解工业产能过剩，是产业结构调整的一项重要任务。产能过剩有周期性原因和非周期性原因，但中国这次产能过剩的原因比较复杂，不是一般的周期性过剩，而且又与总量矛盾有关，就是经济发展进入新常态或新阶段，需求增速趋势性下行，其影响超过周期性波动。同时，非周期性原因即结构问题更加突出，工业部门长期过度扩张、比重过高，在需求变化条件下结构性过剩的矛盾凸显。所以，现阶段的产能过剩是总量矛盾与结构矛盾交织的结果，背后有体制性问题的深层影响，将是一个需要中长期面对和解决的问题。工业产能过剩的突出行业是钢铁、煤炭等，这两个行业是2016年以来去产能政策力度最大的，由于采取压减产能、分解任务的有力措施，取得了较快去产能的效果。根据2018年第一季度工业和信息化部（以下简称工信部）举行发布会提供的信息，钢铁业产能利用率已恢复到80%的合理水平。根据国家发展改革委2019年1月22日新闻发布会提供的信息，到 2018 年末，“十三五”煤炭行业和钢铁行业去产能的主要目标任务基本完成，其中钢铁行业化解过剩产能五年任务已在三年内提前完成。但需要注意的是，这其中有 PPI 上涨和钢铁价格反弹等方面的原因，下一阶段还要防止过剩产能的波动反复。

未来几年以至整个“十四五”时期，去产能作为供给侧结构性改革的一项重点工作，仍然需要根据形势的发展变化有序推进，对此必须增强认识，明确思路。一是不要寄希望于世界经济较快复苏、国内经济企稳回升能化解工业产能过剩问题。现阶段的形势与 2000 年前后的情况已完全不同，不论是外部需求还是国内需求，要恢复较快增长趋势难度都很大，不大可能再有一些大事件带来新的需求扩张局面，而且中国工业产能过剩的主要原因是结构问题，即使总需求不足的矛盾能缓慢改善，对化解产能过剩矛盾的作用也相对有限。二是去产能要坚持用市场化、法治化的办法，努力减少计划经济、行政手段色彩的措施。这是从根本上解决中长期问题的可持续路径，也是用深化改革办法解决结构问题的基本出路。要依靠加强环保指标监控等技术、经济和法律手段，从制度和机制上加快淘汰落后产能。三是为了把优化存量与控制增量结合起来，既要提高产能过剩行业的进入门槛和加强严格规范的市场监管，又要推动企业兼并重组和提高产业集中度。四是要加快深化国资国企改革，从体制上解决地方保护主义和区域市场分割问题，建立健全过剩行业产能退出的机制，多措并举处置各类国有“僵尸企业”。

2. 新兴产业发展问题

新兴产业主要是指高新技术产业化或改造传统产业形成的产业，也包括社会需求拉动形成的新业态、新模式，是新经济发展的主要产业支撑。新兴产业发展的初期阶段，市场需求一般是不确定、不稳定的，但供给的发展有可能拉动需求的增长，供给结构的变化有可能引起需求结构的变化。因此，大力发展新兴产业特别是战略性新兴产业，是需求不足条件下发展经济的一种有效方式，也是推进产业结构调整升级的重要途径。

这轮国际金融危机之后，在世界经济复苏艰难缓慢的背景下，很多国家把发展新兴产业作为培育新增长点的战略举措，围绕高新技术前沿布局重点发展新兴产业，并在发达国家之间、发达经济体与新兴经济体之间形成了日益明显的竞争态势。中国在 2010 年提出七大战略性新兴产业的发展框架，随后出台了一系列规划和政策，激发了市场的高度热情，地方政府和企业积极谋划产业项目和扩大投资。几年来，战略性新兴产业发展迅速，增长速度大幅高于规模以上工业增长速度，对促进工业和经济稳定增长起了重要作用，也带动了产业结构调整升级。但这个过程中也出现了一些问题，如许多产业项目技术层次不高、自主创新能力不强、低水平重复建设，进一步发展受到了市场需求和国际竞争的明显制约。

从中长期看，推进新兴产业尤其是战略性新兴产业发展，需要注重以下几个方面。

(1)加快提升自主创新能力。新兴产业对高新技术的依赖性很强，关键技术、核心技术的突破十分重要。实践一再证明，不论通过什么方式引进技术，都面临代价高昂、受制于人、风险很大的问题。必须深刻反思多年来中国制造业片面追求增长速度和扩大出口的弊端，反思忽视研发投入和自主创新对长期可持续发展的影响。中国战略性新兴产业要向中高端发展和增强国际竞争力，根本出路是加快提高自主创新能力。应当充分利用中国作为世界第二大经济体的实力条件，发挥社会主义市场经济条件下集中力量办大事的制度优势，大力引进尖端人才，全面加大研发投入，加强科技合作攻关，多措并举推进战略性新兴产业的自主创新。

(2)高度重视知识产权问题。新兴技术产业面对较多的知识产权问题，以高新技术支撑的战略性新兴产业发展更面临国际上知识产权格局的制约。美国等发达国家通过强化知识产权战略，对中国获取技术转让、对外并购投资等方面加以严格限制，形成了中国技术创新进程的各种壁垒，严重阻碍中国高新技术的突破和新兴产业的发展。我们必须深入认识这个问题，尽快适应这种日益严峻的知识产权环境，全面加强尊重、遵守知识产权的观念和氛围，努力创造和保护自己的知识产权，提升对发达国家知识产权战略的应对能力。

(3)密切关注国际贸易壁垒。近几年国际贸易保护主义抬头、愈演愈烈，美国等发达国家出现了反经济全球化的倾向，主要源于多数国家面临加快经济增长与国内需求不足的矛盾，而这种状况在新兴产业领域表现更加强烈，是因为很多经济体期望从新兴产业中寻找新的增长点。美国对中国发起的贸易摩擦和投资限制，突出地集中在对中国战略性新兴产业出口市场、技术需求、产业链条等关键环节的制约上。因此，未来中国战略性新兴产业的发展要更加注重应对国际贸易壁垒的挑战，深入研究针对新兴产业的贸易壁垒变化趋势，探索正确的发展战略和有效的发展路径。

(4)努力开发国内市场需求。中国新兴产业的产品和服务要得到国内消费者的认可和接受有一个过程，但国内市场是一个正在快速发展的多元化大市场，必须使企业认识到这是关系长远发展的主要方向和目标。我们不能企望境外市场特别是发达市场需求有多快的增长、多大的空间，要把发展的困难和风险考虑得更多一些，把发展重心放在拓展自己的国内市场上。要促进企业开发适应国内市场需求的新兴产品和服务，同时加大对战略性新兴产业的政府采购，引导消费者更多地使用国内品牌、国产产品，从根本上支持民族新兴产业的发展。

(5)增强新兴产业带动效应。“十三五”规划提出战略性新兴产业增加值占GDP的比重要达到15%，这个数量目标应当在高质量发展的基础上实现。同时，要发挥战略性新兴产业对传统产业和整个经济发展的带动作用，依托新兴产业的较快发展，增强产业发展的新动能，改造提升传统动能，促进经济发展质量和效益的提高。

3. 制造业的地位和作用问题

在产业结构调整升级过程中，如何看待制造业的地位和作用，是我们需要面对的一个重要认识问题，也是一个不可忽视的战略取向问题。近几年来，中国服务业比重快速上升，工业比重大幅下降，加上工业产能过剩突出、环境污染严重等问题，有人认为中国已进入服务业主导经济发展的阶段，需要大力发展服务业，降低工业的地位和作用。如何认识这个问题？工业部门在统计上包括三个部分：采掘业、制造业、电力热力燃气和水生产供应业，从中长期趋势看，采掘业发展主要取决于自然资源状况，电力热力燃气和水生产供应业发展主要取决于国民经济运行需要，而制造业发展则主导着工业的比重、结构和前景，我们要讨论的基本上是制造业的地位和作用问题。中国经济发展虽已进入工业化后期阶段，但作为发展中大国的基本国情没有改变，即使若干年后中国进入高收入国家行列，与人均国民总收入（gross national income，GNI）很高的发达经济体相比仍有较大差距。这决定了中国制造业在国民经济体系中的重要地位，需要继续发挥制造业在发展中的重要作用。

在经济进入新时代的发展时期，制造业的地位和作用主要表现在：一是为经济社会发展提供高水平的技术装备，支持传统产业技术改造，促进国民经济和国防现代化。没有本国先进制造业尤其是高端装备制造业的发展，依靠进口技术装备不可能较快完成传统产业的大规模技术改造，不可能顺利实现国民经济特别是国防建设的现代化。二是为对外贸易和投资提供技术设备支持，促进高技术含量制成品出口增长和结构优化，增强中国产业和经济的国际竞争力。没有制造业尤其是中高端制造业的发展，中国外贸进出口的国际竞争力将面临挑战，经常项目长期顺差的局面可能发生逆转，并对国内经济稳定增长带来新的压力。三是为各行业的创新发展提供技术平台，支持产业结构升级和现代经济体系建设，促进经济增长质量和效益的提升。没有制造业尤其是现代制造业、先进制造业、新兴制造业的发展，很多科技成果应用和重要技术创新将缺乏试验、推广和产业化的平台，推进产业结构升级、建设现代经济体系会受到明显的制约或影响。

2018 年召开底的中央经济工作会议，把推动制造业高质量发展列为 2019 年要抓好的第一项重点工作任务，这反映了我国经济工作重点的重要转变。推动制造业高质量发展既是一个迫切性问题，更是一个战略性问题，从根本上说是与工业化的阶段联系在一起的。随着我国的工业化进入后期阶段，制造业具备了整体上向高质量发展的基本条件，也到了需要高质量发展才能继续发展壮大的阶段。在总需求增速阶段性下行和产业结构调整升级的条件下，制造业的数量扩张日益受到需求的制约，转向高质量发展成为内在要求和必然趋势。

当前和今后相当长一段时期，中国的服务业比重会持续上升，但制造业依然是国民经济的主导性产业，需要保持中高速增长，加快向中高端发展。为了提高制造业的发展水平和国际竞争力，必须大力实施“中国制造 2025”战略，促进制造业创新发展、绿色发展、高质量发展，努力解决制造业发展中的产能过剩、环境污染、结构落后等问题，推动中国制造向中国智造转变，加快制造业的技术升级。特别是，要适应产业结构调整升级的新趋势、新要求，更加注重处理好发展制造业与发展服务业的关系，推动工业化与信息化深度融合，推进制造业网络化、数字化、智能化发展，推进制造业服务化的发展。

4. 服务业结构的优化问题

中国服务业快速发展的过程中，需要注意服务业结构的变动趋势及问题。2008~2017 年，中国服务业中金融业、房地产业出现快速扩张，金融业占 GDP 的比重从 5.7%上升到 7.9%（2015 年最高达到 8.4%），房地产业占 GDP 的比重从 4.6%上升到 6.5%。2017 年，金融业和房地产业占 GDP 的比重达 14.4%，占第三产业的比重达 27.9%，已达到或高于大多数发达国家的水平。这并不能表明中国的金融业和房地产业已经成熟或发达，而是资金脱实向虚、投机过度，大量涌入金融业和房地产业的结果，其中既有制造业产能过剩、实体经济市场前景不明朗的原因，也有居民储蓄资金缺乏投资渠道，金融业和房地产业投资收益过高吸引过多资金流入的原因。这种结构状况和发展趋势，已经预示着泡沫的积聚和风险的增长。因此，必须高度重视服务业快速发展中的结构性问题，采取有效政策促进服务业结构优化。

服务业内部产业有不同的层次和发展方向，主要是市场需求拉动和政府政策推动两方面作用的结果。服务业是否与制造业一样，具有产业结构升级的一般规律？如果有，很大程度上也不同于制造业，而是有其自身的规律和特点，即服务业结构变化既有技术进步决定的因素，也有社会发展需要决定的因素。例如，文化、体育、医疗卫生、社会福利等部门比重的上升，客观上不能支持社会生产率的提高，而是经济社会发展水平提高的结果，并且是社会进一步发展所需要的。因此，服务业的结构变动不能完全或主要由市场调节，其中一些部门的发展要更多地考虑社会需求和社会效益。更多注重中低收入阶层和社会公平发展的需要，处理好政府、市场与社会的关系，对于推进服务业结构优化具有重要意义。

促进服务业结构优化的主要取向：一是加快发展现代服务业、新兴服务业。生活性服务业的发展优化要适应居民消费结构升级的趋势和特点，生产性服务业的发展优化要适应产业结构调整升级的趋势和特点，两者既要符合市场现实需求，又要适应和引领市场潜在需求。这些年各级人民政府在推动现代服务业发展、改善供给短板方面已出台了许多政策措施，但这些政策措施应适时适度，不能改变市场主导的格局，不能超越或违背市场规律。要积极发展现代专业服务业，包括专业服务企业和中介机构，促进现代服务业结构优化，支持整个产业结构调整升级。二是依靠新技术改造提升传统服务业。近年来服务业应用新技术的趋势很强、发展很快，这是市场与政府共同作用的结果。未来一段时期，我们仍然要依靠互联网、大数据、物联网、人工智能等新技术带动传统服务业改造升级，提升传统服务业的新动能、新需求，促进服务业与制造业的深度融合，促进新产业、新业态、新模式的交错发展。三是大力发展适应社会需要的公共服务业。加快发展符合新时代、新时期特点的各类公共服务业，是满足人民日益增长的美好生活需要的基本要求，也是推进社会主义现代化建设的重要基础。需要明确的是，对于医疗卫生、教育培训、养老健康、社会保障等公共服务业，受经济发展阶段、收入分配差距等因素的影响，社会需要的上升过程具有多层次性特点，与市场导向的趋势不完全一致，有些还可能是相互矛盾的，因此，这些服务业部门的发展，不能过多依靠市场配置资源的作用，而应当加强政府的政策引导、支持和推动。四是注重解决服务业发展中的结构失衡问题。在服务业快速发展和比重上升的较长过程中，出现阶段性的结构失衡问题是难以避免的，例如，房地产业过度扩张导致金融资源错配就是一个突出问题，将积聚和带来较大的金融风险、社会风险。为了防范服务业发展中的严重结构风险，必须针对市场机制失灵、市场过度调节等产生的突出问题，深入研究政府如何加强适度、有效干预的政策，加快建立健全化解风险的长效机制。

### 1.3.4　“十四五”时期促进产业结构调整升级的政策思路

促进产业结构调整升级的政策总体上说是产业政策，中心内容是产业结构政策或选择性产业政策。供给侧结构性改革本质上也是一种产业政策，主要依靠深化改革推进结构调整，因而又是推行产业政策的大前提、大背景。

在中国的政策框架中，产业政策包括产业结构政策、产业布局政策、产业技术政策、产业组织政策①，下面以产业结构政策为重点，在分析产业政策问题有关争论和中国产业政策性质特点的基础上，分析“十三五”时期的政策实施情况，探讨“十四五”时期的政策思路取向。

---

① 1994 年国务院颁布的《90 年代国家产业政策纲要》，在借鉴国际经验的基础上，将产业政策的主要内容概括为：产业结构政策、产业组织政策、产业布局政策和产业技术政策。

1. 关于产业政策问题的争论[①]

2016 年，林毅夫与张维迎围绕产业政策去留问题展开了激烈争论，引起学界和政府部门的高度关注，也带动了一些学者的参与，至今讨论仍在持续。“林张之争”在观点上具有根本分歧，但所使用的产业政策含义却不一致，使争论不能聚焦到同一个问题上。因此，我们需要先从概念上理清争论的脉络。

产业政策有广义与狭义之分，国内外经济学家对此有不同的表述和主张。广义的产业政策是指所有关于产业发展的政策。主要观点包括：“产业政策是政府通过对全产业的保护、扶持和调整，直接或间接干预要素、商品、服务和金融等市场运行机制的政策之和，从而实现某种经济和社会目的”（中国社会科学院工业经济研究所和日本总合研究所，1982）；产业政策是指为了克服市场不足、促进产业发展与结构优化，以全部产业为作用对象而主动实施的一系列政策措施的总和，“一般可划分为通用性产业政策和选择性产业政策两个层次”（Warwick，2013）；产业政策是以弥补市场缺陷、协调和促进经济发展为目的，由政府制定和实施的指向全部产业的一切政策总和（Williams，1993；Norman et al.，2008），后者特别强调产业政策的经济赶超功能。《世界银行 1994 年度报告》也把产业政策界定为各国政府为了实现其全局及长远利益而主动干预产业活动的各种政策总和，其中干预手段包括引导、保护、扶持、调整、限制等方面。林毅夫（2017）的产业政策含义，基本上属于这种广义的产业政策，即为推动企业技术创新和产业升级，帮助企业家克服外部性和协调问题，中央及地方政府使用资源以促进某些产业发展与升级的政策措施。总的来看，广义的产业政策已经相当于经济发展政策，所有产业的发展就是经济的发展，只不过从产业层面体现政府干预的取向而已。

狭义的产业政策是指选择性产业政策或产业结构政策。主要表述是：产业政策是指政府在私人产品领域为促进特定产业的发展，提高其生产效率和竞争力而实施的影响产业间及产业内部资源配置的倾向性政策干预措施（Johnson，1984；小宫隆太郎等，1988；Weiss，2011；Yilmaz，2011）。美国学者约翰逊（2010）也指出：“产业政策是政府鼓励和限制某些产业生产经营活动的概括，提高本国产业的国际竞争力，产业政策是财政政策和货币政策的有效补充，构成政府经济政策三角形的第三边，产业政策侧重于中观层面的政府干预。”张维迎（2017）的产业政策含义属于这种狭义的产业政策，他认为产业政策是指政府在私人产品领域进行的选择性干预和歧视性对待，私人产品和选择性干预是产业政策的主要属性。但需要指出，产业组织政策也是一种狭义的产业政策，不同的是产业结构政策干预的是产业之间的资源配置问题，而产业组织政策干预的是产业内部的竞争与垄断问题。产业结构政策的本质特点是，政府对不同的产业区别对待，但对所有的

① 杨阔博士帮助整理和提供了关于产业政策问题争论的部分文献资料，专此致谢。

企业应一视同仁（包括对不同所有制企业），我们在讨论或研究中不能把对企业的政策放进来，否则就会把对产业的选择当作对企业的干预了。

林毅夫与张维迎使用的产业政策含义是不同的，争论集中在对狭义产业政策即产业结构政策的分歧上，即对特定产业发展的扶持或限制政策。林毅夫为代表的新结构主义经济学，基于市场失灵和要素禀赋而主张“有为政府”，认为政府应当实施积极的产业政策，以克服市场失灵，并因势利导地利用本国基于要素禀赋的比较优势，最终致力于达到促进技术创新、加速产业升级的目的。张维迎代表的是新自由主义的观点[①]，否认市场失灵和贤能政治的存在，主张“有限政府”，认为应当废除一切形式的产业政策，扫除政策干预对自由市场和企业家决策的干扰，提出充分保障和发挥自由市场机制和企业家精神，是促进技术创新和产业发展的唯一途径，而实施产业政策只会适得其反。应当说明，对于功能性产业政策或公共产业政策，各方都是赞成的，争论焦点在于产业结构政策或选择性产业政策的合理性，即对于特定产业发展的扶持和限制政策是否应当存在。遗憾的是，双方都自觉或不自觉地把“企业”放进来讨论，因而把产业选择政策的界限搞模糊了。尽管企业可以在产业之间流动，但产业结构政策只选择产业不选择企业，只干预某个产业不干预某个企业，是中观层面的干预而不是微观层面的干预，必须严格界定并坚持这个逻辑关系，才能使问题清晰和讨论深化。

关于产业政策争论的理论逻辑，从根本上说是如何处理政府与市场的关系问题，即在市场经济条件下，是否需要政府干预产业发展的问题。争论的根源是所依据的经济理论基础不同。新结构主义的理论基础是新古典经济学。新古典经济学假定市场主体具备完全信息，在给定技术及价格条件下进行利润或效用最大化决策；同时，以一般均衡的理想状态作为标准，对现实市场的运行绩效进行评价，进而从理论上得出垄断、外部性、公共物品、信息不对称及协调失灵等市场失灵的结论，蕴含着需要政府干预以纠正市场失灵的政策含义，而产业政策则是政府实施政策干预的重要工具。新自由主义观点的理论基础是奥地利经济学派。奥地利经济学派反对新古典学派把经济学视为客观科学而进行一般均衡分析的研究范式，而把经济学看作是不同于自然科学的“人类行为科学”，重视实现均衡的市场竞争过程分析；同时，从不完全信息出发，认为竞争的市场过程是在企业家创新精神、优胜劣汰的竞争机制作用下对于新技术、新产品及新的交换机会的最佳识别与选择，是发现和利用分散化的知识与信息的最有效机制，也是实现由非均衡到动态均衡的最有效途径，只要政府行为仅限于保障公共物品供给、制度建设、专利保护、支持教育与科研等基本职能的发挥，就根本不存在新古典意义上的市场失灵现象，因此无须政策干预，包括不需要产业政策。

① 张维迎不否认这一点，但强调更愿意称自己为古典自由主义者（林毅夫等，2018）。

需要指出，经济学理论是为经济实践服务的，不同的经济理论主张只能适应于不同的经济发展阶段和运行条件，我们在讨论中国的产业政策问题时，必须注重不同经济理论对中国实践的适应性。中国的基本国情是，我们仍处于并将长期处于社会主义初级阶段，仍然是一个人口众多的发展中大国；社会主义市场经济体制还处于建立健全的进程中，市场经济的体制条件和环境还很不完善。新古典经济学的理论，比较适应发达市场经济的运行条件，但不完全适应中国经济的发展进程，更不适应中国经济的体制背景。而奥地利经济学派的理论连当代发达市场经济的现实都不能适应，离中国经济发展和制度建设的实际环境相去甚远。总的来看，以上经济理论对于分析中国产业政策的理论基础，都只有也只能有一定的参考价值。

对于政府是否应实施产业结构政策，国内外学界也一直存在分歧，争论的核心问题是，从一个国家经济发展的层面看，是不是需要、能不能实施这些选择性政策，以及这些政策的成败功过。国外的主要观点包括：一是支持实施产业结构政策，认为产业结构政策的积极实施对于一国的产业升级与经济发展具有促进作用；二是有条件支持实施产业结构政策，认为产业结构政策的积极效应需要一定条件才能发挥；三是反对实施产业结构政策，认为产业结构政策的积极效应并没有被发现，被保护产业的全要素生产率增长率并不显著。国内学者对中国实施产业结构政策的实证研究也呈不同结果：有些文献得出中国产业政策的积极效应十分微弱的结论；有些则认为中国部分产业政策（如政府对新兴产业和幼稚产业的保护性产业政策）的积极效应较为显著；还有一些研究结论持中立的审慎态度，并认为中国产业政策发挥作用的余地会越来越小。

2. 中国产业政策的性质和特点

中国推行的产业政策特别是产业结构政策，基本上是从20世纪80年代兴起的，主要是引进和参考日本的产业政策，并逐步形成了一定的中国特色，政府干预的方式更多、程度更强。现在有的学者列举了中国计划经济时期的产业政策，但严格来说，计划经济时期只有产业发展计划，完全是指令性的政策安排，并没有一般意义上的产业政策。真正的产业政策是以市场经济的发展和市场机制的作用为基础的，也是可以与市场经济国家而不是计划经济国家相比较的。现在市场经济发达的国家，一般少有产业结构政策和产业布局政策，主要是市场调节功能较强，政府干预的需要较少。然而，即使是市场高度发达、国际竞争力强的美国，其为了占领或保持引领世界科技和经济发展方向的重要产业的地位，也会实施一些选择性产业政策，并辅之以相应的技术政策，如支持互联网、人工智能等高新技术产业发展的政策，就是明显的例子。从经济史上看，几乎所有现在的发达国家都实施过干预产业发展的政策，即选择性产业政策或产业结构政策，主要是围绕发挥本国产业的绝对优势或比较优势，服务于提高国际贸易竞争力的需要。包括日本在内的这些国家，正是通过在一段时期内推行选择性的产业政策，促进和提升了一批产业在国际上的竞争优势，并进入到发达国家的行列。相比之下，发展中国家在推进产业和经济发展过程中，一般都有广义内容和多种形式的产业政策，主要是市场机制的作用较弱，政府干预的需要较多。特别是，发展中国家的产业发展都有在政策支持中实现赶超的任务，而发达国家的产业发展已不需要过多的保护，并具有随着市场机制调节和产业结构演进逐步向外转移的趋势。

中国在改革开放中形成的产业政策，是计划经济向市场经济转变过程的政策需要，产业政策的发展与改革开放进程联系在一起。渐进式改革的推进使指令性计划减少而指导性计划的范围扩大，也使产业政策的重要性逐步上升，对市场主体和产业发展的调节作用增强。产业政策开始推行主要是在工业尤其是制造业领域，这与城市改革主要从工业领域展开和推进的过程有关，也与改革初期阶段大力发展对外贸易、引进外商直接投资的政策取向有关。20 世纪 90 年代以来，随着党中央确立了发展社会主义市场经济的基本方向，政府部门逐步从政策框架的理念上明确了产业政策的定位、范围和作用。在经济体制转轨的过程中，尽管计划经济的影响一直存在，但市场经济的观念和作用在增强，产业政策的实施过程不断引入市场机制。不过，经济实践过程远比理论认识过程复杂得多，由于受到经济体制原因、发展过程原因、特定时期需要、各届政府倾向等多种原因的交错影响，产业政策的实施范围、力度和作用是波动的。改革进程的变化、地方政府的作用，增加了产业政策的多样性、复杂性、不确定性。1994 年的分税制改革增强了地方政府发展经济的动力，1998 年的住房制度改革增加了各地政府获取卖地收益的取向，地方政府越来越重视制定实施区域产业政策，如发展工业、扩大投资的政策，发展房地产业、增加卖地收入的政策。这既产生了中央产业政策与地方产业政策的矛盾，又导致了各地产业结构的趋同、区域市场竞争的强化。然而，在相当长一段时期内，多数政府部门并不怀疑产业政策的必要性、有效性和适用范围，产业政策的内容密集地出现在政府部门的文件中，但多数政府部门却很少对产业政策的效果进行评估。

从产业政策的本质看，中国特色的产业政策是中国特色社会主义市场经济体制框架中的一项重要政策内容。计划经济向市场经济转轨过程的产业政策，成为政府调控市场、促进产业发展的一个新手段，成为政府管理经济的一种新方式。产业政策的实施客观上仍是计划经济手段的应用，在渐进性改革中以指导性计划的形式发挥作用，具有指导性计划的本质特征，并逐步向发展性规划的形式转变。随着经济发展规划取代了经济发展计划，产业政策作为国民经济发展规划的一项主要政策内容，作为产业发展规划的组成部分和实现手段，地位和性质已基本明确。这产生了一个问题，即否定产业政策可能导致否定经济发展规划，因为如果从发展规划中删除产业政策的有关内容，发展规划可能成为缺乏实质内容的空架子。产业政策客观上促进了产业和经济的持续发展，也阻碍了政府在经济活动中的合理退出，某种程度上导致了政府职能的越位、错位、缺位等现象。

从产业政策的特点看，中国特色的产业政策是与推进产业和经济赶超的战略相联系的。主要特点包括：一是产业政策普遍存在，但起作用的主要是产业结构政策，产业布局政策、产业技术政策、产业组织政策的作用较小。二是产业结构政策主要是促进产业调整升级，支持高新技术产业发展、加强能源等基础产业的政策力度较大，推动传统产业技术改造、限制落后产业发展的政策力度较弱。三是实施产业政策的经济手段不多，以财政补贴、税收优惠支持产业发展为主，金融政策对支持与限制产业的调节作用都较差。类似经济手段是依靠政府直接投资，或国有经济投资，推动规划安排的产业发展。四是实施产业政策的法律手段薄弱，一些法律法规不健全、可操作性较差、执行效果不佳，主要依靠行政性法规，而且根据实际需要经常调整变化，不稳定、不规范。五是实施产业政策的行政手段较强，主要是通过地方政府起作用。原因是地方政府有自身的利益取向，地方保护主义的影响较大，客观上需要中央政府以行政手段来推行政策。国有企业也是实施行政手段的载体。六是把经济、法规、行政手段结合起来，用于限制某些产业的过度发展，如对产业发展规定准入门槛，包括技术、安全、规模、质量、环保等进入标准。但政策的稳定性较差、变动性较大，缺乏规范的执法、监管队伍，执行效果不理想。从这个角度说，要评判产业政策的功过成败，需要把政策目标与政策手段区别开来。

3. “十三五”时期实施产业结构政策的主要经验

“十三五”时期即将过去，现在要研究“十四五”规划的思路，需要总结“十三五”的经验和教训，从中获得一些有益的启示。从产业结构政策的角度看，有哪些重要的经验和启示呢?

“十三五”产业结构政策的基本内容，主要体现在两个方面：一个是“十三五”规划纲要中的第五篇——优化现代产业体系；另一个是作为供给侧结构性改革重点任务的“三去一降一补”政策。前者反映了产业结构政策的基本框架内容，后者反映了产业结构政策的主要推进任务。

与“十二五”时期相比，“十三五”产业结构政策的重要转变，就是全面体现了党中央对中国经济发展进入新常态的重大判断。经济发展进入新常态或新阶段以来，总量问题与结构问题交错存在，结构问题及其影响更加突出，使产业政策面临着解决结构矛盾和总量矛盾的综合性任务，也使产业政策的框架、内容和重点发生了调整变化。一是产业政策成为宏观经济调控的重要组成部分。中央加强了促进产业结构调整升级的政策，主要是选择性的产业结构政策，辅之以产业技术政策、产业组织政策、产业布局政策。同时也加强了功能性或公共性产业政策的支持，为产业调整升级创造必要的外部条件。二是产业政策成为推进经济转型发展的基本手段。作为一项以深化改革推进结构调整的主要政策，供给侧结构性改革从本质上和功能上看也是一种产业政策。作为供给侧改革重点任务的“三去一降一补”政策，更是一项直接推进产业结构调整的政策，基本取向是先推进去产能、去库存，再推进去杠杆、降成本、补短板，通过多种手段并举，主要发挥促进结构调整和转型发展的作用。三是产业政策的实施方式发生调整改变。随着简政放权和“放管服”改革的不断推进，产业政策实施中的审批环节大量减少，投资发展自主权下放到地方、企业和社会中介机构，事中、事后监管相应逐步加强，政府监管方式开始转型，对产业发展的管制向增加服务方面转变。这使实施产业政策的体制条件发生了重大变化，为减少政府不必要干预、更多发挥市场作用提供了有利的制度环境。

在这种条件下，“十三五”时期的产业结构政策出现了以下新的趋势和特点。

（1）产业结构政策的框架内容有了调整变化。主要表现在：一是产业结构政策的范围相对缩小。“十二五”规划纲要用了两篇共九章的篇幅阐述与产业政策有关的内容，范围涉及产业发展的方方面面，而“十三五”规划纲要只用了一篇共三章的篇幅阐述产业政策的有关内容，包括实施制造强国战略、支持战略性新兴产业发展、加快推动服务业优质高效发展三个方面，涉及的范围、领域、内容和要求都有所减少。二是产业结构政策融入了改革开放的新要求。“十二五”时期，国家发展改革委分别于2011年和2013年对2005年版本的《产业结构调整指导目录》[①]进行了修订，基本保持了以往“鼓励类、限制类、淘汰类”分列的框架性内容。而“十三五”时期的产业结构调整政策逐步与市场准入负面清单管理结合起来，2019年4月公布的拟修订的《产业结构调整指导目录（2019年本，征求意见稿）》，体现了与《市场准入负面清单（2018年版）》的衔接，或者说纳入了负面清单管理的基本要求。国务院发布的《“十三五”国家战略性新兴产业发展规划》，主要是根据“十三五”规划纲要有关部署编制的。工信部在2018年对《产业转移指导目录（2012年本）》进行了修订，形成《产业发展与转移指导目录（2018年本）》，但涉及的主要是工业产业的区域布局问题。

同时，产业结构政策的主要任务更加集中。“三去一降一补”政策作为“十三五”产业政策的重点任务，抓住了产业结构问题的重点和难点，因为在经济新常态条件下，产业结构失衡问题更加突出地表现出来，对经济增长产生了很大的影响，引起了产业价格结构的剧烈震荡，工业品出现通缩而服务业出现通胀。“三去一降一补”政策使产业政策的取向更为聚焦，主要致力于解决产业结构的调整问

① 根据《国务院关于发布实施〈促进产业结构调整暂行规定〉的决定》（国发〔2005〕40号）制定。

题，通过调整结构来稳定经济增长，支持产业升级。在去产能方面，选择了产能过剩严重和影响面广的重点行业——煤炭和钢铁行业，在去库存方面，选择了房地产库存严重和风险度高的主要区域——三、四线城市，使产业结构政策对解决短中期结构矛盾起了以点带面、见效较快的作用。

（2）实施产业结构政策的手段逐步调整变化。这就是从较多运用计划经济、行政管理手段向更多运用市场化、法治化手段转变。在推进煤炭、钢铁行业去产能过程中，尽管中央一开始就提出主要运用市场化方式和经济手段，但很多部门和地方为了较快取得去产能的成效，包括抑制地方保护主义的影响，还是在许多方面、较大程度上运用了计划方式和行政手段。虽然这样做取得了较快的效果，但也带来了一些负面效应和新的问题，例如，导致一些先进产能与落后产能一起淘汰，部分落后产能在行政管理一阵风过后又死灰复燃；较多地打压了部分民营企业，保护了部分国有企业；等等。这些问题引起社会有关方面的关注，受到了企业界和经济学家的批评。面对这种情况，中央在相关政策文件中反复强调，在推进“三去一降一补”尤其是去产能的过程中，要转变推动的方式和手段。2018年底召开的中央经济工作会议再度指出：必须坚持以供给侧结构性改革为主线不动摇，更多采取改革的办法，更多运用市场化、法治化手段；要巩固“三去一降一补”成果，推动更多产能过剩行业加快出清，降低全社会各类营商成本，加大基础设施等领域补短板力度。①这表明，中央高度重视这个问题及影响，进一步强调要更多地运用市场化、法治化的手段。这对于推动产业结构政策实施手段的转变起了重要的作用。最近两年，政府部门已经结合简政放权改革的推进，把环保监管作为淘汰落后产能的重要手段，而环保监管在国际上就属于市场化、法治化的手段，国内的监管法规、方式、队伍也比较成熟，将有利于支持产业结构政策实施手段的调整转变。

（3）推行产业结构政策的办法正在调整转变。党中央在提出推进供给侧结构性改革时，明确指出要运用改革的思路和办法，但在实施“三去一降一补”政策过程中，很多地方和部门还是较多地使用传统的调结构管理方法。针对这种现象，中央反复强调要更多依靠深化改革的办法，并不断释放推进改革开放的信号和举措，特别是通过加快提高扩大开放水平倒逼经济体制改革进一步深化，以此加强对产业结构政策实施过程的改革思路导向。这有利于在搞好深化改革顶层设计的基础上，进一步支持各地的改革探索，充分发挥各个方面推进改革的积极性、主动性和创造性。同时，中央也不断强调，在实施产业政策，推进产业结构调整升级中，要更好地发挥民营经济的作用，加快深化国有经济的改革，增强微观基础

---

①《中央经济工作会议在北京举行 习近平李克强作重要讲话》：http://www.xinhuanet.com/politics/leaders/2018-12/21/c_1123887379.htm，2018年12月21日。

的活力和动力。这涉及产业结构政策的一个重要问题，就是政府对产业结构调整升级的推动或导向，从根本上说是干预产业发展和结构变动，不能干预各类企业的产业选择。应当严格区分对产业与对企业的不同政策，不论政府扶持或限制哪些产业的发展，都要对所有的企业一视同仁，给企业留下选择的空间，发挥市场的调节功能；而对于企业发展的干预，本质上属于产业组织政策，主要是鼓励竞争，限制垄断，创造公平的竞争环境。

以上分析的这些新的趋势和特点，可以说也是“十三五”实施产业结构政策的一些主要经验，值得我们认真进行总结和深入研究，并为“十四五”时期提供借鉴作用。

4. “十四五”时期实施好产业结构政策的基本思路

从国内外对产业结构政策实施结果的实证研究可以发现，同样的例子，既可证明产业政策的成功，也可证明产业政策的失败。这反映了一个问题：实施产业政策的初期或过程可能是有效的，鼓励发展的产业迅速发展起来；而结果则可能是不成功的，政策导向的产业很快发展过头，转为出现过剩的结局，新能源产业政策就是一个案例。主要原因包括：产业政策实施中缺乏阶段性评估；其他因素影响了产业政策的效果；政策实施过程没有进行动态调整；产业政策没有适时或合理退出。从中国实施产业结构政策的情况看，存在的基本问题是：政策涉及范围明显过宽，许多政策手段运用不当，政策配套措施相对不足，政策环境受非经济因素影响，缺乏有效的政策退出机制。其中的根本性原因是：在经济体制仍处于转轨过程的条件下，由于市场体系和机制不完善，相关法律法规不健全尤其是缺乏有效执法机制，很多政府部门特别是地方政府过度相信政府干预的作用，过度依靠产业政策实施中的行政手段，因而不注重市场机制对产业政策实施过程的检验，最终导致产业政策的实施结果背离了市场运行的一般规律。

从国际经验看，各国的产业政策演变具有一定的规律性，主要是随着经济发展和制度建设的进步而变化。判断中国产业政策演变趋势的基本依据：一是经济发展水平的提高。随着发展水平的上升，经济进入高收入阶段，产业结构的变动放缓，产业政策的必要性和重要性将降低。二是经济体制改革的深化。随着改革开放不断深入，市场经济发展水平提高，市场配置资源的功能增强，政府职能转变过程逐步完成，产业政策的体制基础将发生变化。三是国际竞争力的增强。随着产业结构调整升级的不断推进，产业发展水平和国际竞争力提高，产业发展的国际差距和赶超压力减小，多数选择性产业政策可逐步退出。完成了以上进程，中国经济基本上已进入建成社会主义现代化强国的阶段。

可以指出，在“十四五”时期，中国经济发展的实践还谈不上要不要产业政策的问题。从理论上讨论这个问题，需要限定时间、背景和条件，否则就会陷入理论与实践的背离和矛盾。这就是：中国还要编制“十四五”发展规划纲要，发展规划中还要有产业政策的框架内容，理论上说放弃产业政策只能是未来某个时间条件成熟后的事情，实践中主要是如何在深化改革中推进产业政策转型并限制其负面效应的问题。这就像我们在没有找到新的更合适、更有效的工具之前，不能轻易抛弃家里一件半新不旧的常用工具一样。为了适应经济发展的新常态或新阶段，促进产业结构的调整升级，我们需要在新的条件下实施产业政策特别是产业结构政策，同时积极推进产业政策的调整转型，完善产业政策的实施条件和机制。在经济运行仍面临下行压力的情况下，把产业政策与宏观调控结合起来看，推行产业结构政策还有一个不可忽视的重要作用，就是应对未来一段时期产业结构变动和经济增长过程的不确定性，在一定程度上加强产业发展的预期管理，通过适当的政策导向，调控市场波动，弥补市场不足，引导资源有效配置。但要强调的是，必须坚持依靠深化改革来完善产业政策，在推进简政放权改革的条件下推动产业政策改革、转型和优化。基本原则和要求包括：逐步缩小产业政策的内容和范围，设计和建立产业政策退出的机制，改革和完善产业政策应用的手段，深化与产业政策相关的体制改革。

“十四五”时期实施产业结构政策具有比“十三五”时期更为有利的条件。一是产业结构的基础性调整已取得了一定成效，为继续推进产业结构调整和升级奠定了较好的基础。二是政府部门对实施好产业结构政策的理论认识明显提高，有助于继续推进产业政策实施内容、手段和方法的调整转变。三是推行产业结构政策的体制环境有了较大程度的改善，“放管服”改革和政府职能转变的推进有利于更好发挥市场的作用。因此，在编制“十四五”发展规划中产业结构政策基本框架内容、制定针对经济运行突出矛盾的产业结构政策主要推进任务时，要在深入调研分析的基础上，积极总结吸收“十三五”产业结构政策的有益经验成果，继承“十三五”产业结构政策调整转型的良好趋势，特别是，要深入贯彻落实党中央反复强调的精神，坚持更多地采取改革的思路和办法，更多地运用市场化、法治化的手段。

“十四五”时期产业结构政策的基本取向，要与“十三五”时期的发展要求联系起来。“十三五”的产业结构政策主要服务于缓解结构矛盾、减弱经济下行压力，基本政策取向是：以推进结构调整为重点，支持产业升级发展，促进经济稳定增长。而“十四五”的产业结构政策主要服务于提升产业链水平、推动经济高质量发展，基本政策取向应转向：以促进产业升级为重点，带动结构调整优化，为经济高质量发展提供产业支撑。

围绕这个主要目标，要更加注重以下几个方面。

(1)坚持以供给侧结构性改革为引领，以深化改革促进产业结构政策的合理设计和有效实施。中国供给侧改革的重点逐步转向降成本、补短板、促进创新、培育新动能，这将引领未来一段时期产业政策的基本方向。要把深化改革作为主要方法、手段和路径，推进产业政策设计、规划、实施的制度创新，提高产业政策对降成本、补短板、技术创新、培育新动能的促进作用，并形成可持续、可调整、可完善、可退出的机制。

（2）坚持处理好政府与市场的关系，使产业结构政策建立在使市场在资源配置中起决定性作用和更好发挥政府作用的体制机制上。深入研究确定“十四五”时期经济发展规划中的产业政策内容，以充分发挥市场配置资源作用为基础，继续缩小产业政策的范围，突出产业政策的重点，完善产业政策的机制。特别是，改变地方政府实施产业政策的动机和行为，扭转地方政府过度干预本地产业发展的状况。通过深化财税体制、用地制度等改革，调整和完善中央与地方的财权、事权关系，使地方政府跳出依靠卖地、投资的利益陷阱，减少和消除地方政府部门对市场的不适当干预，增强市场配置资源的内在功能。

（3）坚持把加快产业升级与推进结构调整结合起来，推动制造业向中高端发展、高质量发展并增强对产业结构优化的带动效应。重点是加快发展人工智能、大数据、物联网等反映新一轮技术革命、工业革命趋势的战略性新兴产业、高新技术产业和技术密集型产业，依托发展前景广阔的先进制造业带动传统产业的技术改造。加强新时期产业结构政策在培育主导产业、发展新兴产业与改造传统产业方面的综合作用，加强推进制造业升级与发展振兴服务业的政策联动效应。

# 供给侧改革篇

# 第 2 章　国企国资改革与产业结构转型升级

中共十九大报告指出，我国经济已由高速增长阶段转向高质量发展阶段，正处在转变发展方式、优化经济结构、转换增长动力的攻关期①。过去几年，供给侧结构性改革已取得显著成效，以钢铁、煤炭为代表的传统行业去产能在 2016 年、2017 年和 2018 年都超额完成年度目标，非金融企业杠杆率也稳中有降，新旧动能转换加速进行，可以说，供给侧结构性改革是当前及今后很长一段时间中国宏观经济持续向好的主要动力来源。

国企改革历来是中国经济体制改革的重头戏。在供给侧结构性改革如火如荼的今天，国企改革依然是破解其中诸多难题的核心所在，例如，去产能和去杠杆的顺利推进及其长期合理机制的形成，都离不开国企改革。供给侧结构性改革的实质或者说核心问题是产业结构的转型升级，而产业结构转型升级最终要落实到微观企业上。事实上，中国产业的结构性问题仍未解决，并且越来越多地聚焦到国有企业身上，国企去产能和去杠杆俨然已成为供给侧改革和产业结构升级深入推进的关键领域。

简言之，国企改革是产业结构转型升级的微观基础，产业结构转型升级又是供给侧结构性改革和中国新旧动能转换成功的根本体现。因此，本章试图从微观企业角度，尤其是国企改革的角度，探讨如何推动中国产业结构的转型升级。

## 2.1　搞活产业结构调整升级的微观基础：国企改革

中国经济已进入高质量发展新阶段。改革开放四十多年来，在党中央正确的指引下，我们的经济取得了实质性的成绩。下一步，要探究企业发展效率和国企

---

① 参见《人民日报》2017 年 10 月 28 日第 1 版文章：《决胜全面建成小康社会　夺取新时代中国特色社会主义伟大胜利》。

改革进展，深入洞察中国经济持续稳定增长的微观基础。

2011 年以后，我国经济增长速度从两位数降至目前的 6.5%左右。习近平审时度势、高屋建瓴，提出了经济新常态的治国理政新理念[①]，其中一个重要工作就是供给侧结构性改革，而其实质内容就是产业结构转型升级，或者说是新旧动能的转换。“新常态”“供给侧结构性改革”是习近平治国理政经济思想的集中体现，是认识中国宏观经济发展趋势和政府行为的主要脉络，必须加强深入学习、研究和贯彻落实。这在中观和微观层面的直接体现，就是坚定不移地推动产业结构转型升级，加快新旧动能转换。

党的十九大提出中国特色社会主义进入了新时代，其中一个重大变化是我国社会主要矛盾发生了变化，而主要矛盾的变化则进一步呼唤产业结构的升级。新时代主要矛盾是人民日益增长的美好生活需要和不平衡不充分的发展之间的矛盾。美好生活对产业提出了要求，就是提升产品层次和质量，满足高端需求，尤其是服务需求，养老、医疗、教育、旅游等产业结构转型升级亟待提速。不平衡、不充分发展，不仅指的是区域、城乡、居民差距，更应包括个别产业的过剩与其他产业的不足，这要求绿色发展和创新驱动，要求产业能耗、排污等标准提升，生产技术和经营效率提升，全要素生产率提升。所以说，产业结构升级是新时代各级人民政府的一项重要工作。

产业结构转型升级是一个长期的任务，当前面临一个新的问题，就是如何在新常态下实现新旧动能的转换，也就是说我们此轮产业升级的决心是空前的，党中央和国务院主动下调经济增速的一个重要初衷就是结构性改革，而新旧动能转换的提出，就是让新经济代替旧经济，因此必须有一个质的飞跃。当前个别机构和学者鼓吹的“新周期”概念显然为时尚早，新旧动能的转换是一个长期的过程，不能为了一时的增长而退出结构性改革再返回旧经济的老路。因此，产业结构升级是实现“两个一百年”奋斗目标和中华民族伟大复兴的中国梦的必然要求。

为此，我们就需要分析当前产业结构转型升级过程中的微观企业，尤其是国有企业的所作所为，因为企业是落实改革的主体，必须将结构改革嵌入到企业的实际经营活动中。只有企业做出了改变，改革才能实质性推动。从当前宏观经济增速，以及去产能、去杠杆等供给侧结构性改革的实际效果看，产业结构有了明显的改善，经济增长的长期动力显著提升。同时，也出现了一些问题，比较突出地集中到了国企的身上，国企成为结构性改革下一步深化的重点和难点。因此，我们需要着重分析一下国企改革。

除了微观企业的问题，在中观层面，我们则需要认真探究如何改造旧经济和如何培育新经济，对于二者而言，当前的工作重点分别是去产能和“互联网+”，分别是做

---

① 《习近平首次系统阐述“新常态”》：http://www.xinhuanet.com/world/2014-11/09/c_1113175964.htm，2014 年 11 月 9 日。

减法和做乘法，即去掉旧经济的过剩产能和利用新技术、大数据让新经济持续发酵。

## 2.2 推进国企改革的重点任务：混改、国资改革

党的十九大报告指出，“要完善各类国有资产管理体制，改革国有资本授权经营体制，加快国有经济布局优化、结构调整、战略性重组，促进国有资产保值增值，推动国有资本做强做优做大”[①]。

### 2.2.1 国企效益改善，给国企改革创造了良好条件

最近几年，尤其是 2015 年 11 月提出供给侧结构性改革以来，国企投资增速、资产规模、利润都显著提升，营业总收入、利润总额等方面的经营状况持续改善，按可比价计算的同比增长率处于较高水平，如图 2-1 和图 2-2 所示。与此同时，民间固定资产投资呈现低迷态势，在 2016 年大幅下滑后 2018 年略有反弹，但 2019 年前 6 个月的增速仍然略低于全国固定资产投资，如图 2-3 所示。产能控制、环保督察、去杠杆等政策也令一些民企关闭产能或被国企兼并。国企和民企走势出现分叉，国企成为此轮经济上行的主要承担者，民企则“节节后退”而寻求“浴火重生”，成为新旧动能转换的主要力量。

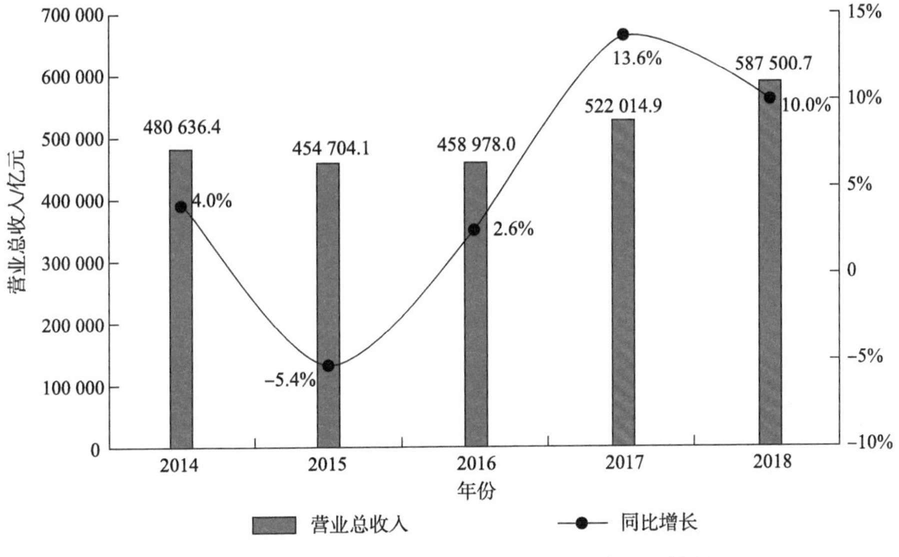


图 2-1　2014~2018 年中国国企营业总收入情况

① 参见《人民日报》2017 年 10 月 28 日第 1 版文章：《决胜全面建成小康社会 夺取新时代中国特色社会主义伟大胜利》。

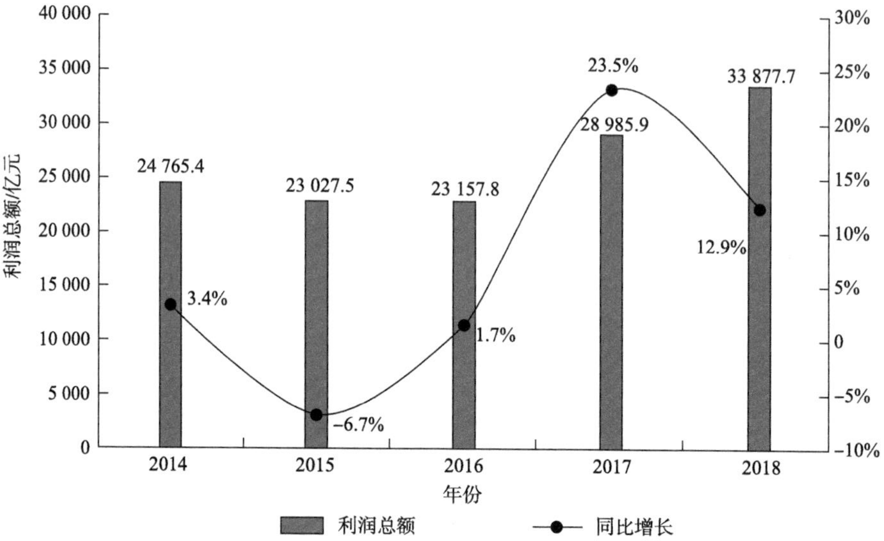


图 2-2　2014~2018 年中国国企利润总额情况

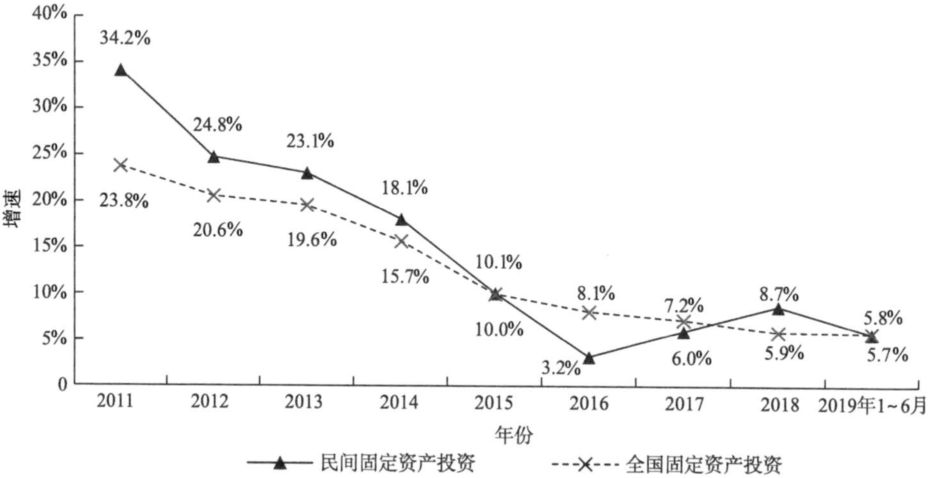


图 2-3　2011~2019 年民间固定资产投资和全国固定资产投资增速对比

然而，中国经济的结构性问题仍未解决，并且越来越多地聚焦到国企身上。当前，去产能、去杠杆过程中在一定程度上出现了“行政命令替代市场机制”“国企大而不强”“长效机制难以确立”等问题。因此，有必要从国企改革角度切入，深入洞察供给侧改革的微观结构变化。国企做优做强的长效机制只能是国企改革本身，要想将当前的良好局面长期维持下去，必须充分利用供给侧结构性改革给国企带来的这个机遇期，加速国企改革进程。

从国企改革的角度来说，党的十八届三中全会把混合所有制改革和国资管理改革作为国企改革核心内容之一，社会各界对此呼声很高，然而目前来看改革仍未达到理想的效果。因此，当务之急是理清混改和国资改革中存在的问题及其深层原因，并探究解决之道。

### 2.2.2　混合所有制改革

企业是市场经济的微观主体，让市场配置资源本质上就是让企业自主决定经营活动。对国企而言，就是政企分离；对民企而言，就是在行业准入、行政审批、土地、信贷等方面享有与国企同等的经济地位。一个行之有效的途径就是国企混改，双方都参照市场经济的游戏规则，以资本为凭据用股东身份在董事会上决定企业生产经营活动，既可以使国企摆脱对政府的依附关系，又可以激发民间投资活力，推动国企、民企共同做强做优。混改取得了一些重大成就，混改企业数量增多、试点成功案例不断得到推广、去产能和去杠杆稳步推进、国企整体效益大幅改善。但是也存在混改不彻底、概念不清晰等问题，民企实际参与度低于社会预期，国资投资上升的同时民间投资相对低迷。更重要的是，随着去产能、去杠杆等供给侧结构性改革的推进，深化改革的重任越来越集中到国企身上。因此，进一步加快混改任重道远，亟须制度创新。

1. 混改成绩斐然

目前，重点领域的国企混改正分批次进行，有望在具体落实、民企激励、国企治理结构等方面先行先试，取得突破，带动国企、国资改革全面纵深推进。

第一，股权结构有实质变化。截至 2019 年底，混合所有制改革已进行了四批试点。从股权结构看，试点企业混改后股权结构大都发生了质的变化，有的从国有独资改为国有绝对控股，有的从国有绝对控股改为国有相对控股。2018 年底天津市水产集团有限公司将 100%股权转让予民营企业浙江巨石集团有限公司，兼具集团层面混改和国资 100%退出的双重特点，系天津混改首例。2019 年，格力集团拟转让所持格力电器 15%股份，交易完成后由珠海市国有资产管理委员会 100%持股的格力集团在格力电器中的角色将从持股 18.22%的控股方变为持股 3.22%的参股方。

第二，改革范围不断扩容。全局带动性强，前三批改革涉及电力、油气、铁路、民航、电信、国防、金融等重点领域。随着垄断领域央企率先破题，将“以点带面”式地带动其他关键性领域国企混改，最终扩散至全行业。“扩围”“放权”将成为国企混改关键词。数据显示，2018 年国务院国有资产监督管理委员会（以下简称国资委）推动“双百行动”改革试点，涉及国企达到 404 家。2019 年国企混合所有制改革第四批试点名单如期公布，在改革事项的数量、层级及深度等方面均有更大突破。

第三，试点领域推向垄断行业。选择的试点企业表现出高度垂直一体化和水平一体化的特征。垂直一体化导致行业资本和人员流动性下降，企业内部管理成本相对市场交易成本不断提高；高度水平一体化导致企业间缺乏竞争，增加了企业监管成本并隐藏了寻租性腐败。这些垄断行业往往具有较高的垄断利润，而民间资本长期无法进入。通过混改的形式引入民间资本，一方面可以强化市场配置资源的能力，提高国资保值、增值能力；另一方面还可以向民间资本让利，调动民间资本参与混改的积极性。在 2019 年 3 月 19 日召开的中央全面深化改革委员会第七次会议对于国家石油天然气管网集团有限公司组建的相关表述是:“组建国有资本控股、投资主体多元化的石油天然气管网公司。”

第四，多方面探索和积累普遍性经验。试点企业采用“一企一策”方式，制订相应改革方案，并要获得监管部门广泛论证。这既保证了差异化企业的个性化改革需求，又可以从中总结各个改革举措的适用性并比较优劣，得到企业特征与改革举措之间的对应关系，可以根据企业不同特征选择不同举措的排列组合，进而对以后的国企混改提供最有效的、针对性强的改革方案。这样就可以用最短的时间积累出各种改革经验，抽象出可复制、可推广的普遍性经验，加快国企混改进程。

2. 混改遇到的问题

当前，以混合所有制改革为代表的国企改革并未充分实现预期效果，出现了“行政命令替代市场机制”“相对高效率的民企被挤压”“国企大而不强”等问题，导致供给侧结构性改革在微观企业层面上表现为“国进民退”并且波动大、长效机制仍未确立。

第一，行业层面的市场准入未充分放开，民资进入难。目前混改主要在企业层面，集中在公司制改革，行业市场竞争不一定得到改善。在企业股权当中增加非国有比重来降低市场势力，通过所有权结构改善市场结构的做法，还需要进一步推敲和研究。有学者实证发现，少数混改是通过加强企业垄断地位而增加企业收益，背离了推动市场竞争、让市场发挥决定性作用的原则。当前，民资在市场准入、资源配置和政府服务等方面仍难以享受与国资同等待遇，行业层面的多种所有制混合改革和发展势在必行。

第二，企业层面的混改，对民企让利较少。民资参与的获利预期较低，没有充分做到激励相容。资本的本性是逐利的，民间资本积极性较低的原因是对收益的顾虑：限于宏观经济不景气、国企利润下滑和股市低位震荡的大形势，民资参与混改的预期收益不高。更重要的是，国企出让股权的收益能力不强，民资没有好项目去投资。

第三，民间资本未能嵌入国企治理结构，制度话语权低。当前混改大都只是出让部分国企股权，基本没有让民资深入到公司治理结构中。对于大型国企，民间资本的进入数量和比例目前还较低。同时，民间资本大都没有进入董事会、监事会和经理层。民资在国企中获得的实质性权力较小，对于长期产权和收益心存顾虑。总之，对于大多数混改国企来说，中小股东往往缺少话语权，还未建立有效保护中小股东话语权和利益的机制。

第四，国企混改方式富有争议，可能偏离初衷。为了迎合国企改革的主流方向，各地也出现了一些错误解读，把国企交叉持股和国企兼并民企当作混改的方式。这显然是为“混”而“混”，而非为“改”而“混”。这里需要强调的是，国企之间的交叉持股不能当作混改的主攻方向。严格来说，国资之间相互持股或并购股份，并不是严格意义上的混合所有制。将国有单一股权的企业改制为多个国有法人持股的企业只是股权多元化改革而非混合所有制改革，这是混淆了混合所有制改革和股权多元化改革。此外，国企混改不能成为国企兼并民企的正当理由。

需要强调的是，对于大型国企，民间资本的进入数量和实际权力难以制衡国有资本，依靠引入民间资本来完善治理结构的设想还难以充分实现。那么，既然允许民间资本进入国企，为何不干脆在行业层面放开准入，让民间资本自主经营而不是必须倚靠国企？对中国来说，国企私有化并不现实，国企内部产权的混合又难以形成有制衡力的公司治理结构。所以，放开市场准入，在行业层面进行混改，甚至 PPP 也是混合所有制的重要形式，应该得到重视。

3. 案例分析：东航物流

2017 年 6 月 19 日，酝酿四年、着手推进一年有余的东方航空物流有限公司（以下简称东航物流）混改方案终于从纸面走向现实。这是国家首批推进的七大领域混改试点在民航领域的落地，东航物流也是第一个完成混改试点的央企。东航物流在法人治理结构、现代企业制度和市场化体制机制方面的探索，对当下的国企改革有较大启示意义，产生了一些可复制、可推广的改革经验。

第一，中国东方航空集团有限公司（以下简称东航集团）放弃对东航物流的绝对控股权，以最大诚意推动混改推行。东航集团放弃了 50%的绝对控股权，只取了 45%的股比来推进整个混改，这是在央企混改中第一个这么做的，传递出了集团高层改革的强烈决心和勇气。东航物流启动混改，引起市场巨大的兴趣，东航集团前后接触过一百多家企业，最终选定联想控股股份有限公司、普洛斯、德邦快递和绿地集团这四家作为战略合作伙伴，挑选的标准是这些企业在行业中处于领先地位，与东航集团资源互补，能够产生协同效应等。

第二，在央企干部“脱马甲”，转变国企人员身份，重新以市场竞争人员身份入场，这种体制机制的双突破是本次混改的最大亮点。在管理制度上设计了“一人一薪”与“易岗易薪”的机制，每个人的岗位待遇都有市场对标，包含不同的长期激励和短期奖励，不存在原来东航物流的岗位薪水或年资薪水。当员工调整工作岗位时，其原本岗位赋予的激励机制也要随之改变和调整，避免把股权激励当成待遇。

第三，将战略投资者引入董事会或监事会。东航集团、联想、普洛斯、绿地集团、德邦及东航物流核心员工构成六方股东。六方股东立即明确了董事会成员，东航集团将占五席，联想占两席，普洛斯占一席。绿地集团和德邦物流则获得监事席。

### 2.2.3　国资改革

全民所有的产权性质决定了国企不得不承担企业职能之外的一些政治和社会责任，这是无可厚非的，这恰是国企杠杆和产能易升难降的根本原因。如何既保证国家对国企的有效控制，又让它们尽可能在市场上自由竞争呢？一个可行的途径是国资投资运营平台试点改革。

一个合理的逻辑假说是，国资委管资本，与民间资本同等委派董事和经理人，在现代公司治理结构下高效运作。如此一来，国资委管资本，国有资本和民间资本都以“资本”名义、股东的形式介入公司董事会等治理结构，政府不直接干预企业运营，实现政企分开。但是，从目前的试点情况来看，还未达到这个理想效果。目前，国资部门不仅管企业，又管理资本投资、运营公司，没有斩断政企关联，而又增加了一个科层，甚至增加了一个国企类别，扩张了国资部门的管理范畴。

同时，国企大量进入了金融行业，进一步恶化了国企、民企“二元信贷”格局。从主营业务构成来看，各地国有资本投资、运营公司普遍借鉴投行模式，探索开展了“金融、类金融，产业投资、资产管理及股权运营”等业务。一方面，这加剧了地方债和国企负债水平，民企融资将更难；另一方面，可能会出现国企染指金融行业的质疑，金融市场效率低下和脱实向虚的问题可能越发严峻。从现实政策来看，从重视“黑天鹅”到重视“灰犀牛”是一个重大的思路转变，如何处理“灰犀牛”事件以减少风险，对于经济持续增长非常重要，因此，国企改革在落实中可能出现的扭曲值得特别关注。

这里值得一提的是淡马锡模式。新加坡政府成立淡马锡时，并未给淡马锡注入任何外汇资产，而是将新加坡若干国有企业的股份交给淡马锡持有。淡马锡在新加坡航空、星展银行等国有企业的上市过程中淘得了第一桶金，之后开始在亚洲范围内展开各类投资（如企业股权投资、房地产投资等），取得了不菲收益。如此来看，淡马锡事实上就是新加坡版本的国资委。但与国资委仅仅是央企股份的被动持有者相比，淡马锡还利用自身收益在亚洲地区展开了大量的股权投资及房地产投资，一方面获得丰裕的中长期收益，另一方面盘活了自身的资产组合，可谓一举两得。正因为如此，在党的十八届三中全会的决定中，国有企业的改革方向之一就是组建国有资本运营公司与国有资本投资公司，允许国有企业与民营企业之间相互交叉持股。中国国企改革不能简单效仿淡马锡，但是其资本管理模式却值得借鉴学习。

### 2.2.4　中共十九大对国企改革及民企发展的新要求

对于国有资本管理，中共十九大报告明确指出："改革国有资本授权经营体制，加快国有经济布局优化、结构调整、战略性重组，促进国有资产保值增值，推动国有资本做强做优做大。"这里，需要强调"国有资本授权经营"的"授权"二字，以及"推动国有资本做强做优做大"的"国有资本"字样。前者说明政府对国企的管理是依据出资额而授权经理人来经营的，不是直接管理企业而是依据资本份额来授权，也不是权力无限大而是依据资本应该具有的权力来授权。也就是说，对国企的管理更多地以资本为抓手，而不是以企业为抓手，更多地以股东身份行权而不是官员身份。后者则是进一步强调了资本的做大做强问题，以前的提法是"国有企业做优做大做强"，现在把"国有企业"换成了"国有资本"。这也说明，相比企业的强弱大小，今后更看重资本的布局、大小和强弱。对于国企混改，中共十九大报告指出："深化国有企业改革，发展混合所有制经济，培育具有全球竞争力的世界一流企业。"[①]这是对国企混改的肯定，也是今后国企改革的主攻方向之一。

国企强，则国家强。新时代到来，中国国有企业依然是中国特色社会主义的支柱，是推进中国进入这个历史新时代的强大推动力。习近平多次强调国有企业及其改革发展的重要性。在 2016 年 10 月召开的全国国有企业党的建设工作会议上，习近平强调，"国有企业是中国特色社会主义的重要物质基础和政治基础，是我们党执政兴国的重要支柱和依靠力量"[②]。2016 年 7 月召开的全国国有企业改革座谈会上，习近平做出重要指示强调，理直气壮做强做优做大国有企业[③]。中共十八届三中全会上，习近平指出，"国有资本、集体资本、非公有资本等交叉持股、相互融合的混合所有制经济，是基本经济制度的重要实现形式"[④]。

由此可以看出，中共十九大报告强调了国企的资本管理和民企的市场准入，为两类资本的混合和融合提供了制度保障，国企混改前景光明。

---

① 参见《人民日报》2017 年 10 月 28 日第 1 版文章：《决胜全面建成小康社会　夺取新时代中国特色社会主义伟大胜利》。

② 《习近平在全国国有企业党的建设工作会议上强调　坚持党对国有企业的领导不动摇　开创国有企业党的建设新局面》：http://news.12371.cn/2016/10/11/ARTI1476185678365715.shtml，2016 年 10 月 11 日。

③《习近平：理直气壮做强做优做大国有企业》：http://www.xinhuanet.com/politics/2016-07/04/c_1119162333.htm，2016 年 7 月 4 日。

④ 参见《人民日报》2013 年 11 月 16 日第 1 版文章：《中共中央关于全面深化改革若干重大问题的决定》。

## 2.3　依托国企国资改革加快产业结构调整升级

### 2.3.1　如何依靠国企改革去产能

企业是落实供给侧结构性改革的主体，国企改革是供给侧改革的重要内容，尤其是去产能方面。一定要发挥国有企业在供给侧结构性改革中的带动作用，既提高国企竞争力，又化解过剩产能。

1. 国企过剩产能成因：政策偏向、市场敏感性低、混改未能有效改善治理结构

第一，地方政府政策偏向。美国等发达经济体对钢铁等行业是实施严格规制的，但是不能据此断言“我国产能过剩的主因是市场失灵，对策建议是加强监管”。事实上，我国政府与美国政府在产能扩张上的作用是不同的。

第二，国企市场敏感性低。相比民企，国企在资源使用权、资源价格、土地价格、信贷利息等方面具有事实上的特权。所以，国企对市场机制反应不够敏感，更倾向于扩张规模而非做大利润。同时，政府兜底降低了企业破产的威吓力，在行业中存在着一种期待感，即认为一旦生产过剩、利润率急剧减少而使整个行业陷入困境时，政府就会“行政指导”给予救济。

第三，国企混改未能有效改善其治理结构。由于对中国未来经济形势、国企出让股权的收益能力、国企治理结构的嵌入程度等方面存有顾虑，目前民间资本实际参与混改的热情不及预期。一个合理的逻辑假说是，国资委管资本，与民间资本同等委派董事和经理人，在现代公司治理结构下高效运作。但是目前国企混改只是出让少数股权，对于大型国企，民间资本的进入数量和比例还较低。同时，民间资本没有进入董事会、监事会和经理层，没有给国企的公司治理结构带来实质改变，没有较大提高国企经营效率。

2. 地方落实去产能政策的不当做法，在一定程度上掣肘了国企改革

当前各地在纪委巡视、国务院督查，尤其是环保部督察的高压下，地方政府落实中央去产能政策变得更加配合和主动，不得不舍弃过去的“政企合谋”。然而，面临“手心手背都是肉”的权衡取舍时，就导致了一个更严重的问题，产能是去了，但是是依照地方政府的偏好和意志去分解指标，而不是企业自身的效率。对民企去产能更加严厉了，国企则通过早已停产的指标来落实现在的任务，甚至一些国企还恢复产能、新增产能。

去产能政策之下，国企、民企冰火两重天。尽管每个市场参与者都清楚，只有消除过剩产能才可以让行业重现活力，但谁也不愿削减自己的产能，这让市场陷入了囚徒困境。最先被迫关停的是中小企业，上市龙头将享受产能收缩、价格

上涨带来的业绩弹性。

更合理的做法应该是，以效率为准绳让市场调节来关停部分产能，环保不达标的企业在当地政府敦促和引导下整改。国企改制，或者民企兼并国企是治理“僵尸企业”和去产能的重要途径。

### 2.3.2　如何依靠国企改革去杠杆

关于中国债务问题引发财务和经济风险的急迫警告，近年已成为经济讨论中的常见话题。2017 年，标准普尔将中国主权评级由 AA–下调至 A+，穆迪亦下调了中国的主权评级，其依据都是对中国债务和信贷增长的担忧。

1. 国企杠杆较高且被低估

我国非金融企业部门杠杆率是最高的。全中国杠杆率是多少？根据国际清算银行的数据，2016 年中国债务占 GDP 的比例是 257%，其中非金融企业差不多有 166%，而国企占了 120%左右。国企只贡献了 1/5 左右的 GDP，但占据了 1/2 左右的债务，而且其资产周转率和利息保障倍数都明显弱于私企（张文魁，2017）。所以我们说非金融企业的杠杆主要集中于国企。如果从上市公司的角度来看，上市国企的债务同样占据大头。2008 年以来非金融企业杠杆率快速上升也主要是国企拉动的。国企债务之所以快速膨胀，是因为在我国特殊的体制机制下，其背后承载着政府稳增长的诉求。

国企的债务问题由来已久，但独有特色。在 1998 年国企负债率达到 64.26%峰值之后，随着政府采取了债转股和银行呆账核销等措施，国企负债率才逐年下降。2003 年由于当时国有银行股份制改造导致银行惜贷，国企负债率首次降至 60%以内，稳定在了 59%。2005 年后股票市场出现增长，国有企业在股市融资额增加，同时大规模的资产重估也补充了资本，使得国企负债率一度降到 2006 年 56.24%的最低值。但股市 2007 年后低迷，国企负债率又开始迅速升高。2008~2009 年国际金融危机发生，我国推出了应对金融危机的一揽子计划，使得 2008~2010 年我国杠杆率出现历史性的攀升。由于杠杆率随着刺激政策的乘数效应和我国金融资本市场发展的缺陷，债务不断向国企集中，这成为此轮杠杆周期的新特点。

国企成为政府加杠杆的主要渠道。政府把国企作为推进经济增长的抓手，特别是经济下行时，为了应对私人投资下降，鼓励国有企业加大投资力度（赵文哲和杨继东，2015）。做大国企是企业本身的职责，历来各级人民政府都要求企业不断做大，发挥在经济中更大的作用。吕炜等（2016）实证发现，政府投资建设性支出扩张时，产业链上游的国有企业的杠杆率水平快速大幅上升，而产业链下游的民营企业的杠杆率水平则大幅下降。

不同类型的企业，尤其是国有企业和民营企业之间的杠杆率水平存在显著的差异（吕炜等，2016）。钟宁桦等（2016）认为，国有企业有着政府的“背书”或者“担保”，并且实证发现，在私营企业的样本中，回归结果和文献中的结果高度一致，即私营企业的融资决策符合市场化的原则，而国有企业的融资决策有更多非市场化的因素存在。根据刘小玄和周晓艳（2011）的研究，从实际利息率来看国企实际上只需要支付 1.6%的融资费率，而民企则需要支付 5.4%。

尽管国企杠杆率较高已是各界共识，但这个问题的严重程度却被低估了。现有研究以所有企业的均值为参照物得出国企杠杆率较高的结论，如果以国企自身的最优值为参照物，则其杠杆率将更高。理论上，企业资本结构由自身决定性，判断杠杆率高低要以最优杠杆率为依据。国企最优杠杆率低，但实际杠杆率高，即偏离值比我们想象的还要大。

当前，去杠杆过程中，民企首当其冲，国企影响不大。国企去杠杆工作仍面临不小压力，部分企业在上阶段去杠杆工作中，或因之前扩张过快，或受累于“僵尸企业”及落后产能，未能在去杠杆工作上取得实质性进展。

2. 国企杠杆的成因

在探讨其背后的机制时，主要关注了政府担保，但没有区分央企和地方国企。同时，从银行放贷的角度看，担保只是保证不受经济损失或减少经济风险的一种手段，事实上这不仅是损益的问题，还是安全和问责的问题。

国企相比民企因为政府担保而具有更高的杠杆率。然而，国企内部也有政治身份的差异，有正部级、副部级、正局级等各类行政级别，其中根据所有人的归属可以简单分为央企和地方国企两大类，前者政治身份相对较高。事实上，中国债务发行背后的中央政府最后担保人的角色，央企是中央政府直接担保，地方国企是地方政府担保，而中央政府又为地方政府担保，因为中央不会容许地方政府破产的出现。因此，央企和地方国企最终都由政府担保，但担保链条不同，后者多了一个地方政府的中间环节，即地方国企同时受地方政府的直接担保及中央政府的间接担保。那么，地方国企的担保是更强还是更弱呢？杠杆率是更高还是更低呢？值得进一步研究。

### 2.3.3 如何依靠国企改革补技术短板

习近平多次强调要掌握“核心技术”[①]，核心技术受制于人是最大的隐患，而核心技术靠化缘是要不来的，只有自力更生。结合科技创新高投入、长周期、高风险的特点，国有企业应该承担更大的历史使命。国企分类改革正在路上，有必要分析各类型的国企如何从事核心技术的研发，从而将技术突破嵌入到改革过

① 《习近平：核心技术靠化缘是要不来的 只有自力更生》：http://www.xinhuanet.com/politics/2015-02/16/c_1114383845.htm，2015 年 02 月 16 日。

程中，产生持久创新动力。

1. 加强科技创新的重要性和紧迫性

改革开放四十多年来，中国经济保持了高速发展态势，取得了举世瞩目的成就，但也引发西方社会对中国道路、中国模式的质疑和恐惧，不断抛出“中国威胁论”。

党的十九大以来，中国进入了新时代，对内更加注重经济的高质量发展和满足人民对美好生活的需求；对外则加大开放力度，推动构建人类命运共同体。中国综合国力不断增强，前所未有地靠近世界舞台中心，这让西方国家感觉非常不适。近期美国对中国发起的贸易战、科技战就是遏制、打压中国崛起的缩影。

美国政府禁止美国公司向华为、中兴销售零部件、商品、软件和技术一事，引起全球震动。短期看，中兴事件引发国人反思。美国旨在封锁对中国的技术输出，尤其是半导体、芯片、人工智能等领域的核心技术，剑指“中国制造 2025”。长期看，核心技术将是困扰中国转型升级的重大课题。

中美相关谈判仍在继续，存在回旋余地，但美国对中国崛起的戒心和阻挠是不会改变的，只会随着双方势力的此消彼长而进一步演变。一方面，美国已在 2018 年的《国家战略报告》《国情咨文》等多个文件中明确将中国列为“竞争对手”；另一方面，随着中国进入新时代和全面建成小康社会，中国将会毫不动摇、斩荆披棘、势如破竹地实现中华民族伟大复兴。因此，国内外环境都要求我国必须实施创新驱动发展战略，抢占新一轮科技革命的制高点，打破核心技术的瓶颈制约。

贸易战、科技战对我国经济增长的影响可能不大，但对高质量发展已形成一定冲击。2018 年以来，美国已多次对华加征关税，但中国经济增速较为稳健。长期看，贸易战对中国最深刻的影响将是全球产业链、价值链的变迁，中国科技创新的获取渠道将受到一定挤压，高科技产业的发展将受到一定阻碍。

2. 中国科技产业链短板明显

近年来，原本促进全球产业链大融合的发展中国家生产要素价格低廉、全球运输费用降低、通信便利度提高等主导因素的作用逐渐削弱，产业链呈现更短、更快和更安全的新特征[①]。Tett（2019）发现，自 2011 年以来，全球出口总额相对于 GDP 稳步下降，一个原因是自动化降低了西方制造业的成本，减少了将生产外包给中国、印度等低工资地区的必要性。地理空间上的表现则为本土化加强，一些跨国公司将核心技术和关键设备转向本国，2007~2017 年全球跨国贸易额与本地供应链产出之比由 28.1%下降至 22.5%，每年外国直接投资占 GDP 比重由

① “A slow unraveling”, *Economist*, 2019-07-13.

3.5%下降至 1.3%。[①]

科技产业"脱钩现象"值得重视。中美贸易战、日韩贸易战均出现了产业脱钩迹象，比较明显的两个例子是美国将中国华为列入制裁实体名单，限制美国企业向华为出口产品；日本对韩国半导体材料进行出口限制，导致韩国的三星等企业出现断供。中美科技产业不可能完全脱钩，但即便是个别产业的"局部脱钩"也将给中国造成较大冲击。[②]例如，国内企业在半导体产业的本国市场份额不足 5%，由国内厂商提供零部件占比不足 10%，中国集成电路在 2018 年的进口额甚至超过了原油。

我国科技产业仍是高质量发展的短板。当前，与欧美企业相比，我国国内企业具有竞争优势的产业主要包括太阳能电池板、高铁、电动车、数字支付等，在国内占有的市场份额较高，零部件本土化水平也较高；在智能手机、云服务、机器人等行业的市场份额高，但零部件本土化水平低，可以说仍不具有优势地位；在半导体、飞机制造等行业的市场份额和零部件本土化水平都很低，处于追随者和模仿者地位。欧美对我国科技产业的定向打击日益加强，高铁制造商中国中车、核电建造及运营商中广核、光伏制造商尚德、网络服务商华为、无人机生产商大疆、监控设备提供商海康威视等企业在市场份额、技术研发等方面具有一定的优势地位，在欧美国家均受到不同程度的限制，如美国、欧盟、加拿大等国家和地区对尚德等中国光伏企业征收惩罚性关税，中广核在英国经受数年的准入审核，美国军方取消了海康威视的采购订单，等等。

### 3. 国企在核心技术研发领域具有特殊优势

国企从事科技创新具有比较优势。第一，科研创新，尤其是基础性的重大科技研发需要投入大量人力、物力、财力，一般的中小企业难以负担，而国企往往资金和人才实力雄厚。第二，是创新就有风险，越是重大创新风险则越大，在一定程度上讲相当于是一项不计市场效益的投资，国企在政治意识和大局意识统领下可以做到；同时，优厚的财力、科研实力，使得国企的抗风险能力远远好于民企。

第三，重大技术攻关要有指向性，要为企业带来实际收益，但当前基础性产业往往投入大、收益小且回收期过长，民营企业一般不愿意参与，而国企由于具备一定的公益性质，故绝大多数基础性产业的参与主体只能是国企，所以从产业角度上讲，它们进行创新的必要性更强。

第四，核心技术的研发可能需要很长时间，而国企一方面可以"耗得起"时

---

① "Loving China，living China"，*Economist*，2019-07-13.

② 从宏观数据初步来看，中美经贸紧密程度正在下降。美国商务部数据显示，2019 年上半年美国从中国的进口减少 12%、出口下降 19%，中国不再是美国第一大贸易伙伴而退居第三位。中国商务部数据则显示，2019 年上半年美国已由中国第二大贸易伙伴降至第三大贸易伙伴，位于欧盟和东盟之后。

间，另一方面则可以通过其特殊身份而获取政策便利（行政审批、借贷、人才引进、专利注册、政府数据获取、产学研对接）等加快研发进程。因此，国企在核心技术研发上具有天然的优势。正因如此，美国、英国、法国等西方国家对中国国企介入其高科技行业的采购、并购等活动格外小心翼翼，美国前总统特朗普甚至还声称组建 5G 方面的国企以对抗中国通信行业的崛起。

国企在经营上的种种弊端“毋庸置疑”，但其在熨平经济周期、承担社会事务等方面也做出了巨大贡献。可以说，国企是中国宏观调控和落实改革的重要依靠力量，是各级人民政府实施产业政策、贸易政策和创新政策的抓手，尤其是在关键时期和关键领域。正基于此，习近平强调，理直气壮做强做优做大国有企业。

当然要尽可能消除国企的弊端，实施国企分类改革和混改等一系列改革举措，但也要尽可能地发挥国企的“特长”，要增强国企的政治意识并更好地服务于国家经济社会发展大局。国企治理结构必须把党的领导融入公司治理各个环节，在一定程度上讲国企更多地从事核心技术研发正是体现党和国家意志的重要表现。

鼓励企业科研投入，并不是违背市场经济规律的计划经济做法，而是符合企业长期发展趋势的。事实上，国企不是创新太多而是太少了。手握大量资源却用于低端重复再生产，有悖于转型升级的战略导向，更不利于高质量发展。相比同规模的民企，甚至规模小得多的民企，国企创新活动明显偏少。当前中美贸易战、科技战的外部压力，中国高质量发展的内部动力，都亟须“引爆”国企科技创新的导火线。可以说，这也是补短板的应有之义，补上国企长期应该从事但未能有效进行的科技创新活动，释放出巨大的创新能量。

党的十九大报告对国企改革发展做出重大部署，明确提出要深化国有企业改革，发展混合所有制经济，培育具有全球竞争力的世界一流企业。2018 年，国资委官员表示，形成一批在国际资源配置中占主导地位的领军企业、形成一批引领全球行业技术发展的领军企业、形成一批在全球产业发展中具有话语权和影响力的领军企业。

#### 4. 以国企改革为契机突破核心技术瓶颈

2018 年国企改革将向纵深推进，各类国企改革的路径更加明确，重点领域混合所有制改革试点分批次有序展开，一些试点也为国企、国资的全面深化改革积累了可复制、可推广的经验，起到了示范带动作用。同时，国企作为国家科技创新的主力军，紧紧牵住核心技术自主创新这个“牛鼻子”，抓紧突破前沿技术和关键核心技术，努力在实施创新驱动发展战略、建设创新型国家中发挥主力军作用。

如何将国企的技术研发有条不紊地嵌入到改革中？或者说，如何在国企改革的同时增强企业的技术创新意识和行动？这不能“一刀切”，可以结合国企分类改革的相关分类，对不同类型国企有针对性地提出不同要求。

第一，对于竞争性的商业类国企，应该完全放开市场，让民企带动国企及整个行业的创新积极性。一般而言，由于民企的机制比较灵活，所谓“船小好调头”，无论是在市场策略还是管理机制上民企更能适应多变的商业环境，对利润的追求更高使其捕捉市场创新需求的敏感度也更高，总体来讲，民企创新意识比国企要强烈，成本效益要高，如民营企业中的杰出代表华为、BAT（指百度、阿里巴巴和腾讯）、联想、海尔等，以科技创新为导向，加大研发投入，掌握行业核心技术，跻身国际市场前列，所以民资的介入可以提高行业的整体研发水平。需要注意的是，鉴于国企自身改革的紧迫性和现实性，要从民企参与的意愿上多做考虑，在一些竞争性领域发挥民企的比较优势，实现双赢。

第二，对于自然垄断性的商业类国企，应该区分上下游产业链条，实施不同的创新战略。上游不能放开的环节，要鼓励国企加大研发投入，对页岩气、大数据改造传统能源勘探及利用、芯片、高铁等重大核心技术要联合中国科学院、中国工程院、高校及智库力量，以国企为主体，整合各类研发团队进行攻关。国家为此提供制度便利及税收减免优惠条件，着力突破战略性、前瞻性领域关键核心技术。中下游可以放开的环节，则通过混改引入外资、民资等战略投资者，融合战略投资者原有的技术专利。

第三，对于关系国家安全和国民经济命脉的商业类国企，要重点建立容错机制，鼓励高管加大企业研发投入。这类企业一般没有民企竞争对手，本身的创新意识不强，收益对企业来说也不是全部目的，所以关键就在于合理引导高管去创新。创新需要高投入，随之而来的必然是高风险，从风险规避角度来说，需要尽快推进落实容错机制，制定创新容错的负面清单，形成保护和鼓励创新的良好氛围，使国企高管放下包袱，解放思想，大胆尝试。创新活动不可避免会产生技术风险和市场风险，不能因研发失败而被问责。国企高管只要是坚持创新驱动战略及未来科技发展方向，并按照法定决策程序实施的研发投入，都应该依法保护。

第四，对于公益类国有企业，要实行技术和制度创新并举。根据不同程度的公益性质，完善治理结构中的主要问题，包括委托代理关系、信息披露和风险管理，解决制约企业创新的体制机制问题。一些公益类国企重在服务质量的提高，更多需要制度创新。另一些企业，如军工类企业，则更重视技术创新，其创新活动主要由政府直接承担，并向国企、民企及其他行业进行技术扩散。除此之外，逐步建立技术创新的投资机制与运行机制，打造善于创新、敢于创新的企业家队伍，通过股份制改造及管理制度创新等强化技术创新的多方面支持，提高这类企业的创新管理能力，以制度创新推动企业的技术创新，培育出新型的企业创新文化，激发企业不断创新。

### 2.3.4　如何依靠国企改革、供给侧改革促进产业升级

以钢铁、煤炭为代表的工业去产能取得显著进展，产能过剩压力明显降低。但是，存在工业品价格大涨大跌、过剩产能循环反复的风险，亟待制度变革，巩固现有成绩并寻求产业结构升级变迁的长久之计。

1. 制度上，减少政府干预

20 世纪开始，钢铁、煤炭进行了多轮去产能，但随着经济周期的变动，过剩产能经常是此时下去而彼时又起来，屡禁不止甚至愈演愈烈。此轮去产能的力度强于以往，成效也快于以往，但依然要严防报复性反弹。为此，需要深刻认识中国产能过剩的特殊性，进行制度变革，实现标本兼治。

实际上，产能过剩是世界各国的普遍现象，也是伴随一国经济发展而出现的阶段性产物，是一个世界性难题。一方面，宏观经济具有周期性。需求端受到经济周期波动的影响，经济繁荣时投资形成的生产能力在衰退时将表现为供大于求。另一方面，企业个体生产具有策略性。企业保有一定的过剩产能可以应对市场多变的经济环境，也是在位企业对潜在进入者的可置信威胁，即前者对后者形成一定的进入壁垒。同时，钢铁、煤炭等行业投资生产具有滞后性，容易出现动态不一致现象。这类似于蛛网模型，项目上马时需求大，但是产量开动后市场可能已经萎缩。因此，总体来看，产能过剩是市场行为，不用过度紧张。

然而，中国产能过剩有其特殊性。通过国际比较和微观调研发现，中国产能过剩存在“过剩水平超过其他国家”“环保标准被人为压低”“已经过剩仍有企业涌入”等特殊现象。也就是说，中国产能过剩问题超出了一般认为的宏观周期、企业行为和市场机制的作用，其背后另有推力，这就是地方政府。事实上，纺织、家电等行业依靠市场调节早已不再严重过剩，但屡屡重拳调控的钢铁、煤炭、电解铝等行业却反复陷入严重产能过剩的怪圈，甚至光伏、机器人等新兴行业也有过剩迹象。

地方政府作用下呈现的特殊性，影响了中国企业、产业、地区间的资源流动和合理配置，更严重的是淘汰落后产能、提升产品质量和产业结构的市场力量受到一定限制，市场优胜劣汰和创新发展的一般机制被扭曲。例如，企业盈利时由于行政保护的存在而没有创新激励，产品质量和结构长期低水平复制；企业亏损时由于银行贷款和政府补贴的存在而难以破产，成为“僵尸企业”。因此，去产能工作应该抓住产能过剩的特性这个“牛鼻子”，从制度上瓦解产能过剩的形成根基。

中国经济仍要保持中高速增长，工业产能的扩张是必然的，但不能是以往低效、落后产能的简单扩大再生产，而应该伴随着产品质量提升和产业结构优化，即抑制产能不是目的，化解和消除过剩、满足更高层次的需求才是根本。所以，去产能亟待制度变革，不用过度关注一时的“量”的增减，因为这很可能是经济

周期或市场机制本身的规律性变动；而应在地方政府推高产能这一特性上入手，坚决杜绝那些高投资、高财政的落后产能被降低标准而强行上马的现象，对于研发、创新、创业、新经济等与 GDP 和财政目标看似冲突的新动能要足够容忍并多加鼓励，因为它们是长期结构调整的根本力量。

此外，国际产能合作方面也应突出市场导向性，引导企业自发输出过剩生产能力，形成梯度转移的合理格局。在“一带一路”建设过程中要注意产业转移的市场导向，要让企业自发转移生产能力，并随着中国产业升级而引导“一带一路”沿线国家产业升级，形成梯度转移和命运共同体的良序格局。

具体到国企改革上，政府应赋予国企自主改革的权力，尊重市场规律，尊重股东和董事会在内的公司治理机制。2019 年 6 月，作为推进国企混改的重要举措，国资委印发了《国务院国资委授权放权清单（2019 年版）》，将央企审批混改方案、股权激励方案纳入授权放权清单范围，支持央企所属企业按照市场化选聘职业经理人，其薪酬由相应子企业的董事会确定。

2. 产业上，务必破旧立新

总体上看，在“量”的目标上去产能已经取得了较好成绩，下一步应在“结构”上多下功夫，实现新旧动能的顺利更替。去产能的同时，务必要破旧立新，培育新动能、新经济，推动产业结构升级。

当前去产能的成绩背后存有隐忧，亟须加速产业结构调整。一方面，去掉的产能可能不是效率最低的，民企利润空间被挤占。另一方面，目前去产能主要集中于少数上游领域，并未触及整个产业结构。钢铁、煤炭进行改善固然是好的，但不能仅局限于这个领域。如果改善只集中在重工业，中下游行业没有明显改善，新动能没有得到培育，这样的改善就很难持续下去。可以说，去产能取得阶段性成绩的背后，能不能看到平稳的、快速的产业结构变迁，尤其是新经济的成长，才是中国经济未来能否持续中高速增长的一个关键。

去产能过程中破旧立新是中国经济长期持续较高增长的必然要求。在未来相当长的一段时期，中国经济不仅不会出现一些西方媒体所预言的严重衰退，甚至还会以较高的速度持续增长，增长的质量也会逐步改善。这其中一个关键是新旧动能的转换，近几年国家一直在推动的“双创”“互联网+”已经涌现出滴滴打车、美团外卖、共享单车等优秀的企业和全新的商业形态，虽然新经济的体量还不足以替代旧经济，但是其发展速度惊人、潜力巨大。而且，新经济还在改造传统的制造业，钢铁电商、物联网等也方兴未艾。数字经济可以将人、数据和机器连接起来，拉近制造商和用户之间的距离，缩短了传统生产模式中商品在进入生产前所需的针对用户需求进行的信息收集，能够通过沟通真正高效地实现个性化、批量化、定制化的智能制造生产模式，产品结构更加合理，产能供求更加均衡。

顶住短期稳增长压力，坚决去产能，并扩大去产能的行业范围，同时积极利用“互联网+”战略、“双创”战略、“一带一路”倡议等改造传统制造业及培育新动能，使去产能做到破旧立新，这是中国经济未来能持续中高速增长的重要保障。去产能过程中，难免会有阵痛。一方面，随着产品价格的波动和社会预期的变化，去掉的产能也可能死灰复燃，或会出现价格大涨大跌、产能反复循环的不利局面；另一方面，部分企业、行业及地区的生产总值和就业可能受到短期的下行压力，相关企业可能倒闭，大批人员可能失业，相关资源从一个行业流向另一个行业、从一个地区流向另一个地区。但这是资源配置优化的过程，其结果就是社会产业结构的升级。事实上，中国经济长期处于“L”形底部，其关键也是因为新经济的培育需要一个相对较长的时间。旧功能被新功能替代不能仅是周期性变动，必须长期坚持，直至新动能的体量超过旧动能的减少，此时中国经济将走出“L”形底部。

3. 政策上，坚持市场导向

目前产业政策的必要性受到经济学界的广泛讨论，主张自由市场的人士认为应该取消产业政策，让微观主体自主选择有前景的产业；而主张政府干预的人士则认为产业政策是中国经济奇迹的重要贡献者，有利于快速培育和发展优势产业。事实上，中国的制度环境下，经济发展离不开政府的推动，产业政策确有其存在的必要性。而全面深化改革提出“市场决定性”，就要求产业政策的理念和方式也要逐渐市场化，即产业政策可以继续存在但需要用更加市场化的方式来引导产业发展。

大量研究表明，产业政策只在短期内能给投资者带来较高超额收益，但在中长期对收益率没有影响（韩乾和洪永淼，2014）。从产业政策激发企业创新的效果看，企业往往为了“寻扶持”而增加创新“数量”，这只是一种策略性创新而非实质性创新（黎文靖和郑曼妮，2016）。当产业政策针对更具有竞争性部门或并非集中于一个部门内的一个或少数企业时，这些政策更有助于促进经济增长和产品创新。因此，我们不应该局限于讨论对产业政策是支持还是反对的问题，而是应该关注如何设计和实施产业政策使其竞争友好，进一步使其促进经济增长。产业政策的重点应放在为市场机制充分发挥其决定性作用提供完善的制度基础，强化保持市场良好运转的各项制度。

我们认为，尽管争议较多，但产业政策对中国经济的贡献是毋庸置疑的，本书不再赘述。在此，特别关注的是产业政策在实施过程中出现了一些违背市场原则的迹象或表现，以此发掘优化市场竞争的对策建议。

第一，产业政策侧重企业生产环节，易导致供求失衡。政府为了扶持一个产业，往往去鼓励企业的扩大再生产，加大投资、增加产量，这就导致政府大力倡导的产业经常出现产能过剩，在钢铁、煤炭等传统行业是这样的，甚至在光伏、机器人等新兴行业也是如此。

第二，部分行业协会的协商议价的做法可能违背市场竞争原则。

第三，行政干预阻隔了市场自身的进入和退出机制。事实上，政府对市场的行政干预范围不是在逐步缩小，而是在某些方面有继续扩大的趋势。例如，去产能背景下新增产能的审批更加严格。

为了精准实施产业政策，需要探究各行业的垄断属性，对于非自然垄断环节应该尽量放开。根据垄断行业的技术经济特点，将自然垄断环节与可竞争环节分开，在可竞争环节引入竞争，同时加强对自然垄断环节的监督。

## 2.4　政策思路建议

第一，结合分类改革，让民资在不同层次上进入国资垄断行业，尽可能地开放竞争性业务。同时，不依据国企的财务状况而是依据竞争性来分类，即不是让盈利差的或者资金短缺的国企，而是让市场竞争性强的国企优先进行混改。混改要与分类改革协同推进，竞争性不同民资进入程度也不同。我们认为合理的改革方案可以是：一是竞争性的商业类国企，应该在行业层面完全放开市场，让各类资本自由进入、退出；二是自然垄断性的商业类国企，应该区分上下游产业链条，能够放开的尽量放开，不能放开的则在企业层面进行混改；三是关系国家安全和国民经济命脉的商业类国企，应该仅在企业层面推行混改，并保持国企控股地位；四是公益类国有企业，应该采取国有独资形式，具备条件的也可以推行混改，还可以通过购买服务、特许经营、委托代理等方式，鼓励非国有企业积极参与。此外，还要根据垄断属性变迁来动态调整产业链的改革顺序和强度。技术创新、市场需求扩张不断改变原有垄断性行业的技术特征、产业结构、规模经济的边界，一些行业的自然垄断属性逐渐被削弱。因此，政府必须正确把握自然垄断的动态边界，以此针对性地逐步纵深有序推进混改。

第二，国企做大的前提应该是做强做优。做大和维稳占据主导，做优和效率提升有待加强，导致在去产能、去杠杆过程中做大了一些企业但未能同步将它们做强和做优。我国是社会主义国家，必须理直气壮做强做优做大国有企业。但是应全面理解做强做优做大国有企业，切勿片面强调“做大”。如果国企一味做大，国企低效和产能过剩问题将会持续且不断加重。市场化是国企改革的基本价值取向，因此必须在抵制私有化的前提下做到市场化，即保持国企的主导地位的同时尽可能地引入民间资本。这可以表现为：国资在行业层面占据主导，占据行业的大多数市场份额，或者掌控行业的关键链条，允许民资进入行业或其部分链条；

在企业层面占据主导，国资绝对控股或相对控股，允许民资进入董事会、监事会和经理层。

第三，加快国有“僵尸企业”的混改，建立容错机制以激励国企高管推进改革的主动性。实现真实繁荣的精髓在于建立可以实现真实繁荣的制度体系。在微观操作层面上，混合所有制探索应与企业部门去产能、去杠杆结合。一些“僵尸企业”已经成为国有资本的包袱，不断汲取国企利润、银行信贷和财政补贴，必须及时大刀阔斧地进行混合所有制改革，引入民间资本并允许其控股。寄希望于民间资本带领“僵尸企业”转型，投资于更有效率的生产领域。但是，当前国企高管“求稳”心态较普遍，具体改革举措缺乏突破性。严格甄别改革试错与腐败行为，完善国企改革中的容错机制建设。只要是国企高管坚持科学改革的方向，并按照法定决策程序实施的改革举措，都应该依法保护。即使事后证实改革不成功，只要当事人不存在主观故意或牟取私利，合法改革行为就应得到制度保障。

第四，借力民资改善国企治理结构，规范股东在公司治理中的权利。加快转变国资监管方式，尽快实现从以管企业为主向以管资本为主的转变。成立国有资本投资运营公司，对出资企业以管资本的方式行使出资人权利，按照《中华人民共和国公司法》(以下简称《公司法》)和公司章程，与其他民间资本一样均等地行使股东权利。而且，根据中央汇金投资有限责任公司、中国信达资产管理股份有限公司、国家开发投资集团有限公司等企业在管资本方面的经验，政府不能直接干预企业，只能通过国资投资运营公司在其所投资企业行使股东权利。同时，当前国资委的职能应进行调整，既要剥离与出资人无关的行政职责，又要提高履行出资人职责的专业化水平。一方面，将安全生产、信访、节能减排等公共管理职能交还相应的政府监管部门；另一方面，将经理层选聘等职权交还公司董事会，同时提升依照《公司法》规定的股东会职权参与治理的能力。

第五，去产能和杠杆，以效率为基准让市场进行选择。供给侧改革是我国市场化改革的一环，是要让市场在资源配置中发挥决定性作用。之前，我国去产能政策更多以数量为目标，对完成既定的去产能规模较为看重。这样能够让政策快速突破阻力，打开局面，有其合理性。但在去产能政策已经取得阶段性成果，相关行业景气状况已经大幅改善的当下，政策有必要更多兼顾价格指标，对价格做区间调控，规避价格的暴涨暴跌，以平衡上下游行业的利益，避免上游价格的过度上涨成为经济发展的障碍。去产能、去杠杆政策虽不可避免地带有行政性色彩，但也需要尽量与市场机制结合起来。从这个意义上来说，决策者需要重视价格信号所反映出来的市场供求状况，并对政策做相应的调整，这样方能将短期去产能与长期促市场化改革有机结合起来。

第六，推进公平竞争审查制度，降低市场准入的制度成本。中国产业结构变迁的微观动能没有充分释放，许多关键产业链条、一些竞争环节并未充分放开。

在国企改革中要保持对“市场决定性”的敬畏，强化落实公平竞争审查制度。政策制定机关制定市场准入、产业发展等政策措施，应当进行公平竞争审查。在资源使用权及支付价格、信贷利息、土地租金等方面加强市场化改革，促进国企和民企的公平竞争。同时，国企投资重在补短板，减少对民资的挤出效应。例如，应该进一步放开民用机场、基础电信运营等领域准入。此外，在混改的央企试点及地方试点中，突出公平竞争的内涵，充分发挥市场机制作用。

第七，产业政策由选择性转向普惠性、公平性。产业政策应将民间资本有意识地引入到特定产业部门，以实现新产业对旧产业的替代。为了培育具有竞争力的企业，地方政府可以通过为当地企业提供以普惠性政策为基础的良好制度环境来降低企业的制度性交易成本，如降低高速路收费费用，而不应当通过破坏市场规则，强制企业进行重组和垄断。特别地，在资源使用权及支付价格、信贷利息、土地租金等方面加强市场化改革，促进不同产业、不同性质的企业在要素市场上公平竞争，让要素流向更高结构层次和生产效率的产业，提高资源配置效率。简言之，减少产业政策选择性，增加普惠性，更加强调公平竞争。

# 第3章　深化金融改革与产业结构调整升级

产业结构变迁离不开金融体系和金融政策的支持，本章从以下几个方面对金融改革和产业结构调整进行论述。

第一，当前阶段，我国金融体系和实体经济之间的矛盾主要体现在三个方面：一是金融失衡造成了企业融资难题，二是金融业过快增长导致脱实向虚，三是金融业结构不合理影响服务实体经济效率。

第二，通过对 1992~2017 年我国产业结构和金融结构的数据进行实证研究，发现我国金融发展与产业结构升级之间虽然存在长期稳定关系，但以间接融资为主的金融结构不利于经济效率的提升。

第三，对于目前金融业过快发展的问题，我们认为，造成我国金融业脱离实体经济发展的原因主要是间接融资体制下货币宽松和利率市场化背景下影子银行助推金融业高增长。

第四，在金融监管方面，通过带有宏观审慎政策和货币政策的双支柱调控模型进行模拟，结果显示单纯的货币政策导致较高产出和通胀波动性，而货币政策和宏观审慎政策相结合则可以降低福利损失水平。

第五，为了增强金融业服务实体经济的能力，促进产业转型升级的金融业改革应着重在六个方面推进，包括：完成利率市场化改革、完善汇率形成机制、推进金融机构改革、建立多层次的资本市场、完善货币政策调控方式和加强金融监管。

## 3.1　金融体系与实体经济的关系

实体经济发展是中国经济长期持续发展的关键，服务实体经济是当前阶段我国金融体制改革的目标之一。党的十九大报告在系统总结过去五年我国各项事业取得历史性变革成就的基础上，深刻阐述了新时代中国特色社会主义思想，提出了一系列符合当代中国国情和实际的重点战略举措。在金融的发展与改革方面，党的十九大报告指出了金融体制改革的重心是：服务实体、双支柱调控、守住底线，即“增强金融服务实体经济能力，提高直接融资比重，促进多层次资本市场健康发展。健全货币政策和宏观审慎政策双支柱调控框架，深化利率和汇率市场化改革。健全金融监管体系，守住不发生系统性金融风险的底线”①。

近年来，相比于实体经济的稳步发展，我国金融业增速过快。自 2005 年开始，从中国金融业增加值占 GDP 的比重呈上升态势，截至 2016 年底已超过 8%。从金融业增加值增长的情况来看，在 2005 年之后，中国金融业增加值同比增速基本高于 GDP 增速；尤其在 2012 年之后，中国经济金融新常态导致 GDP 增速下滑，但金融业增加值增速却逆市上扬，2015 年，我国金融业增加值名义增速高达 23%，实际增速超过 16%，超过 GDP 增速近 10 个百分点，出现了明显的“剪刀差”，即金融业高速增长，但 GDP 增速却持续下行的局面（图 3-1）。

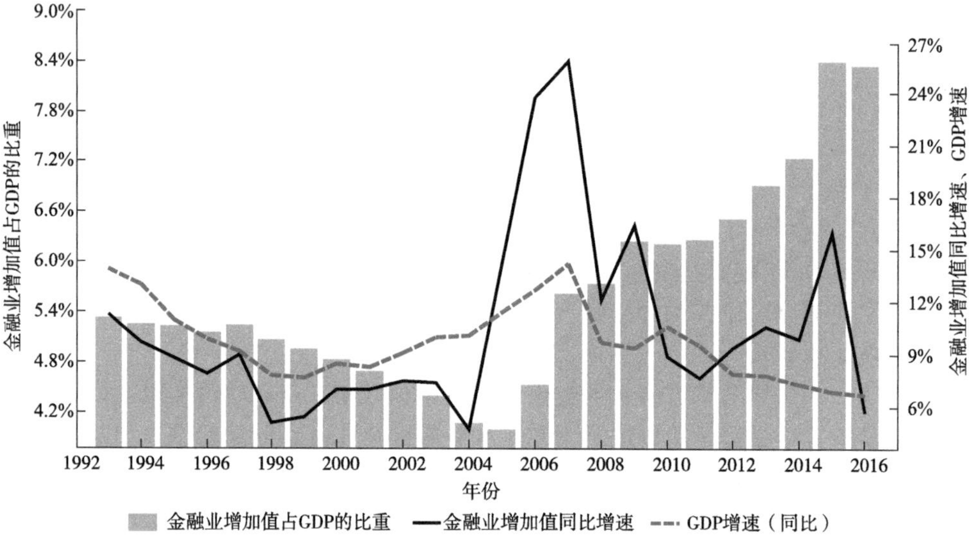


图 3-1　我国金融业高增长

资料来源：Wind 资讯

从国际对比来看，2016 年中国金融业增加值占比达 8.4%，已超过美国、英国、德国、日本、韩国等主要发达和发展中国家，仅低于以金融业和航运业为经济支柱的新加坡。值得注意的是，美国、日本两国的金融业增加值占 GDP 比重的

① 参见《人民日报》2017 年 10 月 28 日第 1 版文章：《决胜全面建成小康社会 夺取新时代中国特色社会主义伟大胜利》。

最高点均出现在地产泡沫破灭之前。1990 年，日本金融业增加值占 GDP 比重为 6.9%，地产泡沫破灭后，金融业比重持续下滑；2007 年，美国金融业增加值占 GDP 比重为 7.6%，在 2001~2008 年乔治 · 沃克 · 布什总统执政期间，美国金融业基本维持在 7.5%左右的高位，次贷危机发生后，2008 年金融业占比跌至 6.2%。即使从金融业增速来看，1950 年至今美国都未出现过金融业增速超过 GDP 增速 10 个百分点以上的情形，且美国 GDP 和金融业增加值同比增速基本保持一致，金融业增速虽然总体高于经济增速，但是幅度有限且相对稳定，且并未背离经济增长趋势。

金融业快速发展超出实体经济发展带来的结果就是投融资效率不断下降。我国 GDP 与 M2 及国内信贷的比率自 2002 年以来下降明显，其中 GDP 与 M2 的比重由 2002 年的 0.6 以上，下降到 2017 年的不足 0.3。这意味着货币发行带来的 GDP 效应不断减弱。除此之外，2002 年以来我国实际投资和社会融资总额的比重也不断下降，这意味着信贷投放等方式的融资带来的实际投资也呈下降趋势。

针对这一问题，笔者认为，当前阶段，我国金融体系和实体经济之间的矛盾主要体现在三个方面：一是金融失衡造成了企业融资难题；二是金融业过快增长导致脱实向虚；三是金融业结构不合理影响服务实体经济效率。

### 3.1.1 金融失衡造成了企业融资难题

我国要素市场的市场化进程相对滞后是造成我国金融失衡的根本性原因。改革开放四十多年来，我国已经初步形成了社会主义市场经济体系，但相比产品市场而言，我国要素市场的市场化改革则相对滞后。图 3-2 分析了要素市场化改革相对滞后的经济结构。该图显示，在存在价格管制的情况下，两个市场都将存在供求不平衡的失衡局面。尤其是在金融市场等管制措施使得要素市场价格被认为低估的情况下，产品市场将不可避免地出现供大于求的超额供给，即生产领域出现产能过剩；相应地，要素市场价格过低也必然造成生产要素供不应求的超额需求。

具体到金融领域，相比其他领域，我国金融领域被更多的管制措施束缚，不仅利率、汇率等关键金融市场价格并未完成市场化改革，且银行、证券及保险行业的市场准入条件也颇为严格，资本账户和金融业对外开放也存在诸多限制。受上述金融监管措施的影响，我国金融领域的市场化程度相对较低，以存贷款利率为核心的金融市场价格长期以来被固定在管制水平，使其不能完全反映资金供求的变化，人为压低的价格还造成了金融市场的失衡，信贷资源向国有企业和大型企业聚集，中小企业融资则被信贷配给所困扰。

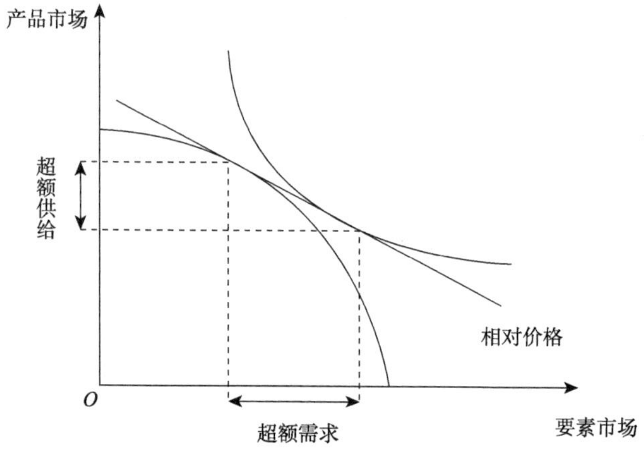


图 3-2　价格管制造成的结构失衡

就金融领域内部结构来看，金融领域市场化程度较低也造成了结构性失衡，具体表现为，银行信贷的间接融资仍然是我国主要的融资渠道，资本市场整体规模偏小，且资本市场的发展极不平衡，债券市场的发展严重滞后于股票市场，公司债的发行更是处在起步阶段；不仅如此，长期以来我国还实施了利率管制以降低大型国有企业的融资成本，未充分市场化的利率水平和银行业的严格准入使得信贷市场的配给现象普遍存在，这一政策阻碍了金融服务的发展，并降低了向企业部门配置资金的效率。

### 3.1.2　金融业过快增长导致脱实向虚

2012 年之后，中国经济新常态导致 GDP 增速下滑，但金融业增加值增速却逆市上扬，2015 年，我国金融业增加值名义增速高达 23%，实际增速超过 16%，超过 GDP 增速近 10 个百分点，出现了明显的“剪刀差”，即金融业高速增长，但 GDP 增速却持续下行的局面。需要注意的是，在经济新常态阶段，金融业过快增长与产生了脱实向虚的问题。实体经济资本收益率下降，金融行业资本收益率上升，使得流动性更愿意停留在高收益的金融行业，从而导致信贷链条加长、造成资金脱实向虚。

尤其是近年来，影子银行的兴起助推了金融业的脱实向虚。就货币增速来看，2016 年广义货币 M2 增长只有 11%，增速在下降；但 2016 年银行的总负债是 230 万亿元，总负债增速接近 16%，远超 11%的存款增速，这意味着其中 1/3 的非存款负债在以 20%以上的速度高速增长。究其原因，是影子银行信用扩张的集中表现，这意味着金融体系并不是通过传统的货币投放渠道，而是通过迂回的方式来投放流动性。例如，银行可以通过向符合贷款投向规定的“过桥企业”放出一笔贷款，这家“过桥企业”再通过委托和信托贷款的方式把这笔款项转给真正需要资金的企业。这样，其最终结果等价于银行直接给该企业放贷。

值得注意的是，即使在影子银行体系下，金融体系资金最终也进入了实体部门，但是，影子银行和信贷链条的加长降低了金融体系的融资效率。鉴于金融监管的滞后性，其虽然对贷款投向施加了严苛的管制，但仍导致金融机构以各种迂回的方式来向实体经济投放流动性，这使资金绕开了监管者所设定的管制，能够流到实体经济中。但这并非全无代价，流动性传导链条的拉长使流动性促进实体经济增长的效率下降；另外，在影子银行的各种操作中，商业银行，尤其是小银行，杠杆率上升明显，引发了金融风险的累积。

### 3.1.3　金融业结构不合理影响服务实体经济效率

金融发展理论认为在经济发展初期，由于人均收入很低，以银行为主的金融中介体系能够迅速动员储蓄，而且银行在辨别投资贷款项目上具有专业的知识，因而能够更快地促进经济发展。但是随着经济的发展，以及人均收入水平的上升，建立金融市场的成本相对下降,而且收入的增加导致居民对金融工具的需求增加，同时明确的盈利项目越来越少，企业投资的不确定性增加，银行的作用开始下降。这个时候，金融市场所提供的信息服务功能和风险管理功能就显得更加重要。因而，金融体系将会从银行导向阶段过渡到金融市场导向阶段。但从金融市场发展的情况来看，我国存在金融市场发展滞后的问题。

就货币市场而言，中国从 1980 年以来陆陆续续建立了以同业拆借、银行间债券回购、票据交易三大市场为主体的货币市场。但是和其他发达国家相比仍然落后，我国货币市场工具仍然相对较少，品种相对单一。中国的货币市场金融工具主要为隔夜回购、同业拆借、票据等，而美国还包括货币市场基金、远期利率协议等金融创新工具。在期限结构方面，中国的期限更偏向于长期化，更多的是注重货币市场将储蓄变为投资的作用，而美国的货币市场期限更加偏向于短期，更加注重的是为整个金融体系提供流动性。

不仅如此，货币市场缺乏有效的套利和统一的监管机制。货币市场作为对无风险利率定价的市场，如果没有各种不同期限的金融工具进行套利，利率就不能反映资金的真实稀缺情况，也就不能起到资源配置的作用。而在中国最为明显的就是银行间债券市场和交易所市场到现在并不是一个统一的整体，两者的存托管机构及交易系统都是分开的，而且两者的监管也是分开的。这两种市场的分割无疑降低了货币市场的效率。

从资本市场来看，近年来，我国逐步建立起主板、中小板、创业板、代办股份转让系统构成的多层次资本市场体系，以适应多元化的投资与融资需求。但是与发达国家相比仍然存在债券市场发展缓慢（特别是企业债券和地方政府债券的发行受到的限制依然偏多）、股票市场的多层次市场体系还有待建立、金融市场法律建设和监管落后等问题。

## 3.2 金融发展对产业结构影响的实证分析

### 3.2.1 指标选取与数据说明

本章以金融发展和产业结构为主要变量，选取产业结构、技术进步及金融发展、金融效率和金融结构等变量，样本区间选取 1992~2017 年，主要数据来源于中经网统计数据库及中国人民银行网站。

1. 产业结构

本章以 IS 代表产业结构变量，并且以工业和服务业增加值之比作为衡量产业结构升级过程中产业结构合理化的指标。

2. 技术进步

本章以 TFP 代表全要素生产率，即技术进步变量，并使用索洛剩余法估测中国的全要素生产率。本章首先使用永续盘存法测算实际资本存量数据，之后以柯布–道格拉斯生产函数和就业人员数据测算出全要素生产率增长率 TFP。

3. 金融发展

本章以 FD 代表金融发展变量。现有文献在测算金融发展指标时大多采用 M2 与 GDP 之比。但随着金融市场的发展，非货币金融资产占比逐年增加，以 M2/GDP 来衡量我国金融总量的规模已经不够合理。因此，本章以全部金融资产价值与 GDP 之比来衡量国内金融发展。

4. 金融效率和金融结构

本章用金融中介机构的存贷比指标来衡量我国金融发展效率，并以 FE 表示；以间接融资与直接融资的比例来衡量金融结构，并以 FS 表示。

### 3.2.2 基于 VAR 模型①的实证分析

为了验证模型中各个变量的平稳性，本章对各个变量进行平稳性检验，结论显示产业结构（IS）、技术进步（TFP）、金融发展（FD）、金融效率（FE）及金融结构（FS）变量均为非平稳序列，但这五个变量均为差分后平稳变量。由于各个变量均为一阶差分后平稳，本章使用 Johansen 协整检验来探索变量之间的

① VAR 模型（vector autoregressive model）即向量自回归模型。

协整关系。

首先，产业结构、金融发展、金融效率和金融结构四个变量的 Johansen 协整检验结果如表 3-1 所示。

**表 3-1　Johansen 协整检验（样本区间为 1992~2017 年）**

| 零假设 | 特征值 | 迹统计量 | 5%临界值 | $p$ 值 |
|---|---|---|---|---|
| 无 | 0.8364* | 71.7117 | 47.8561 | 0.0001 |
| 最多一个 | 0.6701 | 20.9339 | 29.7971 | 0.0800 |

*表示在 5%显著性水平下拒绝原假设

表 3-1 显示，产业结构、金融发展等四个变量在 5%显著性水平下拒绝不存在协整关系的原假设，但没有拒绝最多存在一个协整关系的原假设，因此，通过 Johansen 协整检验。将协整关系的方程整理如下：

$$IS=0.462\times FD+0.396\times FE+0.069\times FS$$

在该协整方程中，金融发展变量和金融效率变量系数为正，表明金融深化、金融效率的提高将有利于产业结构的调整，即金融深化将会带来工业和服务业比重的扩大；另外，在协整方程中，金融结构变量系数为正，这也意味着金融结构的优化有利于产业结构优化。

其次，从经济效率的角度来看，技术进步与金融发展、金融效率和金融结构这四个变量也存在唯一的协整关系，且有如下协整方程：

$$TFP=4.375\times FD+10.982\times FE-0.0324\times FS$$

该协整方程中，金融发展变量和金融效率变量的系数均为正，这表明金融发展和金融效率的提高对经济运行效率和技术进步有着明显带动作用；相反，金融结构变量的系数为负，这意味着扩大我国直接融资的比重有助于生产率和技术进步的提升。

### 3.2.3　实证结论

第一，从实证研究的结论来看，我国金融发展与产业结构升级之间存在长期稳定关系，金融发展、金融效率提升及金融结构优化都有利于产业结构的优化，有利于工业和服务业比重的持续提升。

第二，未来经济效率的提升需要发展直接融资。我国以间接融资为主的融资方式虽然有助于第二产业和第三产业获得资金，从而促进其快速发展。从经济效率的角度来看，金融发展和金融效率变量的提升有助于技术变量的提升，但间接融资占比较大的金融结构变量却对技术起到负面影响，这意味着未来我国技术进步应注意发展直接融资，注意直接融资和间接融资的平衡发展。

## 3.3　金融业脱离实体经济发展的原因和例证

本章认为，造成我国金融业脱离实体经济发展的原因主要是间接融资体制下货币宽松和利率市场化背景下影子银行助推金融业高增长。

### 3.3.1　间接融资体制下货币宽松导致金融业高增长

在间接融资体制下，货币政策借助于信贷投放实现目标，此机制造成货币增长与金融业增长相伴。

如果把广义货币 M2 进一步区分为基础货币和货币乘数两部分，如图 3-3 所示，我国金融业高增长可以 2012 年为断点分为两个阶段：在 2012 年之前，我国金融业高增长伴随着基础货币的扩张，基础货币投放的货币政策构成金融业高增长的支撑。

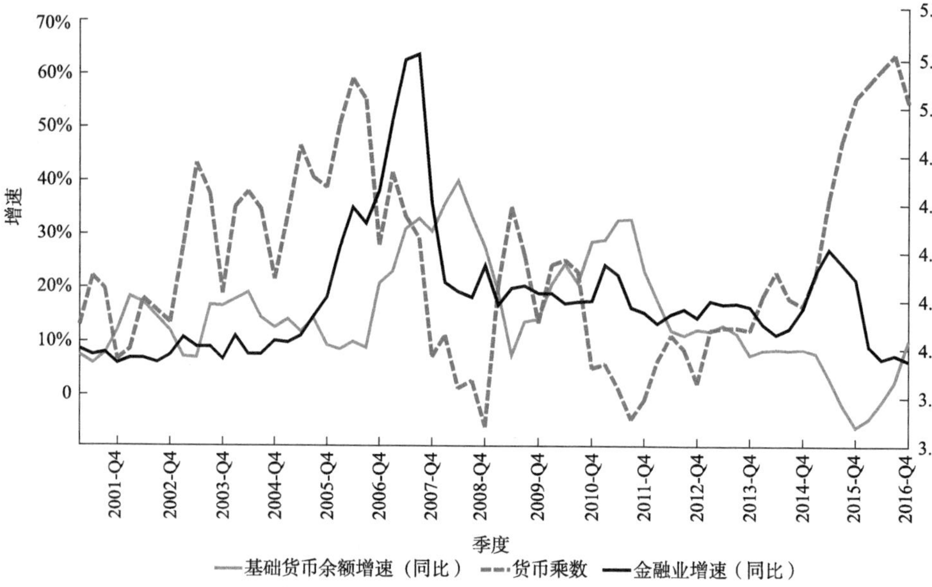


图 3-3　金融业高增长与基础货币余额增速、货币乘数

资料来源：Wind 资讯

在 2012 年之后，我国金融增加值增速虽然与 M2 累计增速相吻合，但与基础货币余额增速背离，基本呈现金融业增速与基础货币增速的差距扩大的趋势。我们计算了 2008 年以来 M2 累计增长倍数和金融业增加值的累计增长倍数，发现两者差异不大，金融业增加值累计增长 239%，M2 累计增长了 226%，但基础货币

累计增速为 184%，明显低于 M2 累计增速、金融业增加值累计增速。可见 2012 年之后的金融业扩张，更多来自信用派生，而不是基础货币扩张。

从商业银行的资产负债表来看，商业银行可从四个主体融入资金：央行、同业金融机构、实体企业和居民部门，此外商业银行还可以通过发行金融债融入资金。同时，商业银行可以将资金投给四个主体：央行、同业金融机构、实体企业和居民部门，此外商业银行还可以用资金购买金融资产。在传统意义上，央行通过准备金或者外汇资产渠道投放基础货币，商业银行准备金存款增长促使其将资金通过债券投资和贷款发放等渠道流入实体经济（图 3-4）。但自 2012 年之后，央行的基础货币投放逐渐减弱，商业银行可以通过同业业务等方式提供流动性，从而实现资金扩张。

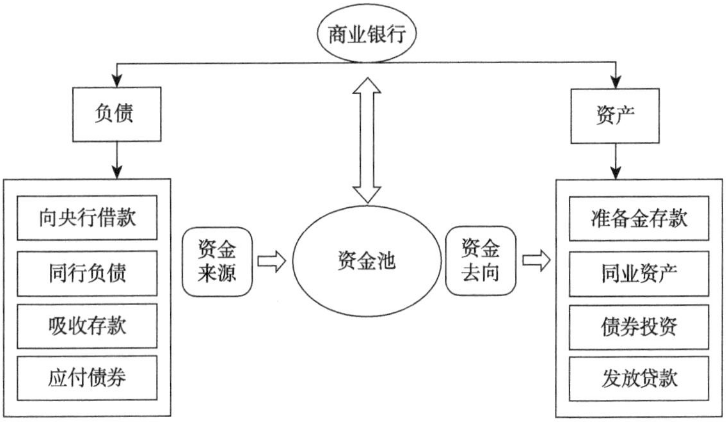


图 3-4　商业资产负债与货币发行

在资产方，2012 年之后我国商业银行的准备金存款占全部资产的比重呈下降态势，而在负债方，商业银行对其他存款性金融机构和非银行金融机构融资的比重持续上升。这是因为，商业银行通过同业业务把自有资金以迂回的方式发放出去，进而创造货币。例如，商业银行直接购买实体经济中的债券或者通过同业业务提供流动性，等价于商业银行发放表内贷款，这自然会创造货币，从而提高货币乘数。

总体来看，在间接融资体制下，无论是何种渠道实现的信贷投放都将反映在广义货币 M2 中。究其原因，在信用扩张机制过程中，货币从央行流出，在其他金融机构和非金融机构及居民部门内流动，最终回到央行资产负债表。货币每流转一次，就会带动实体信贷扩张一次。

图 3-5 描述了我国货币投放伴随的信用扩张机制。该图显示，商业银行在负债端承接来自央行的基础货币投放；同时，商业银行与实体部门之间进行信用派

生。在派生过程中，信用每一次扩张，都伴随着货币沉淀或退出流通领域。贷款派生存款过程中，货币以流通中的现金、存款准备金或商业银行库存现金沉淀下来。与此同时，商业银行负债端的吸收存款和资产端的发放贷款及垫款不断膨胀，商业银行资产负债表扩张；实体部门资产和负债也同时扩张。

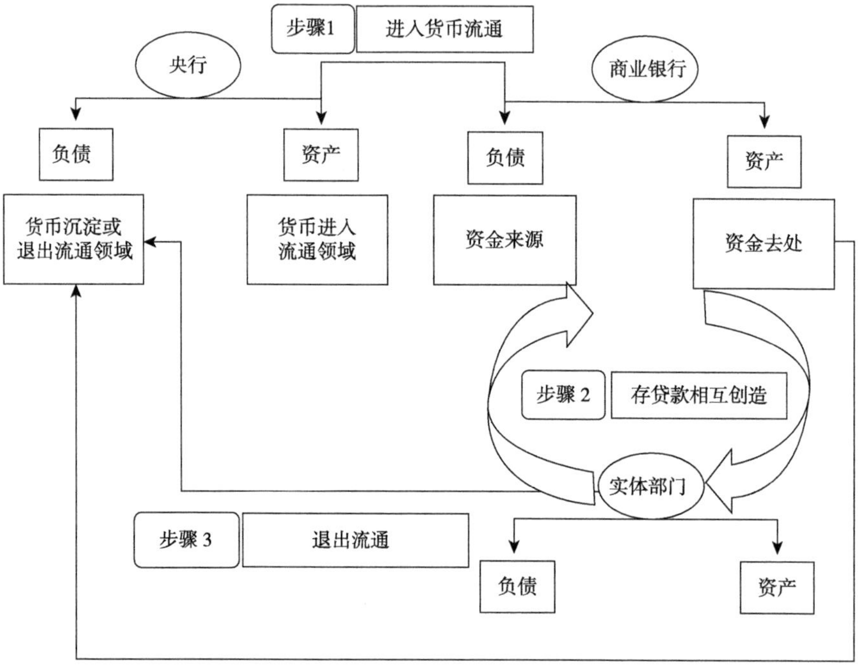


图 3-5　间接融资体制下的货币扩张与信用投放

由此可见，在间接金融体制下，货币政策为了实现经济增长目标，通过投放货币信用的方式使央行、商业银行及实体部门资产负债表均扩张。因此，金融机构在资产负债表扩张的过程中实现高增长，而该过程即是信用扩张过程，同时也是货币投放的过程。

### 3.3.2　利率市场化背景下影子银行助推金融业高增长

我国银行业高增长不仅与广义货币增速相关，在利率市场化背景下，影子银行等金融机构的兴起对我国金融业高增长起到了助推作用。

图 3-6 显示，自 2012 年以来，我国商业银行对其他金融机构债权增速与货币乘数变化保持一致，商业银行同业业务大致反映了我国影子银行的扩张，因此，我国金融业扩张的背后影子银行的作用不可忽视。

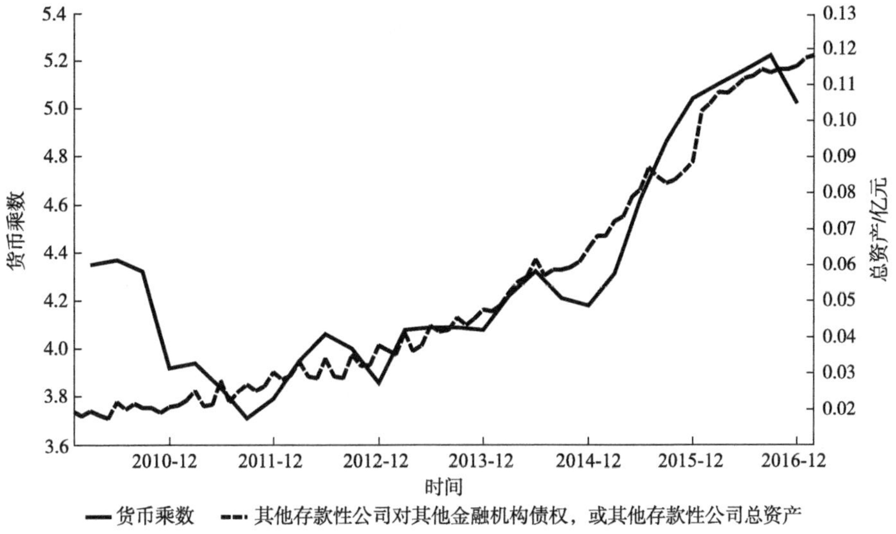


图 3-6　商业银行同业业务增速与货币乘数

资料来源：Wind 资讯

尤其是近年来，我国金融业存在脱实向虚的迹象，其直接表现就是金融体系非存款性负债占比较高：从 M2 与 GDP 占比来看，截至 2016 年底已达到 208%，就货币增速而言，2016 年广义货币 M2 增长只有 11%，增速在下降；需要注意的是，M2 本身主要由存款构成，对于银行而言是一种负债，但银行除了存款以外还有其他负债。2016 年银行的总负债是 230 万亿元，总负债增速接近 16%，远超 11%的存款增速，这意味着其中 1/3 的非存款负债在以 20%以上的速度高速增长。

我国影子银行兴起的原因在于间接融资体系下较低的融资效率和监管套利。在我国的金融体系中，大型银行占据了绝对优势，其从央行和存款端获取资金较为便利，且负债规模整体较大；相比之下，中小银行和其他金融机构从央行和存款端获取资金较为困难，且负债规模整体较小。另外，大型银行客户定位较为明确，创新动力不足，同时受到较严格的金融监管；而中小银行和其他金融机构业务空间有限，但创新性较强，同时受到的金融监管相对较弱。我国金融业的这种特点使得中小银行和其他金融机构相比大银行更积极地从事金融创新和监管套利，影子银行业正是在这种背景下兴起的。

具体而言，由于大银行负债基础较好、资金充足，且相对其他金融机构创新性较弱、面临较强的金融监管，金融体系内资金从大行漏出给其他金融机构，而其他金融机构借助监管套利和金融创新，规模扩张较为迅速（图 3-7）。

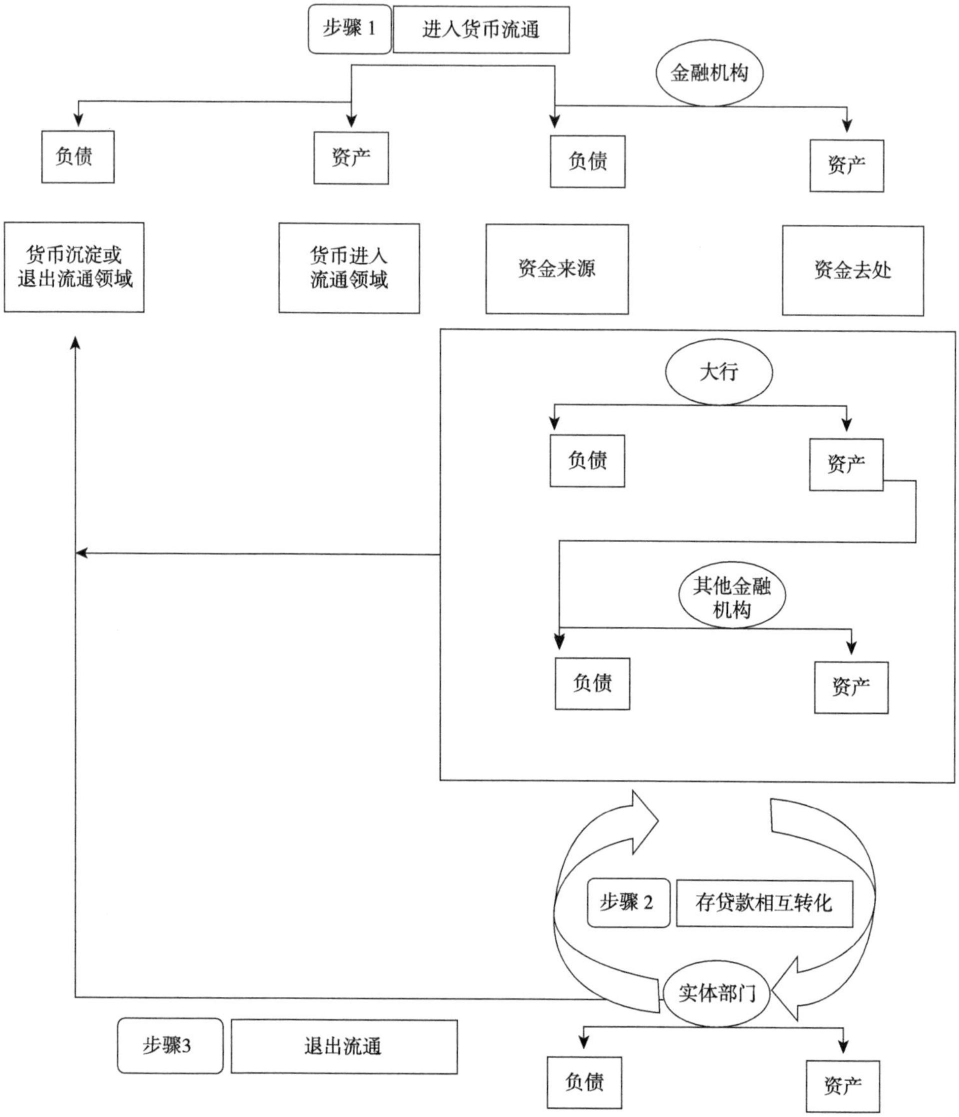


图 3-7　影子银行与信用链条加长

情况 1：其他金融机构从大行融入资金，投资增量资产。

大行将闲置资金通过“同业资产”等方式融资给其他金融机构，其他金融机构将获得的资金投资增量资产[债券、贷款或非标准化债权资产（以下简称非标）]，其资产端扩张。值得强调的是，大行本可以根据这笔闲置资金派生增量资产，而融资给其他金融机构之后，大行资产并未扩张；其他金融机构因这笔资金进行了资产和负债扩张。这意味着，大行将闲置资金对应的信用扩张能力让渡给了其他金融机构，从实体经济部门来看，企业获得的融资水平并无变化，但金融体系内的信用链条却进一步拉长。

情况 2：其他金融机构从大行融入资金，投资大行的存量资产。

与情况 1 相同，大行将闲置资金融资给其他金融机构，其他金融机构负债端也发生同样变化。但与情况 1 不同的是，其他金融机构将资金投向大行的存量资产（如债券），此时资金再次回到大行表内部分。值得强调的是，这种结构性扩表模式给金融体系流动性带来了深刻影响，不仅资金流向实体经济速度变慢，同时期限错配风险加剧，且蕴含流动性风险。

上述分析只考虑了我国金融体系的分割带来的创新和监管套利，如进一步考虑利率市场化因素，影子银行将进一步扩张，信贷投放链条也将进一步加长。

随着利率市场化的加速，我国银行间市场的产品种类不断丰富；加之在相对宽松的货币政策环境下，银行间市场利率下降，从银行间市场融资加杠杆成为中小银行和其他金融机构的普遍做法。在银行间市场诸多产品中，同业存单的发行有助于绕开监管，这成为中小银行加杠杆的重要途径。与同业存款相比，同业存单更加标准化、流动性更好、利率更低，再加上同业存单被当成应付债券来处理，并没有纳入银行同业负债的考核监管中，所以同业存单成为近几年银行主动加杠杆的主要方式。

2015 年以来，银行间市场的低利率降低了同业存单的发行成本，与此同时，同业存单的发行规模也大幅攀升，截至 2016 年底同业存单托管量已经达到了 7.4 万亿元。从结构上来看，股份制银行和城市商业银行由于吸收存款能力有限，为了实现资产负债表规模的扩张，发行余额接近 90%，是同业存单的主要发行者。银行间市场利率和同业存单发行量如图 3-8 所示。

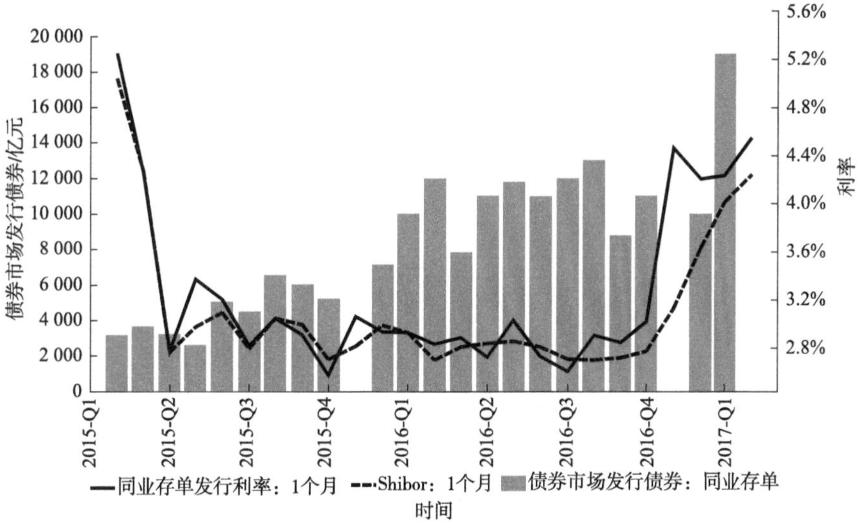


图 3-8　银行间市场利率和同业存单发行量

资料来源：Wind 资讯

Shibor 为上海银行间同业拆放利率（Shanghai interbank offered rate）

在银行间市场借入资金后，中小银行和其他金融机构利用拆入资金开展投资。以购买的是既有存量资产还是新增资产来区分，可将资产投资分为两类：一是购买存量资产（存量资产主要来自大行），二是购买增量资产。就结果来看，购买存量资产时实体部门资产负债表没有变化，但信用链条进一步拉长；购买增量资产时，实体部门资产负债表才会扩张。此外，这种购买资产也可借其他金融机构进行投资，而在这个过程中，其他金融机构往往在货币市场上进一步拆借短期资金，信用链条再一次被加长（图 3-9）。

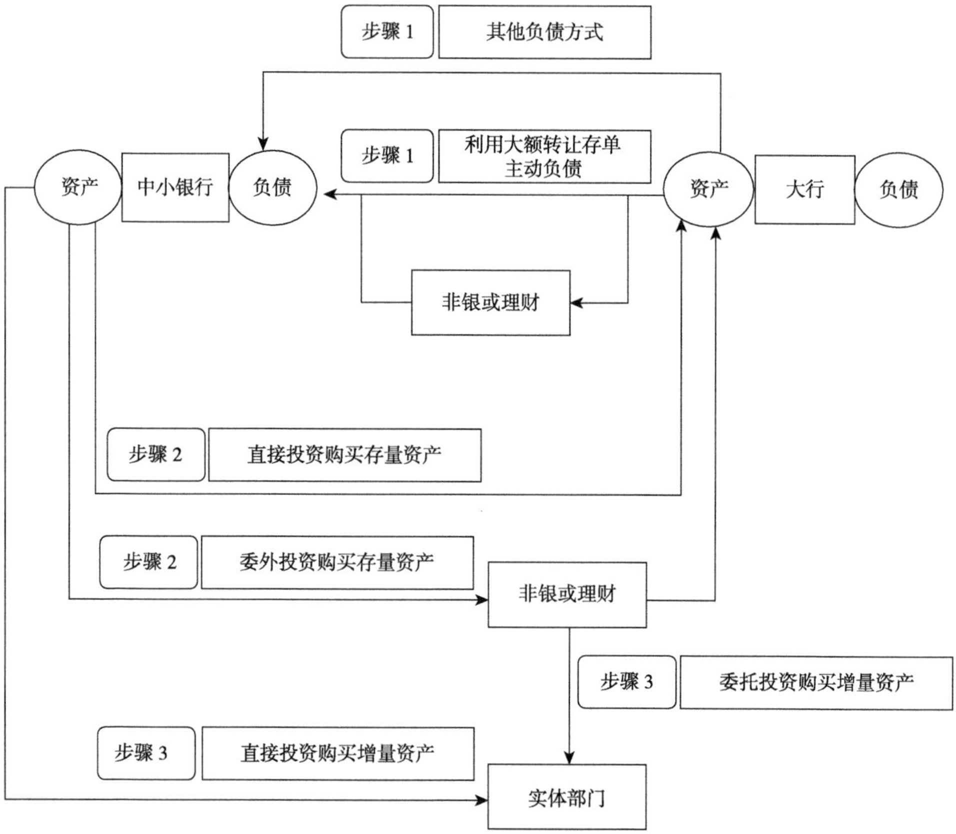


图 3-9　影子银行体系下的信贷扩张机制

值得注意的是，即使在影子银行体系下，金融体系资金最终也能进入实体部门，但是，影子银行和信贷链条的加长降低了金融体系的融资效率，并导致 M2 低估货币增速、央行货币政策传导不畅及金融风险扩大等问题。

具体而言，从统计上来说，M2 衡量的是银行系统为实体经济提供的货币量，包括实体企业、个人和非银行金融机构；而银行之间、银行与非银行金融机构之间借贷、加杠杆创造的货币是没有被统计进入 M2 中的，所以在影子银行体系下，M2 低估了货币总量。例如，同业存单不需要缴纳准备金，但能不断在金融机构之间创造杠杆、创造流动性，所以尽管近几年 M2 增速比较低，但金融机构内部创造的流动性却快速增长。这样不仅导致金融市场风险积聚，也影响货币政策的传导，这是因为央行打造利率走廊的一大环节是央行直接作用于银行间的短期利率，间接影响银行对实体经济的贷款利率；而当前情况下央行提供的廉价资金却在金融市场打转，向实体经济的传导是不通畅的。

## 3.4　金融监管对经济稳定性的影响

2012 年以来，我国告别过去经济高速增长阶段，经济增速放缓，进入经济新常态阶段，并面临着产能过剩、房地产出现泡沫、债务率不断攀升等宏观结构性问题。在这样的宏观经济形势下，进行供给侧改革、防控金融风险改革成为我国的主要目标与面临的主要挑战。虽然我国货币政策在宏观调控中取得了较好成效，但也要注意到，面对纷繁复杂的宏观经济形势，货币政策调控的协调失灵问题日益突出，尤其是货币政策与金融监管之间的矛盾导致了资产价格波动剧烈、金融风险持续恶化等问题，对我国经济的健康稳定运行造成了负面影响。

防范金融业风险是当前阶段我国宏观调控面临的重要任务，而产生较高的金融杠杆率和金融风险的原因就在于金融监管与货币政策步调不同及监管权限不同所造成的监管漏洞。

### 3.4.1　金融监管滞后导致潜在风险和波动性

2012 年以来，我国货币政策逐渐转为中性，但金融监管较为滞后，这一方面造成对信贷投向施加了严苛的管控；另一方面，在利率市场化和直接融资快速发展的背景下，表外影子银行业务发展迅速。在金融监管滞后的情况下，商业银行信贷受到约束，贷款不能直接投放到实体经济，这就迫使金融体系通过迂回的方式来投放流动性。以迂回的方式投放流动性带来的不仅是金融效率的下降，绕过金融监管的信贷资源往往投放于风险较高的房地产、地方政府融资平台等领域，从而加剧了金融风险水平。

不仅金融监管滞后导致金融业高杠杆、低效率，金融监管职权真空也为监管套利带来可乘之机。由于金融监管机构行使金融监管的职能，其分业监管的体制使得金融企业可以采取同业合作等办法来规避各自行业的金融监管。例如，在债券市场同业存单和同业理财信用投放链上，不仅有中大型商业银行，还有券商、基金公司这样的非银行金融机构，甚至还包括银行间市场。管理这样的市场需要央行与银保监会、证监会的共同合作监管。针对新的金融创新形式，短期内的监管协调与磨合为金融市场套利提供了真空期。

此外，央行调整、执行货币政策职能与其金融监管职能在一定程度上存在矛盾。在执行金融监管职能的时候，针对流动性过快、资金空转、银行通过银行间市场融资加杠杆的现象，央行需要对其加以遏制从而控制系统性金融风险。但央行不仅需要执行金融监管的职能，它还是银行的银行——金融市场的“最后贷款人”，也是一个国家维护货币市场稳定的堤坝。央行应保证市场上拥有足够的资金与流动性，这与其在金融监管上的职能和目标存在冲突，且难以在这之间找到一个平衡点。货币政策是一个总量性工具，而它与金融监管这个结构性工具之间并没有一个明确的界限。

### 3.4.2　宏观审慎监管与货币政策的双支柱调控模式

面对上述问题，我国未来的货币政策应注重政策协调，不仅要实现货币政策目标手段间的协调，更要注重货币政策与金融监管的协调。

#### 1. 双支柱调控的内涵

双支柱的宏观调控模式可以看作传统货币政策的延伸，并将宏观审慎政策也纳入其中。宏观审慎政策并不是一个新的概念，不少经济体也都实施过类似的措施。2008 年国际金融危机的爆发，究其原因是缺乏逆周期的监管措施，导致金融市场剧烈波动，最终触发金融危机。因此，要维护金融市场的稳定，就要强化宏观审慎政策框架，弥补现有的金融监管所存在的漏洞，健全完善金融监管机制。

具体而言，货币政策是指货币当局为实现特定经济目标而采用的调节货币供应量或市场利率等政策措施。现行金融机制较为健全的发达国家，其货币政策经历了由多政策目标向重点控制物价稳定的改变。欧美国家执行货币政策主要依靠调整短期市场利率来引导调控货币市场利率，进而调控长期利率、汇率、货币信贷增速等指标，以最终达到稳定物价的目标。

货币政策将 CPI 作为锚定的指标，但 CPI 的稳定并不能保证资产价格稳定、金融市场稳健运行，因此该机制仍然存在缺陷。在此背景下，央行仅借助利率工具难以有效维护金融稳定，在一定程度上还容易纵容资产泡沫，积聚金融风险。因此，在 2008 年国际金融危机后，世界上的主要国家与经济体开始重拾宏观审慎政策，以期望能够更直接、有效地管理金融体系。

在宏观审慎政策方面，宏观审慎政策本质上以宏观、逆周期、跨市场的视角，自上而下地监测经济运行状况。主要目标是缓解金融体系周期波动和风险跨市场传染对宏观经济情况、金融市场机制等造成的不利影响，防范系统性金融风险。与货币政策控制物价稳定、促进经济增长的总体目标不同，宏观审慎政策的重心在于维护金融业的稳定；在调节的对象上，货币政策主要用于调节总需求，宏观审慎政策主要用于控制金融业杠杆；针对调节的手段，货币政策主要施行利率调控，而宏观审慎政策则直接对资本要求、杠杆水平、贷款价值比（loan to value rate，LTV）等指标进行调控；而在传导方式上，货币政策通过利率、信贷、汇率等进行传导，宏观审慎政策则更多影响资产价格，通过资产价格渠道进行传导。

2. 双支柱下宏观审慎政策和货币政策的关系

1）宏观审慎政策目标和货币政策目标总体上一致

从长期来看，货币政策目标和宏观审慎政策目标总体上是一致的。这是因为宏观变量之间保持着较高的同步性，例如，当经济过热时，不仅货币政策所关注的就业和通胀指标高涨，宏观审慎政策关注的信贷指标也处于高峰期；相反，当经济低迷时，货币政策与宏观审慎政策关注的经济变量也往往处于低水平。不仅如此，根据丁伯根法则（Tinbergen's rule），货币政策工具的数量或控制变量数至少要等于目标变量的数量，而目前阶段我国宏观调控的多重任务造成了货币政策的潜在冲突，因此，也就需要宏观审慎政策作为货币政策的补充。

具体而言，首先，货币政策主要以 CPI 稳定为目标，但若 CPI 数据的公布频率较金融市场变量更低，且其变动不能充分反映金融市场的情况，就会产生货币政策对于金融市场调节的盲区。

其次，货币政策作为一个总量调节工具，在执行的同时难以兼顾到每一个市场与市场主体。因为不同的市场和经济主体之间存在或多或少的差异，货币政策的调控可能使得某些市场已经过热了，而另一些市场却仍然处于过冷的状态。

最后，部分金融市场容易加杠杆（如房地产市场），且具有"买涨不买跌"的特征，这就使利率等价格调节机制难以有效进行调节，很容易出现顺周期波动和超调，此时能够进行杠杆逆周期调节的宏观审慎政策便能发挥作用。

2）宏观审慎政策和货币政策存在潜在冲突

虽然宏观审慎政策与货币政策具有相当多的共同点，但两者在具体的操作目标、调节工具、传导方式等方面存在差异，尤其在复杂多变的经济金融环境下，两者的作用方向有可能会不同，甚至出现相互制约。例如，当经济萧条时，实施降息等宽松货币政策措施也许不仅不能刺激实体经济，反而导致资金加杠杆炒作，形成资产泡沫；而当经济体出现过热时，实施加息等紧缩性的货币政策措施在高杠杆的情况下又可能导致泡沫破裂，不利于宏观经济和金融体系稳定。

3）宏观审慎政策与货币政策应相互协调

鉴于以上，未来宏观调控的实施应注重宏观审慎政策与货币政策之间的协调。具体来看，货币政策主要是维护币值稳定，而宏观审慎政策主要是维护金融稳定，而这会进一步体现在物价与资产价格的互动关系上。一般而言，为了保持货币政策操作的稳定性和连续性，中央银行不需要关注资产价格，但现实中资产价格和金融市场的大幅波动最终还是会对物价和经济产生明显的冲击，这也正是国际金融危机后各国央行在传统货币政策职能之外更加重视金融稳定的原因。宏观审慎政策的引入恰恰为央行提供了通过逆周期调节杠杆影响资产价格进而维护金融稳定的能力，因此需要两者相互协调配合，形成合力。

### 3.4.3　双支柱调控模式的理论模型

下面主要从理论模型角度分析双支柱调控对我国宏观经济的影响及福利效果。本书引入货币政策和宏观审慎监管的双支柱调控模式来定量评价其政策效果。

具体而言，笔者拟构建的模型假定经济中有五个行为主体（部门），包括代表性家庭、企业、零售商、金融中介（银行）和政府。但限于篇幅，此处主要介绍家庭、企业，以及货币政策和宏观审慎政策三个部分。

值得指出的是，在双支柱政策调控的设定上，我们采用泰勒规则的货币政策及宏观审慎政策规则，宏观审慎政策主要体现于贷款价值比这一我国使用极为频繁的政策工具。不仅如此，笔者进一步区分前瞻型和后顾型宏观审慎政策，并通过比较不同类型政策下的 GDP 和通胀变量的波动性及福利损失来定量衡量不同类型政策的差别。

1. 家庭

假定家庭无限期生存，其效用函数采用 MIU 形式，并在消费和储蓄、工作和闲暇之间做出决策。家庭的效用函数如下：

$$E\sum_{k=0}^{\infty}\beta^{k}\left[\ln C_{t+k}+\xi\frac{M_{t+k}}{P_{t+k}}+\rho\ln\left(1-L_{t+k}\right)\right]$$

式中，$C_t$ 表示家庭 $t$ 时期的消费；$L_t$ 表示 $t$ 时期家庭向市场提供的劳动力，$1-L_t$ 构成闲暇；$M_t$ 表示家庭选择持有的货币数量；$P_t$ 表示 $t$ 时期的价格水平；$\beta$ 表示主观贴现率；$\xi$ 表示流动性冲击；$\rho$ 表示劳动效用参数。

2. 企业

生产中使用资本品和劳动力两种要素。假定企业家不能积累足够的资金，因此，必须依靠外部融资来购买资本品。

1）生产行为

企业家利用劳动投入和资本进行生产，假定其生产函数具有柯布–道格拉斯形式

$$Y_t = A_t K_t^{\alpha} L_t^{1-\alpha} \tag{3-1}$$

式中，$Y_t$ 表示企业的产出；$K_t$ 表示生产中使用的资本品数量；$L_t$ 表示企业所雇用

的劳动投入；$A_t$ 表示外生的技术水平；$\alpha$ 表示资本产出弹性。

2）企业家的借贷行为

由于企业家必须依靠外部融资，在信贷市场摩擦的情况下，银行向企业家发放贷款受到宏观审慎政策工具——贷款价值比的限制，必须满足以下条件：

$$R_t B_t = N_t E_t\left[Q_{t+1}\left(1-\delta\right)K_t\right] \tag{3-2}$$

式中，$N_t$ 表示贷款价值比；$B_t$ 表示企业家的贷款规模；$R_t$ 表示利率；$Q_{t+1}$ 表示资本的价格；$\delta$ 表示资本的折旧率。式（3-2）意味着企业家申请贷款的数量与企业家拥有资产的价值成一定比例，该比例就是贷款价值比 $N_t$。贷款价值比 $N_t$ 更高，意味着企业家可以同样的条件获得更多银行贷款，即宏观审慎政策管理部门实施扩张型的宏观审慎政策；相反，贷款价值比 $N_t$ 更低，意味着企业家可以同样的条件获得更少银行贷款，即宏观审慎政策管理部门实施紧缩型的宏观审慎政策。

3. 货币政策和宏观审慎政策

1）货币政策

与多数文献直接给定利率规则的表达式不同，我们通过最小化损失函数的方法推导货币当局的最优利率规则。损失函数形式具体设定如下：

$$\text{Loss}_t = f\left(\pi_t^2, \vartheta \hat{y}_t^2\right) \tag{3-3}$$

式中，$f(\cdot)$ 表示线性函数；参数 $\vartheta$ 表示产出缺口在损失函数中的权重；$\pi$ 表示通胀；$\hat{y}_t$ 表示产出缺口。

2）宏观审慎政策

在这里，宏观审慎政策主要体现于贷款价值比这一我国使用极为频繁的政策工具，具体而言，这里设置了后顾型和前瞻型两种不同的政策反应函数。

第一，后顾型规则。

$$\frac{N_t}{\overline{N}} = \left(\frac{N_t}{\overline{N}}\right)^{\tau} e^{\varepsilon} \tag{3-4}$$

式中，$\tau$ 表示政策规则系数，$\overline{N}$ 表示稳态水平的 $N$；$e$ 表示政策冲击。

后顾型意味着贷款价值比规则形式设计主要考虑的是政策的连续性和黏性，满足规则的平滑要求，即贷款价值比水平主要依赖于上期的情况。

第二，前瞻型规则。

为防止银行贷款快速增长或者资产价格泡沫的出现，宏观审慎政策规则除了满足平滑要求外，还要对未来的贷款或资产价格变动做出反馈。本书中该变量为贷款规模 $B$，将其加入政策规则反应函数意味着，宏观审慎规则将对未来贷款的偏离做出反馈。

$$\frac{N_t}{\overline{N}} = \left(\frac{N_{t-1}}{\overline{N}}\right)^{\tau} E_t \left(\frac{B_{t+1}}{\overline{B}}\right)^{\zeta} e^{\varepsilon} \tag{3-5}$$

4. 模拟结果

根据上述模型的设定，本章选取金融危机之后的时间区间，即 2007~2017 年的季度数据，对模型的参数进行校准和拟合。例如，消费、投资和政府支出占比根据各自数据均值计算得出，分别为 0.45、0.4 和 0.15。主观贴现率 $\beta$ 采用广泛使用的 0.95，资本折旧率按照张军和章元（2003）的设定，将季度的折旧率 $\delta$ 设定为 0.02，资本产出弹性 $\alpha$ 设定为 0.5。其他参数取值也根据我国 2007~2017 年的年度数据校准或估计得到，此处不一一赘述。

根据上述参数设置，这里使用 Dynare 软件对上述模型进行模拟。鉴于我们的主题为双支柱的宏观调控模式，这里只列出了不同货币政策和宏观审慎政策组合的波动率与福利损失（表 3-2）。

**表 3-2　模型经济与实际经济比较**

| 项目 | 实际波动率 | 货币政策 | 货币政策+后顾型宏观审慎政策规则 | 货币政策+前瞻型宏观审慎政策规则 |
|---|---|---|---|---|
| 产出缺口 | 0.0130 | 0.0151 | 0.0129 | 0.0194 |
| 通货膨胀 | 0.0137 | 0.0115 | 0.0165 | 0.1260 |
| 福利损失 | — | −0.0350 | −0.0390 | −0.0820 |

表 3-2 列出了实际经济（产出缺口和通货膨胀）的波动率及不同类型货币政策和宏观审慎政策规则组合下的模拟波动率和福利损失。该表第 2 列为我国实际经济波动率，数据显示，在 2007~2017 年，我国产出缺口和通货膨胀的波动率分别为 1.3%和 1.37%。

表 3-2 的第 3 至第 5 列显示了单纯的货币政策下模拟的产出缺口和通货膨胀的波动率与福利损失水平，以及货币政策和后顾型、前瞻型宏观审慎政策组合下的产出缺口波动率、通货膨胀波动率和福利损失。比较三者可知，单纯的货币政策导致较高的福利损失，而货币政策和宏观审慎政策相结合则可以降低福利损失水平。在产出缺口和通货膨胀的波动率方面，单纯的货币政策将导致较高的产出缺口波动率和更低的通胀波动率，这可以归因于，在单纯泰勒规则的货币政策下，通货膨胀被赋予更高的权重；相比之下，在双支柱的政策下，宏观调控对贷款价值比这一工具的调控将能够抑制贷款等金融变量的快速增长，降低产出波动性并预防金融风险。

对比两种类型的宏观审慎政策可以发现，后顾型的宏观审慎政策具有较好的稳定性，产出缺口的波动性更小，且与 2007~2017 年我国实际经济的波动情况类似；前瞻型的宏观审慎政策则产生了较高的波动性，尤其是使通货膨胀产生了明显的波动性。因此，以福利损失度量，后顾型的宏观审慎政策明显优于前瞻型政策。

### 3.4.4　研究结论

面对经济增速下滑的新常态和供给侧结构性改革任务，我国货币政策实施面临的制约因素逐渐增多，政策有效性备受挑战。我们通过对带有宏观审慎政策和货币政策的双支柱调控模型进行模拟，结果显示，单纯的货币政策导致较高的产出缺口波动率，从而导致较大的福利损失，而货币政策和宏观审慎政策相结合则可以降低福利损失水平。不仅如此，相比前瞻型的宏观审慎政策，后顾型的宏观审慎政策具有较好的稳定性。因此，以福利损失度量，后顾型的宏观审慎政策明显优于前瞻型政策。

展望未来，宏观审慎监管和货币政策的双支柱调控模式将成为我国宏观调控的主流，通过宏观审慎监管措施与货币政策的协调，稳定货币政策预期，扩大货币政策操作空间，实现保增长、调结构和防风险的多重目标。

## 3.5　促进产业结构调整升级的金融改革思路

为了增强金融业服务实体经济的能力，促进产业转型升级的金融业改革应着重在完成利率市场化改革、完善汇率形成机制、推进金融机构改革、打造多层次的资本市场、完善货币政策调控方式和完善双支柱金融监管框架这六个方面推进。

### 3.5.1　建立利率定价机制，完成利率市场化改革

利率是联系储蓄与投资的核心价格，而未充分市场化的利率水平正是我国金融结构失衡的最根本因素。就目前来看，我国仍存在对关键存款利率的管制，这种管制在为银行创造了高利差的同时，还客观上造成储户从存款中获得的收益长期低于通胀水平；不仅如此，利率的限制使得信贷资金无法始终流向最需要的地方，从而形成了金融压抑，即大型国企很容易就能获得信贷资金，而大量中小企业则常面临资金短缺的困境。由此可见，利率市场化是中国金融改革的核心。

目前，我国的利率市场化改革迈出了新的关键步伐，银行体系利率管制基本放开，市场利率定价自律机制不断建立健全，银行利率市场化浮动基本实现；金融市场基准利率逐步培育，中央银行利率调控体系逐步完善。2012 年 6 月，央行首次允许人民币存款利率上浮，这意味着我国利率市场化进入了实质性的攻坚阶

段。2013 年 7 月，央行全面放开金融机构贷款利率管制，由金融机构根据商业原则自主确定贷款利率水平，人民币贷款利率开始市场化浮动。2015 年 10 月，央行放开存款利率上限。至此，我国存贷利率管制基本放开，利率进入了市场化浮动的新阶段，利率市场化改革迈出了具有里程碑意义的关键一步。

需要指出的是,取消利率浮动的行政管制并不意味着利率市场化已彻底完成。目前存贷款基准利率仍由货币当局确定并公布。未来可逐步简化和归并央行公布的商业银行存贷款基准利率体系，并最终取消货币当局公布商业银行存贷款基准利率的做法，由商业银行根据政策利率自主确定存贷款利率。下一步利率市场化改革的核心任务是建立健全与市场相适应的利率形成和调控机制，提高央行调控市场利率的有效性。对于商业银行而言，应该加快重构市场化内部资金定价模式，建立与利率市场化、金融创新和商业银行资产负债类型多元化环境更为适应的内部资金转移价格体系，进一步疏通利率传导渠道，探索尝试存贷款曲线从主要盯住央行存贷款基准逐步向由存贷款基准、Shibor 和债券市场等利率加权形成和调整转变。

值得指出的是，我国虽然放开了存贷款的管制，但由于金融业以国有大型银行为主，存贷款市场的竞争不够充分，且银行间市场规模相对存款市场过小，无法通过 Shibor 等银行间市场利率影响商业银行的利率定价。因此，未来我国利率市化的推进有赖于金融机构改革的推进。

### 3.5.2　完善汇率中间价形成机制，加强资本流动监控

近年来，我国按照主动性、可控性和渐进性原则，稳步推进人民币汇率机制市场化改革，中间价形成机制不断完善，人民币对美元双边汇率弹性不断增强，双向浮动的特征更加显著。2012 年 4 月即期外汇市场人民币对美元交易价浮动幅度扩大至 1%，2014 年 3 月进一步扩大至 2%。稳步扩大人民币汇率浮动幅度体现了汇率改革的市场化取向，有利于增强人民币汇率浮动弹性，进一步优化资金配置效率，增强市场配置资源的决定性作用。

2015 年 8 月，央行强调中间价报价要参考上日收盘价，以反映市场供求变化。2015 年 12 月，中国外汇交易中心（China Foreign Exchange Trade System，CFETS）人民币汇率指数发布，强调要加大参考一篮子货币的力度，以更好地保持人民币对一篮子货币汇率基本稳定，遂形成了“参考上日收盘汇率+一篮子货币汇率变化”的双参考定价模式。2017 年 5 月，中间价引入逆周期调节因子，以对冲市场情绪的顺周期波动，缓解外汇市场上的羊群效应，有助于汇率充分反映基本面变化。

随着中间价形成机制的不断完善，中间价基准地位得以增强，境内外汇差明显收窄，有效抑制了跨境套利活动。未来人民币汇率形成机制改革应继续按照“主

动性、可控性和渐进性”原则，在保持人民币在合理均衡水平上基本稳定的同时，增强其汇率弹性，扩大波动幅度；引入多元主体，发展外汇市场，不断创新外汇产品；深化外汇管理改革，有效合理地调节市场供求关系，为汇率机制改革提供良好的市场环境。

在完善汇率中间价形成的同时，为了防控金融风险，还应加强对资本流动的监控，防止资金大进大出对我国宏观经济的巨大冲击。与此同时，还应协调好对外开放与防范金融风险的关系，为此，在资本项目方面，应更加重视长期投资和外商直接投资的作用；而对于资本流动的方向，应放宽对资本流入的限制，而加强对资本流出的管理。

具体而言，在直接投资方面，减少外商投资的行业限制，扩大开放领域，并借鉴中国（上海）自由贸易试验区（以下简称上海自贸区）的“准入前国民待遇”和“负面清单”的管理模式，优化对外资的管理；允许和鼓励外资企业和国内企业进入企业并购重组领域，并放宽外资进入的股权限制。在证券投资方面，进一步放宽对合格境外机构投资者与合格境内机构投资者在投资额度和投资范围方面的限制，并扩大境内外资企业在境内资金市场的融资范围；允许外资企业与外资金融机构扩大涉及国内企业、境内外资企业和国内金融机构在商业贷款和贸易融资方面的业务往来与合作。在金融机构准入方面，放宽对金融机构所有权的比例限制，允许多样化形式的外资金融机构进入。

### 3.5.3　推进金融机构改革，增强金融服务实体经济能力

在金融抑制的背景下，金融供给不足和结构不平衡是我国金融体系的重要特点，这不仅造成了中小企业“融资难、融资贵”，也造成了不同类型金融机构之间的套利空间，从而加剧金融风险。为了实现金融结构优化，应进一步推进金融机构改革，提高金融供给的同时努力实现金融结构的平衡。

为此，首先应着力继续促进国有银行、股份制商业银行、政策性银行、证券公司等深化改革、发展创新业务，鼓励其通过完善内部治理机制，加强风险防范，扩大资产规模，提升核心竞争力。国有大型金融机构需要全面推进公司治理改革，明确股东会、董事会、监事会与管理层的职责边界，在强化党的领导地位的同时，增强董事会在战略制定、风险管理、监督控制等方面的职能。公司治理的另一项重要内容是完善激励机制，应改革只与短期业绩挂钩而和风险无关的薪酬制度，建立长期化的激励机制；此外，要大力改进金融机构的信息披露，规范信息披露的格式、内容、深度和广度，确立“实质主义”信息披露规则，增加金融机构违规成本，增强其经营透明度，保护投资者利益。

其次，应加大对银行、证券、保险等金融服务领域的对外开放力度，降低金

融业的准入门槛，鼓励外资和民营资本进入金融业。考虑到中国金融业的现实情况，可以首先对社会资金开放小微金融和农村金融领域，鼓励民营资本通过入股、重组城市商业银行、农村商业银行或设立村镇银行、小额贷款公司和融资担保公司的方式进入金融业。

最后，平衡金融供给结构应建立多层次的金融机构体系。尤其就国内目前的经济发展水平而言，一方面，经济主体复杂多样，对金融服务的需求也千变万化；但另一方面，出于对金融风险的审慎考虑，金融改革相对滞后，形成了金融供给的同质化与实体经济多元化需求之间的矛盾，不仅导致“融资难、融资贵”，还造成了不同类型金融机构之间的套利空间，加剧了金融风险。可以说，金融供给结构性不平衡，金融机构层次不够丰富，是制约我国金融服务业发展的重要问题。为此，应建立多层次的金融机构体系，鼓励中小金融机构、民营银行和互联网金融的发展，这不仅可以从总量上增加金融供给，还可以完善和优化金融结构，挤压不同类型金融机构的套利空间，从而有助于抑制金融风险。

### 3.5.4 大力发展直接融资，打造多层次的资本市场

20 世纪 90 年代以来，随着经济体制改革的深化，我国金融业改革开放步伐不断加快，金融机构数量迅速增加，金融市场蓬勃发展，多元化的金融体系初步形成。另外，金融业的改革并未打破银行业尤其是国有银行业在金融体系中的主导地位。与银行贷款形成鲜明对比，我国债券和股票的直接融资市场融资大大滞后。以债券市场为例，从债券市场的相对规模来看，2012 年我国债券余额占 GDP 比重约为 44%，低于新兴东亚国家均值 8 个百分点，更低于新加坡、马来西亚及韩国 30 多个百分点。同时，我国债券市场不仅规模小，产品也不够多样化，产品主要为国债及其他政策性债券，且地方政府债券及公司债券较少。

第一，建立多层次的资本市场结构是发展直接融资市场的关键。一方面，随着经济体制改革的深化，我国金融市场蓬勃发展，我国以主板、中小板、创业板和各地产权交易市场为主体的多层次资本市场体系初步形成。但另一方面，在资本市场内部，我国资本市场仍然主要由主板市场组成，创业板市场尚处于起步阶段、市场容量不大，而且不同层次资本市场缺乏对接的转板机制，因此，我国现阶段的资本市场无法满足广大、中、小企业的融资需求，真正意义上的多层次资本市场体系尚未建立。

要完善现有的资本市场体系，首先要明确多元化资本市场在企业融资中的不同功能定位。以股权市场为例，一般成长期并且资产规模较小的企业，比较适合在创业板上市融资；成熟期并且资产规模较小的企业，比较适合于在中小板和创业板上市融资；成熟期且资产规模较大的企业，适合于在主板市场上市融资。其

次，建立适合中小企业特点的发行审核制度，加快上市进程。可考虑改革现行发行审核制度，制定不同于传统企业的发行审核标准，可重点关注中小企业的研究开发能力、科技含量、获利能力和成长潜力，适当放松财务指标要求，降低门槛，并为具有自主创新能力的企业发行上市设立“绿色通道”。再次，应大力发展产权交易市场，完善非上市企业股份转让途径，可以积极采用拍卖、竞价等方式，充分发挥市场机制的作用；并不断扩大现有的网络交易联盟，将其拓展为全国性的产权交易信息共享和交易平台。最后，应建立主板、中小板、创业板、新三板、产权交易市场之间的转板制度，使不同类型的企业可以在不同层次的市场中融通到资金。

第二，大力发展直接融资市场需整合现有的债券市场。发展债券市场对于我国而言意义重大。随着我国城市化进程的加速，预计需要每年 2 万~3 万亿元人民币的基础设施投资，这将占到我国现有 GDP 的 5%左右。考虑到我国商业银行的可贷资金限制，且 2008 年全球金融危机以来，大量的银行贷款流向了地方政府融资平台，大型基建项目和国有大型企业集团及一些政府主导的项目并未产生足够的回报以支付贷款利息；同时，大部分银行贷款属于中长期贷款，随着银行提供更多的中长期贷款，这一错配问题变得更为显著。相比之下，成熟的债券市场能以低于银行的成本提供融资，因此，发展债券市场融资方式无疑是解决城镇化巨额的资金需求的最佳方案。

目前我国债券的管理实行规模控制、集中管理、分级审批，导致债券市场多头监管，效率低下，因此，要发展我国的债券市场，就必须取消我国行政化的审批和管理制度，使对债券市场的审批和监管向程序性审核过渡。以企业债为例，建议统一名目繁多的企业债券种类，由国家发展改革委、证监会和中国银行间市场交易商协会共同制定统一的企业债券发行条件、标准、程序和流程，最终实现债券的市场化发行。此外，要建立市场化的债券发行体制还需要一系列的相应配套措施，具体来说包括完善债券市场信息披露机制，完善担保制度，建立市场化风险定价机制，以及改进我国信用评级制度，为债权人提供权利保障。

### 3.5.5　调整货币政策目标，完善货币政策调控方式

我国经济进入新常态，经济增速出现下滑；同时，我国所面临的国际、国内经济环境也更为复杂。面对如此复杂的国内外环境，传统货币投放方式的弊端不断显现。因此，在我国宏观经济进入新常态的局面下，我国央行通过改造传统货币政策工具，打造了定向降息降准、常备借款便利（standing lending facility，SLF）、中期借款便利（medium-term lending facility，MLF）及抵押补充贷款（pledged supplementary lending，PSL）等“升级版”的货币政策工具，通过不同的期限和

利率，有效地满足了市场对流动性的需要。

从货币政策效果来看，创新型的货币政策工具虽然没有造成“大水漫灌”的效果，但也造成了银行间市场流动性过剩。这样导致的结果是，银行对央行的负债也迅速飙升，且央行提供的资金利率要低于市场利率，如 7 天期央行逆回购利率为 2.35%，而同期限的 Shibor 近期都在 2.6%以上，银行间回购利率则更高。而银行间市场流动性过剩，客观上造成了金融机构利用其他渠道来加杠杆及信贷链条加长。因此，为了防范金融业风险，需要对现有货币政策及其调控方式进行调整。

第一，保增长不应成为货币政策的核心目标。从发达国家货币政策的经验来看，其货币政策执行经历了由多目标向突出物价稳定目标的过程。相比之下，我国由于处于经济发展和转型阶段，目前尚不具备强调单一物价稳定目标的条件；解决货币政策目标冲突，归根结底是要简化货币政策目标，下调经济增速目标的重要性，保增长不应成为我国货币政策的核心目标。

具体而言，在经济新常态格局下，由于潜在增长率下滑，宏观调控的政策权衡空间缩小，高速的经济增长不宜再成为货币政策追求的主要目标；相反，新常态经济下的货币政策调控则应强调稳定和均衡目标，尤其应致力于稳定通货膨胀和实现内外部均衡。

第二，转变货币调控方式，首先要弱化货币供应量的中介目标。就本质而言，货币供应量一方面是我国货币政策执行中的重要中介目标；另一方面，作为操作目标的基础货币和存款准备金与货币供应量息息相关。因此，我国的货币政策中，货币供应量作为中介目标和操作目标的界限较为模糊。鉴于我国利率市场化改革已基本完成、金融市场日益完善、社会融资结构多元化的背景，货币供应量目标与最终目标的相关程度会有所减弱。因此，建议降低货币供应量作为中介目标的重要性，同时，将汇率、利率、国际收支状况及资本市场变化等指标纳入货币政策中介目标范畴。

第三，转变货币调控方式，在操作目标方面突出利率机制的作用。未来，我国货币政策的操作目标可由价格型指标和数量型指标兼顾转为更多向价格型指标过渡。

### 3.5.6　完善双支柱金融监管框架，防范金融风险

我国的金融风险往往是金融监管缺位的结果，因此，金融业防风险应协调货币政策与金融监管，完善双支柱金融监管框架。

近年来，我国金融风险防范和化解机制不断健全和完善，金融风险防控能力得到明显增强，主要体现在以下三个方面。一是监管机构进一步完善金融风险监

测、评估、预警和处置体系建设，全面排查风险隐患，强化对跨行业、跨市场风险及风险传染的分析研判，宏观审慎管理制度建设不断加强。二是有效完善金融监管协调机制，填补监管空白，防止监管套利。从建立“一行三会”（即中国人民银行、中国银行业监督管理委员会、中国证券监督管理委员会和中国保险监督管理委员会）监管协调联席会议一直到设立国务院金融稳定发展委员会，持续增强金融监管协调的权威性和有效性，强化金融监管的专业性、统一性和穿透性。三是建立和完善存款保险制度，健全金融机构市场化退出法律体系，探索金融机构风险市场化处置机制。

从金融监管的国际经验来看，全球金融危机后，美国、英国、澳大利亚、日本和俄罗斯等发达国家和新兴市场国家纷纷改革了金融监管体系。发达国家金融监管体系改革的特点主要由传统的多头监管向双峰监管甚至是一元的超级综合监管发展，强化中央银行的监管职责逐渐成为主流；同时，宏观审慎、微观审慎与行为监管取代机构监管成为主要的监管体系划分标准，机构监管走向功能监管。

借鉴金融监管的国际经验，未来我国的金融监管应该进一步完善现有的监管格局，充分发挥国务院金融稳定发展委员会的作用，进一步联合现有的金融监管机构，在涉及整个金融体系的稳定上面，既要有某一监管机构对单个金融机构的审慎监管，还要针对跨市场、跨机构、跨行业风险。除此之外，还应考虑不同金融机构对系统性风险的影响，确定系统重要性金融机构、市场和工具的范围，对具有系统性影响的金融机构制定严格的规则，同样也要有逆周期效应的央行的货币政策和资本管制政策。

第一，实施双支柱的宏观调控，要明确货币政策和宏观审慎政策的分工协作。货币政策调控应明确调控手段和方式，坚持数量化调控向价格型调控转型，以市场化利率为调控手段。目前，我国的货币政策框架中，货币供应量目标仍占据核心地位。但从发达经济体的货币政策经验来看，欧美国家普遍淡化了货币供应量目标，并以金融市场短期利率作为主要调控手段。从我国目前的情况来看，我国利率市场化已基本完成，存贷款利率的浮动限制已经取消，银行间市场日益成为金融机构拆借资金的主要渠道。鉴于此，我国的货币政策调控应朝向更加市场化的方向发展，以短期利率等市场化手段进行货币政策调控。

在宏观审慎政策方面，可以使用资本要求、杠杆水平、首付比等指标进行调控；同时应进一步明确宏观审慎政策的作用机制，即通过影响资产价格，通过资金融市场渠道进行政策传导。不仅如此，宏观审慎政策还应建立明确的调控规则，旨在防范系统性金融风险，维护金融稳定。

第二，实施双支柱的宏观调控，调整现有的宏观审慎政策执行机构。从当前的货币政策和金融监管机构格局来看，现有的宏观审慎政策是分散在多个机构之间的。其中，央行具有货币发行、利率和汇率等宏观调控手段，同时还有对银行、证券和保险等金融机构内部风险进行识别和监控的功能；而银保监会、证监会更多的是从机构和市场角度对金融机构进行功能监管。总体来看，现有的“一行两会”的金融监管设置具备一定的控制金融市场风险的手段和监控职能，但在宏观审慎政策的执行中仍然存在监管空白和监管缺位。

未来的双支柱宏观调控，应进一步整合现有的金融监管机构，在涉及整个金融体系的稳定上面，既要有功能层面上对单个金融机构的审慎监管，更要注重跨市场、跨机构、跨行业的金融风险，尤其要重视系统性风险的发生和传染。

具体而言，建议加强宏观审慎政策与央行的货币政策之间的沟通协调。对金融机构而言，要确定系统重要性金融机构和金融工具，对具有系统性影响的金融机构制定更为严格的监管规则。

第三，双支柱的宏观调控要求货币政策本身做出适当调整。双支柱的调控模式不仅要求货币政策与宏观审慎政策之间协调，同时也要求货币政策本身进行调整。

首先，为了确保货币政策的稳定性，经济增长不宜再作为货币政策的核心目标。从货币政策的国际经验来看，欧美国家货币政策目标大多经历了由增长、就业、物价稳定和国际收支的多目标向突出物价稳定目标转变的过程。我国目前虽然仍处于经济快速成长阶段，但在当前纷繁复杂的经济形势下，货币政策的目标过多显然为金融风险埋下了隐患。因此，为了避免货币政策的潜在冲突，化解金融风险，就要下调经济增速目标的重要性，保增长不应成为我国货币政策的核心目标；相反，货币政策调控应强调稳定和均衡目标，尤其应致力于稳定通货膨胀和实现内外部均衡。

其次，双支柱下的货币政策调控还要完善现有的货币政策框架。2012 年以来，影子银行的蓬勃发展使得各层次货币供应量之间的界限不断模糊，传统的货币政策工具与经济增长、就业和通胀等最终目标的相关程度已大幅减弱。因此，在货币政策方面，应创新货币政策工具和调控方式，同时借鉴欧美国家货币政策调控经验，将汇率、利率、国际收支状况等指标纳入货币政策中介目标范畴。

# 第 4 章　深化财税体制改革与产业结构调整升级

财政的收支都是决定产业结构的重要外生力量，在很大程度上影响着企业的资源配置方向，是当前产业结构形成及未来产业调整升级的重要着力点，是高质量发展阶段的重要任务。财政体制影响产业结构的逻辑背后隐藏着地方政府的晋升激励和产业扩张冲动，因此财政改革的同时也要加快官员晋升激励等其他改革。

## 4.1　地方政府行为对产业结构调整的影响

财政收支和产业政策的实施主体主要是地方官员，由于晋升激励的作用，他们往往表现出"政治企业家"的一面。对于高投资、高就业和高收入的传统重化工产业（如钢铁、煤炭），以及中央指定的重点发展产业（如光伏、机器人），地方政府通常一哄而上、重复建设，导致产能在低水平上过剩，因创新动力不足，高质量产能却无人问津，这成为产业结构不合理的一大症结。如何引导地方政府有效使用财政政策和产业政策，激励官员合理配置财政资金，成为产业结构升级的重大问题。

虽然各国都采用各种政策来干预经济，但由于中国经济转轨的特点，地方政府政策对产业发展的影响非常突出和独特。在各地区之间竞争和经济增长诉求的驱动下，地方政府通常采用各种补贴、优惠，甚至市场分割等方式招商引资，对于产业结构的形成有很大作用。

### 4.1.1　地方政府产业布局的特点

由于中国的体制转轨过程中，仍然存在国有企业产权不明晰问题，特别是预算软约束导致的数量扩张倾向，容易产生产能过剩的冲动（张维迎和马捷，1999；魏后凯，2001）。中国经济增长的关键动力是地方经济的增长竞争和地方政府的晋升激励，地方官员为发展本地经济积极招商引资并主动为当地企业向上级政府申请优惠政策。而且在区域竞争的过程中，地方政府为了地区生产总值和就业等目标，利用市场分割和要素扭曲等方式来干预企业行为，会进一步加剧产能过剩（周黎安，2004；江飞涛等，2102；杨其静和吴海军，2016）。我们认为，中国政府影响产业发展的途径主要是产业政策，其中关键是行政审批和优惠政策。

中国产业政策的一个显著特点就是以政府的判断和选择来代替市场机制，以政府对于产品、技术和工艺的选择来替代市场竞争过程中对于产品、技术和工艺的选择，以政府对市场供需状况的判断及控制供给来代替市场的协调机制（江飞涛和李晓萍，2010）。通过各种定向的行政性措施，中国的产业政策呈现出典型的选择性。对特定行业、企业的选择性扶持虽然在短期可以实现重点行业的振兴，但从长期来看却会影响市场在资源配置中的作用，导致资源在某些行业或企业的过度集中，特别是在经济下行压力下，往往会带来产能过剩等问题。例如，在财政收入、就业等地方利益的推动下，资源所在地政府对稀土产业的重视程度不断提升，纷纷提出稀土产业发展规划，严格控制稀土矿权和矿产品流通，从而带来大量的重复建设，加剧稀土初级产品的产能过剩。

政策部门以其自身对市场供需状况的判断及对未来供需形势变化的预测来判断某个行业是否存在产能过剩，并以此为依据制定相应的行业产能投资控制目标和控制措施，这实际上是以政策部门的判断和控制来代替市场协调机制。实施这样的产业政策，需要关于生产成本、消费者偏好、开发新产品及实现技术创新的完全知识，而这些知识只能依靠市场竞争过程的展开而逐渐显示和暴露出来，不能事先进行精准的预测和规划（Lavoie，1985）。并且这些知识具有主观性、私人性和分散性，伴随着默示的和与特定时空有关的知识，是无法进行汇总的知识，政策制定部门无法利用这些知识进行有意义的统计并据此进行正确的经济计算和预测（江飞涛等，2007）。

在产业政策的执行过程中，行政审批是核心机制，是政府影响产业发展的“牛鼻子”。设置了审批就可以把相应的权力转移到政府手中，选择什么企业、什么项目进入市场，对个体企业选择鼓励还是限制发展，对个别项目选择是否严格落实环保、安检等都是行政审批带来的自由裁量权。在此需要强调的是，虽然政府的微观干预行为并不一定是行政审批，但其本质上都是政府利用行政权力管制企业的行为，都需要严格的审批程序才能定夺。例如，陶然等（2007）发现 1999~2003 年中国土地出让的 85%以上采用了政府“包办”的低价协议方式，招拍挂市场方式仅占约一成。

为纠正市场失灵而做出的政府干预——行政审批，理论上来说可以控制企业进入数量（杨振，2013）。事实上，在一些重要行业，企业的进入需要严格的政府审批，但产能过剩依然严峻。

地方政府掌握了产能审批的实质权力。由于管制过程中存在信息不对称，中央政府在管制执行上掌握的信息要明显少于地方政府掌握的信息。除中央直接进行行政审批外，中央政府对产能过剩制定的管制措施基本都需由地方政府配合执行。尽管中央政府上收了产能过剩行业新建产能项目的审批权，但新建产能项目的其他手续均需由地方政府办理（如工商、税务、环保等），新进入的企业也需要与地方政府洽谈相关的落户条件（如土地供应、水电配套基础设施等），地方政府掌握了项目是否能落地的实质权力。因而作为管制实际执行者的地方政府掌握了全部管制执行方面的信息，而作为管制政策制定者的中央政府并没有足够的能力对全国每个地区的管制政策执行情况进行监督，其所掌握的信息弱于地方政府。现实情况中大量未经中央政府审批的新建项目违规开工恰可以说明这点。

在使用行政审批等选择性政策的同时，中国政府通常进一步采用补贴政策来"帮助"所选择的产业或企业发展。这种补贴将会严重地扭曲企业的产能投资行为和竞争行为，而成本外部化必然会导致厂商生产超过社会福利最大化的过剩产量。地区之间愈演愈烈的对于投资的补贴性竞争成为导致产能过剩最为主要的原因（郭庆旺和贾俊雪，2006；陶然等，2007）。历史上，欧共体各成员国纷纷以大量政府补贴的方式努力扩大本国钢铁企业的市场份额,也曾经导致 20 世纪 70 年代中期到 90 年代初期欧共体钢铁工业严重产能过剩和社会福利严重损失。此外，国家或地区之间为争取外商直接投资流入而进行的补贴性竞争，不仅在发展中国家非常常见，即使在发达国家或地区也经常发生（Bond and Samuelson，1986；Barros and Cabral，2000；Albornoz et al.，2009）。

地方政府的大量优惠政策一方面给投资企业带来了大量补贴性收益，另一方面使企业能以较少的投资撬动大的投资项目，并将投资风险转嫁给银行和社会。事实上，大量补贴政策正是刺激产能走向过剩的重要原因。利用财政资金降低了企业成本，使之低于了社会成本，导致企业最优的产量超过了社会最优水平，出现过剩产能。而政策调整确实可以改变经济产出结构。例如，Han 和 Kung（2015）实证发现，2002 年中央政府改变了企业所得税分成比率，导致地方政府的努力方向从促进工业发展转到城镇化，重点发展房地产和建筑行业。2015 年底美国商务部的一项调查发现，鞍钢集团香港有限公司、中国宝武钢铁集团有限公司、河北钢铁集团有限公司、常熟科弘材料科技有限公司、邯郸钢铁集团有限责任公司这五家中国出口商所获得的政府补贴比例高达 235.66%。此外，烨辉（中国）科技材料有限公司等其他企业也获得了 26.26%的补贴。2016 年，四大产能过剩行业（煤炭、钢铁、有色和水泥）的存量有息负债达 5.4 万亿元，其中银行贷款 2.8 万亿元，债券 1.6 万亿元，信托等非标约 1 万亿元。

广泛的地区补贴性竞争还会为低效率的企业生存甚至发展提供空间，市场优胜劣汰的竞争机制难以充分发挥作用，导致产业（甚至整个经济）的配置效率低下；广泛的地区补贴性竞争还会诱发企业的寻租行为，诱使企业将更多的精力和投入放在寻求地方政府的补贴和优惠政策上，而不是把更多的投入放在研究开发、技术工艺的改造升级及市场开拓上，这会对产业的动态效率产生较为严重的不利影响，并进而导致中国企业在国际竞争中更依赖政府补贴和低污染排放标准所带来的所谓低成本竞争力。同时，政府兜底降低了企业决策的敏感性。

补贴带来的问题集中体现在“僵尸企业”上。有数据显示，2012~2014 年 3 年时间里，沪深两市 266 家“僵尸企业”从资本市场募集资金高达 2500 亿元、获得政府补助达 356 亿元。其中，3 年累计获得政府补助超过 5 亿元的就有 15 家。从经济学上讲，退出障碍是企业进入时必须考虑的一种风险成本，退出壁垒越高企业进入时的风险成本就越高，也是一种进入壁垒。

### 4.1.2　地区分割和保护主义不利于产业专业化

较强的行政规制和保护主义下，地方产业往往“大而全”，难以纵深延长产业链，即专业化不足。马光荣等（2010）发现，中国各地的专业化水平受市场和政府两种力量的交织影响，地方政府的保护行为影响了中国地区间分工的深化和专业化水平的提高。Kim 和 Knaap（2001）发现在计划经济时期，中国工业企业的产出趋于分散。马光荣等（2010）也发现，财政分权激励地方政府采取保护政策，从而导致地区非专业化。金碚（2005）认为，地方政府运用行政力量限制或排斥市场竞争，造成了市场的非整合状态。胡向婷和张璐（2005）发现，地方政府设置贸易壁垒来增加地区间贸易成本会使得地区产业趋同。于良春和余东华（2009）认为，地区性行政垄断不利于发挥地区比较优势和形成专业化分工。Wang 和 Luo（2019）发现，政府可能促使企业以收购破产企业等方式进行不相关多元化。

同时，政府主导的产业集聚并未充分带动专业化。范剑勇（2004）使用 1980 年和 2001 年数据发现，中国存在“产业高集聚、地区低专业化”的现象。陆铭等（2004）发现，落后地区只能分享分工收益中较少的部分，因此有激励选择暂不加入分工体系，而是发展和保护一些战略性产业。Hope（1998）认为，以传统制造业集聚为中心的发展模式，难以推动新兴产业的发展，从而不利于推动产业升级。也有研究发现，地方政府致力于向开发区（贺灿飞和谢秀珍，2006）、重点产业（张莉等，2017）加大招商引资或增加供地，导致地区产业布局分散。李勇刚和罗海艳（2017）发现，土地资源错配强化了以中低端制造业为主导的产业结构刚性，抑制了产业结构从低级形态向高级形态的转变。吴意云和朱希伟（2015）发现，由于五年规划对产业政策的强化，2005 年后中国各地产业走向分散，专业化程度下降。也有文献从微观企业视角研究发现，企业为了获得扶持，往往通过多元化经营较多地涉足产业政策所扶持的行业（杨兴全等，2018），而在财政补贴和优惠利率等政策支持下，企业经济行为存在扭曲，出现了无利润扩张的现象（何青等，2016），导致资源错配和生产率低下（蒋为和张龙鹏，2015），这与产业专业化和高质量发展背道而驰。

我们从中国土地市场网[①]搜集了 2007~2015 年中国地方政府工业用地出让结果公告数据，从中不仅可获知每宗工业用地的出让主体、面积等信息，还可获知其行业用途。由此，可获得地级市各行业的工业用地出让面积，进而测算行业供地的基尼系数，用此表示产业的专业化水平，供地越集中、土地基尼系数越大表示产业专业化水平越高。如图 4-1 所示，2007~2015 年全国供地基尼系数的均值在[0.51,0.56]区间内小幅波动，且在 2012~2015 年出现下滑。

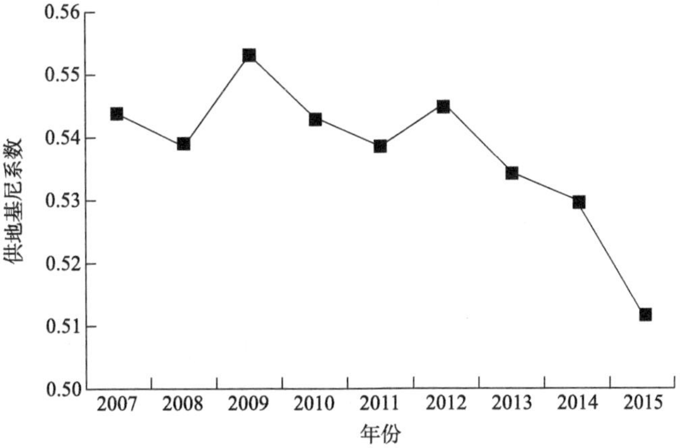


图 4-1　2007~2015 年中国产业专业化走势

### 4.1.3　政府过度参与企业生产，造成低端产能过剩

纵观中国产能过剩在不同时期、不同地方和不同行业的表现，我们会发现一个非常有趣的事实：产能过剩表现最为突出的既不是计划程度非常高的地区和行业，也不是市场化程度非常高的地区和行业，而是那些处于“不完全的市场化状态”的地区和行业。在这些领域中，地方政府和市场中的企业都对行业发展非常重要，也都从行业发展中获得巨大收益。例如，纺织和家电行业是最早开始市场化的行业，它们出现产能过剩的时候都是地方经济的主导产业，也存在严重的计划色彩，而随着市场化的深入这些行业却再也没有出现过大规模严重的产能过剩。再如本轮表现最为突出的钢铁行业，在 1978 年之后相当长一段时间并没有大幅度的市场化改革，也长期处于短缺状态，而就在 20 世纪 90 年代中后期开始不够彻底的市场化后开始出现严重的产能过剩问题。

① 中国土地市场网网址：http://www.landchina.com。

由此可见，中国的市场化改革呈现出渐进式特征，钢铁、电解铝这类被视为关系国计民生的资本密集型传统竞争性行业市场化进程滞后，政府保留了大量行政干预，意图保持国有企业在这些行业中的较强影响力。这些半市场化阶段的行业，往往是产能过剩比较严重的行业。基于这一观察，我们认为地方政府和企业互动是分析中国产能过剩成因的关键。概括地说，中国的大部分产能形成可以看作地方政府与投资企业在招商项目市场中的匹配行为，政府或企业对产能形成的贡献和从中得到的收益-份额对称性的差异，会在不同时期、不同地方和不同行业形成不同的产能状况。

值得强调的是，以上分析表明，即使双方市场都是竞争性的也不能自动满足双发都符合边际收益等于边际贡献的原则，因而现实中实际产能状况就往往偏离社会最优。其背后的经济学直觉在于：在分散经济中，尽管供需双方都是竞争性的，但整个项目市场并不是完美的，政府和企业行为都具有外部性。以招商方为例，某地方政府多建立一个招商园区会增加企业的投资成功机会，对企业产生正外部性；但同时也会降低其他地方政府成功招商的概率，对其他地方政府会产生负外部性。因而，分散经济中的均衡项目匹配数量既可能多于也可能少于社会最优匹配数量，并不能保证实现社会福利帕累托最优化。

从理论上讲，只有当市场参与者对项目投产的贡献与其项目收益分配比例一致时，行业产能才是最优的。其经济学含义与其他市场的社会最优决定原则类似，都是边际收益等于边际贡献。但与单一决策者市场不同的是，项目匹配市场要求双方行为同时符合这一原则。因为一旦一方偏离此原则，另一方也必然偏离。

特别地，当政府的收益分配比例超过其对项目匹配的贡献强度时，行业产能就会出现相对过剩。其原因在于：如果政府在匹配剩余分配博弈中的谈判能力超过其在项目匹配中的贡献强度，即企业的收益分配比例小于其对项目匹配的贡献强度，某个地方政府增加园区建设对企业的正外部性相对较小但对其他地方政府的负外部性相对较大，因而其他地方政府为了提高对企业投资的吸引力也需要大幅度增加园区建设；但某一企业增加项目投资对其他企业的负外部性相对较小而对地方政府的正外部性相对较大，因而其他企业增加投资的反应不会太大但地方政府有强烈增加项目供给的意愿。这就将导致均衡结果是倾向于增加项目匹配数量，而超过社会最优数量。反之情况类似，但会形成产能不足。

我们使用泰尔指数测度产业结构合理化水平，使用2007~2016年《中国工业统计年鉴》数据，涵盖30个省（自治区、直辖市）29个制造业行业，计算公式为：$\mathrm{TL}=\sum_{i}^{n}\left(\frac{Y_i}{Y}\right)\ln\left(\frac{Y_i}{L_i}\Big/\frac{Y}{L}\right)$。式中，$Y$代表产值，在计算中用产业销售值代替；$L$代表平均就业人数；$i$代表行业；$n$代表数据中的总行业数量。$Y/L$即代表生产率，$Y_i/Y$ 代表产出结构。同样地，如果经济处于均衡状态，那么 $\frac{Y_i}{L_i}=\frac{Y}{L}$，就会有 TL=0。TL 不为 0，则意味着产业结构偏离了均衡状态，产业结构不合理。图 4-2 展现了产业结构合理化程度的走势，不难看出，中国各省（自治区、直辖市）产业结构逐渐趋于合理。泰尔指数从期初的约 0.3 波动式下滑到期末的 0.13，且在 2012 年之后泰尔指数降幅加快。这表明，供给侧结构性改革以来我国产业结构有趋于合理的倾向。

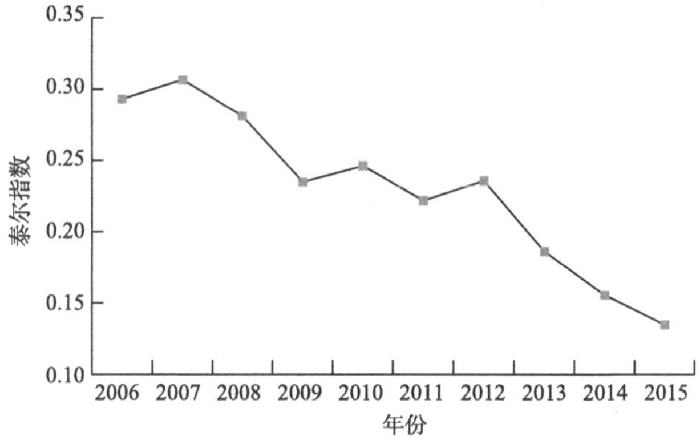


图 4-2　2006~2015 年中国产业结构变化（泰尔指数）

## 4.2　现行财税体制下产业结构变动的实证分析

上文已经分析了地方政府对产业结构的影响，其中重要表现就是政府干预导致低端产能过剩，难以进行专业化升级。在此，我们做出两个具体的检验：一是税负加重产能过剩，二是行政成本对企业的影响。

### 4.2.1　税负加重产能过剩

席鹏辉等（2017）使用税收分成的冲击研究了政府收益对产能过剩的影响。本书则使用吴利学和刘诚（2018）分省、分行业 2001~2012 年的制造业产能过剩率数据，并用企业缴纳增值税表示企业税负，检验企业税负对产能过剩的影响。依据国家统计局编制的《国民经济行业分类》（GB/T　4754—2002），选取 20 个制造业行业：农副食品加工业，食品制造业，饮料制造业，烟草制品业，纺织业，造纸及纸制品业，石油加工、炼焦及核燃料加工业，化学原料及化学制品制造业，医药制造业，化学纤维制造业，非金属矿物制品业，黑色金属冶炼及压延加工业，有色金属冶炼及压延加工业，金属制品业，通用设备制造业，专用设备制造业，交通运输设备制造业，电气机械及器材制造业，通信设备、计算机及其他电子设备制造业，仪器仪表及文化、办公用机械制造业。但在测算产能过剩率时，石油加工、炼焦及核燃料加工业在一些地区的潜在产出为负，故而做了剔除处理。

控制变量的说明如下。我们使用虚拟变量（center）刻画地区是否设立行政审批中心，并根据审批中心设立的时长建立 centertime 变量。参照董敏杰等（2015）、王立国和鞠蕾（2012）等文献的做法，本书还在回归中控制了如下两类变量：①地区层面的变量，包括人均地区生产总值的自然对数（lnpgdp）、工业增加值占地区生产总值的比重（ind）、地区工业生产者出厂价格指数（ppi）、外商直接投资总额的自然对数（lnfdi）、居民储蓄余额的自然对数（lnsave）、货物出口额（万美元）的自然对数（lnexp）、规模以上工业企业的资产中非国有占比（state）。②省（自治区、直辖市）-行业层面的变量，包括工业增加值的自然对数（indugdp）、固定资产净值的自然对数（capital）、从业人员数的自然对数（employee）、企业单位数（number）、总利润的自然对数（profit）。为了减缓可能的内生性问题，计量回归中对所有控制变量滞后一期处理。

实证结果如表 4-1 所示。由于样本是年份、省（自治区、直辖市）和行业三维面板数据，不能直接使用一般的固定效应模型来同时控制三个固定效应。我们采用了两种方法：一是采用 POLS 方法，加入年份、省（自治区、直辖市）和行业的虚拟变量，结果见模型（2）和模型（6）；二是将省（自治区、直辖市）和行业分组，变成省行-年份二维面板数据，进而采用 FE 方法，并加入年份虚拟变量，这样就控制了年份、省（自治区、直辖市）和行业三个固定效应，并且控制了省（自治区、直辖市）和行业的联合固定效应，结果如模型（4）和模型（8）所示。表 4-1 显示，不论采用何种方法，税负（tax）都可以显著提高该省（自治区、直辖市）制造业产能过剩率。税收是政府从企业生产活动中获得的重要收益，而且税负可以表示政府干预经济活动的能力，税负越高则说明政府分享企业生产收益的能力越强，导致产能过剩越严重。

**表 4-1 税负与产能过剩率**

| 变量 | 模型（1） | 模型（2） | 模型（3） | 模型（4） | 模型（5） | 模型（6） | 模型（7） | 模型（8） |
|---|---|---|---|---|---|---|---|---|
| tax | | $0.0018^{***}$ | | $0.0046^{***}$ | | $0.0017^{***}$ | | $0.0046^{***}$ |
| | | （0.000） | | （0.002） | | （0.000） | | （0.002） |
| center | $-0.1783^{***}$ | $-0.0031^{***}$ | $-0.1262^{***}$ | −0.0149 | | | | |
| | （0.038） | （0.012） | （0.049） | （0.062） | | | | |
| centertime | | | | | $-0.0248^{***}$ | $-0.0294^{**}$ | $-0.0263^{***}$ | $-0.0230^{*}$ |
| | | | | | （0.005） | （0.014） | （0.007） | （0.012） |
| lnpgdp | | 0.3097 | | 0.3292 | | 0.2578 | | 0.2929 |
| | | （0.348） | | （0.253） | | （0.353） | | （0.253） |

续表

| 变量 | 模型（1） | 模型（2） | 模型（3） | 模型（4） | 模型（5） | 模型（6） | 模型（7） | 模型（8） |
|---|---|---|---|---|---|---|---|---|
| ind | | −1.5501* | | −1.7447*** | | −1.2420 | | −1.4863** |
| | | （0.862） | | （0.606） | | （0.897） | | （0.619） |
| ppi | | −0.0029 | | −0.0025 | | −0.0027 | | −0.0023 |
| | | （0.003） | | （0.003） | | （0.003） | | （0.003） |
| lnfdi | | −0.0712 | | −0.0616 | | −0.0798 | | −0.0681 |
| | | （0.081） | | （0.077） | | （0.078） | | （0.077） |
| lnsave | | 0.1224 | | 0.1182 | | 0.2097 | | 0.1819 |
| | | （0.414） | | （0.330） | | （0.434） | | （0.331） |
| lnexp | | 0.1977 | | 0.2162*** | | 0.2209 | | 0.2322*** |
| | | （0.174） | | （0.078） | | （0.167） | | （0.078） |
| state | | −0.6751* | | −0.7174 | | −0.9577** | | −0.9422** |
| | | （0.409） | | （0.444） | | （0.432） | | （0.459） |
| indugdp | | −0.0013*** | | −0.0009** | | −0.0013*** | | −0.0009** |
| | | （0.000） | | （0.000） | | （0.000） | | （0.000） |
| capital | | 0.0010*** | | 0.0007** | | 0.0010*** | | 0.0007** |
| | | （0.000） | | （0.000） | | （0.000） | | （0.000） |
| employee | | 0.0044** | | 0.0038 | | 0.0041** | | 0.0035 |
| | | （0.002） | | （0.004） | | （0.002） | | （0.004） |
| number | | −0.0001** | | 0.0000 | | −0.0001** | | 0.0000 |
| | | （0.000） | | （0.000） | | （0.000） | | （0.000） |
| profit | | 0.0005 | | −0.0001 | | 0.0006 | | −0.0001 |
| | | （0.000） | | （0.001） | | （0.000） | | （0.001） |
| cons | 0.0400 | −5.8240 | 0.0149 | −6.0849* | 0.0148 | −6.0470 | 0.0185 | −6.3576* |
| | （0.033） | （4.704） | （0.028） | （3.417） | （0.027） | （4.691） | （0.024） | （3.419） |
| $N$ | 6758 | 6382 | 6758 | 6382 | 6758 | 6382 | 6758 | 6382 |
| $R^2$ | 0.0032 | 0.1556 | 0.0011 | 0.0120 | 0.0027 | 0.1562 | 0.0022 | 0.0126 |
| 年份 | no | yes | no | yes | no | yes | no | yes |
| 省（自治区、直辖市） | no | yes | yes | yes | no | yes | yes | yes |
| 行业 | no | yes | yes | yes | no | yes | yes | yes |

注：括号中报告的是稳健标准误。“yes”表示控制了相关变量，“no”表示未控制相关变量。$R^2$ 是调整后的 $R^2$ 或组内 $R^2$

*、**、***分别表示 10%、5%和 1%的显著性水平

观察控制变量的结果，我们发现几个有意思的现象：第一，工业增加值占地区生产总值比重越高、省（自治区、直辖市）-行业的工业增加值越大，产能

利用率越高；而固定资产净值越大则产能过剩率越高。这与企业的生产过程是一致的，产出越多，利用率越高；设备投资越多，利用率越低。第二，人均地区生产总值和工业价格指数不显著影响产能利用率，这表明人均地区生产总值高的地区也可能出现产能过剩，产品价格高时虽然销售顺畅但设备投资也可能增多，导致利用率不一定提高。第三，企业数量可以提高产能利用率，其经济含义是行业竞争有助于去产能。第四，企业利润不显著影响产能过剩，并没有验证“潮涌现象”（林毅夫，2007；林毅夫等，2010）。第五，利用外资的系数不显著，而且对外出口拉低了产能利用率，这暗示我们国际产能合作对去产能的作用有限。

### 4.2.2 行政成本对企业的影响

财税政策是政府制定的、面向企业的规制措施。税负只是企业直接感受的一方面。与财税相关的其他成本则五花八门，本书从管理费用角度进行粗略度量，检验这些行政成本对微观企业的影响，以深入洞察财税政策对产业升级影响的微观机制。

为了更加精准地测算地方政府对企业产能的影响，我们使用各省（自治区、直辖市）各行业全部企业的管理费用（fee）来度量行政成本，管理费用越低则政府微观干预越少。许多文献表明，企业与政府审批相关的企业政治关联和公共关系等支出大都计入了管理费用（Ang et al.，2000；李寿喜，2007；夏杰长和刘诚，2017）。

表 4-2 的结果显示，管理费用显著提高了企业的产能过剩水平，这可能是因为花费更多成本与政府沟通（或游说）的企业，其获得了更多的廉价资源，也可能是政府对部分企业直接或间接下达了更高的产能要求，而这些企业与政府关系密切导致了它们花费更高的管理费用。但不管哪种原因，都可以证明政府在企业生产中的参与程度越深(或者说份额越大)，则企业越倾向于过度投资和产能过剩。企业性质的影响依然为负，即国企比重越高则产能过剩越严重，只是显著性略有下降，其可能的原因是国企与政府有政治关联而花费较多的制度性交易成本，从而当加入管理费用变量后“因国企而过剩”效应被部分分流了。管理费用与非国企比重的交互项为负，表明国企比重越高的行业，企业的管理费用越能拉高产能过剩水平。

**表 4-2 管理费用代替行政审批中心的回归结果**

| 变量 | 模型（1） | 模型（2） | 模型（3） | 模型（4） |
|---|---|---|---|---|
| fee | 0.0057*** | 0.0080*** | 0.0069*** | 0.0078*** |
| | （0.001） | （0.001） | （0.001） | （0.001） |

续表

| 变量 | 模型（1） | 模型（2） | 模型（3） | 模型（4） |
|---|---|---|---|---|
| state | −0.6857*** | 0.0168 | −0.8076*** | −0.1620 |
| | （0.134） | （0.121） | （0.215） | （0.247） |
| fee × state | −0.0069*** | −0.0104*** | −0.0064*** | −0.0088*** |
| | （0.002） | （0.002） | （0.002） | （0.002） |
| lnpgdp | | | 0.2335** | 0.3511*** |
| | | | （0.111） | （0.114） |
| ind | | | −0.4764* | −1.3162*** |
| | | | （0.279） | （0.498） |
| ppi | | | 0.0099 | −0.0021 |
| | | | （0.011） | （0.007） |
| lnfdi | | | −0.1576*** | −0.1167** |
| | | | （0.048） | （0.050） |
| lnsave | | | −0.1791** | −0.1070 |
| | | | （0.079） | （0.067） |
| lnexp | | | 0.1933*** | 0.0888* |
| | | | （0.070） | （0.051） |
| indugdp | | | −0.0014*** | −0.0009*** |
| | | | （0.000） | （0.000） |
| capital | | | 0.0010*** | 0.0006*** |
| | | | （0.000） | （0.000） |
| employee | | | 0.0017 | 0.0005 |
| | | | （0.002） | （0.001） |
| number | | | 0.0000 | 0.0000 |
| | | | （0.000） | （0.000） |
| profit | | | 0.0006 | 0.0008** |
| | | | （0.000） | （0.000） |
| tax | | | 0.0005* | 0.0011** |
| | | | （0.000） | （0.000） |
| cons | 0.1655** | −0.2971*** | −3.1850 | −2.7895** |
| | （0.077） | （0.081） | （1.939） | （1.285） |
| $N$ | 5498 | 2701 | 5342 | 2658 |
| $R^2$ | 0.0074 | 0.0088 | 0.0262 | 0.0512 |

注：括号中报告的是稳健标准误。$R^2$ 是调整后的 $R^2$

*、**、***分别表示 10%、5%和 1%的显著性水平

## 4.3 推进财税改革与促进产业结构调整升级的政策取向

### 4.3.1 减税降费，优化营商环境

减税或者说税收优惠是产业政策的主要内容，是各级人民政府做大新兴产业的主要激励手段。同时，通过简政放权、商事制度改革等行政体制改革优化营商环境，降低制度性交易成本，也成为近几年鼓励创业创新、培育新动能的主要着力点之一。减税、税收优惠、降费等财政收入角度的一系列措施，其目的本质上都是改善企业的营商环境进而招商引资并提高引资质量。

1. 美国税改提高了通过减税来改善营商环境的紧迫性

美国税改与其说是全球税务战，更是营商环境的较量。美国税改波及全球，引发全球税务争议。自 2017 年 11 月美国参议院和众议院（以下简称参众两院）讨论开始，美国税改受到全世界瞩目。德国、法国、英国、意大利和西班牙等欧洲五国财政部部长曾联名致信美国白宫，表达反对意见。可见，美国税改的国际影响之巨大。中国学界、政界和媒体对此也极为关注，主要讨论美国税改是否引发全球税务战及中国是否应该随之减税。事实上，不宜将税改称为一场战争，因为它确可以造福企业和人民，而且，中国政府一直在减税，这是供给侧结构性改革之降成本的核心内容。同时，税改不是为了减少税收收入，也可能因为增大税基而提高税收；不是为了减少支出或增加负债，也可能因税收的增多而增加支出。所以，税改虽是一项财税活动，但其对财政税收的影响是不确定的，甚至可以在一定程度上独立于当前的财政状况。

税改对经济的影响，更多地体现在税收制度是营商环境的重要组成部分，可以对美国甚至全球的资本和产业产生资源再配置的冲击。考虑美国税改的影响，首先应该关注税改的本质，而其本质就是改善营商环境。从特朗普税改计划的初衷可以看出，美国税改主要是为了鼓励美国海外资本回流，并吸引全球资本和企业去美国做生意。特朗普在 2018 年达沃斯世界经济论坛年会演讲时，也极力鼓吹美国税改对其营商环境的改善作用，并借此向全世界招商引资。

美国税改将引发资本流向美国，已有较多佐证。2018 年，根据美国参众两院的税收委员会的统计，美国企业存留海外利润达 2.6 万亿美元，而高盛的估计更是高达 3.1 万亿美元。有机构估计，2018 年从海外流回美国的资金超过 4000 亿美元，并且大部分都来自像苹果公司这样的科技企业。

我们还要清醒地看到，税收只是企业投资和营商环境的一部分，并不一定是决定性因素。跨国企业在部署自身发展战略时，税收之外还要考量东道国宏观经

济的稳定性、市场潜力、生产要素、商事制度等综合因素。从全球实际情况来看，我们尚不能得到企业税负与经济发展的直接关系。根据世界经济论坛发布的《2017—2018 年全球竞争力报告》与普华永道联合世界银行发布的《世界纳税指数 2018》，德国、瑞典和日本的总体税率分别高达 48.9%、49.1%和 47.4%，均远高于所处区域平均值，但其综合竞争力在全球排名均处前十位。

2. 我国降费成果显著，尤其是商事制度改革效果突出

中国政府致力于创造平等竞争和基于规则的营商环境，商事制度改革是“先手棋”。近年来，中国商事制度改革实行了多证合一、大量前置审批改为后置审批、改注册资本实缴制为认缴制、放宽住所登记条件等多项举措，为各类市场主体创造了宽松便捷的准入环境，极大降低了企业的制度性交易成本（夏杰长和刘诚，2017）。

优化营商环境就是解放生产力、提高综合竞争力。根据世界银行发布的《全球营商环境报告》，中国营商环境持续大幅改善，2018 年居世界第 46 位（表 4-3），排名超越意大利、希腊等欧盟国家及智利、墨西哥等经济合作与发展组织（Organization for Economic Co-operation and Development，OECD）拉美成员国。纳税是其中一个分项指标，世界银行认为，中国“通过取消营业税，允许所有印花税联合申报和缴纳，并通过实施多项行政管理改革缩短纳税合规时间，使企业纳税更便利”。

**表 4-3　中国营商环境的全球排名**

| 项目 | 2013 年 | 2014 年 | 2015 年 | 2016 年 | 2017 年 | 2018 年 |
|---|---|---|---|---|---|---|
| 营商环境 | 第 96 位 | 第 90 位 | 第 84 位 | 第 78 位 | 第 78 位 | 第 46 位 |

资料来源：世界银行《全球营商环境报告》（2014~2019 年）

### 4.3.2　财政支出补民生短板，推动高质量发展

党的十九大报告指出，建设现代化经济体系，必须把发展经济的着力点放在实体经济上，把提高供给体系质量作为主攻方向，显著增强我国经济质量优势[①]。当前，我国经济已由高速增长阶段转向高质量发展阶段，正处在转变发展方式、优化经济结构、转换增长动力的攻关期，贯彻落实党的十九大精神，必须进一步深化投融资体制改革，发挥投资对优化供给结构的关键性作用。

各级财政及国有资本支出金额巨大，还可以撬动民间投资，所以财政支出结构在很大程度上决定了产业结构，财政支出多的领域产业得到培育，支出少的领域产业很可能萎缩。这里，我们特别注意到民生领域的投资最近几年大幅提高，

① 参见《人民日报》2017 年 10 月 28 日第 1 版文章：《决胜全面建成小康社会 夺取新时代中国特色社会主义伟大胜利》。

成为新的经济增长点，推动我国经济由高速增长阶段转向高质量发展阶段。

当前，中国更加关注发展的质量和人民的生活水平，致力于提高社会民生福利，而当前“补民生短板”恰好是二者的恰当契合。民生短板及建设不是简单的救济，更不是单纯的消费品和易耗品，它也是一项发展目标，同样也是长期投资，不仅能产生社会效益，也有较大的经济收益。可以通过补短板实现社会民生和经济发展的双赢。在理论上，社会福利才是社会发展的最终目标，因而需要探讨如何通过解决中国民生的短板形成推动经济增长、提高社会福利的具体方式和有效政策。

中国政府在逐步修正发展目标，将注意力慢慢从物质增长目标转向居民福利的最终目标。党的十九大报告突出强调了“美好生活”，并提出“我国社会主要矛盾已经转化为人民日益增长的美好生活需要和不平衡不充分的发展之间的矛盾”①。说明当前我国社会经济呈现出新特征，并承认现阶段人民的需要还未能得到充分满足。可见，如何改善民生，提高人民获得感和幸福感，成为政策设计的重要着力点。2015 年中央财经领导小组第十一次会议上首次提出：“着力加强供给侧结构性改革，着力提高供给体系质量和效率。”②自此，供给侧结构性改革逐步实施，去产能、去库存、去杠杆、降成本都取得了显著成效：2016~2018 年去产能均超额完成年度目标；三四线城市房地产库存也大幅降低，部分一二线城市甚至出现库存不足现象；居民、企业和政府杠杆水平在持续上升后逐渐趋缓并下降；“营改增”（营业税改增值税）等减税降费为企业降低的成本数以万亿计。相比而言，补短板着力较为分散，实际成效低于预期。

补短板涉及的领域较为宽泛且难以量化。一是制度上的补短板，主要指经济体制和政治体制改革创新；二是产业上的补短板，主要包括农业补短板、制造业补短板、服务业及基础设施补短板，以产业结构升级为主；三是环保上的补短板，主要指污染物排放及环保督察、能源消费结构调整及绿色经济发展；四是民生上的补短板，主要包括就业、收入分配、保障房、医疗、养老等社会保障问题。补短板是实现高质量均衡发展的必然要求，也是满足人民美好生活需要的必然途径。以“人民为中心”和“以民为本”彰显了民生问题的重要性。制度、产业和环保方面的补短板固然重要，但相比而言，补民生短板更加紧迫，经济发展和改革开放的辉煌成果急需分享给全体人民。因此，着重围绕民生问题分析短板的表现和趋势、主要成因及补短板的对策建议是有重要现实意义的。

---

① 参见《人民日报》2017 年 10 月 28 日第 1 版文章：《决胜全面建成小康社会 夺取新时代中国特色社会主义伟大胜利》。

② 《习近平主持召开中央财经领导小组第十一次会议》，http://www.xinhuanet.com/politics/2015-11/10/c_1117099915.htm，2015 年 11 月 10 日。

1. 民生短板的表现及新趋势

近年来，中国政府致力于持续加大民生投入，民生投入增速不仅高于财政收入增长速度，还在财政收入降速后保持较高增长，大部分省（自治区、直辖市）民生支出占支出比重超过七成。尤其是在步入新发展阶段之后，如何满足人民美好生活需要成为中央和各地政府的重要课题，如何“花钱”在一定程度上比“如何挣钱”更能体现官员的执政能力。同时，民生短板依然严峻，并在新时代、新发展阶段呈现出一些新的趋势，需要我们加强关注和研究。

我国经济增速放缓，在此背景下，本就是薄弱环节的民生补短板的推进形势更加严峻，民生短板的表现更加突出并呈现出新趋势。现阶段，我国经济增速放缓及为应对经济下滑而做出的各种政策调整都将对民生问题产生影响：一是经济增速放缓使得税收增幅下降，同时逆经济周期的民生支出需求增加，二者之间的缺口和矛盾增大；二是民生问题的注重程度次于地区生产总值等产出目标，为应对经济下滑，部分地方政府出台一系列稳增长措施，有可能进一步倚靠资本、房地产等领域促发展，偏离社会民生；三是经济下滑、供给侧改革及培育新动能，有可能导致产业和各类人群的分化，使弱势群体的利益进一步受损。当下，民生短板的表现及新趋势可归结为以下几点。

无就业增长和去产能加大就业压力。当前，在服务业成为熨平就业波动的稳定器，“双创”进一步缓解就业压力的前提背景下，我国就业仍然存在两个较大压力来源。一是“无就业增长”，即就业并未随经济增长而同比例增长。①一个重要原因是机器替代人。这里的机器不仅是机器人等人工智能，还包括传统的机器设备。人工智能是社会长期发展趋势，被全世界关注，而传统的机器设备是历史问题。从马克思时代就发现了这个规律，但我国此类现象在近些年较为明显，这是因为“营改增”等政策鼓励资本积累，生产商尽可能地增加设备以获取税收抵扣等政策福利。这固然有利于设备更新换代和技术提高，但同时，机器取代了部分人工就业岗位。二是去产能可能带来的职业替代过程。近些年去产能成效斐然，同时难能可贵的是，劳动力市场的影响远低于预期，可以说并未出现大规模的下岗潮，但未来发展情况值得继续保持警惕。

民间投资下滑，居民收入增速受到一定影响。近几年，民间投资增速显著回落，甚至低于国有投资增速，民间和国有投资增速出现分叉，呈现新二元经济格局。民间投资和民企活力下降，必然传导至居民收入环节，导致居民收入增速放

---

① 经济增长并未吸纳较多的就业，奥肯定律似乎在我国失灵了。一般认为有三个原因：其一，我国经济在发展过程中进行了结构调整，技术水平的提高并不代表经济增速加快能带来就业增加；其二，我国城市化进程较快，城镇居民失业率上升是由于城镇人口膨胀较快；其三，由于这个时期国有企业改制，国有企业的企业效率提高，所需的就业人员减少较快。

缓。而居民收入长期低迷，不利于民生事业，并且不利于经济结构的改善。乐观地看，当前消费主导我国宏观经济发展，其贡献远高于投资和出口，是结构改善的体现。但也要注意，我国居民收入低、消费层次低，大量消费集中在低端甚至“假冒伪劣”产品上，不利于高端消费需求的释放，更谈不上“美好生活”。同时，低端产品需求较高，企业研发高端产品动力不足，限制新旧动能转换。所以，提高居民收入和消费层次至关重要，这既是满足民生需求，更是高质量发展的需要。

户籍和房价拉大城乡区域差距。虽然户籍制度在多数城市已经放开，但是户籍制度的影响依然根深蒂固。一方面，即使很多城市放开户籍制度，但部分群体取得户籍依然很难，如流动人口往往拿不到当地户籍。更为重要的是，户籍往往绑定着一系列公共服务。事实上，欧美国家的公民可以在全国范围享受公共服务，并不仅限于户籍所在地区。所以，如何保证我国流动人口可以享受不同城市间的公共服务是值得研究的。另一方面，部分城市户籍制度不但没有放开，反而呈收紧的趋势。此外，城市的高房价将有房者和无房者划分为两个“阶层”，使其在社会地位、生活习惯、消费偏好等方面都有显著差异。房价分化造成地域分割，房产的有无造成社会群体分割，值得深入关注和研究。

老龄化加剧医疗和养老需求，供求矛盾更加突出。我国医疗资源在全国范围供给总量不足，且各区域资源配置不合理；养老产业尚处于初级发展阶段。当前，我国财政收入增速趋缓，使得医疗和养老方面的财政支出增长不会太快，可能保持在略快于财政收入增速的状态。但我国老龄化倾向越来越明显，计划生育政策下出生的一代人开始照料父母，“1∶2∶4”家庭模式成为主流。针对社会保险基金不足的现象，国家一直在研究社会保险缺口如何弥补的问题。现阶段，老龄化背景下的医疗和养老问题，不管是公共服务硬件还是资金，都有较大供求矛盾。2019 年国家统计局数据显示，2018 年我国出生人口下降，表明二孩政策效果已经基本释放，今后人口结构更趋老龄化。

数字鸿沟加剧了公共服务不均等、不平衡问题。互联网和大数据减少了交易成本、改善了民生，但也给少数弱势群体造成了不便，导致公共服务更加不均等。税务、健康、教育、银行等各类数据都在政府存储或监控范围之内，大数据在公共领域的应用，起到了让人民少跑腿、为人民多办事的良好效果。但一些老年人、文盲、未接入互联网者等人群，未能充分享受这些便利。事实上，信息技术应用所创造的财富主要集中在少数富人手中，却挤压了弱势群体接受公共服务的空间。当前依托“互联网+”带来的一系列创新，如火车票、飞机票等网络售票、医院互联网挂号、交通网约车等，都会给本就很少享受到民生服务的弱势群体带来不便。

此外，产业转型升级带来部分人员结构性失业、环保攻坚战限制了区域和行业发展、以环境污染和生态破坏为代价的经济发展、教育和医疗领域问题频发等社会现象不断出现，成为民众关注的重要问题。

2. 忽视民生的经济属性是民生短板的主要成因

造成民生领域短板的原因有很多，究其本质就是公共投入不足，企业和市场对此不够重视，没有形成一个良性的长效供给机制。社会普遍认为，以民生为代表的公共服务经济仅仅具有社会属性，只是挪用和消耗生产部门的盈余来维持社会稳定。所以，尽管大家都认为民生很重要，但是依然“舍不得”花钱去投资公共服务，或者投资公共服务的意愿仍然低于投资主导产业和新兴产业。甚至，将民生投资和产业投资对立起来，当成零和博弈，主张省吃俭用来扩大再生产。这些观念已经根深蒂固，如要补短板首先要强化正确认识，让补短板和经济增长激励相容。

相比民生支出，一些地方政府更看重直接的和物质层面的经济增长。长期以来，社会发展目标往往更注重社会领域的产出目标，侧重直接的经济增长、政绩和财政收入，对社会公众需求端的实际满足情况缺乏关注。而民生公共服务需要政府财政支出，并且不直接产生盈利。所以，很多人认为公共服务只是对社会底层的一种保障，是单纯的消耗不能产生经济效益。这种偏见严重限制了政府对民生的财政支出。实际上，民生领域也是保增长的重要潜在领域，将会给经济增长注入长期发展动力。

回顾过去几年，中国的财税改革相比于金融改革实际上是慢于时间表的，这主要原因在于财税改革涉及面广泛，并非单单是经济改革，更是治国理政的体现，推广面临的阻碍也要高于其他改革。

对公共服务的认知存在偏差，忽视经济属性。目前社会各界对公共服务的认知存在一定的偏差，实际上公共服务不仅是政府提供的。一些非政府提供的产品和服务也是公共服务的内容，如民营医院。为此，政府主张“政府购买服务”发展模式，将一些公共服务外包给私人部门。同时，更为隐蔽的是，一些非政府提供的产品和服务中“嵌入”了公共服务的成本，如互联网的普及和数字经济的发展有助于消除数字鸿沟。随着市场竞争加剧，产品和服务越来越人性化，很多产业和企业为了提升自身竞争力，提高客户获得感，会选择在新增投资和产品中融入公共服务。

公共服务的地位不能囿于社会保障领域。公共服务的直接目的是为社会大众提供基本社会保障，但是不能就此忽视公共服务的经济属性，更不能将公共服务与经济增长对立起来，二者并非此消彼长而是相辅相成的。事实上，公共服务具有公共属性和产业属性，而产业属性还没有得到足够重视。例如，房地产和数字经济等都有公共服务的属性。同时，因为公共服务具有公共属性，所以价格偏低，使得其经济属性被低估。例如，相比于西方发达国家，我国医疗产业价格被严重低估，医院挂号费难以体现医生的专业化咨询服务价格。

公共服务的经济贡献不仅有直接的，也有间接的。提供公共服务本身当然会有相关的投资和消费发生，但是公共服务的深层次贡献绝不仅限于此。公共服务投资是先导投资，对其他投资和消费具有示范和牵引作用，具有数倍放大的效果。例如，政府提供的养老服务可以激发养老地产、保健品等市场的投资和消费。从理论上讲，提供公共服务不具有排他性或排他性较小，边际成本接近 0。所以，使用传统的成本法核算会导致低估公共服务的经济贡献，不能体现出乘数效应和社会效益。为此，应还原公共服务的实际贡献：一方面，将社会组织和企业提供的具有公共性质的产品和服务纳入公共服务核算体系；另一方面，测算公共服务的直接经济增长贡献，同时也应测算公共服务对其他行业的间接带动作用。找出公共服务核算可能被低估的原因，如口径不对、社会提供的部分被遗漏、没有考虑带动其他产业的乘数效应和社会效益（如路的价值体现不应仅限于修路的直接投资）。

3. 公共服务的供给不足和低效，是政府投资和企业参与的绝佳机会

民生事业的建设和发展，是培育经济新动能、释放长期增长潜力、实现高质量发展的重要途径。以邮政为例，邮政由政府或国企垄断提供时，效率较低且供给不足，而向市场放开后带动了电子商务、互联网金融等多个行业的发展。一些供给不足的公共服务，应该增大投资；一些供给低效、服务不友好的公共事业，应该向社会和市场开放；政府供给不足且不能向市场开放的领域，则尽量将部分环节外包给企业，再由政府购买服务提供给社会。

服务业的发展可以带动经济增长。社会上一个普遍的观点是，服务业的增长速度长期看较为平稳，不像制造业因为某种技术冲击就可以在短时间内以数倍增长。这种论断并不科学。一方面，长期来看，重大工业技术创新并非常有之事，所以制造业发展并非一直“高歌猛进”；而且服务业在技术创新后也会出现经济大幅增长的现象，如“互联网+”、金融科技等对服务业的发展产生了较大影响。另一方面，服务业整体上的经济贡献被低估了。从就业角度看，近几年我国就业形势较好，就业人数增多，但制造业总体发展不景气，不能吸收较多新增就业，相比之下服务业吸纳就业人员更多。服务业的稳定发展和强大的弹性就业，不仅吸纳了较多的就业人口，也鼓励了大众创业，从而产生更多就业岗位，形成良性循环。公共服务作为服务业的一个分支，其经济属性长久以来被严重低估或忽视，但事实上，公共服务对投资、就业、GDP 等有着与一般服务业相同甚至更大的贡献。因此，服务业的经济贡献并不低，而且是带动其他产业发展的重要保障。

公共服务可以推动工业升级和高质量发展。有专家认为，我国第三产业产值

已经占 GDP 的一半以上，但是工业化并未完成，所以不能放弃工业化，现阶段服务业发展太快并非好事。其论证逻辑是：服务业依存于工业的技术水平，当前我国工业全要素生产率较低，在此基础上衍生出的服务业不可能太高级，如果现阶段不发展工业将使得我国的制造业和服务业都锁定在低端水平徘徊不前，所以，结构转型在鼓励工业转为服务业的同时，更要注重落后工业向高新技术产业转型升级。这些观点有一定道理，但片面之处就是忽视了公共服务业对其他行业的带动作用，即遗漏了公共服务业的间接贡献。例如，民生支出增多和公共服务的改善，是当前我国消费替代投资并主导经济增长的关键力量。

公共服务业是长期社会经济发展的关键领域。部分人认为供给侧结构性改革仅限于工业。事实上，供给侧结构性改革不仅局限于工业，对于服务业，供给侧改革就是要做大做强公共服务业。从产业结构看，发展服务业是大势所趋，公共服务业是稳增长的关键领域。随着科学技术提高、物质资源极大丰富、产品质量和品质提升，人民不再满足于来自产品的物质享受。闲暇变得更加珍贵，“出卖”时间和体力的社会需求与成本将逐渐提高，消费者偏好将从占有商品变为占有他人的时间。此时，制造业将逐渐变为生产性服务业，纯粹单一的制造环节将不断压缩并由机器人完成，服务业不断扩容，政府所属或私人部门提供的带有公共性质的服务业也将日益增多。例如，个人交税事务、教育培训、数据隐私保护等都需要公共服务来支撑。因此，不论是现在还是未来，公共服务业都是一个重要的投资领域，产生对经济的直接贡献；其还可以带动其他领域的投资，产生对经济的间接贡献，并且乘数效应大、挤出效应小。所以，服务业供给侧改革就是要做大公共服务业，将教育、健康等作为投资重点，向社会民生要经济增长速度。仅从高端消费来看，中国中等收入人群与美国相当。中美国土面积差不多，中国到 2018 年中等收入群体超过 3 亿人，也与美国人口相仿，这意味着中国和美国人口规模一样大的群体已经跨入世界银行定义的高收入行列，尽管中国仍属于中等偏上收入国家。

### 4.3.3　若干政策思路建议

中国经济发展阶段正在发生变化，由高速增长阶段转向高质量发展阶段。未来的发展潜力很重要的就是要去填补质量的缺口，加快产业升级。

第一，进一步减税，但不与美国进行减税竞争。美国减税可能引发其他国家的税务竞争，我们不应也不必与之正面竞争减税的速度和力度。要讲好中国故事，介绍中国减税的现有成绩和未来计划。历史上看，儒家轻徭薄赋思想对中国两千多年的税赋政策产生了深远影响，文景之治、贞观之治等盛世在很大程度上都是减税的结果。当前，减税降费是供给侧结构性改革的主要任务之一，必须坚定不移地去落实，并且向海内外企业加强宣传推广。

第二，在公共服务和国有企业等领域加快商事制度改革，降低企业的制度性交易成本。一方面，中国公共服务缺口大、质量低，不能满足人民美好生活需求；另一方面，公共服务的制度壁垒高，民间资本和外资很难介入。相比税收，制度性交易成本非常高。中国国有企业效率偏低，却垄断了大量高收益行业，这也给社会资本提供了潜在机会，如邮政行业催生了顺丰等快递企业、电信IT行业催生了腾讯等互联网企业。中国制造业对美国制造业的成本优势锐减的现实情况下，补制度短板、释放制度红利则更加紧迫。因此，应降低部分公用和垄断行业的工商注册门槛，用以吸引外商投资、提高经济效益、改善社会民生。

第三，不片面追求数量，将引资嵌入高质量发展和结构转型升级中。优化营商环境，是建设现代化经济体系、促进高质量发展的重要基础。事实上，就中国现有的庞大人口和市场规模，只要适度改善营商环境即可稳定和扩大利用外资数额，不需要降税就可以抵消美国税改的影响。但更重要的是如何提高引资质量。当前，中国经济正由高速增长阶段转向高质量发展阶段，利用外资的结构也在调整和升级，高端装备制造企业、创新能力强的企业、产品和服务质量高的企业等，将成为今后一段时期中国利用外资的重点方向。

第四，减少钢铁、煤炭等传统产能的财政补贴，促进全球产业平衡。中国化解钢铁过剩产能已走在了世界最前列，仅2016年就重新安置了20.1万名钢铁工人，超过美国、日本各自钢铁行业就业的人数，相当于欧洲钢铁就业总人数的60%有余。中国钢铁出口显著下降，中国以外地区的生产能力得到激励，全球钢铁市场正恢复到更稳定的均衡状态。据英国《金融时报》报道，2017年下半年欧洲钢铁业走出了2008年金融危机以来的低谷，盈利能力达到100美元/吨。这对于缓解日益加剧的中美、中欧等贸易摩擦提供了有力辩护，反击美欧对我国的不合理贸易制裁。

第五，降低地方政府对产业的主导性，避免财税政策引导资金流向无效率产业。当前，地方政府制定了大量主导产业、重点产业、各类园区，并配合以不同的税收优惠政策。目前我们对机制体制的创新做出了很多努力，地方政府积极性很高，建立了很多工业园区，进行了大量的产业基金建设。但是这些园区和产业基金的建设并没有完全遵循产业发展的规律，没有真正地激活我们创新的动力。如果不在这上面进行一些纠正，机制体制没有进一步深化改革，并将改革精神进行到底的话，我们还可能会面临新一轮的产能过剩、新一轮的“僵尸企业”。新一轮机构改革合并了地方的国税和地税机构，这将有利于减少对财税政策的过度使用，让市场对产业选择发挥决定性作用。同时，“中央对地方债务不兜底，政府对非政府债务不兜底”，加强企业和各级人民政府的预算“硬约束”。

第六，加强地方政府财政支出绩效考核，从GDP创造“锦标赛”转向财政支出"锦标赛"。新时代，中国更加强调高质量、均衡发展及美好生活，"分蛋糕"的重要性提升甚至取代"做蛋糕"。党的十九大报告当中指出，我国社会主要矛盾已经转化为人民日益增长的美好生活需要和不平衡不充分的发展之间的矛盾。这里的重点是，发展不平衡放在了发展不充分的前面，意味着公共服务的均等化将是未来各级人民政府的重点任务之一，地方政府未来的政绩会严重依赖于财政支出。2019 年，美国也开始利用财政支出调整产业结构，拟利用 2000 亿美元的联邦资金撬动 1.5 万亿美元资金，以修复美国的基础设施，重建公路、铁路、机场、桥梁、水路、电网等。

第七，促进服务业"双创"健康发展，将"美好生活"纳入经济高质量发展之中。当前，服务业"双创"发展存在一些问题，例如，注册未必开业、开业未必盈利，多数服务企业规模小、提供就业岗位有限，"圈钱跑路骗局"多等。服务业就业稳定且潜力较大。继续拓展创业、就业空间，是促进我国经济持续发展的重要动力，也是民生核心问题。新时代高质量发展的体现并非仅仅是技术和产品质量提高，而是要真正契合人民对"美好生活"的愿景和实际需要。在促进技术升级转型、机器取代人工或提供政府服务时，应深刻体会"美好生活"的内涵和外延。树立正确的政绩观和晋升考核体系，制定具体可行的宏观、中观和微观政策，保证在进行宏观调控引导经济发展的同时，注重减少经济发展不平衡不充分带来的后续负面影响，保障民生。优化财政支出结构，提高财政支出的公共性、普惠性。

第八，注重民生事业投资，鼓励民间资本进入公共服务行业。政府在铁路、公路等基础设施方面的投资，存在边际效应递减趋势，且逐渐饱和。但在民生领域，基础设施仍然严重不足。教育、养老、健康、医疗、卫生等领域的资源均呈现不同程度的匮乏，而且严重不平衡，欠发达的中西部省（自治区、直辖市）相关条件更为落后。可以说，民生领域是"不平衡、不充分"的集中体现和生动写照，是解决新时代社会矛盾的重中之重。投资民生事业，不仅可以拉动 GDP，还可以改善民生，使民众共享经济发展成果。而且，政府投资民生事业时，对私营部门相关投资造成的挤出效应较小。要摒除"民生投资不产生经济效益"的错误观念，民生投资不是为了经济效益，但民生投资能直接或间接产生经济效益是毋庸置疑的。产权不清等问题使得政府投资效率较低，在经济领域如此，在民生领域亦如此。政府需要适度放开公共服务领域的准入门槛，授权市场和企业自主提供公共物品，如共享单车作为公共交通的一部分，仅用半年时间就完成了数百个城市力推十多年的公共自行车事业，政府只需提供一定的补贴，甚至只需提供规则上的便利。对于成本较高且盈利较难的公共服务，政府需要用公共财政进行先期投资，培育市场发展并鼓励民间资本进入公共服务行业，进而提升产业效益。

第九，将民生项目本身纳入 GDP 核算。以 GDP 为主导的国民经济统计核算体系存在许多问题，如 GDP 不能体现生态资源的消耗，不能体现家庭服务，不能体现社会福利和分配情况。这些问题长期困扰经济学界和政府统计部门，国内外概莫能外。对于民生事业而言，统计办法的更新远远跟不上现实发展的速度。虽然统计的指标没有问题，但是已经不完全符合现代服务业和国家治理现代化的要求，尤其不能充分体现公共服务的经济属性。

# 需求侧调控篇

# 第 5 章 “十三五”时期我国产业增长格局与调控取向

党的十九大报告指出，我国经济已由高速增长阶段转向高质量发展阶段。但目前我国的经济发展还存在一些问题：靠高投资、劳动密集型带动经济增长，低技术含量产业产能过剩，而高技术产业供给不足；产业发展不平衡，第三产业比重偏低，传统产业改造升级和新兴产业成长缓慢；区域产业结构发展不平衡，各省（自治区、直辖市）的产业结构水平存在很大差异。这种不可持续的粗放式增长模式势必会成为阻碍经济高质量发展的瓶颈。“十三五”时期，转变经济增长方式，加快经济结构调整，推进产业结构优化升级，探讨三次产业的增长格局与调控取向是我国当前的重要课题。我国经济发展进入新常态后的相当一段时期内会出现总需求不足的问题，适当扩大总需求可以为推进产业结构调整升级提供稳定环境和有利条件；推动供给侧结构性改革，寻找经济增长新动力，可以为产业结构的转型升级拓展空间。本章从以下几个方面进行分析。

5.1 节，经济增长总量目标的结构性分解。从需求侧方面，利用我国 2000~2018 年相关经济数据，分析我国的消费、投资和净出口的增长变化趋势，以及其对我国 GDP 的贡献和拉动变化趋势与现阶段面临的问题。

5.2 节，从旧动力转向新动力的动态路径。从供给侧方面，根据索洛余值法及 C-D 生产函数原理，估算我国 2000~2018 年总量生产函数及经济增长中各因素的贡献，分析目前经济增长动力存在的问题。

5.3 节，产业结构迈向中高端的战略选择。首先，利用我国 2000~2018 年的经济数据对产业结构高级化水平进行测算；其次，从需求侧、供给侧和制度安排三个角度七个方面分析影响我国产业结构升级的因素，并用 2000~2017 年省际固定效应面板模型进行实证研究，分析各个因素对我国产业结构升级的影响。

5.4 节，对 5.1 节~5.3 节的分析结果进行总结，并在经济高质量发展的内涵要求下，对我国三次产业的增长格局与调控取向提出政策思路建议。

## 5.1　经济增长总量目标的结构性分解

经济增长是宏观经济学研究的核心问题。近年来，我国经济发展速度增长迅速，研究我国经济增长的变化趋势，对“十三五”时期的政策选择具有重大意义。对于经济增长的研究，国内外学者已有很多成果，主要是围绕消费、投资、出口的“三驾马车”展开的。崔俊富等（2014）就调整“三驾马车”着力点、保持中国经济平稳较快增长进行了研究。陈友余（2013）基于我国2000~2010年的数据资料，采用灰色关联度组合分析法，对我国经济增长的影响因素进行了实证分析。毛净（2017）就中国2005~2014年的数据资料，对中国经济增长的影响因素进行了实证分析。

但是，新常态、新时代背景下，中国经济开始由高速度向高质量转变，中国经济增长发生了什么样的变化是值得研究的问题，本节利用“三驾马车”对经济增长总量进行分解，了解其对经济增长的作用及目前存在的问题。

### 5.1.1　经济增长与需求侧的“三驾马车”

从图5-1和表5-1可以看出，2000年以来，中国经济增长迅速，按照当年价格计算，2000~2018年GDP平均增长率达到12.8%。在经济增长过程中，“三驾马车”做出了巨大贡献，其中，消费平均拉动6.4个百分点，投资平均拉动6.0个百分点，净出口平均拉动0.4个百分点。虽然净出口平均拉动很小，但从我国净出口贸易总额上看，我国的净出口贸易总额在快速增长，由2000年的2383.0亿元增长到2015年的24 007.2亿元，同时，受国际环境影响，2018年净出口下降到7440.5亿元。而从整体的贡献率来看，2000~2018年，消费、投资和净出口的平均贡献率分别是52.1%、46.5%和1.4%，消费贡献最高，投资贡献其次，净出口贡献最低。

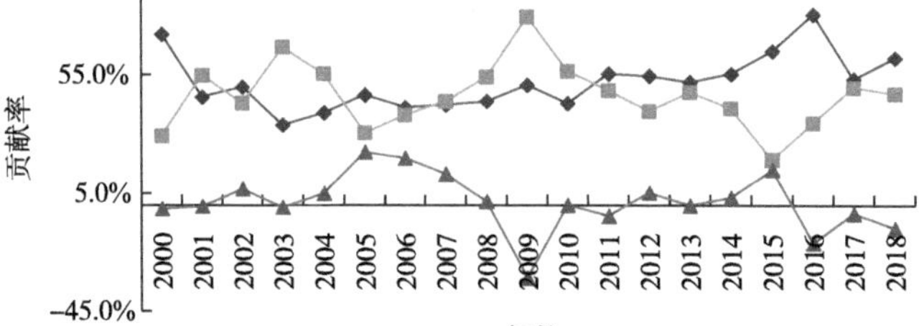


图5-1　2000~2018年“三驾马车”贡献率

资料来源：国家统计局

**表 5-1 2000~2018 年“三驾马车”对 GDP 增长的贡献率和拉动**

| 年份 | GDP 增长率 | 消费贡献率 | 投资贡献率 | 净出口贡献率 | 消费拉动/百分点 | 投资拉动/百分点 | 净出口拉动/百分点 |
|---|---|---|---|---|---|---|---|
| 2000 | 10.7% | 72.2% | 29.3% | −1.6% | 7.8 | 3.1 | −0.2 |
| 2001 | 10.6% | 45.7% | 54.8% | −0.5% | 4.9 | 5.8 | −0.1 |
| 2002 | 9.9% | 50.0% | 43.0% | 7.0% | 5.0 | 4.3 | 0.7 |
| 2003 | 13.1% | 34.0% | 66.8% | −0.8% | 4.5 | 8.8 | −0.1 |
| 2004 | 17.7% | 39.2% | 55.6% | 5.2% | 6.9 | 9.8 | 0.9 |
| 2005 | 16.3% | 46.7% | 30.7% | 22.6% | 7.6 | 5.0 | 3.7 |
| 2006 | 16.9% | 41.5% | 38.4% | 20.1% | 7.0 | 6.5 | 3.4 |
| 2007 | 22.8% | 42.6% | 44.0% | 13.4% | 9.7 | 10.0 | 3.1 |
| 2008 | 17.8% | 44.0% | 54.3% | 1.7% | 7.8 | 9.6 | 0.3 |
| 2009 | 9.4% | 51.0% | 79.7% | −30.7% | 4.8 | 7.5 | −2.9 |
| 2010 | 17.4% | 43.2% | 56.8% | 0 | 7.5 | 9.9 | 0 |
| 2011 | 18.3% | 55.8% | 48.7% | −4.5% | 10.2 | 8.9 | −0.8 |
| 2012 | 11.3% | 54.8% | 39.9% | 5.4% | 6.2 | 4.5 | 0.6 |
| 2013 | 10.3% | 52.2% | 47.9% | −0.1% | 5.4 | 5.0 | 0 |
| 2014 | 8.4% | 55.7% | 41.1% | 3.2% | 4.7 | 3.5 | 0.3 |
| 2015 | 8.0% | 65.4% | 19.5% | 15.1% | 5.2 | 1.6 | 1.2 |
| 2016 | 6.7% | 80.9% | 35.0% | −16.0% | 5.4 | 2.3 | −1.1 |
| 2017 | 9.3% | 53.5% | 50.0% | −3.5% | 5.0 | 4.7 | −0.3 |
| 2018 | 8.5% | 62.4% | 47.3% | −9.7% | 5.3 | 4.0 | −0.8 |

资料来源：国家统计局

注：拉动数值为原始数据计算所得；本表数据未经修约，贡献率合计可能存在不等于 100.0%的情况

另外，从图 5-1 和表 5-1 还可以看出，2009 年的 GDP 增长率和“三驾马车”的贡献率都出现了较大的波动，特别是净出口。其主要原因是 2008 年出现世界性的金融危机，导致我国 GDP 增长下滑，严重影响了我国净出口贸易。

2000 年以来，“三驾马车”对我国经济的拉动力量不断发生改变，从图 5-2 可以看出，消费占 GDP 的比重，呈现先下降再上升的趋势，由 2000 年的 63.3%，直降 14.1 个百分点到 2008 年的 49.2%，再上升到 2018 年的 54.3%。投资占 GDP 的比重呈现先提升然后再下降后趋于稳定的趋势，由 2000 年的 34.3%，上升 13.7 个百分点到 2011 年的 48.0%，再下降到 2015 年的 44.7%，直到 2018 年的 44.8%。净出口由 2000 年的 2.4%上升 6.2 个百分点到 2007 年的 8.6%，再逐渐下降到 2018

年的 0.8%。

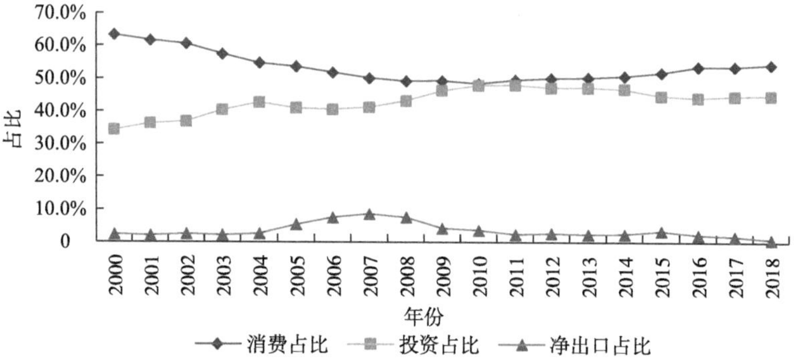


图 5-2　2000~2018 年“三驾马车”需求占比

资料来源：国家统计局

### 5.1.2　新常态背景下“三驾马车”面临的问题

“三驾马车”一直拉动中国经济快速增长，但从 2000~2018 年的数据看，这“三驾马车”均出现了一些新的问题，在一定程度上影响了中国经济的快速平稳增长。

1. 消费后劲不足

消费分为政府消费和居民消费两大块，由表 5-2 和图 5-3 可以看出，2000~2018 年居民消费占比平稳中有下降趋势，2000~2018 年下降了 1.3 个百分点，由 73.8% 下降到 72.5%。政府消费占比上升了 1.3 个百分点，由 2000 年的 26.2%上升到 2018 年的 27.5%。

**表 5-2　2000~2018 年消费、投资、贸易数据相关度量**

| 年份 | 居民消费占比 | 政府消费占比 | 人均 GDP 增长率 | 人均可支配收入增长率 | 单位固定资产投资产出/元 | 房地产投资占固定资产投资比例 | 贸易依存度 | 出口依存度 |
|---|---|---|---|---|---|---|---|---|
| 2000 | 73.8% | 26.2% | 9.9% | 7.0% | 3.06 | 10.1% | 39.0% | 20.5% |
| 2001 | 74.0% | 26.0% | 9.8% | 9.4% | 2.99 | 11.3% | 37.9% | 19.8% |
| 2002 | 74.4% | 25.6% | 9.2% | 11.3% | 2.81 | 12.0% | 42.0% | 22.0% |
| 2003 | 74.6% | 25.4% | 12.4% | 10.5% | 2.49 | 12.2% | 51.0% | 26.2% |
| 2004 | 74.7% | 25.3% | 17.0% | 13.1% | 2.31 | 12.5% | 58.7% | 30.2% |
| 2005 | 74.2% | 25.8% | 15.6% | 12.8% | 2.13 | 12.2% | 61.8% | 33.1% |
| 2006 | 73.3% | 26.7% | 16.3% | 13.2% | 2.01 | 12.4% | 63.7% | 35.1% |
| 2007 | 73.3% | 26.7% | 22.2% | 18.7% | 1.98 | 13.1% | 61.4% | 34.5% |

续表

| 年份 | 居民消费占比 | 政府消费占比 | 人均 GDP 增长率 | 人均可支配收入增长率 | 单位固定资产投资产出/元 | 房地产投资占固定资产投资比例 | 贸易依存度 | 出口依存度 |
|---|---|---|---|---|---|---|---|---|
| 2008 | 73.2% | 26.8% | 17.2% | 16.0% | 1.85 | 13.0% | 56.2% | 31.4% |
| 2009 | 73.3% | 26.7% | 8.8% | 10.3% | 1.56 | 11.4% | 43.1% | 23.4% |
| 2010 | 73.4% | 26.6% | 16.8% | 14.0% | 1.63 | 13.5% | 49.1% | 26.1% |
| 2011 | 73.2% | 26.8% | 17.8% | 16.5% | 1.56 | 14.2% | 48.6% | 25.4% |
| 2012 | 73.2% | 26.8% | 10.8% | 14.2% | 1.44 | 13.2% | 45.1% | 23.9% |
| 2013 | 73.2% | 26.8% | 9.8% | 11.5% | 1.34 | 13.2% | 43.2% | 23.0% |
| 2014 | 73.9% | 26.1% | 7.8% | 10.5% | 1.26 | 12.6% | 40.8% | 22.2% |
| 2015 | 73.4% | 26.6% | 7.5% | 9.6% | 1.24 | 11.5% | 35.1% | 20.2% |
| 2016 | 73.4% | 26.6% | 6.0% | 9.0% | 1.23 | 11.3% | 32.6% | 18.6% |
| 2017 | 72.7% | 27.3% | 8.8% | 9.4% | 1.27 | 11.7% | 34.1% | 18.8% |
| 2018 | 72.5% | 27.5% | 8.1% | 9.0% | 1.37 | 13.2% | 34.5% | 18.6% |

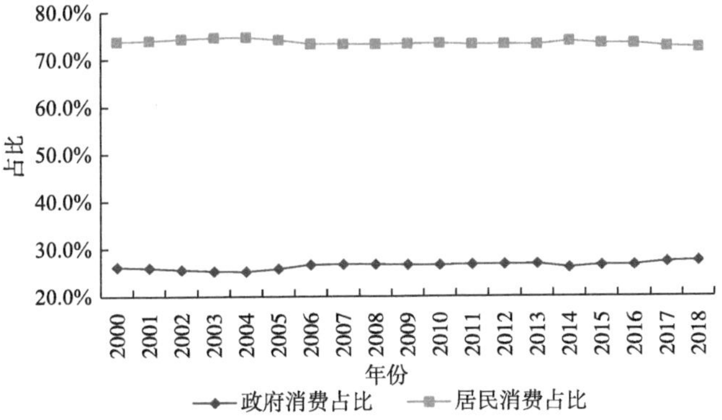


图 5-3　居民消费和政府消费占比

资料来源：国家统计局

从表 5-2 和图 5-4 可以看出，我国人均可支配收入的增长速度与人均 GDP 的增长速度很接近。2008 年金融危机的缘故，人均 GDP 的增长速度和人均可支配收入的增长速度都出现短暂的直线下滑，但 2010 年又直线回升，而 2012 年后，不论是人均 GDP 还是人均可支配收入都呈现下降趋势，且人均可支配收入的增长速度高于人均 GDP 的增长速度。单从人均这点来看，说明近年来我国经济增长取得的丰硕成果给我国居民带来了巨大的实惠，提高了居民的人均可支配收入。

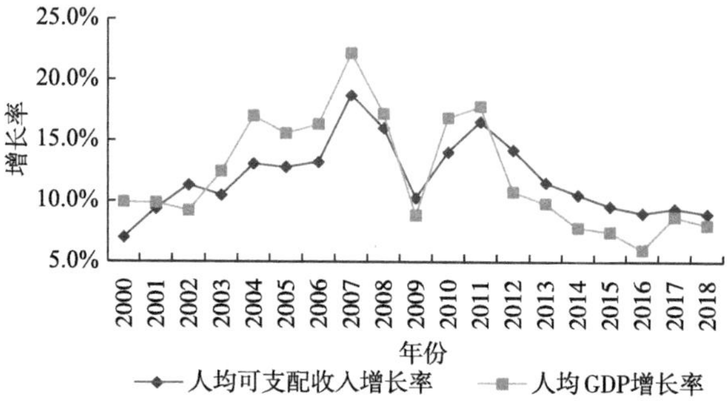


图 5-4　2000~2018 年人均 GDP 和人均可支配收入增长情况

资料来源：国家统计局

但是，从表 5-3 可以看出 2000~2018 年中国的基尼系数均在 0.417~0.491，总体呈现先升后降再升的趋势，2015 年已经下降到 0.462，但又逐渐上升到 2018 年的 0.468。不管怎样，基尼系数还是偏大，处于收入差距较大的区间，说明我国居民财富分布不平衡现象比较严重。

**表 5-3　2000~2018 年中国基尼系数**

| 项目 | 2000 年 | 2001 年 | 2002 年 | 2003 年 | 2004 年 | 2005 年 | 2006 年 | 2007 年 |
|---|---|---|---|---|---|---|---|---|
| 基尼系数 | 0.417 | 0.490 | 0.454 | 0.479 | 0.473 | 0.485 | 0.487 | 0.484 |
| 项目 | 2008 年 | 2009 年 | 2010 年 | 2011 年 | 2012 年 | 2013 年 | 2014 年 | 2015 年 |
| 基尼系数 | 0.491 | 0.490 | 0.481 | 0.477 | 0.474 | 0.473 | 0.469 | 0.462 |
| 项目 | 2016 年 | 2017 年 | 2018 年 | | | | | |
| 基尼系数 | 0.465 | 0.467 | 0.468 | | | | | |

资料来源：国家统计局

2. 投资问题突出

1）投资产出

从表 5-2 和图 5-5 可以看出，单位固定资产投资产出呈逐渐下降的趋势，其中 2000~2007 年平均 1 元固定资产投资可以创造 2.5 元 GDP；受到 2008 年国际金融危机的影响，虽然国家出台了应对金融危机的一揽子计划，但 2008 年及之后，平均 1 元固定资产投资仅能创造 1.4 元 GDP。这说明 2008 年后的固定资产投资对 GDP 的拉动作用越来越小，可能的原因是我国的固定资产投资总额过大，投资边际效应递减，对 GDP 的刺激作用有限了。

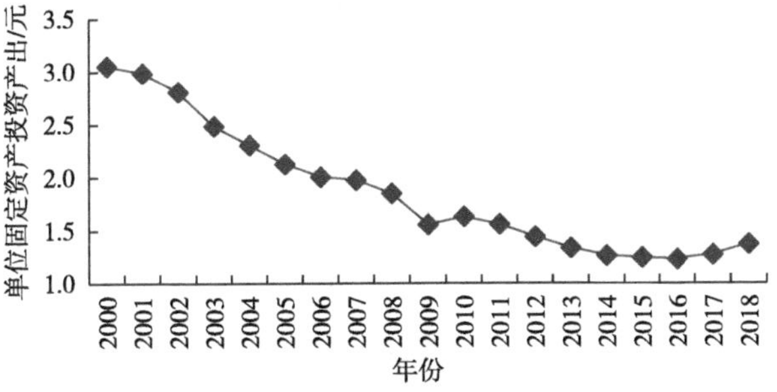


图 5-5 2000~2018 年单位固定资产投资产出

资料来源：国家统计局

2）投资结构不合理

虽然钢铁、水泥等行业属于产能过剩行业，应当淘汰过剩产能，但却出现越过剩越投资的现象。以水泥为例，其产能由 2008 年的 18.7 亿吨增长到 2015 年的 34.4 亿吨，再增长到 2017 年的 38.3 亿吨；产量由 2008 年的 14.0 亿吨增长到 2015 年的 23.6 亿吨，2017 年为 23.3 亿吨；产能利用率由 2008 年的 74.9%下降到 2015 年的 68.5%，再下降到 2017 年的 60.9%。

3）投资虚拟化

从表 5-2 和图 5-6 可以看出，房地产等虚拟经济行业的盈利能力很强，其中 2017 年房地产企业实现主营业务收入 95 896.9 亿元，实现营业利润 11 728.1 亿元，利润率达到 12.2%。而 2017 年全国规模以上工业企业主营业务收入 1 133 160.8 亿元，营业利润 73 252.3 亿元，利润率仅为 6.5%。就是在这样的高额利润的吸引下，来自各个渠道的大量资金都进入了金融业和房地产业等虚拟经济领域。从统计数据来看，2000~2018 年全年房地产投资率都在 10.1%以上，平均达到 12.4%，其中 2018 年全年房地产固定资产投资达到 85 192.3 亿元，占全部固定资产投资的 13.2%。

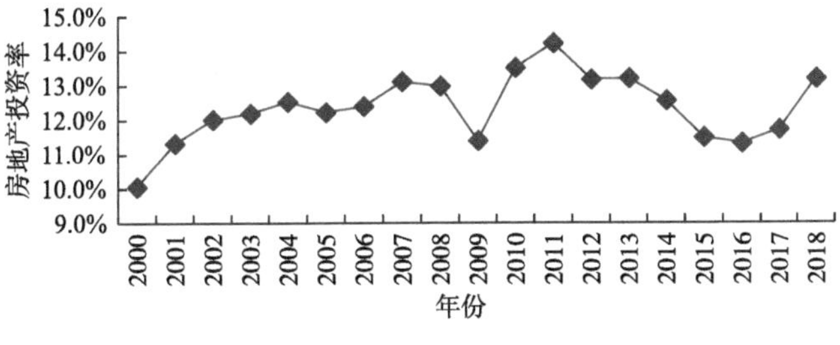


图 5-6 房地产投资率

资料来源：国家统计局

3. 出口竞争力减弱

改革开放使中国得以引进国外的资金、技术和管理理念。2000 年出口总额为 20 634 亿元，2018 年达到 164 176 亿元。

从表 5-2 和图 5-7 可以看出，2000~2006 年贸易依存度迅速上升，贸易依存度从 39.0%上升到 63.7%，从 2007 年开始下降，2010 年有所回升，之后开始缓慢下降，2018 年下降到 34.5%，比 2000 年还低。而出口依存度与贸易依存度的变化趋势基本一致。从贸易依存度和出口依存度看，之所以出现这种趋势，是因为中国出口产品竞争力变弱，还有全球经济不景气等。崔俊富等（2014）指出 2012 年中国高新技术产品出口仅占 29.3%，非高新技术产品出口占到 70.7%。

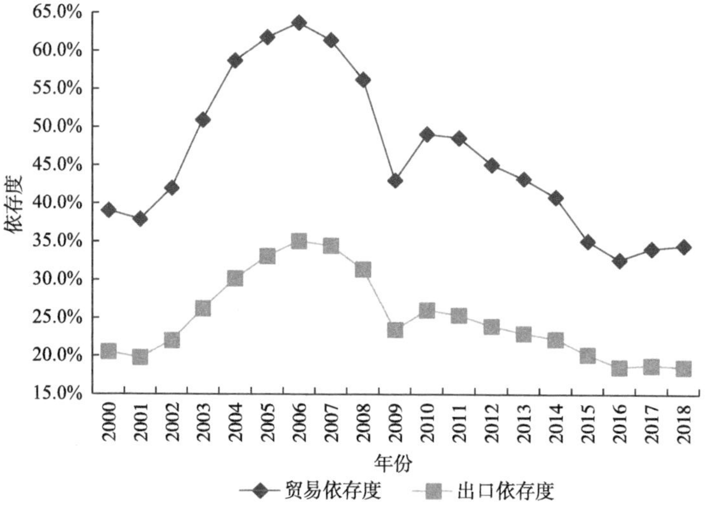


图 5-7　2000~2018 年我国贸易依存度和出口依存度

资料来源：国家统计局

## 5.2　从旧动力转向新动力的动态路径

赵昌文等（2015）指出从世界各国的经济发展经验来看，各国的经济增长并不总是一帆风顺的。保持经济增长的动力、发现经济增长的新动力，是实现经济可持续发展的关键原因。中国作为一个经济快速增长、经济结构急需调整的发展中大国，同样也面临着经济增速下滑、经济下行压力较大和经济增长动力转换的问题。早在 2014 年，中央经济工作会议提出了“经济发展进入新常态，正从高速增长转向中高速增长”“经济发展动力正从传统增长点转向新的增长点”[①]的论断。其实 2012 年前后中国经济就进入了工业化后期，经济社会发展进入新常态，面临着经济结构变化和增长动力转换的新要求。

随着我国经济的发展，经济环境的变化，供给侧结构性改革的实施，经济增长的研究由旧动力转向新动力。本节从供给侧出发，根据索洛剩余法及 C-D 生产函数原理，构建 2002~2018 年中国总量生产函数及估算经济增长中各因素的贡献，并找到新动力的源泉。

### 5.2.1 索洛模型及 C-D 生产函数

1. C-D 生产函数

参照索洛采用的生产函数构建中国总量生产函数模型，如下所示：

$$Y_t = AK_t^{\alpha} L_t^{\beta}$$

式中，$Y$ 表示 GDP；$K$ 表示资本存量；$L$ 表示劳动力；$t$ 表示年份；假设生产函数是规模报酬不变的，技术进步 $A$ 是希克斯中性的。

2. 模型建立

根据中国总量生产函数模型的特点，可以得到其对数模型：

$$\ln Y_t = \ln A + \alpha \ln K_t + \beta \ln L_t$$

又因为假设规模报酬不变，可以推出索洛模型的紧凑形式，即人均模型：

$$\ln Y_t = \ln A + \alpha \ln K_t + \beta \ln L_t = \ln A + \alpha \ln K_t + (1-\alpha) \ln L_t$$

$$\ln \frac{Y_t}{L_t} = \ln A + \alpha \ln \frac{K_t}{L_t}$$

3. 数据来源与变量说明

本节研究所用到的数据是从历年中国统计年鉴数据库经整理和换算得到中国的 GDP（亿元）、资本存量（亿元）和劳动力（万人）。2000~2012 年资本存量数据来源于沈利生和乔红芳（2015）的研究，2013~2018 年数据按照沈利生和乔红芳（2015）研究中 2012 年的折旧率计算所得。劳动力是各年中国年末从业人员数。变量描述见表 5-4。

**表 5-4 变量描述**

| 变量 | 描述 | 备注 |
|---|---|---|
| $Y_t$ | GDP | 被解释变量 |
| $K_t$ | 资本存量 | 解释变量 |

① 《中央经济工作会议在北京举行 习近平李克强作重要讲话 张德江俞正声刘云山王岐山张高丽出席会议》：http://news.12371.cn/2014/12/11/ARTI1418295777211338.shtml，2014 年 12 月 11 日。

续表

| 变量 | 描述 | 备注 |
| --- | --- | --- |
| $L_t$ | 劳动力，用年末从业人员数度量 | 解释变量 |
| $\ln Y_t$ | GDP 的对数 | 被解释变量 |
| $\ln K_t$ | 资本存量的对数 | 解释变量 |
| $\ln L_t$ | 劳动力的对数 | 解释变量 |
| $AY_t$ | 劳动力人均 GDP | 被解释变量 |
| $AK_t$ | 劳动力人均资本存量 | 解释变量 |
| $\ln AY_t$ | 劳动力人均 GDP 的对数 | 被解释变量 |
| $\ln AK_t$ | 劳动力人均资本存量的对数 | 解释变量 |

4. 实证分析

1）变化趋势

从图 5-8 和图 5-9 可以看出，不论是对变量数据取对数，还是采用劳动力人均 GDP 和劳动力人均资本存量数据，其都呈现一定的增长趋势，接下来对它们进行平稳性检验。

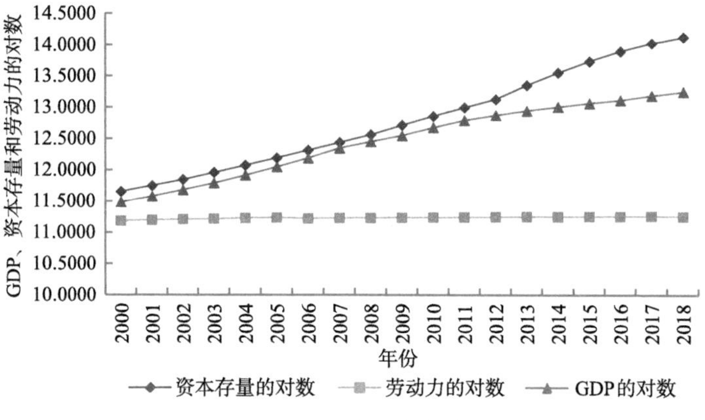


图 5-8　GDP、资本存量和劳动力的对数

资料来源：国家统计局

2）变量平稳性检验

应用增广迪基-富勒（augmented Dickey-Fuller，ADF）检验方法对各变量进行平稳性检验，结果如表 5-5 所示。

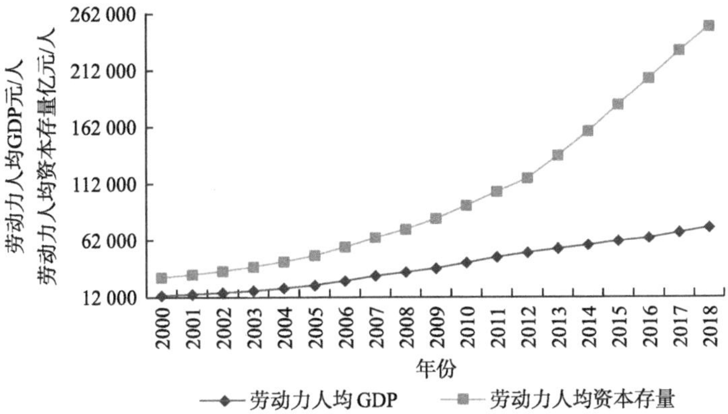


图 5-9　劳动力人均 GDP 和劳动力人均资本存量

资料来源：国家统计局

**表 5-5　各变量的 ADF 检验结果**

| 变量 | ADF 统计量值 | $p$ 值 | 检验类型 | 平稳性结果 |
|---|---|---|---|---|
| $\ln Y_t$ | −2.640 6* | 0.098 56 | （$C$，0，2） | 平稳 |
| $\Delta\Delta\ln K_t$ | −3.137 3** | 0.039 60 | （$C$，0，4） | 平稳 |
| $\ln L_t$ | −3.884 0** | 0.029 72 | （$C$，$T$，3） | 平稳 |
| $\ln \mathrm{AY}_t$ | −3.188 7** | 0.035 70 | （$C$，0，3） | 平稳 |
| $\ln \mathrm{AK}_t$ | −2.432 5** | 0.019 53 | （0，0，6） | 平稳 |

注：检验类型（$C$，$T$，$P$）中的 $C$ 表示截距项，$T$ 表示趋势项，0 表示不包含截距和趋势，$P$ 表示滞后阶数；ΔΔ表示二阶差分算子

**、*分别代表在 5%、10%的水平上显著

3）模型估计

从上面的 ADF 检验可以看出，劳动力人均 GDP 的对数和劳动力人均资本存量的对数都是平稳序列，得到回归结果如下：

$$\ln \mathrm{AY}_t=2.09+0.42\ln \mathrm{AK}_t$$
$$(0.0000)\ (0.0000)$$
$$R^2=0.94,\ F=309.1\ (0.0000)$$

从回归结果来看，方程通过了 $F$ 检验，常数项和回归系数都在 1%的水平上显著，拟合优度也很高，从而得到资本存量的弹性为 $\alpha=0.42$，劳动力的弹性为 $\beta=0.58$。

## 5.2.2　中国经济增长因素分析

参考杨飞虎（2010）文章中各要素投入对中国经济增长贡献的计算公式来对中国经济增长因素进行分析。各要素投入对中国经济增长的贡献测算公式如下。

（1）资本投入对中国经济增长的贡献度和贡献率分别为 $\alpha\dfrac{K_t'}{K_t}$ 和 $\alpha\dfrac{K_t'}{K_t}\Big/\dfrac{Y_t'}{Y_t}$。

（2）劳动力投入对中国经济增长的贡献度和贡献率分别为$\beta\frac{L_t'}{L_t}$和$\beta\frac{L_t'}{L_t}\bigg/\frac{Y_t'}{Y_t}$。

（3）全要素生产率对中国经济增长的贡献度和贡献率分别为$\frac{A_t'}{A_t}=\frac{Y_t'}{Y_t}-\alpha\frac{K_t'}{K_t}-\beta\frac{L_t'}{L_t}$和$\frac{A_t'}{A_t}\bigg/\frac{Y_t'}{Y_t}=1-\alpha\frac{K_t'}{K_t}\bigg/\frac{Y_t'}{Y_t}-\beta\frac{L_t'}{L_t}\bigg/\frac{Y_t'}{Y_t}$。

与杨飞虎（2010）的定义一样，中国经济增长指按照不变价核算的中国历年GDP增长率，要素投入贡献度则指各要素投入在中国经济增长结构中的份额，要素投入贡献率指各要素投入在中国经济增长中所占的比率。下面利用上述计算公式，对我国2000~2018年数据进行测算，结果如表5-6和图5-10所示。

**表5-6　2001~2018年中国资本投入、劳动力投入及全要素生产率对经济增长的平均贡献**

| 增长率及弹性 | 数值 | 贡献度及贡献率 | 数值 |
|---|---|---|---|
| 中国GDP 平均增长率 | 12.93% | 资本存量投入平均贡献度 | 6.22% |
| 资本存量投入平均增长率 | 14.82% | 劳动力投入平均贡献度 | 0.24% |
| 劳动力投入平均增长率 | 0.41% | 全要素生产率平均贡献度 | 6.47% |
| 资本存量投入的产出弹性 | 0.42 | 资本存量投入平均贡献率 | 56.21% |
| 劳动力投入的产出弹性 | 0.58 | 劳动力投入平均贡献率 | 2.01% |
| | | 全要素生产率平均贡献率 | 41.78% |

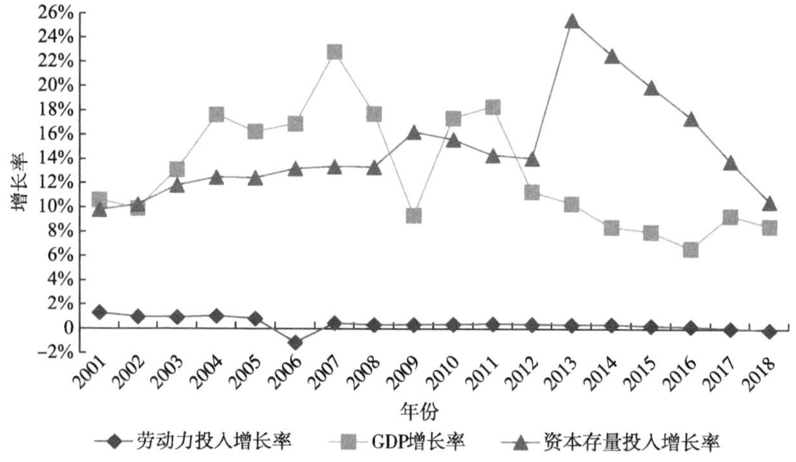


图5-10　2001~2018年中国GDP、资本存量投入和劳动力投入增长率

资料来源：国家统计局

从表5-6和图5-10中可以得到以下结论。

中国平均经济增长率达到12.93%，但是自2012年大幅度下降以后，慢慢趋于平稳，这与我国进入高质量发展阶段的定位是一致的。资本存量投入平均增长率达到 14.82%，而且对经济增长的平均贡献率达到 56.21%，这充分说明这期间的资本存量投入是中国经济增长的主要源泉，但同时也可以看出 2013 年之后资本存量投入的增长率呈现下降趋势，这应该是我国实施“三去一降一补”政策的结果。劳动力投入对 GDP 增长率的平均贡献率只有 2.01%，而且从 2011 年开始呈现下降趋势。全要素生产率对 GDP 增长率的平均贡献率为 41.78%，小于资本存量投入的平均贡献率，这表明中国全要素生产率还有很大的进步空间。实际上，自 2014 年来，全要素生产率呈现上升趋势。

## 5.3 产业结构迈向中高端的战略选择

产业结构的转型升级是推动经济增长的动力源泉。毋姣（2017）指出，改革开放以来，我国经济增长速度加快，经济发展取得了突出成绩。当前我国经济进入新常态，减速、提质、增效是经济发展的根本目标。经济新常态背景下，转变经济发展方式，促进产业结构优化升级是经济任务的重中之重。

现有文献对三次产业的研究，主要集中在对产业结构升级和影响因素分析两个方面。很多学者用产业结构高级化水平来衡量产业结构升级。周昌林和魏建良（2007）将各产业劳动生产率平方根的加权平均值作为测度产业结构高级化水平的指标。付凌晖（2010）采用改进的结构相似系数法对中国产业结构高级化水平进行测算。影响产业结构高级化的因素很多，徐桂民等（2007）主要从对外贸易视角对我国产业结构变动进行实证分析，剖析我国产业结构高级化进程中对外贸易的显著作用。黄茂兴和李军军（2009）分析了技术选择对产业结构高级化的作用。付凌晖（2010）对 1978~2008 年产业结构升级与经济增长的双向关系进行了实证分析。耿修林（2010）研究了固定资产投资对产业结构变动的影响。杨家伟和乔家君（2013）从区域的角度研究了影响河南省产业结构高级化的因素。高远东等（2015）研究了社会需求、技术创新、人力资源供给和制度安排对产业结构高级化的影响。毋姣（2017）从制度安排、外贸、FDI、人力资本和科学技术多个方面对产业结构升级进行了研究。

本章首先对 31 个省（自治区、直辖市）（数据不包括香港、澳门和台湾）2000~2018 年产业结构高级化水平进行测算，然后选取需求侧、供给侧和制度安排三个角度七个方面作为影响我国产业结构高级化的因素，并基于 2000~2017 年省际面板数据，利用固定效应面板模型进行实证研究。

### 5.3.1 三次产业的变化趋势分析

#### 1. 三次产业比重和贡献率变化趋势

本书利用《中国统计年鉴》三次产业数据对 2000~2018 年三次产业比重和贡

献率变化趋势做了初步分析。从图 5-11 可以看出，2000~2018 年我国第一产业比重呈现下降趋势，第二产业比重先是下降，从 2016 年开始有缓慢回升的趋势，第三产业比重呈现缓慢上升趋势。从图 5-12 可以看出，2000~2018 年我国第一产业贡献率趋于平稳，第二产业贡献率呈现下降趋势，第三产业贡献率呈现上升趋势。从三次产业比重和贡献率来看，我国三次产业结构在向合理化、高级化缓慢迈进。

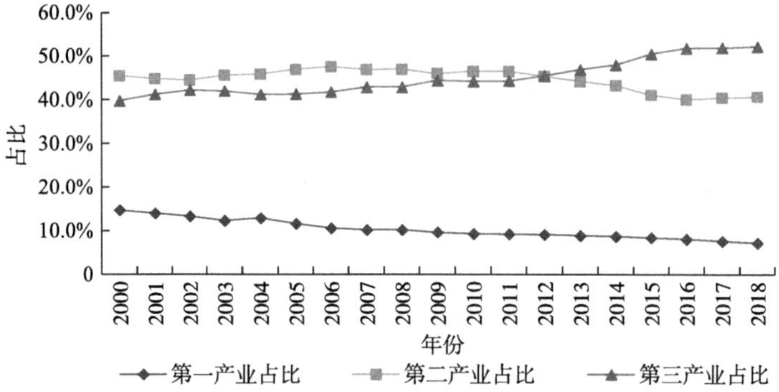


图 5-11　2000~2018 年三次产业占比变化趋势

资料来源：国家统计局

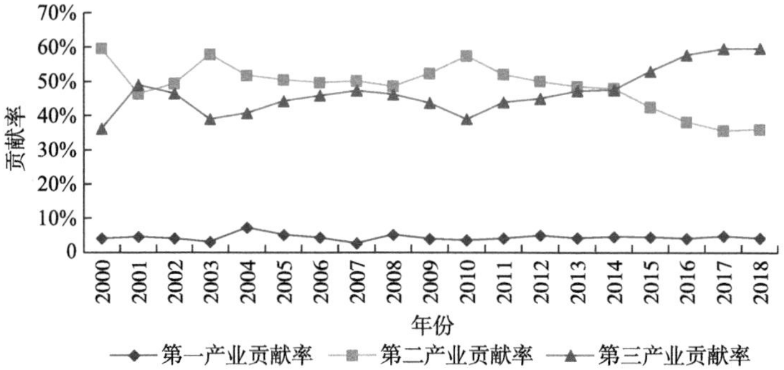


图 5-12　2000~2018 年三次产业贡献率变化趋势

资料来源：国家统计局

2. 产业结构高级化水平测算方法

采用付凌晖（2010）对产业结构高级化的测算方法，首先，根据三次产业划分将 GDP 分成三个部分，每一个部分的增加值占 GDP 的比重作为空间向量中的一个分量，从而构成一组三维向量 $X_0=(X_{01},X_{02},X_{03})$；其次，分别计算三维向量与产业由低层次到高层次排列的向量 $X_1=(1,0,0)$、$X_2=(0,1,0)$、$X_3=(0,0,1)$ 的夹角；最后，定义产业结构高级化值 $W$ 的计算公式，如下所示：

$$\theta_j=\arccos\frac{X_0\cdot X_j}{|X_0||X_j|}$$

$$W = \sum_{k=1}^{3} \sum_{j=1}^{k} \theta_j$$

产业结构高级化指标数值越大，表明产业结构高级化水平越高。

3. 产业结构高级化水平

利用上述测算方法，可以测算出 31 省（自治区、直辖市）2000~2018 年的产业结构高级化水平值，进一步还可以计算出全国和四大经济分区的产业结构高级化水平平均值。

图 5-13~图 5-16 是 31 省（自治区、直辖市）2000~2018 年的产业结构高级化水平值，图 5-17 是全国和四大经济分区产业结构高级化水平平均值。其中，四大经济分区为东北地区、中部地区、东部地区和西部地区。

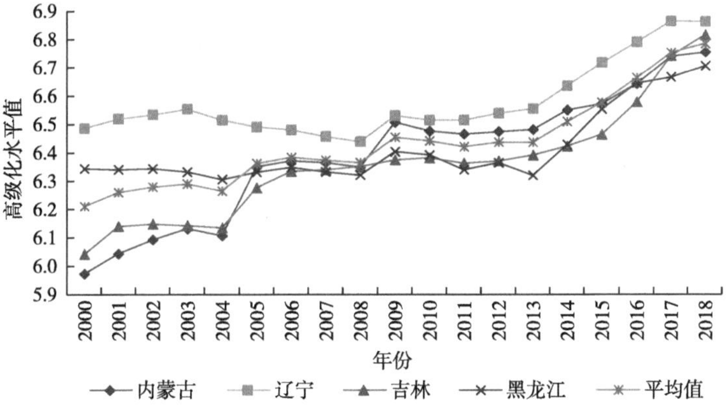


图 5-13　2000~2018 年东北地区产业结构高级化变化趋势

资料来源：国家统计局

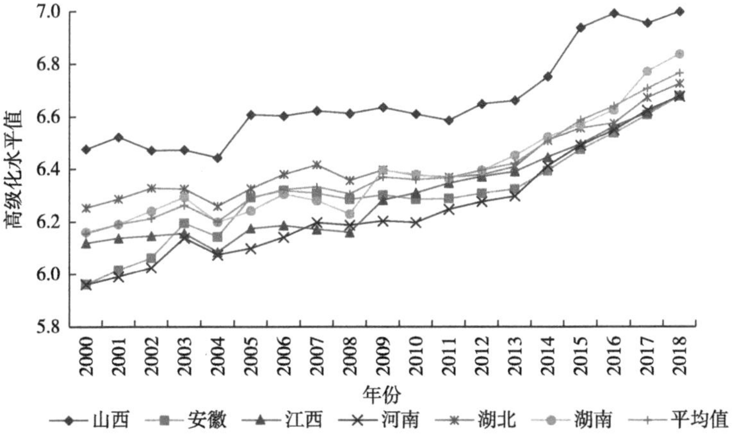


图 5-14　2000~2018 年中部地区产业结构高级化变化趋势

资料来源：国家统计局

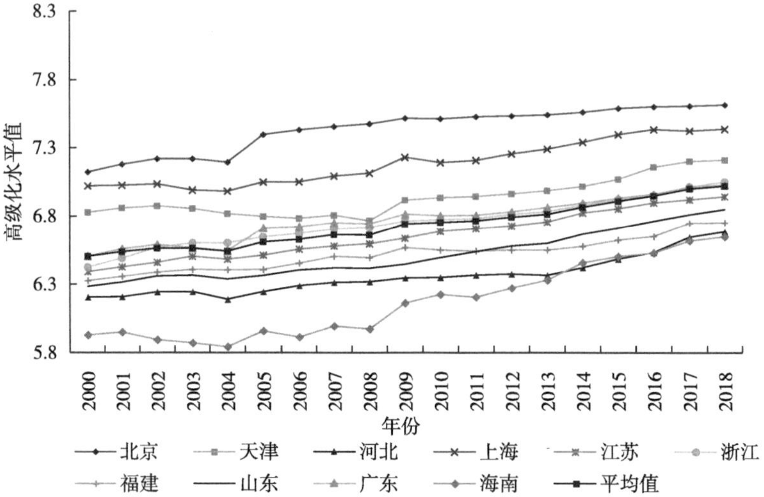


图 5-15　2000~2018 年东部地区产业结构高级化变化趋势

资料来源：国家统计局

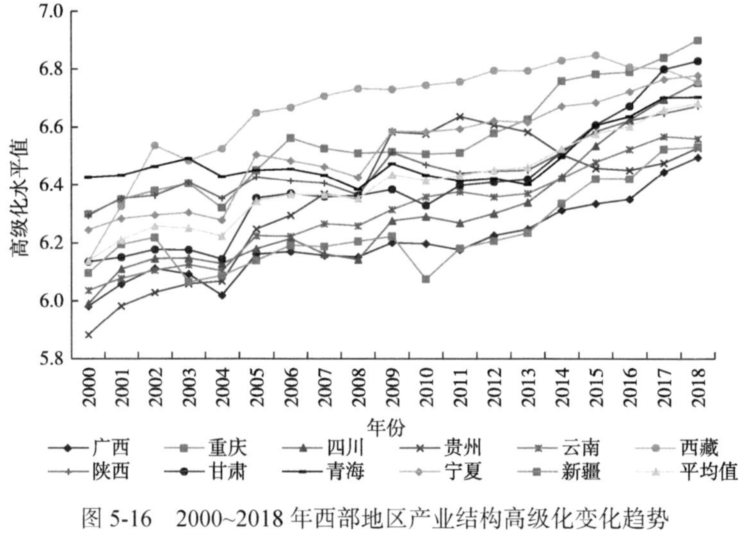


图 5-16　2000~2018 年西部地区产业结构高级化变化趋势

资料来源：国家统计局

图 5-13~图 5-17 可以看出：第一，2000~2018 年全国和四大经济分区产业结构高级化水平平均值，整体上都存在明显的上升趋势；第二，东部地区的产业结构高级化水平平均值明显高于全国和其他经济分区平均值；第三，东北、中部、西部经济分区的产业结构高级化水平平均值相差不是很明显。为进一步促进我国产业结构优化升级，推进我国产业结构迈向中高端的进程，急需找到影响我国产业结构升级的各种因素，然后制定相关政策。

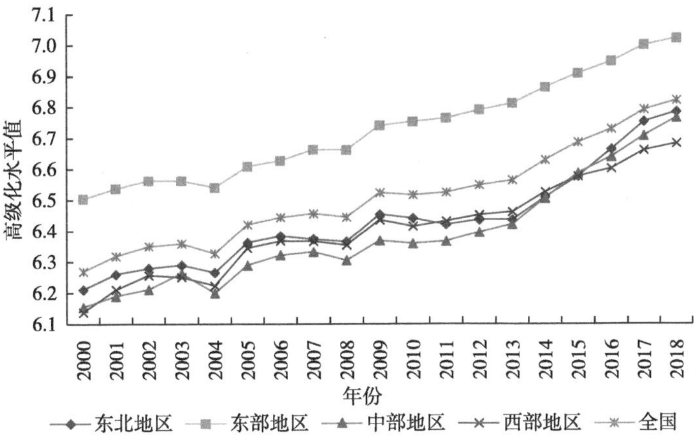


图 5-17 2000~2018 年全国和四大经济分区产业结构高级化水平平均值

资料来源：国家统计局

### 5.3.2 影响我国产业结构升级的因素分析

产业结构升级是个复杂的动态过程，影响我国产业结构升级的因素很多，本节将从需求侧、供给侧、制度安排三个方面选择影响我国产业结构升级的因素。

1. 需求侧

需求包括消费、投资需求和净出口。消费包括居民消费和政府消费，高远东等（2015）认为政府消费直接影响居民的消费需求，特别是与公共服务相关的政府消费直接影响公共消费需求和居民消费需求，所以选择政府消费作为消费需求的指标。

投资包括固定资产投资和流动资产投资，高远东等（2015）认为固定资产投资需求的变动是产业结构优化升级的直接原因。创造新需求的投资，将形成新产业而改变原有的产业结构，所以本书选择全社会固定资产投资总额作为投资需求的指标。因为现在外商直接投资的作用越来越大，所以把它从全社会固定资产投资中去掉，单独作为一项影响因素。

毋姣（2017）认为外商直接投资可以把国外先进的科学技术、生产技术和科学的管理经验带到我国，为我国产业结构升级带来高新技术，同时为我国产业结构升级培养高端人才。所以本书把外商直接投资作为量化指标。

净出口是进出口贸易的净值，其实是低估了进口和出口给产业结构升级带来的作用。毋姣（2017）认为出口代表着一国的比较优势部门，而进口可以获得国外的科学技术和先进设备。所以本书选择进出口贸易总额作为量化指标。

2. 供给侧

供给需求包括劳动力、资本存量和技术进步。技术进步是产业结构升级的直接动力，毋姣（2017）认为技术进步能够推动我国高新技术产业和新兴产业的发展，提高企业的生产效率，降低成本。而 R&D 投入是促进技术进步最直接的因素，所以选取各省（自治区、直辖市）R&D 经费作为量化指标。

我们用人力资本来代替劳动力因素，毋姣（2017）认为人力资本是推动产业结构升级的重要因素，人力资本内含的管理知识和技术知识，能够外化成生产技术，从而推动产业结构升级。用每十万人中高等学校在校生人数作为量化指标。

资本存量对产业结构升级也起到了一定作用，但因为不同的学者计算的资本存量基期值差别较大，所以不予选择。

3. 制度安排

产业结构升级与政府制度安排息息相关。毋姣（2017）认为政府制度可以在市场不能有效发挥作用的领域发挥调节作用，政府制度从宏观层面能够决定资源分配的方式和效率，而从微观层面能够促进社会资源充分自由流动。所以选择各省（自治区、直辖市）的财政支出作为量化指标。

### 5.3.3　影响我国产业结构升级的实证分析

1. 样本选择与变量说明

本书以 2000~2017 年中国 31 个省际面板数据作为分析样本，样本数据均取自《中国统计年鉴》和 EPS 数据库。变量描述见表 5-7。

**表 5-7　变量描述**

| 变量 | 描述 | 备注 |
|---|---|---|
| *W* | 产业结构高级化水平值 | 被解释变量 |
| GC | 政府消费 | 解释变量 |
| IN | 全社会固定资产投资总额 | 解释变量 |
| FDI | 外商直接投资 | 解释变量 |
| EX | 进出口贸易总额 | 解释变量 |
| RD | R&D 经费 | 解释变量 |
| LA | 每十万人中高等学校在校生人数 | 解释变量 |
| GE | 财政支出 | 解释变量 |

2. 模型建立与实证分析

根据上面对影响产业结构升级因素的分析及变量选择，为消除异方差影响，对变量进行对数化处理，建立如下面板模型：

$$\ln W_{it} = \beta_0 + \ln \mathrm{GC}_{it} + \ln \mathrm{IN}_{it} + \ln \mathrm{FDI}_{it} + \ln \mathrm{EX}_{it} + \ln \mathrm{RD}_{it} + \ln \mathrm{LA}_{it} + \ln \mathrm{GE}_{it} + u_{it}$$

式中，$\beta_0$表示常数项；$u_{it}$ 表示随机扰动项，$i$=1,2,…,31，$t$=2000,2001,…,2017。

利用 2000~2017 年 31 个省际样本数据，通过豪斯曼（Hausman）检验，确定选择固定效应的面板模型，回归结果如表 5-8 所示。

**表 5-8 2000~2017 年产业结构高级化省际面板模型回归结果**

| 自变量 | 混合模型 | 固定效应模型 | 随机效应模型 |
|---|---|---|---|
| lnGC | −0.009 15* <br>（0.005 08） | 0.011 30*** <br>(0.003 46) | 0.008 06** <br>(0.003 57) |
| lnIN | −0.056 60*** <br>（0.003 87） | −0.000 56* <br>（0.002 88） | −0.005 87** <br>（0.002 99） |
| FDI | 0.003 07 <br>（0.002 20） | 0.006 58*** <br>（0.001 87） | 0.008 02*** <br>（0.001 82） |
| lnEX | 0.009 50*** <br>（0.002 34） | −0.006 03*** <br>（0.002 12） | −0.004 00* <br>（0.002 05） |
| lnRD | 0.007 66*** <br>（0.002 15） | 0.005 00** <br>（0.001 99） | 0.000 20** <br>（0.001 97） |
| lnLA | 0.034 20*** <br>（0.002 90） | 0.001 95** <br>（0.002 31） | 0.004 54** <br>（0.002 30） |
| lnGE | 0.053 40*** <br>（0.004 68） | 0.014 10*** <br>（0.004 26） | 0.018 10*** <br>（0.004 07） |
| 常数项 | 1.643 00*** <br>（0.022 40） | 1.673 00*** <br>（0.012 60） | 1.665 00*** <br>（0.013 90） |
| Hausman 值 | | | 92.800 00*** <br>（0.000 00） |
| 对象 | 558 | 558 | 558 |
| 可决系数 $R^2$ | 0.649 00 | 0.750 00 | |

***、**、*分别代表在 1%、5%、10%的水平上显著

3. 实证结果分析

（1）需求侧。政府消费对数的回归系数为 0.011 30，通过了 1%的显著性检验，表明政府消费因素对产业结构高级化有正向影响；政府消费直接影响公共消费需求和居民消费需求，有利于促进中国产业结构高级化。全社会固定资产投资总额对数的回归系数为−0.000 56，并通过了 10%的显著性检验，虽然回归系数非常小，但符号是负的，表明全社会固定资产投资总额对产业结构高级化有负向影响；但是固定资产投资是产业结构优化升级的直接原因，可以形成新产业而改变原有的产业结构，理论上应该对产业结构高级化有正向影响，现造成负向影响的可能原因是我国目前的全社会固定资产投资不合理或者是新的投资还未见成效。外商直接投资的回归系数为 0.006 58，通过了 1%的显著性检验，说明外商直接投资对产业结构高级化有正向作用；因为外商直接投资可以把国外先进的生产技术和科学的管理经验带到我国，为我国产业结构升级带来高新技术，同时为我国产业结构升级培养高端人才。进出口贸易总额对数的回归系数为−0.006 03，

通过了 1%的显著性检验，说明进出口贸易总额对我国产业结构高级化有负向作用；出口代表着我国的比较优势，进口可以获得国外先进技术和设备，理论上应该对产业结构高级化有正向影响，现得到负向影响结果的可能原因是我国出口商品的技术含量和附加值都不高。

（2）供给侧。代表技术进步的 R&D 经费对数回归系数为 0.005 00，通过了 5%的显著性检验，表明技术进步对我国产业结构高级化有正向影响；技术进步是产业结构升级的直接动力，而 R&D 投入是技术进步最直接的影响因素，有利于促进中国产业结构高级化。代表劳动力的每十万人中高等学校在校生人数对数的回归系数为 0.001 95，通过了 5%的显著性检验，表明劳动力对我国产业结构高级化有正向影响；劳动力中内含的管理知识和技术知识能够外化成生产技术，从而成为促进我国产业结构高级化的重要因素。

（3）制度安排。代表制度安排的财政支出对数的回归系数为 0.014 10，通过了 1%的显著性检验，表明我国现行的制度安排有利于促进产业结构高级化。这是因为政府通过制度安排可以决定资源分配的方式和效率，也可以通过政策影响产业结构升级的方向和速度。

## 5.4　主要结论与政策建议

5.1 节~5.3 节从需求侧和供给侧对我国经济增长、新动力、三次产业升级进行了实证研究，得到了一些结论。下面结合新时代经济高质量发展内涵要求和实证结果，归纳主要结论并提出政策思路建议。

### 5.4.1　主要结论

（1）需求侧。因为人均收入不高及贫富差距大导致消费增长缓慢，近些年略有回暖；投资不合理、投资率低和投资虚拟化导致产能严重过剩；因为我国出口产品的高技术附加值较低，而靠价格竞争的产品由于物力成本、人力成本的增加导致竞争力下降，出口乏力。但祝惠春（2018）指出我国经济高质量发展呈现出良好势头，新技术、新产业、新业态和新模式等新经济和高新技术产业及战略性新兴产业等新动能加速形成，成为推动经济稳中向好的重要力量。

（2）供给侧。资本存量增长较快，增长率平均达到 14.82%，而且对经济增长的平均贡献率达到 56.21%，说明这期间资本存量投入是中国经济增长的主要源泉，但同时也可以看出 2013 年资本存量投入的增长率呈现下降趋势，这应该是我国实施“三去一降一补”政策的结果。劳动力投入对 GDP 增长率的平均贡献率只有 2.01%，而且从 2011 年开始呈现下降趋势。全要素生产率对 GDP 增长率的平均贡献率为 41.78%，小于资本存量投入的平均贡献率，这表明中国全要素生产率还有很大的进步空间。实际上，自 2014 年来，全要素生产率呈现上升趋势。同时，赵昌文等（2015）、王军和李萍（2017）指出今后增长的新动力主要在于创新、提高要素质量、促进要素优化配置。

（3）通过对全国和四大经济分区的产业结构高级化水平进行测算，得到全国和四大经济分区产业结构高级化水平平均值整体上都存在明显的上升趋势，东部地区的产业结构高级化水平平均值明显高于全国平均值和其他经济分区。

对产业结构高级化的影响因素进行实证分析表明：供给侧的技术进步和人力资本及制度安排对我国产业结构高级化影响最为显著，都具有正向的影响，是产业结构高级化的决定性影响因素。同时，需求侧的政府消费和外商直接投资对我国产业结构高级化有正向作用，而全社会固定资产投资总额和进出口贸易总额对我国产业结构高级化有负向作用。我国现行的制度安排有利于促进产业结构高级化。经济主导产业将由过去的资本密集型重化工业转向服务业和技术密集型制造业。在移动支付、大数据、云计算、“互联网+”等带动下，战略性新兴产业快速成长，新兴服务行业快速成长，网上零售屡创新高。

### 5.4.2 政策思路建议

我国经济已由高速增长阶段转向高质量发展阶段，以投资增长带动经济增长的时代已经结束，人口红利逐渐减退，而供给侧结构性改革是新时代的主旋律。基于经济高质量发展的内涵要求和实证结果，本书提出以下建议。

第一，在供给侧结构性改革政策的实施下，现阶段我国三次产业结构已大体趋于合理。而在“十三五”时期，改革的重心要从三次产业比例关系调整转变到三次产业尤其是第二产业和第三产业内部结构优化上，加快发展战略性新兴产业和生产性服务业，提高产业创新能力、市场竞争力和长期可持续发展能力。

第二，充分利用“互联网+”平台，完善互联网商业环境，规范公平的商业环境就是促进包括传统产业与新兴产业在内的多方利益相关主体在联盟平台上整合资源、协同发展。

第三，政府应出台相关政策，不断缩小贫富差距，完善收入分配结构，提高居民的可支配收入，进而扩大有效消费；营造有利于消费增长的宏观环境，提高居民消费能力和消费信心，增加经济增长动力，优化经济增长结构。

第四，加快“三去一降一补”步伐，培育新兴产业，支持实体经济；进一步优化投资，提高固定资产投资效率，适当减少金融、房地产等虚拟经济投资，从而促进三次产业结构优化升级。

第五，加大科技投入，鼓励自主创新，支持产学研一体化，从而提高全要素生产率，增加产品高新技术附加值，提升品牌价值，提高出口竞争力，促进经济增长和三次产业结构优化升级。

第六，重视人力资本积累，加大教育投入，提供多种进修、培训渠道，从而提高劳动力要素贡献率，提高要素配置效率，促进三次产业结构升级。

第七，四大经济分区的产业高级化水平高低不一，各省（自治区、直辖市）应充分利用邻省（自治区、直辖市）、产业化水平高的省（自治区、直辖市）的优势，增强经济合作交流、加快经济融合，促进全国经济的整体发展，进一步优化我国的产业结构。

# 第6章　促进产业结构调整升级的宏观经济政策搭配

我国的经济发展在经历了过去长达三十多年的持续快速增长之后，开始步入经济发展的新常态，经济由过去的高速增长转为目前中高速增长的特征。目前，中国经济增速放缓，而过去经济粗犷式的高速增长带来了一系列的“后遗症”，主要表现为部分行业严重产能过剩、房地产泡沫滋生、实体经济创新能力不足、产业结构发展不合理、深层次矛盾突出等方面，这种不可持续的粗放式增长模式势必会成为阻碍经济发展的瓶颈。在这样的经济新常态背景下，加快经济结构调整，尤其是加快产业结构调整升级是我国尽快适应经济发展新常态的必然选择。在我国目前的经济体制下，在转变经济发展方式的过程中，仅仅靠市场机制对产业结构进行调节，无论从调整的范围还是调整的效果来看，短期作用都是相对有限的，因此，需要在继续深化改革开放的基础上，使财税政策、货币信贷政策等宏观政策发挥更为重要的调控作用。本章将从适度扩大总需求下积极财政政策与稳健货币政策的配合及促进产业结构调整升级的财税政策、货币信贷政策各自的取向和重点这三个方面依次展开分析。

在 6.1 节中，通过分析我国的财政收支情况及金融状况，分别提出具体的积极财政政策和稳健货币政策。在财政政策方面，需要加大投资力度，适度扩大财政赤字规模，进一步减税降费，切实提升财政资金的使用效率。在货币政策方面，需要降低 M2 的增速，避免经济进一步脱实向虚，推进利率市场化改革，保持流动性基本稳定，同时要管理好信贷规模，优化信贷结构。

在 6.2 节中，采用 31 个省级地区（数据不包括香港、澳门、台湾）2007~2017 年的面板数据，从全国及区域层级对政府财政支出和税收的规模及结构两个维度，运用加权最小二乘（weighted least square，WLS）法对产业结构升级的影响进行实证分析。首先全国层面的政府支出总量对产业结构升级的影响均为正值，且均在 1%的显著性水平下显著。这说明从全国来看，增加政府的支出和扩大税收规模，整体上有利于产业结构的调整升级。其中，东部地区的总支出对产业结构升级的影响系数为负，说明东部地区的财政支出总规模和产业结构升级呈负向相关；西部地区总税收收入对西部地区产业结构的影响系数为负，表明西部地区的总税收增加不利于产业结构的调整升级。从财政支出结构和税收结构的回归结果来看，在全国层面，基础建设支出、公共服务支出、科学技术支出、民生支出的系数均为正，说明这四类支出的增加对产业结构的升级有促进作用。其中东部地区流转税（包括营业税和增值税）的增加不利于产业结构调整升级，这要求我们要进一步推进和完善“营改增”政策，减轻企业的税负；在合理调整所得税结构的情况下，三个区域均可适度增加对所得税（包括企业所得税和个人所得税）的征收。

在 6.3 节中，利用我国 29 个省级行政区（数据不包含西藏、海南、香港、澳门和台湾）2000~2017 年的面板数据，构建基于各省区市平均房价的货币信贷政策对产业结构调整的面板门限模型。同时考虑到区域产业结构的差异，分别研究在东、中、西不同区域下，货币信贷政策对产业结构调整升级的影响基于平均房地产价格的门限特征，在同一个模型中系统讨论产业结构升级、货币信贷政策、房地产价格三者之间的关系。研究结果表明东、中、西三个区域的货币信贷政策对产业结构的影响均存在显著的门限特征，在以平均房地产价格为门限变量的不同区制间，西部地区的金融机构本外币信贷余额的增加对产业结构升级的影响始终为正，但影响程度不同，西部地区更适宜采取适度积极宽松的货币信贷政策。东、中部地区金融机构本外币信贷余额的增加对产业结构调整升级的影响均是当平均房地产价格增加到一定水平才由负转正。从这个方面来看，在控制好信贷规模的基础上，要完善金融系统的信贷政策，控制好信贷资金的流向，更多支持实体经济和新兴产业的发展。

## 6.1 适度扩大总需求下积极财政政策与稳健货币政策的配合

### 6.1.1 研究背景及意义

自 2008 年经济危机爆发以来，虽然已经过去了十多年，但世界经济仍未走出经济危机带来的阴霾，实现经济复苏的迹象仍不明显。而中国作为全球第二大经济体，不可能独善其身。2018 年中国 GDP 为 90.03 万亿元，同比增长 6.6%。在过去一段时间及未来几年，中国将持续面临较大的经济下行压力，经济增长面临着内生动力不足、产能过剩、产业结构调整难度大、信贷结构不合理等问题。2016

年，是以“三去一降一补”为主要目标，进行供给侧结构性改革的元年。当前，推进供给侧结构性改革进入关键阶段，供给侧改革是主线，但这并不代表我们可以因此忽略需求在经济发展中的作用,供给侧改革和适度扩大需求是相辅相成的。需求管理应该与供给侧改革的进度相协调，只不过此时需求的管理不再是以往的刺激政策，而是保障经济正常运行的托底政策。适度扩大总需求，关键是把握好扩大总需求的“度”，既不能因为以供给侧改革为主线而忽略总需求，又不能在供给侧改革尚未完成就又过度刺激需求，造成更严重的产能过剩等。

从目前的需求侧的形势来看，受低迷的国际经济环境的影响，我国的外需不振，因此扩大需求的动力主要来自扩大内需。当前我国的内需情况表现为消费需求增长明显，2018 年社会消费品零售总额达 38.09 万亿元，比上年增长 9.0%，但是投资需求却出现疲态，企业消极的盈利预期，使得民间投资需求严重下滑。在这样的背景下，应该积极发挥好宏观经济政策的调控作用，实现经济的“稳中求进”，在以供给侧结构调整为主线的情况下，适度扩大内需。

为扩大总需求，实现经济稳定、健康的发展，需要合理的财政政策和货币政策相结合。2018 年举行的中央经济工作会议指出，继续实施积极的财政政策和稳健的货币政策。财政政策和货币政策在宏观调控中均发挥着重要的作用，但是两大政策的职能不同，财政政策主要是通过变动政府的支出或税收来影响社会产品的分配结构和居民的消费习惯，货币政策主要是中央银行根据当前经济情况变动货币供给量来调节总需求。两大政策调控领域和职能上的差异使得在各自的政策发生变动时，会不可避免地对另一方造成直接或间接的影响。因此，在执行宏观调控政策时，需要财政政策和货币政策的相互协调配合，只有这样才能达到预期的调控效果。

### 6.1.2 积极的财政政策

#### 1. 我国财政收支情况

要实施积极的财政政策，需要以财政收入为支撑。表 6-1 列出了我国自 2012 年施行“营改增”政策以来的财政收支情况。首先纵向来看，2012~2017 年，我国的财政收入增速呈先下降后上升的趋势，从 2012 年的 12.9%下降到 2016 年的 4.5%，随后 2017 年又上升到 7.4%。财政支出情况虽整体有所波动和下降，但与财政收入相比，在 2012~2017 年，财政支出下降幅度较大，由 2012 年的 15.3%下降到 2017 年的 7.6%。横向来看，除了 2014 年之外，2012~2017 年的财政支出的增长速度均大于当年财政收入的增长速度。从财政赤字情况来看，2012~2017 年财政赤字呈不断上涨的趋势，2017 年我国财政赤字达到 30 492 亿元，财政收支的这种状况与我国施行的积极财政政策有关，特别是在 2016 年下半年开始，我国加大了积极财政政策的实施力度。

表 6-1 2012~2017 年财政收支情况表

| 年份 | 一般公共预算收入/亿元 | 收入增长速度 | 一般公共预算支出/亿元 | 支出增长速度 | 财政赤字/亿元 |
|---|---|---|---|---|---|
| 2012 | 117 254 | 12.9% | 125 953 | 15.3% | 8 699 |
| 2013 | 129 210 | 10.2% | 140 212 | 11.3% | 11 002 |
| 2014 | 140 370 | 8.6% | 151 786 | 8.3% | 11 416 |
| 2015 | 152 269 | 5.8% | 175 878 | 13.2% | 23 609 |
| 2016 | 159 605 | 4.5% | 187 755 | 6.3% | 28 150 |
| 2017 | 172 593 | 7.4% | 203 085 | 7.6% | 30 492 |

资料来源：数据来源于《中国统计年鉴 2018》

表 6-2 和表 6-3 为 2012~2017 年各项税收具体情况，从中可以看出，在 2016 年全面实施“营改增”政策之前，占总税收比重较大的增值税、营业税、企业所得税的增速幅度均呈不同程度的下降趋势，特别是增值税的增速由 2012 年的 8.86%下降到 2015 年的 0.82%。这也是整体财政税收收入增速持续减缓的原因，个人所得税增速有所上涨。受到 2016 年“营改增”试点在全国范围内推开的影响，造成 2016 年增值税税收增速大幅度上升和营业税税收增速大幅度下降。考虑到“营改增”税种转化，将增值税和营业税合并计算，2016 年同比增长 3.55%，相比 2015 年的 3.67%，合并后的增值税和营业税整体增速仍呈减缓趋势，这主要是受到“营改增”减税政策的影响。

表 6-2 2012~2017 年各项税收（单位：亿元）

| 年份 | 增值税 | 消费税 | 营业税 | 企业所得税 | 个人所得税 |
|---|---|---|---|---|---|
| 2012 | 26 416 | 7 876 | 15 748 | 19 655 | 5 820 |
| 2013 | 28 810 | 8 231 | 17 233 | 22 427 | 6 532 |
| 2014 | 30 855 | 8 907 | 17 782 | 24 642 | 7 377 |
| 2015 | 31 109 | 10 542 | 19 313 | 27 134 | 8 617 |
| 2016 | 40 712 | 10 217 | 11 502 | 28 850 | 10 089 |
| 2017 | 56 378 | 10 225 | — | 32 117 | 11 966 |

资料来源：数据来源于《中国统计年鉴 2018》

表 6-3　2012~2017 年各项税收增速情况

| 年份 | 增值税 | 消费税 | 营业税 | 企业所得税 | 个人所得税 |
|---|---|---|---|---|---|
| 2012 | 8.86% | 13.54% | 15.12% | 17.20% | −3.86% |
| 2013 | 9.07% | 4.52% | 9.43% | 14.11% | 12.22% |
| 2014 | 7.10% | 8.21% | 3.18% | 9.88% | 12.94% |
| 2015 | 0.82% | 18.36% | 8.61% | 10.11% | 16.82% |
| 2016 | 30.87% | −3.08% | −40.44% | 6.33% | 17.08% |
| 2017 | 38.48% | 0.08% | — | 11.32% | 18.61% |

注：本表数据根据表 6-2 原始数据（即保留两位小数的数据）计算得出

从我国财政收支情况来看，我国的财政收入增速下降明显，实施积极的财政政策面临更加严峻的挑战。在当前持续的经济下行压力形势下，为了稳定经济增长，需要加强财政政策在扩大需求方面的作用，特别是在消费、投资方面的积极作用。

2. 扩大需求下的积极财政政策

当前，我国经济发展面临下行压力，增长速度进一步减缓。自 2016 年施行供给侧结构性改革以来，财政政策面临着供给侧改革和扩大需求的双重目标，既要为供给侧改革提供有力的财政支撑，继续降低实体经济的税费负担、降低成本；又要努力扩大市场需求，改善企业的营商环境。因此，必须实施更加积极的财政政策。但是当前中央和地方的财政收入低速增长，而财政支出并未减少，这使得施行积极财政政策的难度加大，在这样的背景下，如何确保实施财政政策的有效性是问题的关键。

1）适度加大投资力度

要实现稳定经济增长，扩大总需求的目标，积极的财政政策首先需要从三大需求着手。为了扩大总需求，对冲经济下行压力，需要在投资方面下功夫。适度增加政府支出，特别是加大对基础建设、公共服务等领域的投资，适度增发国债支持重大工程和重点投资，加大政府对重点地区的转移支付，并拓宽投资领域，提高投资资金的使用效率。同时要放宽市场准入，增强投资模式的创新，降低企业成本，鼓励民间投资，增强企业投资能力，做到真正惠民生。为解决融资难问题，鼓励大力推广 PPP 项目融资模式，尝试在农业领域实施 PPP 模式，使社会资本增加农业投入，解决农业领域吸引资金弱的特点，提高农业领域投资的有效性。

2）适度扩大财政赤字规模

为了落实减税降费的政策，2016 年全面推广“营改增”试点范围，并且进一步免征一部分事业性费用，以降低成本，减轻企业负担，同时为了稳定经济，适当增加政府支出。这一系列措施使得财政收入增速降低，财政支出增加的财政政策措施，最终势必以扩大赤字来支撑。虽然目前人口呈老龄化趋势，我国的储蓄率开始下降，但下降的幅度相对较小，我国的储蓄率依然非常高，并且随着房价上涨等原因，一些服务类消费依然不足，因此目前我国的财政赤字规模仍然有一定的扩大空间。但需要特别注意的是，长期持续的高赤字率会给未来经济造成隐患，不利于未来经济的发展，靠扩大赤字来维持经济的稳定发展也不是长久之计，并且财政收入来源归根结底是取之于民，现在大规模的财政赤字未来最终还是要由国民来填补，因此在大力施行积极的财政政策的同时，势必要把握好扩大赤字的“度”，把财政赤字水平控制在一定的范围内，结合国际经验优化债务结构，以免带来财政危机。

3）进一步减税降费

积极财政政策的一个重要内容就是减税降费。2017 年以来，中央在多次会议上已经通过了多项减税降费的措施为企业减轻负担。企业是最重要的市场主体，在当前全球经济萎靡不振，国内经济下行压力大的背景下，企业利润增长下降，很多企业如一潭死水，失去活力。因此减轻企业的税费负担有助于缓解企业疲态，增强企业活力。从减税方面来看，重点在于增值税和企业所得税两大税种的改革与完善，把结构性减税和普遍性减税相结合。对于企业所得税，应扩大对中小微企业，特别是高科技创新领域的中小微企业的优惠政策范围，降低税率。对于增值税，将“营改增”政策的实施范围从地区和行业两方面进行扩大，试点区域从 2012 年在上海首次推行，到 2016 年全面推开“营改增”试点，试点行业由 2014 年开始的交通运输、技术服务等行业扩大到 2014 年的邮政、电信等“3+7”个行业，2017 年进一步扩大到建筑业、房地产业、金融业、生活服务业等行业。从降费方面来看，政府有关部门要进一步清理和规范不合理收费现象，进一步降低社会保障费，免除或降低一批事业性收费标准，并进一步扩大免征范围，如由小微企业扩大到所有企业和个人，使企业作为市场主体切实感受到政策带来的优惠，真正减轻企业的税费负担，同时减少一些没必要的政府性基金收入。为了减小收入差距，个人所得税同样需要进行结构性调整，提高高收入人群的个人所得税标准，降低中低收入人群的个人所得税标准，但整体要符合结构性减税的目标，使整体的税负水平是降低的。

4）提升财政资金的使用效率

前文已经提到，目前我国的财政收入增速下降，而财政支出并未减少，财政资金的需求大大超过财政资金供给，积极的财政政策实行难度加大。面对这样的财政情况，如何提升财政资金的使用效率，在有限的财政收入下，最大限度地发挥财政资金的使用效率变得尤为重要。财政资金的使用，要经过申请、拨款、使用等环节，长期以来，我国一直存在财政资金使用效率不高的问题，财政资金经常“只管投入，忽略产出”，或者“只管分配，忽略管理”，或者“花大钱，办小事”，这些现象的存在无疑会造成财政资金的浪费和使用效率的下降。要想提高财政资金的使用效率，在资金的申请和拨款环节，第一要加快财政预算的执行，将财政预算的编制细化到具体项目，只要符合规定、手续齐全的，财政要加快资金支付进度，防止一些资金一直在账上闲置的情况出现。第二要盘活存量资金，认真清理结转结余资金，分类处置，为有效监督执行情况，各部门应分季度定期报告资金存量，强化监督。第三要加强资金管理，专款专用，加强日常监督，防止资金被挪用。在财政资金的使用环节，要加强资金统筹使用，在进行投资时，防止重复性投资，优化支出结构，创新支出方式，慎重决定资金的投放，在有限的财政资金下，做好资金的战略控制，切实提高财政资金的使用效率。

### 6.1.3　稳健的货币政策

1. 当前金融运行

2018 年我国的 GDP 增速为 6.6%，2019 年的 GDP 增速目标为 6%~6.5%，M2 的调整目标与经济增速是相关联的。如表 6-4 所示的 2018 年 1 月~2019 年 4 月的 M2 发行情况，2018 年 M2 同比增长整体呈下降趋势，到 2019 年又转为上升趋势，整体波动不大，这符合我国目前稳健的货币政策的方向。从我国物价水平来看，2018 年全年 CPI 同比上涨 2.1%，其中，2 月最高。PPI 在 2018 年 1~5 月，同比增长呈波动变化，6 月后直到 2018 年 12 月一直呈下降趋势，到 2019 年 1 月达到最低，3 月、4 月开始出现上升。通过物价水平可以看出我国的通货膨胀水平属于温和的通货膨胀，这种形势为货币政策留出一定的空间，是对货币政策实施的一个支撑，但是低通胀并不意味着实施宽松的货币政策，否则资产风险会进一步加大。再来看我国的金融市场信贷情况，表 6-5 为我国 2018 年 1 月~ 2019 年 4 月的新增信贷情况，从 2018 年 6 月开始，信贷有扩张的趋势，在目前演变为信贷扩张的形势下，实施稳健的货币政策需要权衡多目标，这为货币政策的操作加大了难度，因此中央 2019 年也再次强调了货币政策保持稳健。

**表 6-4　2018 年 1 月~2019 年 4 月货币供给量和物价情况**

| 时间 | M2 数量/亿元 | M2 同比增长 | 当月 CPI | CPI 同比增长 | 当月 PPI | PPI 同比增长 |
|---|---|---|---|---|---|---|
| 2018 年 1 月 | 1 720 814.5 | 8.60% | 101.5 | 1.50% | 104.3 | 4.30% |
| 2018 年 2 月 | 1 729 070.1 | 8.80% | 102.9 | 2.90% | 103.7 | 3.70% |
| 2018 年 3 月 | 1 739 859.5 | 8.20% | 102.1 | 2.10% | 103.1 | 3.10% |
| 2018 年 4 月 | 1 737 683.7 | 8.30% | 101.8 | 1.80% | 103.4 | 3.40% |
| 2018 年 5 月 | 1 743 063.8 | 8.30% | 101.8 | 1.80% | 104.1 | 4.10% |

续表

| 时间 | M2 数量/亿元 | M2 同比增长 | 当月 CPI | CPI 同比增长 | 当月 PPI | PPI 同比增长 |
|---|---|---|---|---|---|---|
| 2018 年 6 月 | 1 770 178.4 | 8.00% | 101.9 | 1.90% | 104.7 | 4.70% |
| 2018 年 7 月 | 1 776 196.1 | 8.50% | 102.1 | 2.10% | 104.6 | 4.60% |
| 2018 年 8 月 | 1 788 670.4 | 8.20% | 102.3 | 2.30% | 104.1 | 4.10% |
| 2018 年 9 月 | 1 801 665.6 | 8.30% | 102.5 | 2.50% | 103.6 | 3.60% |
| 2018 年 10 月 | 1 795 561.6 | 8.00% | 102.5 | 2.50% | 103.3 | 3.30% |
| 2018 年 11 月 | 1 813 175.1 | 8.00% | 102.2 | 2.20% | 102.7 | 2.70% |
| 2018 年 12 月 | 1 826 744.2 | 8.10% | 101.9 | 1.90% | 100.9 | 0.90% |
| 2019 年 1 月 | 1 865 900 | 8.40% | 101.7 | 1.70% | 100.1 | 0.10% |
| 2019 年 2 月 | 1 867 400 | 8.00% | 101.5 | 1.50% | 100.1 | 0.10% |
| 2019 年 3 月 | 1 889 400 | 8.60% | 102.3 | 2.30% | 100.4 | 0.40% |
| 2019 年 4 月 | 1 884 700 | 8.50% | 102.5 | 2.50% | 100.9 | 0.90% |

资料来源：数据全部来自东方财富网数据中心

**表 6-5　2018 年 1 月~2019 年 4 月新增信贷情况**

| 时间 | 当月/亿元 | 当月同比增长 | 当月环比增长 | 累计/亿元 | 累计同比增长 |
|---|---|---|---|---|---|
| 2018 年 1 月 | 26 850.25 | 16.07% | 365.38% | 26 850.25 | 16.07% |
| 2018 年 2 月 | 10 199.49 | −1.14% | −62.01% | 37 049.74 | 10.76% |
| 2018 年 3 月 | 11 424.57 | −1.39% | 12.01% | 48 474.31 | 7.63% |
| 2018 年 4 月 | 10 987.35 | 1.68% | −3.83% | 59 461.66 | 6.48% |
| 2018 年 5 月 | 11 396.18 | −3.26% | 3.72% | 70 857.84 | 4.78% |
| 2018 年 6 月 | 16 787.34 | 15.98% | 47.31% | 87 645.18 | 6.76% |
| 2018 年 7 月 | 12 861.15 | 40.54% | −23.39% | 100 506.34 | 10.15% |
| 2018 年 8 月 | 13 140 | 14.60% | 2.17% | 113 646.34 | 10.64% |
| 2018 年 9 月 | 14 341 | 20.67% | 9.14% | 127 987.33 | 11.68% |
| 2018 年 10 月 | 7 141.28 | 7.63% | −50.20% | 135 128.62 | 11.46% |
| 2018 年 11 月 | 12 302.33 | 7.65% | 72.27% | 147 430.95 | 11.13% |
| 2018 年 12 月 | 9 281.46 | 60.87% | −24.56% | 156 712.41 | 13.21% |
| 2019 年 1 月 | 35 668.36 | 32.84% | 284.30% | 35 668.36 | 32.84% |
| 2019 年 2 月 | 7 641 | −25.08% | −78.58% | 43 309.36 | 16.90% |
| 2019 年 3 月 | 19 590.64 | 71.48% | 156.39% | 62 893.76 | 29.75% |
| 2019 年 4 月 | 8 732.83 | −20.52% | −55.42% | 71 626.58 | 20.46% |

资料来源：数据全部来自东方财富网数据中心

### 2. 稳健的货币政策取向

2019 年中央经济工作会议中确定了当前货币政策的总基调是“稳健”，即不紧不松。货币理论中的货币中性指的是货币的增长对产出没有影响，但这里的“稳健”并不是这种定义。“不紧”是指在经济面临较大的下行压力的情况下，实体经济发展困难，实体经济仍然信贷不足，这就必然需要货币作为“润滑剂”来支撑，在这方面货币政策不能紧。“不松”是指中央把防范金融风险作为工作重点之一，提出防范资产泡沫，尤其是抑制房地产泡沫，这就要求施行的货币政策要控制好货币闸门，因此在这方面货币政策不能松。要实施好稳健中性的货币政策，只有创造一个稳中求进的良好货币金融环境，才能处理好金融与实体经济的关系。在这样的政策目标下，需要落实好以下几个方面的管理。

1）降低 M2 增速，避免经济进一步脱实向虚

降低 M2 增长速度的主要原因是防止经济进一步脱实向虚。最近几年实体经济发展面临挑战，特别是一些低技术含量的劳动密集型产业更是举步维艰，除了实体经济本身应该增强自身的创新之外，主要原因在于人们对实体经济的投资预期收益较低，大量资金纷纷涌入了房地产等领域，资产价格泡沫风险加剧。实际经济和金融发展严重失衡。再加上实体经济融资困难，直接融资方式的占比很小造成融资结构不合理，融资成本高，导致了实体经济和金融冷热差距明显的现状。目前我国的 M2 水平在国际上处于比较高的位置，在这种状态下，要控制好货币供给 M2 的水平，既不能太松，也不能太紧，在有倾向性地增加实体经济的信贷资金的基础上，提高金融资源的配置效率，适当降低 M2 的增速，对资产价格泡沫会起到一定的抑制作用。

2）管理好信贷规模，优化信贷结构

2017 年中央对部分银行的信贷规模进行了调控，不同程度地收紧了信贷规模，这是实施“稳健中性”的货币政策对信贷规模的及时“刹车”。2016 年一线城市和部分二线城市的房价大幅上涨，主要原因就在于信贷政策宽松，房贷规模大幅度增加。我国最主要的货币政策工具是利率政策，但是如果只是对利率进行调控而没有有效地管理信贷规模，货币政策将难以有效地发挥作用。调整利率后被“挤出”的信贷需求往往是对利率敏感的民企，而真正需要减少信贷资源的国企和融资平台反而可能获得更多的信贷资金。因此在控制好信贷规模的同时要优化信贷的结构，增加直接融资的占比，疏通货币政策的传导渠道，提高信贷资金的配置效率，减少对金融行业和产能过剩行业的信贷资源，彻底改变国企的财政软约束，增加对实体经济，特别是创新型小微企业的信贷支持。做好公共债务的管理优化，培养创新的管理模式，优化银行的信贷期限结构等。

3）推进利率市场化改革，保持流动性基本稳定

2015 年存款利率的上限区间限制被取消，是中国利率推进市场化的重要标志，说明我国的利率市场化改革从之前的中央行政管制步入了一个新阶段。之前很多小微企业不能从银行获得贷款，只能通过社会融资获得高出银行几倍利率的借款，这主要是由我国的利率不是市场化利率造成的，因此推进利率的市场化改革任重道远。首先，金融机构应该逐渐实现自主定价，即金融机构根据市场供求关系对产品和服务自主定价，健全利率市场化。其次，要加强中国人民银行对利率的调控能力，疏通传导渠道，增强调控的有效性，为货币政策的实施创造有利的条件。同时要调节好货币闸门，随着影响流动性的因素越来越多，逆回购规模越来越大，保持流动性的稳定性就会越来越不易。密切注意国内外形势，防止突发的货币供求变化对货币的流动性造成冲击，灵活运用公开市场操作等货币政策，形成多种政策工具组合同时调节。同时，也需要认真权衡金融监管和金融创新，因为金融创新会增强流动性而金融监管会使流动性趋于紧张，协调好二者之间的关系同样是保持流动性基本稳定的重要任务。

### 6.1.4　扩大内需的宏观经济政策效率审视

目前我国实施的积极的财政政策和稳健的货币政策，整体来看还是取得了比较好的效果。2018 年以来，M2 同比增长整体波动不大，CPI 呈温和上升趋势，我国经济态势良好，符合稳中求进的经济发展目标。

从表 6-6 中可以看出，2018 年 1 月~2019 年 4 月，消费者的信心指数呈下降趋势，消费者满意指数以及消费者预期指数在 2018 年呈现波动式变化，随后 2019 年 1~4 月有抬头趋势。对于热点的房价问题，表 6-7 列出了北京、上海两个一线城市 2018 年 9 月~2019 年 4 月的新建住宅价格指数的变动情况，在 2017 年我国对热点城市房价进行了调控，抑制了房价的不断攀升。从表 6-7 中看出两个城市的新建住宅价格指数同比增长速度一直呈小幅增长，说明近期看，一线城市房价有抬头趋势。综合以上情况可以看出，实施积极的财政政策和稳健的货币政策是当前经济形势的合适组合，应继续加强两大政策的相互配合，以促进我国国民经济稳定、健康发展。

**表 6-6　2018 年 1 月~2019 年 4 月消费者信心指数**

| 时间 | 消费者信心指数 | | 消费者满意指数 | | 消费者预期指数 | |
|---|---|---|---|---|---|---|
| | 指数值 | 同比增长 | 指数值 | 同比增长 | 指数值 | 同比增长 |
| 2018 年 1 月 | 125.7 | 15.11% | 117.2 | 12.26% | 122.3 | 8.81% |
| 2018 年 2 月 | 127.4 | 13.14% | 119 | 10.90% | 124 | 6.71% |
| 2018 年 3 月 | 125.7 | 13.24% | 117.1 | 10.26% | 122.3 | 7.09% |

续表

| 时间 | 消费者信心指数 | | 消费者满意指数 | | 消费者预期指数 | |
|---|---|---|---|---|---|---|
| | 指数值 | 同比增长 | 指数值 | 同比增长 | 指数值 | 同比增长 |
| 2018 年 4 月 | 126.5 | 11.55% | 117.5 | 8.00% | 122.9 | 5.58% |
| 2018 年 5 月 | 126.1 | 12.59% | 118.1 | 9.45% | 122.9 | 7.15% |
| 2018 年 6 月 | 121.2 | 6.97% | 113.7 | 4.79% | 118.2 | 1.55% |
| 2018 年 7 月 | 122.5 | 6.89% | 115.5 | 4.62% | 119.7 | 1.96% |
| 2018 年 8 月 | 121.9 | 3.66% | 113.8 | 3.27% | 118.6 | 3.40% |
| 2018 年 9 月 | 121.9 | 0.00% | 113.5 | −0.18% | 118.5 | −0.08% |
| 2018 年 10 月 | 122.3 | −4.15% | 114.4 | −3.38% | 119.1 | −3.87% |
| 2018 年 11 月 | 125.3 | 0.56% | 117.3 | 0.86% | 122.1 | 0.66% |
| 2018 年 12 月 | 126.3 | 0.32% | 118.2 | 0.51% | 123 | 0.33% |
| 2019 年 1 月 | 127.2 | 1.19% | 118.4 | 1.02% | 123.7 | 1.14% |
| 2019 年 2 月 | 126 | −1.10% | 121 | 1.68% | 129.3 | 4.27% |
| 2019 年 3 月 | 124.1 | −1.27% | 119.4 | 1.96% | 127.2 | 4.01% |
| 2019 年 4 月 | 125.3 | −0.95% | 120.3 | 2.38% | 128.7 | 4.72% |

**表 6-7　2018 年 9 月~2019 年 4 月新建住宅价格指数**

| 时间 | 北京（同比增长） | 上海（同比增长） |
|---|---|---|
| 2018 年 9 月 | 100.4% | 99.8% |
| 2018 年 10 月 | 100.8% | 99.6% |
| 2018 年 11 月 | 101.4% | 100.1% |
| 2018 年 12 月 | 101.0% | 102.3% |
| 2019 年 1 月 | 100.6% | 102.8% |
| 2019 年 2 月 | 99.8% | 102.9% |
| 2019 年 3 月 | 100.4% | 103.2% |
| 2019 年 4 月 | 100.5% | 103.5% |

注：表 6-6~表 6-7 数据均来源于东方财富网数据中心

## 6.2　促进产业结构调整升级的财税政策取向和重点

### 6.2.1　研究背景与文献综述

我国的经济发展在经历了长达三十多年的持续快速增长之后，开始步入经济发展的新常态，经济的增长速度表现为由过去的高速增长下降为目前中高速增长的特征。在过去的超高速增长过程中，是以高消耗和高污染为代价的，这种不可持续的粗放式增长模式势必会成为阻碍经济发展的瓶颈。长期以来产业结构发展得不合理，部分产业产能过剩严重、创新能力不足，产业结构的深层次矛盾突出。分别从三大产业来看，农业的发展长期缺乏重视，劳动生产率低，农业结构不合理，农产品加工技术落后等问题突出；而2008年金融危机过后，世界上许多国家重新把促进实体经济发展作为主要目标，但我国的第二产业中，依然是传统制造业占据主导地位，高端制造业所占的比重远远小于传统制造业，这使得我国在全球的产业竞争中，缺乏足够的创新来占据制造业的制高点。在第三产业的发展中，行业发展失衡问题严重。金融业所占的比例远超其他服务行业，特别是银行所占的比重过大。产业结构的扭曲制约着国民经济的发展，因此，加快产业结构的调整升级是转变我国经济发展方式的有效途径，也是“十三五”期间经济发展的主要方向，通过转变发展模式，促进形成可持续发展的产业结构。

在对产业结构进行调整的过程中，财税政策发挥着重要的作用，原因在于不能仅仅靠市场机制对产业结构进行调节，无论从调整的范围还是调整的效果来看，市场机制的作用都是有限的，必须同时依靠政府的宏观政策来发挥调节作用。政府可以通过调整财政支出和税收政策来引导企业和个人投资的方向，促进要素资源在产业之间的合理配置，加快各种要素在不同区域之间的流通，增强要素使用的溢出效果，对目前投资结构出现的偏差进行及时的纠正，通过财税政策的宏观调控，实现对产业结构有针对性地灵活调整，实现产业结构的调整升级。同时通过调整税收政策，有效调整产业之间、地区之间及不同性质的企业之间存在的不平衡的税收负担问题，完善构建经济新常态下的新型产业结构体系，这对通过财税政策来对产业结构进行宏观调控增加了更艰巨的任务。

在过去的实践中，我国中央及地方政府在财政的支出和税收上均出台了大量的政策以期对产业结构进行优化调整，但是部分财税政策的实际效果尚没有达到预期的要求，有些甚至与预期相悖，因此，如何发挥财税政策在产业结构调整升级的有效作用，以及接下来促进我国产业结构调整升级的财税政策的取向和重点是什么，如何促进不同区域间产业的共同发展，是我国实施财税政策不容忽视的问题。本节以此为切入点，运用2007~2015年31个省区市的面板数据，从财政支出和税收的总量与结构两个维度来分析财税政策对产业结构调整升级的作用，并进一步从区域的层次，即分别从东部地区、中部地区、西部地区三个区域就财税总量和结构两个维度进行具体分析，以期通过研究财税政策的取向和重点来提高产业结构调整升级的速度，为实现区域产业结构的协调发展做出一定的贡献。

财税政策对产业结构的影响，是众多学者研究的热点问题之一，从研究的结论出发，把作用效果分为正面效应和负面效应两个方面。正面效果即认为财税政策促进了产业结构的调整升级，如郭晔和赖章福（2011）利用1978~2009年的省级面板数据，实证分析财政政策对区域产业结构的影响，结果表明财政政策对三个区域的产业结构调整均能起到不同程度的促进作用。张同斌和高铁梅（2012）通过构建可计算的一般均衡（computable general equilibrium，CGE）模型，研究了积极的财税政策对高新技术产业的影响，研究结果表明财政激励政策对高新科技产业的增长的拉动作用更加明显，而税收优惠政策对高新技术产业内部结构的优化的效果更加显著。政府在制定政策时应更加重视高新技术产业的发展，通过促进高新技术产业的创新能力，进一步带动产业结构的优化升级。王华和龚钰（2013）认为科技创新能够有效促进产业结构的调整升级，国家应该充分发挥财税政策的促进作用，通过优化政府的支出结构，对科技产业提供优惠的税收政策，突出政府对科技创新产业的支出引导，发挥财税政策工具的作用，促进产业结构的优化升级。黄显林（2013）运用 1997~2010 年的省级面板数据，分析了财税政策对地区产业结构升级的影响，研究结果发现财税分权及多数的支出项目对地区的产业结构均有积极的促进作用。安苑和宋凌云（2016）以产业间的财政结构性调整为切入点，研究了其对产业结构调整的影响，研究结论显示财税资源的差异性配置，有利于产业结构的高级化，促进了产业结构的调整。

部分学者认为由于财税政策自身存在不完善性，不能充分发挥财税政策对产业结构的促进作用，甚至会产生与预期相悖的效果。例如，林亚楠（2010）分别以东、中、西三个区域的地方财政保护作为切入点，研究地方财税政策对产业结构的影响。结果显示财税政策对产业结构的作用有限，其中东、中部地区的地方政府的财税政策并没有对产业结构造成显著的差异，而西部地区反而会随着地方财政收入的增加，产业结构更加趋同。王雪珍（2012）不赞同财税政策能对企业的技术创新发挥有效的作用，特别是财税政策并不能有效促进企业的专业化分工，从而对产业结构的调整作用并不是很明显。赵楠和高娜（2014）认为财税政策对产业结构的调整存在负面引导，资源税等税收体系有待完善，过去对资源的粗犷式开发造成了目前环境污染严重、区域发展不平衡等局面，不利于产业结构的优化升级。

### 6.2.2　财税政策促进产业结构调整的作用机制

财税政策是促进产业结构调整的重要途径之一，通过改变财政支出和税收收入的规模及结构来影响产业结构的调整和发展。由于我国的市场经济尚不完善，不能仅仅依靠市场机制对产业结构进行调节，政府要充分发挥“有形的手”的作用，解决市场主体在发展中遇到的困难，弥补市场的缺陷，通过政策调控有倾向性地引导资源配置，提升企业的创新能力，转变经济增长方式，优化产业结构，实现产业结构的调整升级。

财税政策通过影响投资结构，引导资源流向，从而促进社会资源在三大产业间的合理配置。社会的投资主体是多元化的，通过对产业间的各种行业进行投资来实现社会资源的分配，可见一个社会的投资结构直接影响着社会的产业结构。在目前我国财政收入增速下降，财政赤字呈增大趋势的背景下，如何合理地引导财政资金的去向，有效发挥财税政策对投资结构的宏观调控作用变得十分重要。政府通过变动财政支出和税收的规模来引导经济活动，这可以被称为宏观的财税政策。与其相对的微观财税政策是指政府通过贴息、有倾向性的采购，以及限制性的税收优惠等措施来引导企业的经济行为。在此基础上，政府通过财税政策工具调节产业投资结构，引导社会资本的合理配置，减少对产能过剩行业的投资，如钢铁、水泥、汽车等行业，增加对低消耗、低污染行业的支持，重点扶持处于领先地位的行业、企业和重点项目，有倾向性地增加对高新科技产业的税收优惠政策，运用财政支出和税收的激励政策激发企业投资的积极性，通过产业投资结构的优化实现产业结构的调整升级。

财税政策通过改变政府支出和税收的规模与结构，进而通过市场机制增强和引导企业的自主创新能力。政府通过发挥财税政策对社会资本的引导作用，整合科技资源，建立高校科研院所与企业相结合的技术创新体系，推动科研技术向企业扩散，同时鼓励企业注重长远利益，增加研发投资。增加政府对自主创新基础设施建设、服务系统建设等方面的投资，提升公共服务平台的技术水平，增加对中小型创新技术企业的财政支持，如提供财政贴息或投资抵免等优惠政策，降低企业的融资成本，为企业的自主创新提供良好的内部条件和外部环境。在政府采购方面，应该适度有倾向性地增加对自主创新产品的采购，以增大对自主创新产品的市场需求，创新产品需求的增加可以大大提高企业投资创新产品的积极性，同时从税收政策上可以适当减免自主创新产品收入的营业税,降低所得税税率等。另外，想要提升企业的自主创新能力不能忽视对创新人才的培养，如财税政策可以通过对创新人才提供一定的财政补贴，对企业的个人创新所获得的收入的所得税实施优惠政策等可以有效地激发企业对人力资本的投资力度。

财税政策可以促进产业的可持续发展。过去高耗能、高污染的粗放式经济发展模式造成我国目前产业结构的不合理，而市场机制这只“看不见的手”对解决环境污染等问题难以发挥作用，政府通过财税政策可以纠正市场失灵，建立低污染、低耗能的财税政策机制。对有助于促进产业结构可持续发展的经济行为给予财税激励，减少对高耗能、高污染企业不合理的财政补贴，有针对性地制定可持续发展的财税政策，不断完善财税机制。对于环保企业，可以通过优惠税率、增加抵免税、费用冲抵等方式，降低环保企业的税负，增加企业的税后利润，大力支持环保企业的发展。另外，财税政策应重视高新技术产业及新兴产业的可持续发展，着重支持技术研发创新项目，有针对性地进行税制改革，加快落实支持创新的税收政策，发展循环经济，通过财税的激励或抑制来促进产业的可持续发展。

### 6.2.3　促进产业结构调整的财税政策实证分析

1. 变量指标的界定和数据来源

1）因变量：产业结构升级

截止到目前有很多种测算产业结构升级的方法，主要分为单一指标法和多维构造法。单一指标法中大多以第三产业占 GDP 的比重或者第二产业、第三产业之和占 GDP 的比重来衡量，也有选择产出、就业指标等来衡量的。多维构造法中，如汤婧和于立新（2012）从产业变动情况、劳动力分布、产业部门贡献率、三次产业的增长率、增加值占 GDP 的比重等多层次综合分析，构造产业结构调整指数。由于数据限制，本节选择采用胡小梅（2016）对产业结构升级的测算方法，如下：

$$\mathrm{ISU}=\sum_{i=1}^{n} q(i)\times i \tag{6-1}$$

式中，ISU 表示产业结构升级；$q(i)$ 表示第 $i$ 产业占该地区生产总值的比例；$i$ 表示第 $i$ 产业；$n$=3；ISU 的取值范围为[1,3]，式（6-11）中第三产业的权重最大，因此 ISU 的值越大，表示产业结构越合理。

2）财税核心解释变量

财税政策对产业结构调整升级的影响是从财税政策的规模和财税政策的结构两个方面发挥作用的。因此本节分别从规模和结构两个方面选取了财税政策的指标。规模指标包括各地区政府总支出，用总支出占总产值的比重（TE）表示，以及各区政府的总税收收入，用总收入占总产值的比重（TT）表示。对结构指标的选择，首先，代表财政支出结构的指标有：基础建设支出（$E1$），主要包括环境保护支出、城乡社区服务支出、农林水事务支出、交通运输支出；公共服务支出（$E2$），主要包括一般公共服务支出、国防支出、公共安全支出；科学技术支出（$E3$）；民生支出（$E4$），主要包括教育支出、社会保障与就业支出、医疗卫生支出。支出结构指标的测算分别用各类支出占财政总支出的份额表示。其次，代表税收结构的指标主要有：流转税（$T1$），地方税种包括营业税和增值税；所得税（$T2$），包括企业所得税和个人所得税；财产税（$T3$），包括房产税、土地增值税、车船税、契税。

3）控制变量指标的选择

（1）选择的控制变量主要包括：固定资产投资（FAI），用各地区的固定资产投资额占地区生产总值的比重表示；对外开放水平（OP），用各地区的货物进出口总额占地区生产总值的比重表示；技术创新水平（TL），用各地区技术市场的成交额占地区生产总值的比重表示。

（2）数据来源。由于从财税政策的规模和结构两个方面来实证分析促进产业结构调整升级的财税政策所需的变量较多，考虑到在 2006 年国家对收支分类进行了改革，从 2007 年开始实施新的统计口径，且变量在改革前后变化较大，对实证的结果会产生影响，因此截取 2007~2017 年 31 个省级行政区域的面板数据进行分析。另外，变量均采取相对指标，因此不需要进行平减消除价格因素的影响。所有的变量原始数据均来自 2008~2018 年的《中国统计年鉴》。各个变量的具体描述性统计如表 6-8 所示。

**表 6-8　2007~2017 年我国 31 个省级区域面板数据变量描述性统计**

| 变量 | 平均值 | 标准差 | 最大值 | 最小值 | 25%分位数 | 50%分位数 | 75%分位数 |
|---|---|---|---|---|---|---|---|
| ISU | 2.325 | 0.127 | 2.801 | 2.102 | 2.241 | 2.300 | 2.379 |
| TE | 0.259 | 0.196 | 1.379 | 0.087 | 0.167 | 0.210 | 0.267 |
| TT | 0.080 | 0.030 | 0.200 | 0.034 | 0.061 | 0.075 | 0.089 |
| *E*1 | 0.294 | 0.050 | 0.416 | 0.157 | 0.265 | 0.289 | 0.323 |
| *E*2 | 0.173 | 0.042 | 0.290 | 0.087 | 0.142 | 0.165 | 0.198 |
| *E*3 | 0.019 | 0.014 | 0.072 | 0.003 | 0.011 | 0.013 | 0. 022 |
| *E*4 | 0.360 | 0.042 | 0.476 | 0.216 | 0.333 | 0.366 | 0.389 |
| *T*1 | 0.492 | 0.061 | 0.731 | 0.341 | 0.455 | 0.486 | 0.528 |
| *T*2 | 0.192 | 0.055 | 0.495 | 0.111 | 0.157 | 0.175 | 0.210 |
| *T*3 | 0.143 | 0.051 | 0.292 | 0.007 | 0.111 | 0.144 | 0.179 |
| FAI | 0.734 | 0.242 | 1.507 | 0.236 | 0.582 | 0.734 | 0.892 |
| OP | 0.295 | 0.356 | 0.721 | 0.017 | 0.087 | 0.136 | 0.327 |
| TL | 0.010 | 0.023 | 0.160 | 0.000 | 0.002 | 0.004 | 0.008 |

2. 面板数据模型的构建

由于财税政策对促进产业结构调整升级有着重要的影响，为了全面考察财税政策的取向和重点，本节将从全国及区域两个层面分析财税政策的效用，并且实证分析分两个方面：一方面，构建以各地区政府总支出和总税收为解释变量的计量模型，同时引入固定资产投资、对外开放水平、技术创新水平作为模型中的控制变量，模型如式（6-2）：

$$\mathrm{ISU}_{j,it}=\alpha_0+\alpha_1\mathrm{TE}_{j,it}+\alpha_2\mathrm{TT}_{j,it}+\beta_1\mathrm{FAI}_{j,it}+\beta_2\mathrm{OP}_{j,it}+\beta_3\mathrm{TL}_{j,it}+\varepsilon_{j,it} \quad (6\text{-}2)$$

式中，$j$ 的取值为 0、1、2、3，分别表示全国、东部地区、中部地区、西部地区；$i$ 和 $t$ 分别表示省区市和时间，各变量的意义如前文所述；$\varepsilon$ 表示随机扰动项。

另一方面，为了全面考察财税政策在全国和不同区域层面的实施效果，需要进一步具体到特定种类的财政支出和税收项目，针对不同的区域，相同的政策得到的效果的强弱可能会有较大差别，有时甚至会出现相反的结果。因此，为了明确具体区域的财税政策的取向和重点，本节构建了包含财政支出和税收结构及控制变量的计量模型，如下：

$$
\begin{aligned}
\mathrm{ISU}_{j,it} &= \gamma_0 + \gamma_1 E1_{j,it} + \gamma_2 E2_{j,it} + \gamma_3 E3_{j,it} + \gamma_4 E4_{j,it} + \gamma_5 T1_{j,it} \\
&\quad + \gamma_6 T2_{j,it} + \gamma_7 T3_{j,it} + \beta_1 \mathrm{FAI}_{j,it} + \beta_2 \mathrm{OP}_{j,it} + \beta_3 \mathrm{TL}_{j,it} + \varepsilon_{j,it}
\end{aligned} \tag{6-3}
$$

同样各变量的意义前文已介绍，这里不再赘述。

3. 参数检验

在进行回归分析之前，首先要对各变量进行面板单位根检验和面板协整检验。

面板单位根检验的方法主要有 LLC（Levin-Lin Chu）检验、ADF-Fisher 检验、PP-Fisher（Phillips-Perron-Fisher）检验、IPS（Im-Pesaran-Shin）检验和 Breintung 检验五种，本节选择其中的 LLC 检验、ADF-Fisher 检验和 PP-Fisher 检验对各变量进行面板单位根检验，检验结果如表 6-9 所示。

**表 6-9　面板单位根检验结果（一）**

| 变量 | LLC | ADF-Fisher | PP-Fisher | 平稳性 |
|---|---|---|---|---|
| ISU | 4.143<br>（1.0000） | 13.102<br>（1.0000） | 6.808<br>（1.0000） | 非平稳 |
| ΔISU | −5.125***<br>（0.0000） | 122.791***<br>（0.0000） | 197.309***<br>（0.0000） | 平稳 |
| TE | −9.549***<br>（0.0000） | 97.106***<br>（0.0029） | 183.810***<br>（0.0000） | 平稳 |
| TT | −7.269***<br>（0.0000） | 70.276<br>（0.2201） | 51.554<br>（0.8253） | 非平稳 |
| ΔTT | −4.925***<br>（0.0000） | 124.362***<br>（0.0000） | 162.581***<br>（0.0000） | 平稳 |
| $E1$ | −13.941***<br>（0.0000） | 159.075***<br>（0.0000） | 126.438***<br>（0.0000） | 平稳 |
| $E2$ | −15.354***<br>（0.0000） | 141.387***<br>（0.0000） | 387.453***<br>（0.0000） | 平稳 |
| $E3$ | −3.214***<br>（0.0007） | 90.079**<br>（0.0114） | 83.671**<br>（0.0348） | 平稳 |
| $E4$ | −5.752***<br>（0.0000） | 59.125<br>（0.5802） | 104.250***<br>（0.0006） | 平稳 |
| $T1$ | 6.890<br>（1.0000） | 14.092<br>（1.0000） | 14.959<br>（1.0000） | 非平稳 |
| $\Delta T1$ | −3.647***<br>（0.0001） | 85.424**<br>（0.0260） | 144.455***<br>（0.0000） | 平稳 |
| $T2$ | −3.015***<br>（0.0013） | 79.413*<br>（0.0673） | 72.893<br>（0.1622） | 平稳 |

续表

| 变量 | LLC | ADF-Fisher | PP-Fisher | 平稳性 |
|---|---|---|---|---|
| $T3$ | −3.283***<br>（0.0005） | 114.283***<br>（0.0001） | 82.870**<br>（0.0396） | 平稳 |
| FAI | −4.149***<br>（0.0000） | 92.481***<br>（0.0073） | 65.441<br>（0.3582） | 平稳 |
| OP | −9.903***<br>（0.0000） | 105.263***<br>（0.0005） | 114.594***<br>（0.0001） | 平稳 |
| TL | −2.927***<br>（0.0017） | 48.389<br>（0.8589） | 90.750**<br>（0.0101） | 平稳 |

注：Δ表示一阶差分

*、**、***分别表示 10%、5%、1%显著性水平下拒绝存在单位根的原假设

这里选取三种面板单位根检验方法进行了检验，如果其中两种面板单位根检验方法的结果是平稳的，我们就认为该变量平稳。因此，从表 6-9 各变量的面板单位根检验结果可以看出，所有变量都是平稳的，可以进行面板协整检验。

面板协整检验的方法也有很多种，目前大多数学者主要采用 Johansen 面板协整检验、Pedroni 面板协整检验和 Kao 面板协整检验。根据面板数据的特点，本节选择 Kao 面板协整检验，检验结果如表 6-10 所示。

**表 6-10　面板协整检验结果（一）**

| 变量 | Kao ADF 统计量 | $p$ 值 |
|---|---|---|
| ISU　TE　TT　FAI　OP　TL | 1.3161 | 0.0941* |
| ISU　$E1$　$E2$　$E3$　$E4$　$T1$　$T2$　$T3$　FAI　OP　TL | −2.4185 | 0.0078*** |

*、***分别表示 10%、1%显著性水平下拒绝原假设

通过表6-10的Kao面板协整检验可以看出结果均拒绝不存在协整关系的零假设，因此可以看出，被解释变量和解释变量之间存在协整关系。

4. 回归结果分析

本节采用 31 个省级地区 2007~2017 年的面板数据，从全国及区域层级的政府财政支出和税收的规模及结构两个维度对产业结构升级的影响进行了回归，并加入了固定资产投资、对外开放水平、技术创新水平作为控制变量。不同省级区域存在异方差问题，因此采用加权最小二乘法进行回归。

表 6-11 是对政府财政支出和税收的总规模基于全国及区域层面的回归结果。从表 6-11 中的回归结果可以看出，首先全国层面的政府支出总量对产业结构调整升级的影响系数为 0.1027，税收总量对产业结构调整升级的影响系数为 0.7140，均为正值，且均在 1%的显著性水平下显著。说明从全国来看，增加政府的支出和扩大税收规模，整体上有利于产业结构的调整升级。例如，政府的投资支出增

加有助于经济的增长和产业升级，部分税收收入的增加，使得政府有更充裕的资金投向领先的重大项目、先进的科技行业等。我国中部地区的回归结果和全国的回归结果相似，财政和税收的规模扩大对产业结构均表现出正向的作用。

**表 6-11 全国及区域政府支出和税收总量回归结果**

| 变量 | 全国 | 东部地区 | 中部地区 | 西部地区 |
|---|---|---|---|---|
| TE | 0.1027***<br>（4.93） | −2.0870***<br>（−12.14） | 1.0604***<br>（9.23） | 0.0782***<br>（3.98） |
| TT | 0.7140***<br>（3.30） | 5.2369***<br>（17.59） | 1.3552***<br>（2.77） | −0.8093*<br>（−1.86） |
| FAI | 0.0736***<br>（3.50） | 0.1910***<br>（6.28） | −0.1215***<br>（−3.87） | 0.1797***<br>（7.59） |
| OP | 0.1826***<br>（8.78） | 0.0258***<br>（2.13） | −0.4887***<br>（−6.60） | 0.2269**<br>（2.15） |
| TL | 2.2246***<br>（8.10） | 1.0329***<br>（12.10） | 4.2067***<br>（2.94） | −2.0293***<br>（−2.76） |
| $R^2$ | 0.5897 | 0.9940 | 0.8049 | 0.7092 |
| Adj-$R^2$ | 0.5836 | 0.9937 | 0.7912 | 0.6977 |
| $F$ 值 | 96.29*** | 3802.53*** | 58.58*** | 61.47*** |

*、**、***分别表示 10%、5%、1%显著性水平下拒绝原假设

从表 6-11 中东部地区的回归结果可看出，东部地区的总支出对产业结构调整升级的影响系数为−2.0870，说明东部地区的财政支出总规模和产业结构调整升级呈负相关，扩大东部地区的支出规模不利于产业结构的调整升级。这说明东部地区的产业结构调整升级对政府支出政策的转型要求更加紧迫。这可能是由于近些年来，东部地区的要素成本，特别是劳动力成本不断上升，使得那些主要依靠劳动力的企业难以发展。为了和国际产业接轨，一些地方政府开始“腾笼换鸟”，但在产业转移时又缺乏对全局的规划，使得本地的产业与转入的企业难以衔接，无法形成配套的产业链，造成东部地区大量制造业向中西部地区迁移（高波等，2012）。另外，政府的支出通过影响市场需求等多个环节最终影响企业的行为，这其中信息的传递可能出现不对称现象，导致企业做出与政府政策相反的决定。

从表 6-11 中最后一列可以看出西部地区总税收收入对西部地区产业结构的影响系数为−0.8093，表明西部地区的总税收增加不利于产业结构的调整升级。这是因为我国西部地区经济基础相对薄弱，经济特征以农牧业、重工业为主，我国现行的一些税收政策加重了西部企业的税收负担，如征收消费税的产业主要集中在西部地区，其中烟、酒等行业税负的征收尤其重，四川、贵州等省区市每年烟酒类行业的消费税的税额占税收总额的 30%以上。另外，现行的“生产型”增值税同样不利于西部企业的发展，西部地区的产业结构中重工业占很大比重，购买

设备的数额相对较大，但现行增值税条例规定固定资产不允许抵扣，税收负担的加重会削弱企业的创造力，不利于产业结构升级。

从表 6-12 中对全国及区域财政支出对产业结构调整升级的结构效应的回归结果可以看出以下情况：首先全国的回归结果中，基础建设支出、公共服务支出、科学技术支出、民生支出的系数均为正，说明这四类支出的增加对产业结构的调整升级有促进作用。但东部地区的公共服务支出的系数为–0.8056，显著性水平为1%，说明公共服务支出与产业结构调整升级呈负相关，增加公共服务支出不利于产业结构调整升级。这说明我国东部地区的公共服务支出结构存在较严重的问题，会阻碍产业结构的调整升级。中部地区的科学技术支出的系数为负，这可能是信息的不对称或科技支出存在时滞导致的。

**表 6-12　全国及区域财政支出结构和税收结构变量回归结果**

| 变量 | 全国 | 东部地区 | 中部地区 | 西部地区 |
|---|---|---|---|---|
| *E*1 | 0.9205***<br>(11.74) | 0.4422***<br>(2.70) | 0.9900***<br>(3.71) | 0.9483***<br>(6.36) |
| *E*2 | 0.3328**<br>(4.21) | −0.8056***<br>(−4.32) | 0.2111<br>(0.83) | −0.0777<br>(0.50) |
| *E*3 | 3.1461***<br>(12.35) | 3.2224***<br>(6.53) | −2.6052**<br>(−2.58) | 2.6273**<br>(2.52) |
| *E*4 | 0.6274***<br>(7.19) | 0.7917***<br>(5.52) | 0.5095**<br>(2.29) | 0.4298***<br>(3.63) |
| *T*1 | −0.5107***<br>(−5.01) | −0.3017**<br>(−3.20) | 0.1061<br>(0.42) | 0.3064***<br>(3.84) |
| *T*2 | 0.5551***<br>(6.36) | 0.8884***<br>(7.04) | 1.0657***<br>(6.14) | 1.0319***<br>(10.01) |
| *T*3 | −0.2478***<br>(−2.61) | −0.2676*<br>(2.21) | −0.3819*<br>(−1.76) | 0.3643***<br>(2.78) |
| FAI | 0.0721***<br>(4.31) | −0.0232<br>(2.52) | 0.0159<br>(0.49) | 0.0881***<br>(5.25) |
| OP | 0.1931***<br>(13.37) | 0.0749***<br>(4.02) | 0.2687**<br>(−2.28) | −0.2735***<br>(−5.43) |
| TL | 1.4672***<br>(6.18) | 0.7719***<br>(4.11) | 6.6520***<br>(14.67) | −0.8976***<br>(4.02) |
| $R^2$ | 0.9667 | 0.9605 | 0.9813 | 0.8824 |
| Adj-$R^2$ | 0.9657 | 0.9569 | 0.9784 | 0.8727 |
| *F* 值 | 956.85*** | 267.47*** | 346.00*** | 90.81*** |

*、**、***分别表示 10%、5%、1%显著性水平下拒绝原假设

从税收结构对产业结构调整升级的回归结果可以看出：全国样本和东部地区的流转税的回归系数均为负，分别为–0.5107 和–0.3017，这说明流转税的增加不

利于产业结构调整升级，结果与我国推行的“营改增”、全面结构性减税政策相吻合，尤其是该政策开始实施的试点以东部地区为主，然后逐渐在全国范围展开，这降低了试点范围内企业的绝大部分税负，促进了产业结构调整升级；无论是全国样本还是三个区域样本的回归结果中，所得税的系数均为正，且均在 1%的显著性水平下通过了检验，说明合理地调整企业所得税及个人所得税的结构并适当增加所得税的征收，有助于产业结构调整升级；从财产税的回归结果来看，全国样本、东部地区及中部地区的回归系数均为负，说明整体来看，增加财产税不利于产业结构调整升级。

### 6.2.4　结论及政策含义

本节采用 31 个省级地区 2007~2017 年的面板数据，从全国及区域层级对政府财政支出和税收的规模及结构两个维度，运用加权最小二乘法对产业结构调整升级的影响进行了实证分析。首先全国层面的政府支出总量对产业结构升级的影响为正值，且在 1%的显著性水平下显著。这说明从全国来看，增加政府的支出和扩大税收规模，整体上有利于产业结构的调整升级。其中，东部地区的总支出对产业结构调整升级的影响系数为负，说明东部地区的财政支出总规模和产业结构升级呈负向相关；西部地区总税收收入对西部地区产业结构调整升级的影响系数为负，表明西部地区的总税收增加不利于产业结构的调整升级。从财政支出结构和税收结构的回归结果来看，在全国层面，基础建设支出、公共服务支出、科学技术支出、民生支出的系数均为正，说明这四类支出的增加对产业结构的调整升级有促进作用。其中东部地区流转税（包括营业税和增值税）的增加不利于产业结构调整升级，这要求我们要进一步推进和完善“营改增”政策，减轻企业的税负；在合理调整所得税结构的情况下，三个区域均可适度增加对所得税（包括企业所得税和个人所得税）的征收。

以上结论表明了以下政策含义。

（1）从财政支出方面进行调控。为促进产业结构调整升级，不同区域的财政支出的规模、结构要有不同的取向和重点，政府应该摒弃以往单一地扩大财政支出规模的调整方式，做好资源的合理配置，针对东、中、西部地区的不同产业结构特点、经济基础强弱、科学技术水平、资源环境特征等方面，有差别地选择财政支出工具。在东、西部地区增加对基础建设、科学技术及民生的支出，基础设施建设、教育科技、医疗社保等项目的支出对产业结构的调整升级有显著的促进作用，特别是要加大对教育科技的支持力度，增强企业的自主创新能力和国际竞争力，注意增强中部地区科学技术支出的有效性。完善东、中、西部地区公共服务支出的结构，使非生产性的支出更有效地发挥服务性作用，解决近些年行政管理费增长过快问题，严禁财政资金的浪费现象。除了从政府支出规模和结构上进行优化以外，要更加注重提升财政支出的使用效率。目前我国实施减税增支的积极的财政政策，在财政资金较紧张的情况下，需要更加注重支出资金的使用效率，用好增量。最后在制定促进产业结构调整升级的政策时应注重各区域协调发展，使产业结构调整进程有序推进。

（2）从税收政策方面进行调控。税收政策的制定直接影响着一个地区的产品结构，进而会进一步影响该区域的行业结构甚至地区结构。因此，在制定政策时除了要符合我国宏观的政策体系外，同样需要考虑不同区域的产业结构、经济基础、资源环境等特点，有针对性地推进落实，努力构建与经济新常态相协调的促进产业结构调整升级的税收政策。首先，在东部地区，其服务业相比中、西部地区所占比重较大，目前正在实施的“营改增”政策已经取得了一定的成效，因此应在中、西部地区扩大“营改增”的试点范围，解决重复性征税问题，减轻企业负担。其次，应充分发挥企业所得税对产业结构调整升级的引导作用，一方面扩大对科技创新企业、环保型企业的税收优惠政策，另一方面适当增加对污染型企业的征收力度。另外应合理调整个人所得税的税基和税率结构，实施综合与分类相结合的个税政策，缩小贫富差距。最后，我国房地产价格泡沫不断膨胀，应加快征收房产税、物业税等，并完善相应税种的立法工作。

## 6.3 促进产业结构调整升级的货币信贷政策重点和取向

### 6.3.1 研究背景及视角

目前，中国经济已经进入增速放缓、经济结构调整升级的新常态阶段，而过去经济粗犷式的高速增长带来了一系列的“后遗症”，主要表现在部分行业严重产能过剩、房地产泡沫滋生、实体经济萎靡不振等方面。在这样的经济新常态背景下，加快经济结构调整，尤其是加快产业结构调整升级是我国尽快适应经济发展新常态的必然选择。在转变经济发展方式的过程中，财税政策、货币信贷政策等宏观政策发挥着重要的调控作用。从货币信贷政策来看，一个良好的金融环境有助于经济发展的稳定，促进金融资源的优化配置，促进产业结构调整升级。2017年5月，我国货币供应量（M2）为1 601 400.00亿元，同比增长9.06%，低于预期值10.4%，增速创历史新低。M2增速的下降是我国金融降杠杆的体现，符合目前我国坚持货币政策稳健中性的总方针。2017年5月，人民币贷款余额为113.04万亿元，当月增加1.11万亿元，其中住户部门中长期贷款增速已经连续三个月出现下降，说明2017年实行的房地产调控政策发挥了作用。

在货币信贷政策对宏观经济的调控过程中，银行信贷融资是社会融资的主要方式，银行的信贷资金是支撑企业未来进一步发展的主要资金来源。制定的信贷政策是否能够实现金融资本在社会中的有效配置，使信贷资金更多地流向有竞争力、高效的行业，实现与产业结构调整相协调变得尤为重要，这也是我国新常态时期经济发展的内在要求。因此，深入研究促进产业结构调整的货币信贷政策的取向和重点，是促进我国转变经济发展方式的重要命题，具有重要的理论意义和现实意义。在以往的研究中，大多学者的研究主要集中在货币政策对三次产业结构影响的非对称效应，把货币供应量作为货币政策的主要指标，而把信贷政策单独拿出来研究的并不多。在这样的背景下，特别是考虑到当前房地产泡沫的日趋膨胀，并且房地产价格与产业结构、货币供给量和信贷政策均有密切联系，因此，本节利用我国 29 个省级行政区 2000~2017 年的面板数据，构建基于各省区市平均房地产价格的货币信贷政策对产业结构调整的面板门限模型。同时考虑到区域产业结构的差异，分别研究在东、中、西 3 个不同区域下，货币信贷政策对产业结构调整升级的影响，基于平均房地产价格的门限特征，在同一个模型中系统讨论产业结构升级、货币信贷政策、房地产价格三者之间的关系。以期待本书的相关研究可以为经济新常态下的货币信贷政策的实施提供相应的理论参考。

众多学者对货币政策对产业结构调整升级的影响进行了研究，曹永琴（2010）利用我国 1978~2005 年的时间序列数据，通过构建自回归滑动平均（auto-regressive moving average，ARMA）模型和 VAR 模型来分析货币政策对三次产业影响的差异性。其研究发现由于三次产业存在结构差异，货币政策对三次产业的影响存在非对称效应，三次产业对货币政策的敏感程度依次为第一产业、第三产业、第二产业。蒋冠（2010）基于区域产业结构的差异性，通过构建 VAR 模型，对货币政策的区域分配效应进行了实证分析。其研究结果显示三个区域的不同产业对货币政策的敏感程度均不相同。杨达（2011）通过构建门限向量自回归模型，对我国货币政策的产业非对称效应进行了研究，实证分析的结果表明，我国的货币政策的确存在产业非对称效应，因此在实施货币政策时有必要针对不同产业的不同特征实施差别调控。张伟等（2014）构建了跨产业动态随机一般均衡（dynamic stochastic general equilibrium，DSGE）模型，研究了货币政策的预期机制对产业结构的影响。其研究结果显示，货币政策对产业结构会产生冲击，这种预期的机制会使产业结构随着预期的方向发展，从而改变产业经济的波动路径。庞念伟（2016）利用 1999~2014 年的时间序列数据，构建了结构向量自回归（structural vector autoregressive，SVAR）模型来实证分析货币政策对产业结构的影响。其研究结果发现从产业间来看，三次产业对货币政策冲击的反应强度依次为第二产业、第一产业、第三产业，并且货币政策的冲击并没有显著提升服务业在产业中所占的比重。

关于信贷政策对产业结构的影响，以往学者同样也进行了一系列相关研究，郭明等（2009）利用 1989~2006 年的相关数据实证分析了我国银行信贷对三次产业增长贡献度的差异，研究发现，相对于第一产业，银行信贷对第二产业增长的促进作用更大,而且研究结论不能解释对第三产业的贡献度。韩瑾和韩翌飞（2011）通过构建 VAR 模型及脉冲响应函数,实证分析区域产业结构与银行信贷结构之间存在怎样的相互影响。其研究结果显示浙江省信贷政策对产业结构升级的作用并不明显，主要由于信贷资金更多地流向了第二产业，而忽视了对第三产业的资金支持。袁青松（2011）对支持战略性新兴产业发展的信贷政策进行了研究，他认为战略性新兴产业信贷业务的良好发展是培育战略性新兴产业的关键，也是转变经济发展方式的重要举措。张强和韩俊莹（2015）利用我国 1978~2013 年的数据，通过构建非线性门限向量自回归模型，实证分析了我国的信贷政策对产业结构的作用。其研究结果显示，基于金融机构各项贷款余额为门限变量的货币政策对产业结构的影响存在明显的门限特征。

### 6.3.2　信贷政策影响产业结构的机理

以往学者在研究货币信贷政策对产业结构的影响时，更加侧重对货币政策的研究，特别是更多地集中在货币政策对三次产业非对称效应的研究。本节则着重来研究信贷政策对产业结构调整升级的影响，信贷政策一直是宏观经济政策的重要组成部分，通过对信贷资金规模和流向的正确引导，实现资金在不同产业之间的优化配置，这里主要从信贷政策对产业资金的形成与导向两个方面来说明。

1. 信贷政策促进产业资金的形成

产业结构调整表现为三次产业在整个国民经济中所占比重的变动，本质上是实现社会资源在不同产业之间的合理配置，使得三次产业之间协调发展。社会资源配置中很重要的一部分就是资金配置,任何企业的发展均需要不断的资金投入,而信贷融资仍然是现代经济发展中最主要的融资方式，对各个产业的发展进而对产业结构的调整升级发挥着重要的作用。信贷政策是储蓄和投资之间的纽带，通过银行的信贷政策，将居民零散的储蓄聚集起来，转化为促进社会发展的投资资金,资金的重新利用不仅提高了自己的利用率,同时会对产业发展发挥重要作用,特别是在经济下行期，很多企业盈利空间小，很难获得持续的资金投入来进一步扩大生产规模或用于企业创新发展，此时的银行信贷资金则是主要的稳定资金的来源。

2. 信贷政策对产业资金的导向作用

信贷资金的正确流向对于产业结构的调整至关重要，资金流向一些高耗能、低技术的企业，将会导致资源的浪费，不利于产业的发展，资金流向一些高技术、高生产效率的企业，将会提高资源的利用效率，促进产业的发展。因此，政府需要根据制度优势及信息优势等制定与产业发展相协调的信贷政策，引导金融资本更多地流向高效率的企业和部门，并加强对金融市场的监管及对金融定价的评估，使得信贷资金的配置符合安全性、流动性、收益性等原则，有针对性地制定信贷优惠政策，使更多的信贷资金流向新兴产业，通过信贷政策的金融安排，促使产业结构优化升级。

### 6.3.3　实证分析

1. 变量的选取

1）因变量：产业结构升级

截止到目前有很多种测算产业结构升级的方法，主要分为单一指标法和多维构造法。单一指标法中大多以第三产业占 GDP 的比重或者第二产业、第三产业之和占 GDP 的比重来衡量，也有选择产出、就业指标等来衡量的。本节采用 6.2 节的衡量方法，即采用胡小梅（2016）对产业结构升级的测算方法，如下：

$$\text{IRU}=\sum_{i=1}^{n}q(i)\times i \tag{6-4}$$

式中，IRU 表示产业结构升级；$q(i)$ 表示第 $i$ 产业占该地区生产总值的比例；$i$ 表示第 $i$ 产业；$n$=3；IRU 的取值范围为[1,3]，式（6-4）中第三产业的权重最大，因此 IRU 的值越大，表示产业结构越合理。

2）核心解释变量

张强和韩俊莹（2015）在关于信贷政策对产业结构调整影响的研究中，选择金融机构各项贷款余额来表示实施的信贷政策情况。在此基础上，本节货币信贷政策的代理变量选择各省区市的金融机构各项本外币贷款余额除以当年的货币供应量的相对指标来表示，记为 Loan。

3）门限变量

以往对货币政策构建门限模型的研究大多选择货币供应量作为门限变量，如颜筱桑（2016）的研究。但是本节考虑到当前房地产泡沫的日趋膨胀，并且房地产价格与产业结构、货币供给量和信贷政策均有密切联系，因此从房地产价格的视角，以各省区市的平均房地产价格作为门限变量，将产业结构调整、货币信贷政策、房地产价格包含在同一个模型中，系统地分析货币信贷政策对产业结构调整升级的影响。为了减小异方差，对各省区市的平均房地产价格取对数，用 lnHP 表示。

4）控制变量的选取

影响产业结构调整升级的因素有很多，选择过多的控制变量可能会引起共线性问题。因此，本节选择各省区市的固定资产投资和政府财政支出作为控制变量。两个控制变量均采用相对指标，固定资产投资（FAI）用各省区市的固定资产投资占地区生产总值的比重表示，政府财政支出（FE）用政府财政支出占地区生产总值的比重表示。

样本数据采用我国 29 个省区市 2000~2017 年的面板数据，数据来源于中国人民银行《中国区域金融运行报告》、《中国统计年鉴》及各省区市统计年鉴。

2. 模型的构建

本书拟从区域层面研究不同区域下，货币信贷政策对产业结构调整升级影响的门限特征，并以各地区的平均房地产价格作为门限变量，对受平均房地产价格影响的各解释变量进行估计和检验。

基于平均房地产价格的货币信贷政策对产业结构升级的影响模型，首先考虑单一门限（两区制）模型：

$$\begin{aligned}\ln d_{j,it} &= \alpha_0 + \alpha_1 \mathrm{Loan}_{j,it} I\left(\ln \mathrm{HP}_{j,it} \leqslant \gamma\right) + \alpha_2 \mathrm{Loan}_{j,it} I\left(\ln \mathrm{HP}_{j,it} > \gamma\right) \\ &\quad + \beta_1 \ln \mathrm{HP}_{j,it} + \beta_2 \mathrm{FAI}_{j,it} + \beta_3 \mathrm{FE}_{j,it} + \varepsilon_{j,it}\end{aligned} \quad (6\text{-}5)$$

式中，$\ln d_{j,it}$ 表示被解释变量，为第 $j$ 区域第 $i$ 省区市 $t$ 时期的产业结构状况，其中 $j$ 的取值为 0、1、2，分别表示东部地区、中部地区、西部地区；Loan 表示受门限变量（平均房地产价格）影响的核心解释变量，为货币信贷政策状况；$I(\bullet)$ 表示示性函数；lnHP 表示门限变量，为各地区平均房地产价格；$\gamma$ 表示门限值；FAI 和 FE 表示控制变量，分别为固定资产投资和政府财政支出；$\alpha_0$ 表示截距；$\alpha_1$、$\alpha_2$、$\alpha_3$ 均表示门限变量 $\ln \mathrm{HP}_{j,it} \leqslant \gamma_1$、$\gamma_1 < \ln \mathrm{HP}_{j,it} \leqslant \gamma_2$、$\ln \mathrm{HP}_{j,it} > \gamma_2$ 时，货币信贷政策对产业结构升级的影响系数；$\varepsilon$ 表示随机扰动项。

或者可根据门限效应检验结果，构建双门限（三区制）效应模型：

$$\begin{aligned}\ln d_{j,it} &= \alpha_0 + \alpha_1 \mathrm{Loan}_{j,it} I\left(\ln \mathrm{HP}_{j,it} \leqslant \gamma_1\right) + \alpha_2 \mathrm{Loan}_{j,it} I\left(\gamma_1 < \ln \mathrm{HP}_{j,it} \leqslant \gamma_2\right) \\ &\quad + \alpha_3 \mathrm{Loan}_{j,it} I\left(\ln \mathrm{HP}_{j,it} > \gamma_2\right) + \beta_1 \ln \mathrm{HP}_{j,it} + \beta_2 \mathrm{FAI}_{j,it} + \beta_3 \mathrm{FE}_{j,it} + \varepsilon_{j,it}\end{aligned} \quad (6\text{-}6)$$

3. 模型的检验

1）数据平稳性检验

在进行回归之前，为避免伪回归，需要对各个变量进行面板单位根检验。检验面板单位根的方法有很多种，选择其中的 LLC 检验、ADF-Fisher 检验和 PP-Fisher 检验对各变量进行面板单位根检验，检验结果如表 6-13 所示，从表 6-13 中可以看出，变量 Loan、FAI、FE 均是平稳的，变量 lnHP 是一阶差分平稳的，接下来需要对各变量进行面板协整检验。

**表 6-13　面板单位根检验结果（二）**

| 变量 | LLC | ADF-Fisher | PP-Fisher | 平稳性 |
|---|---|---|---|---|
| Ln*d* | −1.657** （0.0488） | 240.579*** （0.0000） | 333.724*** （0.0000） | 平稳 |
| Loan | −3.720*** （0.0001） | 69.201 （0.1488） | 93.364*** （0.0022） | 平稳 |
| lnHP | −0.692 （0.2445） | 12.696 （1.0000） | 13.695 （1.0000） | 非平稳 |
| ΔlnHP | −12.131*** （0.0000） | 233.409*** （0.0000） | 278.879*** （0.0000） | 平稳 |
| FAI | −6.906*** （0.0000） | 210.780*** （0.0000） | 421.365*** （0.0000） | 平稳 |
| FE | −7.470*** （0.0000） | 91.693*** （0.0032） | 233.103*** （0.0000） | 平稳 |

注：Δ 表示一阶差分

**、***分别表示 5%、1%显著性水平下拒绝存在单位根的原假设

2）面板协整检验

本节选择的面板协整检验方法为 Kao 检验。表 6-14 中，协整检验结果为在 1%的显著性水平下拒绝不存在协整关系的原假设，说明被解释变量和解释变量之间均存在协整关系，可以继续进行回归。

**表 6-14　面板协整检验结果（二）**

| 变量 | Kao ADF 统计量 | *p* 值 |
|---|---|---|
| In*d*　Loan　lnHP　FAI　FE | −2.786 | 0.0027*** |

***表示 1%显著性水平下拒绝原假设

3）门限效应检验

在进行回归之前，需要对门限的效果进行检验，以确定门限的个数及模型的具体形式。本书采用 Bootstrap（自举法）对三个区域依次进行无门限、单一门限、双重门限的效果检验，检验结果如表 6-15 所示。东部地区和西部地区的门限变量平均房地产价格的单一门限和双重门限均在 1%的显著性水平下显著，具有显著的门限特征。中部地区的单一门限在 1%的显著性水平下显著，双重门限在 5%的显著性水平下显著，*p* 值分别为 0.000 和 0.015。由此可见，三个区域的货币信贷政策对产业结构升级的影响均存在门限效应。

表 6-15 模型的门限效果检验

| 地区 | 门限检验类型 | $F$统计量 | $p$值 | 临界值 | | |
|---|---|---|---|---|---|---|
| | | | | 1% | 5% | 10% |
| 东部地区 | 单一门限检验 | 20.677 | 0.000*** | 6.440 | 3.668 | 2.607 |
| | 双重门限检验 | 6.961 | 0.007*** | 6.244 | 3.936 | 2.737 |
| 西部地区 | 单一门限检验 | 12.648 | 0.001*** | 7.719 | 3.781 | 2.680 |
| | 双重门限检验 | 11.549 | 0.002*** | 6.694 | 4.020 | 2.798 |
| 中部地区 | 单一门限检验 | 27.909 | 0.000*** | 7.639 | 4.057 | 2.649 |
| | 双重门限检验 | 6.130 | 0.015** | 7.118 | 4.112 | 2.881 |

**、***分别表示 5%、1%显著性水平下拒绝原假设

确定好模型的门限个数之后，考虑模型的门限估计值和置信区间。表 6-16 展示了三个区域平均房地产价格（取对数后）的两个门限的估计值和置信区间，其中东部地区门限值分别为 8.555 和 9.323，西部地区分别为 7.206 和 8.616，中部地区分别为 8.485 和 8.629。需要指出的是东部区域的两个门限值的置信区间很小，这里只保留到小数点后三位。

表 6-16 三个区域门限模型的门限估计值和置信区间

| 门限值 | 东部地区 | | 西部地区 | | 中部地区 | |
|---|---|---|---|---|---|---|
| | 估计值 | 95%置信区间 | 估计值 | 95%置信区间 | 估计值 | 95%置信区间 |
| 门限值 $\hat{\gamma}_1$ | 8.555 | [8.532，8.601] | 7.206 | [7.147，7.251] | 8.485 | [8.469，8.501] |
| 门限值 $\hat{\gamma}_2$ | 9.323 | [7.437，9.742] | 8.616 | [8.542，8.616] | 8.629 | [7.098，8.676] |

图 6-1~图 6-3 分别呈现了东部地区、西部地区、中部地区模型的似然比函数图像，从图中可以看出均存在显著的门限特征。图 6-1 东部地区当门限值接近 8.555 和 9.323 时，具有显著的门限特征；图 6-2 西部地区当门限值接近 7.206 和 8.616 时，也具有显著的门限特征；图 6-3 中部地区当门限值接近 8.485 时，具有显著的门限特征，但当门限值接近 8.629 时，门限特征并不明显。因此对中部地区，采用单门限模型。综上所述，本书对东部地区、西部地区、中部地区分别采用双重门限模型、双重门限模型、单门限模型进行估计。

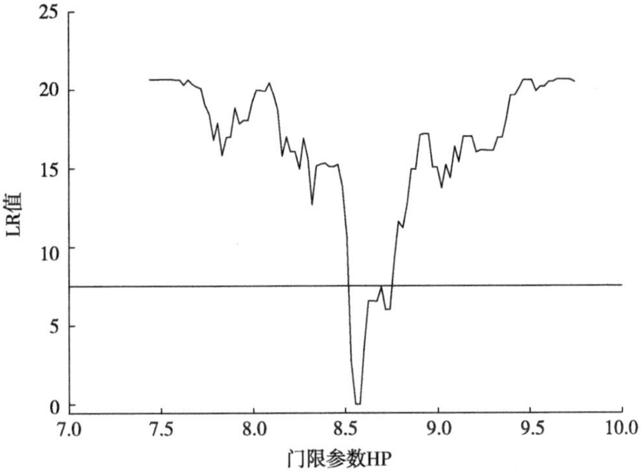


图 6-1　东部地区双重门限估计值和置信区间

LR 值表示似然比检验统计量

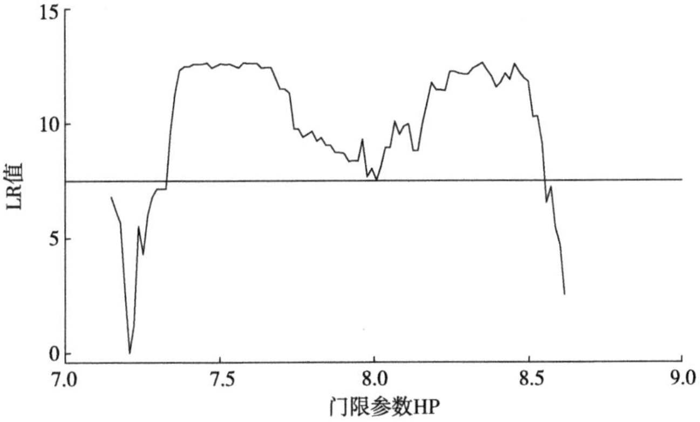


图 6-2　西部地区双重门限估计值和置信区间

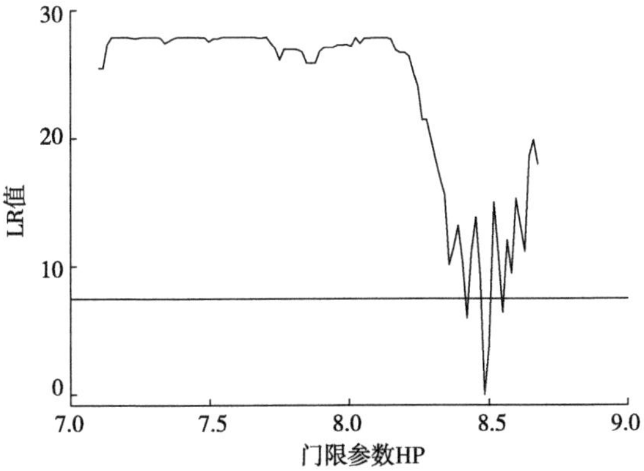


图 6-3　中部地区双重门限估计值和置信区间

4. 回归结果分析

表 6-17 为三个区域基于平均房地产价格为门限变量的货币信贷政策对产业结构调整升级影响的回归结果。

**表 6-17　门限模型估计结果**

| 变量 | 东部地区 | 西部地区 | 中部地区 |
|---|---|---|---|
| | 双重门限模型 | 双重门限模型 | 单门限模型 |
| ln*d*_*E*1 | −0.223<br>(−0.640) | | |
| ln*d*_*E*2 | 0.460<br>(1.257) | | |
| ln*d*_*E*3 | 0.995**<br>(0.022) | | |
| ln*d*_*W*1 | | 2.345<br>(0.273) | |
| ln*d*_*W*2 | | 5.858***<br>(2.69) | |
| ln*d*_*W*3 | | 7.433***<br>(3.40) | |
| ln*d*_*M*1 | | | −0.812<br>(−0.690) |
| ln*d*_*M*2 | | | 2.212**<br>(2.15) |
| lnHP | 0.050***<br>(4.936) | 0.040**<br>(2.54) | 0.003<br>(0.176) |
| FAI | −0.070***<br>(−3.707) | 0.085***<br>(3.08) | 0.073***<br>(2.36) |
| FE | 0.778***<br>(4.452) | −0.026<br>(−0.37) | 0.460***<br>(2.04) |

注：*E*、*M*、*W* 分别表示东部地区、中部地区、西部地区

**、***分别表示 5%、1%显著性水平下拒绝原假设

表6-17中的第二列为东部地区的回归结果，结果表明当门限值小于等于8.555时，金融机构各项贷款余额对产业结构升级的影响系数为−0.223，但此时影响系数并不显著，说明金融系统中可能存在很多不合理的政府控制，而这种控制会造成金融体系的储蓄–投资转化率降低，同时过去更多的信贷资金流向了第二产业而忽略了服务业的发展，从而使得增加贷款余额并没有促进产业结构升级。当门限值大于 8.555，小于等于 9.323 时，金融机构各项贷款余额对产业结构升级的影响转为正，影响系数为 0.460，此时的影响系数也不显著。当门限值大于 9.323 时，金融机构各项贷款余额对产业结构升级的影响系数为 0.995，并在 5%的显著性水平下显著。此时扩大金融机构各项贷款，对产业结构的调整升级有显著的促进作

用。说明房价的提高侧面反映了经济的增长，同时我国金融系统结构不断调整，改革措施不断加强，更好地支持了实体经济发展，促进了产业结构升级。同时可以看出在不同区制之间，影响的方向和程度均有明显的差别。

表 6-17 中第三列为西部地区的回归结果，从回归结果中可以看出当门限值小于等于 7.206 时，西部地区金融机构各项贷款余额对产业结构的影响为正向，影响系数为 2.345，但此时没有通过显著性水平检验。当门限值大于 7.206，小于等于 8.616 时，西部地区金融机构各项贷款余额对产业结构的影响仍为正向，且影响系数为 5.858，呈增大趋势，并在 1%的显著性水平下显著。当门限值大于 8.616 时，金融机构各项贷款余额对产业结构的影响系数进一步增大到 7.433，且在 1%的显著性水平下显著。此时增大金融机构的信贷余额，会显著促进产业结构的调整升级。由于西部地区发展相对落后，实施积极的货币信贷政策通常有助于西部地区的经济发展和产业结构升级，当平均房地产价格较低时，经济发展和金融系统尚不完善，正向的促进作用相对微弱。随着平均房地产价格的不断提高及金融系统的不断深化，增加信贷资金，扩大投资，对产业结构升级有显著的促进作用。

表 6-17 中第四列为中部地区的回归结果，回归结果显示当中部地区模型的门限值小于等于 8.485 时，金融机构各项贷款余额对产业结构升级的影响为负，影响系数为−0.812，此时增加金融机构的各项贷款余额不利于中部地区的产业结构升级，但影响系数并不显著；当门限值大于 8.485 时，金融机构各项贷款余额对产业结构升级的影响系数为 2.212，转为正向，且在 5%的显著性水平下显著，说明此时增加中部地区的信贷资金对产业结构升级有显著的促进作用。

### 6.3.4　结论及政策含义

本节利用我国 29 个省级行政区 2000~2017 年的面板数据，构建了基于各省区市平均房地产价格的货币信贷政策对产业结构调整的面板门限模型。同时考虑到区域产业结构的差异，分别研究在东、中、西三个不同区域下，货币信贷政策对产业结构调整升级的影响基于平均房地产价格的门限特征，在同一个模型中系统讨论了产业结构升级、货币信贷政策、房地产价格三者之间的关系。研究结果表明东、中、西三个区域的货币信贷政策对产业结构的影响均存在显著的门限特征，在以平均房地产价格为门限变量的不同区制间，西部地区的金融机构本外币信贷余额的增加对产业结构升级的影响始终为正，但影响程度不同，西部地区更适宜采取适度积极宽松的货币信贷政策。东、中部地区金融机构本外币信贷余额的增加对产业结构升级的影响均是当平均房地产价格增加到一定水平才由负转正。从这个方面来看，应在控制好信贷规模的基础上，完善金融系统的信贷政策，控制好信贷资金的流向，更多支持实体经济和新兴产业的发展。

从发挥货币信贷政策对产业结构调整升级的促进作用看，以上分析包含了以下两个方面的政策思路。

一是在货币政策统一化的前提下合理调节区域信贷规模和信贷结构。不同区域的产业结构、经济基础、资源环境、政府支持力度、金融环境等均存在很大差异，这会导致在实施货币信贷政策时，出现地区差异，而从货币政策的传导机制、操作工具等方面来看，货币政策不宜施行区域化，因此应充分发挥信贷政策对不同区域的分类指导，针对不同区域的行业和项目实施差别化的信贷政策。例如，东部地区一线城市和部分热点二线城市的房地产价格上涨迅速，对此信贷政策应该针对特定城市进行限制，对房地产业实施偏紧的信贷政策，如果仍然采用统一政策，将会影响其他城市和其他行业的健康发展，从而不利于产业结构的调整升级和宏观经济的发展。同时，有倾向性地重点扶持西部地区一些欠发达城市的优势产业，加大对欠发达城市的金融支持力度，使信贷政策在全国整体范围内更好地发挥作用，促进产业结构的调整升级。

二是增加对有助于产业结构升级部门的信贷支持，实施与产业政策相配合的信贷政策。对一些产能严重过剩、高消耗、高污染的行业，要建立全新的信贷审核、评估机制，加强信贷风险管理，提高贷款审核标准，减少对“两高一剩”（高污染、高能耗和产能过剩）企业的信贷资金；相比之下，要大力推行绿色信贷，切实发挥信贷政策在产业结构调整中的导向性作用，服务实体经济发展，增加对实体经济的信贷资金支持，特别是增强对一些节能环保企业、科技创新企业的信贷支持，适当降低战略性新兴产业的信贷审核标准，有倾向性地增加对高端中小企业的信贷资金。制定和实施与产业政策相配合的信贷政策，坚持有扶有控的原则，使信贷政策能够满足产业政策的要求，体现产业政策的方向，对信贷政策和产业政策的协调情况，相关部门要进行定期的信息通报、协调沟通，以便及时发现问题，迅速调整。

# 第7章　抑制房地产泡沫与促进产业结构升级

1998年住房制度改革以来，房地产市场迅速发展，热点城市房地产价格不断攀升，房地产泡沫问题也日益成为社会关注的热点和经济学者研究的焦点。根据《中国统计年鉴 2018》数据，1998年，普通住宅全国平均销售价格为1854元/米$^2$，到2017年上升到了7614元/米$^2$，上升了310.7%。另外国家统计局公布数据显示，2018年我国房地产开发投资额为120 264亿元，相比2017年实际同比增长9.5%。长期以来作为第三产业的房地产业对我国的宏观经济发展发挥着先导性、带动性的作用，其中房地产开发投资的不断增加对促进房地产业及国民经济的发展有着不可替代的作用。但是我国经济发展进入新常态后，供给侧问题越发突出，房地产市场冰火两重天，热点城市房价飙升，而欠发达城市面临严重去库存压力，房地产价格地区分化的格局实际上是社会整体资源配置不平衡下的一个缩影，资金大量流入热点城市房地产行业的根本原因是资源配置不平衡而造成的区域发展不平衡。因此，本章通过从房地产价格过快上涨对实体经济的影响、房地产市场调控与产业结构调整升级的关系、改善资源配置格局的政策组合和制度创新三个方面为切入点进行探讨。

本章针对7.1节的房地产价格过快上涨对实体经济的影响，通过构建VAR模型来分析房地产价格上涨与实体经济的相关性，并通过脉冲响应函数来分析房地产价格上涨与CPI和工业增加值之间的动态关系。结果表明，房地产价格和CPI之间存在着长期的均衡关系，房地产价格的持续上涨会推动CPI的上涨，房地产价格的持续上涨在短期内有助于工业增加值的上涨，但是在长期会对工业的发展有抑制作用。针对7.2节的房地产市场调控与产业结构调整升级的关系，通过采用2003~2017年我国285个城市的面板数据，构建了包含房地产投资变量、产业结构升级变量及城市控制变量在内的动态面板模型。研究结果发现，房地产投资与产业结构升级之间呈倒“U”形关系，在一定的程度下，房地产投资的增加有助于产业结构的调整升级，但随着房地产价格的不断上涨，房地产投资的过度增加对产业结构的调整升级会起反作用。针对 7.3 节的改善资源配置格局的政策组合和制度创新，从税收分配改革、房地产税制改革、人力资源配置和信贷资源配置四个方面逐一进行讨论。建议税收分配改革（以增值税为例）应该逐渐由生产地原则向消费地原则转型,改变长期以来由欠发达地区补贴发达地区税收的局面，减小不同区域间的收入差距和资源配置不平衡。同时在全国范围对房地产城市过热的城市内，进一步扩大征收房产税的试点范围，不同区域施行不同的征收办法、制定差异化的税率，完善房地产评估机制。合理调整人力资本配置，坚定不移地推进以人为本的新型城镇化，大力发展欠发达地区特色产业，引导人口的流向，使欠发达地区同样能够分享到人口红利。同时我国的信贷政策要与产业政策相结合，信贷资源的配置应该以促进产业结构的合理化和高级化为立足点，对产能严重过剩的行业收紧信贷政策，提高贷款占存款的比重，提高服务业贷款在各项贷款中所占的比重，提高信贷资金的流动性。

## 7.1　房地产价格过快上涨对实体经济的影响

### 7.1.1　研究背景与文献综述

#### 1. 研究背景及意义

自从 1998 年住房分配货币化改革以来，我国房地产市场经历了飞速发展，房屋价格不断上涨，深圳、北京、上海等一些一线城市房屋价格更是急速攀升，房地产价格的膨胀和波动成为影响实体经济发展的重要因素之一。根据《中国统计年鉴 2018》数据，1998 年，普通住宅全国平均销售价格为 1854 元/米$^2$，到 2017 年上升到了 7614 元/米$^2$，上升了 310.7%。另外根据中国房地产指数系统百城价格指数对 100 个城市新建住宅的全样本调查数据，2016 年 10 月，全国 100 个城市（新建）住宅平均价格为 12 825 元/米$^2$，环比上涨 1.65%。随着房地产价格的大幅上涨，泡沫随之出现并逐渐积累，房地产泡沫问题也日益成为社会关注的热门话题和经济学者研究的一个焦点。房地产泡沫，即房地产价格泡沫，是泡沫经济的一种典型形态，是指房地产投机行为而导致的房地产价格超过其自身市场基础价值并持续上涨，房地产市场价格严重脱离了使用者自己承受能力的情况（李梦玄和曹阳，2013）。

如何衡量房地产泡沫呢？国际上通常用的三个标准是房价收入比、租售比和空置率。房价收入比即住房价格与城市居民家庭年收入之比，国际上通用的计算公式为住宅套价的中值除以家庭年收入的中值，国际上通常认为的房价收入比的正常区间为 3~6 倍。房价收入比越高表示该地区居民承受的购房压力越大。资料显示，在 2015 年，我国的商品住房的房价收入比全国均值为 7.2，已经超过国际合理区间的上限。我国的商品住宅房价收入比的地区分化十分明显，31 个省级行政区域中北京、上海、广东、浙江等 7 个省区市的房价收入比超过 8.5，其中最高的北京为 14.5。通常认为当房价收入比超过 6 时即存在泡沫，而我国的部分省区市已经明显偏离了合理区间，说明这些省区市的房地产泡沫度已经十分严重[①]。租售比是指每平方米使用面积的月租金与每平方米建筑面积房价之间的比值，即房屋租金占房屋售价的比例。国际上通常认为房屋租售比在 1∶300 到 1∶200 为比较合理的区间。统计显示，在 2018 年 1 月，深圳的房屋租售比为 1∶627，北京的房屋租售比为 1∶594，上海的房屋租售比为 1∶644，远远小于国际合理区域的下限，这说明这些一线城市的房屋投资过剩，投资价值变小，房价大幅度偏离真实的房价水平，泡沫显现。空置率是指某一时刻空置房屋面积占房屋总面积的比率。通常国际上认为有利于国民经济健康发展的合理区间为 5%~10%，当一国的房屋空置率超过 10%时，说明此时的房屋空置水平处在一个危险区，需要采取相应的市场调控措施来稳定发展，而当一国的房屋空置率超过 20%时，说明此时的商品房严重积压，此时的首要任务是去库存，而不是继续建造“摩天大楼”。2018 年，就全国来看，我国的住宅空置率在 20%~25%，虽然各国国情不同，但这也足以说明存在着严重的资源浪费，再加上人口老龄化的趋势，房屋的空置率很有可能将继续上涨。

在这样的背景下，研究房地产价格的不断上涨对我国实体经济发展的影响有着非常重要的现实意义。在过去的十几年当中，我国的房地产业迅猛发展，同时带动着同一产业链上的如建筑业、建材业的发展，房地产业也一直是我国经济发展的支柱型产业之一。但是随着经济的发展和城镇化的推进，加上房地产业的过度投资，楼市逐渐出现结构性过剩，很多城市的住房交易量萎缩，全国范围内库存水平不断攀升。2018 年的房地产调控主基调仍然是“稳”，同时坚持“分类调控”“因城施策”。在我国实体经济是经济发展的基础，房地产价格的持续膨胀，对我国实体经济运行将产生重要影响。因此，如何正确引导房地产市场在正常轨道发展，继续发挥其对经济的拉动作用的同时，又要防止房地产泡沫的破裂，并且进一步夯实和加强实体经济在经济发展中的基础性作用具有重要的意义，这也正是本书研究的价值所在。

2. 简要的文献综述

国外学者关于房地产价格对实体经济的影响的研究已很多，其中很大一部分

---

① 补充说明：虽然房价收入比是国际通用指标，但是各个国家的统计口径存在差异，只能通过数据从宏观角度了解房价收入比的合理情况。

学者是把货币政策作为传导机制来进行研究的。部分学者通过分析房地产价格对宏观经济的影响，以货币政策作为传导机制，发现了房地产市场与宏观经济之间的关系，指出房价在货币政策传导机制中发挥着重要的作用。Case 等（2005）同样以货币政策作为传导机制，对房地产价格和股票价格的波动对居民消费的影响进行了实证分析，分析结果表明，房地产价格的波动对居民消费的影响更明显。Chirinko 和 Wilson（2008）通过构建 SVAR 模型，研究了欧盟 11 个经济体和日本的房地产等资产价格对居民消费、国内产出的影响，结果表明，房地产等资产价格波动冲击的影响在不同经济体具有明显的异质性，且这种差异取决于不同经济体的债务结构。此外，房地产价格比其他资产价格具有更大的冲击力。部分学者在研究中指出，资产价格与金融体系有着紧密的联系，当资产价格持续不断地攀升影响到金融体系的稳定时，宏观当局必须采取相应措施，以防止资产价格进一步上涨，虽然通常情况下，采取紧缩的货币政策的同时也会抑制经济的增长。

国内学者对该问题的研究情况如下：黄平（2006）认为，中国房地产价格的大幅波动对物价水平及消费的影响很小，房价上涨所带来的财富效应并不明显，因此，宏观当局在制定货币政策时可以基本忽略房地产价格因素的影响。但是武康平和胡谍（2011）通过构建包含金融加速器的一般均衡模型，模拟了在给定一个外生技术冲击的情况下，房地产价格对宏观经济的影响，研究结果显示，通过货币传导机制，房地产价格的波动对宏观经济的确存在“加速器”作用。李巍和张志超（2011）通过在 DSGE 模型中加入价格黏性与信贷约束，分析了在不同的货币规则下房地产价格对实体经济的冲击影响，结果表明考虑房地产价格因素的紧缩货币政策对实体经济的冲击相对较小。李平等（2015）运用因子分析法测算了我国的房地产泡沫程度，并通过构建变参数模型对房地产泡沫与宏观经济之间的关系进行了实证分析，结果表明，在其样本期 1994~2012 年，我国的房地产泡沫拉动了经济的增长。张红伟和冉芳（2016）的实证研究中指出，我国货币供给冲击对以房地产价格为代表的资产价格的影响是明显的，房地产价格的持续上涨分流了大量的货币供给量。

### 7.1.2　中国房地产泡沫形成的根源

#### 1. 流动性过剩

按照货币学派的观点，物价的上涨永远是一个货币现象。“货币超发—房价上涨—地价上涨—房价继续上涨”的逻辑是合理的。中国十几年来广义货币发行量 M2 及增速远超中国同期 GDP 及增速，表明货币发行过快。如表 7-1 所示，2001~2017 年，M2 占 GDP 的比重从 1.42 到 2.08 呈波动上涨趋势，同时在这十几年中 M2 的同比增长速度也远超 GDP 增速。这巨大的货币流量是中国的房价持续居高不下的重要原因之一，房地产业像巨大的海绵一样吸收着货币资金的不断流入。

**表 7-1　2001~2017 年 M2 占 GDP 的比重**

| 年份 | M2/亿元 | GDP/亿元 | M2 占 GDP 的比重 |
|---|---|---|---|
| 2001 | 158 301.9 | 111 250.2 | 1.42 |
| 2002 | 185 007.0 | 122 292.1 | 1.51 |
| 2003 | 221 222.8 | 138 314.7 | 1.60 |
| 2004 | 254 107.0 | 162 742.1 | 1.56 |
| 2005 | 298 755.7 | 189 190.4 | 1.58 |
| 2006 | 345 577.9 | 221 206.5 | 1.56 |
| 2007 | 403 442.2 | 271 699.3 | 1.48 |
| 2008 | 475 166.6 | 319 935.8 | 1.49 |
| 2009 | 610 224.5 | 349 883.3 | 1.74 |
| 2010 | 725 851.8 | 410 708.3 | 1.77 |
| 2011 | 851 590.9 | 486 037.8 | 1.75 |
| 2012 | 974 148.8 | 540 988.9 | 1.80 |
| 2013 | 1 106 525.0 | 596 962.9 | 1.85 |
| 2014 | 1 228 374.8 | 647 181.7 | 1.90 |
| 2015 | 1 392 278.1 | 699 109.4 | 1.99 |
| 2016 | 1 550 066.7 | 745 632.4 | 2.08 |
| 2017 | 1 690 235.3 | 812 038.1 | 2.08 |

注：数据来源于《中国统计年鉴》

2. 信贷扩张

资料显示，截止到 2016 年 10 月，国内银行总贷款 147 951 466.00 亿元，同比增长 0.60%，其中房地产业贷款就占据国内银行总贷款的 20%，这其中还不包括涉及房地产业务的非房地产业贷款。造成银行贷款大量涌入房地产业的重要原因在于房地产业的高回报率和高预期收益。房价的不断攀升，使得银行愿意把房地产作为其主要的资产形式，房价的提高对银行会形成一种激励。另外，除了较高的预期收益外，房贷较低的违约率也是其得到商业银行青睐的另一重要原因。武康平和胡谍（2011）研究了房地产价格对宏观经济的加速器作用，在这个传导机制中房地产贷款是重要的一环，信贷的扩张会增加以房地产作为抵押的厂商的融资能力，企业存款的增加会使其投资增加，进而促进经济的进一步增长，经济的增长又会进一步带动房价的上涨，如此循环下去。

3. 地方政府政策

房地产业是我国经济发展的支柱型产业之一，同时也是各级地方政府主要的财政收入来源。当前中国处在城镇化的进程当中，城市的各种基础设施建设均需要大量的资金，当地方政府出现财政紧缺时，出让土地已经成为各级地方政府主要的财政收入方式，房地产业已经成为地方政府的“聚宝盆”。这种现象根源在于我国的政绩考核体制及分税制改革。自 1994 年我国分税制改革以来，很多增长较快的地方税种改为中央、地方共享税，使得大量财权向中央集中，但同时事权向地方政府下放，这就打破了地方政府的财政收支平衡，而地方政府为了业绩不得不以出让土地来补充财政收入。地方政府通过运作房地产项目，获得大量的资金收入，这些资金用来修建道路、美化环境等城市基础性建设，这样做的结果就使得这些公共成本转移到房地产价格上来。

4. 行为人预期

有学者以泰国的房地产泡沫为背景对房地产中的行为人预期进行了研究，构建了包含预期的动态模型。当经济过热时，随之产生资本大量流入，会导致地产商和消费者同时对房地产市场有着过度的预期，在这种相互作用的预期下会产生对房地产的羊群效应。这种羊群效应会给房地产业带来一系列的负面影响。首先，对于存在的潜在需求，由于羊群效应的存在会突然转化为直接需求，这种转化会导致当期需求的短时间非正常增加。而在我国房地产市场还不是十分完善的情况下，人民还无法正确判断出真实的需求水平，这种虚假的需求旺盛往往会导致市场主体做出不理智行为。其次，目前中国的房地产市场是一个垄断竞争市场，而且竞争不是很充分，这意味着房地产市场存在着严重的信息不对称问题，信息的不完全性很容易误导消费者。而房地产商往往抓住这一点来营造出一种虚假的“市场繁荣”景象。另外在房地产市场的价格决定方面，往往是采用价格领导模型，一些房地产巨头作为价格领导者首先决定价格，其他追随型小开发商只能接受该价格，议价能力非常有限，这对群体行为的产生也起了一定的推动作用。曾五一和李想（2011）研究指出，大量的货币资金涌入房地产市场，造成房地产价格不断攀升，羊群效应的大小可以直接由房地产销售额的波动体现。

### 7.1.3 房地产价格上涨对实体经济的影响

1. 理论基础分析

1）持续不断的房地产价格上涨具有财富效应

根据美国经济学家莫迪利安尼（F.Modigliani）的生命周期消费理论，人们会在更长时间范围内计划他们的消费开支，用公式表示如下：$C=a\cdot \mathrm{WR}+c\cdot \mathrm{YL}$。式中，WR 为消费者的实际财富，$a$ 为实际财富的边际消费倾向，即消费者每年花费掉的实际财富的比例，YL 为工作所获得的收入，$c$ 为工作收入的边际消费倾向，即消费者每年花掉的工作收入的比例。生命周期理论认为资产价格上涨是存在财富效应的。对于拥有房地产的消费者而言，当房价上涨时，意味着他的存量财富上涨，此时消费者会认为自己更富有，从而重新计划在整个生命周期的消费，增加当期的消费，当期的边际消费倾向增加。Castelnuovo 和 Nisticò（2010）对相同的问题进行了探讨，他们在研究房地产价格等资产价格的上涨对一国实体经济的影响时，通过建立 DSGE 模型，同样发现存在财富效应。传导机制如下：$P\uparrow\Rightarrow W\uparrow\Rightarrow C\uparrow\Rightarrow Y\uparrow$。这里 $P$ 为房地产价格，$W$ 为家庭部门所拥有的财富，$C$ 为消费支出，$Y$ 为总产出。从传导机制中可以看出，当房地产价格上涨时，居民财富增加，进而引起居民消费的增加，从而带动了整个经济增长。

2）持续不断的房地产价格上涨具有挤出效应

房地产价格上涨给拥有住房的居民带来财富效应的同时，相对于那些有住房需求、正在租房或准备购置房屋的居民来讲，房地产价格的上涨无疑会带来对其消费支出的挤占，不可避免地会产生挤出效应。受到我国传统思想的影响，中国的居民对住房有着比较强烈的需求，住房消费在我国居民的消费当中有着非常重要的地位，甚至很大一部分居民愿意花费将近一生的储蓄来购置房产。当房地产价格上升时，购置房屋的成本随之增加，但是居民不愿放弃购置房屋的意愿，这时更多居民做出的选择会是减少当期消费，以增加储蓄来购置房屋。从表 7-2 中可以看出，整体上我国住房销售额的增长速度远大于我国居民可支配收入和储蓄的增长速度，除了受 2008 年经济危机的影响外，在 2006 年和 2014 年国家进行了宏观调控，使得住房销售额的增速出现下降趋势，但是整体上住房的价格和居民的可支配收入及储蓄之间仍然是非协调的，住房消费对居民的其他消费有着明显的挤出效应。

**表 7-2　2004~2017 年我国住房销售额、居民可支配收入、储蓄情况**

| 年份 | 住房销售额/亿元 | 住房销售额同比增长率 | 城镇居民可支配收入/元 | 城镇居民可支配收入同比增长率 | 城乡居民储蓄存款年底余额/亿元 | 城乡居民储蓄存款年底余额同比增长率 |
|---|---|---|---|---|---|---|
| 2004 | 8 619.4 | 31.7% | 9 422 | 11.2% | 119 555.4 | 15.4% |
| 2005 | 14 563.7 | 69.0% | 10 493 | 11.4% | 141 051.0 | 18.0% |
| 2006 | 17 287.8 | 18.7% | 11 759 | 12.1% | 161 587.3 | 14.6% |
| 2007 | 25 565.8 | 47.9% | 13 786 | 17.2% | 172 534.2 | 6.8% |
| 2008 | 21 196.0 | −17.1% | 15 781 | 14.5% | 217 885.4 | 26.3% |
| 2009 | 38 432.9 | 81.3% | 17 175 | 8.8% | 260 771.7 | 19.7% |
| 2010 | 44 120.6 | 14.8% | 19 109 | 11.3% | 303 302.5 | 16.3% |
| 2011 | 48 198.3 | 9.2% | 21 810 | 14.1% | 343 635.9 | 13.3% |
| 2012 | 54 367.1 | 12.8% | 24 565 | 12.6% | 399 551.0 | 16.3% |
| 2013 | 67 694.9 | 24.5% | 26 955 | 9.7% | 447 601.6 | 12.0% |

续表

| 年份 | 住房销售额/亿元 | 住房销售额同比增长率 | 城镇居民可支配收入/元 | 城镇居民可支配收入同比增长率 | 城乡居民储蓄存款年底余额/亿元 | 城乡居民储蓄存款年底余额同比增长率 |
|---|---|---|---|---|---|---|
| 2014 | 62 410.9 | −7.8% | 28 844 | 7.0% | 485 261.3 | 8.4% |
| 2015 | 72 769.8 | 16.6% | 31 195 | 8.2% | 526 508.5 | 8.5% |
| 2016 | 99 064.0 | 36.1% | 33 616 | 7.8% | — | — |
| 2017 | 110 239.0 | 11.3% | 36 396 | 8.3% | — | — |

注：数据来源于《中国统计年鉴》

另外，房价的上涨除了对消费存在挤占之外，对工业也同样存在挤出效应。通常，当某一行业长期维持超额收益率时，会吸引资本进入该行业，从数据上来看，房地产开发企业本年完成投资额从 2000 年的 4984.05 亿元增长到了 2017 年的 109 798.53 亿元。通过数据观察可以发现，房地产行业的繁荣引起大量工业企业参与投资。一方面房地产行业不存在技术外溢效应，另一方面房地产行业是一个资金密集型的行业。对工业而言，房地产行业的持续投入势必会影响到主营业务的研发经费，从而抑制企业的自主创新，结果可能会导致企业生产效率下降。

2. 实证分析

1）变量的选取和模型的选择

本小节讨论的是不断上涨的房地产价格对实体经济的影响，选取数据的样本区间为 1999 年 1 月至 2017 年 4 月的月度数据。针对房地产价格的代理变量，本书选取了全国房地产开发景气指数（以下简称国房景气指数），记为 FJ。对于实体经济的代理变量，这里选取 CPI 和工业增加值（记为 GY）来表示，原因在于 CPI 和工业增加值在 GDP 中有着非常重要的地位，并且可以获得这两个指标的月度数据。另外，考虑到货币供给量和房地产价格及实体经济均有着重要的联系，因此进一步加入货币供给量这个指标，并用广义货币供应量来表示，即 M2。所有指标均采用的是月度同比增长率来表示各个变量的波动情况，这样就可以直接使用数据，因为已经消除了季节性因素。所有的原始数据均来自 Wind 资讯数据库，部分月度同比增长率是经过计算所得。

在这里，我们考虑将 CPI、工业增加值、国房景气指数、货币供给量这四个变量同等对待，构建所有变量均为内生变量的 VAR 模型来分析房地产价格上涨与实体经济的相关性，并通过脉冲响应函数来分析房地产价格上涨与 CPI 和工业增加值之间的动态关系。

2）模型检验

本书的数据为时间序列数据，因此在进行分析之前，需要首先对变量的平稳性进行检验，单位根检验的结果如表 7-3 所示。

**表 7-3　各变量的单位根检验结果**

| 变量 | ADF 值 | 临界值（1%） | 临界值（5%） | 临界值（10%） | *p* 值 | 检验类型 | 结论 |
|---|---|---|---|---|---|---|---|
| CPI | −2.666 2 | −3.461 9 | −2.875 3 | −2.574 1 | 0.081 7 | （*C*，0，14） | 平稳 |
| GY | −3.741 6 | −4.000 7 | −3.430 5 | −3.138 8 | 0.021 6 | （*C*，*T*，1） | 平稳 |
| FJ | −52 001 | −4.001 3 | −3.430 8 | −3.139 0 | 0.000 1 | （*C*，0，4） | 平稳 |
| M2 | −2.526 1 | −3.460 5 | −2.874 7 | −2.573 8 | 0.110 7 | （*C*，0，3） | 非平稳 |
| M2 | −2.445 1（DF GLS） | −2.575 7 | −1.942 3 | −1.615 7 | 0.015 3 | （*C*，0，5） | 平稳 |

注：检验类型（*C*，*T*，*P*）中的 *C* 表示截距项，*T* 表示趋势项，0 表示不包含趋势，*P* 表示滞后阶数

这里需要指出的是，建立 VAR 模型要求所有变量均是平稳的，但是这里变量 M2 的 ADF 检验的结果是不平稳的，*p* 值为 0.1107，然而之后用 DF GLS 单位根检验方法检验 M2 序列的平稳性时结果显示是平稳的，*p* 值为 0.0153。这里考虑到一方面 ADF 检验的 *p* 值处于临界值附近，并且 DF GLS 检验的结果是平稳的；另一方面 M2 在整个模型中有着非常重要的作用，不可以剔除，因此经过综合考虑认为 M2 序列是平稳的。从而所有变量在 10%的显著性水平下均是平稳的，可以建立 VAR 模型。

VAR 模型中需要解决的另一个重要问题就是滞后阶数的确定。在选择滞后阶数时，需要考虑两方面：一方面滞后阶数越大，越能完整地反映所构建的模型的动态特征；另一方面，滞后阶数越大，需要估计的参数也越多，这将减少模型的自由度。因此在选择滞后阶数时，需要综合考虑。滞后期的输出结果如表 7-4 所示。

**表 7-4　VAR 模型滞后期的选择**

| 滞后阶数 | LogL | LR | FPE | AIC | SC | HQ |
|---|---|---|---|---|---|---|
| 0 | −2 385.997 | — | 72 811.91 | 22.547 14 | 22.610 47 | 22.572 74 |
| 1 | −1 465.846 | 1 796.899 | 14.381 50 | 14.017 42 | 14.334 08* | 14.145 40 |
| 2 | −1 427.415 | 73.597 46 | 11.640 68 | 13.805 81 | 14.375 80 | 14.036 19* |
| 3 | −1 406.838 | 38.631 64 | 11.153 27 | 13.762 62 | 14.585 94 | 14.095 39 |
| 4 | −1 389.359 | 32.154 43 | 11.007 16 | 13.748 67 | 14.825 31 | 14.183 83 |
| 5 | −1 366.068 | 41.968 00 | 10.288 10* | 13.679 89* | 15.009 86 | 14.217 43 |
| 6 | −1 352.310 | 24.270 16 | 10.527 04 | 13.701 05 | 15.284 34 | 14.340 98 |
| 7 | −1 345.118 | 12.416 15 | 11.467 73 | 13.784 14 | 15.620 76 | 14.526 46 |
| 8 | −1 331.435 | 23.106 17 | 11.759 93 | 13.806 00 | 15.895 95 | 14.650 71 |

*表示最小值

综合考虑以上检验方法，确定最佳滞后期为 5，因此模型的形式为 VAR(5)。

在确定了 VAR 模型的结构的基础上，需要进一步确定 VAR 模型的稳定性，即需要进行 AR 根检验，要求所有根模的倒数均在单位圆内。AR 根检验的结果如图 7-1 所示。

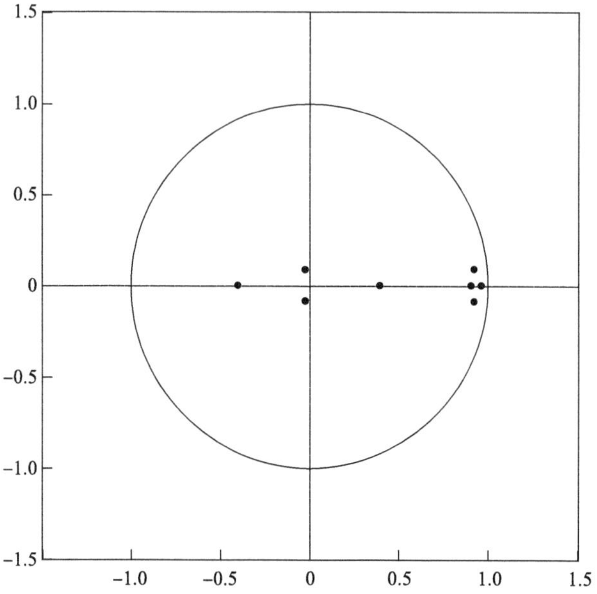


图 7-1　AR 根检验结果

从图 7-1 中可以看出建立的模型中最大的根模的倒数是小于 1 的，因此该模型通过了 AR 根检验，从而接下来的分析是有效的。

3）脉冲响应函数

在构建了 VAR 模型的基础上，通过脉冲响应函数来进一步分析变量之间的动态变化。脉冲响应如图 7-2 所示，其中实线表示脉冲响应函数，虚线表示正负标准差。

从图 7-2（a）中可以看出，当给房地产价格一个正向的冲击后，CPI 当期没有明显的响应，从第二期开始出现幅度为 0.04 的正向响应，到第三期的正向响应幅度相对第二期进一步增大为 0.10，这种增加的趋势一直持续下去，直到第八期开始趋于平稳，第八期、第九期、第十期的响应幅度均为 0.23。可见房地产价格和 CPI 之间存在着长期的均衡关系，房地产价格的持续上涨会推动 CPI 的上涨。从图 7-2（c）中可以看出，当给房地产价格一个正向的冲击后，工业增加值从第一期开始出现幅度为−0.37 的负向响应，从第二期开始出现正向响应，幅度为 0.51，此后正向响应幅度又开始缩小，第三期的响应幅度为 0.29，一直持续下去直到第八期转为负向，第八期的响应幅度为−0.02，此后负向响应幅度不断加大，到第十期的负向响应幅度为−0.17。说明房地产价格的持续上涨在短期内有助于工业增加值的上涨，但是在长期对工业的发展有抑制作用。

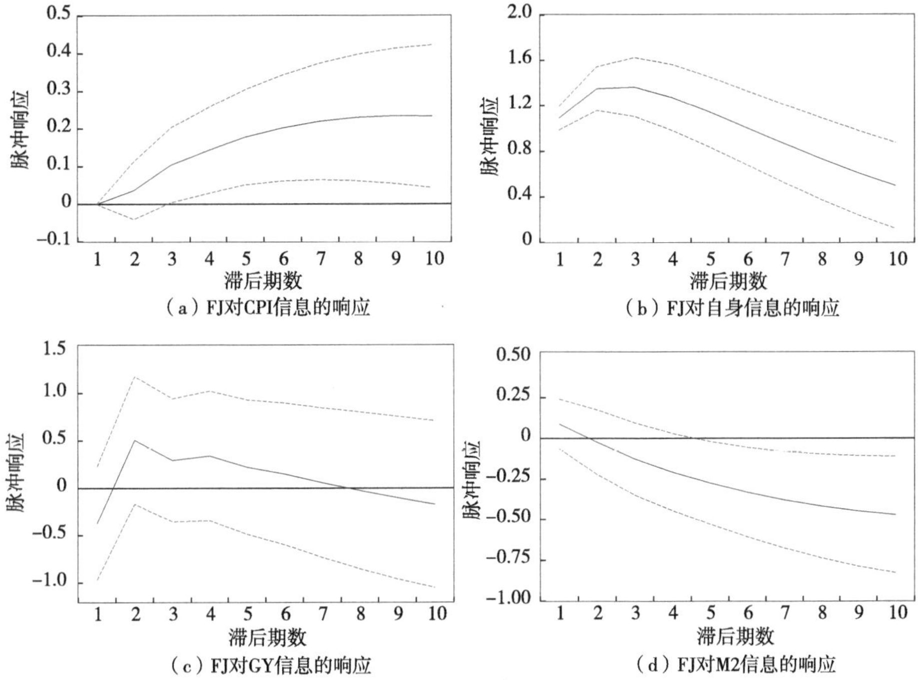

（a）FJ对CPI信息的响应

（b）FJ对自身信息的响应

（c）FJ对GY信息的响应

（d）FJ对M2信息的响应

图 7-2　脉冲响应（一）

从图 7-3 中可以看出，当给货币供给量 M2 一个正向的冲击后，房地产价格当期没有响应，第二期开始出现小幅正向响应，响应幅度为 0.02，此后正向响应幅度开始逐渐增加，到第八期开始趋于平稳，第十期的正向响应幅度为 0.17。说明货币供给量的增加和房地产价格之间存在一种长期均衡的关系，货币供给量的增加有助于房地产价格的上涨。

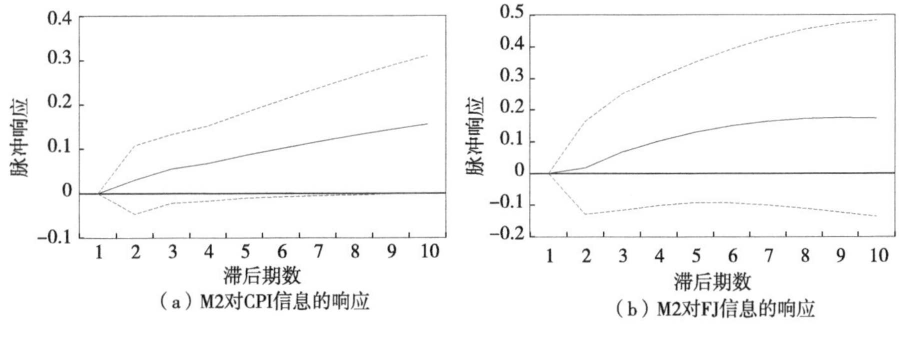

（a）M2对CPI信息的响应

（b）M2对FJ信息的响应

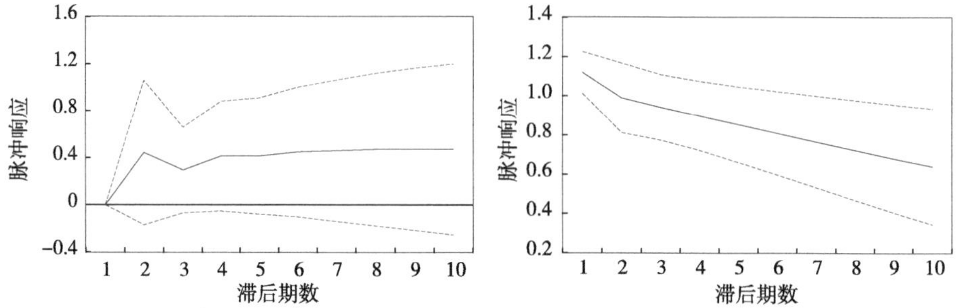


（c）M2对GY信息的响应　　（d）M2对自身信息的响应

图 7-3　脉冲响应（二）

4）Granger 因果检验

在基于 VAR 模型的基础上，进一步检验房地产价格、货币供给量与 CPI、工业增加值之间是否具有统计意义上的因果关系，需要进行 Granger 因果关系检验，前文已经检验了 VAR 模型的最佳滞后期（滞后期为 5）即为 Granger 因果检验的最佳滞后期。Granger 因果关系检验的结果如表 7-5 所示。

**表 7-5　Granger 因果关系检验结果**

| 原假设 | *F* 统计量 | *p* 值 |
|---|---|---|
| CPI 为被解释变量 | | |
| FJ 不是 CPI 的 Granger 因果原因 | 1.211 18 | 0.305 1 |
| M2 不是 CPI 的 Granger 因果原因 | 2.640 90 | 0.024 5 |
| GY 为被解释变量 | | |
| FJ 不是 GY 的 Granger 因果原因 | 2.733 96 | 0.020 5 |
| M2 不是 GY 的 Granger 因果原因 | 1.015 66 | 0.409 5 |

由表 7-5 中可以看出，当 CPI 为被解释变量时，货币供给量（M2）不是 CPI 的 Granger 原因的概率很小，即货币供给量是 CPI 的 Granger 原因；房地产价格（FJ）不是 CPI 的 Granger 原因的概率为 0.3051，说明房地产价格的波动对 CIP 有一定的影响，但是这种影响不是十分显著。当工业增加值（GY）为被解释变量时，房地产价格不是工业增加值的 Granger 原因的概率较小，为 0.0205，因此房地产价格是工业增加值的 Granger 原因，同样货币供给量对工业增加值有一定的影响，但不是十分明显。

### 7.1.4　结论及政策含义

1. 基本结论

不断上涨的房地产价格对实体经济影响明显，这种影响主要表现为财富效应和对消费、工业创新等方面的挤出效应的综合。首先，就房地产的属性来讲，其具有二重性，它作为一种耐用消费品既是居民生活中不可或缺的物质基础，同时对于拥有房地产的消费者来讲，房地产又是一种投资品，如通过房价的波动或收取房租等形式获得收入。对于那部分拥有房地产的消费者来讲，房地产价格的不断上涨，意味着消费者的存量财富上涨，尤其是在深圳、北京、上海等一线城市的房价大幅度上涨所带来的财富增加，占据了个人财富相当大的比重，这部分消费者就会表现为增加消费。这时房地产价格上涨会带来财富效应，从而促进消费。而对于没有房地产，特别是在一线城市租房的消费者来讲，房地产价格的上涨直接不可避免地带来了房租的上涨，而房租无疑占据了居民的可支配收入的很大比例，这就迫使这部分居民增加储蓄，减少消费，同时房地产价格的上涨使得准备买房的消费者的购置成本增加，对这部分消费者来讲，房地产价格的上涨会带来减少可支配收入从而降低消费的挤出效应，从这方面来看房地产价格的上涨会抑制内需。

房地产价格的不断上涨对工业有负面影响，尤其对工业的创新会产生抑制作用，从而降低生产效率。最近十几年来，房地产业发展蒸蒸日上，房地产价格的不断上涨吸引了大量的资金流入房地产行业，国家统计局数据显示，在 2016 年，全国的房地产开发投资共 102 581 亿元，相比 2015 年增长了 6.9%。房地产业的投资规模不断上涨，原因在于房地产业的高回报率。这种巨大的利润驱使各行各业纷纷开始涉足房地产业务，这其中包括工业企业的大举进入。而企业的资源是有限的，其将大量的资本注入房地产业务的同时，势必会挤占同样需要资金的一些研发项目。而这些研发项目往往周期较长，但一些房地产业务获利较快，短期效益显著，这就会形成对工业创新的抑制，这样所产生的后果就是降低工业生产效率，这就是房地产价格上涨对工业产生的挤出效应。

另外，从前文的实证分析中可以看到，货币供给量的增加对我国的房地产价格上涨及对实体经济的增长都有一定的影响。但是在我国的经济发展过程中，由于目前我国的实体经济结构发展不均衡，大量的货币流入房地产市场，这也是形成房地产泡沫的一个重要原因。

2. 主要政策含义

近十几年来，房地产业的发展确实促进了我国的经济增长，尤其是对其相关产业如建筑业、建材业等起到了很大的带动作用。但是随着房地产价格的不断上涨，一些负面影响也随之而来，我国政府相关部门需要采取相应的政策措施，以稳定我国的经济增长。①首先要加强房地产市场的调控，把房地产市场的调控与总需求的调控紧密结合起来，降低房屋的空置率，从而抑制房地产泡沫的膨胀。同时调整房地产市场的供给结构，增加经济型住房及廉租房等，以满足低收入人群的需求。另外我国的房地产泡沫是在城镇化的过程中形成的，城镇化和经济的发展对房地产价格的上涨起到了一定的拉动作用，因此要形成完善的房地产市场制度，处理好城镇化和房地产价格上涨之间的关系。②中央银行还应将抑制房地产价格的不断上涨纳入其货币政策的目标之中，以吸取 2008 年美国金融危机及 20 世纪 90 年代日本经济危机的教训。同时进一步提高二套以上住房的贷款利率及房屋空置税等，以增加成本，这将有助于抑制过度投机行为，有助于转变消费者对房地产市场的预期，减少因房地产价格上涨而带来的不确定性。③我们要始终坚持实体经济是我国经济发展的基础，并且可以通过发展实体经济来化解房地产泡沫。发展实体经济的关键是增强实体经济的创新能力，创新是实体经济发展的内生驱动力，能够有效提高实体经济的生产效率和盈利能力，如果实体经济的盈利能力高于房地产业的盈利能力，这将大大转变人们的投机行为和预期，从而促进实体经济的均衡发展。

## 7.2 房地产市场调控与产业结构调整升级的关系

### 7.2.1 研究两者关系的范围

随着国民经济的快速发展，作为第三产业的房地产业对我国的宏观经济发展发挥着先导性、带动性的作用，房地产开发投资的不断增加对促进房地产业及国民经济的发展有着不可替代的作用。《中国统计年鉴 2016》数据显示，1998 年住房制度改革时房地产开发企业为 24 378 家，而到 2017 年房地产开发企业上升为 95 897 家，是 1998 年的 3.9 倍。另外国家统计局公布数据显示，2018 年我国房地产开发投资额为 120 264 亿元，相比 2017 年实际同比增长 9.5%，占固定资产投资的比重为 17.0%。而房价更是成为 2018 年最热门的话题之一，因为房价与人们的生活息息相关，房价的高低直接影响消费者的居住成本和生产者的经营成本。我国包括一线城市和部分热点二线城市在内的大中型城市普遍存在着房地产泡沫，部分城市的房地产泡沫程度已经相当严重。从 2015 年 3 月起，房价持续走高，一线城市的房地产价格更是保持了 20 个月环比正增长，与三、四线城市的房价差距进一步拉大，房地产市场的格局分化已经相当严重。在这样的经济形势下，国家虽出台了一系列的限购措施，但并未达到抑制一线城市房地产泡沫膨胀的效果，反而进入了“哪限购，哪暴涨”的怪圈，房地产市场需要进一步调控的问题仍然迫在眉睫。

在过去的经济发展当中，我国一直是靠需求侧来拉动经济增长，但在我国经济发展进入新常态后，一系列问题表明只靠需求来拉动经济增长是不够的，供给侧同样十分重要。目前供给侧问题主要表现在有效供给不足和无效产能并存，高杠杆、高成本问题的存在使得很多企业如一潭死水，失去活力，因此中央提出对供给侧进行结构改革：对于无效产能，去产能、去库存；对于有效产能不足的，补短板；同时去杠杆、降成本以减轻企业负担。针对房地产市场的调控，2017 年国家发展改革委给出了明确方向：2017 年我国房地产市场调控的主要基调是去库存。房地产市场的库存由房地产供给和对房地产的需求共同决定，就我国目前的房地产市场的形势来看，三、四线城市的库存压力已经很大，因此应该控制房地产投资的进一步增加以减少库存。

与此同时，三个层次的产业结构也在逐渐发生着变化，房地产业是第三产业的重要组成部分，在产业结构调整中发挥着重要的作用，因此研究房地产市场调控与产业结构调整升级之间的关系，具有重要的现实意义。而在针对房地产业与产业结构之间关系的研究中，现有学者大多是进行间接分析，大致分为如下两类。一类认为房地产业促进了产业结构升级。房地产业通过房地产投资促进了经济的增长，并且房地产行业产业链长，涉及领域广，可以带动相关建筑、建材等行业发展，进而提高第二产业、第三产业在国民经济中的比重。另一类认为房地产业对其他行业投资和消费的挤出效应更加突出，尤其是对新兴行业创新投入的挤占，会抑制新兴行业的发展，同时也会挤占消费者对新兴服务业如旅游业、家政业的消费，因此这些学者认为房地产业的投资过剩，房价过高不利于产业结构的升级。实际上，在 1998 年后的住房制度改革的初期，房地产业确实拉动了经济的增长并促进了产业结构的升级，但是随着房地产泡沫的出现，过度的房地产投资、投机行为和过高的房地产价格与产业结构调整升级之间究竟处于什么样的关系需要进一步的研究，因此本节以此为切入点，对房地产投资和产业结构之间的关系进行研究，以期对未来房地产市场调控的方向做出一定的贡献。

近些年来的房地产泡沫问题和一直急需解决的产业结构调整升级问题是中央和广大群众关注的焦点，也是众多学者研究的热门议题。本节对国内外学者的研究进行了梳理，下面对房地产业和产业结构之间的关系进行综述。

一部分学者认为房地产业拉动了经济的增长，从而促进了产业结构的升级。Coulson 和 Kim（2000）通过对住房投资和 GDP 之间的因果关系进行检验，证明了房地产投资是 GDP 的 Granger 原因。梁云芳和高铁梅（2006）利用协整分析和 HP 滤波，计算了均衡房地产价格，并通过构建变参数模型和 VAR 模型证明了房地产投资对宏观经济增长具有长期影响。黄忠华等（2008）从区域层面利用我国 31 个省级行政区 1997~2006 年的面板数据，对房地产投资和经济增长之间的关系进行了实证研究，结果显示无论是在全国还是在各区域，房地产投资都能促进经济的增长，但存在区域差异。夏明（2009）利用投入产出法，对房地产业的发展与宏观经济增长的关系进行了研究，分析结果证明房地产业是我国经济发展不可或缺的一部分，是经济增长的“助推器”。罗国银（2010）用我国 31 个省级行政区 1998~2009 年的面板数据，对房地产投资和经济增长之间的关系进行了实证研究，结果显示各地区的房地产投资对其经济增长均存在显著的正向影响。

另一部分学者认为一直不断攀升的房价增加了消费者的生活成本和企业的运营成本，房地产业对消费和其他行业存在挤出效应，这种挤占会阻碍资源的合理配置，不利于产业结构的调整升级。王小广（2007）认为过度依赖房地产业将会严重阻碍经济结构的升级。房地产业的高预期将会造成过度的资金和过多的其他资源非理性地追逐房地产业，造成产业结构升级推动力不足。朱默涵（2007）针对高房价对产业结构升级的抑制进行了分析，他认为高房价扭曲了消费行为，阻碍了产业结构升级，不利于社会资源配置，并且指出这种抑制作用不仅存在于房地产泡沫破灭的瞬间，而是在房价不断上涨的过程中将一直存在。谷卿德等（2015）利用中国 2000~2012 年 257 个城市的面板数据对房地产价格的上涨对产业结构升级的影响进行了实证分析，通过构建动态面板模型，证明了在房地产价格较低时，房地产价格上涨有助于产业结构调整升级，但是当房地产价格持续不断上涨，其对产业结构的调整升级会起反作用。

### 7.2.2　房地产业影响产业结构调整升级的传导机制

#### 1. 房地产业对产业结构的正向影响机制

首先，房地产业是第三产业的重要组成部分，房地产行业产业链长，覆盖面广，同时带动了建材业、建筑业、家电业等 20 多个行业的快速发展。刘水杏（2004）在研究中指出，中国 40 个产业中，除了废品及废料业外，房地产业与其余 39 个产业均存在着不同程度的关联。1998 年住房制度改革以来，我国的产业结构如表 7-6 所示。

**表 7-6　1998~2017 年我国产业结构情况**

| 年份 | GDP | 第二产业 | 第三产业 |
|---|---|---|---|
| 1998 | 100.0 | 59.7% | 33.0% |
| 1999 | 100.0 | 56.9% | 37.4% |
| 2000 | 100.0 | 59.6% | 36.2% |
| 2001 | 100.0 | 46.4% | 49.0% |
| 2002 | 100.0 | 49.4% | 46.5% |
| 2003 | 100.0 | 57.9% | 39.0% |
| 2004 | 100.0 | 51.8% | 40.8% |
| 2005 | 100.0 | 50.5% | 44.3% |
| 2006 | 100.0 | 49.7% | 45.9% |
| 2007 | 100.0 | 50.1% | 47.3% |

续表

| 年份 | GDP | 第二产业 | 第三产业 |
|---|---|---|---|
| 2008 | 100.0 | 48.6% | 46.2% |
| 2009 | 100.0 | 52.3% | 43.7% |
| 2010 | 100.0 | 57.4% | 44.1% |
| 2011 | 100.0 | 52.0% | 43.8% |
| 2012 | 100.0 | 49.9% | 44.9% |
| 2013 | 100.0 | 48.5% | 47.2% |
| 2014 | 100.0 | 47.8% | 47.5% |
| 2015 | 100.0 | 42.4% | 50.2% |
| 2016 | 100.0 | 38.2% | 51.6% |
| 2017 | 100.0 | 36.3% | 51.6% |

资料来源：中国统计年鉴数据库

从表 7-6 中可以看出，在我国的产业结构中，第三产业在 GDP 中所占的比重从 1998 年的 33.0%上升到 2017 年的 51.6%，第三产业比重的大幅度上升与房地产业的发展息息相关。长时间以来，房地产业一直被视为经济发展的先导性、基础性产业，在经济发展的过程中起着举足轻重的作用。一个国家在发展中会出现一线城市、二线城市、三线城市的差异，这种差异的表现形式就在于不同城市聚集效应的大小，而聚集效应的大小取决于一个城市是否有完备的基础设施、生活设施等来满足经济活动顺利、高效地进行，而这一切的基础就在于房地产业的发展。房地产业容纳了从房地产的生产、销售、租赁过程的各项经营业务，在这个过程中，随着房地产业的发展，会增加对如金融业、互联网、商业服务业等相关产业的需求，当人们的需求不断上升时，就会刺激新产品和新产业的发展，从而促进产业结构的不断调整升级。

另外，从房地产开发投资的角度来看产业结构升级，很多学者认为房地产投资的增加会促进国民经济的增长，进而促进产业结构的优化升级。把第二产业和第三产业的比值称为产业结构系数，如果某个城市的产业结构系数小于 1，说明该城市第三产业较为发达，产业结构系数越小代表第三产业在经济发展中处于主导地位的特征越明显。

2. 房地产业对产业结构的负向影响机制

高房价通过影响消费结构而抑制产业结构的发展。首先房地产业的高回报率和高预期吸引了大量资金流向房地产业，这就使得其他新兴产业的发展资金被挤占，再加上房地产价格是呈刚性的，房价突然大幅度下降的可能性很小，这就使得投资房地产的风险降低，从而促使房地产业越炒越热，相反其他行业的实体经济如一潭死水，萎靡不振。另外，越来越高的房价正抑制着年轻人的购买力。在一线城市，有着庞大的外来人口和常住人口，这部分青年人的租房、购房压力越来越大，“蚁族”“蜗居”更是成为很多外来人口的代名词。为了买房，越来越多的人被迫减少消费，增加储蓄，每个月的工资除去房租或按揭贷款后，所剩无几。这样的压力正严重阻碍着青年人追逐新兴型消费，他们没有多余的购买力去旅游、健身等，而这些服务类产业对促进产业结构调整、缓解就业压力等有着突出的贡献。这恰恰映衬了我国目前消费率低、消费结构不合理的现状。消费结构对产业结构的重要作用毋庸置疑，而目前的高房价正在通过影响消费结构升级，进一步抑制了产业结构的调整升级。

高房价不利于技术密集型产业发展。根据发达国家的经验，房地产行业的繁荣发展大多发生在城镇化完成以后，而我国的城镇化尚未完成，此时过度强调房地产业的发展，容易造成房地产泡沫和房地产业过度开发投资的不利局面。对房地产业过大的依赖，会造成产业结构调整升级的动力不足。因为房地产业虽然涉及范围很广，但其是一个低技术、高耗能的产业，其产业链上下游的一些相关产业如钢铁、建筑、建材等同样是低技术的产业。例如，钢铁业，目前钢铁业的60%产量投入到房地产市场，而房地产市场的钢材都是技术偏低的产品，意味着钢材业一半以上的产品长期以来一直是低技术的，这就会造成钢铁业产业结构升级缺乏动力。当大量的资金流入这些产业时，必然会挤占技术密集型产业的发展，从而会阻碍经济增长方式的转变和产业结构的调整升级。

要想实现产业结构升级，人力资本在其中同样起着重要的作用。而在培养人才创新的过程中，过高的房价不利于提供一个有利而舒适的环境，这容易造成人才的流失，另外出于住房的考虑，人才的流动性也会受到限制。这就不利于通过创新来拉动产业结构的调整升级。

### 7.2.3　房地产市场影响产业结构调整的实证分析

通过前文的分析我们可以看到，随着房价的不断攀升，房地产市场对产业结构有着正反两个方面的影响：一方面，由于房地产业覆盖范围广，涉及各个领域，这种强大的关联性一直带动着很多行业的发展，从而促进了国民经济的发展和产业结构的调整升级。另一方面，在房地产业迅速发展，房价不断攀升的背景下，必然吸引大量的投资，挤占其他行业的资本积累，从而对其他行业的发展造成抑制，不利于产业结构的升级。目前房地产市场对产业结构的影响究竟是怎样的，还需要进一步的实证研究，为此本书选取285个城市为横截面，选取2003~2015年这一时间段，建立285×13的面板数据模型，以期待找出房地产市场和产业结构之间的关系，从而为房地产市场的调控和产业结构调整升级提出有针对性的对策建议。

1. 指标的选取和数据来源

1）产业结构变量的指标选取

产业结构是指国民经济各产业部门之间和部门内部的构成及相互关系。根据社会生产活动的发展顺序对产业结构进行三次划分，第一产业主要指农业、林业、牧业和渔业，第二产业主要指工业（包括采矿业、制造业、电力、煤气及水的生产和供应业）、建筑业，第三产业为除了第一产业和第二产业以外的其他各行业，主要可划分为流通部门和服务部门。产业结构的调整包括产业结构合理化（rational structure of production）和产业结构高级化（upgrading of industrial structure）。其中，产业结构的合理化是指各产业有良好的适应性和转化能力，各产业之间的相互关系趋于协调平衡；产业结构的高级化是指产业结构从低级形式向高级形式的转化。综合以前学者的研究，产业结构指标的选取可以分为两种思路：一种是以第三产业增加值占 GDP 的比重，或者第二产业和第三产业的增加值占 GDP 的比重来表示；另一种是把产业结构合理化和产业结构高级化作为指标来反应产业结构调整的情况。相比第一产业、第二产业，第三产业主要包括交通运输、金融、餐饮、零售、房地产等服务业，这些行业具有高技术、低污染、高附加值等突出特点，再加上数据等多方面原因，本书选择采用各城市第三产业增加值占 GDP 的比重来代表产业结构的升级，用 CJ 来表示。

2）房地产市场指标的选取

对于某个国家或地区房地产市场情况的指标选取，以往绝大多数学者选择采用房地产价格来衡量，而房地产的价格是由该地区的房地产的供给和需求决定的，从供给层面来考虑，当下的房地产市场又面临去库存的压力，因此本书选择采用房地产投资来衡量该城市的房地产市场情况，并取对数，用 lnFT 表示。

3）控制变量指标的选择

控制变量的选择主要考虑到一个城市的劳动力成本、环境等情况，用在岗职工的平均薪资水平表示该城市的平均劳动力成本，用烟尘排放量来表示该城市的环境情况。为了减小异方差，对在岗职工的平均薪资水平和烟尘排放量取自然对数，分别用 lnGZ、lnYC 表示。数据均来自《中国城市统计年鉴》。

2. 面板数据模型的构建

本节利用 2003~2015 年 285 个城市的面板数据，对房地产投资与产业结构升级之间的关系进行实证研究。考虑到某个 $t$ 时期的产业结构的状态会受到前一期产业结构状态的影响，因此构建如下动态面板数据模型：

$$\mathrm{CJ}_{it} = \alpha_0 + \alpha_1 \mathrm{CJ}_{i,t-1} + \alpha_2 \ln \mathrm{FT}_{it} + \beta_1 \ln \mathrm{GZ}_{it} + \beta_2 \ln \mathrm{YC}_{it} + \varepsilon_{it} \tag{7-1}$$

式中，$\mathrm{CJ}_{it}$ 表示第 $i$ 个城市第 $t$ 期的产业结构升级的状况；$\ln \mathrm{FT}_{it}$ 表示第 $i$ 个城市第 $t$ 期的房地产投资；$\ln \mathrm{GZ}_{it}$ 和 $\ln \mathrm{YC}_{it}$ 为控制变量，其中 $\ln \mathrm{GZ}_{it}$ 表示第 $i$ 个城市第

$t$ 期的在岗职工的平均薪资水平，$\ln YC_{it}$ 表示第 $i$ 个城市第 $t$ 期的烟尘排放量；$\varepsilon$ 表示随机扰动项。

房地产市场对产业结构升级的影响与房地产市场的投资有关，在房地产市场发展初期，房地产价格水平较低时，增加房地产投资可以促进国民经济的发展，有助于促进产业结构的升级，随着房地产价格的上涨，房地产泡沫的不断累积，继续增加房地产投资，一些高技术、高附加值的产业同样受到土地成本的冲击，并且受到房地产投资的挤占，从而对这些产业的发展产生抑制，不利于产业结构的升级，同时会增加三、四线城市的房地产库存压力。因此，房地产投资对产业结构升级的影响可能是非线性的，需要对模型进行修正，在式（7-1）的基础上，增加房地产投资的二次项来检验不同程度的房地产投资对产业结构升级的影响有何不同，修正后的模型为

$$CJ_{it} = \alpha_0 + \alpha_1 CJ_{i,t-1} + \alpha_2 \ln FT_{it} + \alpha_3 \ln FT_{it}^{\ 2} + \beta_1 \ln GZ_{it} + \beta_2 \ln YC_{it} + \varepsilon_{it} \quad (7\text{-}2)$$

式中，$\ln FT_{it}^2$ 表示房地产投资的二次项；其他变量与式（7-1）一致。

3. 参数的检验

在进行回归分析之前，首先要对各变量进行面板单位根检验和面板协整检验。

面板单位根检验的方法主要有 LLC 检验、ADF-Fisher 检验、PP-Fisher 检验、IPS 检验和 Breintung 检验五种，本书选择其中的 LLC 检验、ADF-Fisher 检验和 PP-Fisher 检验对各变量进行面板单位根检验，检验结果如表 7-7 所示。

**表 7-7　面板单位根检验结果**

| 变量 | LLC | ADF-Fisher | PP-Fisher | 平稳性 |
|---|---|---|---|---|
| CJ | 21.7122<br>（1.0000） | 193.15<br>（1.0000） | 161.97<br>（1.0000） | 非平稳 |
| ΔCJ | −3.2271***<br>（0.0006） | 662.96***<br>（0.0042） | 1303.82***<br>（0.0000） | 平稳 |
| lnFT | −24.3922***<br>（0.0000） | 737.37***<br>（0.0000） | 1326.03***<br>（0.0000） | 平稳 |
| $\ln FT^2$ | −20.7755***<br>（0.0000） | 616.48*<br>（0.0868） | 1016.86***<br>（0.0000） | 平稳 |
| lnGZ | 23.6444***<br>（0.0000） | 0.67<br>（0.7472） | 1556.14***<br>（0.0000） | 平稳 |
| lnYC | −3.3351***<br>（0.0004） | 644.12**<br>（0.0167） | 713.70***<br>（0.0000） | 平稳 |

注：Δ 表示一阶差分

*、**、***分别表示 10%、5%、1%显著性水平下拒绝原假设

由表 7-7 可以看出，除 CJ 外，其余变量都是平稳的，CJ 在一阶差分后平稳，且均在 1%的显著性水平下拒绝非平稳的原假设，因此可以进一步进行面板协整

检验。

面板协整检验的方法也有很多种，目前大多数学者主要采用 Johansen 面板协整检验、Pedroni 面板协整检验和 Kao 面板协整检验。根据本书选择的面板数据“大 $N$ 小 $T$”的特点，选择 Kao 面板协整检验，检验结果如表 7-8 所示。

**表 7-8　Kao 面板协整检验结果**

| 变量 | Kao ADF 统计量 | $p$ 值 |
|---|---|---|
| CJ　lnFT　$\ln FT^2$　lnGZ　lnYC | 6.1717 | 0.0000*** |

***表示 1%显著性水平下拒绝原假设

通过表 7-8 的 Kao 检验可以看出结果在 1%的显著性水平下拒绝不存在协整关系的零假设。因此可以看出，被解释变量和解释变量之间存在协整关系。

4. 回归结果分析

对于动态面板模型的回归，考虑到本书面板数据“大 $N$ 小 $T$”的特点，选择采用广义距估计法（generalized method of moments，GMM）。表 7-9 列出了对房地产市场投资和产业结构升级之间关系进行回归的结果。

**表 7-9　GMM 回归结果**

| 变量 | 系数 | $Z$ 值 | $p$ 值 |
|---|---|---|---|
| LCJ | 1.0246*** | 1981.19 | 0.000 |
| lnFT | 1.1599*** | 27.36 | 0.000 |
| $\ln FT^2$ | −0.0592*** | −36.94 | 0.000 |
| lnGZ | 2.9347*** | 219.75 | 0.000 |
| lnYC | −0.0014 | 0.50 | 0.614 |
| AR(1) | | | 0.008 |
| AR(2) | | | 0.636 |
| Sargan 检验 | | | 0.000 |
| Hansen 检验 | | | 0.986 |

注：LCJ 为 CJ 的滞后一期

从回归结果中可以看出，房地产投资对产业结构的影响一次项系数为 1.1599，显著为正，房地产投资的二次项的系数是−0.0592，显著为负，说明房地产投资水平对产业结构升级的影响不是线性的，而是呈倒“U”形关系，当房地产价格水平较低，并没有出现房地产过度投资时，增加房地产的投资有助于产业结构的优化升级。而且通过一次项系数值的大小可以看出，房地产投资对产业结构的促进作用是比较大的。通过增加房地产投资，促进房地产业的发展，房地产业的产业链延长，通过房地产建造、销售、租赁过程的各项业务，引致对金融业、商业服务业、交通业、文化娱乐等相关产业的需求。通过对城市进行综合开发投资，提高了城市的基础公共设施、生活娱乐设施，优化了城市的经济结构和投资环境，增加了对第三产业的需求，进而促进了产业结构的升级。另外，随着房价的持续上涨，特别是东部沿海一、二线城市的房价一直居高不下，会对一些对厂房租金比较敏感的传统企业产生冲击，从而迫使这些企业向内陆转移，这种空间的释放更有利于高端产业的发展。房地产投资的增加会促进房地产业的发展，而房价的上涨会加速产业的转移，从而使得各类产业在全国范围内重新布局，有更大的发展空间，从这个角度来讲，增加房地产业的投资会推动产业结构的调整升级。

但房地产市场的发展对产业结构调整升级的促进作用不是一成不变的。当房地产业发展到一定的程度，随着房地产价格泡沫的出现，继续过度增加房地产投资会抑制产业结构的升级。房地产业的投资过剩造成的对其他新兴行业投资的挤占，以及房地产价格上涨对消费的挤占，都会对新兴的服务部门造成不利的影响，从而阻碍产业结构升级。另外，虽然高房价会带来传统产业的转移，为技术密集型产业带来更大的发展空间，但如果房价持续上涨，房地产投资持续增加，同样会对技术密集型产业产生负面影响。因为传统产业的转移所带来的发展空间的释放是有限的，当房地产价格上涨所带来的高成本效应及房地产过度投资带来的挤占效应大于传统产业转移所带来的空间创造效应时，就会对技术密集型的新兴产业造成抑制，对产业结构升级的影响也同样表现出抑制作用，正如回归结果中的房地产投资二次项系数为负值。

综上所述，房地产市场的发展，房地产投资的增加，在过去的很长一段时间内，均促进了国民经济的增长，带动了产业结构的调整升级。但是当房地产业投资达到一定的程度，房地产价格上升到一定的水平后，过高的房地产价格和过度的房地产投资对产业结构的调整升级会起反作用。

### 7.2.4 结论及政策含义

本节通过采用2003~2017年我国285个城市的面板数据，构建了包含房地产投资变量、产业结构升级变量及城市控制变量在内的动态面板模型，并进行了实证分析，研究结果发现，房地产投资与产业结构升级之间呈倒“U”形关系，在一定程度上，房地产投资的增加有助于产业结构的调整升级，但随着房地产价格的不断上涨，房地产投资的过度增加对产业结构的调整升级会起反作用。为此，本节提出以下政策建议。

对于房地产市场的调控，房地产企业是主要的供给者，根据供给侧改革的要求，房地产企业要调整住房的供给结构，增加房地产市场的有效供给，增加经济适用房的建设。要控制房地产市场的过度投资、投机现象的发生，增加对提供中低端普通住房的企业的资金支持。同时房地产市场应该严格控制房地产企业对购置土地的监管，以防止恶意炒地行为的发生，严肃查处捂盘惜售、哄抬房价等违法行为。加强楼市的金融领域的调控也是房地产市场调控的重要措施。严格控制金融机构的房地产业务，商业银行严格执行房地产调控政策，防止出现对房地产企业的过度资金支持，严格监控和审查房地产企业的信贷额度比重，严控房地产开发企业、房地产中介和互联网金融公司之间的金融业务，不得违规利用 P2P（peer-to-peer，点对点）平台开展房地产金融业务，为房地产市场打造一个良好的金融环境，提高金融资源的利用效率，这样也有助于产业结构转型升级。

房地产市场的调控同时应充分考虑城市的针对性和差异性，在抑制一、二线城市房价持续不断上涨的同时，有效化解三、四线城市的库存压力。首先对于一、二线城市而言，想要稳定房价，首先应该增加地方政府的调控自主权，尤其是在土地供给上，土地供给政策由地方政府管控，地方政府应该采取多种方式扩大土地供给，调整商业营业房和住宅的比例，合理规划建筑面积，盘活存量土地。同时严格执行差别化的住房信贷政策，以使得信贷政策能够支持合理的住房需求。对一线城市和部分二线城市征收房产税，不仅可以增加财政税收，调节收入水平，在一定程度上可以减少房地产投资、投机行为，炒房现象也会相应减少，有利于控制房地产价格的不断上涨。

对于三、四线城市甚至更小的城镇而言，需要通过在城镇化过程中，依靠以人为本的新型城镇化实现去库存。首先，通过发放购房补贴、先租后售等方式鼓励居民购房。其次，中小城市在加强城市基础设施建设、公共服务建设的同时，应注重招商引资，发展有优势的特色产业，尤其是通过扩大自身服务业的引资，可以增加本城市的就业岗位，防止人才外流，这样不仅可以促进产业结构的升级，还可以提高当地居民的可支配收入水平，与此同时，解决好农民工的医疗教育问题，使得广大农民工能够留在家乡，有可观的收入，有保障的社会服务，这不仅可以缓解大城市的拥挤，同时可以带动小城市的发展，有助于减轻三、四线城市去库存的压力和促进产业结构的调整升级。

从人口的角度来看，在人口老龄化趋势下，房地产市场将是未来受灾最重的行业。因为房地产并不像汽车、食品一样可以不断更新，除非自然灾害（地震）等发生，否则房地产是会一直存在的，这就意味着当死亡人数多于适婚的年轻购房者时，房地产开发商和投资商将会受到严重冲击。因此在人口红利逐渐减退，城市化逐渐放缓的背景下，有效地控制房地产的开发投资，有助于防止产业结构的分化和未来释放人口结构性红利。

## 7.3 改善资源配置格局的政策组合和制度创新

前文已经提到，一线城市和部分热点二线城市的房价飙升背后是一种宽松的货币现象，导致大量的货币资金流入房地产市场，造成了房地产泡沫的不断膨胀。但是需要注意的是，降低利率和扩大货币供给是全国范围内的，而房价的上涨并不是一个普遍的现象，高房价只是表现在部分热点城市，更多的三、四线城市的房价并未出现明显的上涨，这说明货币现象无法解释目前出现的不同区域房地产价格的分化格局，而隐藏在货币现象背后的造成资金大量流入热点城市房地产业的根本原因是资源配置不平衡而造成的区域发展不平衡。

回头看过去中国几十年的发展，一直存在着资源配置不平衡和经济发展不平衡。改革开放初期，根据我国特殊国情的需要，中央提出让一部分人先富起来，由先富带动后富，鼓励东部沿海城市率先开放，带动中西部发展。大量的资金和劳动力向东部沿海地区聚集，沿海城市迅速发展起来，也初步形成了区域发展不平衡的局面。在目前正在进行的城镇化过程中，这种不平衡依然存在。热点一、二线城市拥有着更好的基础设施建设，有着更好的教育、医疗条件。通过资源配置，引导着大量的资金和人力资本的流入，加剧了经济发展的格局分化。房地产价格的地区分化的格局是社会整体资源配置不平衡下的一个缩影，因此改善资源配置格局迫在眉睫，在这样的背景下，本节从税收分配改革、房地产税制改革、人力资源配置和信贷资源配置四个方面逐一进行讨论。

### 7.3.1 进行税收收入分配改革

资源配置的不平衡包含很多方面，其中在过去的发展中，税收分配政策向发达地区倾斜的趋势十分明显，地区间隐藏的税收收入不平等问题一直存在。尤其是自 1994 年实行分税制改革以来，作为第一大税种的增值税税收的 75%归中央所有，大大减少了地方政府的财政收入。但是地方政府的事权并没有减少，反而在增加，在这种非对称的财政体制下，财权、事权缺乏统一的矛盾越来越严重，地方政府的财政收支平衡被打破。而地方政府在一地区的经济发展中起着举足轻重的作用，地方政府的财政收入又直接影响着地方的基础设施建设、公共服务建设、文化娱乐建设等，因此当一个地区的财政紧缺时，地方建设将会受到影响。而目前的地方税收收入分配又呈现出向发达区域倾斜的趋势，导致资源配置不平衡、区域发展不平衡的局面更加严重。

1. 税收分配制度现状分析

下面对地方政府最主要的两种税收收入来源，即增值税和所得税进行分析。

首先来看我国的第一大税种——增值税。营业税曾经是地方政府最主要的税收收入来源，但是在 2016 年“营改增”的试点范围不断扩大的政策下，地方营业税逐渐被增值税取代，增值税成为第一大税收收入来源。有统计显示，地方共享的增值税和营业税占地方政府税收收入将近一半，这足以说明增值税在地方政府财政收入中所占的重要地位。但是增值税是按生产地来征收的，也就是按照生产企业所在的地区来进行划分。而增值税的最终买单人是消费者，按照这个逻辑，增值税的征收应该根据缴纳税金的消费者所在地来征收，而不是生产企业所在地。下面我们将通过数据分析这两种不同征收原则下所带来的不平衡的地区税收收入分配问题。

通过《中国统计年鉴 2016》的数据，用各地方增值税收入在全国所占的比重代表各地方的增值税在企业生产地征收原则下的分配比例，用各地区限额以上零售业的商品销售额在全国所占的比重模拟增值税在消费地征收原则下的分配比例。然后用生产地征收原则下的分配比例减去消费地征收原则下的分配比例，差值为正代表净流入，差值为负代表净流出，差值的绝对值的大小代表两种不同征收原则的差异大小即扭曲程度，绝对值越大，表示当前按照生产地征收原则所带来的扭曲程度越大。表 7-10 给出了全国各地区增值税的净流入/净流出数据，图 7-4 分布直方图更直观地给出了目前增值税税收分配的扭曲情况。

**表 7-10　全国分地区增值税净流入/净流出对比情况**

| 省区市 | 增值税/亿元 | 地区增值税收入占全国比重 | 零售商品销售额/亿元 | 地区零售占全国比重 | 净流入/净流出 |
|---|---|---|---|---|---|
| 北京 | 716.12 | 7.1% | 8 139.8 | 7.1% | 0 |
| 天津 | 252.04 | 2.5% | 2 536.9 | 2.2% | 0.3% |
| 河北 | 315.35 | 3.1% | 3 076.0 | 2.7% | 0.4% |
| 山西 | 201.14 | 2.0% | 2 007.2 | 1.8% | 0.2% |
| 内蒙古 | 167.58 | 1.7% | 1 518.0 | 1.3% | 0.4% |
| 辽宁 | 286.17 | 2.8% | 3 614.2 | 3.2% | −0.4% |
| 吉林 | 134.43 | 1.3% | 1 807.8 | 1.6% | −0.3% |
| 黑龙江 | 129.46 | 1.3% | 1 570.0 | 1.4% | −0.1% |
| 上海 | 1012.8 | 10.0% | 6 287.0 | 5.5% | 4.5% |
| 江苏 | 1 046.92 | 10.4% | 10 783.1 | 9.4% | 1.0% |
| 浙江 | 809.91 | 8.0% | 7 428.4 | 6.5% | 1.5% |
| 安徽 | 273.11 | 2.7% | 3 624.1 | 3.2% | −0.5% |
| 福建 | 271.75 | 2.7% | 4 228.9 | 3.7% | −1.0% |
| 江西 | 240.63 | 2.4% | 1 650.6 | 1.4% | 1.0% |
| 山东 | 594.98 | 5.9% | 9 957.6 | 8.7% | −2.8% |

续表

| 省区市 | 增值税/亿元 | 地区增值税收入占全国比重 | 零售商品销售额/亿元 | 地区零售占全国比重 | 净流入/净流出 |
|---|---|---|---|---|---|
| 河南 | 263.73 | 2.6% | 4 710.1 | 4.1% | −1.5% |
| 湖北 | 285.48 | 2.8% | 5 763.4 | 5.0% | −2.2% |
| 湖南 | 218.63 | 2.2% | 4 227.8 | 3.7% | −1.5% |
| 广东 | 1 339.16 | 13.2% | 11 293.8 | 9.9% | 3.3% |
| 广西 | 139.99 | 1.4% | 1 451.9 | 1.3% | 0.1% |
| 海南 | 61.56 | 0.6% | 480.7 | 0.4% | 0.2% |
| 重庆 | 175.92 | 1.7% | 3 439.6 | 3.0% | −1.3% |
| 四川 | 324.48 | 3.2% | 5 387.2 | 4.7% | −1.5% |
| 贵州 | 120.47 | 1.2% | 1 529.3 | 1.3% | −0.1% |
| 云南 | 190.25 | 1.9% | 2 222.6 | 1.9% | −0.1% |
| 西藏 | 17.34 | 0.2% | 104.9 | 0.1% | 0.1% |
| 陕西 | 233.92 | 2.3% | 3 082.8 | 2.7% | −0.4% |
| 甘肃 | 89.79 | 0.9% | 882.7 | 0.8% | 0.1% |
| 青海 | 22.95 | 0.2% | 198.4 | 0.2% | 0.1% |
| 宁夏 | 35.73 | 0.4% | 312.7 | 0.3% | 0.1% |
| 新疆 | 140.72 | 1.4% | 937.9 | 0.8% | 0.6% |

资料来源：国家统计局

注：净流入/净流出数据为根据原始数据计算并保留小数得到

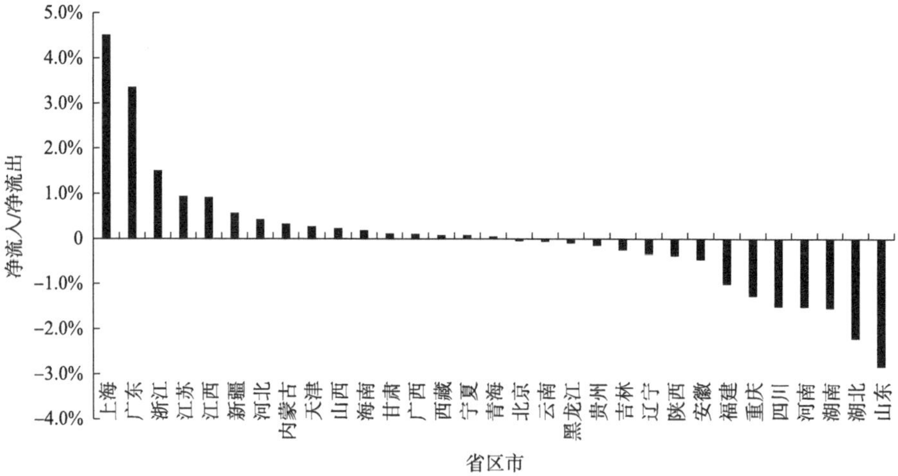


图 7-4　全国分地区增值税净流入/净流出对比图

从图 7-4 中可以看出，净流入排名前三的上海、广东、浙江均为经济发达的省市，其中净流入最大的上海为 4.5%，而根据生产地征收原则，如上海的增值税税收收入占全国的 10%（表 7-10），也就是说这 10%的税收中有 45%是从其他地区的税收流入上海的。这么大的流入量相当于很多省区市一年甚至高于一年的增值税税收额。

从分析中可以看出，以生产地为征收原则的增值税税收并没有起到调节地区差异的作用，发达地区增值税的流入是通过欠发达地区来补贴的，这种分配体制反而使地区差距进一步拉大。

企业所得税有着和增值税同样的问题，企业缴纳企业所得税的原则是根据企业的注册地，也就是说无论一个企业在其他地区有多少分公司、子公司，在何处营业，该企业所缴纳的所得税均归注册地所有。但是企业在注册公司时，为了获得更多的资源，大多选择北京、上海、深圳等一线城市或热点二线城市，造成的结果仍然是由经济欠发达的地区来补贴经济发达地区。

2. 税收分配制度调整方向

通过以上的分析可以看出，虽然中央为了缓解地区发展不平衡，采取了一系列的政策措施支持欠发达地区的经济发展。但是这些优惠政策大多都是暂时的，而这种隐藏在背后的不平等的税收收入分配却是自 1994 年分税制改革以来一直存在的，并且很有可能会继续存在下去。在过去的二十几年中，欠发达地区一直在税收收入上补贴发达地区。国家即便采取措施调节区域间的资源配置格局，但如果不对目前不平等的税收收入分配制度进行改革，资金依然会自动流向经济发达地区。财政紧缺的欠发达地区自然没有足够的资金调度资源，资源配置不平衡、区域发展不平衡的局面很难改变。要想改变税收分配不平衡的局面，首先中央应该适当调整地方政府的增值税分配比例，增加地方政府财政收入，让地方政府的财权和事权处于平衡状态。从长期来看，增值税的分配应该逐渐由生产地原则向消费地原则转型，改变长期以来由欠发达地区补贴发达地区税收的局面，减小不同区域间的收入差距和资源配置不平衡。

### 7.3.2 推进房地产税制改革并扩大房产税试点范围

2017 年 1 月 11 日，中央印发了《关于创新政府配置资源方式的指导意见》，指出政府在资源配置中存在公共服务供给不足等问题，并提出鼓励在新型城镇化、区域性金融市场、房地产税等方面探索创新。关于房产税，无论是在学术界还是中央财政部门，已经经过多年的探讨和研究。2011 年 1 月，在上海和重庆设立了房产税改革试点，其中在上海首次对部分个人住房征收房产税。2012 年，财政部部长谢旭人表示，在全国范围内大力推开上海和重庆房产税改革的经验。2013 年，国务院明确提出，扩大个人住房房产税改革试点范围。房产税不仅可以成为地方政府的主要财政收入，同时可以起到调节收入、调整资源配置、抑制热点城市房地产价格上涨的作用。但在当前的国民经济处于下行压力及房地产价格冰火两重天的背景下，到底房产税该不该征，何时征，仍存在争议。

在过去对房产税的研究讨论中，王晓明和吴慧敏（2008）关于征收房产税进行了测算，结果表明，开征房产税对不同性质的购房者的影响是不同的，对于未满足自住需求的购房者，增加房产税对其影响不大，而对于投资需求的购房者，征收房产税会使其成本增加，收益降低，影响很大。李祥等（2012）利用 1998~2009 年的省级面板数据，对房地产税收结构与房价之间的关系进行了实证分析，研究结果表明，房产税对房价的影响和区域相关，相对于中西部地区，东部地区的影响较大。刘蓉等（2015）利用家庭微观数据对房产税的非减免比率进行了测算，测算结果得出我国的非减免比率在 44.6%左右。侯一麟和马海涛（2016）对房产税实施的原理和策略提出了理论框架，他们认为征收房产税的直接目的是增加地方政府的财政收入，使地方政府能提供更多的公共服务，并且认为房产税的征收宜早不宜迟。张平和侯一麟（2016）通过采用"中国家庭金融调查"的微观数据，从房产税的纳税能力、税负分布及再分配效应三个角度进行了实证分析，结果表明，房产税具有地方税的特点，来自不同区域的家庭的纳税能力存在较大差距，且房产税可以起到调节财富差距的作用。

1. 房产税对地方财政收入的影响

从本质上来说，房产税是一种财产税，可以调节收入的分配。从税负归宿的角度看房产税，张平等（2016）认为它是一种受益税。他们认为地方政府从居民手中征收房产税，这部分财政收入用于为居民提供公共服务，通俗来讲房产税是一种居民为了享受公共服务而缴纳的费用。虽然对于要不要征收房产税尚存在分歧，但是学者在房产税由谁征收这个问题上基本达成共识：房产税具有地方性特征，应该由地方政府来征收。因此很多学者支持对房产税进行改革，这将在很大程度上增加地方政府的财政收入，有助于平衡地方政府的财权和事权。表 7-11 和表 7-12 给出了自 1994 年分税制改革以来，2006~2017 年的中央和地方的财政收支情况，从表中可以看出，长时间以来，地方政府的财权和事权处于严重不平衡的状态，地方政府的财政收入占比在 40%~60%，而地方政府的财政支出在 2012~2017 年一直占财政总支出的 85%左右，不平衡仍在加剧。从表 7-13 的地方政府财政自给能力情况可以看出，地方政府的财政收入只能满足 50%~60%的财政支出，面对这么大的资金缺口只能靠其他途径来补充，如出让土地。而按照目前的房产税税制，地方政府并没有分享到房地产价格上涨带来的收益，因此为了增加地方政府的财政收入，改变地方政府财权、事权严重不平衡的局面，对房产税进行改革势在必行。

**表 7-11　中央、地方财政收入情况表**

| 年份 | 财政收入总和/亿元 | 中央财政收入/亿元 | 地方财政收入/亿元 | 中央占比 | 地方占比 |
|---|---|---|---|---|---|
| 2006 | 38 760.20 | 20 456.62 | 18 303.58 | 52.8% | 47.2% |
| 2007 | 51 321.78 | 27 749.16 | 23 572.62 | 54.1% | 45.9% |
| 2008 | 61 330.35 | 32 680.56 | 28 649.79 | 53.3% | 46.7% |
| 2009 | 68 518.30 | 35 915.71 | 32 602.59 | 52.4% | 47.6% |
| 2010 | 83 101.51 | 42 488.47 | 40 613.04 | 51.1% | 48.9% |
| 2011 | 103 874.43 | 51 327.32 | 52 547.11 | 49.4% | 50.6% |
| 2012 | 117 253.52 | 56 175.23 | 61 078.29 | 47.9% | 52.1% |
| 2013 | 129 209.64 | 60 198.48 | 69 011.16 | 46.6% | 53.4% |
| 2014 | 140 370.03 | 64 493.45 | 75 876.58 | 45.9% | 54.1% |
| 2015 | 152 269.23 | 69 267.19 | 83 002.04 | 45.5% | 54.5% |
| 2016 | 159 604.97 | 72 365.62 | 87 239.35 | 45.3% | 54.7% |
| 2017 | 172 592.77 | 81 123.36 | 91 469.41 | 47.0% | 53.0% |

**表 7-12　中央、地方财政支出情况表**

| 年份 | 财政支出总和/亿元 | 中央财政支出/亿元 | 地方财政支出/亿元 | 中央占比 | 地方占比 |
|---|---|---|---|---|---|
| 2006 | 40 422.73 | 9 991.40 | 30 431.33 | 24.72% | 75.28% |
| 2007 | 49 781.35 | 11 442.06 | 38 339.29 | 22.98% | 77.02% |
| 2008 | 62 592.66 | 13 344.17 | 49 248.49 | 21.32% | 78.68% |
| 2009 | 76 299.93 | 15 255.79 | 61 044.14 | 19.99% | 80.01% |
| 2010 | 89 874.16 | 15 989.73 | 73 884.43 | 17.79% | 82.21% |
| 2011 | 109 247.79 | 16 514.11 | 92 733.68 | 15.12% | 84.88% |
| 2012 | 125 952.97 | 18 764.63 | 107 188.34 | 14.90% | 85.10% |
| 2013 | 140 212.10 | 20 471.76 | 119 740.34 | 14.60% | 85.40% |
| 2014 | 151 785.56 | 22 570.07 | 129 215.49 | 14.87% | 85.13% |
| 2015 | 175 877.77 | 25 542.15 | 150 335.62 | 14.52% | 85.48% |
| 2016 | 187 755.21 | 27 403.85 | 160 351.36 | 14.60% | 85.40% |
| 2017 | 203 085.49 | 29 857.15 | 173 228.34 | 14.70% | 85.30% |

**表 7-13　地方政府自给能力情况表**

| 年份 | 地方财政收入/亿元 | 地方财政支出/亿元 | 地方财政自给能力 |
|---|---|---|---|
| 2006 | 18 303.58 | 30 431.33 | 60.15% |
| 2007 | 23 572.62 | 38 339.29 | 61.48% |
| 2008 | 28 649.79 | 49 248.49 | 58.17% |
| 2009 | 32 602.59 | 61 044.14 | 53.41% |
| 2010 | 40 613.04 | 73 884.43 | 54.97% |
| 2011 | 52 547.11 | 92 733.68 | 56.66% |
| 2012 | 61 078.29 | 107 188.34 | 56.98% |
| 2013 | 69 011.16 | 119 740.34 | 57.63% |
| 2014 | 75 876.58 | 129 215.49 | 58.72% |
| 2015 | 83 002.04 | 150 335.62 | 55.21% |
| 2016 | 87 239.35 | 160 351.36 | 54.41% |
| 2017 | 91 469.41 | 173 228.34 | 52.80% |

资料来源：数据来源于《中国统计年鉴 2018》

2. 房产税对房价和资源配置的影响

征收房产税能否起到调控房价的作用，对此学术界有着不同的声音，有人认为如果我国实行像世界其他国家那样的房产税，将有助于遏制房地产市场的投机行为、炒房行为，从而降低目前热点城市房地产市场的热度。但是又有人认为征收房产税能够多大程度上抑制房价上涨是未知数，并且我国目前正处于经济下行压力之下，而且房地产市场分化严重，征收房产税很有可能带来资源配置和产业结构的波动，对房地产上下游产业的建筑业、建材业，以及与房地产业有着密切联系的金融业产生一系列连锁反应。面对这样的形势，房产税要放缓吗？本书认为仍然要加快。面对冰火两重天的房地产市场情况，分区域区别对待，该去库存的去库存，同时在全国范围内对房地产市场过热的城市，进一步扩大征收房产税的试点范围，并且根据不同城市的具体情况，施行不同的征收办法、制定差异化的税率。在征收的初期，房产税的税率宜低不宜高，同时出台配套的减免优惠政策及我国的房地产产权登记制度，其中减免比率的制定也要因城而异。由我国历史问题造成的我国房地产类型多样化，在征收房产税之前，必须完善房地产评估制度，并对评估制度设立明确的法律法规。而且要明确税收资金的使用方向，避免民众因增加税负的不满而引发社会问题。

### 7.3.3　协调人力资本平衡

1. 问题分析

在区域间资源配置不平衡的背景下，虽然很多一线城市实行了户籍限制，但是依然有越来越多的外来人口涌向经济发达的一线城市。纷纷流入的外来人口不仅包括外地农民工，还有更重要的一部分人群就是高校毕业生。不仅一、二线城市的高校毕业生不愿选择去三、四线城市就业，本身来自三、四线城市的毕业生也同样更多地选择去一、二线城市就业，而不是返回家乡。三、四线城市人力资本的流失会减小大型企业的吸引力，这会严重制约欠发达地区的经济发展。以房地产业为例，目前我国三、四线城市的房地产库存压力很大，而高校毕业生正是未来房地产买方市场最重要的主力军。邱晓东和吴福象（2017）在研究外来人口、产业结构和房地产市场调控之间的关系时，通过实证研究证明外来人口对一线及热点二线城市的房地产需求有促进作用。人才的流失使得本来需求就不足的三、四线城市的买方市场进一步缩小，去库存压力变得更加沉重。表 7-14 来自国家统计局的数据，给出了 2012~2016 年四个一线城市的常住人口（包括常住户籍人口和常住外来人口）增长情况，从表中可以看出，除了 2015 年上海增长率下降外，其余年份四个一线城市的常住人口均呈上涨趋势。

**表 7-14　北上广深常住人口增长情况**

| 年份 | 北京 | | 上海 | | 广州 | | 深圳 | |
|---|---|---|---|---|---|---|---|---|
| | 常住人口/万人 | 增长率 | 常住人口/万人 | 增长率 | 常住人口/万人 | 增长率 | 常住人口/万人 | 增长率 |
| 2012 | 2069 | | 2380 | | 1284 | | 1055 | |
| 2013 | 2115 | 2.22% | 2415 | 1.47% | 1293 | 0.70% | 1063 | 0.76% |
| 2014 | 2152 | 1.75% | 2426 | 0.46% | 1308 | 1.16% | 1078 | 1.41% |
| 2015 | 2171 | 0.88% | 2415 | −0.45% | 1350 | 3.21% | 1138 | 5.57% |
| 2016 | 2173 | 0.09% | 2420 | 0.21% | 1404 | 4.00% | 1191 | 4.66% |

更具体地，见表 7-15 和图 7-5 北上广深四个一线城市的常住外来人口占比情况，从图 7-5 中可以看出，2016 年北上广的常住外来人口占比在 40%左右，而深圳的常住外来人口占常住人口高达 65.99%，可见欠发达地区在源源不断地补充着一线城市的劳动力，而一线城市在不断透支着欠发达的三、四线城市的人口红利。

**表 7-15　北上广深常住外来人口情况**（单位：万人）

| 年份 | 北京 | | 上海 | | 广州 | | 深圳 | |
|---|---|---|---|---|---|---|---|---|
| | 常住外来人口 | 常住户籍人口 | 常住外来人口 | 常住户籍人口 | 常住外来人口 | 常住户籍人口 | 常住外来人口 | 常住户籍人口 |
| 2012 | 774 | 1296 | 960 | 1420 | 462 | 822 | 767 | 288 |
| 2013 | 803 | 1312 | 990 | 1425 | 460 | 832 | 752 | 310 |
| 2014 | 819 | 1333 | 996 | 1429 | 466 | 842 | 746 | 332 |
| 2015 | 823 | 1348 | 982 | 1434 | 496 | 854 | 783 | 355 |
| 2016 | 808 | 1365 | 980 | 1440 | 543 | 870 | 786 | 405 |

注：统计数据进行了四舍五入修约，导致部分常住外来人口和常住户籍人口的合计与表 7-14 中的常住人口存在偏差

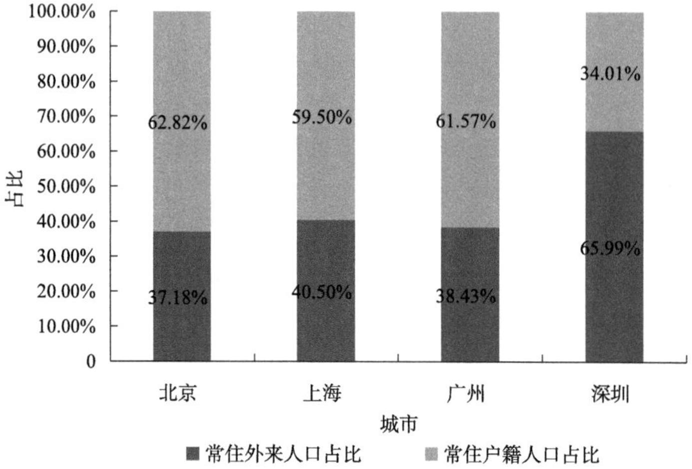


图 7-5 2016 年常住外来人口及常住户籍人口占比

2. 调整方向

如何使欠发达的三、四线城市留住人才，减小和经济发达地区的人力资本差距，是我们在城镇化过程中不容忽视的问题。目前大量人力资本涌向一线和热点二线城市，一线城市的城镇化进程推进得非常迅速，但是经济发达的一线城市吸纳人口的能力是有限的，总有一天会趋于饱和，单单靠几个城市来实现城镇化更是不现实的，只有改变区域发展不平衡的局面才是根本途径。通过调整资源配置格局，调整税收分配制度，大力发展地方特色产业及实行优惠政策鼓励企业向三、四线城市转移，增强对人才的吸引力，扩大就业岗位，通过增强人力资本带动创新，以期通过人口聚集特别是人才的聚集来促进产业聚集，促进产业结构和经济结构的优化。同时继续收紧一、二线城市户籍限制，在一定程度上促使人才从一线城市向欠发达地区流入，并继续开放重点开发城市，如 2017 年 4 月 1 日，中央提出在雄安设立国家级新区，未来雄安新区将吸引众多的大型企业和人才，这将有效缓解北京面临的各种压力，同时又带动河北各城市的发展，对调整京津冀的空间结构和资源配置格局，实现京津冀一体化发展具有重要的历史意义，也为未来实现多极城镇化迈出了重要的一步。合理调整人力资本的配置是改善资源配置格局的重要环节，因此坚定不移地推进以人为本的新型城镇化，引导人口的流向，使三、四线城市同样能够分享到人口红利，是未来发展的方向。

### 7.3.4 改善信贷资源配置

2016 年两会全面吹响供给侧改革的号角，中央提出“在适度扩大总需求的同时，着力加强供给侧结构性改革”，这标志着我国的供给侧改革进入全面实施阶段。进行供给侧改革有五大目的：去产能、去库存、去杠杆、降成本、补短板，其中去产能居于首位。鞠蕾等（2016）在从供给侧角度研究产能过剩问题时，认为我国的产能过剩是要素市场配置扭曲。在一个经济体中，金融资源有两种功能，其自身不仅是一种重要的市场资源，而且可以起到调配其他社会资源的作用。金融资源是实体经济发展的“润滑剂”，为实体经济能够有效高速地运转提供服务。因此，合理配置金融资源有助于引导其他社会资源的配置，是整个社会资源配置有效性的关键。银行是金融体系的中心，而从我国的企业融资结构中可以看出，虽然互联网的发展拓宽了企业的融资渠道，但是商业银行的信贷融资依然是最主要的融资渠道，当银行的信贷资源配置出现不均衡时，会影响整个社会的资源配置效率和产业结构的调整升级，这就是目前供给侧改革面临的首要问题，即产能过剩问题。

对于信贷资源配置问题，李锦玲等（2011）从区域经济的角度对银行信贷资源配置进行了研究，结果表明，信贷资源是推动一个地区经济发展的重要动力，信贷资源分布的不平衡会带来区域经济增长的不平衡。盛丹和王永进（2013）利用 120 个城市 12 400 家工业企业的微观数据，从产业聚集的角度实证分析了对信贷资源配置效率和企业融资的影响，研究表明，从长期来看，产业聚集能够提升信贷资源的配置效率，并且能够促进产业结构的调整升级。张忠宇（2014）从信贷政策的角度，对促进产业结构升级的传导机制进行了研究，他认为有效的信贷政策可以引导资源配置的方向，促进产业结构资本积累，加速产业技术升级。邹朋飞等（2016）利用 2006~2014 年的数据建立了动态面板数据模型，实证检验了信贷资源配置对经济增长的影响，结果表明扭曲的信贷资源配置格局不利于经济的增长。阚闯和宋鸽（2017）以东北钢铁为例，分析了信贷资源配置对产能过剩行业的影响，并得出银行信贷资源的错配导致了目前钢铁、能源等行业的产能过剩。钱爱民和付东（2017a，2017b）在供给侧改革的背景下，以金融生态环境为切入点，从微观企业的层面对金融资源配置和产能过剩之间的关系进行了实证分析，结果表明在全国差异化的金融生态环境下，金融资源配置的不当会降低产能的利用率，导致产能过剩。

1. 银行信贷资源配置的不平衡

目前我国的钢铁、能源等行业出现产能过剩，很重要的一个原因在于银行信贷资源对这些行业的过度偏好。分析这些行业的特点，首先从事这些行业的大多为大型国企，且在过去的一段时间有一定的盈利能力，因此这些行业的企业的信贷风险较低。再加上这些企业有有形资产作为担保，使得银行对这类行业有着较宽松的信贷政策并投入较多的信贷资金。拥有大量信贷资金的企业会进一步扩张，增加产能，但是当经济下滑时，需求随之减少，这将导致扩大的产能无处释放，形成产能过剩。而提供贷款的银行将承受随之而来的信贷风险。表7-16 是

2014~2016 年四大国有银行的不良贷款情况。

**表 7-16　四大国有银行的不良贷款情况**

| 年份 | 中国银行 | | 中国建设银行 | | 中国农业银行 | | 中国工商银行 | |
|---|---|---|---|---|---|---|---|---|
| | 不良贷款/亿元 | 不良率 | 不良贷款/亿元 | 不良率 | 不良贷款/亿元 | 不良率 | 不良贷款/亿元 | 不良率 |
| 2014 | 1004.94 | 1.18% | 131.7 | 1.19% | 1249.7 | 1.54% | 1245.0 | 1.13% |
| 2015 | 1308.97 | 1.43% | 1659.8 | 1.58% | 2128.7 | 2.39% | 1795.2 | 1.50% |
| 2016 | 1460.03 | 1.46% | 1819.5 | 1.52% | 2308.3 | 2.37% | 1799.7 | 1.62% |

资料来源：数据来源于各大银行的年报

从表 7-16 中可以看出，中国银行和中国工商银行 2014~2016 年的不良贷款率一直在上升，中国建设银行和中国农业银行的不良贷款率在 2015 年大幅上涨后，2016 年基本持平，稍有小幅下降，其中中国农业银行的不良贷款率最高。不良率的上升主要原因在于大量的信贷资金流入了房地产及钢铁、水泥等高耗能、高污染的严重产能过剩的行业。

根据中国人民银行 2016 年的统计报告，金融机构人民币总贷款余额为 106.6 万亿元，比 2015 年增加了 9257 亿元，同比增长 13.5%。其中房地产贷款余额为 26.68 万亿元（房地产开发贷款 5.66 亿元），占各项总贷款余额的 25%。造成这种银行的大量信贷资金流向房地产业及产能过剩行业的主要原因在于银行的信贷政策和地方政府不当的政绩考核机制。

2. 信贷资源配置的调整方向

我国的信贷政策要与产业政策相结合。信贷资源的配置应该以促进产业结构的合理化和高级化为立足点，银行信贷部门要充分发挥其在产业结构升级中的作用，要根据当前经济的发展形势，对不同的地区和不同的行业，有针对性地分别设置不同的贷款准入门槛，对国家的产业政策重点支持和鼓励的行业给予充足的信贷资金支持，对一些目前已经严重产能过剩的钢铁、能源等行业，应该对其收紧信贷政策，做到金融机构的信贷政策与国家当前的产业政策相协调。提高贷款占存款的比重，特别是提高服务业贷款在各项贷款中的比重，降低第二产业和房地产的贷款比重，适当增加商业性贷款，从而促进产业结构的高级化。在合理分配的同时，提升信贷资金的使用效率，加强信贷审核管理，减少地方政府重复性投资，增强信贷资金的流动性。另外政府部门应该减少对金融市场的干预，防止因政府的偏好而错误地引导信贷政策的方向，同时调整政府的考核机制，不能过度注重短期利益和短期目标，而应该从长远角度考虑产业布局，更多鼓励新兴产业的发展。

# 产业结构调整升级篇

# 第 8 章 “十三五”时期我国产业结构调整升级的趋势与政策取向

本章围绕我国产业结构调整升级的要求，在分析改革开放以来产业结构变动特点的基础上，重点研究新常态下我国产业融合发展和转型升级的趋势及影响，探讨适应产业融合发展趋势的产业结构政策定位和主要取向。

## 8.1 中国产业结构演进的趋势及特点

### 8.1.1 改革开放以来产业结构演变趋势

改革开放以来，我国三次产业增加值都呈快速增长趋势，三次产业中农业和服务业产值占比变化较大。1978 年我国 GDP 约为 3678.7 亿元（按现价计算），其中农业（即第一产业）产值占 GDP 总量比例为 27.7%，工业（即第二产业）产值占 GDP 总量比例为 47.7%，服务业（即第三产业）产值占 GDP 总量比例为 24.6%。

由图 8-1 和表 8-1 可知，2017 年我国 GDP 为 827 122 亿元（按现价计算），其中农业产值占比下降到 7.92%，工业产值占总产值比重为 40.46%，而服务业占比上升到 51.56%。农业产值比重下降趋势比较明显，经济经过 40 多年的长足发展，农业产值比例已经下降到 10%以下，取而代之的是工业特别是服务业的增长。2012 年服务业产值首次超过第二产业，成为产业增加值第一大产业。这一变化被一些学者认为是中国进入工业化后期的重要标志（刘伟和蔡志洲，2015）。从 2015 年开始，服务业产业增加值每年均占 GDP 的 50%以上。40 多年来第二产业产值占 GDP 总量比例变化不大，在 45%上下稍有波动。但在最近几十年，第二产业产值占比从 2006 年 47.6%的高位逐渐下降到 2016 年的 39.88%，2017 年第二产业产值占比为 40.46%，比 2016 年略有上升。从表 8-1 中可看出，2009~2017 年第二产业产值比例下降趋势比较明显。

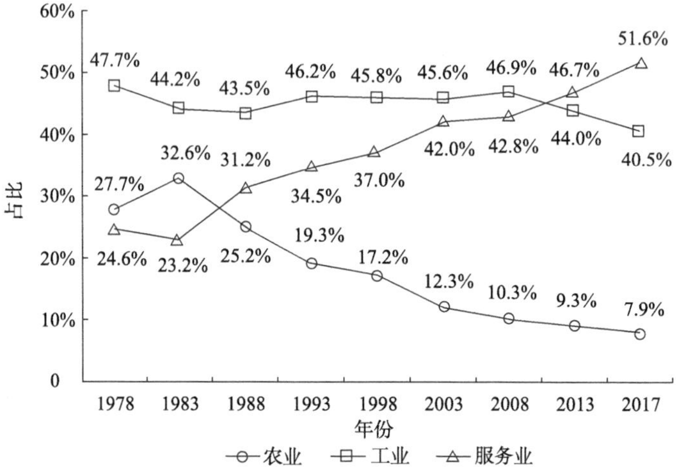


图 8-1　中国三次产业产值比例趋势图

**表 8-1　中国 2009~2017 年三次产业产值及占比**

| 项目 | 2009 年 | 2010 年 | 2011 年 | 2012 年 | 2013 年 | 2014 年 | 2015 年 | 2016 年 | 2017 年 |
|---|---|---|---|---|---|---|---|---|---|
| GDP/亿元 | 349 081 | 413 030 | 489 301 | 540 367 | 595 244 | 643 974 | 689 052 | 743 586 | 827 122 |
| 第一产业/亿元 | 34 162 | 39 363 | 46 163 | 50 902 | 55 329 | 58 344 | 60 862 | 63 673 | 65 468 |
| 第一产业占比 | 9.79% | 9.53% | 9.43% | 9.42% | 9.30% | 9.06% | 8.83% | 8.56% | 7.92% |
| 第二产业/亿元 | 160 172 | 191 630 | 227 039 | 244 643 | 261 956 | 277 572 | 282 040 | 296 548 | 334 623 |
| 第二产业占比 | 45.88% | 46.40% | 46.40% | 45.27% | 44.01% | 43.10% | 40.93% | 39.88% | 40.46% |
| 第三产业/亿元 | 154 748 | 182 038 | 216 099 | 244 822 | 277 959 | 308 059 | 346 150 | 383 365 | 427 032 |
| 第三产业占比 | 44.33% | 44.07% | 44.16% | 45.31% | 46.70% | 47.84% | 50.24% | 51.56% | 51.63% |

图 8-2 给出了三次产业就业比例趋势。从就业劳动产业分布来看，1978 年全国超过 70%的劳动力从事农业生产工作。随着改革开放进程的推进和经济的快速发展，从事农业的劳动人口比例逐渐下降，而第二、第三产业就业劳动比例上升趋势明显。2011 年第一产业从业人员占总就业人数的比例为 34.8%，第三产业从业人员占总就业人数的比例为 35.7%，第三产业就业人数首次超过了第一产业。2014 年第一产业从业人员占总就业人数的比例为 29.5%，第二产业从业人数占比为 29.9%，第一产业就业人数首次少于第二产业。2017 年农业就业人数比例下降

至 27.0%。服务业就业人数比例一直保持较快速度的增长，2017 年已达到 44.9%。工业就业人数比例在 2012 年达到历史最高点 30.3%，而 2017 年工业就业人数比例为 28.1%，最近几年工业就业人数比例呈现缓慢下降趋势。

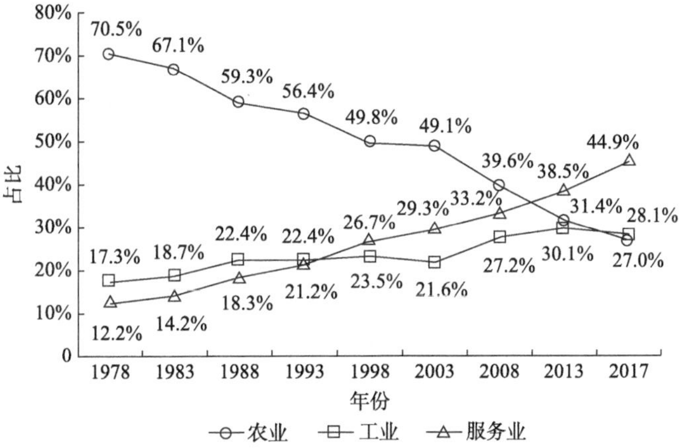


图 8-2 中国三次产业就业比例趋势图

表 8-2 给出了 2008~2017 年三次产业年末从业人员数，第二行为我国经济中每年的就业人员总数。2008~2017 年我国就业人员总数平均稳定在 7.6 亿人左右，每年就业人数略有上升趋势。2011 年第三产业从业人员总数约为 2.73 亿人，超过第一产业就业人数（约 2.66 亿人）。2014 年第二产业就业人数约为 2.31 亿人，超过了约为 2.28 亿人的第一产业就业人数。2017 年服务业就业人员在总人数中占比为 44.9%，虽然大部分就业人员从事第三产业，但应该看到农业就业比例为 27.0%，仍占有相当大的比例。我国农业就业比例较大的一个重要原因是农业还没有完全实现规模化生产，以家庭为主体的零星式生产方式在农村仍占有相当大的比例。在我国农业实现现代化的过程中，未来农业劳动力仍有较大份额可以转移到第二产业和第三产业。

**表 8-2 中国 2008~2017 年三次产业从业人员数及占比**

| 项目 | 2008 年 | 2009 年 | 2010 年 | 2011 年 | 2012 年 | 2013 年 | 2014 年 | 2015 年 | 2016 年 | 2017 年 |
|---|---|---|---|---|---|---|---|---|---|---|
| 总数/万人 | 75 564 | 75 828 | 76 105 | 76 420 | 76 704 | 76 977 | 77 253 | 77 451 | 77 603 | 77 640 |
| 第一产业/万人 | 29 923 | 28 890 | 27 931 | 26 594 | 25 773 | 24 171 | 22 790 | 21 919 | 21 496 | 20 944 |
| 第一产业占比 | 39.6% | 38.1% | 36.7% | 34.8% | 33.6% | 31.4% | 29.5% | 28.3% | 27.7% | 27.0% |
| 第二产业/万人 | 20 553 | 21 080 | 21 842 | 22 544 | 23 241 | 23 170 | 23 099 | 22 693 | 22 350 | 21 824 |

续表

| 项目 | 2008 年 | 2009 年 | 2010 年 | 2011 年 | 2012 年 | 2013 年 | 2014 年 | 2015 年 | 2016 年 | 2017 年 |
|---|---|---|---|---|---|---|---|---|---|---|
| 第二产业占比 | 27.2% | 27.8% | 28.7% | 29.5% | 30.3% | 30.1% | 29.9% | 29.3% | 28.8% | 28.1% |
| 第三产业/万人 | 25 087 | 25 857 | 26 332 | 27 282 | 27 690 | 29 636 | 31 364 | 32 839 | 33 757 | 34 872 |
| 第三产业占比 | 33.2% | 34.1% | 34.6% | 35.7% | 36.1% | 38.5% | 40.6% | 42.4% | 43.5% | 44.9% |

图 8-3 给出了三次产业和总体经济的价格指数趋势。价格指数将 1978 年作为基期，基期价格指数为 100，随后各年份指数反映了相应时期价格相对于 1978 年的变化程度。各个产业价格指数反映了相应产业供给的商品和服务价格水平的变化方向和程度。总指数根据 GDP 平减指数计算而来。2017 年总体经济价格指数为 651.32。分产业来看，农业价格指数 2016 年为 1209.17，2017 年指数为 1196.55，农业产品价格上涨程度最大，相比 1978 年的价格，大约上涨了 11 倍。服务业价格指数在 2017 年达到 975.73，而同期工业价格指数为 357.76。三次产业中，工业品价格上涨程度最小。

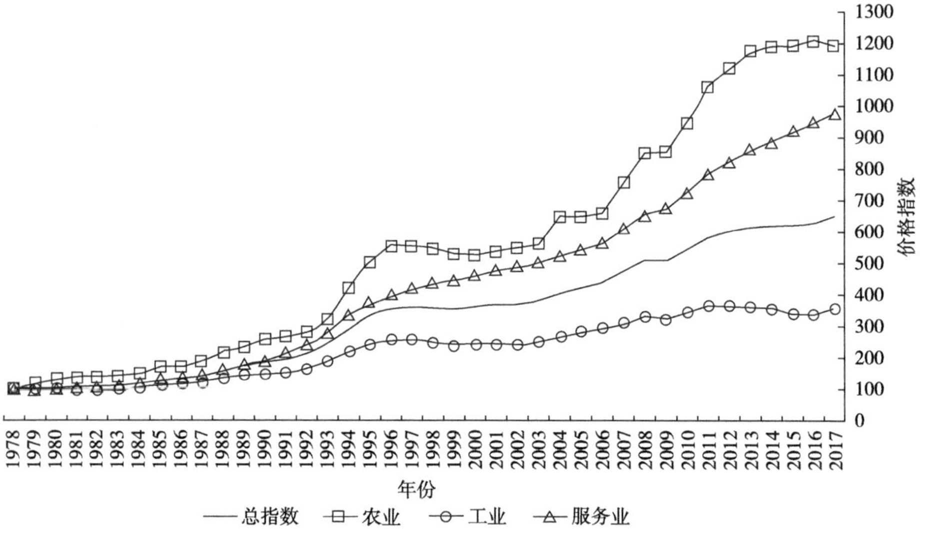


图 8-3　1978~2017 年三次产业价格指数趋势图

商品价格的变化反映了市场供需的变化。随着国民收入水平的持续提升，工业产品需求数量越来越多，但工业生产率也不断提高，工业产品供给数量增长更快，导致其产品价格增幅不大。工业产品不但在供给数量上增长很快，在激烈的市场竞争下，为适应和吸引新的市场需求，其产品技术水平上也不断更新换代。

制造业中的一些部门和行业，一直面临较大的技术更新压力。现阶段我国面临的主要任务是如何从制造业大国转变成为制造业强国。这需要通过加强科学研发和技术创新，推动产业持续升级，带动经济保持中高速增长，使产业链从中低端向中高端迈进。

图 8-4 给出了我国从 1978 年改革开放至 2017 年的经济增长速度。在这几十年中我国 GDP 平均年增速约为 9.6%。中国经济持续三十多年的高速增长，被称为世界经济的奇迹。2007 年以后我国经济增速呈现下降趋势，特别是 2012 年至今，我国经济增速一直低于 8%的水平，经济增速变化趋势呈现“L”形①。中国经济逐渐进入新常态，即经济由高速增长向中高速增长转变。伴随中国经济持续多年的高速增长，经济需求面与供给面的数量和结构都发生了根本性的变化。为适应新需求变化的要求，现阶段供给侧改革最重要的任务是促进产业升级，推动结构优化，保持经济中高速增长；经济增长与产业升级、结构优化相互推动且互为动力；保持一定水平的增长速度，为产业升级和结构优化提供资金支持；产业升级和结构优化为经济增长提供原动力。表 8-3 和表 8-4 分别给出了 2008~2017 年我国三次产业对经济增长的拉动率和贡献率。近年来三次产业对经济增长的拉动率都呈下降趋势。2014 年之后第二产业拉动率小于第三产业，第二产业贡献率也小于第三产业。近年来三次产业的拉动率呈下降趋势及第三产业成为主导产业，这些变化产生的原因及其可能产生的经济效应，值得我们深入研究。

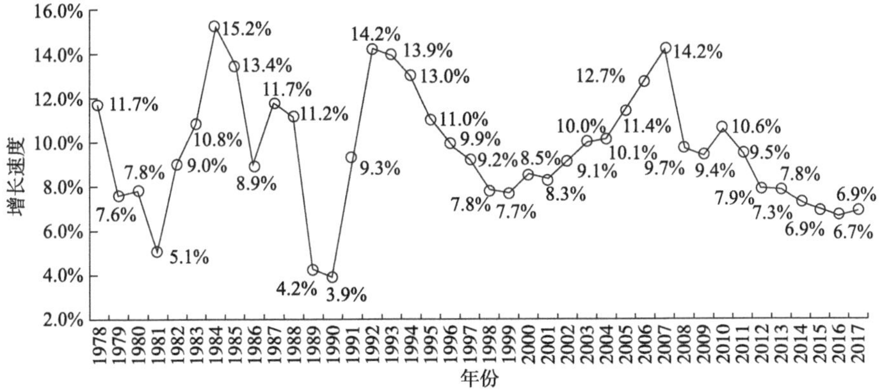


图 8-4　1978~2017 年中国 GDP 增长速度

① 参见《人民日报》2016 年 5 月 9 日第 1 版文章：《开局首季问大势——权威人士谈当前中国经济》。

**表 8-3　中国 2008~2017 年三次产业拉动率**（单位：百分点）

| 产业 | 2008 年 | 2009 年 | 2010 年 | 2011 年 | 2012 年 | 2013 年 | 2014 年 | 2015 年 | 2016 年 | 2017 年 |
|---|---|---|---|---|---|---|---|---|---|---|
| 第一产业 | 0.5 | 0.4 | 0.4 | 0.4 | 0.4 | 0.3 | 0.3 | 0.3 | 0.3 | 0.3 |
| 第二产业 | 4.7 | 4.9 | 6.1 | 4.9 | 3.9 | 3.8 | 3.5 | 2.9 | 2.6 | 2.5 |
| 第三产业 | 4.5 | 4.1 | 4.1 | 4.2 | 3.5 | 3.7 | 3.5 | 3.7 | 3.9 | 4.1 |
| 总量 | 9.7 | 9.4 | 10.6 | 9.5 | 7.8 | 7.8 | 7.3 | 6.9 | 6.8 | 6.9 |

**表 8-4　中国 2008~2017 年三次产业贡献率**

| 产业 | 2008 年 | 2009 年 | 2010 年 | 2011 年 | 2012 年 | 2013 年 | 2014 年 | 2015 年 | 2016 年 | 2017 年 |
|---|---|---|---|---|---|---|---|---|---|---|
| 第一产业 | 5.2% | 4.0% | 3.6% | 4.2% | 5.2% | 4.3% | 4.7% | 4.6% | 4.3% | 4.9% |
| 第二产业 | 48.6% | 52.3% | 57.4% | 52.0% | 49.9% | 48.5% | 47.8% | 42.4% | 38.2% | 36.3% |
| 第三产业 | 46.2% | 43.7% | 39.0% | 43.8% | 44.9% | 47.2% | 47.5% | 52.9% | 57.5% | 58.8% |

注：本表数据未经修约，可能存在比例合计不等于 100%的情况

### 8.1.2　从国际视角看我国产业结构演变的趋势及特点

从国际比较的视角，当前我国经济发展状况从总量上看，根据世界银行 2018 年 7 月公布的数据，2017 年我国 GDP 达到 12.24 万亿美元，在全球 GDP 中占比约为 15.2%；美国 GDP 为 19.36 万亿美元，全球占比约为 24.0%；欧盟 28 国 GDP 为 17.28 万亿美元，全球占比约为 21.4%；日本、德国和英国的 GDP 分别是 4.87 万亿美元、3.68 万亿美元、2.62 万亿美元。值得注意的是，根据世界银行 2017 年各国 GDP 排行次序，印度已经超越法国，成为全球第六大经济体。2017 年印度 GDP 约为 2.60 万亿美元，法国 GDP 为 2.58 万亿美元。

从平均角度看，2017 年中国人均 GDP 为 59 660 元，如果以美元计价，人均 GDP 约为 8836 美元，人均 GDP 世界排名在 70 名左右，总体上处于中等收入国家水平。美国和日本人均 GDP 分别为 59 532 美元和 38 428 美元。本书关注的其他国家及其人均 GDP 分别为：土耳其（10 515 美元）、俄罗斯（9996 美元）、马来西亚（9938 美元）、巴西（9821 美元）、墨西哥（9364 美元）、泰国（6358 美元）、南非（6154 美元）及印度（1940 美元）。

2018 年 7 月世界银行根据人均国民收入水平做出的收入组分类如下：低收入组为 996 美元以下，中等偏下收入组为 996~3895 美元，中等偏上收入组为 3896~12 055 美元，高收入组为 12 055 美元以上。根据人均国民收入水平，我国已经进入中等偏上收入国家行列。如果未来每年 GDP 增速为 6.0%，则我国将在 2023 年迈入高等收入国家行列。当前我国经济正处于发展的重要战略机遇和转换期，国

内外形势正在发生深刻复杂的变化，国内经济面临结构转型和新旧增长动力转换的挑战，西方一些国家单边主义和贸易保护主义有所抬头。这就需要我国在现阶段不断促进产业结构优化升级，推动经济增长新旧动能顺利转换，保证经济稳定和健康运行，实现经济高质量发展，从而逐步达到中国经济复兴和强大的预期目标。为此我们既要立足于国情深入研究国内经济转型和发展面临的特殊情况，又要学习和借鉴世界其他经济体发展成功和失败的经验和案例，尽量避免或减少政策失误的可能性，从而尽早实现我国经济跨越式发展。

2007 年世界银行《东亚经济发展报告（2006）》提出了“中等收入陷阱”（middle income trap）的概念，其基本含义是当一些国家发展到中等收入阶段，鲜有从中等收入成功晋级到高收入的国家。这些国家往往陷入了经济增长的停滞状态，导致经济发展徘徊不前。国内有文章（王文，2018）认为我国跨越中等收入陷阱基本无悬念。我们认为借鉴世界各国经济发展的经验和教训，考虑当前我国处于中等收入上所面临的各类问题，以及研究如何应对和解决这些问题的方案与政策，对于我国经济发展有益而无害。

国际上公认的成功跨越中等收入陷阱的国家和地区有日本和韩国，而拉美地区（如巴西、阿根廷和墨西哥等国）和东南亚一些国家（如马来西亚）则被认为是陷入中等收入陷阱的典型代表。图 8-5 和图 8-6 给出了日本和巴西两国产业结构的变化趋势。日本是第二次世界大战（以下简称二战）后从低收入到中等收入最终晋级进入高收入国家的典型代表。日本人均 GDP 在 1960 年约为 8600 美元（2010 年不变价美元），这与我国 2017 年的收入水平情况类似。1965 年日本人均 GDP 达到 12 595 美元，进入了高收入国家行列。我国 2017 年所处的阶段，与 1960 年的日本类似。前文已计算过，如果保持 6.0%的经济增长速度，我国将在 2023 年左右进入高收入国家行列。日本经济在 20 世纪 50~70 年代经历了高速增长，但 80 年代后期至 90 年代初期经济泡沫破灭之后，日本经济进入较长时间的缓慢增长阶段。虽然中国有能力也即将跨越中等收入阶段，进入高收入国家队列，但日本进入高收入国家行列后的经济表现及其原因值得我们参考和研究。巴西 1986 年人均 GDP 为 8316 美元（2010 年不变价美元），与我国 2017 年所处的人均 GDP 水平类似。巴西从 20 世纪 80 年代至 2017 年，收入水平一直增长缓慢，2017 年人均 GDP 为 10 889 美元，仍未达到高收入水平的标准。类似于日本和巴西等国家，这些国家因较早地达到了中等收入水平，它们后来无论是成功还是失败的发展经验及教训，都值得我们学习和研究。

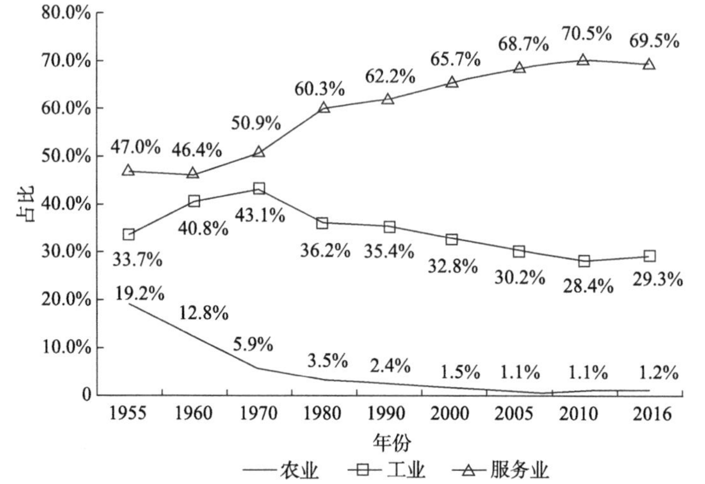


图 8-5　日本产业结构变化趋势

本图数据未经修约，可能存在比例合计不等于 100%的情况

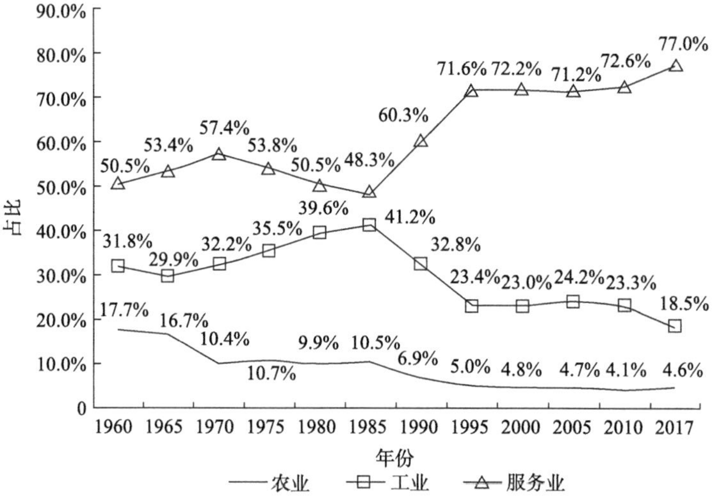


图 8-6　巴西产业结构变化趋势

本图数据未经修约，可能存在比例合计不等于 100%的情况

## 8.2　新常态下我国产业的融合发展和转型升级分析

### 8.2.1　我国产业融合发展的趋势分析

产业融合主要是指国民经济各行业通过相互影响、作用和渗透而发展的动态变化过程。从三次产业角度来看，产业融合表现为三次产业之间互为因果、相互

推动及相互渗透。第一产业的发展为第二产业和第三产业提供了物质基础，工业技术进步又为第一产业提高了劳动生产率，并释放出更多的劳动力，服务于第二产业和第三产业。第三产业的发展有助于第一产业和第二产业的转型与升级。当前经济新常态下与产业融合相关的一个重要课题是，如何发展服务业及其与其他产业融合发展，从而促进农业和工业转型升级，加快产业结构调整，最终推动和实现经济高质量发展。

第三产业可划分为生活性服务业和生产性服务业。根据国家统计局《生活性服务业统计分类（2019）》中的规定，生活性服务业是指满足居民最终消费需求的服务活动。分类范围包括十二大领域：居民和家庭服务、健康服务、养老服务、旅游游览和娱乐服务、体育服务、文化服务、居民零售和互联网销售服务、居民出行服务、住宿餐饮服务、教育培训服务、居民住房服务、其他生活性服务等。

生活性服务业是服务经济的重要组成部分，是国民经济的基础性支柱产业，它直接向居民提供物质和精神生活消费产品及服务，其产品和服务用于解决居民生活中的各种需求。大力发展生活性服务业，是保障和改善民生、提高人民群众生活品质的有效手段。同时发展生活性服务业，将会改善消费结构，从而有利于优化经济结构，转变经济发展方式。

2019 年国家统计局依据《国民经济行业分类》（GB/T 4754—2017），对《生产性服务业分类（2015）》进行了修订，形成了《生产性服务业统计分类（2019）》。生产性服务业是为生产活动提供的研发设计与其他技术服务，货物运输、通用航空生产、仓储和邮政快递服务，信息服务，金融服务，节能与环保服务，生产性租赁服务，商务服务，人力资源管理与职业教育培训服务，批发与贸易经纪代理服务，生产性支持服务。

生产性服务业主要是服务于农业和工业等行业的各类服务业。制造业服务业是随着传统产业发展逐渐从工业等制造业独立分离出来的服务性行业，生产性服务业的发展促进了工业技术进步并且有利于产业结构的调整升级。近年来我国生产性服务业发展较快，如物流和仓储、批发和零售、金融和房地产行业等；但也有一些行业还处于起步阶段，如信息服务、科技与研发服务、节能环保服务等新兴服务业。

表 8-5 报告了 2006~2016 年服务业 14 个行业增加值占 GDP 的比例，图 8-7 给出了 14 个服务行业增加值占比的趋势。2016 年服务业中主要行业增加值占 GDP 比例由高到低依次是：批发和零售业 9.59%，金融业 8.22%，房地产业 6.48%，交通运输、仓储和邮政业 4.45%。由图 8-7 中曲线趋势可知，批发和零售业占比前期有上升趋势，但 2015 年和 2016 年其增加值占比稳定在 9.6%左右。金融业在服务各行业中增长速度最快，2011 年以后其占比超过房地产业，位于第二位。2012~

2016 年房地产业增加值在服务业中排名第三，并且一直保持较快增长速度。交通运输、仓储和邮政业增加值在 2006 年占比 5.89%，在服务业中排名第二，但随后几年其产值占比逐渐下降，直到 2016 年其占比基本维持在 4.45%左右。另外，公共管理、社会保障和社会组织及教育的产值占比都比较高，并且维持缓慢增长趋势。服务业中其他行业增加值占 GDP 的比例都比较低。值得注意的是信息传输、软件和信息技术服务业，这个行业在 2016 年增加值占比是 2.95%，但近年来保持着较快的增长速度。最后，科学研究和技术服务业 2016 年在 GDP 中占比是 1.96%。我国信息服务、品牌建设、科技服务、研发设计、节能环保服务等新兴服务业还有待进一步发展和提高。

**表 8-5　2006~2016 年服务业 14 个行业增加值占比**

| 服务业 | 2006 年 | 2007 年 | 2008 年 | 2009 年 | 2010 年 | 2011 年 | 2012 年 | 2013 年 | 2014 年 | 2015 年 | 2016 年 |
|---|---|---|---|---|---|---|---|---|---|---|---|
| 批发和零售业 | 7.30% | 7.33% | 8.34% | 8.50% | 8.90% | 9.18% | 9.22% | 9.46% | 9.69% | 9.61% | 9.59% |
| 交通运输、仓储和邮政业 | 5.89% | 5.75% | 5.21% | 4.91% | 4.77% | 4.74% | 4.40% | 4.38% | 4.43% | 4.42% | 4.45% |
| 住宿和餐饮业 | 2.26% | 2.16% | 2.11% | 2.09% | 2.01% | 1.94% | 1.76% | 1.72% | 1.73% | 1.76% | 1.80% |
| 信息传输、软件和信息技术服务业 | 2.51% | 2.33% | 2.50% | 2.39% | 2.21% | 2.07% | 2.21% | 2.31% | 2.48% | 2.69% | 2.95% |
| 金融业 | 4.01% | 5.18% | 4.73% | 5.21% | 5.23% | 5.28% | 6.51% | 6.92% | 7.25% | 8.40% | 8.22% |
| 房地产业 | 4.56% | 4.77% | 4.69% | 5.47% | 5.67% | 5.66% | 5.78% | 6.05% | 5.90% | 6.05% | 6.48% |
| 租赁和商务服务业 | 1.55% | 1.47% | 1.79% | 1.82% | 1.94% | 1.99% | 2.08% | 2.24% | 2.37% | 2.48% | 2.62% |
| 科学研究和技术服务业 | 1.14% | 1.14% | 1.27% | 1.39% | 1.40% | 1.47% | 1.75% | 1.85% | 1.90% | 1.96% | 1.96% |
| 水利、环境和公共设施管理业 | 0.45% | 0.43% | 0.40% | 0.43% | 0.44% | 0.43% | 0.47% | 0.51% | 0.54% | 0.56% | 0.57% |
| 居民服务、修理和其他服务业 | 1.67% | 1.55% | 1.47% | 1.55% | 1.52% | 1.54% | 1.51% | 1.45% | 1.51% | 1.58% | 1.72% |
| 教育 | 2.92% | 2.83% | 2.83% | 3.07% | 3.00% | 3.05% | 3.08% | 3.18% | 3.29% | 3.52% | 3.60% |
| 卫生和社会工作 | 1.51% | 1.48% | 1.47% | 1.49% | 1.49% | 1.58% | 1.67% | 1.85% | 1.98% | 2.17% | 2.30% |
| 文化、体育和娱乐业 | 0.63% | 0.59% | 0.61% | 0.65% | 0.62% | 0.64% | 0.65% | 0.65% | 0.66% | 0.72% | 0.74% |
| 公共管理、社会保障和社会组织 | 3.59% | 3.36% | 4.39% | 4.45% | 4.04% | 3.81% | 3.72% | 3.64% | 3.65% | 3.86% | 4.12% |

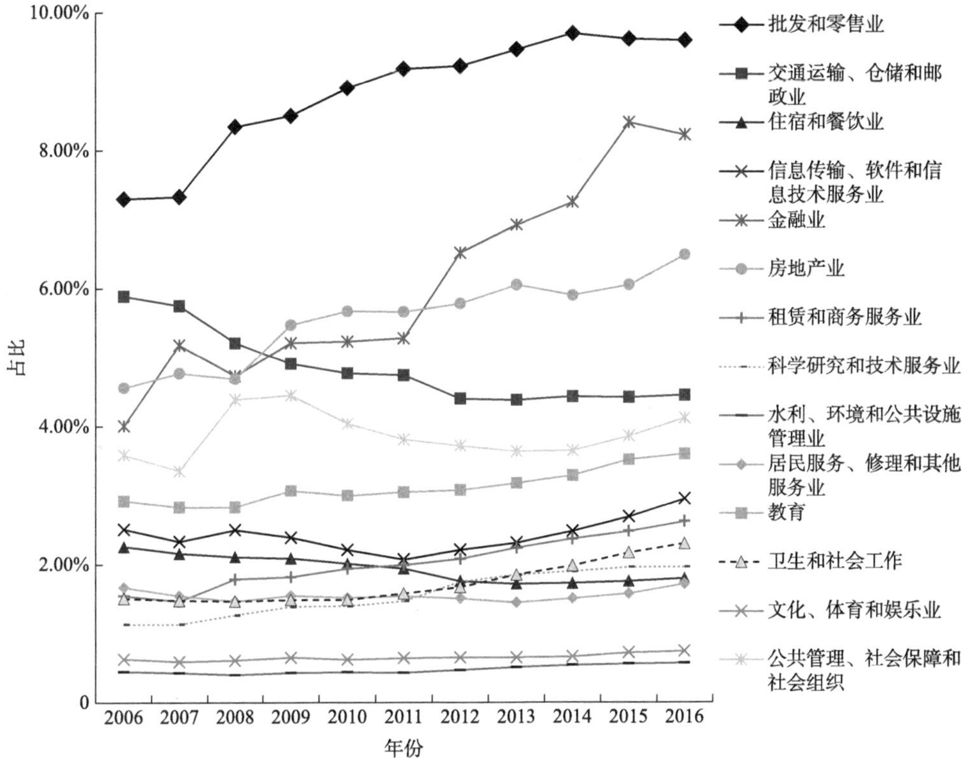


图 8-7　2006~2016 年服务业 14 个行业增加值占比趋势

表 8-6 给出了 2015 年我国各行业投入产出完全消耗系数。完全消耗系数是指某一部门每提供一个单位的最终产品，需要直接和间接消耗（即完全消耗）各部门的产品或服务数量。完全消耗系数是全部直接消耗系数和全部间接消耗系数之和。完全消耗系数揭示了部门之间的直接和间接的联系，比较全面地反映了部门之间相互依存的数量关系。

**表 8-6　2015 年各行业投入产出完全消耗系数表**

| 投入 | 农、林、牧、渔业 | 采矿业 | 食品、饮料制造及烟草制品业 | 纺织、服装及皮革产品制造业 | 炼焦、燃气及石油加工业 | 非金属矿物制品业 |
|---|---|---|---|---|---|---|
| 运输仓储邮政、信息传输、计算机服务和软件业 | 4.97% | 12.32% | 8.28% | 9.32% | 12.93% | 16.64% |
| 批发零售贸易、住宿和餐饮业 | 5.37% | 10.71% | 11.23% | 15.91% | 11.31% | 13.95% |
| 房地产业、租赁和商务服务业 | 3.26% | 11.70% | 6.60% | 7.78% | 10.98% | 11.61% |
| 金融业 | 4.09% | 14.01% | 5.55% | 6.95% | 13.78% | 13.41% |
| 其他服务业 | 2.49% | 7.09% | 3.05% | 3.67% | 6.12% | 6.76% |

续表

| 投入 | 化学工业 | 金属产品制造业 | 机械设备制造业 | 其他制造业 | 电力、热力及水的生产和供应业 | 建筑业 |
|---|---|---|---|---|---|---|
| 运输仓储邮政、信息传输、计算机服务和软件业 | 13.40% | 14.46% | 13.72% | 13.46% | 11.13% | 17.10% |
| 批发零售贸易、住宿和餐饮业 | 14.48% | 12.16% | 15.90% | 14.15% | 10.08% | 12.85% |
| 房地产业、租赁和商务服务业 | 11.75% | 11.05% | 11.86% | 10.81% | 9.04% | 10.06% |
| 金融业 | 11.52% | 15.78% | 12.03% | 10.85% | 17.74% | 13.46% |
| 其他服务业 | 6.56% | 6.96% | 7.75% | 5.52% | 7.05% | 10.76% |

注：本表与表 8-5 中的行业有所区别，表 8-6 中服务业主要给出四大服务行业的投入产出关系，其他服务行业没有报告给出（数据来源于中国统计年鉴）

表 8-6 报告了 12 个行业对服务业中四大行业及其他服务业的投入需求。由表 8-6 可知，农、林、牧、渔业一单位产出需要投入服务业产品和服务的比例较低，服务业中批发零售贸易、住宿和餐饮业及运输仓储邮政、信息传输、计算机服务和软件业的产品和服务，作为生产要素投入到农、林、牧、渔业的比例较高，投入比例分别为 5.37%和 4.97%。这说明我国仍需继续提高服务业特别是信息服务和商务服务对农业的支持力度。服务业对采矿业的支持力度较大，特别是金融业，其对采矿业的投入达到 14.01%。其次采矿业对运输仓储邮政、信息传输、计算机服务和软件业的完全消耗系数是 12.32%。金融业及运输仓储邮政、信息传输、计算机服务和软件业对采矿业的投入最大，这可能是因为采矿业中大部分为国有大企业，并且采矿业需要或具有较多的机械设备，属于资本密集型行业，因而金融业在其投入中占有较大比例。另外采矿业对运输和仓储的需求是其产业特点决定的。食品、饮料制造及烟草制品业，纺织、服装及皮革产品制造业等制造业对批发零售贸易、住宿和餐饮业的完全消耗系数都比较高，分别达到了 11.23% 和 15.91%。这主要是由此类行业产品的零售特征决定的。炼焦、燃气及石油加工业对金融业及运输仓储邮政、信息传输、计算机服务和软件业的完全消耗系数分别为 13.78%和 12.93%。炼焦、燃气及石油加工业等重工业是资本密集型行业，行业内企业规模较大并且一般是国有企业，这些特征使得这些行业比较容易得到金融支持。非金属矿物制品业、化学工业、金属产品制造业、机械设备制造业等重工业，特别是能源行业如电力、热力及水的生产和供应业，都对金融业具有较高的消耗系数。房地产业、租赁和商务服务业除了对农、林、牧、渔业的投入比较低之外，对其他各个行业的投入比例比较接近，这说明房地产业、租赁和商务服务业对整个国民经济有着一定程度的影响，因而保持其市场和价格的稳定，对整个国民经济的发展特别重要。

### 8.2.2 我国三次产业互动关系

产业融合包括产业之间的相互关联、相互作用。为考察我国三次产业之间相互作用的动态关系，研究三次产业之间作用的主动和被动关系，下面构建时间序列 VAR 模型，分析三次产业之间相互影响的因果关系和动态影响过程。

设 VAR 模型的简约式为

$$x_t = A_1 x_{t-1} + \cdots + A_p x_{t-p} + v_t \tag{8-1}$$

式中，$x_t$ 表示 $n$ 个研究变量组成的列向量；$v_t$ 表示估计误差向量；参数 $p$ 表示自回归滞后阶数。设 $\Sigma_v$ 为误差 $v_t$ 的协方差矩阵，即有 $E\left[v_t v_t^{\mathrm{T}}\right] = \Sigma_v$。一般文献中采用 Cholesky 分解法计算 VAR 模型的脉冲响应。VAR 模型的移动平均形式为 $x_t = D(L)Cu_t$，其中系数矩阵 $C$ 满足 $CC^{\mathrm{T}} = \Sigma_v$，$D(L)$ 表示滞后多项式，变量 $u$ 表示结构性外生冲击。一种简单获得矩阵 $C$ 的方法是 Cholesky 分解法。对矩阵 $\Sigma_v$ 进行 Cholesky 分解，可得到唯一解矩阵 $P$，满足 $PP^{\mathrm{T}} = \Sigma_v$。矩阵 $P$ 可作为 $C$ 的一个解。通过公式 $x_t = D(L)Pu_t$，可计算各变量受到结构性冲击影响的脉冲响应。

根据 Koop 等（1996）的定义，广义脉冲响应函数可表示为

$$\mathrm{GI}_x\left(h, \delta, \mathbb{I}_t\right) = E\left[x_{t+h} \mid v_t = \delta, \mathbb{I}_{t-1}\right] - E\left[x_{t+h} \mid \mathbb{I}_{t-1}\right] \tag{8-2}$$

式中，$\mathbb{I}_t$ 表示信息集合，其中包括了向量 $x_t$ 当期和历史的所有信息；$h$ 表示向前预测的期限；$\delta$ 表示一个已知的冲击向量。

通过 Cholesky 分解方法计算 VAR 模型得出的脉冲响应，会受到研究变量在向量 $x_t$ 中顺序的影响。广义脉冲响应函数的定义更宽泛，Cholesky 分解法计算 VAR 模型的脉冲响应只是广义脉冲响应计算方法中的一种特殊情况。广义脉冲响应的特点是 VAR 模型中变量的顺序对计算脉冲响应不产生影响，结果具有较好的稳健性，从而可靠性较强。这一特点使其与同类计算方法相比，具有一定程度的优势。广义脉冲响应比较适合于研究各个变量的变化都是由外生冲击产生的情况。我们主要考察某个产业如果突然发生外生变化，则这个产业变化如何影响其他产业的关联过程。因此，广义脉冲响应分析方法比较适合完成此处的任务。

三次产业分别为农业（AGR）、工业和建筑业（IND）及服务业（SER）。变量 AGR、IND 与 SER 分别表示第一产业、第二产业、第三产业的产值季度同比增速，样本区间为 1993 年第一季度至 2019 年第一季度，数据频率为季度。VAR 模型滞后阶数选择 1 阶。

图 8-8 报告了基于 VAR 模型计算模拟的广义脉冲响应。图 8-8（a）~（c）表示农业对三次产业变化的动态反应。图 8-8 中虚线表示变量反应估计值的 90%置信区间，农业对工业和建筑业的正向冲击在开始时期反应不显著，但到第 4 期之

后农业产值增速明显增加，并且一直持续到第 10 期之后。这说明工业增长提高，对农业有长期正向影响效应。图 8-8（c）说明服务业发展的正向冲击，对农业没有显著影响。图 8-8（d）~（f）表示工业和建筑业对三次产业的脉冲响应。图 8-8（d）说明工业和建筑业对农业的变化自始至终无显著反应。图 8-8（f）则说明服务业的正向变化对工业和建筑业在初期就有显著影响，并且影响效果一直维持到第 10 期之后。图 8-8（g）~（i）表示服务业对三次产业的脉冲响应。首先，服务业对农业的变化无显著反应；其次，服务业对工业和建筑业的变化反应显著且持续时期较长。

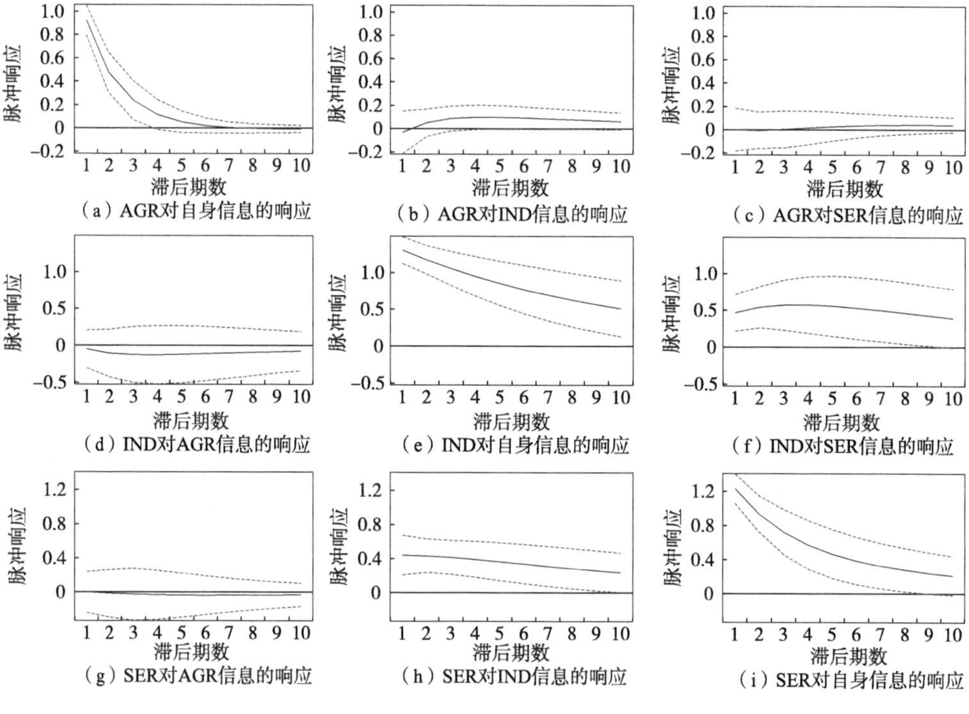


（a）AGR对自身信息的响应　（b）AGR对IND信息的响应　（c）AGR对SER信息的响应

（d）IND对AGR信息的响应　（e）IND对自身信息的响应　（f）IND对SER信息的响应

（g）SER对AGR信息的响应　（h）SER对IND信息的响应　（i）SER对自身信息的响应

图 8-8　脉冲响应

实线表示脉冲响应函数，虚线表示正负标准差

由图 8-8 中 VAR 模型的脉冲响应可知，工业和建筑业的发展变化既对农业有正向促进作用，又对服务业有着长期的正向影响，因此工业和建筑业是三次产业中的主导产业。另外，工业和建筑业与服务业之间是互为因果的影响关系。服务业的变化发展对工业和建筑业有着显著的正向影响效应。

我国当前经济发展阶段处于工业化后期（黄群慧，2017）。经济发展由工业化后期向后工业化时期过渡过程中，第二产业仍有较大的上升和发展空间，但是这种上升和发展不是低水平的规模扩张型投资，而应是技术创新和技术应用驱动的高质量投资。产业之间的相互支持、相互推动及产业融合发展，是产业升级的必由之路。农业和工业为服务业的高质量发展提供物质基础和资金支持，服务业为农业和工业发展提供高质量的制度环境、人力资本和技术作为基础。但如果没有制造业的稳定发展和长期支持，第三产业特别是生产性服务业将处于低层次水平而难以转型升级，这又将导致服务业和工业的简单投资与循环建设，从而可能使我国经济陷入中等收入陷阱，阻碍经济可持续发展与向上跃升。

总之，为防止落入中等收入陷阱，我国产业结构转型和升级的方向应该是促进第二产业由低端制造业向中高端制造业转型升级，从劳动密集型、资本密集型产业向技术密集型和知识密集型产业过渡，由追求数量和规模的扩张型增长向寻求效率、效益和质量的发展方向转变。第三产业的发展方向是促进服务业内部结构合理化，推动生产性服务业向专业化和价值链高端延伸及生活性服务业向便利化、精细化和高品质转变，增强第三产业对经济发展的服务和引导作用，逐步建立起以现代服务业为主导的现代经济体系。产业结构转型和升级的路径是三次产业之间相互支持、相互推动，达到产业融合共生和协调发展。相反，如果脱离我国现有的经济发展状况和水平，过早地去工业化甚至脱实向虚，片面地追求服务业的赶超发展，则可能欲速则不达，最终不利于我国经济长期稳定健康发展。

### 8.2.3 产业融合对行业生产率及增长贡献的作用特点

产业融合以技术和产品融合为基础，如传统产业生产过程中引入高新技术，开发新产品或服务，并催生出新产业或形成新的产业体系。而随着信息技术的开发和不断渗透到各行各业，传统产业分类边界日益模糊，每个行业不可避免地与其他行业融合发展，产业融合成了一种新的产业发展方式，并成为新的经济增长点。根据产业融合的发展状况，政府也相应地采取了一些相关政策来促进产业融合，如印发《三网融合推广方案》(2015 年)推动电信网、有线电视网与互联网三网融合，推动信息网络基础设施互联互通和资源共享；发布《国务院办公厅关于推进农村一二三产业融合发展的指导意见》(2015 年)与《乡村振兴战略规划(2018—2022 年)》明确推进农村一二三产业融合发展，让农业与制造业、服务业协同发展，使农村形成完整产业链，提高农村农业竞争力。

当前对产业融合的研究主要集中在其融合类型、融合机制及经济绩效上。产业融合类型的研究主要集中在不同产业之间的互动与融合上，由起初的单产业之间的融合扩展到大分类产业之间的融合，现在主要集中在制造业与服务业之间的双向融合上，为此延伸出产业融合的两大类，即制造业服务化与服务业制造化。在产业融合的度量上，当前的研究方法主要有赫芬达尔指数测算法、专利相关系数、投入产出法，由于投入产出法更能直观体现不同产业之间的融合程度，本书将采用投入产出法计算制造业与服务业融合度。

1. 制造业服务化

制造业服务化，由制造业主导，在生产过程中吸收服务业，提高自身生产效率，增加服务功能，优化产品结构，提高制造业附加值，开发新市场或细化原有市场，提高市场占有额。为体现制造业服务化程度，构建制造业服务化指数。

$$\text{制造业服务化指数}=\frac{\text{服务业对制造业}i\text{的中间投入}}{\text{制造业}i\text{总产出}}$$

服务业商品和劳务作为生产要素投入到制造业的总值，占制造业投入要素总值的比例，表示制造业服务化的程度。世界投入产出数据库（World Input-Output Database，WIOD）将制造业分为17类：食品、饮料和烟草制造业，纺织业与纺织、服装、皮革制造业，木材与木材加工制造业，造纸与纸制品业，印刷和记录媒介复制业，焦炭与石油精炼业，化学原料和化学制品制造业，医药制造业，橡胶与塑料制造业，非金属矿物制品业，金属冶炼和压延加工业，金属制品业，计算机、电子和光学产品业，电气设备制造业，未列明的制造业（专用与通用设备制造业），交通运输设备制造业，家具和其他制造业。将每个行业对服务业的中间需求加总，计算这些中间需求的总量占每个行业产出的比例，则可以得到整体制造业中每个行业的服务化程度。

与发达经济体和新兴经济体进行比较，可以说中国制造业服务化程度较低。根据世界投入产出表计算出的指数分类，主要发达经济体有加拿大、德国、法国、英国、意大利、日本和美国；新兴经济体选取中国、俄罗斯、印度、印度尼西亚、保加利亚、匈牙利、波兰、罗马尼亚、土耳其、巴西和墨西哥这11个国家。比较图8-9和图8-10，整体而言，发达国家制造业服务化程度平均较高，而部分新兴经济体则在近些年有所提高，但大部分仍维持在较低水平。在2010年前，意大利、法国、英国是制造业服务化程度最高的三个国家，其指数基本超过0.20，即使是制造业服务化程度最低的日本，其指数在绝大多数年份也高于0.15，可见服务业对制造业拥有较高的扶持水平。这是因为长期以来，发达国家服务业较发达，其份额均占70%以上，依靠在研发设计、商务服务、市场营销等服务领域的投入，并将生产环节转移到低廉成本地区，以此获得较高竞争力，并领先于其他国家，主导着全球生产网络和产品价值链。然而，这种优势有所减弱（图8-9），2010年这些国家的制造业服务化程度均有所降低，主要是因为2008年由美国引发的全球金融危机危害到金融业并波及各国制造业，发达国家也未能幸免，这削弱了其经济实力，为了振兴经济，各国纷纷采取政策维护本国制造业，使得制造业总产值随之增长；同时，信息技术的应用产生了各种新型服务和新兴产业，如互联网、云计算、大数据、物联网等，这些服务业不仅便利大众的生活，更重要的是服务于企业生产经营，提高企业的竞争力，而在这个过程中，新兴经济体也参与了其中，甚至在一些行业处于主导地位，这就带来了更大的竞争，使得发达国家在传统领域中的优势减弱。

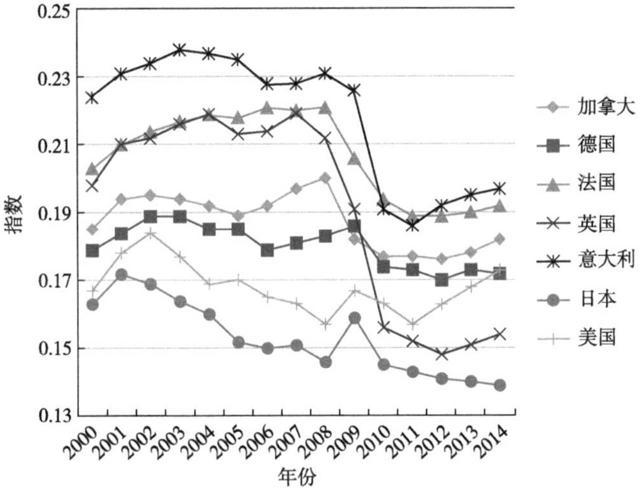


图 8-9 发达经济体制造业服务化指数

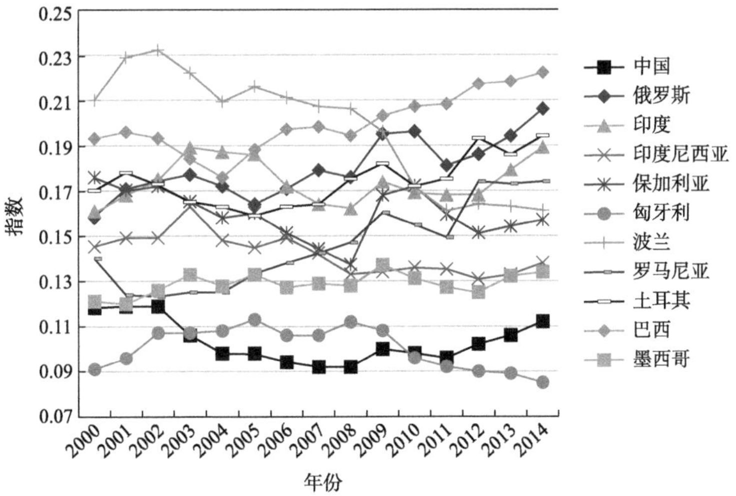


图 8-10 新兴经济体制造业服务化指数

不同的新兴经济体在制造业服务化过程中演变趋势不同，缓慢提升的国家有巴西、印度、俄罗斯、土耳其、罗马尼亚、墨西哥，缓慢降低的国家有波兰、印度尼西亚、保加利亚、匈牙利。大部分国家的制造业服务化指数在 0.12~0.20，部分国家接近于发达经济体水平，但受金融危机的影响不明显，这与各国经济体系有一定关系。新兴经济体拥有一定规模的制造业，其制造业占经济体的份额比发达国家高，以2014年第二产业占GDP比重来看，俄罗斯为36.27%，印度为30.05%，印度尼西亚为42.95%，保加利亚为28.35%，匈牙利为30.22%，波兰为33.25%，罗马尼亚为27.27%，土耳其为27.08%，巴西为23.41%，墨西哥为33.83%，与发达国家相比，这些国家的金融业在经济中占有的份额较小，加之金融危机后各国都采取了对制造业的扶持政策，故而金融业与制造业受到的影响有限，所以制造业服务化指数变化程度低。

即使在新兴经济体里，中国的制造业服务化程度均处于较低水平（图8-10），在2000~2014年，指数先缓慢降低再缓慢提升，但水平维持在0.11左右，远低于俄罗斯、印度、巴西三个金砖国家，更不用说发达国家了。中国2014年制造业规模15.87万亿美元，服务业投入规模1.79万亿美元，占比11.28%。根据2010年调查公司AndyNeely对全球制造业上市公司提供的服务进行研究，中国企业具有服务型制造能力的数量仅占总数的2.2%，远低于美国的58%、芬兰的51%、马来西亚的45%、荷兰的40%。因为大部分中国企业重生产轻服务，普遍以加工装备为主，品牌开发、研发、金融、营销等环节的盈利能力不足，且售后及运输仓储等服务领域缺乏行业标准，无法为生产性服务的发展提供依据。

为更细化地研究制造业，可以计算制造业的分行业服务化程度（表8-7）。制造业服务化指数2000年为0.118，后缓慢降低，到2007~2008年达到最小值0.092，而后缓慢回升，2014年为0.112。整体而言，服务化水平并不高，也没有得到很大的提升。和2000年相比，2014年服务化水平有所提升的行业有食品、饮料和烟草制造业，纺织业与纺织、服装、皮革制造业，医药制造业，橡胶与塑料制造业，计算机、电子和光学产品业，专用与通用设备制造业，交通运输设备制造业；有所降低的产业有木材与木材加工制造业、造纸与纸制品业、印刷和记录媒介复制业、焦炭与石油精炼业、化学原料和化学制品制造业、非金属矿物制品业、金属冶炼和压延加工业、金属制品业、电气设备制造业、家具和其他制造业。综合之下，资本和技术密集型制造业服务化水平更高，如医药制造业，专用与通用设备制造业，交通运输设备制造业，计算机、电子和光学产品业，电气设备制造业，印刷和记录媒介复制业。相比起劳动密集型产品，资本和技术密集型产品更加依赖金融、仓储、运输、信息技术服务等生产性服务业的辅助，也更能提供衍生功能与服务。

**表8-7　中国制造业分行业服务化指数**

| 行业 | 2000年 | 2005年 | 2006年 | 2007年 | 2008年 | 2009年 | 2010年 | 2011年 | 2012年 | 2013年 | 2014年 |
|---|---|---|---|---|---|---|---|---|---|---|---|
| 食品、饮料和烟草制造业 | 0.110 | 0.096 | 0.095 | 0.093 | 0.097 | 0.101 | 0.104 | 0.106 | 0.106 | 0.114 | 0.118 |

续表

| 行业 | 2000 年 | 2005 年 | 2006 年 | 2007 年 | 2008 年 | 2009 年 | 2010 年 | 2011 年 | 2012 年 | 2013 年 | 2014 年 |
|---|---|---|---|---|---|---|---|---|---|---|---|
| 纺织业与纺织、服装、皮革制造业 | 0.100 | 0.091 | 0.087 | 0.081 | 0.083 | 0.083 | 0.091 | 0.095 | 0.094 | 0.101 | 0.105 |
| 木材与木材加工制造业 | 0.122 | 0.082 | 0.075 | 0.068 | 0.069 | 0.068 | 0.070 | 0.066 | 0.068 | 0.070 | 0.074 |
| 造纸与纸制品业 | 0.158 | 0.109 | 0.099 | 0.093 | 0.093 | 0.095 | 0.096 | 0.095 | 0.101 | 0.108 | 0.113 |
| 印刷和记录媒介复制业 | 0.139 | 0.100 | 0.093 | 0.088 | 0.092 | 0.096 | 0.100 | 0.100 | 0.108 | 0.118 | 0.125 |
| 焦炭与石油精炼业 | 0.098 | 0.064 | 0.061 | 0.065 | 0.048 | 0.058 | 0.051 | 0.049 | 0.055 | 0.056 | 0.059 |
| 化学原料和化学制品制造业 | 0.121 | 0.094 | 0.091 | 0.088 | 0.087 | 0.096 | 0.090 | 0.087 | 0.094 | 0.099 | 0.105 |
| 医药制造业 | 0.142 | 0.183 | 0.177 | 0.166 | 0.166 | 0.174 | 0.173 | 0.175 | 0.177 | 0.183 | 0.193 |
| 橡胶与塑料制造业 | 0.102 | 0.077 | 0.074 | 0.71 | 0.079 | 0.089 | 0.093 | 0.094 | 0.101 | 0.106 | 0.112 |
| 非金属矿物制品业 | 0.166 | 0.126 | 0.119 | 0.117 | 0.110 | 0.116 | 0.113 | 0.106 | 0.114 | 0.117 | 0.124 |
| 金属冶炼和压延加工业 | 0.121 | 0.081 | 0.079 | 0.081 | 0.072 | 0.081 | 0.075 | 0.068 | 0.075 | 0.078 | 0.084 |
| 金属制品业 | 0.122 | 0.092 | 0.088 | 0.085 | 0.089 | 0.102 | 0.106 | 0.104 | 0.110 | 0.113 | 0.121 |
| 计算机、电子和光学产品业 | 0.102 | 0.107 | 0.105 | 0.105 | 0.113 | 0.124 | 0.110 | 0.109 | 0.114 | 0.116 | 0.126 |
| 电气设备制造业 | 0.129 | 0.108 | 0.107 | 0.105 | 0.103 | 0.114 | 0.110 | 0.108 | 0.113 | 0.116 | 0.125 |
| 专用与通用设备制造业 | 0.122 | 0.108 | 0.104 | 0.101 | 0.104 | 0.116 | 0.115 | 0.112 | 0.121 | 0.124 | 0.133 |
| 交通运输设备制造业 | 0.115 | 0.110 | 0.105 | 0.099 | 0.109 | 0.115 | 0.110 | 0.112 | 0.122 | 0.120 | 0.127 |
| 家具和其他制造业 | 0.105 | 0.075 | 0.072 | 0.069 | 0.072 | 0.075 | 0.079 | 0.079 | 0.083 | 0.090 | 0.095 |
| 制造业 | 0.118 | 0.098 | 0.094 | 0.092 | 0.092 | 0.111 | 0.098 | 0.096 | 0.102 | 0.106 | 0.112 |

资料来源：WIOD

图 8-11 给出了我国服务业中五大行业产值占 GDP 的比例。服务业的五大行业分别是批发和零售业，交通运输、仓储和邮政业，住宿和餐饮业，金融业，房地产业。这五大行业中批发和零售业、金融业及房地产业近年来产值比例上升趋势明显。交通运输、仓储和邮政业，以及住宿和餐饮业，这两个产业比重近年来有下降趋势。

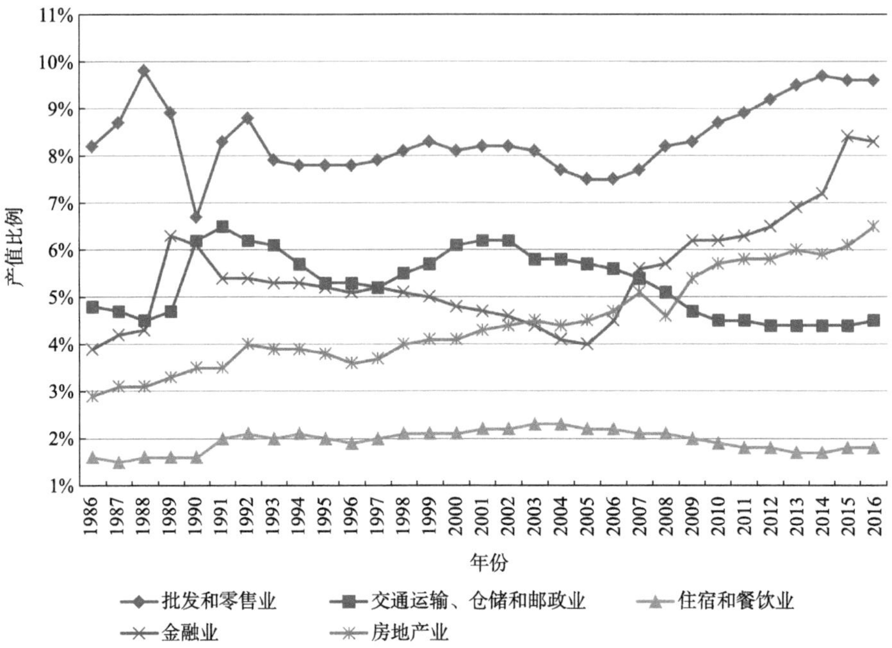


图 8-11　我国服务业五大行业产值比例趋势

2. 服务业制造化

服务业制造化，由服务业主导，利用制造业先进的生产技术和设备更好地为服务业服务，提供更好、更细化的服务。以制造业产出作为生产要素投入到服务业各行业的总价值占服务业投入要素总值的比例，来计算各服务业的制造化程度。

$$\text{服务业制造化指数} = \frac{\text{制造业对服务业}j\text{的中间投入}}{\text{服务业}j\text{总产出}}$$

世界投入产出数据库将服务业分为 25 类：批发贸易（除汽车和摩托车外），零售贸易（除汽车和摩托车外），陆路运输，水路运输，航空运输，附属性运输活动，邮政和邮递，住宿和餐饮业，电信业，计算机及有关活动，金融服务活动（除保险和养恤基金外），保险和养恤基金（除强制性社会保障外），金融服务辅助业，房地产活动，法律会计管理咨询等商务服务业，建筑工程和其他技术咨询活动，科学研究发展业，广告和市场调查，其他专业服务业，管理和服务支持业，公共服务、国防和强制性社会保障，教育，卫生和社会工作，其他服务业，居民服务业。将每个行业对服务业的中间需求加总，计算这些中间需求的总量占每个行业产出的比例，则可以得到整体服务业中每个行业的制造化程度。

综合比较发达经济体和新兴经济体，美国等发达经济体的服务业制造化指数较低，日本处于较高水平，在 0.08 上下，美国和意大利的平均指数大于 0.05，其他几个经济体则低于这个水平（图 8-12）。而除中国外的新兴经济体的服务业制造化指数较低，此外印度尼西亚的指数在 0.1 上下，大部分经济体服务业制造化程度较低，均低于 0.1（图 8-13）。综合比较下，除中国外，其他经济体的服务业制造化水平均低于制造业服务化水平，但产生的根由却是不同的。对于发达经济体而言，其服务业发达且体系较为完善，服务业规模庞大，服务业占 GDP 的比重较大，美国服务业占 GDP 的比例接近 80%，同时其为了节约劳动力成本，将生产制造环节迁移到劳动力低廉的发展中经济体，发达国家的服务业（如研发设计、金融、营销等）需要的制造业中间产品未必是其国内所生产的，故导致发达国家的服务业制造化指数较低。但对于那些低技术发展水平的新兴经济体，它们承接了一部分发达国家转移出来的制造业，其正处于工业化阶段，但仍未形成规模庞大和体系完善的制造业，相反服务业发展迅速，占 GDP 份额大，最高的巴西为 71.03%，最低的印度尼西亚为 43.33%（2014 年数据），服务业的基数比制造业的基数大，同时因为这些经济体的服务业体系并不如发达经济体，在设计研发、金融、营销等领域发展有限，对制造业的中间需求也有限，故而服务业制造化水平比制造业服务化水平低。

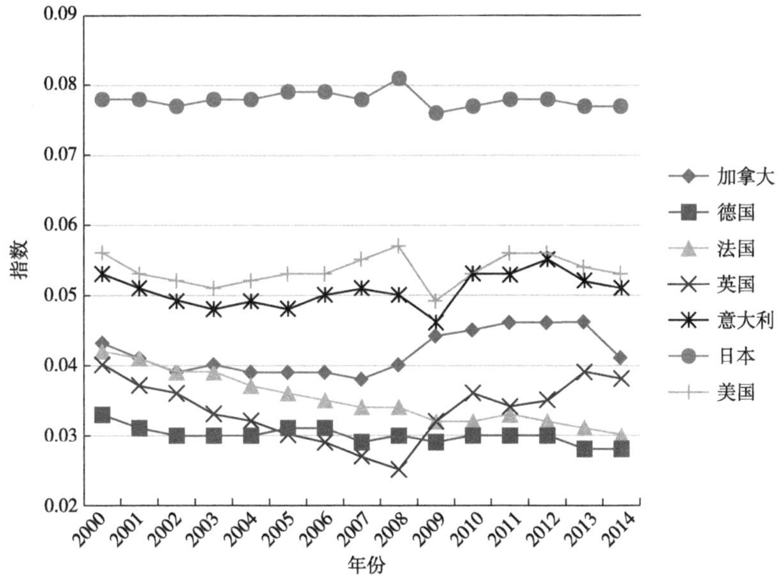


图 8-12　发达经济体服务业制造化指数

与其他国家相比，中国的情况明显不同，中国服务业制造化指数不仅远远高于其他新兴经济体，也高于发达经济体，数值在 0.16~0.20。因为中国拥有规模庞大且种类齐全的制造业，能够为各类服务业提供其所需的中间产品，所以制造业中间投入规模大，2014 年服务业部分为 1.4773 万亿美元。尽管与制造业对服务业的投入需求（1.7853 万亿美元）相比，服务业对制造业的投入需求规模比较小，但因为服务业规模小（8.8454 万亿美元），其计算所得的服务业制造化指数比较高。

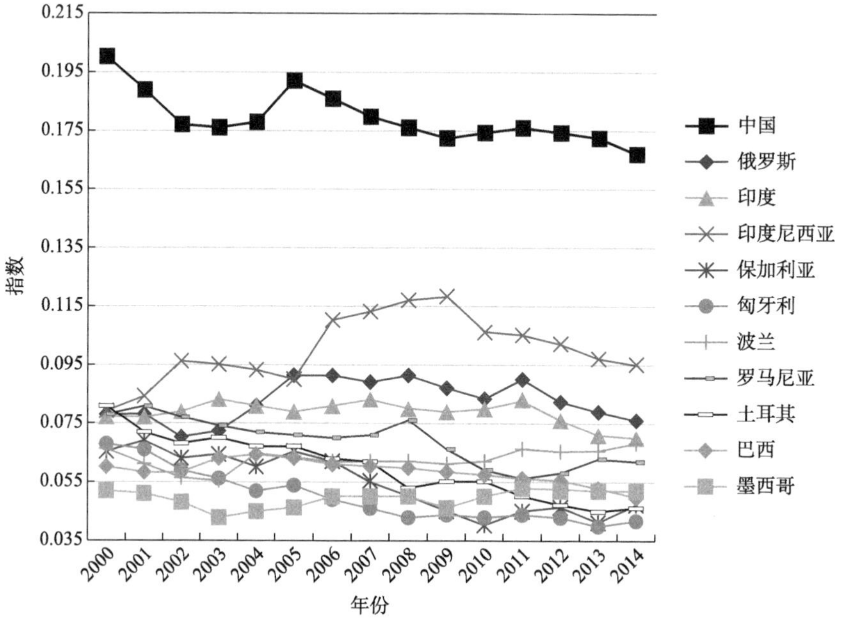


图 8-13　新兴经济体服务业制造化指数

如表 8-8 所示，2000~2014 年服务业制造化指数有所降低，最高为 2000 年的 0.200，最低为 2014 年的 0.167。和 2000 年相比，2014 年制造化水平有所提升的服务业有交通运输、仓储和邮政业，住宿和餐饮业，租赁和商务服务业，卫生和社会工作；有所降低的服务业有批发和零售业，信息传输、软件和信息技术服务业，金融业，房地产业，科学研究和技术服务业，水利、环境和公共设施管理业，居民服务、修理和其他服务业，教育，公共管理、社会保障和社会组织。从分类上看，生产性服务业拥有较高的制造化水平，如交通、科研和商务服务，但另一部分生产性服务业制造化水平较低，如金融和信息技术服务，同样的情况也出现在生活性服务业上，如批发零售的制造化水平较低，但住宿餐饮和居民服务就比较高。产生这些差异的原因主要是产业间差异，有些服务业需要制造产品的支持，而有些服务业则是服务于生产制造，本身对制造产品的需求规模并不大。为此，在采取政策扶持时需要区别对待，但以当前中国的经济发展形势而言，服务业的发展有其特殊意义。中国的制造业已经进入调整升级状态，单纯依赖低廉劳动力和资源已经无法维持较高的发展水平，提高制造业的服务化水平或服务业的制造化水平，增加制造业和服务业附加产值可成为新的经济增长点。

表 8-8 中国服务业分行业制造化指数

| 行业 | 2000 年 | 2005 年 | 2006 年 | 2007 年 | 2008 年 | 2009 年 | 2010 年 | 2011 年 | 2012 年 | 2013 年 | 2014 年 |
|---|---|---|---|---|---|---|---|---|---|---|---|
| 批发和零售业 | 0.192 | 0.060 | 0.065 | 0.071 | 0.065 | 0.060 | 0.057 | 0.054 | 0.050 | 0.049 | 0.046 |
| 交通运输、仓储和邮政业 | 0.200 | 0.253 | 0.260 | 0.276 | 0.260 | 0.434 | 0.268 | 0.268 | 0.252 | 0.250 | 0.243 |
| 住宿和餐饮业 | 0.274 | 0.289 | 0.301 | 0.311 | 0.328 | 0.334 | 0.337 | 0.345 | 0.356 | 0.358 | 0.354 |
| 信息传输、软件和信息技术服务业 | 0.210 | 0.195 | 0.163 | 0.131 | 0.134 | 0.137 | 0.154 | 0.159 | 0.158 | 0.157 | 0.150 |
| 金融业 | 0.046 | 0.047 | 0.043 | 0.038 | 0.035 | 0.034 | 0.033 | 0.033 | 0.032 | 0.031 | 0.029 |
| 房地产业 | 0.075 | 0.043 | 0.044 | 0.045 | 0.030 | 0.022 | 0.018 | 0.015 | 0.013 | 0.013 | 0.012 |
| 租赁和商务服务业 | 0.222 | 0.284 | 0.279 | 0.275 | 0.278 | 0.284 | 0.298 | 0.309 | 0.307 | 0.307 | 0.296 |
| 科学研究和技术服务业 | 0.250 | 0.286 | 0.273 | 0.257 | 0.246 | 0.244 | 0.249 | 0.256 | 0.256 | 0.257 | 0.249 |
| 水利、环境和公共设施管理业 | 0.204 | 0.246 | 0.231 | 0.219 | 0.198 | 0.191 | 0.197 | 0.200 | 0.197 | 0.196 | 0.188 |
| 居民服务、修理和其他服务业 | 0.313 | 0.241 | 0.243 | 0.247 | 0.249 | 0.250 | 0.252 | 0.254 | 0.253 | 0.254 | 0.247 |
| 教育 | 0.162 | 0.113 | 0.124 | 0.133 | 0.134 | 0.133 | 0.134 | 0.134 | 0.128 | 0.127 | 0.120 |
| 卫生和社会工作 | 0.441 | 0.448 | 0.442 | 0.437 | 0.448 | 0.450 | 0.453 | 0.461 | 0.465 | 0.467 | 0.456 |
| 公共管理、社会保障和社会组织 | 0.171 | 0.128 | 0.132 | 0.135 | 0.131 | 0.133 | 0.136 | 0.138 | 0.135 | 0.135 | 0.128 |
| 服务业 | 0.200 | 0.193 | 0.186 | 0.180 | 0.176 | 0.172 | 0.174 | 0.176 | 0.174 | 0.172 | 0.167 |

注：根据《国民经济行业分类》（GB/T 4754—2017）对服务业分类进行调整，将批发贸易（除汽车和摩托车外）和零售贸易（除汽车和摩托车外）合并为批发和零售业，将陆路运输、水路运输、航空运输、附属性运输活动、邮政和邮递合并为交通运输、仓储和邮政业，将电信业、计算机及有关活动合并为信息传输、软件和信息技术服务业，将金融服务活动（除保险和养恤基金外）、保险和养恤基金（除强制性社会保障外）、金融服务辅助业合并为金融业，将法律会计管理咨询等商务服务业、广告和市场调查、其他专业服务业合并为租赁和商务服务业，将建筑工程和其他技术咨询活动、科学研究发展业合并为科学研究和技术服务业，房地产活动对应房地产业，管理和服务支持业对应水利、环境和公共设施管理业，公共服务、国防和强制性社会保障对应公共管理、社会保障和社会组织，将其他服务业、居民服务业合并为居民服务、修理和其他服务业

## 8.3 适应产业融合发展趋势的产业结构政策定位和取向

### 8.3.1 我国产业结构服务化趋势及其效率评估

#### 1. 产业结构演变与经济增速之间的关系

自改革开放以来，中国经济经历了三十几年的高速增长，但最近几年经济增长出现增速减缓趋势。中国经济增长在 2010 年达到一个 10.6%的小高峰后便趋利性降低，2012 年后直接降低到 8%以下，到 2017 年降低为 6.9%，可见此次增速

减缓阶段开始于 2010 年左右，但至今仍未见底。为考察经济增长减速的原因，应先调查清楚经济增长的源泉。增长理论指明经济增长来源于物质资本的积累、人口增长率的提高、人力资本的积累、新技术和新知识的利用等，同时投入要素收益的高低也是影响经济增长的重要原因（Romer，1986），而要素收益又与技术、知识、人力资本等紧密联系，可总结为增长有两个来源——要素投入增长和生产效率提高。中国经济增长在很大的程度上依赖大量资本的投入，但技术进步和结构调整的作用不容忽视，这些因素也极大地提高了全要素生产效率。产业结构调整对生产效率的影响具有争议，一种观点认为产业结构调整过程中，生产资源从低效率部门向高效率部门流动，进而促进经济增长（钱纳里等，1995；Peneder，2003）。因为经济增长本质上就是一个产业结构不断变化的过程，引起这种变化的原因主要在于引进新技术或技术创新，使得经济体的主导产业不断更替发展。另一种观点则认为资源的流动趋势是从第一产业流向第二产业，再流向第三产业，然而由于第三产业较低的生产效率，经济增长减缓，这就是第三产业的“成本病”问题（Baumol，1967）。

基于上述国外经验，对于中国经济增速减缓现状的解释也主要集中在两点。一类观点认为随着经济发展，全要素生产率增长率降低，以至于经济增长减速不可避免。在中国工业化进程中的确存在“结构红利”，但自 2000 年要素配置效率的增长率降低，资本要素的配置效率在 2008 年左右降为负值，则出现了“结构负利”（周永文，2017；王鹏和尤济红，2015；杨天宇和曹志楠，2015）。另一类观点认为结构演变出现了“成本病”问题。李翔等（2016）用劳动生产率和全要素生产率这两个指标分析第三产业占 GDP 的份额提升对中国经济增长速度的影响，指出第三产业份额提升先是有促进经济增长的作用，然而在 2001 年之后其份额的提升反而降低了经济增长速度。要分析产业结构调整中第三产业份额的增长趋势是否存在“成本病”，则需要论证第三产业结构服务化与生产效率之间的关系。如果第三产业的生产效率确实低于第二产业，则其份额的增长的确不利于经济长期增长。张月友等（2018）认为产业结构服务化非但没有阻碍全要素生产率的提升，反而起到了很大的促进作用，因为经济服务化中必然伴随新技术的产生和生产性服务的发展，服务业与制造业在生产率上的差距必将缩小。

当前关于经济增长源头的研究主要集中利用计算全要素生产率或单要素生产率来解释经济增速减缓的原因，探讨“结构性减速”产生的根源，以及结构调整是否存在“鲍莫尔成本病”。一部分学者认为，第三产业比重上升即产业结构服务化趋势将对经济增长产生消极作用，即所谓的结构性减速将会发生。这部分学者可能忽略了结构转变产生的要素配置效率和行业技术更新，即第三产业也有可能出现新技术的引入而使经济生产效率提高。所以，资源在产业间的流动与生产效率都会成为影响经济增长的重要因素。的确，中国经济以较低速度增长已经成为一种新常态，在这种由“量”的增长转向了“质”的增长的趋势中，生产效率的提升已经是重中之重。本节先定量研究产业结构服务化对全要素生产率的影响，论证中国经济是否存在“成本病”；而后计算单要素生产率和全要素生产率，提出实现经济高质量增长的三个驱动因素；最后从供给侧改革的角度出发给出政策建议。

2. 全要素生产率的计算方法

下面采用全要素生产率分解方法对经济增长的源泉进行研究。假设总量经济生产函数为 $Y_t = Z_t K_t^{\alpha} L_t^{\beta}$，参数要求 $0<\alpha,\beta<1$，其中 $K$、$L$ 和 $Z$ 分别表示资本、劳动和技术三项要素，$\alpha$、$\beta$ 分别表示资本要素和劳动要素的产出弹性。假设规模报酬不变即 $\alpha+\beta=1$，生产函数可变为 $\ln Y_t = \ln Z_t + \alpha \ln K_t + (1-\alpha)\ln L_t$。

基于全要素生产率的计算方法，本节的计算需要涉及总量经济的产出和投入的数据，其中以产业增加值表示产出数据，以资本存量和劳动者从业人数表示产业投入。选取 1978~2016 年的数据为样本，产出 $Y_t$ 为按不变价格（1978 年）计算的 GDP，用来衡量国民经济整体产出，计价单位为亿元。现价 GDP 和 GDP 指数数据来自《中国统计年鉴 2017》。本书采用历年社会就业人数作为历年劳动力投入指标。另外，历年社会就业人数这个指标给出的是年底数，为了和 GDP 流量保持一致，我们将数据进行平均，获得年中就业人数，以此作为本年的就业人数，单位为 10 万人。例如，1990 年的数值是 1989 年和 1990 年的均值。

测算资本存量 $K_t$ 的基本方法是永续盘存法，基本公式为

$$K_t = I_t / P_t + (1-\delta) K_{t-1}$$

式中，$K_t$ 表示 $t$ 期的资本存量；$I_t$ 表示 $t$ 期的固定资产形成总额即投资；$P_t$ 表示 $t$ 期的固定资产投资价格指数（以 1978 年为基期）；折旧率 $\delta$ 选择 9.6%（张军和章元，2003；曹吉云，2007）。资本存量 $K$ 的基期 $K_0$ 为 1978 年的固定资产形成总额除以 10%，计价单位同样为亿元。

为计算要素产出弹性与全要素生产率，将生产函数 $\ln Y_t = \ln Z_t + \alpha \ln K_t + (1-\alpha)\ln L_t$ 简化为 $\ln(Y_t/L_t) = \ln Z_t + \alpha \ln(K_t/L_t)$，在该方程式中，截距项 $\ln Z_t$ 和系数 $\alpha$ 为待估参数。对于要素产出弹性的估计，部分学者采用世界银行的四六分割标准，即认为资本与劳动的产出弹性系数分别为 0.4 和 0.6（或 0.6 和 0.4），或者在该标准上进行调整，如张军扩（1991）认为因为大量的潜在劳动力，劳动投入对中国经济的贡献被高估，所以将资本与劳动的产出弹性系数调整为 0.3 和 0.7。这种简单估算并不能反映现实，所以更多学者采用非参数估计模型，如赵志耘等（2006）与韩永辉等（2016）。该方法可估算产出弹性系数的均值与点值，但他们没有考虑产业间差异，要素投入对各个产业产出的弹性是不同的，而且考虑到截距项随时间可变，所以本书选择利用线性状态空间模型，估计截距项 $\ln Z_t$ 和系数 $\alpha$。

线性状态空间模型的观测方程为 $y_t = x_t + \alpha k_t + \varepsilon_t$，状态方程为 $x_t = x_{t-1} + v_t$，其中，$y_t = Y_t / L_t$，$k_t = K_t / L_t$，$\varepsilon_t$ 与 $v_t$ 为随机项。当期滤波 $\mu_t = E_t(x_t)$，作为截距项 $\ln Z_t$ 的估计值，故全要素生产率 $Z_t$ 的估计值为 $e^{\mu_t}$。通过计算可以得出总量经济的资本要素产出弹性 $\alpha$ 和劳动要素产出弹性 $\beta$，其中 $\alpha = 0.6202$，$\beta = 0.3798$，同时也能计算出 1978~2016 年全要素生产率的数值（图 8-14）。

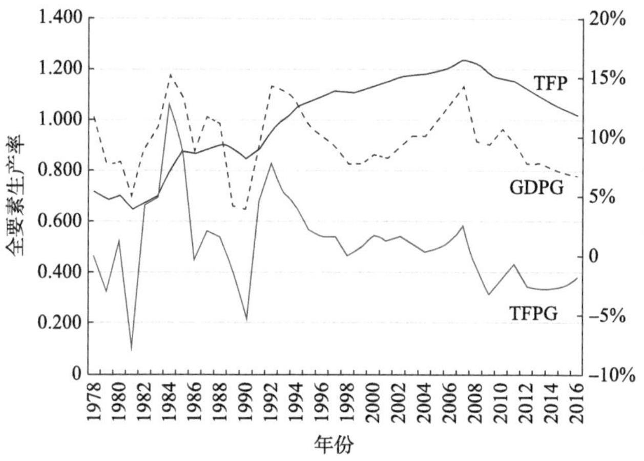


（a）TFP、TFPG 与 GDPG

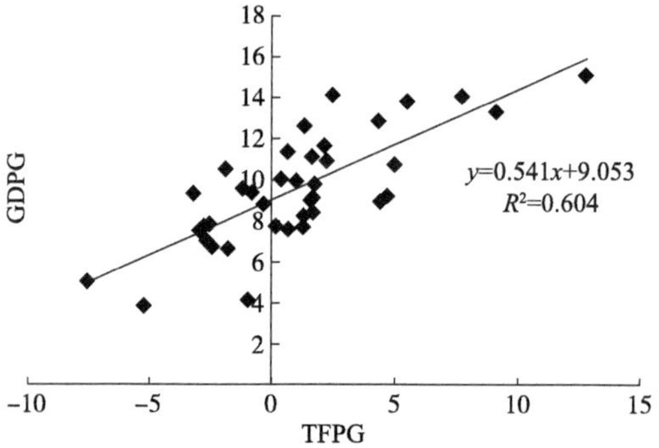


（b）TFPG 与 GDPG 线性关系

图 8-14　全要素生产率的分解

TFP 表示全要素生产率，TFPG 和 GDPG 分别表示全要素生产率和 GDP 的增长率

1978~2016 年中国总体经济的全要素生产率在 2007 年前呈现增长趋势，从 1978 年的 0.710 增长至 2007 年的 1.235，之后一直在减少，到 2016 年仅为 1.014，见图 8-14（a）。全要素生产率于经济增长是个重要的变量，1978~2016 年年均增长 0.94%，实际上波动明显，其波动趋势与 GDP 增长率波动趋势类似。直观而言，全要素生产率增长率较高时，GDP 增长率也较高；反之，当全要素生产率增长率

较低甚至为负时，GDP 增长率也相应较低。所以在中国经济发展阶段的几个低谷期可以看到全要素生产率增长率也大幅下降。1978~2016 年中国 GDP 年均增长率为 9.65%，与平均潜在 GDP 增长率 9.60%接近（张连城，2009），可以视其为经济发展趋势，但各个阶段 GDP 年均增长幅度是不一致的，如 1993~2007 年的年均增长率为 10.45%，而 2008~2016 年是 8.42%，产生这样结果的直接因素就是全要素生产率增长率的下滑，1993~2007 年全要素生产率年均增长率为 1.766%，但是 2008 年后年均增长率降为负值–2.163%。若简单考虑全要素生产率年增长率与 GDP 增长率的线性关系，可以看出二者呈现正相关关系，全要素生产率增长率解释了超过 50%的 GDP 增长率。

### 8.3.2 产业结构服务化对要素生产率的影响

中国近年来经济增长减缓，是由于“鲍莫尔成本病”，还是有其他原因，需要从经济增长核算的角度出发，考虑经济增长的来源——要素投入和生产效率。在中国发展的过程中，资源投入量是逐年上升的，1978 年资本投入量为 6054 亿元，而劳动力投入量为 401 520 万人，到 2016 年该数值分别为 614 055.5 亿元（不变价计算）和 776 030 万人，年均增长率分别为 12.93%和 1.75%。所以，经济增长减缓的原因绝不在于要素投入量减少，故而需要考察另一因素，即要素配置效率及其生产效率。

经济增长率常常被分解为单要素投入与生产率的增长率，大部分研究倾向于劳动要素生产率，而单要素生产率的计算与分解常用的方法是偏离–份额分析法（Timmer and Szirmai，2000；周永文，2017）。为考察产业结构调整和要素配置对生产效率的影响，本节将对全要素生产率进一步分解。全要素生产率的增长主要来自两部分：一个是产业内部生产率的提高，另一个是要素在部门之间的流动带来的效率提升。单要素生产率的结构分解和全要素生产率的结构分解方法，请参考本章附录中的说明。

综合单要素生产率和全要素生产率的分解过程，可以看出要素在产业部门间配置产生的效率是经济总生产率的重要组成部分，直接体现结构调整效应，所以也可以视为要素的配置效率。本节在计算三次产业的单要素生产率和全要素生产率的过程中，利用线性状态空间模型计算出三次产业的要素产出弹性（表 8-9），三次产业具有不同的产出弹性，这与现实经济更为接近。在产出弹性上，第一产业和第三产业的劳动要素产出弹性大于资本要素产出弹性，而第二产业刚好相反，其资本要素产出弹性为 0.6515，高于总量经济的 0.6202。

**表 8-9 要素产出弹性估算结果**

| 产业 | 资本要素产出弹性 | 劳动要素产出弹性 |
|---|---|---|
| 第一产业 | 0.3234 | 0.6766 |
| 第二产业 | 0.6515 | 0.3485 |
| 第三产业 | 0.4298 | 0.5702 |

劳动要素的流动趋势是从第一产业流向第二产业、第三产业，第一产业就业人口从 1978 年占据总劳动人口的 70.5%一直减少到 2016 年的 27.7%，第二产业和第三产业占据的份额也从 17.3%和 12.2%（表 8-10）上升到 28.8%和 43.5%。资本要素在三次产业的分配中总是倾向于第二产业和第三产业，第一产业资本投入占总投入的比重一直维持在 1.5%~3%。1987~1997 年第二产业资本投入占比在 50%以上，1998 年之后其比重便降低，第三产业资本投入占比相应地上升，1999 年后第三产业投入占比在 50%以上，2002 年达到最高值 58.05%，之后有所减少。综合 1978~2016 年整个阶段来看，资本主要从第二产业流向第三产业，而劳动人口则从第一产业流向第二产业和第三产业，实际上第三产业吸收了大部分的流出人口。

**表 8-10 1978~2016 年产业结构调整与生产率变化**

| 项目 | | 总量经济 | 第一产业 | 第二产业 | 第三产业 |
|---|---|---|---|---|---|
| 初期行业占比值 | 产出 | 100% | 27.7% | 47.7% | 24.6% |
| | 资本 | 100% | 2.38% | 56.99% | 40.63% |
| | 劳动 | 100% | 70.5% | 17.3% | 12.2% |
| 结构变动率 | 产出 | 0 | −68.95% | −16.56% | 109.76% |
| | 资本 | 0 | 23.03% | −28.39% | 38.47% |
| | 劳动 | 0 | −60.72% | 66.47% | 256.56% |
| 要素生产率 | 资本 | 0.61 | 7.08 | 0.51 | 0.37 |
| | 劳动 | 0.09 | 0.04 | 0.25 | 0.19 |
| 生产率年均增长率 | 资本 | −2.54% | −7.71% | −0.78% | −2.73% |
| | 劳动 | 8.12% | 5.28% | 7.61% | 5.14% |
| 全要素生产率 | 初值 | 0.710 | 0.942 | 0.889 | 0.924 |
| | 增长率 | 42.81% | 30.57% | 103.94% | 77.49% |
| | 最大值 | 1.235 | 1.439 | 2.362 | 1.781 |

注：初期为 1978 年，$t$ 期为 2016 年。产出以增加值计算，结构变动率为 $s_{it}-s_{i0}$，生产率增长率为 $(G_{it+1}-G_{it})/G_{it}\times 100\%$，此处年均增长率为 1979~2016 年每年增长率的均值

先考察总量经济的劳动生产率和资本生产率，劳动生产率从 1978 年的 916.22（单位：元/人）增长到 2016 年为 17 248.49（不变价格），年均增长 8.03%；而 1978 年资本生产率为 0.608（单位：万元/元），1994 年达到最高值 0.6522，之后便逐年降低，到 2016 年仅为 0.2168，1978~2016 年年均增长率为−2.68%。这说明从 1978 年开始中国劳动生产率和资本生产率的发展趋势完全不同，劳动生产率在任一阶

段都处于增长趋势，而资本生产率仅在少数几个阶段处于增长趋势，具体的是1981~1985 年和 1990~1994 年，其他阶段则处于逐年降低的状态。尤其是金融危机发生后，在 2008~2016 年劳动生产率仍处于较高的增长状态（年均增长率 5%以上），但资本生产率却处于年均−7.78%的负增长状态，可见资本并没有发挥应有的效率水平。

结构调整对要素生产率的影响主要来自生产要素从低效率生产部门转移到高效率生产部门，而这个过程产生的基础就是部门间的生产率水平或增长率存在差异。可以看到三次产业的劳动和资本生产率的差异，就数值而言，劳动生产率方面，第一产业的数值最低，其次为第三产业，最高的是第二产业；资本生产率方面，第一产业数值最高，其次为第二产业，最后为第三产业。就增长趋势而言，三次产业的劳动生产率与总量经济类似，每个阶段都处于增长状态，三次产业劳动生产率年均增长率分别为 5.28%、7.61%和 5.14%；而金融危机前后劳动生产率的增长率并未受太大影响，1978~2007 年三次产业的年均增长率分别为 4.32%、7.61%和 5.19%，2008~2016 年分别为 8.36%、7.6%和 4.98%，可见，第二产业和第三产业稍微降低，但第一产业反而大幅度增长。资本生产率的变化趋势要复杂得多，如第一产业年均增长率为−7.71%，从 1984 年的 7.075 降低为 2016 年的0.291。第二产业在 1978~1985 年和 1990~2002 年呈正增长状态，其他阶段却处于负增长的状态，2002 年达到最高值 0.857，之后就处于下降的趋势，2016 年其值仅为 0.349。而第三产业在 1992 年达到最高值 0.456 后也呈下降趋势。从不同阶段年均增长率来看，金融危机前三次产业资本生产率年均增长率分别为−5.8%、1.2%和−1.17%，而金融危机后，三者均处于大幅下降的趋势，其年均增长率分别为−13.84%、−7.19%和−7.76%。

从长期趋势成分来看，三次产业的全要素生产率的变动趋势与总量经济相似，都是在一段时间内呈现大体增长的趋势，而后有减少趋势，不过第一产业的情况有所不同。第一产业的全要素生产率在 1996~1997 年达到最高值 1.439，是三次产业中最快达到顶峰的，但 2000 年后第一产业全要素生产率一直在 1.2~1.3 上下浮动，波动幅度小。而第二产业和第三产业则拉开了与第一产业的距离，第二产业的全要素生产率在 2003 年达到最大值 2.362，之后呈下降趋势，到 2016 年为1.813，仍为三次产业中的最高值。第三产业在 2008 年达到最高值 1.781，之后一直维持在 1.7 上下，即使近几年有稍微下滑的趋势，但也保持在 1.64 以上。即使整体上三次产业全要素生产率均呈现一定幅度的增长，其中第二产业增长幅度最大，但金融危机前后三次产业的全要素生产率增长率差异较大。

以年均增长率为例，1978~2007 年三次产业全要素生产率年均增长率分别为0.831%、3.35%和 2.329%，但 2008~2016 年其数值分别为 0.607%、−2.285%和−0.708%。金融危机的确降低了各个产业的全要素生产率的增长率，其中对第二产业的影响最大，第三产业次之。导致这种差异的原因有以下几个方面：一是中国对外贸易中商品贸易比重最大，金融危机直接影响这些产品的加工业，以加工贸易为例，2008 年其进出口数值达 1.1 万亿美元，该年增速仅为 6.9%，低于对外贸易总额的增速 10.9%，而且由于外需疲软，内需增长有限，生产呈现出总体过剩的局势；二是即使农业和服务业仍存在着竞争力低下、效益较差和产品质量不高等问题，但政府对农业的扶持力度一直在加强，同时也采取了促进服务业尤其是生产性服务业发展的政策措施，如颁布针对农业和服务业的政策，如《关于创新体制机制推进农业绿色发展的意见》（2017 年）、《国务院关于加快发展生产性服务业促进产业结构调整升级的指导意见》（2014 年）等。

### 8.3.3　促进产业结构调整转型和经济高质量发展的建议

中国产业结构调整过程中，总量经济与三次产业的全要素生产率，以及资本和劳动的生产率均发生了很大改变。为研究经济增长的效率质量，需要分解生产率，研究经济增长过程中各个变量产生作用的过程。

1. 促进劳动力流动和人力资本的形成，提高劳动配置效率

利用偏离–份额分析法将劳动生产率增长率分解为三个部分，分别是技术进步效应、静态结构效应和动态结构效应。从图 8-15 可以看出，动态结构效应的变化幅度最小，其数值一直在–0.30~0.35 波动，最大值仅为 0.346，可以说动态结构效应对劳动生产率的贡献度是最低的。在 1979~2016 年，劳动生产率年均增长 8.12%，主要来自静态结构效应和技术进步效应，前者均值为 1.527，后者均值为 6.541，可见技术进步效应对劳动生产率的增长贡献最大，占劳动生产率增长率的 80.54%，然而其波动幅度也最大。从技术进步效应来看，除了 1990 年外其他年份数值均为正。分阶段看，1979~2007 年技术进步效应对劳动生产率的贡献率已高达 83.28%，然而金融危机发生后，其数值进一步提升到 85%，这不仅表明产业内部劳动要素利用效率提高，而且显示出劳动要素流动的结构效应降低。

由于第二产业和第三产业的劳动生产率比第一产业高，劳动要素从较低生产率的第一产业流向较高生产率的第二产业和第三产业的过程使总结构效应均呈现为正，其中静态结构效应更为明显，其均值占总增长率的比重为 18.54%，所以自 1978 年后劳动要素流动显示出“结构红利”。然而在不同阶段里，静态结构效应变化幅度最大，且有较长的减缓阶段，即 1984~1989 年、1993~1999 年和 2011~2016 年三个阶段。总结构效应对劳动生产率的平均贡献率却是逐步降低，在 1978~1984 年阶段其份额平均达到 35.49%，但到了 2008~2016 年其份额降低为 15%，甚至在 2015~2016 年其静态结构效应和动态结构效应均为负，2016 年其数值分别为–0.434 和–0.054，总结构效应为负，劳动生产率增长主要来自技术进步效应，即

产业自身生产效率的提升。

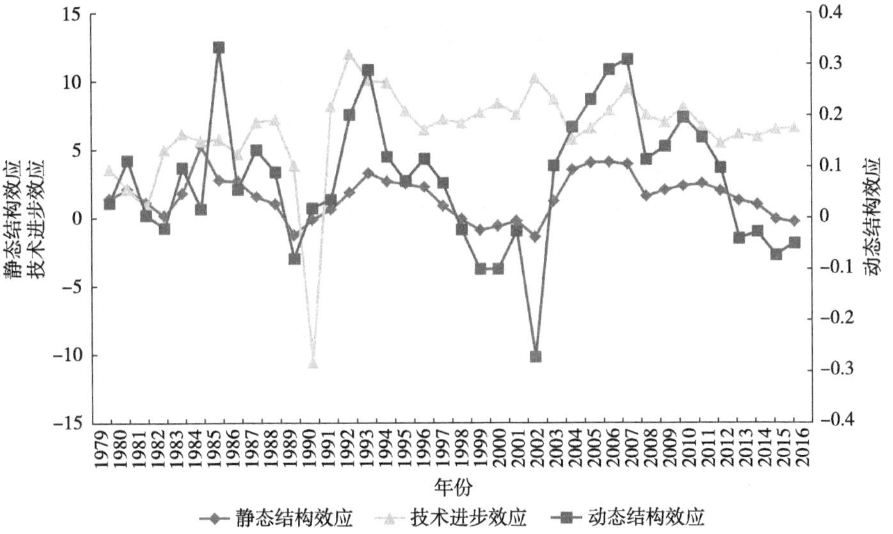


图 8-15　劳动生产率分解图

总结构效应及其贡献率的降低，表示劳动流动速度减缓，以及由劳动力流动带来的效率提升有限。高效率产业部门吸收劳动力数量有限，使得总结构效应总是维持在较低的水平。以具有较高生产率的第二产业为例，1978 年第二产业就业人口有 28 318 万人，后来逐步增长到 1991 年的最大数额 39 098.1 万人，随后数量有增有减，但 2003 年后第二产业就业人口基本处于负增长状态，2016 年其就业人口仅为 21 496 万人。相比之下，第二产业的资本存量有增长趋势，1979~2016 年年均增长高达 12.12%。一方面，资本与劳动资源的流动自然受到产业特性的限制，资本与劳动之间具有替代关系，随着近些年来中国劳动力成本的上涨，工业部门限制劳动力的流入，而以资本设备替代成为生产趋势；另一方面则与中国特殊的经济体制有关，国有企业在工业部门里占据了相当的份额，尤其是自然垄断属性较高的产业部门，这些企业的存在限制了劳动力的自由流动，使得新增劳动力更多地流向了技术水平低而成长较慢的劳动密集型制造业或服务业，所以造就了整体结构效应的低下，拉低了总劳动生产率的增长。而且近些年来劳动力流动速度降低与国内外经济疲软有直接关系，内外需求不足导致国内很多行业生产和销售增长缓慢，使得对劳动力的需求增长降低，从而造成劳动力在产业间流动速度降低。

2. 促进技术进步和资本自由流动，提高资本生产效率

同样将资本生产率分为技术进步效应、静态结构效应和动态结构效应，从图 8-16 可以看出，类似于劳动生产率，资本生产率的静态结构效应和动态结构效应波动

幅度较小，而技术进步效应波动幅度大。无论是总量经济还是三次产业的资本生产率，1979~2016 年其年均增长率均为负值，具体表现为技术进步效应均值为−1.995，静态结构效应和动态结构效应则分别为−0.435 和−0.110。就技术进步效应来看，其数值在 1982~1985 年与 1991~1994 年处于正值，表示这两个阶段的产业内部资本生产效率在提升，然而在其他阶段，技术进步效应并不理想，尤其是 2001 年后呈现下降趋势，直至 2009 年才开始回升（图 8-16），总体而言，产业内部资本的利用效率低下。资本的动态结构效应波动幅度最小，最大值仅为 0.081，最小值为−0.380，而静态结构效应最大值和最小值分别为 1.308 和−5.128。分阶段看，大部分时间动态结构效应为负值，然而在 2013~2016 年却与其他两种效应相反，其值为正；静态结构效应在 2003~2009 年为正值，之后便为负值。但总体而言，因为静态结构效应的数值绝对值大于动态结构效应，所以总结构效应呈现与静态结构效应一致的趋势，自 2009 年后其数值为负。这意味着三次产业部门间资本的流动并没有带来太大的效率提升，具体体现在三次产业上，就是单个产业的资本生产率处于负增长状态，整体上显示出配置效率低下。

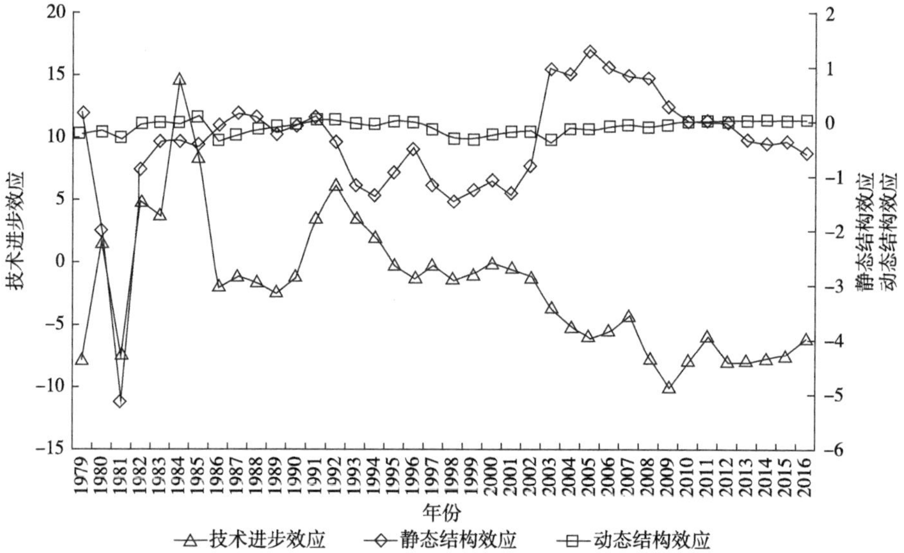


图 8-16　资本生产率分解图

资本要素在产业部门间的分配一直处于失衡的状态，而这种不均衡并没有随着经济的发展有所改善，第一产业即农业的投资一直占资本投资总额较低的份额，大量资本流入第二产业和第三产业，以资本存量年均增长为例，1979~2016 年总资本存量年均增长 13.05%，而第二产业和第三产业的数值分别为 12.12%和14.1%，然而第三产业资本生产效率是低于第一产业和第二产业的，所以才出现诸多学者认为的“结构负利”现象。

之所以出现这样的局面,可以从产业内部发展和产业间要素流动两方面解释,自 2001 年起就处于负值的技术进步效应表明产业内部资本生产率增长缓慢甚至出现负增长，这主要是因为中国经济仍然处于粗放型增长模式，尽管相比起改革开放初期,产业技术水平已有较大的进步,然而产业的发展仍依靠大量的要素投入,产业技术创新能力薄弱，不足以提升资源的使用效率，甚至政府主导的投资主要流向了生产率低下而又具有较高垄断性的行业，如电力、煤气、供水、高铁等。而第一产业投资不足，并且广大农村仍然存在着大量小农生产模式，农业抗风险能力较弱；第三产业则发展滞后，虽然占 GDP 比重超过了 50%，但偏向于低效率的生活性服务业，其企业规模有限，且恶性竞争严重，而生产性服务业受技术限制，且市场化改革缓慢，对生产率提高的贡献有限。同时，资本流动受限主要源于各种制度上的障碍,如 2008 年全球金融危机的爆发迫使中国采取较大幅度的财政扩张政策，使得原本就存在的产能过剩越发严重，地方政府为了追逐地方经济利益采取补贴性竞争，盲目扩张，并将投资向当地大企业或重点企业倾斜，扩大区域产能，这降低了生产率，扭曲了资源配置，使得经济陷入“产能过剩—生产率低下—高投资”的恶性循环（张少华和蒋伟杰，2017；王文甫等，2014）。

故要使资本生产率提升，需要从两方面入手：一方面是促进产业技术进步；另一方面则是消除资本流动的制度性障碍，促进资本在产业部门间的自由流动。技术进步可以从根本上提升产业内部资本的使用效率，企业研发、技术市场化及知识产权的保护均能促进产业技术进步。为此，需要建立有利于技术创新和进入的机制体制以保证产业内主体即企业的创新激励，如构建企业科技创新平台，鼓励企业研发投入，促进科技成果转化和产业化，引入并培育高新技术企业，并以新兴技术反哺传统行业，这些能提升企业的技术创新能力，市场交易制度和知识产权制度的完善能确保科技人员和企业的创新能力，并能从根本上提升企业创新能力进而提高产业技术水平。而要消除资本流动的制度性障碍，需要统一全国市场，完善金融市场。因为，区域行政性垄断已经成为阻碍全国市场形成的主要因素，这将给资本流动带来极大的交易成本，而资本市场向来偏爱国有企业，使得中小型企业尤其是私营企业难以从资本市场得到足够的资金支持。为此，需要对现有资本市场体系进行改革,而多层次资本市场体系的完善是关键(施东辉,2018；洪银兴，2018)，即根据企业所拥有的产业特性、生命周期、经营现状等因素对企业重新分类并设定上市标准，实现资本市场为企业融资“分层式”服务，引导资本合理配置，更好地服务产业经济。

### 3. 加快制度与市场化改革，提升全要素生产率

根据前面的数学公式，将全要素生产率增长率分为三个部分，即技术进步效

应、资本配置效率和劳动配置效率。从图 8-17 可以看出，1979~2016 年产业技术进步效应波动明显，资本配置效率与劳动配置效率则相对平稳，前者为负表示资本配置效率低下甚至无效，而后者数值均为正则意味着劳动配置具有效率。从均值来看，技术进步效应、资本配置效率和劳动配置效率的数值分别为 1.697、-1.608 和 0.894，全要素生产率增长率均值为 0.983。产业技术进步是全要素生产率增长的主要源泉，要素配置效率的作用反而不如产业内技术进步的效率，当产业技术进步停滞或下滑时，势必影响到全要素生产率的增长及 GDP 增长率，如在 1981 年、1989~1990 年及 2008~2016 年这几个经济低谷期，技术进步平均水平均出现不同程度的下滑，1989~1990 年下滑得尤为厉害，其次为 1981 年，而 2008 年起该值就一直为负；经济恢复速度的快慢也与之紧密相关，1991 年经济恢复速度快就是因为技术进步平均水平增长快，所以当技术进步平均水平保持在负增长状态时，经济恢复速度慢，这也是自 2008 年起全要素生产率值和 GDP 增长率一直处于降低甚至减少状态的原因。此外，1998~2001 年全要素生产率增长率降低的主要原因则是劳动配置效率的降低，该阶段劳动配置效率值仅维持在 0~0.25，与其他时期相比，效率较低。

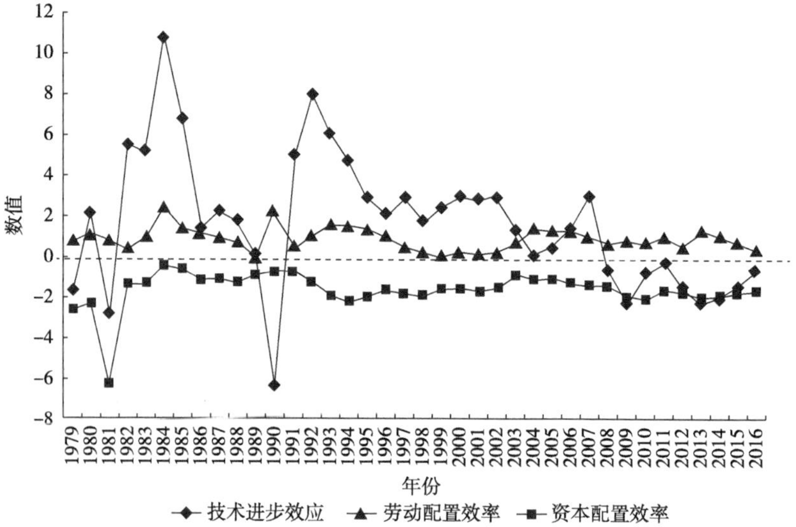


图 8-17　全要素生产率分解图

全要素生产率增长率的分解结果与劳动、资本生产率增长率分解结果和结论一致，即技术进步是中国生产率增长的主要源泉，劳动配置有效率而资本配置效率低下，这与大部分学者的结论类似。但全要素生产率区别于单要素生产率主要在于对技术进步的衡量上，因为根据其计算和分解的公式，要素投入增长以外的其他因素均可包含在全要素生产率中，很多非要素因素也可以影响全要素生产率的增长，比如能够影响技术进步和要素流动的因素，包括经济制度与市场化改革、政府政策等。

4. 结论及政策含义

由于国内学术界存在一种认识，即中国产业结构的服务化趋势是导致经济增速减缓的主要原因，即存在“鲍莫尔成本病”，本节为验证该结论是否成立，先利用线性状态空间模型计算出全要素生产率，并选取以增加值或就业人口计算的第二产业份额与第三产业份额之比作为产业结构服务化指标进行量化分析，发现无论以增加值计算还是以就业人口计算，产业结构服务化与全要素生产率均无长期均衡关系。因为全要素生产率增长率与经济增长率正向相关，所以中国产业结构服务化趋势是导致经济增速减缓的主要原因这一结论并不成立。为分析中国经济增速减缓的原因，本节将资本生产率、劳动生产率和全要素生产率进一步计算分解，发现中国经济中劳动配置效率较高而资本配置效率较差的状况。自 2008 年金融危机发生后，国内产业结构和生产方式发生了变化，劳动的配置效率降低，而资本自身的生产效率继续下滑。总体经济呈现出生产技术水平低下、资本和劳动力流动性不足。

从产业经济层面来看，第一产业投资不足，第二产业尤其是工业仍然是中国经济发展的主要动力，但吸收劳动力有限，第三产业受技术水平和制度障碍的限制发展程度较低。在劳动力市场上，由于劳动力转移速度降低、人力资本改善放缓等原因，劳动生产率增长率也随之放缓，而且由于投资率太高，且投资也倾向于生产效率较低的大型企业，生产效率较高并吸收大量劳动力的中小型企业却无法获得足够的资本，这进一步抑制了劳动生产率的增长。在金融市场上，国有企业尤其是大型企业更受资本的青睐，能够更容易并以更低的融资成本获得投资，然而由于国有资本的平均生产率和资源配置效率低于非国有企业，国有企业的全要素生产率也低于非国有企业。为此，要使中国经济继续保持高质量的增长，需要扭转当前生产率降低的趋势，而重点在于两方面：一是提升技术水平，提高要素利用效率;二是积极发挥市场在资源配置中的决定性作用并优化调整产业结构。

要提升技术水平、提高要素利用效率，需要转变传统生产观念和生产方式，将资源要素从产能过剩而发展有限的产业中释放出来，为更多拥有发展空间而缺乏资源的朝阳产业输送更多的资源。从不同产业出发，具体应表现为：在第一产业上，要促进农业从资源消耗型生产转向追求绿色生产、由对数量的过度追求转向对质量的需求，实现农业的集约化生产和全面转型升级。在第二产业上，即便中国很多工业产能已经是世界第一，但自主创新能力弱，缺乏核心技术和品牌，应加大研发投资和发展新兴战略产业，改造传统工业，全面提升工业技术水平，改变“制造多、创造少”的局面，完善现代工业体系。在第三产业上，扶持制造业在其生产的前期、期中、期后的各类生产性服务业，如金融、保险、信息业等，这些服务业不仅自身拥有较高的生产率，提升第三产业的生产率，而且能反过来进一步促进第一产业和第二产业的发展，从而提高整体经济的全要素生产率。在这些产业的发展过程中，利用各种现代产业技术实现自身发展，同时也实现了产业融合。要实现农业服务业、制造服务业与服务制造业等更多融合性产业形成，未来的产业结构更加合理健康，需要以提升产业创新能力为前提。2015 年 5 月国务院发布《中国制造 2025》，为未来十年中国工业的发展之路提供了方向，即立足于国际产业变革大趋势，通过十年的努力，全面提升中国制造业发展质量和水平，改变中国制造业“大而不强”的局面，使中国成为名副其实的制造强国。

任何结构的调整都需要匹配供需关系，即通过产业部门之间生产要素的调整实现经济体供给结构和需求结构的匹配，这个过程需要多方努力。2015 年 11 月中国政府提出的“供给侧结构性改革”，以通过优化要素配置和调整产业结构来提高供给体系质量和效率为核心，淘汰落后产能，促进企业技术创新，增加产品的有效供给。首先，需要理顺市场与政府的关系，由于政府在经济增长过程中承担了很重要的角色，但也产生了一些负面的后果，尤其是在资源配置上，地方政府的竞争政策扭曲了劳动力和资本的配置过程，导致没有充分发挥市场的作用。这就需要改变政府职能，定位其服务者的角色地位。其次，在结构调整上，生产要素从第一产业流向第二产业、第三产业的过程中全要素生产率也得到了提高，但由于产业内部差异性大，高耗能、低效率产业消耗过多资源，导致全要素生产率提升有限，限制了经济发展，所以需要优化产业内部结构。最后，单要素生产率的提高是经济增长的重要引擎，所以减少劳动力在部门与区域间的流动障碍、通过教育与培训进一步积累人力资本，并为中小企业尤其是民营企业消除融资障碍都有利于要素生产率的提升。为达到这些目的，需要政府完善经济环境，进行要素市场化改革，让市场配置劳动力与资本到最具有生产效率的产业部门和企业。当前应在政府提出的供给侧结构性改革与《中国制造 2025》相结合的政策下，引导中国产业结构变革，在市场主导、政府引导的原则下，强调企业的主体地位，为企业研发和经营创造良好的市场环境，降低企业的融资成本，完善相关的支持政策，为中国未来几十年的持续发展提供基础。

# 本 章 附 录

下面介绍计算劳动生产率与资本生产率的偏离-份额分析法。

1. 单要素生产率的结构分解

经济增长率常常被分解为单要素投入与生产率的增长率，大部分研究倾向于劳动要素生产率，而单要素生产率的计算与分解常用的方法是偏离–份额分析法（Timmer and Szirmai，2000；周永文，2017）。下面用偏离–份额分析法计算分解劳动生产率与资本生产率。

设 $F_t$ 为某一种生产投入要素，$Y_t$ 为产值水平。设 $G_t = Y_t/F_t$，表示要素生产率水平值，$G_0$ 表示基期要素的生产率水平。$g_t$ 表示要素生产率变化率，有 $g_t = (G_t - G_0)/G_0$。$s_{it}$ 表示第 $t$ 期第 $i$ 产业投入某一要素占总生产中投入该要素的份额，$s_{it} = F_{it}/F_t$。为考察产业内部要素生产率及其要素流动对经济增长的贡献率，特以三次产业为研究对象，有 $i$=1,2,3，则

$$g_t = \frac{G_t - G_0}{G_0} = \frac{1}{G_0}\left(\frac{Y_t}{F_t} - \frac{Y_0}{F_0}\right) = \frac{1}{G_0}\sum_{i=1}^{3}\left(\frac{Y_{it}}{F_t} - \frac{Y_{i0}}{F_0}\right)$$

某要素的生产率变化率是三次产业里单个产业要素生产率变化度的加总，再与基期生产率水平的比值。若每个产业引入其要素投入占总投入的份额，则可以将某期单个产业要素生产率的变化度再细化，可得到：

$$\frac{Y_{it}}{F_t} - \frac{Y_{i0}}{F_0} = \frac{Y_{it}}{F_{it}}\frac{F_{it}}{F_t} - \frac{Y_{i0}}{F_{i0}}\frac{F_{i0}}{F_0} = G_{it}s_{it} - G_{i0}s_{i0}$$

为更好地刻画要素投入的结构变化及产业内部生产效率的改变，可将上式进一步分解为

$$G_{it}s_{it} - G_{i0}s_{i0} = G_{i0}(s_{it} - s_{i0}) + (G_{it} - G_{i0})(s_{it} - s_{i0}) + (G_{it} - G_{i0})s_{i0}$$

综合三次产业，样本时间段内的要素生产率增长率则可以分解为三个部分：

$$g_t = \frac{1}{G_0}\sum_{i=1}^{3}G_{i0}(s_{it} - s_{i0}) + \frac{1}{G_0}\sum_{i=1}^{3}(G_{it} - G_{i0})(s_{it} - s_{i0}) + \frac{1}{G_0}\sum_{i=1}^{3}(G_{it} - G_{i0})s_{i0}$$

上式右边第一项可解释为在要素生产率水平不变条件下，生产要素在产业部门间转移所引起的生产率变化效应，即产业结构变动所导致的生产率变化，称为静态结构效应。第二项可理解为要素的综合转移效应，反映产业结构变化和生产率变化的综合协同作用，也被称为动态结构效应。第三项为产业内部的增长效应，该项表示在产业结构不发生变动时，各产业部门要素生产率增长的总效应。等式右边前两项之和反映了产业结构变化导致的生产率增长效应，称为总体结构效应。总体结构效应与产业内部生产率增长效应一起，构成了该要素的生产率增长率。

2. 全要素生产率的结构分解

为考察产业结构调整和要素配置对生产效率的影响，这里将对全要素生产率进一步分解。全要素生产率的增长主要来自两部分：一个是产业内部生产率的提

高；另一个是要素在部门之间的流动带来的效率提升。其分解过程如下。

在总量经济生产函数 $Y_t = Z_t K_t^{\alpha} L_t^{\beta}$ 的基础上，设增长率 $g_x = g(x) = (\mathrm{d}x/\mathrm{d}t)/x$，这里 $x$ 为任一变量；对时间做全微分，经济增长率可以表示为 $g_Y = g_Z + \alpha g_K + \beta g_L$，即经济增长率来自三部分——技术、资本和劳动三个项目的增长与其相应份额的乘积，而 $g_Z$ 就是总量经济的全要素生产率的增长率。

对于三次产业而言，单一产业的生产函数为 $Y_i = Z_i K_i^{\alpha_i} L_i^{\beta_i}$，$i=1,2,3$。每个产业的经济增长率可表示为 $g_{Y_i} = g_{Z_i} + \alpha_i g_{K_i} + \beta_i g_{L_i}$。因为总量经济是三次产业加总，所以有

$$Y = Y_1 + Y_2 + Y_3 ,\quad \mathrm{d}Y/Y = (\mathrm{d}Y_1 + \mathrm{d}Y_2 + \mathrm{d}Y_3)/Y ,\quad \mathrm{d}Y/Y = \frac{Y_1}{Y}\frac{\mathrm{d}Y_1}{Y_1} + \frac{Y_2}{Y}\frac{\mathrm{d}Y_2}{Y_2} + \frac{Y_3}{Y}\frac{\mathrm{d}Y_3}{Y_3}$$

所以总量经济的增长率是三个产业增长率的加权平均，权重为各个行业产值在总产值中所占的份额，设 $\rho_i = Y_i/Y$。对三次产业进行加总，所以有 $g_Y = \sum \rho_i g(Y_i)$。再将每个产业的增长率分解公式代入，可得

$$\sum \rho_i g(Y_i) = \sum \rho_i g(Z_i) + \sum \rho_i \alpha_i g(K_i) + \sum \rho_i \beta_i g(L_i)$$

将上式两边减去总量经济增长率 $g_Y = g_Z + \alpha g_K + \beta g_L$，可得

$$\sum \rho_i g(Y_i) - g_Y = \sum \rho_i g(Z_i) - g_Z + \sum \rho_i \alpha_i g(K_i) - \alpha g_K + \sum \rho_i \beta_i g(L_i) - \beta g_L$$

因为该等式两边均为零，所以总量经济增长率可以表示为

$$g_Z = \sum \rho_i g(Z_i) + \sum \rho_i \alpha_i g(K_i) - \alpha g_K + \sum \rho_i \beta_i g(L_i) - \beta g_L$$

总量全要素生产率增速 $g_Z$，可以理解为三部分之和：第一部分 $\sum \rho_i g(Z_i)$ 表示各产业生产率的加权平均，表示三次产业技术进步的平均水平；第二部分 $\sum \rho_i \alpha_i g(K_i) - \alpha g_K$ 可理解为资本在产业间配置产生的溢出效率，可称为资本配置的结构效应；第三部分 $\sum \rho_i \beta_i g(L_i) - \beta g_L$ 表示劳动要素产业间配置产生的溢出效率，可称为劳动配置的结构效应。

# 第9章　贸易战背景下中国产业要素配置效率研究

当前，由美国挑起的中美贸易战具有升级的趋势，其复杂性可能超过已有的预期。这个事件将对我国产业结构的调整升级产生长期性影响，需要给予高度重视并加强研究。本章将从产业要素配置效率的角度，研究中美在制造业方面的主要差距及演变趋势，提出我国改善要素配置效率的政策思路。

## 9.1　研究背景与分析视角

当前，中美贸易摩擦全面升级，美国政府推出的“制造业回流”计划正对中美两国的产业结构产生重要影响。依据美国贸易代表办公室（United States Trade Representative，USTR）发布的对华“301 调查”报告，美国前总统特朗普于 2018 年 6 月 15 日正式批准对从中国进口的约 500 亿美元商品额外加征 25%的关税，并接着于 2019 年 5 月 10 日批准对从中国进口的约 2000 亿美元商品额外加征 25%的关税，后续关税措施的实施范围和规模仍有扩大的可能性。从本质上看，特朗普对华及其他国家发动的贸易战是其“复兴美国”计划中的重要步骤。通过采取关税惩罚手段，一方面吸引美国企业将资本和生产线从海外回流美国本土；另一方面对主要贸易伙伴和竞争对手施压，迫使其进一步开放市场，降低贸易门槛，为扩大美国企业出口创造有利条件。美国是中国最大的商品出口国和贸易顺差国，特朗普围绕贸易战的一系列战略布局及相关措施将对中美制造业竞争产生不可忽视的影响。

从历史数据上看，二战后美国制造业在国民经济中的地位一直下降，此衰退趋势也符合“库兹涅茨事实”这一产业结构升级的自然规律。但在 2010 年后，国外学者开始重新审视美国制造业衰退的原因。1965~2000 年，美国制造业劳动力人口一直在 1800 万的规模波动，但 2001~2007 年，制造业劳动力人口骤然下降了 18%。对此，一些研究认为，中国加入 WTO 后，美国从中国进口规模的扩大导致了制造业岗位的流失（Mion and Zhu，2013；Bloom et al.，2016）。在中国加入 WTO 前，尽管中国依托与美国签订的正常贸易关系（normal trade relations，NTR）协议也能保持较低的关税水平，但对中国而言，这种关税优惠需要协议在每年自动续期才能享受到，因此充满了不确定性且容易被政治因素影响。一旦没有续期，美国对中国产品的关税将飙升至非正常贸易关系水平之上。中国加入 WTO 后，美国给予中国的永久正常贸易关系（permanent normal trade relations，PNTR）完全消灭了这种不确定性，从而刺激美国对中国商品进口激增。Autor 等（2013）估计，1991~2007 年至少有 25%的美国制造业就业占比下降是由中国进口导致的。从中国进口的增加可通过以下三个传导机制对美国制造业就业产生影响：①进口增加刺激了中国制造商加大对美国市场的开发力度，导致美国制造业厂商面临更大的竞争压力，减少制造业岗位需求（Schott，2008）。②对美国制造商而言，来自中国商品的进口压力迫使其加大对资本密集型或技术密集型生产方式的投入力度，并减少劳动密集型生产投入，以更好地发挥美国比较优势。资本或技术对劳动力的替代进一步减少了对制造业岗位的需求（Acemoglu et al.，2016）。③进口增加驱使美国企业投入更多资源与中国制造商建立联系，或者转变公司运营机制以更好地适应中国的合作或竞争，由此带来较高的沉没成本，造成一旦减少了制造业就业岗位便很难增加的困境（Handley，2014）。

然而，尽管上述论证为美国重振制造业，并发动针对中国的贸易战提供了依据，但对于要实现制造业回流的目标而言，还必须要分析美国制造业的竞争力是否相对中国存在优势。制造业的竞争力优势在很大程度上取决于要素的资源配置效率，要素的资源配置效率越高，其带来的投资回报也将越高。一般而言，一国伴随着经济增长，产业结构也会发生改变，并由此带动生产要素的配置效率发生变化。经济增长与产业结构改变是相辅相成的关系，两者相互影响。在经济增长过程中，产业结构的要素配置变化主要表现在两个方面：一是由于各产业技术要求和技术吸收能力上的巨大差异，会带来各产业不同的技术进步速度，并引发各产业不同的总产值增速，进而使得国家的产业结构及其要素投入也在动态调整（Baumol，1967）；二是在不同的发展阶段，一国需要不同的主导产业来支撑经济增长，随着国家经济发展战略转换，产业政策会引导主导产业的更替，并深入影响到各种要素投入配置，从本质上改变国家的产业结构（库兹涅茨，1985）。可见，产业结构的要素配置变化既与行业自身的演变有关，也与国家的政策导向有着较大关联。国家选择具有较高战略价值和经济带动作用的产业，从政策层面鼓励发展，将会对产业结构要素配置调整产生巨大推动作用。

与此同时，特朗普如此重视振兴美国制造业的事实也表明，制造业在国民经济中具备服务业所无法替代的作用，这已在学术界达成普遍共识。首先，当前在全球市场中，制造业占据了最大的出口份额。尽管美国在许多服务型制造领域获得不少贸易盈余，但并不足以帮助其抵消持续的巨额贸易赤字。唯有提高制造业占比和商品生产能力，成为制造业商品出口国，才能帮助美国减少贸易赤字，增加贸易盈余（Feenstra et al.，2013）。其次，强大的制造业部门可以提高对抗全球经济风险和政治风险的能力。长期以来对进口的过度依赖和巨额贸易赤字，导致美国在面临汇率波动、贸易冲突、由自然灾害造成的供应链断裂等问题时缺乏抵御能力（Koopman et al.，2012）。再次，尽管制造业经常被认为是为了给公司研发创新提供土壤，但生物医药和消费电子等行业的快速增长表明，制造业本身也具有较大的增长潜力（Bosworth and Collins，2010）。最后，制造业就业占比的长期下降意味着对缺乏高等教育的美国普通工人而言，能提供较好薪酬的岗位越来越少。这不仅损失了一部分重要的劳动力，还容易加剧美国社会的不稳定性（Goldin and Katz，2008）。因此，调整好要素资源配置，推动产业结构合理化与高端化，对中国寻找到新的经济增长点，具有重要意义。对当下的中国而言，提高要素在产业结构间的资源配置效率也是供给侧结构性改革的重要议题。

可见，全面了解和把握当前中美制造业要素配置效率和竞争力现状，有助于找到中国当前产业结构的内在问题，正视与国际水平之间存在的差距，把握美国发动贸易战的深层动因及对中国产业结构的影响，深入理解中国供给侧结构性改革、加速产业结构转型升级的必要性与紧迫性。总体来看，制造业产业结构中的生产要素主要由劳动力、能源和税负等构成[①]。在国家或地区层面，这三项要素成本的综合水平直接影响企业投资决策。美国制造业是否比中国制造业更具竞争力，在很大程度上取决于美国的劳动力成本、能源成本和税负成本是否比中国更具优势[②]。本书将通过测算中国制造业分行业要素配置效率、要素成本变化规律，并与美国进行比较，客观分析当前中国制造业分行业国际竞争力状况。并在此基础上，讨论美国制造业回流对中国产业结构的影响，以此对当前中国产业结构面

① 土地成本也是制造业企业的生产成本之一，但考虑到土地要素在中美两国都未实现完全市场化，缺少支持比较分析的系统性数据；同时，由于土地成本受政府招商引资政策的影响较大，尤其是各级地方政府在土地供给及其价格方面的自主权较大，相关信息和数据严重不透明，难以开展量化研究。因此，本书不考虑土地成本。

② 在传统的国家产业竞争力研究里，学者主要通过测度量化各类指标（如区位、要素禀赋、技术、制度环境等），再进行数据标准化和加权平均测算得出竞争力指数来比较国家间的产业竞争力状况（张其仔，2016）。本书没有采用传统指数测算方法，而是换了一种思路和视角，通过成本测算来反映中美产业竞争力的状况。成本作为影响企业生产的最直接变量，实质上也受到各类竞争力指标的影响，是各类竞争力指标共同作用下的结果，同样能展示出国家产业竞争力的面貌。且相比之下，成本度量数据更为客观，不会存在竞争力指数测算中出现的权重赋予与指标量化等主观误差影响。因此，通过成本来反映国家产业竞争力将更为直观和可靠。

临的内在问题与外部威胁进行全面洞察。通过透视制造业分行业的要素配置效率演进规律，全面剖析贸易战和制造业回流趋势下的中美制造业动态竞争及其带来的要素结构再均衡状况，这对于客观评估新形势下中国制造业的发展道路具有重要的现实意义。

## 9.2 产业要素配置效率变化：分行业的国际比较

### 9.2.1 中美制造业行业分类标准

中美制造业行业分类标准并不相同。中国国家统计局将制造业分为 32 个行业（其中金属制品、机械和设备修理业，铁路、船舶、航空航天和其他运输设备制造业为 2012 年后新增行业，橡胶制品业与塑料制品业 2012 年后合并统计），美国经济分析局（Bureau of Economic Analysis，BEA）则把制造业分为耐用品和非耐用品两大类，并细分为 19 个行业。为了便于比较分析，本书对中美两国的制造业进行了对应性的归类和调整，选取 18 个中国制造业行业和 16 个美国制造业行业进行数据测算。其中，中国通用设备制造业和专用设备制造业对应美国的机械行业，黑色金属冶炼及压延加工业和有色金属冶炼及压延加工业对应美国的初级金属业，2012 年后的铁路、船舶、航空航天和其他运输设备制造业与汽车制造业合并为原先的交通运输设备制造业。鉴于中国和美国在劳动力、能源和税务可获取数据方面的限制，中国和美国行业数据选取时间统一为 2002~2014 年[①]。

### 9.2.2 中美制造业分行业劳动力配置比较

为比较中美两国制造业的劳动力成本，本书分别计算中美制造业分行业人均增加值、人均劳动力成本、劳动生产率和人均劳动成本产出比。相对美国而言，中国可获得的制造业行业数据并不多，大量数据需要进一步估算整理。增加值方面，由于国家统计局 2008 年后不再公布制造业细分行业增加值，本书利用制造业细分行业月度累计增加值增速对 2008 年后的行业增加值进行估算。而细分行业就业人口这一指标，国家统计局仅公布城镇单位制造业分行业就业人口，但这其并不能反映中国制造业就业结构全貌，因此，本书利用全国每年制造业从业人数，乘以城镇单位制造业分行业就业人数占比，得出全国制造业分行业就业人数。中国劳动力方面的数据主要来自历年的《中国劳动统计年鉴》，美国劳动力方面的数据主要来自 BEA。

---

① 截至写作时，美国能源制造业分行业数据仅更新到 2014 年，而中国劳动力、税务制造业分行业方面的数据仅更新到 2015 年。

1. 美国制造业人均增加值大幅高于中国

在人均增加值方面，尽管中国制造业分行业人均增加值不断增长，但与美国仍存在较大差距（表 9-1）。2014 年，中美人均增加值差距最小的行业是木材加工业，美国约是中国的 2.26 倍。其中，两国差距最大的是石油加工和炼焦业，美国是约中国的 48.33 倍，多数行业之间的差距则为 6~8 倍。中美制造业人均增加值差距较大的原因一方面在于中国制造业劳动生产率低于美国，另一方面则是制造业内部结构差异的结果。相比之下，中国制造业偏向于劳动密集型，而美国制造业偏向于资本密集型。

**表 9-1　中美制造业分行业人均增加值比较**

| 分行业 | 国别 | 2002 年 | 2006 年 | 2010 年 | 2014 年 |
|---|---|---|---|---|---|
| 耐用品 | | | | | |
| 木材加工业 | 美国/美元 | 49 104 | 56 887 | 64 620 | 74 394 |
| | 中国/元 | 17 738 | 40 978 | 125 330 | 201 585 |
| 非金属矿物制品业 | 美国/美元 | 80 925 | 98 635 | 98 370 | 121 149 |
| | 中国/元 | 14 337 | 36 217 | 83 492 | 141 092 |
| 初级金属业（对应中国两个行业） | 美国/美元 | 82 643 | 134 904 | 133 702 | 148 492 |
| 黑色金属冶炼及压延加工业 | 中国/元 | 21 036 | 78 070 | 125 054 | 192 967 |
| 有色金属冶炼及压延加工业 | 中国/元 | 18 405 | 82 495 | 131 421 | 225 957 |
| 金属制品业 | 美国/美元 | 68 819 | 81 947 | 93 911 | 100 481 |
| | 中国/元 | 20 841 | 46 475 | 82 599 | 118 154 |
| 机械行业（对应中国两个行业） | 美国/美元 | 81 061 | 103 556 | 122 837 | 134 164 |
| 通用设备制造业 | 中国/元 | 13 338 | 40 346 | 77 170 | 125 297 |
| 专用设备制造业 | 中国/元 | 12 400 | 28 045 | 56 369 | 101 761 |
| 通信设备、计算机及其他电子设备制造业 | 美国/美元 | 115 010 | 171 319 | 226 364 | 255 429 |
| | 中国/元 | 34 495 | 55 696 | 62 799 | 68 241 |
| 电气机械及器材制造业 | 美国/美元 | 87 928 | 118 707 | 140 056 | 139 153 |
| | 中国/元 | 24 439 | 54 002 | 84 299 | 104 240 |
| 交通运输设备制造业 | 美国/美元 | 117 718 | 125 912 | 136 417 | 166 170 |
| | 中国/元 | 20 863 | 40 144 | 73 317 | 157 146 |
| 家具制造业 | 美国/美元 | 51 650 | 61 786 | 62 011 | 72 162 |
| | 中国/元 | 17 202 | 32 058 | 54 325 | 71 239 |
| 非耐用品 | | | | | |
| 食品制造业 | 美国/美元 | 101 488 | 116 438 | 140 834 | 146 800 |
| | 中国/元 | 19 757 | 41 037 | 70 883 | 104 609 |
| 纺织业 | 美国/美元 | 49 897 | 56 901 | 65 000 | 76 596 |
| | 中国/元 | 12 269 | 29 101 | 58 066 | 125 156 |

续表

| 分行业 | 国别 | 2002年 | 2006年 | 2010年 | 2014年 |
|---|---|---|---|---|---|
| 纺织服装、鞋、帽制造业 | 美国/美元 | 45 050 | 46 739 | 56 150 | 59 412 |
| | 中国/元 | 12 410 | 19 326 | 32 666 | 50 526 |
| 造纸及纸制品业 | 美国/美元 | 100 184 | 124 094 | 140 355 | 152 279 |
| | 中国/元 | 21 429 | 48 181 | 81 511 | 142 552 |
| 印刷业和记录媒介的复制 | 美国/美元 | 59 327 | 73 783 | 79 671 | 84 768 |
| | 中国/元 | 12 600 | 27 782 | 49 628 | 71 556 |
| 石油加工和炼焦业 | 美国/美元 | 437 607 | 1 246 903 | 1 171 171 | 1 573 636 |
| | 中国/元 | 39 416 | 87 234 | 135 925 | 199 903 |
| 化工原料及化学制品制造业 | 美国/美元 | 224 134 | 301 272 | 419 797 | 459 726 |
| | 中国/元 | 18 729 | 53 026 | 98 182 | 171 050 |

2. 中美制造业劳动力成本之间的差距明显缩窄

中国制造业主要行业劳动力成本均低于美国，但随着国内劳动力成本持续攀升，双方之间的差距正在不断缩小（表9-2）。2014年，中国和美国相比，劳动力成本优势最大的行业是通信设备、计算机及其他电子设备制造业，美国约是中国的11.70倍，成本优势最小的行业是交通运输设备制造业，美国约是中国的5.76倍，多数行业之间的差距则为6~8倍。相比2002年多数行业20~40倍的差距，中美制造业劳动力成本之间的差距在快速缩小。

**表9-2 中美制造业分行业人均劳动力成本比较**

| 分行业 | 国别 | 2002年 | 2006年 | 2010年 | 2014年 |
|---|---|---|---|---|---|
| 耐用品 | | | | | |
| 木材加工业 | 美国/美元 | 31 623 | 36 357 | 38 152 | 42 764 |
| | 中国/元 | 7 339 | 11 290 | 20 538 | 38 181 |
| 非金属矿物制品业 | 美国/美元 | 41 040 | 46 943 | 50 623 | 55 516 |
| | 中国/元 | 8 123 | 13 403 | 24 297 | 42 897 |
| 初级金属业（对应中国两个行业） | 美国/美元 | 47 138 | 56 182 | 61 058 | 66 724 |
| 黑色金属冶炼及压延加工业 | 中国/元 | 15 032 | 26 999 | 41 220 | 53 934 |
| 有色金属冶炼及压延加工业 | 中国/元 | 12 491 | 20 543 | 30 560 | 49 575 |
| 金属制品业 | 美国/美元 | 39 630 | 45 816 | 51 441 | 55 529 |
| | 中国/元 | 10 075 | 16 287 | 27 945 | 48 637 |
| 机械行业（对应中国两个行业） | 美国/美元 | 47 597 | 55 986 | 62 655 | 68 734 |
| 通用设备制造业 | 中国/元 | 10 668 | 19 332 | 32 749 | 55 311 |
| 专用设备制造业 | 中国/元 | 10 406 | 19 103 | 33 897 | 57 217 |

续表

| 分行业 | 国别 | 2002 年 | 2006 年 | 2010 年 | 2014 年 |
|---|---|---|---|---|---|
| 通信设备、计算机及其他电子设备制造业 | 美国/美元 | 66 873 | 83 963 | 95 998 | 108 864 |
| | 中国/元 | 17 636 | 24 119 | 36 156 | 57 123 |
| 电气机械及器材制造业 | 美国/美元 | 42 596 | 51 178 | 59 422 | 66 090 |
| | 中国/元 | 12 405 | 18 533 | 30 088 | 52 355 |
| 交通运输设备制造业 | 美国/美元 | 51 277 | 56 418 | 58 384 | 60 135 |
| | 中国/元 | 14 409 | 22 990 | 40 493 | 64 155 |
| 家具制造业 | 美国/美元 | 31 355 | 35 991 | 39 985 | 43 484 |
| | 中国/元 | 8 881 | 14 684 | 25 125 | 44 459 |
| 非耐用品 | | | | | |
| 食品制造业 | 美国/美元 | 35 900 | 39 904 | 44 711 | 47 929 |
| | 中国/元 | 10 064 | 15 292 | 26 565 | 46 086 |
| 纺织业 | 美国/美元 | 31 116 | 35 435 | 39 110 | 43 472 |
| | 中国/元 | 7 268 | 12 035 | 21 735 | 40 495 |
| 纺织服装、鞋、帽制造业 | 美国/美元 | 26 618 | 33 447 | 38 238 | 41 074 |
| | 中国/元 | 9 066 | 14 349 | 23 710 | 41 484 |
| 造纸及纸制品业 | 美国/美元 | 49 071 | 55 090 | 61 583 | 67 199 |
| | 中国/元 | 8 668 | 14 599 | 25 326 | 44 423 |
| 印刷业和记录媒介的复制 | 美国/美元 | 38 926 | 43 862 | 45 793 | 48 713 |
| | 中国/元 | 10 863 | 16 820 | 28 513 | 47 431 |
| 石油加工和炼焦业 | 美国/美元 | 67 421 | 88 154 | 97 164 | 110 735 |
| | 中国/元 | 17 357 | 28 335 | 45 754 | 65 708 |
| 化工原料及化学制品制造业 | 美国/美元 | 63 418 | 74 353 | 84 795 | 95 403 |
| | 中国/元 | 10 359 | 18 475 | 31 418 | 54 085 |

3. 美国制造业劳动生产率仍然领先中国

美国制造业主要行业的劳动生产率普遍高于中国，这在很大程度上弥补了其劳动力成本方面的劣势（表 9-3）。2014 年，中国与美国劳动生产率差距最大的行业是石油加工和炼焦业，美国约是中国的 59.29 倍，强大的劳动生产率优势也使得石油加工和炼焦业成为中美制造业里人均增加值差距最大的行业。而中美劳动生产率差距最小的行业是木材加工业，美国约为中国的 2.75 倍。多数行业之间的差距为 6~9 倍。同时，2002~2014 年，中国制造业各行业劳动生产率的增幅普遍超过美国，与 2002 年两国相差 20~50 倍的情况相比，中国劳动生产率与美国差距已有较大幅度的缩小，这表明中国制造业的整体技术水平和资源配置效率在不断改善，对美国形成了追赶的态势。值得注意的是，中国劳动生产率提高幅度较大的行业集中在木材加工、黑色金属、有色金属、非金属等传统行业，而美国劳动生产率增幅最大的石油化工和信息通信技术（也是两个增幅超过 100%的行业，2014 年是 2002 年的 2.14 倍和 3.50 倍），却是中国劳动生产率变化较小的行业。2014 年中国通信设备、计算机及其他电子设备制造业的劳动力生产率仅是 2002 年的 1.89 倍，增幅低于美国同期水平，与中美两国制造业劳动生产率变化的整体走向形成鲜明反差，这也在很大程度上反映出中国通信设备、计算机及其他电子设备制造业长期以加工贸易参与行业全球分工体系的发展模式及其局限性。

**表 9-3　中美制造业分行业劳动生产率比较**

| 分行业 | 国别 | 2002 年 | 2006 年 | 2010 年 | 2014 年 |
|---|---|---|---|---|---|
| 耐用品 | | | | | |
| 木材加工业 | 美国/（美元/小时） | 25.38 | 29.04 | 32.84 | 37.12 |
| | 中国/（元/小时） | 7.65 | 16.26 | 51.16 | 82.79 |
| 非金属矿物制品业 | 美国/（美元/小时） | 41.82 | 50.35 | 49.98 | 60.45 |
| | 中国/（元/小时） | 6.18 | 14.37 | 34.08 | 57.94 |
| 初级金属业（对应中国两个行业） | 美国/（美元/小时） | 42.71 | 68.86 | 67.94 | 74.10 |
| 黑色金属冶炼及压延加工业 | 中国/（元/小时） | 9.07 | 30.98 | 51.04 | 79.25 |
| 有色金属冶炼及压延加工业 | 中国/（元/小时） | 7.93 | 32.74 | 53.64 | 92.80 |
| 金属制品业 | 美国/（美元/小时） | 35.57 | 41.83 | 47.72 | 50.14 |
| | 中国/（元/小时） | 8.98 | 18.44 | 33.71 | 48.52 |
| 机械行业（对应中国两个行业） | 美国/（美元/小时） | 41.89 | 52.86 | 62.42 | 66.95 |
| 通用设备制造业 | 中国/（元/小时） | 5.75 | 16.01 | 31.50 | 51.46 |
| 专用设备制造业 | 中国/（元/小时） | 5.34 | 11.13 | 23.01 | 41.79 |
| 通信设备、计算机及其他电子设备制造业 | 美国/（美元/小时） | 59.44 | 87.45 | 115.02 | 127.46 |
| | 中国/（元/小时） | 14.87 | 22.10 | 25.63 | 28.03 |
| 电气机械及器材制造业 | 美国/（美元/小时） | 45.44 | 60.60 | 71.17 | 69.44 |
| | 中国/（元/小时） | 10.53 | 21.43 | 34.41 | 42.81 |
| 交通运输设备制造业 | 美国/（美元/小时） | 60.84 | 64.27 | 69.32 | 82.92 |
| | 中国/（元/小时） | 8.99 | 15.93 | 29.93 | 64.54 |
| 家具制造业 | 美国/（美元/小时） | 26.69 | 31.54 | 31.51 | 36.01 |
| | 中国/（元/小时） | 7.41 | 12.72 | 22.17 | 29.26 |
| 非耐用品 | | | | | |
| 食品制造业 | 美国/（美元/小时） | 52.67 | 59.47 | 71.45 | 73.95 |
| | 中国/（元/小时） | 8.52 | 16.28 | 28.93 | 42.96 |
| 纺织业 | 美国/（美元/小时） | 25.89 | 29.06 | 32.98 | 38.59 |
| | 中国/（元/小时） | 5.29 | 11.55 | 23.70 | 51.40 |
| 纺织服装、鞋、帽制造业 | 美国/（美元/小时） | 23.38 | 23.87 | 28.49 | 29.93 |
| | 中国/（元/小时） | 5.35 | 7.67 | 13.33 | 20.75 |

续表

| 分行业 | 国别 | 2002 年 | 2006 年 | 2010 年 | 2014 年 |
|---|---|---|---|---|---|
| 造纸及纸制品业 | 美国/（美元/小时） | 51.99 | 63.38 | 71.21 | 76.71 |
| | 中国/（元/小时） | 9.24 | 19.12 | 33.27 | 58.54 |
| 印刷业和记录媒介的复制 | 美国/（美元/小时） | 30.79 | 37.68 | 40.42 | 42.70 |
| | 中国/（元/小时） | 5.43 | 11.02 | 20.26 | 29.39 |
| 石油加工和炼焦业 | 美国/（美元/小时） | 227.09 | 636.82 | 594.20 | 792.76 |
| | 中国/（元/小时） | 16.99 | 34.62 | 55.48 | 82.10 |
| 化工原料及化学制品制造业 | 美国/（美元/小时） | 116.31 | 153.87 | 212.99 | 231.60 |
| | 中国/（元/小时） | 8.07 | 21.04 | 40.07 | 70.25 |

4. 美国多数行业的劳动力投资回报高于中国

从中美制造业分行业人均劳动成本产出比来看，2014 年，美国不仅耐用品部门中的专用设备制造业，通信设备、计算机及其他电子设备制造业，电气机械及器材制造业，交通运输设备制造业，家具制造业等方面高于中国，而且一些非耐用品部门的人均劳动成本产出比，如食品制造业，纺织服装、鞋、帽制造业，印刷业和记录媒介的复制，石油加工和炼焦业，化工原料及化学制品制造业等，也超过了中国（表 9-4）。这表明，美国上述行业的劳动投入能够比中国创造出更多的回报，即具备劳动力方面的竞争优势。但也必须指出的是，2002~2014 年，中国一些行业的人均劳动成本产出比或是反超了美国，或是优势进一步增强，如木材加工业、非金属矿物制品业、初级金属业、金属制品业、纺织业、造纸及纸制品业等。同时，机械行业、交通运输设备制造业、化工原料及化学制品制造业与美国之间的差距也在不断缩小。然而，也存在一些原来领先却被美国反超的行业，如通信设备、计算机及其他电子设备制造业和家具制造业。总体而言，在制造业多数行业中，美国相对中国的劳动力投资回报优势正在减弱，但仍保持领先。

**表 9-4　中美两国制造业分行业的人均劳动成本产出比变化**

| 分行业 | 国别 | 2002 年 | 2006 年 | 2010 年 | 2014 年 |
|---|---|---|---|---|---|
| 耐用品 | | | | | |
| 木材加工业 | 美国 | 1.57 | 1.59 | 1.74 | 1.77 |
| | 中国 | 2.42 | 3.63 | 6.10 | 5.28 |
| 非金属矿物制品业 | 美国 | 2.01 | 2.13 | 2.00 | 2.23 |
| | 中国 | 1.76 | 2.70 | 3.44 | 3.29 |

续表

| 分行业 | 国别 | 2002 年 | 2006 年 | 2010 年 | 2014 年 |
|---|---|---|---|---|---|
| 初级金属业（对应中国两个行业）<br>黑色金属冶炼及压延加工业<br>有色金属冶炼及压延加工业 | 美国 | 1.78 | 2.45 | 2.25 | 2.27 |
| | 中国 | 1.40 | 2.89 | 3.03 | 3.58 |
| | 中国 | 1.47 | 4.02 | 4.30 | 4.56 |
| 金属制品业 | 美国 | 1.77 | 1.82 | 1.87 | 1.84 |
| | 中国 | 2.07 | 2.85 | 2.96 | 2.43 |
| 机械行业（对应中国两个行业）<br>通用设备制造业<br>专用设备制造业 | 美国 | 1.73 | 1.88 | 2.00 | 1.98 |
| | 中国 | 1.25 | 2.09 | 2.36 | 2.27 |
| | 中国 | 1.19 | 1.47 | 1.66 | 1.78 |
| 通信设备、计算机及其他电子设备制造业 | 美国 | 1.74 | 2.07 | 2.40 | 2.38 |
| | 中国 | 1.96 | 2.31 | 1.74 | 1.19 |
| 电气机械及器材制造业 | 美国 | 2.10 | 2.35 | 2.40 | 2.14 |
| | 中国 | 1.97 | 2.91 | 2.80 | 1.99 |
| 交通运输设备制造业 | 美国 | 2.32 | 2.25 | 2.36 | 2.79 |
| | 中国 | 1.45 | 1.75 | 1.81 | 2.45 |
| 家具制造业 | 美国 | 1.69 | 1.76 | 1.61 | 1.71 |
| | 中国 | 1.94 | 2.18 | 2.16 | 1.60 |
| 非耐用品 | | | | | |
| 食品制造业 | 美国 | 2.92 | 3.01 | 3.29 | 3.21 |
| | 中国 | 1.96 | 2.68 | 2.67 | 2.27 |
| 纺织业 | 美国 | 1.65 | 1.66 | 1.74 | 1.85 |
| | 中国 | 1.69 | 2.42 | 2.67 | 3.09 |
| 纺织服装、鞋、帽制造业 | 美国 | 1.74 | 1.44 | 1.54 | 1.52 |
| | 中国 | 1.37 | 1.35 | 1.38 | 1.22 |
| 造纸及纸制品业 | 美国 | 2.09 | 2.31 | 2.35 | 2.33 |
| | 中国 | 2.47 | 3.30 | 3.22 | 3.21 |
| 印刷业和记录媒介的复制 | 美国 | 1.56 | 1.72 | 1.80 | 1.79 |
| | 中国 | 1.16 | 1.65 | 1.74 | 1.51 |
| 石油加工和炼焦业 | 美国 | 6.56 | 14.53 | 12.28 | 14.27 |
| | 中国 | 2.27 | 3.08 | 2.97 | 3.04 |
| 化工原料及化学制品制造业 | 美国 | 3.59 | 4.11 | 5.03 | 4.89 |
| | 中国 | 1.81 | 2.87 | 3.13 | 3.16 |

### 9.2.3 中美制造业分行业能源配置比较

中美两国制造业分行业的能源成本，由各行业能源消费量乘以当年度的能源价格计算得出。美国制造业分行业能源消费量的统计数据来源于美国能源信息署（Energy Information Administration，EIA）的能源消费普查，该普查自 1991 年开始，最近一次为 2014 年。美国制造业能源消费主要包括煤炭、焦炭、电力、燃料油、天然气、液化天然气等。这些能源商品价格，选取以下指标：①煤炭价格和焦炭价格均选取 EIA 的年度均价；②电力价格选取美国全境的工业用电年度均价；③燃料油价格选取汤森路透的纽约港 2 号燃料油现价的年度均价；④天然气价格选取 EIA 的美国天然气工业用价年度均价；⑤液化天然气价格选取彭博的美国液化天然气综合价格年度均价。

中国制造业分行业能源消费量来源于历年《中国能源统计年鉴》中的工业分行业终端能源消费量统计（实物量）。中国制造业能源消费主要包括煤炭、焦炭、各类油品、天然气、液化天然气、电力和热力。受相关价格统计数据所限，本书对各类能源价格指标的处理方法如下：①煤炭价格 2009 年以前的数据为全国重点煤炭企业原煤平均售价，2010 年及以后的数据为环渤海 5500 大卡动力煤价格指数；②焦炭价格选自海关总署的历年焦炭出口平均单价当月值（美元计价），再对每月均价进行加权平均得出年均价，最后乘以当年美元对人民币汇率估计出国内市场的年平均价格；③油品价格指标选取 20 号燃料油的含税价，并对每年上海、广州和西安的每周平均价格进行加权平均，以此估计得出全国市场的年平均价格；④天然气价格指标选取全国沿江、西南、西北、华南、华东、华北、东北七大区域的天然气工业用气日均市场价，对其加权平均后得到全国市场的年平均价格；⑤液化天然气价格指标选取全国 19 个省区市的液化天然气每日到货价，对其加权平均后得到全国年平均价格；⑥电力价格选自国家电力监管委员会的年平均销售电价；⑦由于缺少热力价格指标，本书以焦耳计量的热力消费量折算成以吨标煤计量的热力消费量，由此可用煤炭价格作为热力价格的替代指标计算制造业热力消耗的总成本。得到能源消费量和能源价格数据后，由此分别计算出中美制造业分行业能源要素成本及其配置效率。

1. 中国制造业能源消费成本快速上升

2002~2014 年，中美制造业分行业能源总消费成本均不断上升，但总体看中国同类行业的能源消费成本普遍高于美国（表 9-5）。这期间，多数中国制造业行业能源消费成本提高了 5~10 倍。相比之下，美国多数制造业行业仅上升了 20%~50%，家具制造业，纺织业，纺织服装、鞋、帽制造业等行业能源成本甚至出现了下降。再从变化趋势看，2002~2014 年，多数美国制造业行业的能源成本均经历了先上升后下降的阶段，即能源消费总成本出现了短期拐点，而对于本书所测算的中国制造业行业而言，其能源成本仍处于快速上升的过程中。这意味着现阶段中国制造业对能源的依赖程度远高于美国，能源利用效率有待进一步提高。

**表 9-5 中美制造业分行业能源成本比较**

| 分行业 | 国别 | 2002 年 | 2006 年 | 2010 年 | 2014 年 |
|---|---|---|---|---|---|
| 耐用品 | | | | | |
| 木材加工业 | 美国/亿美元 | 13.30 | 27.32 | 16.41 | 20.45 |
| | 中国/亿元 | 24.60 | 82.26 | 169.19 | 215.99 |
| 非金属矿物制品业 | 美国/亿美元 | 43.53 | 74.28 | 47.90 | 56.97 |
| | 中国/亿元 | 769.96 | 1 767.43 | 4 424.50 | 5 178.93 |
| 初级金属业（对应中国两个行业） | 美国/亿美元 | 113.21 | 152.91 | 147.19 | 129.29 |
| 黑色金属冶炼及压延加工业 | 中国/亿元 | 1 292.71 | 4 366.42 | 11 782.36 | 9 751.70 |
| 有色金属冶炼及压延加工业 | 中国/亿元 | 431.59 | 1 099.14 | 2 299.56 | 3 347.30 |
| 金属制品业 | 美国/亿美元 | 31.72 | 44.72 | 34.37 | 41.02 |
| | 中国/亿元 | 157.98 | 358.04 | 664.85 | 963.74 |
| 机械行业（对应中国两个行业） | 美国/亿美元 | 15.44 | 26.86 | 19.03 | 22.17 |
| 通用设备制造业 | 中国/亿元 | 125.93 | 301.31 | 662.08 | 684.50 |
| 专用设备制造业 | 中国/亿元 | 68.57 | 148.21 | 323.29 | 385.35 |
| 通信设备、计算机及其他电子设备制造业 | 美国/亿美元 | 21.29 | 20.41 | 22.22 | 25.89 |
| | 中国/亿元 | 88.58 | 245.47 | 466.39 | 612.11 |
| 电气机械及器材制造业 | 美国/亿美元 | 8.87 | 11.07 | 9.16 | 9.81 |
| | 中国/亿元 | 76.42 | 186.86 | 394.35 | 512.11 |
| 交通运输设备制造业 | 美国/亿美元 | 33.41 | 55.48 | 33.60 | 41.72 |
| | 中国/亿元 | 149.16 | 259.00 | 688.97 | 814.77 |
| 家具制造业 | 美国/亿美元 | 4.41 | 6.97 | 4.07 | 4.39 |
| | 中国/亿元 | 7.81 | 19.94 | 40.72 | 70.08 |
| 非耐用品 | | | | | |
| 食品制造业 | 美国/亿美元 | 60.18 | 103.61 | 94.32 | 90.76 |
| | 中国/亿元 | 74.36 | 110.80 | 221.78 | 262.45 |
| 纺织业 | 美国/亿美元 | 19.40 | 24.53 | 12.82 | 13.75 |
| | 中国/亿元 | 264.98 | 621.39 | 966.04 | 1 158.81 |
| 纺织服装、鞋、帽制造业 | 美国/亿美元 | 2.90 | 2.12 | 1.05 | 0.96 |
| | 中国/亿元 | 36.95 | 78.13 | 132.97 | 171.82 |
| 造纸及纸制品业 | 美国/亿美元 | 61.09 | 99.74 | 75.69 | 73.07 |
| | 中国/亿元 | 173.85 | 312.05 | 550.86 | 577.14 |
| 印刷业和记录媒介的复制 | 美国/亿美元 | 8.99 | 11.05 | 11.09 | 12.23 |
| | 中国/亿元 | 21.15 | 41.08 | 72.24 | 90.18 |
| 石油加工和炼焦业 | 美国/亿美元 | 55.88 | 106.94 | 98.39 | 100.25 |
| | 中国/亿元 | 780.54 | 2 019.96 | 3 161.94 | 3 577.81 |
| 化工原料及化学制品制造业 | 美国/亿美元 | 370.57 | 537.24 | 487.41 | 499.11 |
| | 中国/亿元 | 1 181.87 | 2 861.10 | 5 309.44 | 7 986.01 |

### 2. 中美制造业人均能源消耗差距不断缩小

从人均能源投入看，中国制造业分行业人均能源投入普遍要低于美国，这是两国制造业要素投入结构差别的具体体现。与美国相比，中国制造业劳动力投入显然更为密集（表 9-6）。然而，中国能源成本上升过快，导致中国人均能源消耗已逐步逼近美国。2002~2014 年，中国制造业分行业能源成本普遍上升了 3~7 倍。中美人均能源消耗之间的差距已由 2002 年的 8~16 倍大幅下降至 2014 年的 1~3 倍。

**表 9-6　中美制造业分行业人均能源消耗比较**

| 分行业 | 国别 | 2002 年 | 2006 年 | 2010 年 | 2014 年 |
|---|---|---|---|---|---|
| 耐用品 | | | | | |
| 木材加工业 | 美国/（美元/人） | 2 383 | 4 887 | 4 800 | 5 512 |
| | 中国/（元/人） | 2 042 | 4 917 | 11 761 | 14 517 |
| 非金属矿物制品业 | 美国/（美元/人） | 8 387 | 14 479 | 13 016 | 14 875 |
| | 中国/（元/人） | 8 086 | 17 507 | 47 244 | 58 241 |
| 初级金属业（对应中国两个行业） | 美国/（美元/人） | 22 330 | 32 743 | 40 660 | 32 485 |
| 黑色金属冶炼及压延加工业 | 中国/（元/人） | 15 114 | 48 667 | 123 314 | 112 332 |
| 有色金属冶炼及压延加工业 | 中国/（元/人） | 12 692 | 28 353 | 47 081 | 71 134 |
| 金属制品业 | 美国/（美元/人） | 2 048 | 2 883 | 2 683 | 2 821 |
| | 中国/（元/人） | 3 912 | 7 475 | 12 117 | 15 154 |
| 机械行业（对应中国两个行业） | 美国/（美元/人） | 1 260 | 2 275 | 1 914 | 1 973 |
| 通用设备制造业 | 中国/（元/人） | 1 457 | 3 200 | 6 336 | 7 015 |
| 专用设备制造业 | 中国/（元/人） | 1 088 | 1 810 | 3 619 | 5 147 |
| 通信设备、计算机及其他电子设备制造业 | 美国/（美元/人） | 1 420 | 1 565 | 2 020 | 2 465 |
| | 中国/（元/人） | 1 212 | 1 930 | 2 681 | 2 357 |
| 电气机械及器材制造业 | 美国/（美元/人） | 1 786 | 2 558 | 2 565 | 2 596 |
| | 中国/（元/人） | 1 178 | 2 185 | 3 497 | 3 686 |
| 交通运输设备制造业 | 美国/（美元/人） | 1 818 | 3 145 | 2 519 | 2 683 |
| | 中国/（元/人） | 1 429 | 2 107 | 4 339 | 7 053 |
| 家具制造业 | 美国/（美元/人） | 728 | 1 244 | 1 137 | 1 186 |
| | 中国/（元/人） | 961 | 1 276 | 2 314 | 3 404 |
| 非耐用品 | | | | | |
| 食品制造业 | 美国/（美元/人） | 3 445 | 6 193 | 5 783 | 5 329 |
| | 中国/（元/人） | 2 658 | 3 099 | 5 518 | 6 162 |
| 纺织业 | 美国/（美元/人） | 4 001 | 6 911 | 5 343 | 5 852 |
| | 中国/（元/人） | 2 072 | 4 563 | 8 535 | 15 658 |
| 纺织服装、鞋、帽制造业 | 美国/（美元/人） | 719 | 770 | 563 | 567 |
| | 中国/（元/人） | 615 | 823 | 1 348 | 1 893 |

续表

| 分行业 | 国别 | 2002 年 | 2006 年 | 2010 年 | 2014 年 |
|---|---|---|---|---|---|
| 造纸及纸制品业 | 美国/（美元/人） | 11 251 | 21 268 | 19 212 | 19 589 |
| | 中国/（元/人） | 6 521 | 10 844 | 17 822 | 22 725 |
| 印刷业和记录媒介的复制 | 美国/（美元/人） | 1 261 | 1 734 | 2 277 | 2 700 |
| | 中国/（元/人） | 952 | 2 046 | 3 688 | 4 301 |
| 石油加工和炼焦业 | 美国/（美元/人） | 47 758 | 94 638 | 88 642 | 91 137 |
| | 中国/（元/人） | 30 672 | 76 141 | 115 355 | 150 080 |
| 化工原料及化学制品制造业 | 美国/（美元/人） | 40 105 | 62 109 | 61 854 | 62 233 |
| | 中国/（元/人） | 11 867 | 28 101 | 48 771 | 80 674 |

3. 美国制造业能源投资回报全面高于中国

本书用制造业能源投入产出比，即制造业分行业增加值与能源消费成本之比这一指标衡量中美制造业的能源投入产出效率。测算结果显示，除了木材加工业外，其余美国制造业行业能源投入产出比均高于中国，即美国每创造一单位制造业的增加值所花费的能源成本更低，体现出其巨大的能源效率利用优势（表 9-7）。与快速增长的能源成本和制造业增加值相比，中国制造业能源投入产出比增长相对较慢，2002~2014 年增速超过 100%的行业仅有两个，分别是有色金属冶炼及压延加工业和食品制造业，而同期美国制造业能源产出比一直保持在相对稳定的高位。由此可见，美国在能源成本方面对制造业资本的吸引力要显著强于中国，美国制造业能源投资回报全面高于中国。

**表 9-7　中美制造业分行业能源投入产出比的变化**

| 分行业 | 国别 | 2002 年 | 2006 年 | 2010 年 | 2014 年 |
|---|---|---|---|---|---|
| 耐用品 | | | | | |
| 木材加工业 | 美国 | 20.61 | 11.64 | 13.46 | 13.50 |
| | 中国 | 8.70 | 8.33 | 10.66 | 13.89 |
| 非金属矿物制品业 | 美国 | 9.65 | 6.81 | 7.56 | 8.14 |
| | 中国 | 1.77 | 2.07 | 1.77 | 2.42 |
| 初级金属业（对应中国两个行业） | 美国 | 3.70 | 4.12 | 3.29 | 4.57 |
| 黑色金属冶炼及压延加工业 | 中国 | 1.39 | 1.60 | 1.01 | 1.72 |
| 有色金属冶炼及压延加工业 | 中国 | 1.45 | 2.91 | 2.79 | 3.18 |
| 金属制品业 | 美国 | 33.61 | 28.42 | 35.00 | 35.62 |
| | 中国 | 5.33 | 6.22 | 6.82 | 7.80 |

续表

| 分行业 | 国别 | 2002 年 | 2006 年 | 2010 年 | 2014 年 |
|---|---|---|---|---|---|
| 机械行业（对应中国两个行业） | 美国 | 64.33 | 45.53 | 64.18 | 68.02 |
| 通用设备制造业 | 中国 | 9.16 | 12.61 | 12.18 | 17.86 |
| 专用设备制造业 | 中国 | 11.40 | 15.49 | 15.58 | 19.77 |
| 通信设备、计算机及其他电子设备制造业 | 美国 | 80.98 | 109.47 | 112.04 | 103.60 |
| | 中国 | 28.46 | 28.86 | 23.42 | 28.95 |
| 电气机械及器材制造业 | 美国 | 49.24 | 46.41 | 54.60 | 53.60 |
| | 中国 | 20.74 | 24.71 | 24.10 | 28.28 |
| 交通运输设备制造业 | 美国 | 62.61 | 41.62 | 61.04 | 64.73 |
| | 中国 | 14.60 | 19.05 | 16.90 | 22.28 |
| 家具制造业 | 美国 | 70.96 | 49.67 | 54.52 | 60.85 |
| | 中国 | 17.85 | 25.13 | 23.47 | 20.93 |
| 非耐用品 | | | | | |
| 食品制造业 | 美国 | 29.46 | 18.80 | 24.35 | 27.55 |
| | 中国 | 7.44 | 13.24 | 12.85 | 16.98 |
| 纺织业 | 美国 | 12.47 | 8.23 | 12.17 | 13.09 |
| | 中国 | 5.92 | 6.38 | 6.80 | 7.99 |
| 纺织服装、鞋、帽制造业 | 美国 | 62.66 | 60.73 | 99.72 | 104.87 |
| | 中国 | 20.19 | 23.47 | 24.22 | 26.70 |
| 造纸及纸制品业 | 美国 | 8.90 | 5.83 | 7.31 | 7.77 |
| | 中国 | 3.28 | 4.44 | 4.57 | 6.27 |
| 印刷业和记录媒介的复制 | 美国 | 47.06 | 42.54 | 34.99 | 31.40 |
| | 中国 | 13.22 | 13.58 | 13.45 | 16.64 |
| 石油加工和炼焦业 | 美国 | 9.16 | 13.18 | 13.21 | 17.27 |
| | 中国 | 1.29 | 1.15 | 1.18 | 1.33 |
| 化工原料及化学制品制造业 | 美国 | 5.59 | 4.85 | 6.79 | 7.39 |
| | 中国 | 1.58 | 1.89 | 2.01 | 2.12 |

### 9.2.4　中美制造业分行业税负配置比较

中美税制体系存在明显差异，美国制造业的税负主要为企业所得税，而中国制造业税负主要由企业所得税、营业税和增值税构成。美国制造业税收数据主要源自 BEA，本书采用分行业企业所得税这一指标来代表美国制造业行业税负水平，该数据涵盖了联邦政府、各州和地方政府所征收的企业所得税。中国制造业税收数据主要源自历年的《中国税务年鉴》，采用分行业内资企业所得税、外资企业所得税、增值税和营业税之和代表该行业的税负水平。需要强调的是，出口退税是影响中国制造业企业税负的重要因素。出口退税可以抵销出口企业的部分增值税，因此需对分行业的出口退税进行测算。此处选取联合国贸易数据库中中国历年制造业分行业出口值，再乘以当年汇率与出口退税率，测算出制造业分行业的出口退税额。在此基础上，用制造业分行业内资企业所得税、外资企业所得税、增值税和营业税之和，减去出口退税额，即可得出中国制造业分行业税负数据。在测算分行业出口退税额的过程中，由于每年中国出口退税税率均有变化，且均以产品计，故将主要年份各行业的主要产品出口退税税率进行加权平均，近似估计出该行业的出口退税额。通过测算可发现，中国的通用设备制造业，电气机械及器材制造业，通信设备、计算机及其他电子设备制造业，纺织业，木材加工业，家具制造业等行业的出口退税额均几乎抵消了全部增值税额，其他行业也在相当程度上抵消了增值税税负。鉴于 2002 年、2006 年并无中国制造业分行业的相关税收统计数据，在此比较的是 2010 年和 2014 年的中美数据。

1. 出口退税成为中国制造业税负配置的重要因素

从制造业分行业税负成本方面看，2014 年，中国在木材加工业，通信设备、计算机及其他电子设备制造业，家具制造业，食品制造业等行业的税负成本低于美国（表 9-8）。然而，必须指出的是，中国为鼓励出口，通过采取出口退税等措施，对出口行业的增值税实行不同程度的抵减，出口退税对中国税负体系有较大的影响。对 2010~2014 年中国制造业分行业税负成本的测算结果表明，除了石油加工和炼焦业、化学原料及化学制品制造业之外，其余行业均享受出口退税政策。其中，通用设备制造业，电气机械及器材制造业，通信设备、计算机及其他电子设备制造业，纺织业，木材加工业，家具制造业等行业获得的出口退税额几乎抵消了这些行业的全部增值税额。随着出口规模的不断扩大，出口退税大幅增加。2014 年，中国制造业 18 个分行业的出口退税额达到 1.47 万亿元，较 2010 年 1.18 万亿元的退税规模增长了 25%。同时，2014 年 18 个分行业中有 8 个行业出口退税占总税负成本（扣除出口退税后）的比重超过 50%，这意味着出口退税能抵扣这些行业一半以上的税负成本。另外，2010~2014 年 18 个分行业中 7 个分行业的出口退税占比呈现出上升的态势。由此可见，中国制造业享受的出口退税总额大，且行业覆盖范围广，是中国制成品出口最重要的激励工具之一。

**表 9-8　中美制造业分行业税负成本比较**

| 分行业 | 国别 | 2010 年 | 扣除出口退税 | 2014 年 | 扣除出口退税 |
|---|---|---|---|---|---|
| 耐用品 | | | | | |
| 木材加工业 | 美国/亿美元 | 0.92 | | 5.25 | |
| | 中国/亿元 | 11.95 | 76.88 | 15.18 | 118.45 |
| 非金属矿物制品业 | 美国/亿美元 | 3.89 | | 9.04 | |
| | 中国/亿元 | 525.60 | 779.12 | 792.14 | 1172.26 |
| 初级金属业（对应中国两个行业） | 美国/亿美元 | 15.41 | | 21.68 | |
| 黑色金属冶炼及压延加工业 | 中国/亿元 | 532.45 | 773.50 | 376.12 | 680.95 |
| 有色金属冶炼及压延加工业 | 中国/亿元 | 198.14 | 356.06 | 289.31 | 471.71 |
| 金属制品业 | 美国/亿美元 | 25.9 | | 41.77 | |
| | 中国/亿元 | 247.84 | 571.63 | 378.25 | 814.87 |
| 机械行业（对应中国两个行业） | 美国/亿美元 | 52.89 | | 100.89 | |
| 通用设备制造业 | 中国/亿元 | 238.23 | 1006.44 | 337.84 | 1351.79 |
| 专用设备制造业 | 中国/亿元 | 440.65 | 738.04 | 596.10 | 1017.57 |
| 通信设备、计算机及其他电子设备制造业 | 美国/亿美元 | 180.19 | | 208.8 | |
| | 中国/亿元 | 387.21 | 1170.00 | 571.63 | 1766.32 |
| 电气机械及器材制造业 | 美国/亿美元 | 22.08 | | 32.39 | |
| | 中国/亿元 | 263.59 | 990.12 | 371.51 | 1456.77 |
| 交通运输设备制造业 | 美国/亿美元 | 69.74 | | 142.58 | |
| | 中国/亿元 | 1001.89 | 1890.96 | 2131.52 | 3046.52 |
| 家具制造业 | 美国/亿美元 | 1.98 | | 5.65 | |
| | 中国/亿元 | 16.35 | 93.32 | 21.85 | 150.04 |
| 非耐用品 | | | | | |
| 食品制造业 | 美国/亿美元 | 137.97 | | 176.8 | |
| | 中国/亿元 | 378.39 | 391.23 | 502.38 | 516.72 |
| 纺织业 | 美国/亿美元 | 1.63 | | 3.22 | |
| | 中国/亿元 | 74.01 | 502.12 | 90.94 | 598.72 |
| 纺织服装、鞋、帽制造业 | 美国/亿美元 | 4.66 | | 3.87 | |
| | 中国/亿元 | 76.17 | 434.88 | 100.98 | 570.20 |
| 造纸及纸制品业 | 美国/亿美元 | 18.51 | | 23.93 | |
| | 中国/亿元 | 192.92 | 227.52 | 232.68 | 288.39 |
| 印刷业和记录媒介的复制 | 美国/亿美元 | 5.38 | | 4.65 | |
| | 中国/亿元 | 63.49 | 156.11 | 111.49 | 206.28 |
| 石油加工和炼焦业 | 美国/亿美元 | 145.35 | | 112.39 | |
| | 中国/亿元 | 1067.51 | 1067.51 | 1094.85 | 1094.85 |
| 化工原料及化学制品制造业 | 美国/亿美元 | 203.99 | | 329.19 | |
| | 中国/亿元 | 1061.40 | 1061.40 | 1370.05 | 1370.05 |

### 2. 出口退税影响下中国部分行业的税负率低于美国

本书采用分行业税负率，即税负成本与行业增加值之比衡量中美制造业每产出一单位的增加值所要承担的税负（表 9-9）。2014 年在中国实施出口退税政策的条件下，美国非金属矿物制品业、金属制品业、交通运输设备制造业、食品制造业、造纸及纸制品业、印刷业和记录媒介的复制、石油加工和炼焦业等 7 个行业的增加值税负率仍低于中国，这表明美国这些行业的税负水平具备较为明显的竞争优势，而需要引起高度关注的是，一旦取消出口退税，中国几乎所有制造业分行业的税负率均高于美国，意味着相对于美国，中国制造业的税负竞争优势在很大程度上建立在出口退税政策之上。实施出口退税降低了国内出口企业的实际税负，在刺激企业扩大出口额的同时，提高了国内企业在国际市场上的议价能力，进而提升了其出口竞争力。

**表 9-9　中美制造业分行业税负率比较**

| 分行业 | 国别 | 2010 年 | 扣除出口退税 | 2014 年 | 扣除出口退税 |
| --- | --- | --- | --- | --- | --- |
| 耐用品 | | | | | |
| 木材加工业 | 美国 | 0.0042 | | 0.0190 | |
| | 中国 | 0.0066 | 0.0426 | 0.0051 | 0.0395 |
| 非金属矿物制品业 | 美国 | 0.0107 | | 0.0195 | |
| | 中国 | 0.0672 | 0.0996 | 0.0631 | 0.0934 |
| 初级金属业（对应中国两个行业） | 美国 | 0.0318 | | 0.0367 | |
| 黑色金属冶炼及压延加工业 | 中国 | 0.0446 | 0.0647 | 0.0225 | 0.0406 |
| 有色金属冶炼及压延加工业 | 中国 | 0.0446 | 0.0647 | 0.0225 | 0.0406 |
| 金属制品业 | 美国 | 0.0215 | | 0.0286 | |
| | 中国 | 0.0547 | 0.1261 | 0.0503 | 0.1084 |
| 机械行业（对应中国两个行业） | 美国 | 0.0433 | | 0.0669 | |
| 通用设备制造业 | 中国 | 0.0295 | 0.1248 | 0.0276 | 0.1106 |
| 专用设备制造业 | 中国 | 0.0875 | 0.1466 | 0.0782 | 0.1366 |
| 通信设备、计算机及其他电子设备制造业 | 美国 | 0.0724 | | 0.0779 | |
| | 中国 | 0.0354 | 0.1071 | 0.0323 | 0.0997 |
| 电气机械及器材制造业 | 美国 | 0.0442 | | 0.0616 | |
| | 中国 | 0.0277 | 0.1042 | 0.0256 | 0.1006 |
| 交通运输设备制造业 | 美国 | 0.0340 | | 0.0528 | |
| | 中国 | 0.0861 | 0.1624 | 0.1174 | 0.1678 |

续表

| 分行业 | 国别 | 2010 年 | 扣除出口退税 | 2014 年 | 扣除出口退税 |
|---|---|---|---|---|---|
| 家具制造业 | 美国 | 0.0089 | | 0.0212 | |
| | 中国 | 0.0171 | 0.0976 | 0.0149 | 0.1023 |
| 非耐用品 | | | | | |
| 食品制造业 | 美国 | 0.0601 | | 0.0707 | |
| | 中国 | 0.1328 | 0.1373 | 0.1128 | 0.1160 |
| 纺织业 | 美国 | 0.0104 | | 0.0179 | |
| | 中国 | 0.0113 | 0.0764 | 0.0098 | 0.0646 |
| 纺织服装、鞋、帽制造业 | 美国 | 0.0444 | | 0.0383 | |
| | 中国 | 0.0236 | 0.1350 | 0.0220 | 0.1243 |
| 造纸及纸制品业 | 美国 | 0.0335 | | 0.0421 | |
| | 中国 | 0.0766 | 0.0903 | 0.0643 | 0.0797 |
| 印刷业和记录媒介的复制 | 美国 | 0.0139 | | 0.0121 | |
| | 中国 | 0.0653 | 0.1606 | 0.0743 | 0.1375 |
| 石油加工和炼焦业 | 美国 | 0.1118 | | 0.0649 | |
| | 中国 | 0.2865 | 0.2865 | 0.2297 | 0.2297 |
| 化工原料及化学制品制造业 | 美国 | 0.0617 | | 0.0893 | |
| | 中国 | 0.0993 | 0.0993 | 0.0809 | 0.0809 |

## 9.3　中国产业结构要素成本演变趋势

我们对中美制造业分行业的劳动力、能源和税负成本加总得出分行业总成本，并测算出这三大要素的占比状况（表 9-10）。可以发现，中美制造业的要素成本结构存在一些相似之处，也有一些区别。

**表 9-10　中美制造业分行业总成本构成的比较**

| 分行业 | 国别 | 2010 年 | | | 2014 年 | | |
|---|---|---|---|---|---|---|---|
| | | 劳动力 | 能源 | 税负 | 劳动力 | 能源 | 税负 |
| 耐用品 | | | | | | | |
| 木材加工业 | 美国 | 88.01% | 11.35% | 0.64% | 85.83% | 11.27% | 2.89% |
| | 中国 | 61.99% | 35.50% | 2.51% | 71.08% | 27.02% | 1.90% |

续表

| 分行业 | 国别 | 2010 年 | | | 2014 年 | | |
|---|---|---|---|---|---|---|---|
| | | 劳动力 | 能源 | 税负 | 劳动力 | 能源 | 税负 |
| 非金属矿物制品业 | 美国 | 77.73% | 20.60% | 1.67% | 75.94% | 20.76% | 3.29% |
| | 中国 | 31.49% | 61.23% | 7.27% | 38.98% | 52.92% | 8.09% |
| 初级金属业（对应中国两个行业） | 美国 | 56.97% | 38.95% | 4.08% | 63.33% | 31.40% | 5.27% |
| 黑色金属冶炼及压延加工业 | 中国 | 24.23% | 72.49% | 3.28% | 31.61% | 65.85% | 2.54% |
| 有色金属冶炼及压延加工业 | 中国 | 37.41% | 57.63% | 4.97% | 39.08% | 56.07% | 4.85% |
| 金属制品业 | 美国 | 91.42% | 4.89% | 3.69% | 90.54% | 4.69% | 4.77% |
| | 中国 | 62.69% | 27.18% | 10.13% | 69.74% | 21.73% | 8.53% |
| 机械行业（对应中国两个行业） | 美国 | 89.47% | 2.79% | 7.74% | 86.09% | 2.51% | 11.40% |
| 通用设备制造业 | 中国 | 79.17% | 15.32% | 5.51% | 84.07% | 10.66% | 5.26% |
| 专用设备制造业 | 中国 | 79.85% | 8.53% | 11.62% | 81.36% | 7.32% | 11.32% |
| 通信设备、计算机及其他电子设备制造业 | 美国 | 83.66% | 1.79% | 14.55% | 82.74% | 1.90% | 15.36% |
| | 中国 | 88.05% | 6.53% | 5.42% | 92.61% | 3.82% | 3.57% |
| 电气机械及器材制造业 | 美国 | 86.97% | 3.82% | 9.21% | 85.34% | 3.41% | 11.25% |
| | 中国 | 83.76% | 9.74% | 6.51% | 89.17% | 6.28% | 4.55% |
| 交通运输设备制造业 | 美国 | 79.18% | 6.77% | 14.05% | 73.80% | 5.93% | 20.27% |
| | 中国 | 79.18% | 8.48% | 12.34% | 71.56% | 7.87% | 20.58% |
| 家具制造业 | 美国 | 95.80% | 2.82% | 1.37% | 93.95% | 2.64% | 3.40% |
| | 中国 | 88.57% | 8.16% | 3.28% | 90.87% | 6.96% | 2.17% |
| 非耐用品 | | | | | | | |
| 食品制造业 | 美国 | 75.03% | 10.14% | 14.83% | 74.45% | 8.67% | 16.88% |
| | 中国 | 64.02% | 13.30% | 22.69% | 71.96% | 9.62% | 18.42% |
| 纺织业 | 美国 | 86.14% | 12.29% | 1.56% | 85.16% | 12.02% | 2.82% |
| | 中国 | 70.29% | 27.60% | 2.11% | 70.57% | 27.29% | 2.14% |
| 纺织服装、鞋、帽制造业 | 美国 | 92.28% | 1.42% | 6.30% | 93.22% | 1.35% | 5.43% |
| | 中国 | 91.79% | 5.22% | 2.99% | 93.25% | 4.25% | 2.50% |
| 造纸及纸制品业 | 美国 | 71.42% | 22.97% | 5.62% | 71.51% | 21.46% | 7.03% |
| | 中国 | 51.28% | 36.08% | 12.64% | 58.21% | 29.78% | 12.01% |
| 印刷业和记录媒介的复制 | 美国 | 92.92% | 4.77% | 2.31% | 92.70% | 5.29% | 2.01% |
| | 中国 | 80.45% | 10.41% | 9.15% | 83.14% | 7.54% | 9.32% |
| 石油加工和炼焦业 | 美国 | 30.28% | 28.14% | 41.57% | 36.33% | 30.02% | 33.65% |
| | 中国 | 22.87% | 57.66% | 19.47% | 25.11% | 57.34% | 17.55% |
| 化工原料及化学制品制造业 | 美国 | 48.73% | 36.15% | 15.13% | 47.68% | 31.53% | 20.79% |
| | 中国 | 34.93% | 54.23% | 10.84% | 36.40% | 54.29% | 9.31% |

注：本表数据未经修约，可能存在比例合计不等于 100.00%的情况

### 9.3.1　劳动力成本是中美制造业要素成本的最主要构成

在美国制造业所有分行业和中国的多数行业里，劳动力成本均占比最大，因此劳动力是对制造业企业影响最大的成本因素。这一测算结果体现劳动力的投入产出回报是决定中美制造业竞争优势最关键的因素。能源成本是中国制造业成本的第二大组成部分，中国一些矿产资源型产业和化工业如非金属矿物制品业、黑色金属冶炼及压延加工业、有色金属冶炼及压延加工业、石油加工和炼焦业、化工原料和化学制品制造业，能源消费成本占比最高。相比之下，在总计 16 个分行业中，2014 年美国能源成本与税负成本分别在 7 个和 9 个分行业里排名第二，两者对制造业的影响力大致处于同一水平。这表明能源成本对中国制造业企业的影响比美国更大，而税负成本对美国制造业企业的影响则比中国更大。尤其是美国石油加工和炼焦业的税负成本占比超过 30%，显示出税负显著的影响力。而在机械行业，通信设备、计算机及其他电子设备制造业，电气机械及器材制造业，交通运输设备制造业等设备制造行业中，美国税负成本占比也明显高于能源成本占比。

### 9.3.2　中美制造业成本结构不断动态变化

2002~2014 年，中国几乎所有制造业分行业的劳动力成本占比都在提高，而美国却在下降。这表明，近年来中国劳动力成本对企业生产经营的影响不断加大。随着人口红利阶段的结束，中国在劳动力方面的优势不再明显，快速上升的劳动力成本影响到企业的投资决策。同期，中国大部分制造业分行业的税负成本占比出现了下降，而美国则在提高，反映出美国较高的税负占比已经在一定程度上影响到了制造业竞争力，美国前总统特朗普推出大幅降低企业所得税的税改法案有很强的现实依据和必然性。相比之下，同期中美制造业主要行业的能源成本占比呈现下降态势。在全球绿色生产技术逐步推广和可替代能源使用的大趋势下，能源成本对制造业的影响将进一步减弱。

## 9.4　要素配置效率与中国产业竞争力

通过综合比较中美制造业分行业要素配置效率指标——劳动成本产出比、能源投入产出比、税负率，可整理出美国相对中国具备投资吸引力优势的制造业行业（表 9-11）。在同一个制造业行业下，若美国比中国的劳动成本产出比更高、能源投入产出比更高、税负率更低，即意味着其比中国更具有劳动力、能源和税负方面的投资回报优势。相比中国同行业，当美国制造业行业同时具备劳动力、能源和税负投资回报优势时，表明其具备最强的竞争力，同时判定该行业从中国回流美国的可能性最大。当美国制造业行业同时具备三项投资回报优势中的两项时，需要根据中美两国这两种优势的成本权重之和进行判断：若中美权重之和均超过 50%，则表明美国在该行业具备较强的竞争力，该行业从中国回流美国的可能性较大；若中美两国中权重之和一方超过 50%，另一方未超过 50%，则表明该行业在中美两国的要素禀赋需求情况不同，需要企业根据自身情况判断，因而美国在该行业并不具备高于中国的竞争力，该行业从中国回流美国的可能性也一般；若中美权重之和均低于 50%，则表明美国在该行业具备较弱的竞争力，该行业从中国回流美国的可能性较弱。当美国制造业行业具备三项投资回报优势中的一项时，同样需要根据中美两国在该优势的权重来判断：当中美两国该优势权重均超过 50%，则表明美国在该行业具备较强的竞争力，该行业从中国回流美国的可能性较大；若中美两国该优势权重一方超过 50%，另一方未超过 50%，则美国该行业具备一般的竞争力，该行业从中国回流美国的可能性一般；若中美该优势权重均低于 50%，则表明美国该行业具备较弱的竞争力，该行业从中国回流美国的可能性较弱。当美国制造业行业不具备任何投资回报优势时，则表明美国在该行业具备最弱的竞争力，即该行业从中国回流美国的可能性最小。比较结果见表 9-11。

**表 9-11　中美制造业分行业竞争力比较**

| 分行业 | 劳动力 | | 能源 | | 税负 | | 相对中国同行业的竞争力（回流可能性） |
|---|---|---|---|---|---|---|---|
| | 是否有投资回报优势 | 权重 | 是否有投资回报优势 | 权重 | 是否有投资回报优势 | 权重 | |
| 交通运输设备制造业 | √ | | √ | | √ | | 最强 |
| 食品制造业 | √ | | √ | | √ | | 最强 |
| 印刷业和记录媒介的复制 | √ | | √ | | √ | | 最强 |
| 石油加工和炼焦业 | √ | | √ | | √ | | 最强 |
| 机械行业 | √ | 86.09%（82.72%） | √ | 2.51%（8.99%） | | | 较强 |
| 通信设备、计算机及其他电子设备制造业 | √ | 82.74%（92.61%） | √ | 1.90%（3.82%） | | | 较强 |
| 电气机械及器材制造业 | √ | 85.34%（89.17%） | √ | 3.41%（6.28%） | | | 较强 |
| 家具制造业 | √ | 93.95%（90.87%） | √ | 2.64%（6.96%） | | | 较强 |
| 纺织服装、鞋、帽制造业 | √ | 93.22%（93.25%） | √ | 1.35%（4.25%） | | | 较强 |

续表

| 分行业 | 劳动力 | | 能源 | | 税负 | | 相对中国同行业的竞争力（回流可能性） |
|---|---|---|---|---|---|---|---|
| | 是否有投资回报优势 | 权重 | 是否有投资回报优势 | 权重 | 是否有投资回报优势 | 权重 | |
| 化工原料及化学制品制造业 | √ | 47.68%（36.40%） | √ | 31.53%（54.29%） | | | 较强 |
| 非金属矿物制品业 | | | √ | 20.76%（52.92%） | √ | 3.29%（8.09%） | 一般 |
| 初级金属业 | | | √ | 31.40%（60.96%） | | | 一般 |
| 金属制品业 | | | √ | 4.69%（21.73%） | √ | 4.77%（8.53%） | 较弱 |
| 造纸及纸制品业 | | | √ | 21.46%（29.78%） | √ | 7.03%（12.01%） | 较弱 |
| 纺织业 | | | √ | 12.02%（27.29%） | | | 较弱 |
| 木材加工业 | | | | | | | 最弱 |

注：括号内为中国所对应的行业权重，美国的机械行业对应的是中国的通用设备制造业与专用设备制造业（括号内为加权平均值），美国的初级金属业对应的是中国的黑色金属冶炼及压延加工业与有色金属冶炼及压延加工业（括号内为加权平均值）

### 9.4.1　美国多数制造业行业相比中国具有明显的竞争优势

在 16 个制造业分行业中，美国相对中国最具竞争力的行业为交通运输设备制造业、食品制造业、印刷业和记录媒介的复制、石油加工和炼焦业，这些行业从中国回流美国的可能性最大。美国相对中国具备较强竞争力的行业为机械行业，通信设备、计算机及其他电子设备制造业，电气机械及器材制造业，家具制造业，纺织服装、鞋、帽制造业，化工原料及化学制品制造业，这些行业从中国回流美国的可能性较大。非金属矿物制品业、初级金属业属于美国相对中国竞争力一般的行业，这些行业是否会从中国回流美国，取决于企业自身要素成本的构成情况。若该企业的能源成本占比较高，美国由于具备能源投资回报优势，则该企业有可能从中国回流到美国；反之，则继续在中国生产经营或做其他区位布局。金属制品业、造纸及纸制品业、纺织业属于美国相对中国竞争力较弱的行业，这些行业从中国回流美国的可能性较小。木材加工业属于美国相对中国竞争力最弱的行业，美国无论在劳动力、能源还是税负方面均不具备投资回报优势，因此该行业从中国回流美国的可能性最小。总体而言，美国制造业相比中国已具备较为全面的投资回报竞争优势，16 个分行业中的 10 个行业有较大的回流可能性。

### 9.4.2　美国制造业竞争优势主要集中在资本密集型和技术密集型行业

美国制造业相对中国同行业具备显著优势的主要集中在资本密集型和高附加值行业。具备最强或较强竞争力的交通运输设备制造业、石油加工和炼焦业、机械行业、化工原料及化学制品制造业等均是资本密集型行业，美国在这些行业的资本优势较为明显，同时劳动力要素和能源要素的投资回报也普遍高于中国。而具备较强竞争力的通信设备、计算机及其他电子设备制造业和电气机械及器材制造业等是技术密集型行业。对于这些行业，美国相比中国的技术和智力要素优势较为突出。此外，尽管对中国而言，食品制造业、印刷业和记录媒介的复制、家具制造业及纺织服装、鞋、帽制造业等算是劳动密集型行业，但在美国的高度自动化生产范式下，这类行业已经演变为对劳动力依赖度较低的资本密集型行业。因此，美国这些行业的生产率大幅高于中国。中国相对于美国具有竞争力的行业实际上仅有造纸及纸制品业、纺织业等劳动密集型行业，以及金属制品业、木材加工业等初级加工行业，这反映出中美之间制造业的整体差距十分明显。

## 9.5　美国制造业回流及其对中国产业结构的影响

通过上文对中美制造业分行业要素配置效率的系统测算，结果和事实分析充分表明，美国要素配置效率在多数行业均具备显著优势，这也意味着其具备更强的制造业行业竞争力。美国对华贸易战是一场有预谋、有准备之战，在战略、战术的各个层面设计周密、有的放矢。美国依仗制造业的固有优势，试图通过建立新型贸易规则进一步夯实其制造业新一轮繁荣的基础。实际上，这种战略布局自奥巴马时代就已经启动。与相对于上届美国政府“重返亚太”、主推跨太平洋伙伴（Trans-Pacific Partnership，TPP）协议等举措，虽然特朗普采用了更为极端的贸易战手段，但二者的战略意图异曲同工，都是要借力页岩气革命和制造业复兴计划这两张“大牌”，实现美国制造业供应链体系的重构。鉴于美国制造业回流将会给我国产业结构带来重要影响，因此，有必要分析美国制造业回流的要素保障可行性。为实现制造业回流的目标，从要素配置方面看，美国能源和税负要素均已不是问题，最重要的在于能否提供充足的制造业劳动力。

在美国失业率降至3.7%的历史低位情况下（2018年9月数据），要实现增量劳动力进入制造业市场的难度相当大，制造业劳动力供给将更多地依靠存量劳动力市场进行调整，即让其他行业劳动力转移至制造业，以此推动美国产业结构实现“逆向调整”。在2016年美国的产业结构中，农业劳动力占比1.62%，采矿业占比0.52%，建筑业占比6.82%，制造业占比10.17%，服务业占比80.86%。在农业、采矿业和建筑业占比较低、劳动力需求较为稳定的情况下，要推动制造业增量劳动力流入，唯有依赖占比最大的服务业的劳动力转移。

通过整理测算美国各年龄段劳动力的就业情况数据[①]（表 9-12 和表 9-13），可发现美国劳动力市场具有以下特点。①劳动力平均参加工作个数较多，越年轻换工作越频繁。1978~2014 年，18~50 岁年龄段劳动力平均参加工作个数达到 11.9 个，其中，18~24 岁年龄段的劳动力参加工作个数最多，达到 5.5 个，25~34 岁、35~44 岁、45~50 岁年龄段参加工作个数则随着年龄的增长而下降。对 18~24 岁年龄段的劳动力而言，其同一工作持续时间不到 1 年的比重为 69.1%，不到 5 年的比重高达 92.8%，这意味着绝大多数年轻人 5 年内必换工作。即便年龄放宽到 25~34 岁和 35~44 岁年龄段，不到 5 年的比重也分别达到 85.2%和 74.6%。②年轻人中学历越低的换工作越频繁。1998~2015 年，18~30 岁劳动力平均参加工作个数达到 7.8 个。在 18~24 岁年龄段劳动力（1998~2009 年的普查数据）中，高中以下学历同一工作持续时间不到 1 年的比重达到 64.9%，不到 3 年的比重达到 85.4%。随着学历的升高，比重也随之下降。本科及以上学历人群同一工作持续时间不到 1 年的比重降至 55.3%，不到 3 年的比重降至 81.2%。在 25~30 岁年龄段劳动力（2005~2015 年的普查数据）中，该趋势更为明显：高中以下学历同一工作持续时间不到 1 年的比重为 45.2%，本科及以上学历人群则降至 27.2%；高中以下学历同一工作持续时间不到 3 年的比重为 65.1%，本科学历及以上人群则降至 47.7%。

**表 9-12　美国各年龄段劳动力平均参加工作个数**（单位：个）

| 项目 | 所有平均 | 18~24 岁 | 25~34 岁 | 35~44 岁 | 45~50 岁 |
|---|---|---|---|---|---|
| 1978~2014 年 18~50 岁劳动力分年龄段平均参加工作个数 | 11.9 | 5.5 | 4.5 | 2.9 | 1.7 |
| 项目 | 所有平均 | 18~22 岁 | 23~26 岁 | 27~30 岁 | |
| 1998~2015 年 18~30 岁劳动力分年龄段平均参加工作个数 | 7.8 | 4.6 | 2.9 | 2.2 | |

资料来源：根据美国劳动统计署（Bureau of Labor Statistics，BLS）数据整理计算

**表 9-13　美国各年龄段劳动力同一工作持续时间概率分布**

| 1978~2014 年 18~50 岁劳动力同一工作持续时间概率分布 | | | | | |
|---|---|---|---|---|---|
| 年龄分布 | 不到 1 年 | 不到 2 年 | 不到 5 年 | 不到 10 年 | 不到 15 年 |
| 18~24 岁 | 69.1% | 82.9% | 92.8% | 96.3% | 97.5% |
| 25~34 岁 | 52.7% | 69.4% | 85.2% | 92.0% | 94.4% |
| 35~44 岁 | 35.8% | 53.7% | 74.6% | — | — |
| 45~50 岁 | 30.5% | 47.1% | — | — | — |

① 美国劳动统计署开展的国家长期普查（National Longitudinal Surveys，NLS）数据分为 NLSY97 和 NLSY79 两类，NLSY97 普查对象是出生于 1980~1984 年的年轻人，第一次调查于 1997 年，当时被访谈者年龄主要在 12~17 岁；NLSY79 普查对象是出生于 1957~1964 年的人群，第一次调查于 1979 年，当时被访谈者年龄主要在 14~22 岁。

续表

| 1998~2015 年 18~30 岁劳动力同一工作持续时间概率分布 | | | | | |
| --- | --- | --- | --- | --- | --- |
| 年龄及学历分布 | 不到 1 年 | 不到 2 年 | 不到 3 年 | 不到 6 年 | 不到 12 年 |
| 18~24 岁（1998~2009 年） | 57.7% | 74.2% | 81.7% | 90.7% | 93.8% |
| 高中以下学历 | 64.9% | 80.2% | 85.4% | 92.1% | 95.3% |
| 高中学历 | 57.2% | 73.0% | 80.2% | 89.0% | 93.1% |
| 副学士学位（some college or associate degree） | 58.9% | 75.2% | 82.4% | 91.0% | 94.0% |
| 本科及以上学历 | 55.3% | 72.6% | 81.2% | 91.2% | 93.8% |
| 25~30 岁（2005~2015 年） | 32.8% | 46.5% | 53.1% | 61.4% | 61.6% |
| 高中以下学历 | 45.2% | 58.9% | 65.1% | 73.1% | 73.2% |
| 高中学历 | 33.7% | 47.7% | 53.6% | 61.8% | 62.0% |
| 副学士学位 | 34.9% | 49.0% | 55.3% | 63.6% | 63.8% |
| 本科及以上学历 | 27.2% | 40.2% | 47.7% | 56.2% | 56.3% |

资料来源：根据美国劳动统计署数据整理计算

在美国服务业劳动力市场具有较高流动性特征的情况下，美国制造业一些行业具备显著的薪酬优势，使得其吸纳服务业劳动力流入完全具备可行性（表 9-14）。首先，一些制造业行业薪酬对服务业劳动力具有较强的吸引力。2016 年美国制造业人均年薪达到 67 610 美元，高于服务业的 65 919 美元。机械行业，通信设备、计算机及其他电子设备制造业，电气机械及器材制造业、交通运输设备制造业、石油加工和炼焦业、化工原料及化学制品制造业等行业是人均薪酬较高的行业。尤其是通信设备、计算机及其他电子设备制造业与石油加工和炼焦业两个行业的人均薪酬突破 11 万美元，是所有行业中最高的。相比之下，服务业中，除了公用事业、传媒业、金融业、专业技术服务等行业收入较高外，多数行业相比制造业并不具备优势，如零售贸易、交通仓储服务、房地产业、教育、医疗护理与社会救助、艺术和娱乐业、住宿和餐饮服务、公共行政服务等行业人均年薪均低于制造业平均年薪。这使得服务业劳动力有了转行进入制造业的动力。其次，服务业劳动力年轻化程度较高（表 9-15）。通过比较美国主要行业的劳动力年龄结构，可发现服务业属于年轻人占比最高的行业。服务业 35 岁以下的劳动力占比达到 35.99%，相比之下制造业仅为 28.93%。服务业较大比重的年轻人群体决定了其具备较高的劳动力流动性，通过美国政府相关措施的引导，这些年轻人转行进入制造业的可能性很大。

**表 9-14　2016 年美国制造业和服务业分行业、分年龄段就业人数**

| 行业 | 合计/千人 | 16~19 岁/千人 | 20~24 岁/千人 | 25~34 岁/千人 | 35~44 岁/千人 | 45~54 岁/千人 | 55~64 岁/千人 | 65 岁以上/千人 | 人均年薪/美元 |
|---|---|---|---|---|---|---|---|---|---|
| 所有行业 | 151 436 | 4 965 | 14 027 | 33 722 | 31 562 | 32 720 | 25 524 | 8 916 | 60 801 |
| 农业 | 2 460 | 100 | 166 | 433 | 420 | 492 | 468 | 381 | 35 781 |
| 采矿业 | 792 | 4 | 45 | 214 | 186 | 174 | 134 | 36 | 105 306 |
| 建筑业 | 10 328 | 173 | 750 | 2 304 | 2 510 | 2 423 | 1 714 | 453 | 61 373 |
| 制造业 | 15 408 | 208 | 1 076 | 3 173 | 3 304 | 3 934 | 3 062 | 650 | 67 610 |
| 木材加工业 | 450 | 6 | 25 | 89 | 103 | 106 | 99 | 22 | 45 040 |
| 非金属矿物制品业 | 1 632 | 25 | 112 | 317 | 351 | 391 | 361 | 76 | 58 411 |
| 初级金属和金属制品业 | 1 186 | 12 | 76 | 249 | 247 | 308 | 244 | 51 | 62 159 |
| 机械行业 | 1 215 | 5 | 53 | 216 | 304 | 360 | 226 | 51 | 69 686 |
| 通信设备、计算机及其他电子设备制造业 | 387 | 5 | 25 | 79 | 79 | 93 | 86 | 19 | 116 943 |
| 电气机械及器材制造业 | 2 438 | 25 | 177 | 541 | 491 | 598 | 532 | 73 | 67 276 |
| 交通运输设备制造业 | 419 | 8 | 43 | 83 | 85 | 106 | 76 | 17 | 76 520 |
| 家具制造业 | 441 | 10 | 39 | 101 | 94 | 94 | 82 | 21 | 45 936 |
| 食品制造业 | 1 770 | 57 | 179 | 397 | 340 | 414 | 313 | 70 | 50 134 |
| 纺织、服装及鞋帽制造业 | 643 | 13 | 40 | 118 | 124 | 183 | 130 | 35 | 44 236 |
| 造纸与印刷业 | 909 | 9 | 51 | 155 | 192 | 244 | 219 | 39 | 59 488 |
| 石油加工和炼焦业 | 179 | 0 | 12 | 42 | 43 | 47 | 29 | 6 | 115 851 |
| 化工原料及化学制品制造业 | 1 323 | 6 | 74 | 238 | 316 | 378 | 252 | 59 | 96 616 |
| 服务业 | 122 448 | 4 480 | 11 990 | 27 598 | 25 142 | 25 697 | 20 146 | 7 396 | 65 919 |
| 批发贸易 | 3 641 | 50 | 218 | 791 | 764 | 871 | 723 | 224 | 77 708 |
| 零售贸易 | 16 577 | 1 127 | 2 665 | 3 774 | 2 758 | 2 820 | 2 368 | 1 064 | 35 879 |
| 交通仓储服务 | 6 693 | 90 | 446 | 1 309 | 1 399 | 1 749 | 1 329 | 372 | 56 545 |
| 公用事业 | 1 319 | 6 | 46 | 269 | 291 | 351 | 309 | 48 | 106 015 |
| 传媒业 | 2 855 | 74 | 207 | 689 | 708 | 613 | 433 | 131 | 106 697 |
| 金融业 | 7 241 | 49 | 453 | 1 790 | 1 689 | 1 691 | 1 200 | 368 | 104 884 |
| 房地产业 | 3 163 | 38 | 149 | 548 | 624 | 729 | 665 | 410 | 60 564 |
| 专业技术服务 | 11 228 | 81 | 659 | 2 826 | 2 640 | 2 464 | 1 789 | 769 | 96 422 |
| 管理、行政和废弃物服务 | 7 097 | 138 | 713 | 1 670 | 1 590 | 1 474 | 1 103 | 408 | 82 517 |

续表

| 行业 | 合计/千人 | 16~19 岁/千人 | 20~24 岁/千人 | 25~34 岁/千人 | 35~44 岁/千人 | 45~54 岁/千人 | 55~64 岁/千人 | 65 岁以上/千人 | 人均年薪/美元 |
|---|---|---|---|---|---|---|---|---|---|
| 教育 | 13 674 | 258 | 1 064 | 2 688 | 3 070 | 3 129 | 2 582 | 884 | 47 206 |
| 医疗护理与社会救助 | 20 589 | 338 | 1 668 | 4 964 | 4 344 | 4 444 | 3 645 | 1 185 | 53 775 |
| 艺术和娱乐业 | 3 241 | 302 | 440 | 730 | 537 | 535 | 457 | 241 | 49 134 |
| 住宿和餐饮服务 | 10 952 | 1 694 | 2 340 | 2 676 | 1 669 | 1 399 | 895 | 279 | 28 086 |
| 公共行政服务 | 6 857 | 31 | 279 | 1 372 | 1 569 | 1 896 | 1 338 | 374 | 64 785 |

资料来源：根据美国劳动统计署数据整理计算

注：本表为原始数据计算并经四舍五入修约得到

**表 9-15 美国主要行业从业人员年龄结构**

| 行业 | 16~19 岁 | 20~24 岁 | 25~34 岁 | 35~44 岁 | 45~54 岁 | 55~64 岁 | 35 岁以下 | 35 岁及以上 |
|---|---|---|---|---|---|---|---|---|
| 所有行业 | 3.28% | 9.26% | 22.27% | 20.84% | 21.61% | 16.85% | 34.81% | 59.30% |
| 农业 | 4.07% | 6.75% | 17.60% | 17.07% | 20.00% | 19.02% | 28.41% | 56.10% |
| 采矿业 | 0.51% | 5.68% | 27.02% | 23.48% | 21.97% | 16.92% | 33.21% | 62.37% |
| 建筑业 | 1.68% | 7.26% | 22.31% | 24.30% | 23.46% | 16.60% | 31.25% | 64.36% |
| 制造业 | 1.35% | 6.98% | 20.59% | 21.44% | 25.53% | 19.87% | 28.93% | 66.85% |
| 服务业 | 3.66% | 9.79% | 22.54% | 20.53% | 20.99% | 16.45% | 35.99% | 57.97% |

资料来源：根据美国劳动统计署数据整理计算

注：统计数据四舍五入的原因导致最后两列数据有偏差

由上文分析可见，美国制造业较易吸纳的增量劳动力是年轻、低学历的服务业劳动力群体。事实上，美国政府已制定相关措施，重点对这部分群体进行引导，以此来为不断扩张的美国制造业提供充足的劳动力保障。美国前总统特朗普已要求美国企业和行业协会加强员工就业培训项目，力争在未来五年为学生和年轻人提供至少 380 万个新的就业机会。目前，已有苹果、波音、通用汽车、洛克希德·马丁等大企业签署了这项协议。由于当前美国制造业越来越依赖使用软件和机器人等工具，很多中等技能的工作并不需要大学文凭，仅需高中后的继续教育或培训即可。在美国政府推动下，年轻、低学历的服务业劳动力将可以满足制造业回流所需。

## 9.6 提高我国要素配置效率的对策建议

基于本书的结论可以判定：中国较低的要素配置效率使得要素投入产出比较低，制约了产业结构升级步伐，与美国这样国际领先水平相比存在较大差距。与此同时，美国敢于对华发动贸易战，也是在于其有着较高的要素配置效率。美国较高的要素投入产出比使其目前已比中国具备更有利的产业投资回报，再加上能源、税收尤其是劳动力要素供给的保障，美国制造业回流已具备可行性，可以为制造业回流提供足够的支撑。可见，美国发动贸易战在战略和战术两个层面都是有备而来，其战略布局及战术实施与本国产业结构要素配置效率状况密切相关。由于制造业是立国之本、兴国之器、强国之基，中美之间围绕先进制造及其供应链体系的大国博弈具有长期性和战略性。为此，为了巩固供给侧结构性改革成绩，进一步推动国内产业结构升级，提高产业国际竞争力，我国要立足推动国内生产要素配置高质量发展，做好全方位应对。

### 9.6.1　积极推进结构性减税，加快产业结构升级步伐

结构性减税符合党的十九大精神，有助于更好地发挥市场在资源配置中的决定性作用。特别是在特朗普税改法案引发全球减税浪潮的背景下，结构性减税可以实现对美国经济政策的战略盯住，提高制造业的资本投资回报，保持住对国内外资本的吸引力。与此同时，在当前我国全社会消费品零售总额增速放缓的背景下，作为经济增长最主要引擎的居民消费必须要通过减税加以刺激，以此实现保增长。为此，应继续推进增值税改革，加大简化税率力度，调整消费税征收范围、环节、税率，把高耗能、高污染产品及部分高档消费品纳入征收范围。对于不同行业，实行不同的减税标准。在重点扶持产业中，对企业利润转投资部分减免企业所得税，以此鼓励企业再投资。同时，对于行政性收费，低维费、教育附加费、城市建设费等附加费用，应有选择地对重点行业进行减免，吸引企业进入新经济领域和高技术产业，为企业提高国际竞争力提供更有针对性的政策支持。对于涉及居民的个人所得税，同步加大调减力度，以此刺激国内工业制成品消费。在减税的同时，再配合下调出口退税税率、压缩产业补贴范围的政策，有利于在规避贸易纠纷、保持我国产业税负竞争优势的同时，缓解减税带来的财政压力。

### 9.6.2　鼓励研发创新，着力培育产业国际竞争新优势

本书测算结果表明，中美制造业竞争力存在较大差距，美国制造业突出的生产率优势让其投资回报效益普遍高于中国。“中兴事件”集中暴露了中国制造在尖端技术、重大装备、核心零部件、关键原材料等方面的短板，在制造业不少环节上完全受制于美国，中美之间差距的缩小是一个长期的过程，唯有“苦练内功”，加大国内制造业研发和创新投入，努力提高制造环节的劳动生产率，才能在中美大国博弈中立足站稳。为此，要把握新科技革命和新工业革命的战略机遇，深入研判新一轮科技革命与工业革命主导技术的发展方向及生产方式变革的趋势，落

实自主创新国家战略，建立完善国家创新体系，激发微观主体的创新活力，引导企业加大对新技术、新产业、新业态、新模式的创新投入力度。大力发展新兴产业，着力突破核心技术和关键技术，加快重大科研成果的产业化进程，创新新产品的商业模式，鼓励国内企业引进实力强的国外投资者共同研发面向工业 4.0 的技术、工艺和产品。同时，以智能化、绿色化、服务化为引领，以工艺改造、设备更新和节能降耗为导向，加快传统产业升级改造，引导提升产品设计、品牌运作和渠道营销等向产业链上下游辐射的能力，挖掘传统产业的出口潜力，延长传统产业的优势期。加强知识产权保护，营造全社会尊重知识、鼓励创新的良好氛围，构建开放、合理的专利保护体系，确保企业自主创新的合理合法收益。加大人才引进和培养力度，为自主创新、转变外贸发展方式提供有力的智力支持。学习借鉴日本建设“母工厂”的经验，引导制造业企业加强管理创新，以及对高技能和知识型员工的培养，培养满足制造发展需求的高素质技术技能人才。着力培育有中国特色的制造文化，增强制造业投资和就业的黏性与吸引力，不断优化完善制造业的产业生态。

### 9.6.3 提高透明度和合规性，构建面向国际竞争新形势的产业政策体系

我国实施的选择性产业政策成为此次中美贸易战的重要焦点。实际上，在国内产业的扶持和调整上，发达国家和地区也并没有放弃对补贴政策的使用，如美国对航空和航天、汽车、造船和建筑等部门的补贴；日本对汽车、电子机械和设备等部门的补贴；欧盟对造船、汽车等部门的补贴等。然而，在市场主导型的国家中，政府补贴侧重于为企业营造一个良好的国内竞争环境，主要是信息、技术、组织、培训和制度方面给予企业辅助性的支持，而不干预企业的经营。与之相比，我国的产业政策无论在补贴力度，产业基金设置的规模，还是对市场的干预程度，均比欧美影响要大，难免会成为贸易纷争中的“把柄”。同时，产业政策本身也存在不足，税收优惠和补贴都对政府的计算能力和道德水平有较高的要求，产业基金在投资周期长、投资风险大的通用技术和共性技术方面投资动力匮乏。

因此，应尽快启动一轮全面的产业政策合规性审查，审慎清理有悖国际规则的产业补贴，深化政府采购、项目招投标、标准制定、公共服务等领域改革，取消各种隐性的强制性技术转让规定，维护公平的市场秩序。减少对产业发展的直接干预，灵活地选择政策工具组合，有效发挥不同政策工具的互补性，改进产业政策工具体系，提高政策科学性和有效性。充分借鉴发达国家的经验，不断增强产业政策的功能性，完善产业政策制定实施机制，将财政直接投向研发创新、竞争前环节和消费侧。强化产业政策的相关法律、法规和制度建设，用法规约束保

障各类产业基金的合规运作和合理使用，严格控制直接补贴规模。建立从项目申报到审批及验收各个环节的监督制度，减少财政补贴立项的“暗箱操作”。积极推行财政对企业直接补贴的公示制度，公开产品补贴、贷款补贴、税收补贴、基地建设补贴等信息，拓宽信息渠道，降低中小企业申报成本，发挥民众直接监督的作用。

### 9.6.4　优化产业营商环境，切实为企业减负增效

深入推进资源性产品价格形成机制改革，降低煤、电、石油、天然气等工业主要能源原材料价格，改善能源原材料供应条件。进一步落实“放管服”，建设智慧海关，打造数字商贸，以“政务云”实现商务、海关、质检、税收等部门信息联通，优化通关监管模式，提高跨境电子商务的通关管理和服务水平。全面提升各级人民政府的服务意识和能力，形成贸易便利化的长效机制，促进外贸企业优化成本结构，分类有序降低外贸企业负担及进出口环节收费。尽快取消涉及政府基本公共服务的第一类收费，由于该项收费属于政府职责且有财政经费保障，故不应再额外征收。对于涉及保障居民身体健康和生命安全的第二类收费，应将其逐步纳入公共财政保障范围，在实践中大幅降低此类费用。而对于由市场主体收取的第三类收费，如停泊费、装卸费、堆存费等，应通过市场竞标等方式推动服务主体提升工作效率、改善服务质量，开展公开听证，制定合理的收费标准，切实减轻企业负担。

# 第 10 章 “互联网+”助推制造业升级研究

“互联网+制造”已成为实现制造业转型升级的重要战略举措。本章首先厘清“互联网+”影响企业价值创造的作用机制，提炼出“互联网+”实现制造业高附加值化（企业利润溢价）的综合路径：产品多样化渠道、全要素生产率渠道、财务杠杆渠道、存货周转率渠道。然后，采用世界银行 2012 年中国制造业企业的调查数据，运用倾向得分匹配（propensity score matching，PSM）方法实证考察“互联网+”对制造业企业利润表现的因果性影响，并基于因果中介效应方法揭示其作用机制。研究结果发现：实施“互联网+”战略助推制造业企业增加值提升了 3.94%，即“互联网+”战略产生了显著的溢价效应。机制分析表明，制造业企业的“互联网+”战略是经由产品多样化和全要素生产率构成的并行渠道实现高附加值化。政策建议方面，应完善“互联网+”基础设施的建设，加强服务化环节的创新驱动，利用创新驱动的多样化产品满足差异化的市场需求。研究结论为“互联网+制造”战略的效果评估提供了更为全面细致的经验证据，有助于推进“互联网+制造”企业战略融入“互联网+”国家战略，襄助制造业转型升级并实现价值链攀升。

## 10.1 研究背景及视角

目前，我国制造业整体规模已跃居世界第一，成为支撑我国经济稳步发展的重要基石。伴随着供给侧结构性改革的有序、深入推进，我国制造业产业结构得到了明显的优化。然而，我国制造业与发达国家的制造业的发展程度相比仍有较大差距：产业分工体系不完善、产业链低端、自主研发创新能力弱、产业结构不合理、产品质量难以达到国际标准、技术设备落后、信息化水平较低等。尤其是高端制造业产业和生产性服务业发展滞后，部分制造业企业依然是建立在高投入、高耗能、高污染、低收益的基础上。制造业企业产业结构布局与发展理念亟待转变。

中国制造业长期以来被锁定在价值链低端环节，“made in China”一度成了廉价品的代名词，举步维艰的制造业生产企业纷纷觅求破局与转型之道。在多元化的转型路径图中，实施“互联网+”的制造业被冠以了“made in Internet”的新名称，传递出中国制造业从“made in China”向“made in Internet”转型的新动向。2012年世界银行对中国制造业企业的调查数据显示，“互联网+”已经广泛渗透到了制造业应用场景，超过七成的企业借助互联网从事创新、销售、采购等生产性活动。2015 年 3 月，李克强总理在政府工作报告中提出制定“互联网+”行动计划①，党的十九大报告进一步提出“推动互联网、大数据、人工智能和实体经济深度融合”②，在政策层面也形成了“互联网+制造”转型的春风。在“互联网+”战略的宏观指引下，制造业与互联网的深度融合成为中国制造业企业从价值链低端环节向高端环节攀升的重要战略举措，将丰富制造业转型升级的维度。

制造业转型与结构升级的微观表现是制造业企业从价值链低端迈向高端，实现高附加值化。那么，“互联网+”主要通过何种方式与制造业实现深度融合？“互联网+”是否实现了制造业企业净利润溢价（高附加值化）？“互联网+”实现制造业企业净利润溢价的机制是什么？本书研究的问题是，在谋求价值链攀升的微观层面，制造业企业实施“互联网+”战略是否实现了产业结构高附加值化（利润溢价）。为研究此问题，本书利用世界银行 2012 年对中国制造业企业的调查数据考察“互联网+”与制造业融合的价值创造效应，实证结果显示：“互联网+”显著地增加了制造业企业净利润，实现了高附加值化升级。进一步的机制分析结果发现，“互联网+”通过制造业企业产品多样化和全要素生产率两项传导渠道，实现了制造业企业高附加值化。

接下来的结构安排为：10.2 节是“互联网+”助推制造业转型与结构升级的具体方式和实现机制；10.3 节是“互联网+”助推制造业转型升级的现状分析；10.4 节是“互联网+制造”协同发展的趋势分析；10.5 节是研究结论与政策建议。

## 10.2　“互联网+”助推制造业升级的实现机制

本节试图揭示“互联网+”影响制造类企业附加值创造的逻辑机制，进而明确“互联网+”战略实现制造业企业利润溢价的渠道，为理解“互联网+”推动产业升级提供微观逻辑链条。

---

① http://www.gov.cn/guowuyuan/2015-03/16/content_2835101.htm。

② 参见《人民日报》2017 年 10 月 28 日第 1 版文章：《决胜全面建成小康社会 夺取新时代中国特色社会主义伟大胜利》。

### 10.2.1 重塑制造业的方式与效应分析

“互联网+”是信息通信技术（information and communication technology，ICT）的重要组成部分，渠慎宁（2017）、孙琳琳等（2012）认为信息技术现已成为战略性新兴产业，能够为未来经济增长添加动力。李晓华（2016）从五个层次界定了“互联网+”的内涵，即“互联网+”是互联网与其他领域的相互融合，它是云计算、大数据、物联网、移动互联网等信息通信技术进一步发展的前提。信息通信技术对经济增长的影响方式主要体现在两方面：资本深化的贡献和全要素生产率的改进。具体到制造业，“互联网+制造”的本质是以“互联网+”技术为主的新一代信息技术对制造业融合渗透的智能化制造过程。在制造业领域，信息通信技术与制造业相结合，产生了工业 4.0、产业互联网等不同的表述和技术形态（李杰，2015）。黄阳华等（2015）认为，“互联网+”技术会对中国制造业产业的转型升级产生深刻影响，将进一步激励中国制造业企业向全球价值链中高端攀升。相比于传统制造业，“互联网+制造”在解决一些较为复杂问题和应对外部环境不确定性时，能够实现精准化、服务化、契约化和无缝化。

1. 实现制造精准化

新兴的“互联网+”与制造业的融合为传统制造业带来了众多机遇。赵振（2015）和李晓华（2016）认为，“互联网+”的实质是经济融合的“跨界经营”，是在“互联网+”经济形态中的商业逻辑—社群逻辑交会的平台模式（罗珉和李亮宇，2015），互联网经济下的“脱媒”冲击推动产业组织新模式再造，供应链逆向整合使得越来越多的厂商通过“脱媒”产生效能从而实现了商品流通的“点对点、端对端和直通直达”（谢莉娟，2015），进而“互联网+制造”融合能够实现精准化。①对制造业企业来说，“互联网+”拓展了企业获得信息的渠道和能力。“互联网+制造”开启了一系列重大的精准化转变，引导制造业企业打破原有固化的思维和运营模式，在全新的视角下将精准化渗透到生产、加工、市场、销售、维修、服务、回购的各个环节建设中。②对处于“互联网+”的制造业企业的客户来说，互联网大大拉近了制造业企业和客户之间的距离。基于“互联网+”的大数据的优势，企业将越来越多地深入了解客户需求，能够更为准确地针对多样的客户需求，生产出精准化的高品质产品，并通过“互联网+”为客户提供更为便捷的渠道（李海舰等，2014），精准化地将产品送至用户手中。王可和李连燕（2018）分别从创新、供应链协同、销售与营销三个方面验证了“互联网+”对制造业的影响渠道。“互联网+”加速了制造业企业的产品创新，能够更为准确地协调供应链，在产品销售与营销方面利用互联网实现精准化营销，获得额外的产品利润。如果此前的“互联网+”仅仅是一种虚拟化交流的工具，那么当前的“互联网+制造”则产生了一类全新的制造范式。

2. 推动制造服务化

制造业与互联网的深度融合，将推进制造业企业服务化转型。“互联网+”推动制造服务化是利用大数据、云计算、物联网等，把制造和服务相融合，形成一种全新的形态来实现制造业企业的价值创造、价值增值过程，构建起“互联网+”引导制造业服务化融合发展的新路径。①“互联网+制造”优化产品研发流程。运用“互联网+”技术对差异性的客户需求进行大数据分析，从而对产品研发流程进行优化更新。“互联网+”连接一切的特性，为加强客户之间的有效沟通提供了便利的条件，扩大了制造业企业客户需求的空间，有效满足客户的差异性需求。例如，制造业企业可以通过“互联网+”在线征集创意、网上论坛、贴吧等方式，实现研发设计资源的有效利用。上下游制造业企业间利用“互联网+”平台获取消费者需求数据，智能分析消费者需求与习惯，有针对性地改进产品。②“互联网+制造”提供个性化定制生产。个性化定制是根据客户的需要特别为客户精心设计或生产指定的产品与服务，满足客户的不同需求，提升客户对制造业企业的忠诚度。实施“互联网+制造”个性化定制企业能够将客户定制产品通过收集和分析，匹配用户的相似需求偏好后，将相似的个性化定制产品转化为批量生产，实现大规模的批量个性化定制，有效提高制造业企业的生产加工效率，降低制造业企业的生产成本。

3. 增强制造契约化

契约化运行是制造业企业与外界之间的一种连接方式，协调企业间生产与客户间供求关系。在制造业企业间的产业链中，“互联网+制造”以契约化的形式确定企业间利益关系，降低了不确定性风险、节约了交易成本。在与客户间的供求关系中同样如此，客户之间身处于连接一切的“互联网+”时代，契约化是保障双方利益的有效手段。李筱乐（2015）指出缔约双方由于对未来事态的发展不能完全预见，并且在缔约及执行契约过程中也难以得到第三方的充分佐证，很难以一种双方均没有争议的方式将全部情形和条款写入契约之中。正在发展的电子合同作为“互联网+制造”的一种应用场景，为企业契约化的有序进行提供有效保障，成了企业活动中重要的里程碑。

4. 促进产业链无缝化

“互联网+制造”产业链是围绕制造业企业的核心产品，拓展纵向和横向的产业关系，形成一个利益共同体的产业链条。在产品生产过程中，大部分制造业企业仅仅是对最终产品的某一部分进行生产和加工。马化腾等（2015）、阿里研究院（2015）、姚明明等（2017）认为，“互联网+”是互联网技术与其他行业之间的跨界融合，是以互联网为主要信息技术并在经济、社会生活等各部门扩散和应用的过程，更是一种“互联网平台+内容+价值观”的经济集聚行为。这种经济集聚行为利用“互联网+”衔接起来的制造业企业共同体能够产生链式反应。①“互联网+”减少了制造业各环节之间的时滞，调节了库存水平，加快了物料周转率，节约了库存成本，提高了运营效率。②“互联网+制造”无缝化的产业链能够实现对客户需求的实时响应，带动整个产业链条满足不断变化的客户需求，衍生出众多新的业态，填补了价值链之间的鸿沟。“互联网+制造”产业链为所有产业链上所有的企业提供了价值共创的机会，这些为客户创造价值增值服务的活动，也将增强制造业企业自身的竞争力。

综上，“互联网+制造”在精准化、服务化、契约化和无缝化方面重塑了传统制造业，丰富了价值创造的来源，提升了价值创造的能力，降低了不确定性风险和运营成本，提高了盈利水平。

### 10.2.2　“互联网+”实现制造业企业高附加值化的渠道

接下来，本节将重点探讨“互联网+”促进制造业企业利润溢价及制造业产业升级的机制与路径。

1. 产品多样化渠道

制造业企业实施“互联网+”有助于形成产品多样化来满足差异化需求，进而获得更丰厚的经济利润（杨德明和刘泳文，2018）。Porter（1985）认为，差异化竞争战略是为了使企业在产品设计、服务水平、企业形象等方面与竞争对手有明显的差异。制造业企业实行产品多样化战略，重点是推出或创造多样化的被全行业和客户都视为独一无二的产品或服务。产品多样化战略能够培养客户对制造业企业的忠诚度，是能够为制造业企业带来利润溢价的一种有效的竞争战略，其实现方式包括产品性能多样化、产品形象多样化、服务多样化、销售渠道多样化和售后保障多样化等。“互联网+”技术虽难以改变企业要素禀赋，但能够提升制造业企业创新能力（程立茹，2013）、推动管理升级（吴义爽等，2016；万兴和杨晶，2017）。制造业企业利用“互联网+”收集多样化需求信息、汇聚个性化创意，制定别具一格的产品多样化战略并贯彻实施，在供给侧更好地提供多样化的产品和服务，赢得竞争优势，实现利润溢价。

2. 全要素生产率渠道

全要素生产率指企业的全部生产要素（剔除资本、劳动、土地）的投入量保持不变而产值仍能增加的综合生产率。全要素生产率的内核主要包括企业创新、技术进步、规模效率、管理升级与特异禀赋优势。

“互联网+”作为一种技术变革，会对制造业企业全要素生产率产生深刻的影响。一方面，“互联网+”的精准化、服务化、契约化和无缝化能够改善生产要素配置，提高制造业企业生产效率；另一方面，“互联网+”自身所具有的大数据收集与分析功能，能够推倒制造业企业与消费者之间的栅栏，实现供给侧规模经济与需求侧规模经济。“互联网+”有助于制造业企业提升自身的全要素生产率，提升制造业企业利润。

3. 财务杠杆渠道

杠杆率(财务杠杆)指企业的负债总额与总资产的比率(负债总额/资产总额)。当制造业企业的投资报酬率大于负债利率时,杠杆率就能为企业所有者带来收益，负债是有利的。“互联网+”为制造业企业带来了一定的融资便利。一方面，网络化商业银行等信贷部门能够利用网络大数据对制造业企业的经营、信用等状况进行信用评级，减少了信息不匹配的风险，增加了信贷资源可获性；另一方面，制造业企业利用“互联网+”融资租赁、电商小贷、众筹平台、P2P 网络融资平台等竞争性平台，能够有效地降低融资成本和交易成本。制造业企业通过“互联网+”融资赋予的财务杠杆扩张企业规模、降低资金使用成本，实现制造业企业利润溢价。

4. 存货周转率渠道

存货周转率刻画了制造业企业库存转化为收入的运营能力。一般来说，存货周转率越快，运营能力越强。制造业企业存货周转速度够快，则意味着存货获得收入的速度和能力增强。一方面，“互联网+制造”的无缝化能减少制造业各环节之间的时滞，调节库存水平，加快物料周转率，节约库存成本；另一方面，“互联网+制造”的精准化能为制造业企业带来更多的产品销售渠道、更快的销售速度，加快制造业企业去库存速率，有助于提高销售收益。

综合以上四项具体的传导渠道，本书归纳出“互联网+”实现制造业高附加值化（企业利润溢价）的路径与机制，如图 10-1 所示。

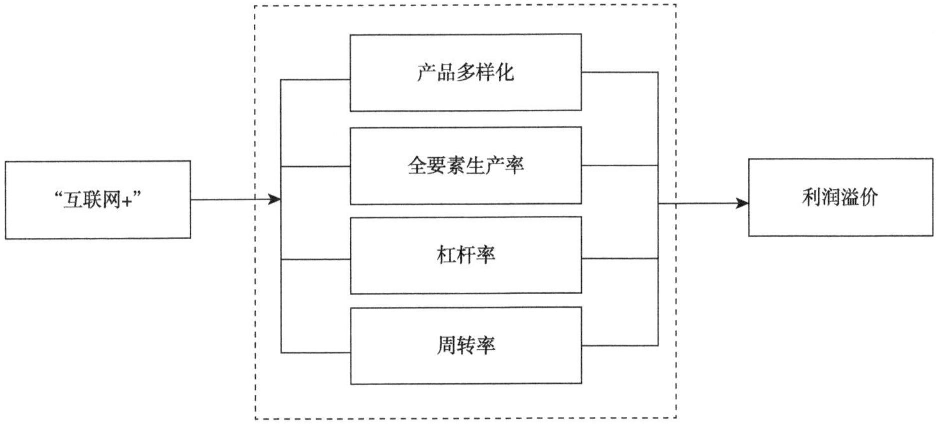


图 10-1　“互联网+”实现制造业高附加值化的路径与机制

## 10.3 "互联网+"的发展趋势及对制造业升级的效果评价

《中国制造 2025》战略规划，已将"互联网+制造"从构想层推向了行动层。制造业与互联网的融合正在成为潮流，越来越多的"中国制造"在向"互联网+制造"转变。

### 10.3.1 "互联网+制造"发展趋势

我国的"互联网+"目前取得了巨大发展。截至 2018 年底，我国网民规模达到 8.29 亿人，互联网普及率为 59.6%①。以"互联网+"为代表的新一代信息技术正从各个层面改变人们的生产和生活，"互联网+"已经成为我们生活中不可替代的工具。

目前，在我国国民经济中"互联网+"产业链的地位在不断攀升，随着以"互联网+"为代表的新一代信息技术的不断发展与应用，"互联网+制造"在国内取得了巨大发展，与其密切相关的电子信息产业能够很好地反映目前国内"互联网+"产业链的发展程度与趋势。据统计，2017 年，我国规模以上电子信息产业企业数达 6.08 万家，全年销售收入 15.4 万亿元，同比增长 10.4%；其中电子信息制造业企业 1.99 万家，电子信息制造业主营业务收入 11.1 万亿元，同比增长 7.6%②。

"互联网+"产业已成为我国重要的产业，在我国经济发展中占重要的地位。根据埃森哲（Accenture）2015 年的估计，未来 15 年工业物联网推动的"互联网+制造"将为中国 GDP 贡献 4970 亿美元；如果对工业物联网进一步采取倾斜性支持措施，其对中国 GDP 的贡献将提高至 18 240 亿美元。但是，需要保持清醒认识的是，中国也存在发展"互联网+制造"的劣势，主要表现为工业软件开发能力较弱、关键部件的技术积累不足，这成为制约"互联网+制造"融合发展的瓶颈。

在产业结构转型升级下，劳动密集型产业的人力资源必将向技术密集型产业转移。人力成本将进一步提升。目前，我国制造业仍是以初级加工的劳动密集型为主，与欧美等发达国家和地区相比，我国制造业发展弱、附加值低等问题明显。在产业结构转型升级下，我国制造业的发展面临"大分流"危机，形势非常严峻，亟待通过互联网与制造业的深度融合，实现从"制造大国"向"制造强国"的跨越式升级。

---

① 数据来自中国互联网络信息中心发布的第 43 次《中国互联网络发展状况统计报告》。

② 数据来源于《中国电子信息产业统计年鉴（综合篇）2017》。

### 10.3.2 评价“互联网+制造”效果的模型方法

本小节先后运用普通最小二乘（ordinary least squares，OLS）方法、倾向得分匹配方法评价制造业企业实施“互联网+”战略的产业结构效应，并采用因果中介效应分析（causal mediation analysis）（Imai and Yamamoto，2013）来识别作用机制。变量及含义见附表 10-1。

### 10.3.3 评价“互联网+制造”效果的数据

本书选用的分析资料为世界银行 2012 年对中国制造业企业调查数据，数据为 11 类制造业产业的 2700 家民营企业和 148 家国有企业在 2011 财政年度的相关数据。样本包含了独资企业、合伙企业、股份制企业等多种所有制形态，地域上分布于合肥、北京、广州、深圳、佛山、东莞、石家庄、唐山、郑州、洛阳、武汉、南京、无锡、苏州、南通、沈阳、大连、济南、青岛、烟台、上海、成都、杭州、宁波、温州等主要城市，样本具有较好的随机性、代表性。该调查不仅收集了制造业企业自身经营状况信息，还详细地询问和记录了企业对于互联网的使用情况等信息，为分析“互联网+”对制造业企业利润溢价效应提供了可靠完备的微观数据。

### 10.3.4 初步的描述性统计分析

根据样本分布，使用互联网进行创新、销售或采购等相关活动的制造业企业约占 45.8%。控制变量方面，约有 3.5%的样本制造业企业为国有控股企业，有 8.9%的制造业企业为上市公司，2%的制造业企业为非上市股份制公司，制造业企业总经理的平均从业年限近 16 年，且 90% 以上的总经理为男性。根据上市公司是否实施“互联网+”进行分组，主要变量的描述性统计结果见附表 10-2。

均值检验和 Wilcoxon 检验结果均表明，实施了“互联网+”战略的制造业企业，其净利润在 1%的水平下显著高于未实施“互联网+”的企业。从均值看，相比未实施“互联网+”的企业，实施“互联网+”的公司净利润高出约 85.33%。实施“互联网+”的企业，其产品多样化程度显著高于未实施“互联网+”的企业，说明“互联网+”企业的产品多样化程度更高；实施“互联网+”的企业，其全要素生产率显著高于未实施“互联网+”的企业，说明“互联网+”企业的生产率水平更高；实施“互联网+”的企业，其库存周转率和杠杆率并未显著地高于未实施“互联网+”的企业。然而，至于“互联网+”是否因果性地引起了利润溢价，还需要进行回归分析。

### 10.3.5　“互联网+”实现制造业升级的计量分析

本小节重点利用计量模型实证评估“互联网+”是否对制造业企业的利润产生了溢价效应，即“互联网+”对制造业产业结构高附加值化的影响。

1. OLS 回归结果

本书首先采用 OLS 方法进行回归分析并作初步判断。附表 10-3 呈现了是否采用“互联网+”对制造业企业净利润影响的 OLS 估计结果。

附表 10-3 第二列为简单的一元回归，结果显示“互联网+”使制造业企业净利润增加了 76.68%。第三列和第四列为加入控制变量和控制行业、城市后的回归结果，估计结果显示：制造业企业在生产性活动中使用“互联网+”较之于没有使用“互联网+”的净利润增加了半数以上，这与前文的描述性统计推断结论一致。不过，简单的 OLS 方法可能存在遗漏变量的情况，使得估计结果可能有偏。为此，本小节进一步采用倾向得分匹配方法进行估计。

2. 倾向得分匹配方法估计结果

在识别制造业企业采用“互联网+”与未采用“互联网+”是否造成了净利润差异时，不能同时观察到两种情况下的净利润。在同一时点上制造业企业的净利润只能是两种状态之一，而采用反事实因果推断分析框架能有效解决上述问题。反事实匹配思想假定：如果能找到共同因素解释或者区分实施“互联网+”和未实施“互联网+”的两种制造业企业，就能利用这些共同因素进行区分并分组匹配，使每组中只有两种制造业企业即实施“互联网+”和未实施“互联网+”的制造业企业。这两种制造业企业唯一的区别就是它们是否实施“互联网+”战略，因此可以考察两类制造业企业净利润差异。基于反事实匹配思想假定条件，本书采用倾向得分匹配方法来弥补 OLS 方法可能产生的估计偏差，再次进行检验。

（1）平衡性检验结果。在进行倾向得分匹配之前，需要进行数据匹配平衡性检验。附表 10-4 的平衡性检验结果显示，匹配后的变量的标准化偏差均小于 10%，而且大多数的结果不能拒绝实施“互联网+”和未实施“互联网+”无差异的原假设。与匹配前的结果相比，大部分变量的标准化偏差均大幅度缩小，匹配结果较好地平衡了数据。各主要匹配变量已经不存在显著差别，唯一的区别在于是否实施了“互联网+”战略。

（2）实施“互联网+”的参与者平均处理效应（average treatment effect of the treated，ATT）估计。根据倾向性得分匹配原理，首先进行 Probit 模型估计，计算概率作为倾向得分；满足假设条件后，采用核匹配方法，通过观察平均处理效应的大小和显著性水平来检验“互联网+”对制造业企业净利润的影响，结果如附表 10-5 所示。

从核匹配的估计结果来看，匹配前处理组的 $net_{add}$ 均值为 17.0899，控制组为 16.3418，效应差为 0.7481；匹配后处理组的 $net_{add}$ 均值为 17.0713，控制组为 16.4244，效应差为 0.6469，且均在 1 %的水平上显著。上述表明，在控制了企业其他主要特征的影响之后，实施“互联网+”能显著促使制造业企业的净利润上升 64.69%，即“互联网+”总体上产生了利润溢价效应，与 OLS 方法估计结果一致。此外，从附表 10-5 的匹配结果还可以发现，匹配前直接计算的实施和未实施“互联网+”制造业企业的净利润水平效应高于匹配后的 ATT 值，这将高估“互联网+”对制造业的利润溢价效应，同时也证明了倾向得分匹配方法能有效地降低偏误，故结果更为准确。

3. 稳健性检验

基准模型的倾向得分匹配回归结果仍然可能存在一些干扰因素，为保证研究结论的可靠性，本书将进行一系列的稳健性检验排除潜在影响，相关结论均未发生实质性改变。

（1）改变变量的度量方式。首先，采用 website 指标即制造业企业是否拥有并使用自己的网络主页来衡量“互联网+”使用状况，有则取 1 ，否则取 0 ；其次，构建一个综合指标 internet，即制造业企业是否拥有并使用自己的网络主页或者互联网被用于企业的创新、销售、采购等活动，有任何一项则取 1 ，未使用则取 0 。重新采用倾向得分匹配方法得到如附表 10-6 所示的结果。结果显示，无论是在指标 website 还是 internet 中，倾向得分匹配的估计结果与前文基本一致，且仍然在 1 %的水平下显著。

（2）引入更多控制变量。引入固定资产投资、研发支出控制企业的短期与长期投资行为，结果见附表 10-7，结论未发生实质性改变。

（3）改用其他匹配方法。分别采用一对一匹配、$k$ 近邻匹配和马氏匹配，并通过异方差稳健标准误来检验倾向得分匹配估计值的稳健性。附表 10-8 结果表明，一对一匹配、$k$ 近邻匹配和马氏匹配的结果都与核匹配的倾向得分匹配结果类似，这也说明了结论的稳健性。

### 10.3.6 “互联网+”实现制造业升级的作用机制

在明确了“互联网+”对制造业企业有利润溢价效应后，进一步追问，“互联网 +”是经由何种途径影响制造业企业利润溢价的？为此，首先运用因果中介效应分析来识别“互联网+”对制造业企业净利润溢价的机理，其次在反事实因果推断分析框架下测算平均因果中介效应（average causal mediation effect，ACME）。平均因果中介效应定量地揭示了“互联网+”如何通过中介变量传导对制造业企业净利润产生影响，基本原理、方程设置与变量含义见本章附录。

1. 机制检验

附表 10-9 提供的检验结果显示，制造业企业通过产品多样化和全要素生产率这两个中介变量（即 dif 和 tfp）实现了制造业企业利润溢价。

就产品多样化渠道而言，中介效应方程中的 inter 系数在 1%的置信水平下显著为正，说明制造业企业在实行“互联网+”战略中，产品多样化的程度也在显著地加深，可以满足客户的差异性需求。结果方程中核心解释变量 $net_{add}$ 和中介变量 dif 均显著为正，解释变量 inter 依然显著为正但其系数小于主效应方程中 inter 的系数，说明中介变量 dif 发挥了部分中介作用。

就全要素生产率渠道而言，中介效应方程中的 inter 系数在 1%的置信水平下显著为正，说明制造业企业在实行“互联网+”战略中，全要素生产率的变化也在显著地加深。这是因为制造业企业在实施“互联网+”战略中，能够通过互联网的信息流通和技术交流等方式来影响制造业企业的生产率水平。结果方程中核心解释变量 $net_{add}$ 和中介变量 tfp 均显著为正，解释变量 inter 依然显著为正但其系数小于主效应方程中 inter 的系数，说明中介变量 tfp 同样发挥了部分中介作用。

附表 10-9 最后两行结果显示，中介变量 dif 和 tfp 的平均因果中介效应强度为 0.0761 和 0.1434，部分中介效应效能为 0.1205 和 0.2366。直观含义是，在制造业企业的“互联网+制造”影响净利润的路径中，全要素生产率渠道的促进作用强于产品多样化渠道的推动作用。

值得注意的是，附表 10-9 结果显示，杠杆率渠道和库存周转率渠道在“互联网+”战略实现制造业企业利润溢价的过程中不显著。首先，就杠杆率而言，在中介效应方程中 inter 系数在 1%的置信水平下显著为负，说明制造业企业在实行“互联网+”战略中，杠杆率在降低。但是，在结果方程中核心解释变量 $net_{add}$ 显著为正，中介变量 level 不再显著。其次，就库存周转率而言，在中介效应方程中 inter 系数不显著，说明制造业企业在实行“互联网+”战略中，对制造业企业的库存周转率没有影响；在结果方程中核心解释变量 $net_{add}$ 显著为正，中介变量 zl 不显著。进一步参考温忠麟和叶宝娟（2014）的做法，采用 Bootstrap 方法来检验中介效应，检验结果依然不显著。

在“互联网+”战略中制造业企业通过提高杠杆率和降低库存，未获得利润上的溢价。杠杆率水平和库存周转率并未构成“互联网+”实现制造业企业利润溢价的中介变量的可能的原因在于：首先，在杠杆率的测算中由于太多制造业企业未报告负债金额，造成数据缺失，从而回归结果失真。其次，“互联网+”环境中，信息的流通速度加快，每个制造业企业均提高了库存周转率，通过提高库存周转率没有为该制造业企业带来竞争优势；并且，在大环境中国家正在采取去杠杆的措施，“互联网+”虽能够通过提高杠杆率来获得利润溢价，但是每个制造业企业为适应国家战略，难以提高杠杆率。最后，虽然杠杆率水平和库存周转率并未构成“互联网+”实现制造业企业利润溢价的中介变量，然而，这并不意味着杠杆率水平和库存周转率对制造业企业的利润没有影响，其只是不满足因果中介分析，但可能通过其他某种途径来影响制造业企业利润。

2. 机制敏感性分析

进行因果中介效应分析需要满足可忽略性假设（Imai and Yamamoto，2013），为此需进一步对因果中介效应的可忽略性假设的敏感性进行检验分析，以此来考察因果中介效应的效果。附图 10-1 显示了平均因果中介效应随相关系数变化的变动轨迹。在多样化渠道中，当系数 inter 的可忽略性假设成立时（$\rho=0$），平均因果中介效应为 0.0761，表明可忽略性假设存在时中介效应存在；相关系数 $\rho=0.1292$ 时可忽略性假设不成立，此时平均因果中介效应等于 0，表明当可忽略性假设不成立时中介效应不存在；当 $-1<\rho<0$ 时，平均因果中介效应一直保持为正，也表明平均因果中介效应效果较好，中介变量成立。类似地，在全要素生产率渠道中，当系数 inter 的可忽略性假设成立时（$\rho=0$），平均因果中介效应为 0.1434；若相关系数 $\rho=0.6162$ 时，可忽略性假设不成立，平均因果中介效应等于 0；当 $-1<\rho<0$ 时，平均因果中介效应大于 0，表明平均因果中介效应是存在的且效果较好。此外，平均因果中介效应在多样化中的阴影部分与全要素生产率的阴影部分相比更狭窄，多样化中介变量的敏感性相较于全要素生产率的敏感性要弱。

3. 机制稳健性检验

上文将变量 inter 改为 website 进行了稳健性检验，在此同样采用 website 这一指标来进行机制的稳健性检验。稳健的因果中介效应分析和敏感性检验结果如附表 10-10 和附图 10-2 所示。

附表 10-10 结果显示，核心解释变量 $net_{add}$ 在主效应方程、中介效应方程和结果方程中均显著为正，符合本书关于多样化渠道的预期。然而，对结果方程回归发现，中介变量 dif 和 tfp 均显著为正，且解释变量 website 依然显著为正但其系数却变小了，说明中介变量 dif 和 tfp 发挥了部分中介作用。website 的检验结果与上文的检验结果基本一致，这也彰显了上文机制分析的稳健性。

在多样化渠道的敏感性检验中，在系数 website 的可忽略假设成立时（$\rho=0$），平均因果中介效应为 0.067 95；相关系数 $\rho=0.1236$ 时，平均因果中介效应等于 0，可忽略性假设不成立；当 $-1<\rho<0$ 时，平均因果中介效应一直保持为正。类似地，在全要素生产率渠道中，当系数 website 的可忽略性假设成立时（$\rho=0$），平均因果中介效应为 0.2188；相关系数 $\rho=0.6137$ 时可忽略性假设不成立，此时平均因

果中介效应等于 0；当 $-1<\rho<0$ 时，平均因果效应大于 0，表明中介变量较好地发挥了中介作用。同时这也说明了机制稳健性检验的稳健性。此外，通过比较附图 10-1 和附图 10-2 可以发现，附图 10-2 和附图 10-1 的结果基本一致，这也说明了采用 website 作为解释变量使得平均因果中介效应的敏感性降低了，但依然是稳健的。

在“互联网+”对制造业企业净利润溢价效应的机制分析过程中，部分中介作用验证了预期，即“互联网+”对制造业企业利润溢价效应是通过产品多样化和全要素生产率而作用于制造业企业利润溢价的。基本平行路径是：其一，“互联网+”技术的不断发展与使用→制造业企业产品多样化→制造业企业利润溢价；其二，“互联网+”技术的不断发展与使用→制造业企业全要素生产率的提高→制造业企业利润溢价。因此，制造业企业产品多样化和全要素生产率作为中介变量，有效地解释了“互联网+”是如何实现制造业企业净利润溢价的。

## 10.4　“互联网+制造”的发展前景分析

随着新一轮和新一代“互联网+制造”的发展，“互联网+制造”对整个制造业的产业结构产生了巨大的影响。目前，传统的制造业在制造业中仍扮演着重要的角色，但“互联网+制造”的发展趋势正逐渐显现，并逐步成为新型“互联网+”时代背景下的升级版制造业。在我国推进实现供给侧结构性改革与新型产业体系发展大背景下，我国制造业发展迅猛，但传统制造业仍然占有巨大的比重。目前摆在眼前的问题是，如何把握经济发展新常态的趋势，顺应“互联网+制造”潮流，精准定位当前中国制造业的发展情况，制定政策措施实现“互联网+”助推制造业产业结构升级，进而实现中国制造业价值链攀升。

较之传统制造业，“互联网+制造”属于新型制造业组织形态，正逐步改变传统制造业的生产模式、销售方式和售后服务手段，促使传统制造业在供给与需求的纽带关系中产生新变革。例如，“互联网+制造”下的电商模式，为传统制造业下的电商模式打开了缺口，是先进制造业、智能制造、制造与服务相互融合发展的重要平台。经济新常态下，“互联网+制造”给新型制造业产业的发展带来了重大影响，这必将整合制造业产业链、打破制造业行业竞争格局和提升制造业价值链等。

目前，我国“互联网+制造”的融合正在迅速发展，在各地区、各生产领域中的渗透率越来越高，传统制造业纷纷开始走上转型之路，在促进生产、消费与产业结构升级等方面发挥的作用日益显著。然而，受到基础设施、人才储备等因素的制约，我国现阶段“互联网+制造”的融合发展过程中仍然存在发展不均衡、服务效率低、外部效应弱等问题。从世界的角度看，“互联网+制造”的基本模式已经形成。同时，伴随着“互联网+制造”的深度融合，制造业企业需进一步改善基础设施，提升专有人才储备。我国应推动“互联网+制造”提升生产效率、优化制造业产业结构、提升服务并加强外部影响，建立相应的制度模式，从而形成与供给侧结构调整相匹配的制造业，带动制造业新业态形成，助推形成未来新经济。

“互联网+”对制造业企业产生的增加值溢价效应并非一成不变，伴随着“互联网+”新技术不断涌现与应用，“互联网+制造”正呈现出全新的发展趋势，必将在更多维度上影响制造业增加值。概括来讲，“互联网+制造”未来发展具有五大明显趋势。

### 10.4.1 平台化

目前制造业企业对“互联网+”的融合利用率较低，大部分制造业企业仅仅把“互联网+”作为信息搜集、查询、分析的工具。但“互联网+”并不只有这些功能，其还具备大数据收集、存储信息及分析等功能。随着“互联网+”的发展，“互联网+”功能将更强大、更智能，这是“互联网+”的发展趋势。“互联网+”平台化是从客户角度考虑，提升服务水平，提高效率，“互联网+”所具备的大数据分析功能，能够有效地进行信息资源深度分析加工，并加以开发利用。“互联网+制造”的平台化最主要的特点是，融合各制造业产业和制造业企业，实现对客户的一站式服务。从客户接触产品到最后的售后服务都将进行大数据分析，并以平台的形式实现全局管理。这就是“互联网+”平台化的基本内涵。

1. “互联网+制造”平台化衔接平台供需，助力深化供给侧结构性改革

我国面临整体产能过剩的困境，制造业实体经济发展举步维艰，严重影响了制造业甚至是整体经济持续健康发展。目前，导致我国传统制造业产能过剩的原因有以下几点：一是新时代下的需求更新换代速度与生产供给变化速度协调不匹配；二是传统制造业盲目生产，对市场需求定位不明确，引致产能过剩；三是产品与客户信息不匹配或者产品销售渠道受损等问题所导致的供需不匹配形成产能过剩（这部分的供给过剩随时间而减少）。我国传统制造业产能过剩存在三种情况，既有国内外制造业市场萧条导致的制造业生产产能过剩，也有投资需求不足导致的传统基础制造业产业产能严重过剩，还有供需衔接不畅、需求与供给不匹配导致的需求困难和过剩问题。“互联网+制造”平台化助力深化供给侧结构性改革主要表现在以下几方面。

一方面，“互联网+制造”平台实为一种集信息收集、交易流通、售后服务等为一体的新型供需平台，尤其是“互联网+”信息技术，使“互联网+制造”平台突破了时空限制，在很大程度上提高了制造业供需双方的交易效率。同时，与供

需双方相匹配的便捷物流配送，提高了产品流通效率，加快了资金周转，从而提高了社会资源配置效率。

另一方面，随着居民家庭收入水平的不断提高，“互联网+”在制造业中的不断利用，制造业产业的消费需求变化正逐渐呈现出新趋势、新动向，这种变化将通过“互联网+制造”平台反映到制造业供给方，进而对制造业产业产生巨大的反作用，促进制造业产业结构性升级。以全新的制造业需求结构确立有效投资，在供给侧与需求侧两侧协同发力，推动实现我国制造业产业结构升级，使我国在未来全球价值链产业新分工体系中更具有竞争力。

2. 顺应“一带一路”倡议，促进区域间合作

以“互联网+”信息技术为核心的“互联网+制造”平台不仅可以收集国内制造业供需双方信息数据并加以分析，还可以顺应目前经济全球化、贸易自由化的潮流。目前制造业新型产业链、供应链、价值链由单一国家延伸至其他国家乃至全球范围的趋势也将为“互联网+制造”平台化的深入发展提供有利的条件，以此来形成全球创新协作网络，实现国内外的经济联动。“互联网+制造”的深度融合能够实现全球制造业市场相互协作，平台化的出现将进一步实现海内外制造业企业之间的交流合作，实现全球资源有效配置。“互联网+制造”平台对推进“一带一路”倡议，形成对外开放的新格局具有积极作用。这也将是“中国制造 2025”与“一带一路”倡议实现相互对接，推动高端装备走出去的过程。

近年来，中国制造业迈上新台阶，出现了一批具有中国核心技术的高端制造业。“互联网+制造”平台化的深入顺应了“中国制造 2025”战略的发展，“互联网+制造”平台化将进一步推进中国与“一带一路”沿线国家在多领域的国际装备制造合作，甚至是打造“一带一路”沿线国家之间的“互联网+制造”平台，提高中国与“一带一路”沿线国家的合作效率。“一带一路”沿线国家亟待改造和提升制造业的基础设施水平和出口制造产品，而我国制造业企业面临国内需求不足的境遇，亟待扩大需求市场。“一带一路”倡议下“互联网+制造”平台为双方进一步增加了合作机会与提高了合作效率，为中国高端装备制造业拓展了发展空间，加快了中国高端装备制造业适应国际市场的能力，提升了中国在国际上的大国形象，从而进一步推动了中国制造从产品输出转为技术输出，实现中国制造业价值链的攀升。

3. 促进制造业供销融合，协同新结构模式成长

当前，国际上以工业 4.0 为代表的第四次工业革命正在稳步前行，国内面临着消费需求与消费习惯转变的新问题。“互联网+制造”的新型制造业必将形成新的生产体系，为应对国内面临的消费需求与消费习惯转变的新问题，“互联网+制造”下新的生产体系将实现智能化、大规模、个性化定制生产与服务，满足消费

者不同的需求。智能化、大规模、个性化定制生产方式是一种全新的生产范式，它还引发了新的生产组织与市场流通新模式的形成。在这个过程中，“互联网+制造”平台发展已经从消费者服务领域全面进入生产者服务领域，平台从消费端向生产端延伸协同发展，将转变为生产服务融合型平台。新一代平台是以工业互联网为基础的智能生产服务平台，消费者将能够直接面对工厂实现私人定制。这些新一代平台发展也进一步推动了制造业与服务业的融合，推动了智能化生产系统的开发与应用，推动了智慧型供应链的建设。目前国内高端制造业企业已经将自身的优势领域连接到新型互联网及新型平台发展中，积极引导智能技术、智能制造、智慧供应链等各方面的建设与应用，并进一步实现生产方式与营销方式的改变，提高企业的核心竞争力，实现并成为未来行业中的佼佼者。新一代平台经济的发展，促进了供销的融合，协同新结构模式成长。

4. “互联网+制造”平台生态圈网络化发展

“互联网+制造”平台经济形式也将成为引领我国经济发展的新增长点，并存在巨大的潜力。新经济增长方式是指在经济成长和产业结构演变过程中，具有潜在的市场需求，成长性好、技术密集度高，能够带动整个国民经济上一个新台阶的新兴产业或行业。“互联网+制造”平台经济形式包括“互联网+制造”平台自身的发展与围绕平台发展的各种衍生经济行为，这种衍生的经济行为实际上就是围绕“互联网+制造”平台逐步发展成为一个巨大的生态合作网络圈的经济行为。现实中，我国制造业同样正在大规模发展生态合作网络圈，我国“互联网+制造”平台的电子商务经济的总体数据也证明了这一点。

2016年，我国电子商务交易规模达20.2万亿元，社会消费品零售总额的14.9%通过各类电商零售交易平台完成，达到近年来最高，并继续维持增长态势。我国各类平台快速发展，仅五金制品平台数就达3000多家。平台经济直接和间接带动就业超过 2500 万人。“互联网+制造”平台发展带来的经济外部性，直接或间接地促进了当地的经济发展，促进了我国制造业向新型产业结构、新业态、新模式的发展，并进一步改善了就业结构，实现制造业产业结构升级。

5. 城乡制造业互联互通，推动城乡一体化协同发展

“互联网+制造”平台的发展促进了我国城乡制造业信息、生产的互动沟通。从宏观层面上看，促进城乡居民生产方式、生活方式和居住方式一体化发展。调整城乡制造业劳动人口之间的比例，促进就业。从微观层面来看，“互联网+制造”平台打破了我国农村小型制造业地理空间广阔、生产过于分散、生产需求信息不对称、制造产品分销困难等方面的障碍，直接给农村小型生产者带来信息、经济收益与资金帮助。另外，各类消费品和农村生产资料通过“互联网+制造”平台广泛的物流系统，直接送到农村各地，直接开拓农村广大的消费需求，提高农

村居民的生活质量，促进城乡一体化协调发展。同时，平台经济发展，进一步增加了农村就业，改变了城乡居民收入不均衡的状况，促进了城乡经济社会一体化发展。

6. “互联网+制造”平台促进制造业产业新模式的成长

“互联网+制造”平台促进制造业产业新模式的成长，新模式将打破原先垂直分布的产业链及价值链，重新组合，实现以市场需求为中心的新业态。新模式中“互联网+制造”平台具有新的竞争模式、新的产业形态、新的价值链关系、新的协作方式。“互联网+制造”平台对产业形态的影响在于平台的发展提升了行业集中度，使得制造业产业界限变得更为模糊，跨界融合、合作机会增加。“互联网+制造”平台给传统制造业产业带来变革性的影响，首先，传统制造业的规则发生了改变，这能够有效地减少制造业企业的中间环节，提高效率。制造业必将实现无缝化产业链、精准化生产、多渠道销售、服务化售后。其次，传统制造业企业将进入无店铺、网上营销的新模式，各种线上服务将代替传统制造业服务。

传统制造业产业是直线型的，制造业产业各环节的成本和利润为单向循环流动。“互联网+制造”的电商平台处于整个制造业产业链的末端，它将整合各个环节主体之间的关系，向上整合产业链供给方，向下把握需求方，形成一个完整高效的产业链。“互联网+制造”平台改进了传统制造业产业链，使供给与需求尽可能通过平台直接连接。在“互联网+制造”平台的作用下，实现各类生产商的直接对话、直接沟通，有效寻找合作伙伴和合作方式，重塑供求关系。传统生产关系被更高效的新型生产关系所取代，生产和销售运转更顺畅，资源配置变得更合理。例如，传统图书制造业仅仅从制造业企业到购买者，中间就有印刷厂、总经销商、各级经销商、零售商等环节，然而“互联网+制造”平台的出现使制造业企业与购买者在平台上直接互动，成本大大降低。传统制造业直线产业链可能存在多级代理，层层加价，增加库存和物流成本，而“互联网+制造”平台产业链让供方和采购方直接对接，同样能够减少成本。

“互联网+制造”平台改变了制造业厂商的生产方式。消费者的个性化、特殊需求通过网络展示给生产厂商，消费者能够直接参与生产过程，实现个性化定制生产。大数据处理使供应商向定制化生产商发展成为可能。平台经济对制造和消费两边市场的融合和改变，促进消费领域和生产领域达到有机融合，提升市场的总体福利。“互联网+制造”平台最终也改变了供需双方的关系。

7. “互联网+制造”平台发展带来经济发展新动能

“互联网+制造”平台将使制造业产业形成新型产业体系、新型产业结构、新技术下新兴产业、新的产业组织形态，甚至进一步实现新经济的产生与发展、实现制造业产业新发展模式，为中国经济发展带来新的经济动能。“互联网+制造”

平台发展所依赖的大数据、互联网、移动终端、新技术、共享经济、新产品、新消费等因素与新经济所需的发展要素重合。因此，“互联网+制造”平台发展带来了我国经济发展的新动能。“互联网+制造”平台发展可以助力制造业产业消费结构升级。这是因为目前我国居民消费习惯已经由温饱型转变为享受型，为此“互联网+制造”平台有助于创造新消费需求，如服务消费，促进传统制造业向高技术制造业、服务业转变。另外，基于互联网技术的平台经济，通过融合实体经济发展就可以催生一批新产业、新模式和新业态，在降低资金、土地等要素投入的同时，利用网络效应、技术创新、互联网应用，增加产业创新、产品创新、工艺创新，改进落后产能，有效提升生产率。

“互联网+制造”平台提高供给方价值。参与平台的供应商越多，供应商之间越可能从彼此身上吸收有用信息，同时，能提升供应商之间产业链协作，使供应商各方信息流、物流、财务流达到新的协作水平。“互联网+制造”平台使个性化供给成为可能，“互联网+制造”平台数据促进供应商更准确地改进，大量需求方数据和交易数据使供应商明确消费特征和需求，及时改进和生产。

“互联网+制造”平台经济属于新经济的组成部分。目前主要是商品交易与服务的电商平台属于服务业的批发零售行业，一方面，在传统消费零售领域中的不同行业、有形无形产品、功能职能等方面，“互联网+制造”平台带来了变革。另一方面，在批发环节、嵌入研发生产环节、“互联网+制造”平台延伸进入研发制造生产环节，实现产品流通间的新变化，这将对物联网产生重大变革。“互联网+”与物联网之间的融合是为适应“互联网+制造”新生产体系的要求，实现流通领域的进一步发展。这也将给经济新形态、新型产业发展带来较大影响。

### 10.4.2 智造化

“互联网+”为中国制造业带来的产品智能化、智能化生产、智能化流通，提升了制造业企业的竞争优势，使制造业企业利润增加。“互联网+制造”的智造化潮流中，制造业企业转型升级能够依托“互联网+”，通过“互联网+”所具备的智能制造来提升自身研发能力和创新能力，进而实现精准化制造，推动制造服务化，增进制造契约化，促进产业链无缝化。

#### 1. “互联网+”与智能制造的契合性

智能制造意味着人工智能技术与“互联网+”嵌入制造设备后，能够使制造厂商设备实现互联互通、一体化运行，实现更快地感知、自我反应、计算判断、分析决策、自行组织，实现机器自组织机器进行生产服务。智造化生产是能够为消费者提供大规模的定制产品与服务的制造，同样也是摆脱生产过程劳动力投入的过程，能够实现生产效率最大化。

目前，制造业行业发展已经转向智能制造，这代表了制造业的高水平化，同时也是制造业未来进一步发展的方向。智能制造是将“互联网+”与制造业深度融合的产物，是目前高新技术产业的代表，是一个国家综合实力的体现，这也必将成为国家核心竞争力的体现。从企业角度来看，在智能制造过程中，劳动力成本将不再是影响制造业产业竞争力的重要因素，而智能制造相关的技术、人才储备等将成为制造业企业无比重要的无形资产，同样这些要素的提高也将成为推动国民经济增长的关键。智能制造同样是一种技术突破，它将在技术上实现符合个性化需要的个性化产品的大规模生产。“互联网+制造”实现企业的精准化、无人化、智能化生产，使企业分工更专业化，实现产业多样化、精准化的私人定制化生产体系，并进一步实现全产业链的智能化、规模化。智能制造的生产效率是有效的生产效率，智能制造能够有效减少中间环节，实现无缝化生产，减少成本实现资源的有效利用，节约生产成本，提高企业利润。智能制造最大的优点在于智能化，在生产过程中能够实现企业自身的改进，通过数据收集与分析不断优化制造业企业的生产与服务，根据消费者习惯不断更新企业产品，实现利润最大化。

目前，我国的制造业总体水平还在工业 2.0、工业 3.0 左右徘徊，与制造业强国（如美国、德国、日本等）的现行制造业还有相当大的距离，与智能制造距离更大。未来智能化制造的实现需要创新投入与发展，需要核心技术与高端人才，更需要良好的制度环境。

2. “互联网+”赋能智能制造的机遇与挑战

目前全球智能制造正处于萌芽阶段，我国与欧美等发达国家和地区的差距并不显著，这正是我们的机遇所在。现在，智能手机的普及也为智能化的思想深入人心提供了契机，智能化改变了人们的生活方式与消费偏好，个性需求成为目前最重要的消费方式。坚实的市场为智能制造提供了机遇，也为智能制造的进一步发展提供了重要的推动力，市场是企业的助推器。面临的挑战是，国内基础薄弱，技术水平偏低，缺乏核心技术，高端技术人才储备不足等。

目前，智能制造的学术研究成果虽然很丰硕，但制造业智造化应用水平较低。随着“互联网+”技术的应用，中国制造业智造化将有效减少基础研究到产业化应用的中间环节，提升应用化力量。学术研究到成果转化的过程依托“互联网+”技术的应用将逐步弥补两者之间存在的断档现象。加强产、学、研等环节创新主体之间协同合作，解决成果转化过程中的难题。

制造业企业将深度利用“互联网+”技术提升自身企业要素性能、优化制造环节的系统结构，推动制造业企业结构向智造化转型。从制造业未来发展角度看，未来制造业企业必将会大量运用“互联网+”技术，这一发展趋势有助于制造业产业工人的解放，有益于制造业要素投入软化升级，有利于制造业整体竞争力的提升。

### 10.4.3 生态化

当前，世界上掀起“绿色狂潮”，生态环境问题日渐为人们所关注。生态环境友好型同样将成为制造业转型升级的重要指导方针。“互联网+制造”生态化是指传统制造业产业结构甚至是“互联网+制造”企业向“互联网+制造”生态型产业结构转变，在生态绿色可持续的产业结构指导下，“互联网+制造”的各个环节都将进行绿色高效的可持续生产，提高资源的利用率，减少不必要的资源浪费。实现整个生产链的绿色可持续，进一步实现整个社会的绿色健康可持续发展。

（1）在能源结构调整方面。为适应国际国内大环境对绿色生态的要求，“互联网+制造”企业将积极加大研发支出与研发力度，提升绿色制造技术，推行绿色制造模式。“互联网+制造+绿色”是坚持利用效率提高与新能源产业发展相结合的办法，制造业企业通过“互联网+”等技术的提高所带来的技术升级来强化绿色低碳技术的应用和创新，降低对原材料、能源等的消耗。“互联网+制造+绿色”企业在“互联网+”技术与制造业技术融合创新的同时，也必将通过管理创新来提升能源循环利用效率以获取规模经济。“互联网+制造+绿色”是提高资源利用效率与新能源产业发展相结合的新型制造业发展趋势。

（2）在绿色制造体系建设方面。绿色制造体系是目前工作的第一步，是一项基础性工作，成为“互联网+制造+绿色”制造体系标准的制定者与引领者，以此来推进制造业企业转型升级，不断提高企业的核心竞争力。一项标准的制定和实施离不开监督与评价的跟随，“互联网+制造+绿色”制造标准体系的有效落实同样离不开有效的监督。

（3）在绿色制造技术方面。“互联网+制造+绿色”制造标准体系建立后需要技术的支持，技术的提高能够为“互联网+制造+绿色”制造标准体系的有效实施提供保障，也能为能源结构的调整提供技术支持。因此，加快各环节、各个关键核心技术的研发是首要任务。同时要关注绿色制造技术的发展趋势，积极与国内外相关企业交流与合作，提高绿色制造技术水平。政府需要鼓励与支持企业研发和实施绿色制造技术，在政策层面提供支持。当绿色制造技术提高时，制造业企业不仅能够提高自身利润水平，也为制造业企业在市场竞争过程中获得核心竞争力提供保障，这也将是未来我国制造业发展的未来，是实现价值链攀升的坚实的一步。

进入经济新常态阶段，我国的制造业生态效率日益提高。生态化的“互联网+制造”的目标是利用互联网信息的高速流转，使产品从研发设计、生产制造、销售再到回收处理的整个产品流转过程中，资源的有效利用率达到最高，对环境负面影响最小，并能有效地协调制造业企业的经济效益和社会效益。此外，“互联网 + 制造”的制造业将改变传统的制造业模式，利用“互联网+”的优势推行绿色生态的制造技术，发展绿色新型材料，开发绿色能源，构建生态化管理数据库和知识库储备等基础技术。

### 10.4.4　非均衡化

目前，制造业已经逐步进入到智能化制造发展的新阶段。智能化制造是以智能化制造为核心的再工业化和制造业升级，通过智能化技术来降低制造业劳动力成本，同时提高“智能化+绿色”制造技术，保持制造业的可持续发展。国内正在寻求“互联网+制造”向“智能+制造”的跃进之路，但目前中国“互联网+制造”过程中面临着原有主要依靠要素投入、外需拉动、投资拉动、规模扩张的发展模式已难以为继的困难，面临着依靠“互联网+”实现制造业转型升级的重大挑战。

中国制造业面临着发展不平衡、不充分的问题，新一轮科技革命、信息革命与工业革命的交会为中国提供了新机遇。随着“互联网+ ”技术在制造业中的运用，制造业确实能够有效地实现企业的快速转型升级，但中国“互联网+制造”仍存在一定的“非均衡”特征，即在制造业的各产业间的非均衡与各制造业企业间的非均衡。“互联网+制造”虽然是目前实现制造业产业升级的重要抓手，但在相当一段时间内，“互联网+制造”下的制造业同样面临着产能过剩、污染排放、基础核心技术与创新能力薄弱，以及发展质量和效益低等发展不平衡问题。中国制造业总体上处于全球制造业、产业链、价值链的中低端，必须加快“互联网+制造”的深度融合，在制造生产质量、流通效率、增长动力上实现变革。

（1）在不同的制造业产业间，不同的产业与“互联网+”相结合程度不同步导致非均衡趋势。部分制造业产业与“互联网+”高度结合的天然优势，如电脑相关的制造业企业、手机相关的制造业企业等，使得“互联网+”的发展进一步推动了这类产业的发展。另外，与“互联网+”联系不紧密的制造业产业，如纯手工的制造业、传统的制衣与雕刻等产业，其对“互联网+”的应用客观上虽有助于产业成长，但相较于前述的联系紧密型产业，增量效益优势较小。产业间的非均衡化由此产生。

（2）在制造业企业间同样存在非均衡化的趋势。每家制造业企业的综合实力与资产存在较大差异，导致了制造业企业的基础设施网络存在较大差距。“互联网+”技术的运用需依托于一定规模的基础设施。大型制造业企业花费大量的资金在“互联网+”的基础设施网络建设上，拥有较完备的“互联网+”技术网络，这对整个制造业企业将可能产生更高额的回报。资金较少与规模较小的制造业企业构建的“互联网+”网络系统，仅能够维持自身的发展需要，难以进一步促进制造业企业的发展。制造业企业间的非均衡化由此产生。

### 10.4.5　金融化

中国已经从之前的农业大国转变成了国际上重要的制造业大国，但是我国的制造业核心竞争力不足、企业资金短缺、劳动力成本逐渐提升等问题日渐严重。为促进我国制造业的发展，实现由制造业大国向制造业强国转型，我国提出“中国制造 2025”计划，这为我国制造业的进一步发展提供了政策层面的支持。但是资金不足问题仍然是制造业企业目前面临的重要阻碍。因此，制造业企业积极寻找资金上的支持为制造业金融化提供了条件，同样“互联网+制造”也为制造业金融化提供了技术保障。

“互联网+制造”金融化是指制造业企业的经营行为越来越倾向于金融投资的过程或趋势，制造业企业的经营融资越来越受到金融资本的影响或控制。首先，“互联网金融+制造”的融合、“互联网+”技术的运用为制造业企业融资、进行金融投资提供了更多的渠道，带来了更多的便利，推动制造业企业金融化。当前，制造业企业的经营利润份额下降，金融化资产投资增加，该特点在处于成熟期的企业中表现得更为明显。此外，股票市场的波动正向影响制造业企业的金融化水平，企业在生命发展历程中所处阶段越靠后，这种相关性越强。

金融化趋势的另一种表现则是制造业企业越来越依赖于“典当”式融资方式。制造业企业交易量较大，并且在产业链上的供应商制造业企业在一定时期内缺乏足够的资金，难以支撑其产业链上下游制造业企业所需的原材料、零部件等，潜在的资金链的断裂所造成的问题会使整个制造业企业供应链停滞。为了保证制造业企业的供应链高速流畅地运转，依托“互联网+”技术，以原材料或货物为信用抵押物的互联网供应链金融贷款创新服务模式（“典当”式融资）应运而生并日益盛行。目前“互联网+制造”金融化难以实现或进程较慢的原因主要有以下几个方面。

（1）企业核心竞争力不足制约了制造业企业金融化的加深。我国虽是制造业大国，但很多企业主要依靠的是国外企业的外包初级加工和低附加值，缺乏自身核心竞争力的建设。企业普遍存在自身核心技术不足、研发投入和研发人才储备不足、故步自封等问题，这些问题导致制造业企业获取资金的途径受到阻碍，企业对资金的需求将减少，并在很大程度上阻碍了“互联网+制造”的金融化发展。

（2）金融服务与“互联网+制造”企业需求错配。目前我国的制造业发展取得了巨大进步，但是在制造业企业间的发展参差不齐。制造业企业在生产能力、技术创新、风险抵御能力、资金回笼能力等方面参差不齐，使其融资需求，融资方式存在差异。“互联网+制造”金融化对不同企业发展具有不同的推动作用。首先，对制造业企业自身金融化来说，大型高新技术制造业企业金融化能够获得更多的资金支持，使自身金融化获得资金的手段和渠道多元化；小型制造业企业则会面临尴尬的境遇，自身金融化不具备相应的能力与条件，获得资金支持的能力弱、渠道窄。其次，对银行来说，大型和成熟的制造业企业意味着低风险，资金回笼的能力高，银行会加深这类制造业企业的金融化；小型企业意味着银行需面临更多的风险、更多的不确定性，这也阻碍了这类制造业企业金融化的加深。

（3）“互联网+制造”企业金融化结构不完善。“互联网+制造”企业的发展需要金融化的支持，制造业企业金融结构是企业获得资金支持的前提。因此，只有合理完善的金融结构，才能为“互联网+制造”企业实现技术升级、利润提升和产业结构的升级提供有效的金融服务。一方面，“互联网+制造”企业自身金融化结构不完善，企业自身的融资手段和融资渠道缺乏标准的、严格的监督与评级，使得“互联网+制造”企业金融能力不足，且这类问题在不同类型企业之间存在显著的异质性。另一方面，“互联网+制造”企业面临的银行金融化结构仍是不完善的，银行面对着瞬息万变的金融市场，对各类企业的信用评级难以实时更新。上述问题使得“互联网+制造”企业金融化难以进一步发展。

（4）金融化抵御风险能力不足。目前，我国制造业企业金融化正在稳步前行，但仍然面临着诸多问题。对“互联网+制造”企业自身来说，金融化是企业获得资金的一种重要手段，但由于“互联网+制造”企业自身核心竞争力较弱，在金融市场上仍较弱小，导致“互联网+制造”企业抵御金融市场风险的能力不足。并且在国际上，我国制造业企业还面临着技术上的制约，在产品出口市场中面临着买方市场的风险。另外，银行面临着相同的风险，对过度金融化的风险抵御能力不足，过度金融化不仅会使金融市场混乱，而且会使制造业行业陷入缓慢发展的境地。

## 10.5 研究结论与政策建议

### 1. 简要结论

本章运用世界银行 2012 年对中国制造业企业进行的调查数据，从微观角度考察“互联网+制造”产生的高附加值化效应，给出了宏观上制造业产业升级的一个微观解释。主要结果发现，制造业企业实施“互联网+”显著地提高了制造业企业的净利润水平。此外，通过引入产品多样化、全要素生产率、杠杆率和存货周转率这四个中介变量指标，探讨“互联网+”对制造业企业净利润溢价效应的机制与路径。进一步的研究发现，“互联网+”通过产品多样化和全要素生产率这两条传导渠道，实现了企业高附加值化。本章的研究结论意味着，在“互联网+”环境下，产品多样化的丰富和全要素生产率的提升是制造业企业实现高附加值化的充分条件，也是促进制造业产业升级的充分条件。

### 2. 政策建议

“互联网+制造”是“互联网+”行动计划首先需加以推动的领域。在目前国内大环境下，“互联网+制造”是制造业发展的新历程，也是未来我国产业转型升级的重要抓手。为此，如何使“互联网+制造”取得重大突破，如何使“互联网+制造”提升我国制造业能力，实现制造业大国向制造业强国转变是目前重点研究的问题。为适应“互联网+”发展的五大新趋势，增强“互联网+”在制造领域的价值创造与结构升级效应，本章特提出如下对策建议。

（1）应加强“互联网+”基础设施的建设，避免由基础设施建设不足而导致的非均衡现象。首先，加大对区域高速宽带、互联网等设施的投入，政府资助性地加强制造业企业信息数据库收集与处理的建设和公共平台配套基础信息交流服务等设施建设，从而提升区域化的信息化水平。其次，进一步建设和改造整个制造业企业间的基础传输网络、产业链网络化和高速网络接入，整合公用电信网络、制造业的专用通信网、移动互联网等基础网络资源。最后，实现全面的区域性网络覆盖，完善“互联网+”的整体网络构架，提高整个制造业企业间的网络水平，加强制造业间网络结合，最重要的是引导和加强传统制造业企业群在互联网方面的基础设施建设。为传统制造业企业实现转型升级提供基础保障。

（2）制造业企业应积极实施“互联网+”，更好地实现互联网和实体经济的深度融合。“互联网+制造”是加快制造业发展，促进制造业产业升级的重要手段。制造业企业需进一步实施“互联网+”，谋求“互联网+”与自身制造业发展的进一步融合。

（3）“互联网+”对制造业企业的净利润溢价离不开技术创新。需要促进制造业企业生产率的提升，以技术带动生产，以生产促进技术发展。这就要求制造业企业加大研发资金投入和加大对研发人员的培养，推动“互联网+制造”技术的创新。在技术上实现发展，带动生产上的发展，实现创新驱动的产业转型升级，从而推动制造业产业价值链的攀升，实现创新驱动的产品多样化，并不断改进、完善、提高，利用创新驱动的多样化产品满足差异化的需求，提高制造业企业生产率，从而实现竞争优势，最后实现制造业企业净利润溢价。

（4）“互联网+”制造业企业实现净利润溢价要加强服务化环节的创新驱动，

寻求弯道超车。以服务化的加速带动制造业企业多样化产品的生产，提高产品生产率，同样地，利用“互联网+”技术来提升制造业企业的库存周转率。缩短产品转化为资本的时间，从而扩大制造业企业规模，实现制造业企业转型升级。中国数字经济发展进入快车道，数字经济业已成为重要的增长点，“互联网+”制造业企业加强服务化环节的创新驱动，寻求弯道超车是新一轮工业革命和数字经济的重要推手。

（5）防止制造业企业过度金融化。制造业是我国国民经济的重要组成部分，制造业企业的金融化趋势下，要通过必要的手段防止制造业过度金融化。首先，充分发挥制造业上市公司的治理作用，对上市公司不合理、不必要的金融化行为进行限制与约束，为其他制造业企业起领头和警诫作用。其次，对于正在成长扩张阶段的制造业企业来说，其应集中精力在提高自身产品的核心竞争力上，分析和抓住优质投资机会，以扩大公司规模、提高核心竞争力和抢占市场份额为主要目标，不应过分寻求投资。最后，对于已经处于成熟期的制造业企业来说，应保持现有的生产经营规模，并通过“互联网+”技术的发展进一步稳固自身的利益，适度进行金融式投资，有效利用初期积累的资产，运用“互联网+”技术科学配置金融化资产，寻求机会，提高自身利润。

# 本 章 附 录

## 附录 1　正文部分结果图表

**附表 10-1　基准模型主要变量及其定义**

| 变量 | 变量名称 | 变量定义 | 均值 |
| --- | --- | --- | --- |
| $net_{add}$ | 企业净利润 | （2011 年全年销售额−全年成本+1）取自然对数 | 16.453 |
| inter | 是否使用互联网进行活动 | 互联网被用于创新、销售、采购等活动则取 1，否则取 0 | 0.458 |
| state | 是否为国企 | 国有持股比例超过 50%取 1，否则取 0 | 0.035 |
| list | 是否上市 | 上市公司取 1，否则取 0 | 0.089 |
| limshare | 非上市股份制公司 | 非上市股份制公司取 1，否则取 0 | 0.020 |
| size | 企业规模 | 制造业企业 2011 年全年永久职工人数衡量 | 235.646 |
| mgsex | 总经理性别 | 总经理为男性取 1，否则取 0 | 0.910 |
| mgexp | 总经理从业经验 | 总经理从业年限 | 15.774 |
| gzsc | 工作时长 | 企业员工每周平均工作时长 | 57.357 |
| jysp | 员工受教育水平 | 员工受教育水平 | 9.783 |
| age | 企业年龄 | 2011 年减去企业成立年份 | 11.566 |

**附表 10-2 主要变量的分组描述性统计**

| 样本 | 统计值 | $net_{add}$ | state | list | age | limshare | dif | tfp | level | zl |
|---|---|---|---|---|---|---|---|---|---|---|
| 未实施“互联网+”样本 | 均值 | 16.1187 | 0.0298 | 0.0097 | 11.0647 | 0.0172 | 0.3789 | 0.4536 | 0.6190 | 12.5985 |
| | 最小值 | 0 | 0 | 0 | 0 | 0 | 0 | −1.75 | 0 | 0.25 |
| | 最大值 | 22 | 1 | 1 | 59 | 1 | 1 | 4 | 1 | 180 |
| | 标准差 | 1.7959 | 0.1701 | 0.0098 | 7.2465 | 0.1302 | 0.4852 | 0.8131 | 0.4027 | 87.0089 |
| | 样本 | 754 | 755 | 755 | 739 | 755 | 755 | 443 | 126 | 440 |
| 实施“互联网+”样本 | 均值 | 16.9720 | 0.0426 | 0.0369 | 12.3391 | 0.0520 | 0.5033 | 0.0029 | 0.6347 | 51.8391 |
| | 最小值 | 11.9184 | 0 | 0 | 0 | 0 | 0 | 0 | 0 | 0.0921 |
| | 最大值 | 24.1764 | 1 | 1 | 59 | 1 | 1 | 3.7386 | 1.2205 | 427.7212 |
| | 标准差 | 1.9027 | 0.2020 | 0.1886 | 8.4234 | 0.2223 | 0.5001 | 0.6846 | 0.3898 | 122.5623 |
| | 样本 | 1939 | 1945 | 1945 | 1886 | 1945 | 1945 | 1305 | 420 | 1239 |
| 整体样本 | 均值 | 16.4527 | 0.0348 | 0.0889 | 11.5661 | 0.0204 | 0.4667 | 0.0908 | 0.6341 | 41.5553 |
| | 最小值 | 0 | 0 | 0 | 0 | 0 | 0 | −2.4009 | 0 | 0.0921 |
| | 最大值 | 24.1764 | 1 | 1 | 59 | 1 | 1 | 3.8251 | 1.2205 | 427.7213 |
| | 标准差 | 1.8847 | 0.1833 | 0.3148 | 7.7541 | 0.2203 | 0.4990 | 0.7227 | 0.3913 | 105.3792 |
| | 样本 | 2693 | 2700 | 2700 | 2625 | 2700 | 2700 | 1748 | 546 | 1679 |
| *t* 统计量 | | −10.78*** | −2.89*** | −4.08*** | −5.00*** | −6.17*** | −6.17*** | −1.53 | −0.51 | 1.38 |
| *Z* 统计量 | | −10.34*** | −2.87*** | −4.06*** | −4.98*** | −6.13*** | 5.26*** | −3.66*** | −0.00 | 3.50*** |

注：*t* 统计量为未实施“互联网+”样本与实施“互联网+”样本的均值检验，*Z* 统计量为未实施“互联网+”样本与实施“互联网+”样本的 Wilcoxon 检验；dif 表示产品多样化程度，tfp 表示全要素生产率，level 表示杠杆率，zl 表示库存周转率

***表示 1%的显著性水平

**附表 10-3 OLS 估计结果**

| 变量 | $net_{add}$ | $net_{add}$ | $net_{add}$ |
|---|---|---|---|
| inter | 0.7668***<br>(10.6589) | 0.6362***<br>(7.9340) | 0.5334***<br>(6.0537) |
| state | | 0.2440<br>(0.9205) | 0.3753*<br>(1.3706) |
| list | | 2.6653***<br>(7.2604) | 2.6846***<br>(7.0447) |
| limshare | | 0.6747***<br>(3.8024) | 0.6781***<br>(3.4335) |
| mgsex | | 0.2255<br>(1.6073) | 0.3233**<br>(2.4811) |
| mgexp | | 0.0306***<br>(5.1767) | 0.0367***<br>(5.8206) |
| gzsc | | 0.0062***<br>(3.9653) | 0.0061**<br>(2.3941) |

续表

| 变量 | $net_{add}$ | $net_{add}$ | $net_{add}$ |
|---|---|---|---|
| jysp | | -0.0029<br>（-0.2203） | 0.0073<br>（0.5071） |
| age | | 0.0246***<br>（3.9638） | 0.0210***<br>（3.2760） |
| 行业 | | | 控制 |
| 城市 | | | 控制 |
| 常数项 | 16.1010***<br>（348.529） | 14.9669***<br>（64.5059） | 14.1426***<br>（39.8295） |
| $N$ | 2693 | 1649 | 1649 |
| adj. $R^2$ | 0.0408 | 0.1477 | 0.1852 |

注：括号中的数字为 $t$ 值

***、**、*分别表示 1%、5%、10%的显著性水平

**附表 10-4　平衡性检验结果**

| 匹配变量 | 匹配状态 | 处理组均值 | 控制组均值 | 标准化偏差 | 误差消减 |
|---|---|---|---|---|---|
| state | U | 0.050 54 | 0.028 12 | 11.5% | |
| | M | 0.049 64 | 0.045 95 | 1.9% | 83.6% |
| list | U | 0.031 29 | 0.008 56 | 16.3% | |
| | M | 0.027 85 | 0.024 68 | 2.3% | 86.5% |
| limshare | U | 0.044 52 | 0.053 79 | -4.3% | |
| | M | 0.044 79 | 0.039 89 | 2.3% | 47.0% |
| mgsex | U | 0.903 73 | 0.924 21 | -7.3% | |
| | M | 0.904 36 | 0.902 82 | 0.5% | 92.5% |
| mgexp | U | 16.748 | 16.544 | 2.5% | |
| | M | 16.696 | 16.685 | 0.1% | 94.6% |
| gzsc | U | 59.174 | 55.956 | 13.6% | |
| | M | 59.268 | 59.371 | -0.4% | 96.8% |
| jysp | U | 10.11 | 9.464 5 | 19.6% | |
| | M | 10.12 | 9.922 4 | 6.0% | 69.4% |
| age | U | 12.556 | 11.238 | 16.3% | |
| | M | 12.268 | 12.219 | 0.6% | 96.3% |

注：U 为匹配前，M 为匹配后

**附表 10-5 核匹配的倾向得分匹配估计结果**

| 因变量 | 处理效应 | 处理组 | 控制组 | 差距 | 标准误 | $t$ 检验值 |
|---|---|---|---|---|---|---|
| $net_{add}$ | 匹配前 | 17.0899 | 16.3418 | 0.7481 | 0.0844 | $8.87^{***}$ |
| | ATT | 17.0713 | 16.4244 | 0.6469 | 0.0865 | $7.47^{***}$ |
| | ATU | 16.3388 | 16.9710 | 0.6322 | | |
| | ATE | | | 0.6395 | | |

注：ATU 为未参与者平均处理效应（average treatment effect of the untreated），ATE 为整体样本的平均处理效应（average treatment effect）

***表示 1%的显著性水平

**附表 10-6 改变变量的度量方式的倾向得分匹配估计结果**

| 指标 | 因变量 | 处理效应 | 处理组 | 控制组 | 差距 | 标准误 | $t$ 检验值 |
|---|---|---|---|---|---|---|---|
| website | $net_{add}$ | 匹配前 | 16.859 1 | 16.083 5 | 0.775 6 | 0.094 31 | $8.22^{***}$ |
| | | ATT | 16.850 6 | 16.033 8 | 0.816 7 | 0.107 92 | $7.57^{***}$ |
| | | ATU | 16.083 5 | 16.919 7 | 0.836 1 | | |
| | | ATE | | | 0.821 8 | | |
| internet | $net_{add}$ | 匹配前 | 17.169 3 | 16.371 4 | 0.797 9 | 0.084 8 | $9.41^{***}$ |
| | | ATT | 17.151 0 | 16.432 9 | 0.718 1 | 0.088 6 | $8.11^{***}$ |
| | | ATU | 16.371 4 | 17.089 8 | 0.718 4 | | |
| | | ATE | | | 0.718 3 | | |

***表示 1%的显著性水平

**附表 10-7 引入其他控制变量的倾向得分匹配估计结果**

| 因变量 | 处理效应 | 处理组 | 控制组 | 差距 | 标准误 | $t$ 检验值 |
|---|---|---|---|---|---|---|
| $net_{add}$ | 匹配前 | 16.6601 | 14.2486 | 2.4114 | 0.5006 | $4.82^{***}$ |
| | ATT | 16.2646 | 14.3919 | 1.8727 | 0.7289 | $2.57^{**}$ |
| | ATU | 14.2486 | 16.2662 | 2.0175 | | |
| | ATE | | | 1.8753 | | |

***、**分别表示 1%、5%的显著性水平

**附表 10-8 其他倾向得分匹配方法估计结果**

| 匹配方法 | 因变量 | 处理效应 | 处理组 | 控制组 | 差距 | 标准误 | $t$ 检验值 |
|---|---|---|---|---|---|---|---|
| 一对一匹配 | $net_{add}$ | 匹配前 | 17.0899 | 16.3418 | 0.7481 | 0.0844 | $8.87^{***}$ |
| | | ATT | 17.0941 | 16.3841 | 0.7099 | 0.1108 | $6.41^{***}$ |
| | | ATU | 16.3388 | 16.8825 | 0.5437 | | |
| | | ATE | | | 0.6275 | | |
| $k$ 近邻匹配 | $net_{add}$ | 匹配前 | 17.0899 | 16.3418 | 0.7481 | 0.8436 | $8.87^{***}$ |
| | | ATT | 17.0941 | 16.4963 | 0.5978 | 0.0945 | $6.32^{***}$ |
| | | ATU | 16.3388 | 16.9426 | 0.6037 | | |
| | | ATE | | | 0.6007 | | |

续表

| 匹配方法 | 因变量 | 处理效应 | 处理组 | 控制组 | 差距 | 标准误 | $t$ 检验值 |
|---|---|---|---|---|---|---|---|
| 马氏匹配 | $net_{add}$ | 匹配前 | 17.0899 | 16.3462 | 0.7481 | 0.0844 | 8.87*** |
| | | ATT | 17.0899 | 16.4625 | 0.6274 | 0.0917 | 6.84*** |
| | | ATU | 16.3418 | 16.9192 | 0.5773 | 0.0897 | 6.44*** |
| | | ATE | | | 0.6026 | 0.0833 | 7.23*** |

***表示 1%的显著性水平

**附表 10-9　因果中介效应分析**

| 变量 | 方程（1） | 方程（2） | 方程（3） | 方程（4） | 方程（5） | 方程（6） | 方程（7） | 方程（8） | 方程（9） |
|---|---|---|---|---|---|---|---|---|---|
| | $net_{add}$ | dif | tfp | level | zl | $net_{add}$ | $net_{add}$ | $net_{add}$ | $net_{add}$ |
| inter | 0.6362***<br>（7.9399） | 0.1900***<br>（7.9284） | 0.0941***<br>（2.9024） | −0.0210***<br>（−0.4803） | 0.9008<br>（0.5499） | 0.5606***<br>（6.9449） | 0.4654***<br>（7.2106） | 0.3573***<br>（2.0580） | 0.5854***<br>（7.1192） |
| dif | | | | | | 0.3979***<br>（4.7983） | | | |
| tfp | | | | | | | 1.5305***<br>（21.8045） | | |
| level | | | | | | | | −0.0114<br>（−0.1077） | |
| zl | | | | | | | | | 0.0000<br>（1.0485） |
| 控制变量 | Yes | Yes | Yes | Yes | Yes | Yes | Yes | Yes | Yes |
| 行业 | Yes | Yes | Yes | Yes | Yes | Yes | Yes | Yes | Yes |
| 城市 | Yes | Yes | Yes | Yes | Yes | Yes | Yes | Yes | Yes |
| ACME | | | | | | 0.0761 | 0.1434 | | |
| 效能 | | | | | | 0.1205 | 0.2366 | | |

注：因果中介效应分析在 Stata 14 中基于 medeff 命令完成；平均因果中介效应为 1000 次模拟后得到的结果。Yes 表示对该变量进行了控制

***表示 1%的显著性水平

**附表 10-10 机制稳健性检验**

| 指标 | 方程（1） | 方程（2） | 方程（3） | 方程（4） | 方程（5） | 方程（6） | 方程（7） | 方程（8） | 方程（9） |
|---|---|---|---|---|---|---|---|---|---|
| | $net_{add}$ | dif | tfp | level | zl | $net_{add}$ | $net_{add}$ | $net_{add}$ | $net_{add}$ |
| website | 0.8346***<br>（8.9337） | 0.1635***<br>（5.9945） | 0.1440***<br>（3.6573） | 0.0347<br>（0.6353） | $-9.7\times10^4$<br>（−0.2270） | 0.7670***<br>（8.2386） | 0.5730***<br>（7.7789） | 0.6954***<br>（3.0536） | 0.8264***<br>（8.9575） |
| dif | | | | | | 0.4136***<br>（5.0743） | | | |
| tfp | | | | | | | 1.5266***<br>（21.4371） | | |
| level | | | | | | | | −0.0560<br>（−0.2840） | |
| zl | | | | | | | | | −0.0000***<br>（−4.8204） |
| 控制变量 | Yes | Yes | Yes | Yes | Yes | Yes | Yes | Yes | Yes |
| 行业 | Yes | Yes | Yes | Yes | Yes | Yes | Yes | Yes | Yes |
| 城市 | Yes | Yes | Yes | Yes | Yes | Yes | Yes | Yes | Yes |
| ACME | | | | | | 0.0680 | 0.2188 | | |
| 效能 | | | | | | 0.0818 | 0.2775 | | |

注：因果中介效应分析在 Stata 14 中基于 medeff 命令完成；平均因果中介效应为 1000 次模拟后得到的结果。Yes 表示对该变量进行了控制

***表示 1%的显著性水平

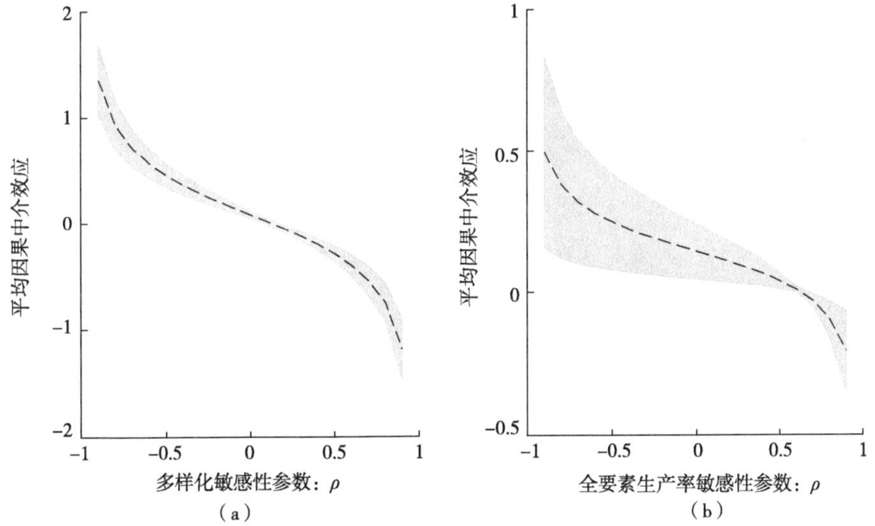


附图 10-1 因果中介效应的敏感性

阴影部分表示 95%的置信区间

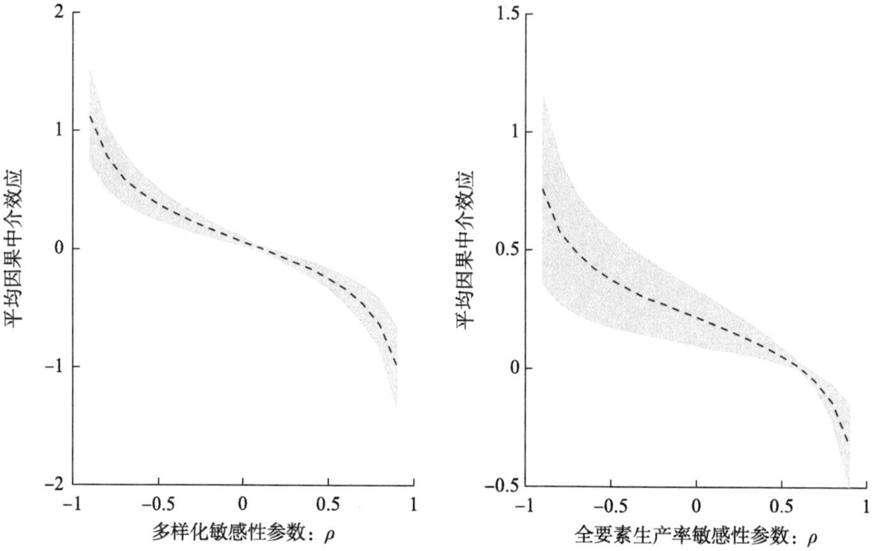


（a）　　（b）

附图 10-2　机制稳健性的敏感性分析

阴影部分表示 95%的置信区间

# 附录 2　机制检验模型设置

根据标准的中介效应检验原理（温忠麟和叶宝娟，2014），将机制检验的结构化方程设置如下。

主效应方程：

$$\text{net}_{\text{add}} = \alpha_1 + b\,\text{inter} + X_i\delta + \varepsilon_1 \tag{1}$$

中介方程：

$$\text{dif} = \alpha_2 + c\,\text{inter} + X_i\eta + \varepsilon_2 \tag{2}$$

$$\text{tfp} = \alpha_3 + d\,\text{inter} + X_i\varphi + \varepsilon_3 \tag{3}$$

$$\text{level} = \alpha_4 + e\,\text{inter} + X_i\tau + \varepsilon_4 \tag{4}$$

$$\text{zl} = \alpha_5 + f\,\text{inter} + X_i\omega + \varepsilon_5 \tag{5}$$

结果方程：

$$\text{net}_{\text{add}} = \alpha_6 + g\,\text{inter} + h\,\text{dif} + X_i\theta + \varepsilon_6 \tag{6}$$

$$\text{net}_{\text{add}} = \alpha_7 + j\,\text{inter} + k\,\text{tfp} + X_i\lambda + \varepsilon_7 \tag{7}$$

$$\text{net}_{\text{add}} = \alpha_8 + l\,\text{inter} + m\,\text{level} + X_i v + \varepsilon_8 \tag{8}$$

$$\text{net}_{\text{add}} = \alpha_9 + n\,\text{inter} + o\,\text{zl} + X_i\mu + \varepsilon_9 \tag{9}$$

式中，产品多样化（dif）用是否推出新的产品或服务表示，推出新的产品或服务取 1，否则取 0；tfp 表示全要素生产率，以营业收入为因变量，以制造业企业的固定资本、劳动投入和中间投入作为解释变量，将其取对数后进行回归估计得到全要素生产率；杠杆率（level）表示负债总额与资产总额的比率；存货周转率（zl）的测算则采用年销售额与平均库存量的比值来衡量。

以产品多样化（dif）渠道为例，当回归系数 $b$、$c$、$g$ 均显著时，表明企业产品多样化的中介效应显著。进一步，根据系数 $g$ 的显著性与强度，中介效应还可以区分为完全中介效应和部分中介效应：若 $g$ 不显著，则企业产品多样化作为中介变量产生了完全中介效应；若 $g$ 显著但小于 $b$，则企业产品多样化作为中介变量产生了部分中介效应。

# 工业结构调整升级篇

# 第 11 章 “十三五”时期工业结构调整升级的趋势与政策取向

中国已经进入了中高收入阶段，工业结构调整和升级面临着新形势，对经典产业结构理论提出了新的挑战。同时，新一轮产业变革和全球经济体系变动对我国工业结构演变的影响日益深化。从国际经验看，东亚高收入经济体在进入中上等收入阶段后，制造业实际占比和全要素生产率都保持长期增长。这些典型事实与经典发展经济学推崇制造业作为经济增长引擎的理论内涵高度一致。中国进入中等收入阶段后，制造业实际占比和全要素生产率同时下降，在理论和经验上都出现了过早去工业化的倾向，加大了落入中等收入陷阱的风险。加快建设制造强国，发展先进制造业，提升传统产业发展的质量和效益，是中国当前工业发展战略的现实选择。

## 11.1 “十三五”时期我国工业结构调整的理论基础

“十三五”时期我国经济步入工业化中后期阶段，经济服务化趋势十分明显。同时，“十三五”时期也是全球经济结构再平衡和发达国家“再工业化”战略的重要时期。在国内经济下行和国际经济竞争的双重压力下，我国工业经济面临巨大的下行压力，经济运行中的矛盾和风险不断积累。在有效缓解这些压力的基础上，提高我国工业发展的质量和效益，增强防范风险的能力，提升我国工业国际竞争力，是“十三五”时期我国工业结构调整升级的战略任务。

通常意义的工业结构调整，主要包括轻重工业结构、行业结构、所有制结构、产业组织结构、要素结构、地区结构等主要调整内容。相应的工业结构调整政策取向，涵盖体制改革、产业结构政策、产业组织政策、产业技术政策、产业环境政策等方面。现有文献主要是从工业结构的影响因素、我国工业结构调整升级的特征，以及经典的产业结构理论着手，对我国“十三五”时期工业结构调整升级进行实证和（或）规范研究。例如，吕铁和贺俊（2015）认为我国工业发展面临的主要影响因素，包括要素禀赋结构变化、深化改革、“新工业革命”深入推进和全球经贸秩序重构，导致未来我国工业发展的动力机制、产业组织方式、全球竞争优势和工业结构优化调整呈现出新的趋势性与阶段性特点。国家发改委产业经济与技术经济研究所课题组和姜长云（2016）认为，“十二五”时期以来，我国城镇人口超过农村人口，城镇化对产业需求和产业布局的影响还将深化；老龄化加速，人口抚养比结构性变化及由此带来的影响将出现调整。类似地，迟福林（2016）从产业结构变革、城镇化结构变革和消费结构变革三方面，分析了我国经济结构转型面临的主要矛盾。就产业结构而言，主张应该形成以服务业为主导的产业结构和以服务贸易为重点的对外开放新格局。文宗瑜等（2015）认为世界消费模式和结构发生深刻转变，主要工业化国家试图引领新一轮工业革命，这对中国产业的全球市场份额和宏观经济都将产生重要影响，因此，要发展智能工业和第二产业、第三产业融通发展，加速新一轮产业革命和加快对外投资支撑产业升级。其他文献的观点与这些代表性研究颇为相似。

随着中国进入了工业化后期，加上新技术对产业生产和消费方式的潜在影响不断显现，经典产业结构理论面临的挑战日益增加，对我国“十三五”时期工业结构调整升级的指导价值存疑。第一，我国跳出中等收入陷阱仍然需要保持中高速的经济增长，占比日益增加的服务业能否支撑像中国这样一个发展中大国保持稳定的经济增长。第二，我国部分经济发达地区的服务业增加值占地区生产总值的比重已经接近甚至超过了发达国家的一般水平，但经济增长的动力和稳定性都明显下滑，近来又不约而同地重新认识并强化制造业的功能，可谓“去工业化易，再工业化难”[①]。我国尚处于中等收入阶段，能否承受去工业化给经济社会发展带来的一系列后果。第三，一些地方片面地将发达国家后工业化阶段服务业占比高的结果当作经济增长的目标和手段，在发展服务业时存在“拔苗助长”的现象。例如，通过政策刺激房地产业和金融业等服务业的投资，反而积累了结构失衡的巨大风险，迫切需要深化供给侧结构性改革在房地产市场去库存和在金融部门去杠杆。第四，值得寻味的是，全球金融危机后，发达工业化国家深刻反思去工业化的得失后，一致认为制造业的竞争优势仍然是大国竞争的根基，纷纷提出了“制造业复兴战略”、“产业振兴计划”和“工业 4.0”计划等再工业化战略，试图以更高水平的工业化重振制造业竞争力，应对新兴工业化经济体的赶超。

---

① 典型的区域是北京市和上海市，两地第三产业增加值占地区生产总值的比重已经分别超过 80%和 70%。根据本书笔者多年在两市的跟踪调研，两地普遍存在制造业增加值占比快速下降后产业增长减速、产业竞争力提升缓慢、创新成果转移转化缺乏产业基础和应对新一轮产业变革主动性下降等问题，区域经济增长的稳定性也有所减弱。为此，上海市“十三五”时期为了防止产业空心化，提出制造业增加值占比保持在 25%左右的目标，并通过设定工业用地下限强化制造业发展的要素支撑。

一般认为，中国改革开放以来经济长期增长的根本动力，源自经济内部的结构性变化。然而，学术界对推动中国经济增长的关键结构存在多重解释，对今后中国工业结构调整的方向、路径和政策也有不同的主张。第一，人口结构和要素结构的解释。一些学者强调中国劳动力的充分供给不仅具有低成本的比较优势，而且推动了资本形成，是中国经济高速增长的重要因素。但是，“刘易斯拐点”出现后人口红利趋于耗尽，导致中国的潜在经济增长率下降。相应地，在新的发展阶段，提高潜在经济增长率需要提高人力资本、要素配置效率和加强技术创新（蔡昉，2010a，2010b，2013；Cai，2012；Cai and Lu，2013）。更为一般性地，林毅夫（2012）强调要素结构与长期经济增长之间的内生关系，认为过去中国进入中等收入阶段得益于顺应要素结构选择了具有比较优势的产业，今后推动产业升级需要按照新的比较优势。这类研究指出了中国比较优势转换会引发产业结构调整，为后续的研究提供了重要的理论启示。

第二，产业结构的解释，即关注长期增长过程中三次产业结构的变化。其一，经典产业结构理论[①]总结了发达国家的经验后指出，经济发展过程中经济结构或者劳动力转移的路径是先从第一产业向第二产业转移，再向第三产业转移（Clark，1940；Kuznets，1971，1980；Chenery and Syrquin，1975）。因此，一些学者预测，当中国经济发展到较高水平后，服务业具有很大的增长潜力，在经济总量中的重要性将明显增加（江小涓和李辉，2004；江小涓，2011）。其二，更多的观点忽视了经济发展阶段，采用了产业结构“对标”的思路，认为中国的服务业占比低于发达国家甚至中高收入经济体，可能会导致中国陷入中等收入陷阱（迟福林，2015；徐建国，2016）。这些研究的基本主张是加快服务业的发展，甚至主张以服务业增长作为跳出中等收入陷阱的引擎，过去重点支持工业发展的政策应逐渐转向支持服务业的发展（张斌和茅锐，2016）。然而，这类研究存有三方面的疑问值得商榷。一是经典产业结构理论是基于传统的产业分类，而在新技术的持续推动下，制造业服务化和服务业制造化的趋势日益明显，弱化了经典理论的统计基础（贺俊和吕铁，2015）。二是中国的经济增长是在全球资本、贸易和技术流动空前自由的背景下大量承接国际产业转移得以实现的，因此，中国的产业结构深度嵌入全球分工体系，而经典产业结构理论则是根据发达国家在旧的全球体系中对外产业转移后的产业结构演进特征进行的经验归纳。时代背景和工业化模式的差异也削弱了其现实指导意义。三是经典产业结构理论来自对发达国家各个发展阶段产业结构特征的经验归纳，而中国仍然处于中等收入阶段，借用经典产业结构理论时应首先选取可比的发展阶段，发达国家后工业化阶段的产业结构对中国的指导意义有限。

---

① 严格地讲，经典产业结构理论是一种来自经验归纳的理论假说。

实际上，20 世纪后半叶亚洲主要经济体制造业的发展实践表明，在其经济发展达到了与今天中国相似阶段后，实际的产业结构格局已经对经典的产业结构理论造成了严峻挑战（黄群慧等，2017）。虽然日本、新加坡、中国台湾和韩国的制造业名义占比上升，但是实际占比则上升得更快。进入高收入阶段后，日本、新加坡和韩国制造业实际占比不降反升（表 11-1），并没有出现去工业化的现象。剔除了价格因素后，日本制造业实际占比持续上升，严重违背了经典产业结构理论的预期。[①]韩国、新加坡的制造业名义和实际占比年平均值都有所上升。东亚经济体制造业实际占比稳定增长，与跳出中等收入陷阱高度相关，并与拉美国家大范围去工业化后陷入中等收入陷阱形成了鲜明对比。

**表 11-1　制造业占比**

| 项目 | 名义占比 | | 实际占比（2005 年固定价格） | |
|---|---|---|---|---|
| 高收入经济体组 | | | | |
| 经济体 | 中等收入阶段 | 高收入阶段 | 中等收入阶段 | 高收入阶段 |
| 日本 | 1953~1962 年 | 1963~2010 年 | 1953~1962 年 | 1963~2010 年 |
| | 30.3% | 27.5% | 14.8% | 23.5% |
| 新加坡 | 1970~1976 年 | 1977~2010 年 | 1970~1976 年 | 1977~2010 年 |
| | 22.2% | 25.0% | 25.5% | 26.4% |
| 中国台湾 | 1973~1989 年 | 1990~2001 年 | 1973~1989 年 | 1990~2001 年 |
| | 37.7% | 28.3% | 33.8% | 29.3% |
| 韩国 | 1976~1991 年 | 1992~2010 年 | 1976~1991 年 | 1992~2010 年 |
| | 29.0% | 31.3% | 19.7% | 29.1% |
| 组年平均值 | 29.8% | 28.0% | 23.5% | 29.1% |
| 中等收入经济体组 | | | | |
| 经济体 | 低收入阶段 | 中等收入阶段 | 低收入阶段 | 中等收入阶段 |
| 马来西亚 | 1970~1989 年 | 1990~2010 年 | 1970~1989 年 | 1990~2010 年 |
| | 20.3% | 27.1% | 14.9% | 26.4% |
| 泰国 | 1951~1990 年 | 1991~2010 年 | 1951~1990 年 | 1991~2010 年 |
| | 20.6% | 33.5% | 17.8% | 32.9% |
| 中国 | 1952~2007 年 | 2008~2010 年 | 1952~2007 年 | 2008~2010 年 |
| | 31.9% | 35.0% | 18.6% | 36.3% |
| 组年平均值 | 24.3% | 31.9% | 17.1% | 31.9% |

资料来源：黄群慧等（2017）

本章利用制造业全要素生产率累积指数（简称 TFP 累积指数）测算了日本和

① 一般认为，三次产业结构中第二产业占比下降、第三产业占比上升的主要原因是：第一，第二产业效率进步更快，导致制造业产品价格下降；第二，第二产业产品可贸易性更强，更利于地区间流动，更容易形成竞争性市场而导致价格下降（Baumol and Bowen，1996）。

韩国两国的制造业生产效率[①]，所用数据来自“生产效率与经济增长国际比较”（KLEMS）数据库。结果显示，两国制造业生产效率持续提升的趋势十分明显（图 11-1）。20 世纪 70 年代后，日本低技术密集型传统行业的 TFP 累积指数趋于下降，但是电子和光学产品的制造、化学品及化学制品的制造、运输设备的制造与机械的制造等技术密集型行业的 TFP 累积指数明显上升，促进了制造业 TFP 积累指数持续上升，从 1973 年的 50.8 快速增长到 2009 年的 91.2。[②]韩国制造业也经历了明显的效率升级。20 世纪 80 年代后，韩国的制造业 TFP 累积指数从 1980 年的 49.1 上升至 2012 年的 129.1。[③]其中，机械的制造、电子和光学产品的制造、运输设备的制造等技术密集型制造业的生产效率快速增长。不过，与日本制造业效率改善方式有所不同的是，韩国制造业的效率提升并非局限于技术密集型制造业，大多数的中低技术制造业的生产效率也得到了明显改善，制造业效率整体上了一个台阶，成为助推韩国成功跨越中等收入陷阱的显著特征（朴馥永和黄阳华，2013）。[④]

日韩两国产业史表明，实现制造业规模经济的主要机制是在经济发展的不同阶段动态地培育和发展新兴产业，带动下游产业和配套企业的发展。20 世纪 50 年代，仍处于中等收入阶段的日本推行重化工业化，振兴由钢铁、能源、石化等组成的“基干产业”，从而带动了下游纤维、合成树脂、家电和汽车制造等新产业的快速成长，推动了经济的高速增长。这些产业的成长还刺激了耐用消费品的发展，推动了消费升级（武田晴人，2016）。日本于 60 年代初跳出了中等收入陷阱后，在高速增长时期曾发挥了重要作用的重化工业国际竞争力开始下降，日本转而将计算机、电子、医药和交通运输设备等新兴知识密集型产业作为发展的重点，带动了大量配套中小企业的成长（安场保吉和猪木武德，1997），推动了价值链的升级。由于日本奉行“贸易立国”，其制造业的出口结构变化反映了产业结构的变化：1961 年以后，加工食品、纤维品、木制品、陶瓷等产品出口占总出口的比重不断下降，机械产品出口占总出口的比重则从 32%（1961~1965 年平均）上升到 64.9%（1976~1980 年平均）（安场保吉和猪木武德，1997）。可见，这一时期日本新兴产业取得了快速发展，是实现制造业规模经济的主要载体。韩国跳出中等收

① 本章根据生产函数，由下式计算全要素生产率增长率，即 $\Delta\ln \mathrm{TFP}_{it}=\Delta\ln V_{it}-\sum_{X=K,L}\overline{v}_{X_{it}}\Delta\ln X_{it}$。其中，$V$ 为制造业的增份额；下标 $i$（$i$=1,2,…,$n$）为行业，$t$（$t$=1,2,…,$n$）为年份。历年 TFP 累积指数由全要素生产率的年增长率计算而得。记 $t^*$ 为基期，当年各产业的全要素生产率为 100，则第 $t^*+n$ 年的 TFP 累积指数 $I_{t^*+n}=100\times\prod_{n}\left(1+\Delta\ln \mathrm{TFP}_{i,t+j}\right)$，$j$=1,2,…,$n$；第 $t^*-n$ 年的 TFP 累积指数 $I_{t^*-n}=100/\prod_{n}\left(1+\Delta\ln \mathrm{TFP}_{i,t+j}\right)$，$j$=1,2,…,$n$。$X$ 表示生产要素投入，包括资本投入存量（$K$）和劳动投入量（$L$）；$\overline{v}$ 为要素产出弹性或收入。

② 以 2005 年为基期，指数为 100。

③ 以 2000 年为基期，指数为 100。

④ 20 世纪 70 年代，韩国全要素生产率增长率对经济增长的贡献为 0.8%，而 80 年代后该数值上升到 3.4%。

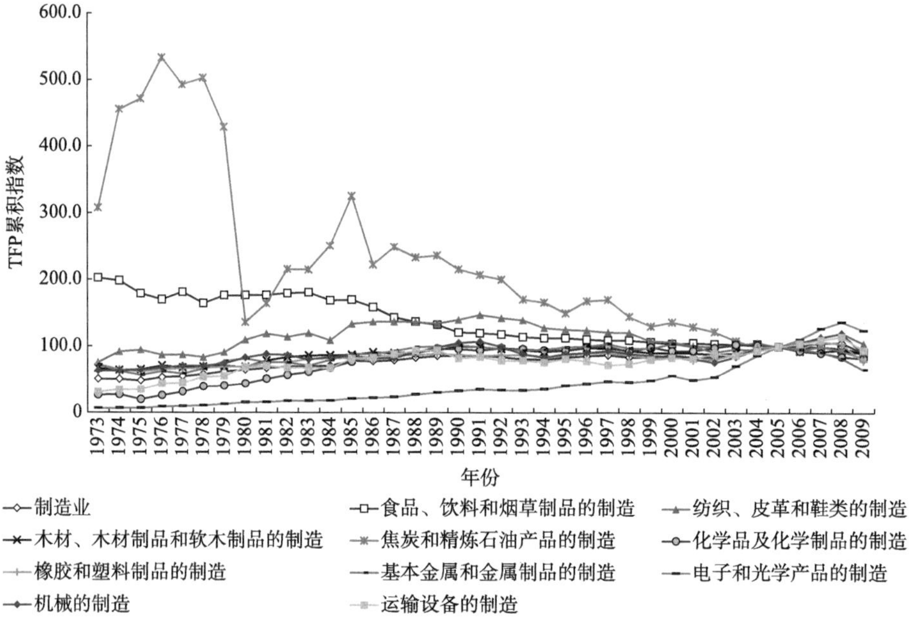


（a）日本

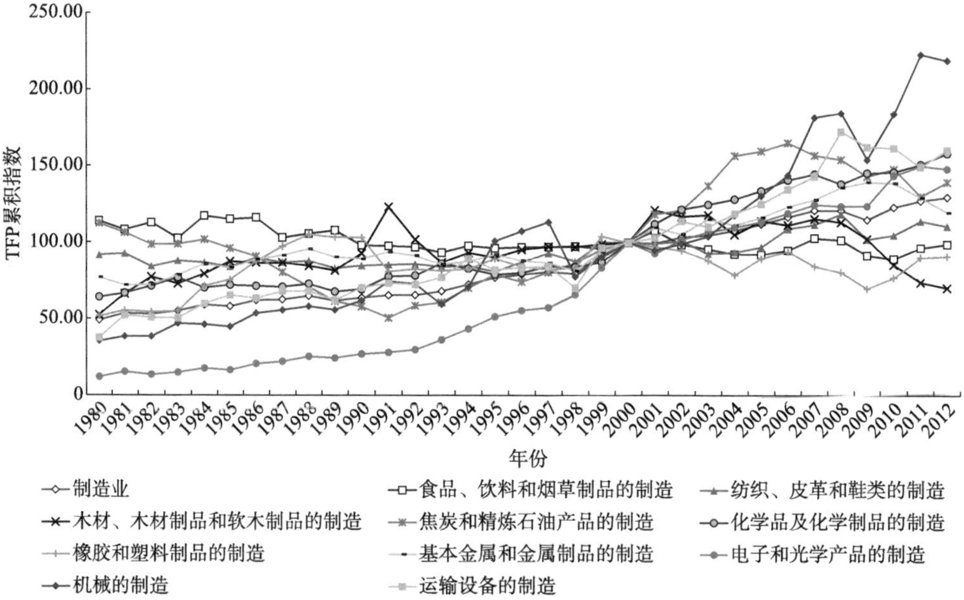


（b）韩国

图 11-1　日本和韩国制造业 TFP 累积指数

资料来源：根据 KLEMS 数据库计算

入陷阱之前，重点发展的是劳动密集型轻工业。1970 年，韩国三大出口产品分别是纺织品、胶合板和假发，占总出口的比重分别为 40.8%、11.0%和 10.8%，合计占比近 2/3。但是，韩国跳出中等收入陷阱后，制造业加速向资本和技术密集型产业升级，重化工业产品出口占比从 1975 年的 25%上升至 1980 年的 55%。20 世纪 80 年代后期，韩国半导体、计算机、电子、汽车、造船等技术密集型产业快速成长。到 2000 年，韩国出口前三大产品转变为半导体（15.1%）、计算机（8.5%）和汽车（7.7%）（朴永燮，2013）。我们从中可以发现，日韩两国产业结构的调整，都先后经历了劳动密集型产业、重化工业和技术（知识）密集型产业等工业化阶段。可见，在经济发展的不同阶段培育和壮大新兴产业，是实现制造业规模经济的主要机制。

上述新旧产业结构的调整，也是带动制造业效率提升的重要机制之一。但是，制造业效率提升的长效机制，是在传统竞争优势弱化时，及时推动制造业增长方式从要素驱动向创新驱动转变，更多地依靠技术进步推动制造业的升级。以日本为例，二战后劳动市场改革为工资的连续上涨奠定了制度基础，驱使日本制造业发起了一场"提高生产率运动"（武田晴人，2016）。一是在短期内大范围引进先进设备和工艺，以资本深化推动制造业效率升级。1965~1975 年的 10 年间，日本仅用于技术进口的专款从 1.66 亿美元增长至 7.12 亿美元，增长了 3.3 倍。二是在长期内加强自主创新能力建设。自 20 世纪 70 年代后，日本抓住经济稳定发展对科技创新提出了新要求，逐步构建起了国家创新体系。①进入 80 年代后，"为推进以基础研究为中心的富有创造性的研究开发"，日本在研究管理、研究人才、研究开发基础设施及科技信息活动等方面开展了系统性工作，实现了技术进步对经济增长的贡献达到 40%以上。②这一系列的努力使日本成为"国家创新体系"研究的经典案例（Freeman，1988）。类似地，20 世纪 70 年代末韩国平均工资年均增长率超过 20%，采用劳动节约型技术成为制造业企业的现实选择。20 世纪 80 年代后，韩国主要通过加大企业自主研发强度、引进国外先进技术和增加资本品进口等渠道推动产业技术进步，"即便是在投资率停滞的情况下，韩国凭借技术创新推动了生产效率增长，为经济增长奠定了基础"（朴馥永和黄阳华，2013）。可见，日本和韩国进入中高等收入阶段后，面临着制造业传统比较优势弱化的挑战，并不是选择去工业化，而是持续加强资本深化和产业技术创新促进了制造业的生产效率提升。③

---

① 主要措施包括：对标美国和德国的科技投入水平，加大研发经费支出，重点发展面向未来的战略性新兴技术；提升自主开发技术的能力，从单向技术引进变成推进国际科技协作；强化国立研究机构的技术供给功能，建设筑波科学城；完善技术教育培训体制，增加技术人员供给；等等。

② 参见日本科学技术厅历年发布的《科技白皮书》。

③ 当然，除了产业调整升级外，两国都加大了劳动力市场和教育制度的改革，提高劳动者素质和改善收入水平等。

日韩的经验表明，中等收入经济体可通过持续地培育和发展新兴产业，延伸产业链继续实现制造业的规模经济；可通过资本深化和加强产业创新体系建设，持续提升制造业的效率经济。因此，经典工业化理论及其升级版对发展中国家迈向中高收入阶段仍具有较强的现实指导意义。[①]由此观之，中国进入工业化后期后，制造业的发展战略选择不一定是去工业化，而是如何在新时代的技术经济条件下，改造和提升制造业的规模经济与效率经济，使其再次成为长期经济增长的引擎。

## 11.2　“十三五”时期我国工业结构调整升级的外部环境

综合目前多方面的情况判断,“十三五”时期影响我国工业结构调整升级的外部环境，主要是技术和经济体系的两个重大调整。在技术方面，作为全球金融危机后世界经济结构调整的后续,新一轮产业变革在主要的工业国家都受到了重视。在政策和市场预期自我实现的机制作用下，产业和市场对未来全球工业的生产组织方式和产业形态都正在产生长期影响。在这样的趋势下，我国改革开放四十多年来在全球产业分工网络中的比较优势，面临着发达国家利用新一代信息技术进行再工业化的新型挑战，将在“十三五”时期及未来相当长时期内为工业结构带来新的机遇和挑战。在经济体系方面，近年来一些国家和区域出现了反全球化倾向，不仅使全球金融危机后世界经济的复苏蒙上了阴影，而且给过去数十年来相对稳定的全球经济体系带来了不确定性，这是“十三五”时期我国工业结构调整升级面临的全新课题。

### 11.2.1　新一轮产业变革对我国工业结构调整升级的影响

“十三五”时期是新一轮产业变革由导入期向拓展期转换的重要阶段。工业革命史研究业已表明，当前的新一轮产业变革将在比较优势、产业结构调整、产业转移和收益分配机制等环节，全方位地促进发达国家从中获利。中国作为一个发展中国家，依靠传统优势逐渐确立了全球制造业大国的地位，产业面临新旧比较优势接续的问题。

第一，我国传统比较优势面临挑战，传统产业在工业结构中占比可能下降。在新一轮产业变革之下，终端产品的竞争优势在于通过更灵活、更经济的新制造装备生产更具个性化的、更高附加值的产品，如果我国低要素成本优势不能在未来“大规模定制”中重新占据一席之地，将失去生产高附加值终端产品的竞争优势。当前，我国制造业企业呈现过快对外转移的趋势，这将对产业和经济造成重大风险。更应

---

① 需要指出的是，理论的一般性并不表示政策的一般性。例如，随着产业技术的升级，选择性产业政策的瞄准效率下降，产业政策应该转向营造有利的创新环境。

该引起注意的是，技术密集型和资本密集型的智能装备，符合的是发达国家的比较优势。按照经典的“中心–外围”世界产业体系理论，如果在新一轮产业变革中，中心发达国家技术进步速度快于外围发展中国家，该体系导致将被进一步固化。

第二，我国向全球附加值链中高端环节升级的难度加大，发展服务型制造是工业结构调整升级的重要内容。由于制造业的生产制造主要由高效率、高智能的新型装备完成，制造业相关的生产性服务业（研发、设计、IT、物流和市场营销等）将成为制造业的主要业态，第二产业、第三产业融合发展将是趋势，并且制造业的服务化将是制造业的重要形态。相应地，第二产业、第三产业的相对就业结构朝着服务业就业人口比重增长方面发展。

第三，随着国家间比较优势和产业结构的变化，世界经济地理格局也必将随之改变。如上所述，当发达国家重新获得比较优势时，制造业重心将向发达国家偏移。由于发达国家拥有技术、资本和市场等先发优势，将更有可能成为新型装备、新材料的主要提供者，有可能成为未来全球高附加值终端产品和新型装备产品、新材料的主要生产国与控制国，发达国家的实体经济进一步增强。由于和第二产业的融合度更高，发达国家在高端服务业领域内的领先优势将得到进一步加强。

第四，新一轮产业变革导致生产关系，进而导致分配方式的革新。生产制造环节由更多、更高效、更智能的资本品和装备产品参与，生产制造环节的利润更高。新一轮工业革命和产业变革中，服务业对制造业的价值创造至关重要，那么服务业人力资本将成为制造业竞争力和价值分配的关键，发达国家更有可能享受国家间的产业结构调整的结构红利。

当然，新一轮产业变革为制造业的效率提升和工业结构优化调整带来新机遇，是我国制造业发展的重要战略机遇期，包括：引领产品的智能化和网络化，推动生产和管理流程智能化，推动研发设计的网络化协同发展，推动企业组织变革，推动制造业企业服务化转型。总体而言，“十三五”时期，在新一轮产业变革的影响下，我国工业结构调整升级面临的突出问题，在于诸多影响因素难以体现在现有的统计体系当中。

### 11.2.2 全球经济体系变动对我国工业结构调整升级的影响

“十三五”时期是美国、欧洲等国家和地区加速推进新一轮全球贸易、投资秩序新格局形成的重要时期。在新的贸易框架下，有可能对中国的劳动密集型产业发展形成冲击，而且对中国发展技术密集型产业形成阻滞。在全球经济体系的变数中，美国的经济政策走向至关重要。自 2017 年 1 月特朗普宣誓就任美国总统以来，美国罔顾全球经济治理体系，实施保护主义和单边主义贸易政策，为缓慢复苏的世界经济蒙上了阴影。经历了去工业化之殇的美国遭受了全球金融危机的重创。美国各界痛定思痛，严正检讨产业竞争力滑坡和新兴工业化国家技术赶超的双重挑战之后，由政商精英精心绘制了制造业复兴蓝图，致力于在技术、产业和市场层面“让美国再次强大”。美国实施制造业复兴计划，正值新一轮科技革命和产业变革方兴未艾，并可能再次引发全球“大分流”。如何像前几次工业革命那样，先人一步地抓住技术经济范式转变的机会窗口，阻滞他国“变道超车”，这为后金融危机时代的美国产业政策赋予了新的时代内涵。

20 世纪后期经济全球化涨潮，全球产业分工和布局出现了较大的调整。以美国为代表的一些发达国家出现了去工业化，而一些新兴经济体逐渐从低端技术产业转向中高端技术产业。全球金融危机后，美国反思去工业化后提出了两方面的问题：供给侧科技创新与产业发展协同弱化；需求侧高工资制造业就业机会减少导致消费需求不振。2009 年 12 月，美国总统奥巴马稍从迫在眉睫的“救市”中舒缓过来，便提出了“制造业复兴计划”，重申制造业对美国未来至关重要，将其作为重振美国科技和产业竞争力的基本纲领。随后，总统执行办公室（Executive Office of the President，EOP）、白宫科技政策办公室（Office of Science and Technology Policy，OSTP）、总统科技咨询委员会（President's Council of Advisors on Science and Technology，PCAST）[①]、国家科学技术委员会（National Science and Technology Council，NSTC）、国家标准与技术研究所（National Institute of Standards and Technology，NIST）等核心科技政策部门，会同美国制造业协会和大型企业，向总统提交了一系列提升美国先进制造业全球领先地位的对策咨询报告，逐步细化美国制造业复兴计划的目标、政策体系和重点工作，强化政策组织保障。[②]2014 年 12 月 16 日《振兴美国制造业和创新法案》（Revitalize American Manufacturing and Innovation Act，RAMI Act）生效，美国以立法的形式为制造业复兴计划的长期实施强化制度保障。美国制造业复兴计划的本质，是依托其在新一代通信技术、新材料、生物技术等通用技术领域长期积累的技术优势，加快促进人工智能、数字制造、3D 打印、工业机器人、绿色制造等先进制造技术的突破和应用，推动全球工业生产体系朝着有利于美国技术和资源禀赋优势的方向转变。为达此目的，美国产业政策的基本功能便是排除内外部不利因素。

总体上看，美国的制造业复兴计划呈现出如下特点。第一，美国产业政策的

---

① 仅 PCAST 就向总统提交了 20~25 份公开报告。

② 主要文件包括：EOP and OSTP，*Report to the President on Ensuring American Leadership In Advanced Manufacturing*，June 2011；*Report to the President on Capturing Domestic Competitive Advantage in Advanced Manufacturing*，July 2012；*National Network for Manufacturing Innovation：A Preliminary Design*，January 2013。EOP and OSTP，*Report to the President Accelerating U.S. Advanced Manufacturing*，October 2014。EOP，NSTC，Advanced Manufacturing National Program Office，*National Network for Manufacturing Innovation（NNMI）Program Strategic Plan*，February 2016. 参见 Manufacturing USA 官方网站：https://www.manufacturingusa.com/reports。

导向，是要改变美国过度依赖服务业的经济结构，激发新的制造业投资活力，增加可贸易商品出口，减小美国贸易逆差压力，寻求经济再平衡。第二，美国产业政策的原则，是实现美国技术优势与产业优势的再匹配。制造活动大规模对外转移，不仅美国的制造业相对规模和贡献快速下降，而且影响到美国赖以安身立命的研发能力，制造业的复兴不仅是要形成新的经济增长点，更是要巩固和增强美国的创新能力。第三，美国产业政策的着力点，是争夺未来产业竞争制高点。人工智能、智能制造、3D 打印、生物医药、清洁能源等先进制造技术成为美国制造业复兴的重点。第四，美国产业政策并非要重构完整的制造业体系，而是重点突破和使用先进制造技术与制造工艺。因此，美国的战略意图，并不是要将海外的中低技术产业转回国内，而是在国内建立生产效率更高、高技术产业的产业化更强的制造基础。因此，世界各国都有必要在战略上做好应对美国抢抓新一轮科技革命和产业变革机会窗口的准备。

2011 年 6 月出台的“先进制造业伙伴计划”，旨在联合产业、大学和联邦政府，举全国之力加大对新兴技术和技能的投资，支撑创造高质量就业，鼓励企业投资于国内制造业部门。2012 年 7 月，美国先进制造业伙伴计划指导委员会、PCAST 及业界、学界专家出台了“构筑先进制造国内竞争优势”，提出了系统的政策框架。这是金融危机后美国产业政策部署最为重要的政策文件之一，共计三大类十六项政策建议。2013 年后，随着全球主要工业国纷纷推出应对新一轮技术革命和产业变革的国家战略，美国科技政策咨询部门先后推出了“国家人工智能研究与发展战略计划”（2016 年）和“呈报总统的关于确保美国半导体产业领先地位的报告”（2017 年）等高新技术发展战略，标志着后危机时代美国产业政策导向更为聚焦，对其他国家的干预也走向了公开化。

美国的产业政策框架包括如下几个方面。第一，建立与先进制造技术和先进制造业发展相适应的政府组织和管理体系。美国政府新设立了一系列旨在专门促进政策落实的或者由主要政府部门牵头的机构和工作小组。例如，2011 年，成立了“白宫制造业政策办公室”，协调联邦政府的制造业政策和项目实施；美国出台“先进制造业伙伴计划”后，成立了全面负责该项计划的“先进制造业伙伴计划指导委员会”；为加强先进制造业的投资，成立了由商务部牵头的“国家先进制造业计划办公室”；在技能工人培育方面，成立了国防部负责的“军方认证与许可特别工作组”；为促进能源产业的发展，成立了“支持国内非常规天然气资源安全和负责任的开发部际工作组”。

第二，统筹管制、税收和贸易政策，对内降税鼓励投资，对外提高关税和施加其他贸易限制。美国产业政策的目标是引导和鼓励资本进入先进制造业，包括对先进制造业实行更为“智能”的行业管理，减少对企业不必要的管制和审批，降低制造企业投资的间接成本。此外，还通过税收和贸易政策的配合优化本国制造业发展环境，如修改税收法案以刺激国内的制造业投资。针对美国公司税负为当时 34 个 OECD 国家中最高而难以吸引外资、企业投资激励不足的问题，早在 2011 年，EOP 和 PCAST 就提议对制造业企业实行最高达 25%的减税；加大对先进制造业的减税，鼓励投资新一代能源制造业；对将工作机会转移至国外的企业取消减税，加大对将工作机会转移回国的企业的税收优惠；加大、简化和常态化研发信贷政策支持；在 2017 年 1 月 EOP 和 PCAST 联合向美国总统提交的《关于确保美国半导体长期领先地位的报告》（*Report to the President Ensuring Long-Term U.S. Leadership in Semiconductors*）中，企业减税方案被再次提出。2017 年 12 月 2 日，特朗普的“减税方案”获得美国立法机构通过，将美国公司税税率由 35%的水平永久下降至 20%，低于工业化国家的平均水平，完成了奥巴马当局已经动议但未能实施的政策。

第三，在“减少不公平贸易”的旗帜下，加强对国际贸易利益的争夺。早在奥巴马时期，美国政府的智囊团便建议总统“致力于确保本国企业和工人能与国际竞争者公平竞争”，尤其是要加大对华贸易的制裁。为此，2011 年，美国总统宣布设立新的贸易强化工作组，致力于调查和打击全球范围内于美国工人不利的“不公平”贸易活动。2017 年 8 月，特朗普指示美国贸易代表办公室依照《1974 年贸易法》第 301 条，针对中国知识产权和创新的行为、政策和做法进行调查。2018 年 3 月，美国贸易代表办公室主席执行办公室发布“301 调查结果”，对中国的产业政策横加指责，妄称中国不公平地获取美国知识产权。据此，特朗普宣布对中国价值 500 亿美元的产品征收“一揽子关税”，并于 2018 年 6 月中旬正式实施，中美避免贸易战的努力均未取得成效。

第四，完善发展先进制造的产业和技术基础设施。美国的政策目标是构建先进制造业部门创新体系，主要的政策提案包括：建立国家层面的先进制造业战略，建立识别和优先发展关键领先技术的系统化过程；增加对关键领先技术的研发投资；修改企业使用高校研发设施的限制，强化校企合作；鼓励企业嵌入高校创新生态系统，并为企业提供从创立到成长的全方位融资，为先进制造技术的商业化创造更为稳定的环境；建设全国性的先进制造业门户网站，建立可供检索的制造业资源数据库，作为广大企业能够便捷接入的基础设施。其中，最重要的工作是搭建全国性“制造业创新研究所”网络，建设示范性研究所，将其作为基本的政策载体。2012 年 3 月 9 日，奥巴马宣布动用 10 亿美元实施“全国制造业创新网络”（national network for manufacturing innovation，NMIN）计划，在全国范围内建设若干个示范性的制造业创新研究所。这些公私协力的研究所将成为区域性先进制造业中心，用于提升当地产业竞争力，鼓励在美国本土投资。为了推动计划的实施，联邦政府批准 4500 万美元的联邦资金建设“添材制造”（以 3D 打印为代表）示范研究所。美国国防部、能源部、商务部、教育部、国家科学基金会、航空航天局等政府部门竞相建立示范性的研究所。2014 年“全国制造业创新网络”计划获得国会的批准。2016 年 9 月，“全国制造业创新网络”更名为“制造美国”，进一步明确了该项目对美国制造业未来的重要性，并设立了提升制造业竞争力、促进国内产业利用创新技术、提升工人素质和支持商业模式创新等四方面的量化目标。截至 2017 年，已建成 14 个制造业创新机构，累计有千家企业参与其间。

第五，大幅提升对先进制造技术的 R&D 支持。美国 2013 财年预算中包括了 22 亿美元的先进制造业 R&D 支出，较上年增长 19%，此后各年均保持增长。为了确保和协调 R&D 投资，政府还设立由商务部牵头的部际“国家先进制造业计划办公室”。2013 年来，美国主要的 R&D 支持项目包括：旨在将发现和发明新材料的时间缩短 50%的“基因材料计划”、利用最新信息技术发展智能制造、利用美国生命科学的历史优势发展生物制造业及“国家机器人计划”。随着人工智能加速向人们的生产生活渗透，2016 年 5 月，白宫策划了一系列的活动，推动公共讨论如何借助人工智能提升智能水平和应付人工智能的风险与潜在收益。NSTC 2016 年形成了《国家人工智能研究与发展战略计划》（*The National Artificial Intelligence Research and Development Strategic Plan*），提出优先由联邦政府出资设立人工智能研究基金，旨在前瞻性地探讨人工智能对社会和世界带来的长期革命性影响。研究基金将资助政府内部和外部（学术界）的研究，基本目标是最大化利用人工智能的收益和最小化人工智能的负面冲击，促进经济繁荣，创造教育机会和提高生活质量，强化国家和本土安全。[①]2017 年，EOP 和 PCAST 向美国总统提交了《关于确保美国半导体长期领先地位的报告》，强调半导体的发展为诸多设备、服务、企业和产业的创新创造了空间，不仅事关美国工人和消费者的切身利益，而且对国家安全和军事实力至关重要。虽然目前美国半导体产业还具有全球领先优势，但是正面临着中国通过产业政策支持半导体赶超的威胁。对此，美国政府不会袖手旁观、消极应对，必须支持美国半导体产业更快速创新和遏制中国产业政策双管齐下，甚至在某些情况下以危害国家安全的名义，对中国的产业政策施压，制裁中国的半导体产业。正是在这样的背景下，以美国商务部为首的机构，于 2017 年 3 月和 2018 年 4 月对中国中兴通讯股份有限公司实施了包括“禁运”在内的严厉制裁。

第六，稳固人才管道，大量培育满足先进制造业发展所需的技能工人和专业人才。政策提案包括：澄清民众对制造业的误解，增强制造业对劳动力的吸引力；多部门协作，完善先进制造业技能认证和鉴定体系，扩大先进制造业的劳动力供

① 人工智能研究基金优先设立了如下战略目标：长期资助人工智能研究，发展有效的人与人工智能协作机制，认识并解决人工智能的伦理、社会和社会应用问题，加强人工智能系统的安全与保障，为人工智能培训和测试开发共享的公共数据库和环境，通过标准和基准度量与评估人工智能技术。

给；大学开发新的教育项目和课程，加强对先进制造业的关注；设立全国性的先进制造业奖学金和实习制度，为制造业就业创造资源和提升认知度。政策包括：一是 2012 年设立“社区职业大学基金”，由美国劳工部和教育部共同负责的基金规模为 80 亿美元，推进社区大学和企业的对接，为高增长、高需求的产业（包括先进制造业）中高工资岗位培育 200 万名工人；二是设立“军方认证与许可特别工作组”，帮助具有制造技能或者其他高需求技能的退伍军人获得民用授权和许可，为 12.6 万名现役军人获得业界认可、全国通行的认证创造机会，包括焊接、机械加工和工程设计认证等；三是升级科学、技术、工程和数学（science，technology，engineering，mathematics，STEM）教育，增加联邦政府预算，加大对基础教育理工科教师的培养、培训，扩大 STEM 教育机会。在上述《关于确保美国半导体长期领先地位的报告》中，再次提到了“稳固人才管道”的政策。

综上，只需系统梳理美国主要的政策文本和实践，就可以清晰地看到美国产业政策的调整，在今后相当长的时期指导美国抢抓新一轮科技革命和变革的机会窗口的战略准备。相应地，全球产业结构、投资结构、贸易结构、分配结构都可能面临新的格局。对我国而言，改革开放四十多年来，特别是加入 WTO 以来，我国主动融入全球生产体系，实现了从农业大国向工业大国的历史性转变。随着全球经济体系的潜在变化，我国工业经济调整的动力机制也可能出现相应的变化。

## 11.3 “十三五”时期我国工业结构调整升级的特征和趋势

根据黄群慧等（2017）的评估结果，我国到“十一五”时期末进入了工业化后期前半阶段，到 2015 年推进到工业化后期的后半阶段。在基准模型下，即假定“十三五”时期我国的工业化速度保持“十二五”时期的水平，那么中国将于“十三五”末期基本实现工业化。根据上文的分析，“十三五”时期中国工业结构调整将面临较大的外部环境影响，再加上工业化后期工业化进程将会逐步放缓。即便如此，中国的工业化水平仍将处于提升阶段。因此，对工业化后期工业结构变化的趋势与特点判断，需要在现实、趋势和理论层面加以评析。

### 11.3.1 “十三五”以来工业结构变化的特征

第一，“十三五”以来，我国工业增速加快下行，行业间发展分化日渐明显。自 1990 年以来，我国工业增加值总体保持高速增长（图 11-2）。但是 2015 年以后，由于人口结构变迁和我国进入了工业化后期等因素的影响，我国工业潜在增长率出现了下降。在工业内部，2013 年 6 月以来，采矿业规模以上工业增加值维持下降趋势，制造业规模以上工业增加值稳中有降，电力、热力、燃气及水的生产和供应业先降后升（图 11-3），表明在工业结构中，制造业的占比也出现下降的趋势。从行业结构看，“十三五”期间战略性新兴产业发展迅速，高技术产业增速一直高于工业平均增速，特别是在市场需求和政策的引导下，我国节能环保、新一代信息技术、生物制药、新能源汽车等战略性新兴产业增长尤为迅速。从工业的区域结构看，我国区域间产业梯队有序转移，中、西部地区发挥比较优势，规模以上工业增加值增速快于东部地区，区域发展更为平衡。

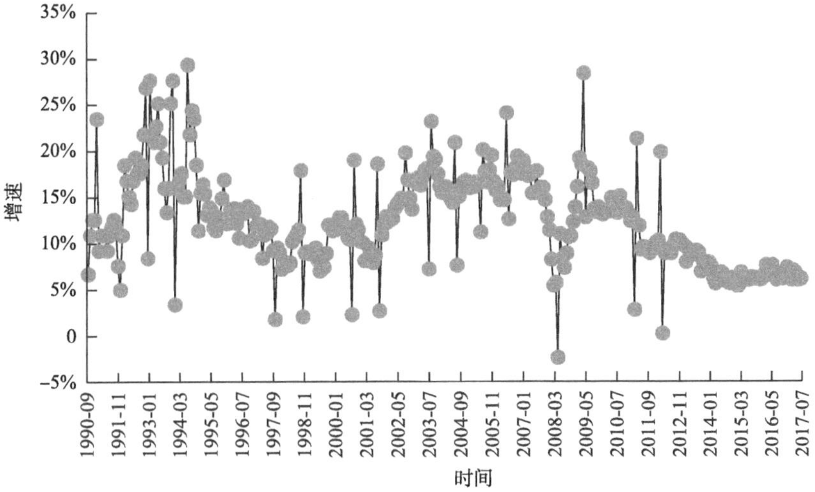


图 11-2 工业增加值增速

资料来源：国家统计局

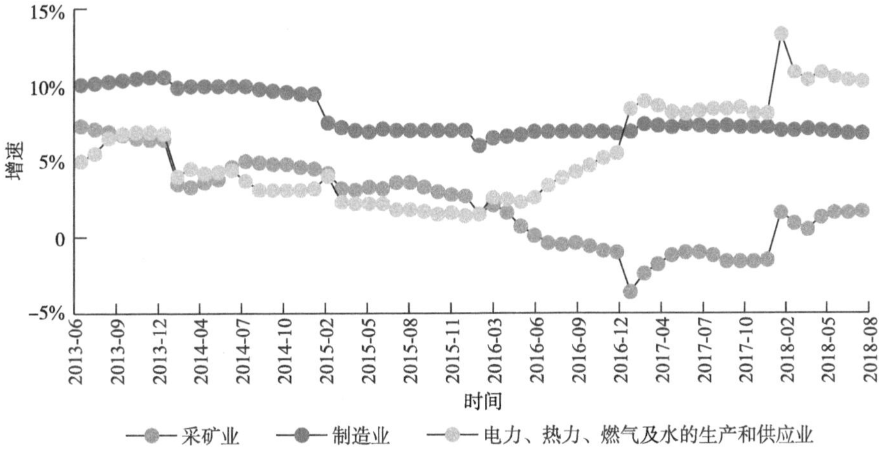


图 11-3 工业三大门类增加值增速

资料来源：国家统计局

1 月数据缺失

第二，三大区域发展战略和东北老工业基地振兴，将从区域层面推动我国工业结构调整升级。各地区积极对接“一带一路”倡议，企业以“走出去”促转型升级，从微观层面提升我国工业国际竞争力。长江经济带战略覆盖全国 11 个省市，将我国东、中、西三大地带连接起来，有利于优化城市空间布局和工业分工协作，推动我国工业东、中、西协调发展。京津冀协同发展战略着力构造研发与制造产业链条的新的工业生态系统。东北老工业基地振兴将推动东北地区打造具有国际竞争力的先进装备制造业基地和重大技术装备战略基地、国家新型原材料基地、现代农业生产基地和重要技术创新与研发基地。这些区域发展战略对拓展工业经济增长空间具有重要作用，同时也要求工业供给要素跨区域有效流动，调动企业家创新积极性。

第三，化解产能过剩，实现工业经济增长新旧动能转换，将在产业层面推动工业经济结构调整。在过去数十年的高速工业化阶段，我国工业形成了庞大的工业产能，在中国进入工业化后期后，实现工业高速度增长向高质量发展，必然要求综合运用各种手段，化解庞大的工业产能，实现市场出清。近年来，中国随着新技术和互联网大数据的发展，一大批新产品、新业态正在不断涌现，如无人飞机、华大基因等。一些新的行业快速成长，如新能源产业①。工业互联网的进一步发展，有望带来重要的增长新空间。在推动传统增长动力转换的同时，中国工业经济要加快打造创新驱动发展模式，实现新旧动能转换。

此外，处置“僵尸企业”，深化国企改革和改善微观企业特别是实体经济企业的经营环境，将在微观层面推动我国工业结构调整。

### 11.3.2　中国进入中上收入阶段工业结构变化的趋势

根据相关研究，中国于 2007 年前后进入了中等收入阶段。如果以 2007 年作为中国经济发展阶段转变的标准，可用多种指标对比在此前后制造业占比的变化。②首先，显而易见的是，中国制造业名义占比下降。③第一，2004 年以来，中国制造业增加值占比总体呈现缓慢下降趋势：分阶段看，中国制造业占比年平均值从 2004~2007 年的 32.3%下降为 2008~2016 年的 31.1%，下降了 1.2 个百分点。④

① 2014 年的调查发现，中国近七成新能源企业是在 2010 年后注册成立的，新能源行业中，规模在 50 人以下的企业数量占比达 91.35%（资料来源：《2014 年中国十大新能源企业排行榜》，http://finance.qq.com/original/bigdata/xinnengyuan.html，2018 年 7 月 3 日）。

② 2015 年和 2016 年制造业增加值根据当年制造业增加值增速测算而得。

③ 前文根据 GGDC 数据库计算，中国制造业平均名义占比从 1952~2007 年的年平均值 31.9%上升为 2008~2010 年的 35.0%，增长了 3.1 个百分点。但是，20 世纪 50 年代我国仍然是典型的农业国，导致 1952~2007 年的制造业平均占比偏低，故按照 GGDC 数据库计算的中国名义制造占比上升并不具有参考价值。

④ 国家统计局调整了工业增加值的计算方法，自 2011 年起不再单独发布制造业增加值数据，因此难以直接计算制造业增加值占比。鉴于制造业是工业最为主要的组成部门（2004~2014 年制造业占工业的比重平均值接近 90%），在制造业数据不可得的情况下，本书以工业增加值近似地替代制造业增加值。

第二，与制造业占比高度相关的工业占比也出现了类似的变化，年平均值从 1996~2007 年的 40.4%下降为 2008~2015 年的 38.4%。第三，制造业固定资产投资增速从 2003~2007 年的 24.8%下降为 2008~2015 年的 15.5%，下降了 9.3 个百分点（表 11-2），低于同期全社会固定资产投资增速 3 个百分点，表明制造业固定资产投资占全社会固定资产投资的比重也在下降。

**表 11-2　中国制造业的规模变化**

| 制造业指标 | A | B | B–A |
|---|---|---|---|
| Ⅰ：制造业名义占比 | | | |
| 年份 | 1952~2007 年 | 2008~2010 年 | |
| 平均占比 1) | 31.9% | 35.0% | 3.1% |
| 年份 | 2004~2007 年 | 2008~2016 年 | |
| 平均占比 | 32.3% | 31.1% | –1.2% |
| 平均增速 | 14.0% | 8.9% | –5.1% |
| 年份 | 2003~2007 年 | 2008~2015 年 | |
| 固定资产投资占比 | 29.5% | 32.9% | 3.4% |
| 固定资产投资增速 | 24.8% | 15.5% | –9.3% |
| Ⅱ：制造业实际占比 | | | |
| 年份 | 1952~2007 年 | 2008~2010 年 | |
| 平均占比 1) | 18.6% | 36.3% | 17.7% |
| 年份 | 1992~2007 年 | 2008~2015 年 | |
| 平均占比 2) | 44.2% | 41.1% | –3.1% |
| 平均增速 2) | 15.9% | 10.2% | –5.7% |

资料来源：根据国家统计局数据计算

1）根据 GGDC 数据库计算

2）根据工业增加值可比价计算

其次，中国制造业实际占比也出现了下降趋势。根据 GGDC 数据库计算，中国制造业实际占比年平均值从 1952~2007 年的 18.6%上升为 2008~2010 年的 36.3%。但是，由于历史基数过低，该结果不能反映近期的真实变化。本书利用可比价工业增加值近似计算了制造业的实际占比。结果显示，中国制造业实际占比从 1992~2007 年的年平均值的 44.2%下降为 2008~2015 年的 41.1%，下降了 3.1 个百分点；同期中国制造业实际平均增速也下了一个台阶，从 15.9%下降为 10.2%，表明制造业的实际规模增长也趋于放缓。

## 11.4 去工业化问题的进一步探讨

随着中国进入了中高收入阶段，出现了上述统计意义上的去工业化趋势。那么，“十三五”时期我国工业结构调整的关键问题，至少应该包括我国统计意义上的去工业化是否是过早去工业化，为什么出现过早去工业化，以及如何应对可能的过早去工业化。

### 11.4.1 对去工业化与过早去工业化研究评述

20世纪中期以后，老牌工业化国家制造业占比显著下降，一些曾因工业发展而繁荣的地区沦为“锈带”。这些现象日益引起了学者对去工业化问题的关注（Morgenthau，1945；Penrose，1953；Reinert et al.，2016）。[①]英国作为近代工业革命的发源地，更早地出现了去工业化。一些学者基于去工业化的特征分析，剖析了制造业效率与去工业化之间的关系，拓展了规模经济与效率经济之间互动关系的研究（Singh，1997）。一些研究区分了“良性去工业化”和“恶性去工业化”。良性去工业化表示制造业生产效率快速提升，劳动力向其他部门分流后，不会出现严重的失业问题。恶性去工业化表示制造业产出或者生产效率下降后，失业者不能被其他部门充分吸纳，从而出现了一系列经济社会问题（Rowthorn and Wells，1987）。Tregenna（2014）利用马克思主义政治经济学的剩余价值理论将两类去工业化重新加以理论化，即一国的劳动是否从剩余价值的生产活动中分流至非生产活动。发达国家去工业化后国际竞争力下降也引发了激烈的政策讨论，即是否要采用保护主义政策维持一国高工资的制造业就业。对此，以Krugman（1996）为代表的主流经济学家根据“次优”理论，认为美国去工业化和贸易竞争力下降是由国内产业“扭曲”所造成的，不可能仅通过贸易政策加以解决。

20世纪90年代以来，去工业化现象蔓延至一些高速增长的新兴工业化经济体和中等收入经济体（Rowthorn and Ramaswamy，1997；Tregenna，2009，2011）。Palma（2005）等对去工业化现象进行了一般性的解释。一些学者研究了发展中国家的过早去工业化（premature deindustrialization）问题（Dasgupta and Singh，2006；Palma，2008；Castillo and Neto，2016）。Rodrik（2016）的跨国研究为过早去工业化提供了大样本经验证据：以1990年为界，一国制造业占比达到峰值时，人均收入水平仅约为之前的40%。换言之，在全球化年代，发展中国家的制造业“未

① 不过，在经济史中出现过多次以去工业化为手段弱化他国竞争力的案例，如英国封锁和限制美国与印度等殖民地发展工业，二战后期时盟国拟定的制裁德国“摩根索计划”（Morgenthau-Plan）也是一项去工业化计划。

富先衰”，与高收入国家的去工业化存在显著差异，需要高度重视过早去工业化的经济与政治后果。此外，大量针对发展中经济体的国别研究也表明，过早去工业化后制造业规模经济和效率经济的衰退是导致其经济增长长期停滞的重要因素（Paus，2014；Cruz，2015）。

根据已有的去工业化研究文献，若对去工业化进行规范分析，那么基于效率提升的制造业占比下降是可接受的，而由效率恶化导致的制造业萎缩是需要严加防范的。本书认为，忽视经济发展阶段和生产效率分析，片面对标发达国家后工业化阶段的产业结构，极可能酿成过早去工业化的风险。在全球范围内大量经济体去工业化的背景下，少数东亚工业化经济体有效防止了过早去工业化并成功跳出了中等收入陷阱，其经验尤其值得总结并加以理论剖析。

### 11.4.2 我国是否出现过早去工业化?

我们需要从三个方面思考工业结构调整升级的基本取向。第一，中国的去工业化是否是过早去工业化？对此问题，可从如下三个方面加以判断。其一，1992~2007 年，制造业对 GDP 增长的拉动平均值为 5.54 个百分点，而 2008~2015 年，该数值仅为 3.65 个百分点，表明进入中等收入阶段后，制造业作为中国经济增长的动力已趋于弱化。其二，如果将东亚高收入经济体当作全球跨越中等收入陷阱的“最佳实践”，那么中国制造业相对规模下降与上述“东亚经验”相左，更接近于拉美的去工业化。其三，中国已经过了制造业实际占比的峰值，然而仍然是一个发展中国家，那么可能落入了 Rodrik（2016）所提出的过早去工业化的区间。综合起来，中国可能出现了过早去工业化的趋势。

第二，虽然中国制造业实际占比趋于下降，但是仍然高于东亚高收入经济体在中高收入阶段的平均水平，这是否意味着中国更有能力承受过早去工业化呢？回答这个问题必须结合中国独特的工业化模式。首先，中国的工业化具有“压缩型”工业化的特征，即在相对较短的时间内达到了较高的工业化水平，导致中国制造业占比偏高。其次，中国实行改革开放后，采取出口导向的发展模式，主动且深入地参与了国际产业分工，大量承接了国际产业转移，这也造成中国制造业占比偏高。由于各国发展模式的差异和全球环境的变化，处于不同历史时期经济体制造业相对占比的可比性较差，不能简单地认为中国制造业占比高就可以承受过早去工业化的风险。更为重要的是，问题的关键不在于国家之间制造业占比的相对高低，而在于如何在发展阶段转换的过程中，强化一国制造业与长期经济增长之间的联系，正视中国过早去工业化可能带来的长期增长风险。

第三，应对过早去工业化的风险，日韩的历史经验是否具有借鉴意义呢？根据前文的分析，日韩实现制造业规模经济的主要机制是在经济发展的不同阶段培育和壮大新兴产业。但是，中国在“压缩型”工业化模式下已经建立起了全世界最为完备的产业体系，在现有技术经济范式之下寻找具有较大增长潜力的新产业已经变得日益困难。因此，日韩的经验对我国的借鉴意义较为有限。面向未来，中国实现制造业规模经济的基本思路有两条：一是加快利用新一代信息技术促进制造业与非制造业活动的融合发展（特别是加快服务型制造的发展），培育若干世界级先进制造业集群，更广泛地发挥制造业活动的前后向联系效应，实现从制造业内部的规模经济向产业之间的规模经济升级。二是提高制造业的附加值，从外延式规模转向内涵式规模。中国制造业已经在大多数的终端消费品市场占有较大份额，甚至已经触碰到了全球市场规模的“天花板”，产能、产量规模经济增长受限。今后需要增强在产业上游高附加值的产品市场的竞争力，以制造业附加值的规模经济接力产量的规模经济。从长期看，正在孕育兴起的全球新一轮科技革命和产业变革是中国中高收入阶段最为重要的发展机遇，中国在构建现代化经济体系时，应重视发掘技术经济范式转换过程中蕴藏的规模经济。①

### 11.4.3　我国为什么出现了去工业化?

现有研究单一地测算了中国的制造业生产效率，本章为利用 KLEMS 数据库计算中国制造业的 TFP 累积指数（伍晓鹰，2013；江飞涛等，2014；刘明康和陈永伟，2016）。计算结果表明（图 11-4），过去三十年里，中国制造业效率提升较为明显。1981~2010 年，电子及通信设备、电气制造、化学品及化学制品、机械设备等技术密集型行业的 TFP 累积指数持续增长，带动了中国制造业 TFP 累积指数总体保持快速上升的趋势，从 1981 年的 71.0 增长至 2010 年的 110.0。

为了比较中国进入中等收入阶段前后制造业全要素生产率的变化，本书分别计算了 2004~2007 年和 2008~2010 年制造业全要素生产率增长率的平均变化（图 11-5）。结果表明，进入中等收入阶段后，中国制造业全要素生产率累积指数平均增速有所下降，从 2004~2007 年的 3.23%下降为 2008~2010 年的 2.96%，下降了 0.27 个百分点。值得注意的是，18 个主要制造业行业的全要素生产率增速也出现了不同程度的下滑。江飞涛等（2014）的实证研究结果也表明，2004~2013 年，中国全要素生产率年均增长率为–0.80%；2004~2008 年，全要素生产率年均增长率为 0.58%；2009~2013 年，全要素生产率增长率平均值为–2.17%。

---

① 新一轮技术经济范式的基本特征是：数据要素将成为新型核心投入，以新一代互联网技术为支撑的通信基础设施的重要性超过交通基础设施，以数据和新一代互联网技术驱动的制造业智能化将引领国民体系的智能化（黄阳华，2016）。上述每一个领域都蕴含着新兴产业的投资机遇和新的规模经济。

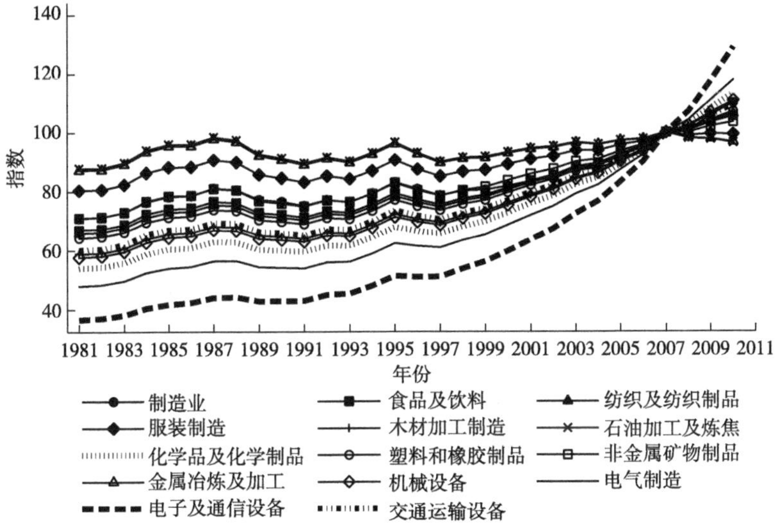


图 11-4 中国制造业 TFP 累积指数

资料来源：根据 KLEMS 数据库计算

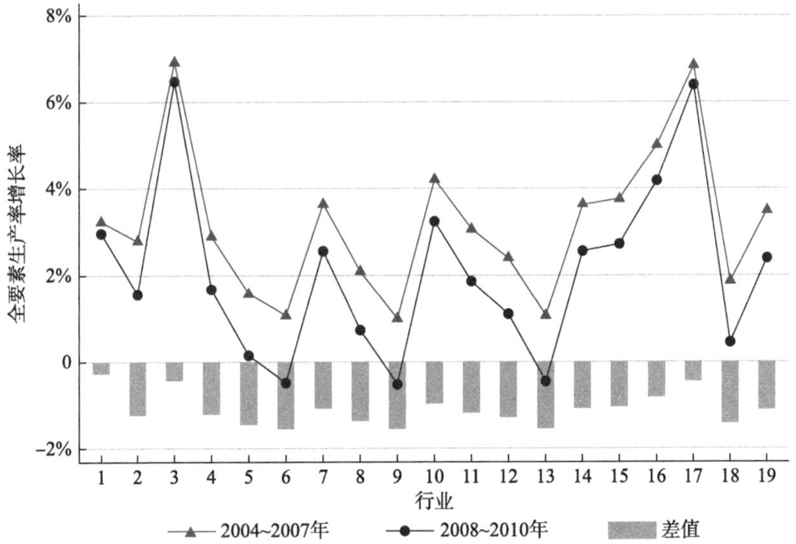


图 11-5 中国进入中等收入阶段全要素生产率增长率前后对比

资料来源：根据 KLEMS 计算

限于篇幅，横轴的行业用数字代表，其中"1"表示制造业，"2"~"19"表示 18 个主要制造业行业："2"为食品及饮料，"3"为烟草，"4"为纺织及纺织制品，"5"为服装制造，"6"为皮革及皮草制品，"7"为木材加工制造，"8"为造纸及纸制品，"9"为石油加工及炼焦，"10"为化学品及化学制品，"11"为塑料和橡胶制品，"12"为非金属矿物制品，"13"为金属冶炼及加工，"14"为金属制品，"15"为机械装备，"16"为电气制造，"17"为电子及通信设备，"18"为办公设备，"19"为交通运输设备制造业生产效率增速下降的趋势，不仅会对制造业的长期增长造成不利影响，也会影响中国经济增长的长期动力。对于今后如何改善我国制造业生产效率，存在两个政策思路。第一，计算结果显示，中国制造业行业间生产效率存在较大差异，表明行业之间的配置效率存在较大的优化空间。因此，我国亟须深化产业管理体制和要素市场的改革，拆除部分行业仍然存在的制度性进入壁垒，建立公平竞争的市场环境，加速生产要素跨行业流动，提高制造业的整体配置效率。第二，借鉴日韩跨越中等收入陷阱的成功经验，进入中等收入阶段后要更为重视科技创新在提升制造业生产效率中的基础性作用。其中，日本技术密集型产业生产效率快速提升和韩国高、中、低技术产业全面升级的经验都具有可取之处。对中国这样一个产业体系完备的世界工业大国而言，既要大力培育和发展新兴产业，更要看到传统产业的改造升级在效率提升方面仍有广阔空间，应提升制造业生产效率和发展质量。

### 11.4.4　我国应对过早去工业化的空间

如果将中国制造业生产效率增速下降，与同期制造业实际占比下降结合起来，有可能为中国已显现的过早去工业化的现象提供初步的机制性解释。第一，如果制造业全要素生产率增长率下降是同期制造业实际占比下降的原因，那么中国的去工业化便符合恶性去工业化的特征。该情景意味着中国制造业增长仍然依赖于要素投入驱动，还没有转变到创新驱动发展模式上来，那么当要素成本快速上涨时，制造业传统比较优势逐渐消失，同时又没有形成新的竞争优势，会导致中国制造业规模萎缩和长期经济增长的动力下降，加大了落入中等收入陷阱的风险。第二，如果制造业实际占比下降是同期制造业全要素生产率增长率下降的原因，可能的情景是，制造业过快萎缩造成上游科技创新缺乏转移转化的载体和服务的对象，导致科技创新投入的瞄准效率和投入产出效率低下，不利于推动创新型国家建设，也背离了依靠效率提升增强经济增长动能的基本要求。第三，如果制造业实际占比下降与同期制造业全要素生产率增长率下降互为因果，那么上述两种情景形成恶性循环，中国落入中等收入陷阱的风险也将会叠加，这是必须严加防范的情景。

按照本章的分析，我国工业结构调整升级仍有较大潜力。第一，中国制造“数量追赶”的潜力已基本耗尽，正处于从数量追赶向质量和品质追赶转变的重要阶段，工业结构调整升级仍有潜在动力。2008 年左右是我国的“刘易斯拐点”，伴随着“刘易斯拐点”的到来，我国劳动力总量也开始减少，2012 年我国劳动力年龄段人数开始减少，劳动力数量的约束决定了我国不可能继续走规模扩张的道路。从需求面看，我国大多数重要产品达到或接近历史需求峰值，国内需求增长速度明显放缓。根据其他工业化国家的发展经验，当制造业比较优势难以继续支撑数量追赶发展模式后，从数量追赶向质量追赶转变仍然具有较强的增长动力。

第二，制造业质量提升正成为全球制造业竞争的新领域，为工业结构升级打开了新的“机会窗口”。一是主要发达国家工业化后期都高度重视产品质量升级。美国推进科技优势向制造优势转化，实现质量价值链的不断延伸。德国高度重视精英型中小企业发展，推动“德国制造”在垂直细分领域默默耕耘，保证质量水平的不断提升。日本政府依托“质量救国”战略，向广大企业积极推行全面质量管理的方法和理念，通过相对稳定的就业体制和完善的质量技能人才培训体系，培养了一大批掌握多种技能且具有较强实际生产实践能力的“工匠”人才。二是主要发达国家工业化后期产品质量升级对其经济增长都有显著的贡献。20 世纪 90 年代以来，随着主要发达国家相继进入工业化后期，提升质量逐渐成为主要发达国家制造业升级的重要引擎。

第三，中国居民消费升级带来的制造业质量提升需求巨大，是中国工业结构调整升级的重要动力。一是耐用消费品在城乡基本普及，未来的趋势是性能升级。以家用电器为例，消费者已经不再满足于过去数量型短缺下的单一选择，更加注重家电的容积、功能和能效等综合性能，更为注重产品的外观设计和使用的便利化等，变频空调、滚筒洗衣机、大尺寸平台电视、精品厨电产品的占比不断提高。二是非耐用消费品呈现出更加注重产品安全性、个性化、品牌和保健环保的趋势。新一代信息技术促进了信息流、物流和支付系统的快速发展，不仅有效降低了生产者与消费者的信息不对称性，拓宽了交易渠道，而且试验性消费者的示范效应更快地传递至普通消费者。在这种趋势之下，民营企业一方面要在一体化程度更高的市场上竞争，另一方面还要面对逐渐成为主流的个性化、定制化、多样化消费，不仅过去低价营销的效果加速减弱，而且区域市场差异化策略要向产品差异化策略调整。三是消费形态由物质型向服务型转变，线上线下融合的消费方式快速发展。产品的用户体验和服务是消费品质的重要组成部分，在产品原有的单一功能之上“嫁接”新的功能和服务成为消费新趋势。同时，消费者更多地通过在线平台完成搜寻、交易和体验商品。

第四，近年来中国产品质量有大幅度提升，但升级全球价值链仍有很大提高空间。一是从国际比较看，近年来中国出口产品质量提高明显，但与发达国家仍有一定距离。从国际货币基金组织（International Monetary Fund，IMF）研究员提供的数据来看，总体上我国出口产品质量的排名是在不断提升的，从 20 世纪 80 年代的 100 多名，上升到了 2010 年的 50 名左右，与发达国家仍有很大距离，但是已经接近澳大利亚，而且超越了巴西、墨西哥和俄罗斯等比较领先的发展中国家。二是从出口产品质量与人均 GDP 的关系看，中国出口产品质量的提升还有相当的空间。主要发达国家出口产品质量与人均 GDP 都呈正相关，在人均 GDP 达到 20 000 美元左右时出口质量稳定在 1.03。基于此判断，我国出口产品质量的提升还有相当的空间。三是中国出口竞争力仍然没有实现从成本竞争向质量竞争的转变。从出口产品平均单价的比较看，中国出口产品有很大的发展空间。中国出口产品的平均单价仍处于较低水平，与德国、日本、美国、英国、韩国等国家相比①，出口产品单价差距还比较明显。

## 11.5　若干对策建议

我国经济发展既面临发达国家的高端挤压，也面临新兴经济体的低端挤压。推动工业由大变强是“十三五”时期的重大任务，重点方向是抓住新一轮科技革命和产业变革的机会窗口，在新的范式下全面提高工业可持续增长能力和国际竞争力。

### 11.5.1　做好迎接新一轮产业革命的准备

一是加快突破支撑制造业“数字化”的关键技术。加强对新一轮工业革命的关键技术的突破和产业化的政策支持，一般性的产业政策、科技创新政策和战略性新兴产业发展专项政策应该向这些领域倾斜，将促进产业转型升级政策与应对新一轮产业变革结合起来。二是充分重视市场需求在未来产业发展中的重要作用，通过应用示范、用户体验和会展等形式提升用户对未来技术的认知度和接受度迫在眉睫。三是提高高等教育学科设置调整的灵活度，及时根据未来制造业对专业服务人才的需求，优化人才培养结构。同时，加强职业培训，帮助人力资本提升技能，更新知识结构，适应新岗位不断提升的能力要求。

### 11.5.2　做好应对新型全球经济关系的准备

一是我国必须保持战略定力，坚持自主发展的基本原则。制造强国战略是我国进入中国特色社会主义新时代后，建设现代化经济体系的重要支撑，提升制造业的国际竞争力是今后我国制造业发展的主攻方向。虽然当前在实践中遇到了外部阻力，但是阻力越大，恰好表明我国建设制造强国的战略意义越重大，提升制造业创新发展能力的战略意义越重大，掌握关系国计民生和产业安全的核心技术的战略意义越重大。鉴于美国可能长期奉行国家利益至上的产业政策，我国既要营造有利于产业开放发展的内外部环境，更要做好应对美国回归常态化的民粹主义、保护主义和本土主义的预案。二是要加强对我国产业政策可能产生的国际影响的事前评估。中国已经是世界第二大经济体和全球第一大工业经济体，即便中

① 数据来源：根据世界银行、WTO 2003~2013 年统计数据整理计算。

国按照全球产业发展趋势和自身发展需要制定产业政策，也不可避免地会引起国际社会的关注、猜忌甚至歪曲。因此，中国制定产业政策要在坚持以我为主的前提下，注意政策用词和舆论引导，在更大范围内评估国际社会的反应，尽可能在政策制定中做好应对准备，政策制定后主动加强对外的解释，全过程营造有利于政策实施的国际环境。三是加强战略协调。中美两国制造业发展战略存在较大的相似之处，既要看到其间的利益冲突，更要看到新技术的发展和应用对促进全球经济复苏、造福世界人民、构建开放型世界经济体系等具有极为重要的意义。为此，双方应寻求新一轮技术革命和产业变革的合作领域，共同开拓第三方市场，携手应对人类面临的发展、安全、绿色、反恐等挑战。

### 11.5.3 优化工业结构调整升级的环境

按照中共十八届三中全会和十九大精神，进一步完善中国特色社会主义市场经济制度，深化市场特别是要素市场改革，加强知识产权保护，形成要素价格对资源配置的引导作用，使市场在制造业资源配置中发挥决定性作用。优化产业组织结构，继续推进国有经济布局的战略性调整，重点国有企业向上游具有强外部性的领域集中，从竞争性领域退出，完善中小企业公共服务体系，帮助中小企业更为便利地介入全球价值链和供应链，特别是要发挥大型企业在带动中小企业融通发展中的作用。在培育和发展战略性新兴产业的同时，更重要的是利用新技术改造提升传统产业，形成新兴产业和传统产业相互促进的内生增长模式。

# 第12章 “十三五”时期工业结构调整升级的着力点

工业结构的调整升级是一个老生常谈的问题，但我国在经历工业化不同发展阶段，以及面临不同的技术和国际环境时，工业结构的调整升级有不同的内涵，政策促进的着力点也有区别。“十三五”时期是我国社会主要矛盾向“人民日益增长的美好生活需要和不平衡不充分的发展之间的矛盾”的转变期，是由工业大国向工业强国迈进、实现工业现代化的关键期，同时还要应对新科技革命和产业变革的挑战，面临金融危机后发达国家再工业化和加强贸易保护的不利形势。应对新的挑战、迈向新的目标，“十三五”期间工业结构调整升级的着力点聚焦于形成一个核心动力，处理好一个关系，瞄准两个重点方向。形成一个核心动力指形成创新驱动工业结构调整升级的动力；处理好一个关系指处理好传统产业改造升级与新兴产业培育发展之间的关系；瞄准两个重点方向指在技术创新上重点突破智能制造，在模式创新上重点发展服务型制造。

## 12.1 依靠创新驱动工业结构调整与优化

习近平在党的十九大报告中提出“加快建设创新型国家”是“建设现代化经济体系”[①]的六大任务之一，依靠创新驱动工业结构的调整与优化是“十三五”及今后相当长一段时期中国工业经济发展的重要主题。自2006年提出建设创新型国家战略以来，我国工业技术创新能力不断提高，但仍然难以满足工业转型升级和结构调整优化的要求。在工业创新上，当前面临的最大短板在于创新资源、创新能力、创新产出的不均衡，从而难以形成依靠创新驱动工业发展的合力，这具

---

① 参见《人民日报》2017年10月28日第1版文章：《决胜全面建成小康社会 夺取新时代中国特色社会主义伟大胜利》。

体表现在行业、区域的不均衡上。要真正实现创新对工业结构调整优化的驱动，就必须打破这种不均衡。

### 12.1.1　中国特色自主创新体系的构建

在工业化后期和工业强国建设阶段，要实现结构的进一步调整，中国特色自主创新体系包含逆向工程、集成创新和正向设计三种主要的创新模式。进一步实施以技术反求为目的的技术引进，缩短赶超世界领先的时间、降低赶超成本；进一步强化集成创新的优势，并与制造能力提升相结合；培育正向设计能力，形成核心技术资源。简单而言，作为赶超国家，中国在工业化后期技术创新能力的构建是重点形成学习赶超能力、架构创新能力和下一代创新能力（图 12-1）。

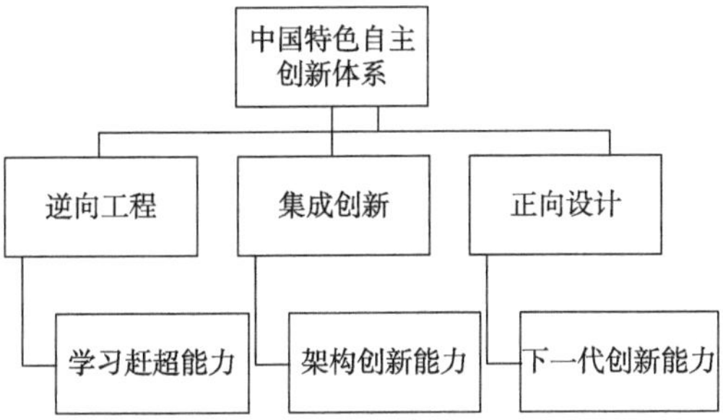


图 12-1　中国特色工业自主创新体系

#### 1. 依靠逆向工程进一步增强技术赶超能力

逆向工程是指以技术的物化产品为起点，运用测试、分析等科学手段，对不同类产品进行解体和破坏性研究，反向探索产品的制造方式、原材料、加工工艺和设备，以及产品的设计思想，求得全面系统地掌握或者进一步提高产品的生产技术。在改革开放最初的二十多年，逆向工程一直是我国工业加速技术进步、缩小与世界先进技术的差距的最普遍、最有效的手段。20 世纪 80 年代和 90 年代，发达国家之间技术水平接近，技术交流以单项元件技术或较小的技术组合输送为主。但是，由于处于不同的技术群落中，改革开放初期，我国技术水平与国外的差距较大，“短缺”表现为技术群和技术系统，这就迫使中国在当时大量引进成套设备。鉴于这一事实，便构成了逆向工程在当时中国备受重视的重要背景。当然，从外部看，美日欧等国家和地区的跨国公司在这一时期大量向中国输出技术，为我国逆向工程的实施创造了良好的外部环境。一方面，一些发达国家在 20 世纪 80 年代劳动力成本上涨过快，而中国廉价且组织有效的劳动力能够在很大程度上抵消其国内劳动力成本上涨的压力；另一方面，中国开始实施改革开放，人均收入不断提高，当时的中国国内生产难以满足企业、组织、个人对物质产品的需求，而进口产品价格又过高，通过独资、合资方式在中国设立制造基地是更好的选择，在这一进程中，大量成套设备和工艺转移到中国，为国内科研技术人员的逆向工程提供了好的条件。

必须肯定的是，逆向工程对我国改革开放初期很多产业的技术进步起到了关键作用，并对后来的自主创新产生深远影响。目前在国际上具有很高竞争力的家电、水电装备、船舶、工程机械、高速铁路最初无一不是建立在逆向工程基础上的。但是，逆向工程并不能带来持续的技术进步动力。从技术的供给看，我国工业整体技术水平与世界前沿的差距不断缩小，在个别领域已经成功实现由“跟跑者”向“并跑者”和“领跑者”的角色转变，反求的空间不大。同时，国际金融危机之后，发达国家提出“再工业化”，实行更加保守的贸易政策，并重新审视包括中国在内的发展中国家技术进步的威胁，限制了最领先技术向中国的输出。从技术的使用看，当前我国对引进技术或反求技术的使用已经不限于进口替代，而产品一旦进入国际市场必须通过更加严格的专利保护审查。一段时期里，我国在家电、高速铁路等产品出口上都面临通过逆向工程获得的技术难以在国外申请专利的问题，而这一问题是无法通过传统的逆向工程实现突破的。

我国仍然是一个后起的赶超国家，即便到了工业强国建设阶段，逆向工程仍然有不可替代的作用，仍然是激发企业创新的最重要的动力。在新的发展阶段，面临新的发展环境，逆向工程也要进行调整：一是逆向工程要更加聚焦于存在短板的技术领域，成套设备和工艺的引进成本过高、难度过大，也没有必要；二是逆向工程与自主创新相结合，两者互为补充，规划和实施要在统一的技术路线图中；三是从技术反求扩展为管理、组织的反求，就技术而言，要实现由架构反求向工艺反求、由硬件反求向软件反求的调整；四是建立新的反求通道，如与发达国家形成更合理的技术研发分工格局，实现“技术换技术”，或者通过对领先企业的并购获得技术引进的渠道。

2. 提升系统集成能力，加强架构创新

集成创新是利用各种技术、管理工具和手段，对相关创新要素、创新内容和创新成果进行选择、综合和重新优化。集成创新能够促进创新资源的配置优化，促进创新主体间的互补共赢，具有显著的放大作用，相对于技术引进能够更好满足产业发展的需求。特别是在技术间、产业间关联不断增强的情况下，对于具有架构技术特征的复杂产品系统（如高速铁路、大飞机、船舶、能源系统等），只有整合相关技术，使之相互配套，才能提高生产力和形成竞争力。

相关技术综合配套的集成创新会大大超过单项技术突破，其结果是既能掌握核心技术、关键技术，也可掌握普通技术。从 20 世纪 90 年代开始，以越来越完善的研发体系为基础，集成创新逐渐成为我国自主创新的一种基本形式，并且在一些架构型特征很强的行业取得显著成绩。例如，中共十八大以来，复兴号动车组、神舟和天宫载人航天、嫦娥探月工程、华龙一号核电机组、C919 大飞机、蛟龙载人深海潜水、神威和天河超级计算机等重大科技成果相继问世，这些都是各工业部门集成创新的成果。

我国开展集成创新有独特的优势。首先，行业和科技部门针对国计民生重大需求，长期支持一批重大科技计划和产业项目，组织建制化、体系化的科研、产业力量，集中攻克重大科技问题，这使得相关资源能够被有效调动，共同实现集成创新。其次，中国有全世界最完整的制造体系和研发体系，且在绝大多数领域都规模巨大，这为集成创新成果的产业化创造了条件。例如，在高速铁路、核电、航天等领域，中国是全球极少能够提供全部所需生产能力的国家之一。最后，中国国内市场巨大，不仅有全球最大规模的人口，还有庞大的产业体系，在政策引导下，集成创新转换的新产品有巨大的市场保障。

3. 通过正向设计获得核心创新能力

正向设计能力是从用户需求出发确立顶层设计要求，自上而下地分解、细化复杂产品（系统）功能，确定产品功能结构、子系统和零部件解决方案，形成可批量生产、稳定运行的商业化产品并实现全生命周期支持的能力。正向设计能够保留产品全部原始设计图，每个元器件的尺寸都有严格的检验和检测报告记录，通常情况下，这些档案属于进行正向设计企业、组织或团队的私人智慧财产，是创新、设计获得收益并避免被模仿和赶超的重要保障。正向设计与逆向工程是制造业产品开发的两类典型模式，但实际情况是，中国很多产业（特别是装备制造）在逆向工程和自主创新两个阶段之间存在能力断层，这一断层突出表现为正向设计能力的缺失（吕铁和江鸿，2017）。

正向设计是自主创新中较高的层次。虽然以逆向工程为主的技术引进消化能够起到立竿见影的效果，并在短时期内缩短与发达国家的技术差距，但随着技术差距的缩短和知识产权保护力度的增强，逆向工程的效果是有边界的，正向设计对国家产业技术进步、产品升级的作用将不断增强。特别是，对于集成程度极高的复杂产品系统而言，仅仅依靠逆向工程是无法掌握整个产品系统全部技术细节的，只有进行正向设计才能够获得再创新的平台，进行产品改进和新产品的开发。我国航空航天、高速铁路、大飞机等产业都经历了由逆向工程为主向正向设计为主的发展历程，而在实施正向设计之后，才真正意义上实现了知识产权的自主。因此，正向设计能力的构建是实现由工业大国向工业强国转型、实现创新型国家建设战略目标的必要条件。

随着技术进步和市场环境的变化，正向设计近年出现新的发展趋势：第一，信息技术被广泛应用于产品设计，绝大多数的产品设计人员都使用计算机进行产品设计，并以数字信息的方式保存设计图纸，这大大提高了产品设计的效率和准确性，同时也能够根据需要方便、快捷地进行修改。第二，工业产品呈现与信息技术和服务融合的发展趋势，因此软件和服务设计也成为产品设计的重要内容。第三，市场需求更加多元化和个性化，正向设计不仅要满足传统的对产品功能和性能的需求，更要实现对实用美观的需求，因此，工业设计在产品设计中的作用不断增强。

为进一步促进工业结构的调整升级，通过正向设计获得核心创新能力是必要途径，政府和企业要共同持续参与到制造业正向设计能力发展促进因素的积累之中。要加快自主正向设计装备和其他产品的大规模商业应用，特别是对于大飞机、高速铁路、发电设备等资本属性的重大装备，政策不能仅仅停留在对首台（套）的采购上，而是要形成鼓励产业化、商业化的长效机制。同时，要为正向设计的开展创造新的技术研发平台和环境。一方面，大幅提高人才培养和人员投入在技术研发投资中的比重，形成有效的人员激励制度；另一方面，建设共性技术、实验数据的公共平台，整合正向设计所需的研发资源。

### 12.1.2　“不均衡”是工业技术创新的突出问题

关于技术创新对工业转型升级的研究，很多集中于对单个行业创新强度的分析，通过对不同行业研发强度的比较，研究技术进步的效果及对产业升级的影响。本书从技术创新和工业结构关系的视角，综合考虑数据可得性和现实阶段特征，选用金融危机之后的数据，尝试分析技术创新的结构是否及在多大程度上对产业结构产生影响。需要说明的是，虽然“规模以上”工业统计口径在 2012 年出现调整，对各行业数据的绝对值有较大影响，但本书选取的是比值结构数据，影响较小。此外，部分行业的分类范畴也在研究期间发生了变化，我们也做了相应的技术处理。

1. 分行业工业部门技术创新能力的比较

通过分析各工业行业技术研发投入和产出占整个工业的比重变化（详细数据参见本章附表 12-1），我们总结了不同行业 2010~2015 年技术创新能力的变化。其中，技术研发的投入以规模以上工业研发经费内部支出、研发经费外部支出、研发人员折合全时当量为代表；技术研发的产出以新产品销售收入、专利申请数量为代表。根据近年来工业技术研发实践及研究上的一些争论和热点，本书专门分析了规模以上工业分行业研发经费内部支出中人员费用、政府资金，以及人员投入中研发人员折合全时当量的比重变化情况。

从统计数据总和分析，规模以上工业企业分行业技术研发的投入和产出结构在 2010~2015 年的变化特征有：第一，技术研发的投入和产出结构在数据上有较强的一致性，说明技术研发投入更多的行业往往有更多的技术研发产出；技术研发投入增长更快的工业行业确实能够实现技术创新产出比重的提高。2010~2015

年，大多数工业部门技术研发投入和产出等呈正相关关系，且无论技术研发的投入还是产出，五年间比重的变化都在 0.5 个百分点以内。交通运输设备制造业是这期间技术研发投入和产出增长最快的工业部门；通用设备制造业和通信设备、计算机及其他电子设备制造业的技术研发投入和产出也增长得较快。这三个行业是 2010~2015 年技术研发投入力度最大，同时也是产出最多的工业部门。相比较，电气机械及器材制造业和仪器仪表及文化、办公用机械制造业在这一时期的技术研发投入和产出比重都大幅下降。

第二，在技术研发的投入和产出数据上，并不存在明显的传统产业和新兴产业区别。在规模以上工业中，技术研发投入和产出比重明显更高的部门有交通运输设备制造业，通信设备、计算机及其他电子设备制造业，电气机械及器材制造业，医药制造业，通用装备制造业，化学原料及化学制品制造业。这些行业中，有典型的新兴产业部门，也有在近年来转型升级推进较快的传统产业部门，作为传统产业部门的化学原料及化学制品制造业在多个指标上的增幅都是排名第一的。

第三，新科技革命和产业变革已经对工业部门的技术创新产生了显著影响。一方面，新技术正在推翻传统的工业部门技术格局，一些曾经技术密集程度很高的工业部门正在被替代，例如，仪器仪表、电气机械及器材曾经都是技术密集程度较高的工业部门，而在研究期内，它们技术研发的投入和产出占比都显著下降。另一方面，由于技术研发的客观规律，很多行业在技术研发投入和产出间存在一定的滞后性，即技术研发投入和产出比重，以及变化幅度在数据上有较大差异。经过分析，这种滞后现象近几年在更多的行业有所体现，且程度更高，这反映了正在经历一次技术革新的浪潮。例如，2010~2015 年，交通运输设备制造业技术研发投入比重的增幅高于产出比重增幅 10 个百分点，相应地，电气机械及器材制造业技术研发产出比重的降幅比投入比重降幅还要多 11 个百分点。医药制造业、交通运输设备制造业在 2010 年之后技术研发投入迅速增加，使得这两个行业的滞后性最为明显，而一些在更长时期就已经持续增加技术研发投入的行业（如通信设备、计算机及其他电子设备制造业）的滞后性就没有那么突出。

第四，在研发内部支出中，政府资金重点投向了交通运输设备制造业和通信设备、计算机及其他电子设备制造业两个工业部门。2015 年，这两个行业规模以上企业的政府资金投入合计占到全部工业的近一半，而在 2010~2015 年，这两个行业的政府资金投入比重分别提高了约 25 个百分点和 12 个百分点。政府资金投入具有很强的政策引导性，这反映出在这五年间，中国政府对工业技术研发的投入重点支持了这两个行业的技术升级。

2. 分地区工业部门技术创新能力的比较

按照前文的方法，对不同省区市 2010~2015 年工业技术研发投入和产出进行分析，规模以上工业企业分地区技术研发的投入和产出结构在 2010~2015 年的变化特征有如下几方面。

第一，分地区技术研发的投入和产出结构在数据上具有一致性，但一致性程度不如分行业的，说明技术研发投入更多的地区往往有更多的技术研发产出；技术研发投入增长更快的地区更能够实现技术创新产出比重的提高。2010~2015 年，大多数地区技术研发投入和产出呈正相关关系。江苏省和浙江省是这期间技术研发投入和产出比重增长最快的地区，而辽宁省和山东省是这期间技术研发投入和产出比重降低幅度最大的地区。上海市和广州市研发投入比重继续提高的同时，产出比重却有明显的下降趋势，可能的原因是这两个地区工业和技术发达，按照一般经济和技术规律，技术研发投入的产出效率开始降低。

第二，在技术研发的投入和产出数据上，存在显著的地区差异。2015 年，技术研发投入和产出比重较高的地区集中于东部沿海的广东、江苏、山东、浙江、上海，中西部地区中，安徽、河南、湖北比重较高，西北部地区的比重最低。工业技术研发投入与产出数据基本上能反映我国工业技术水平的地区差异，虽然中西部地区近年来加大了对工业技术创新的支持力度，但我国工业技术研发自 2010 年进一步向东部发达地区集中，技术研发能力的地区差异在近几年是有所扩大的。

第三，在研发内部支出中，从政府投入看，上海、山东、广东、陕西等地区的比重较高。总体上看，大多数政府资金投入较大的省区市都能够使该地区工业技术研发投入和产出比重提高，这说明政府在促进技术研发能力提升上确实有一定的积极作用。从变化情况看，2010~2015 年天津、陕西、北京、湖南政府资金投入技术研发的比重提高较快，辽宁、上海、四川、广东下降较快。

总体上看，无论是从行业的角度还是地区的角度，技术创新的投入结构和产出结构都具有一致性，即高投入会带来高产出，但同时也表现出明显的不均衡性，一些行业、一些地区的研发投入和产出明显高于其他行业和地区，这已经形成了“十三五”时期我国工业结构调整升级的几个重要短板：一是基础工业技术进步的短板，形成工业整体技术水平的提升天花板；二是区域创新能力的不均衡，造成在更大范围内形成合理产业分工和布局的困难；三是在基础技术、前沿技术方面的研发能力仍然低于在实用技术和成熟技术方面的研发能力，这是我国在技术上赶超发达国家的巨大约束。

## 12.2　改造传统产业与培育新兴产业并举

在党的十七大报告中，首次提出“现代产业体系”的概念，从政策导向上逐渐以“产业体系”的概念替代传统的“产业结构”。党的十八大报告提出了“构建现代产业发展新体系”,适应国内外经济形势新变化,加快形成新的经济发展方式,把推动发展的立足点转到提高质量和效益上来，着力激发各类市场主体发展新活力。党的十九大报告提出，我国经济已由高速增长阶段转向高质量发展阶段，正处在转变发展方式、优化经济结构、转换增长动力的攻关期，建设现代化经济体系是跨越关口的迫切要求和我国发展的战略目标。

从工业结构的角度看，现代产业体系、现代经济体系的构建要着重处理好新兴产业和传统产业间的关系。这种关系不只是简单的比例关系，更重要的是，不断强化新兴产业和传统产业各自的功能和作用，形成互动和融合的发展关系，利用新兴产业的技术、市场和业态模式改造传统产业，同时提高传统产业竞争力水平，以及以传统产业为基础培育和发展新兴产业。

### 12.2.1　新兴产业与传统产业的不同功能

#### 1. 传统产业是大国工业经济的基础

我国正处于工业化的重要阶段，在这一时期，传统产业的健康发展和改造升级在满足群众生活、工业生产基本需求，提供就业岗位，保证工业体系的完整，保障经济增长速度方面具有重要的意义。首先，传统产业产品满足市场需求。传统产业的产品有人民生活所必需的最基本用品，如食品、日化品、针织品等。这些产品在人民消费开支中的比例越来越小，但也是无论如何都不可缺少的部分。传统产业还生产工业生产所必需的能源、原材料，如煤、电、油、各类矿产品等。随着全球资源能源供应趋紧，这类产品占企业生产成本的比重有所提高。其次，传统产业提供大量工作岗位。随着我国产业结构的不断优化，从“十一五”时期开始，传统产业吸收就业占全部工业的比重有所下降。但是，从目前的情况看，传统产业在吸纳就业上仍发挥着重要作用。传统产业对劳动者技能要求不高，即便是需要一定的特殊技能也能够在非常短的时间内完成对新职工的培训，因此传统产业吸收农村剩余劳动力的能力强于新兴产业。目前，规模以上工业企业从业人员中，超过 90%来自制造业，而制造业中，服装、食品、化工原料及化学制品、非金属矿物制品等传统产业所占的比重较高。再次，传统产业保证了我国工业体系的完整性。由于多方面的原因，我国在短期内还很难彻底融入工业化国家的市场体系，加之创新能力有限，很多原材料和设备的供给都存在不安全因素。随着综合国力的提高，欧美发达国家和地区对中国采取越来越频繁的贸易抵制政策和越来越严格的技术输出政策，使得中国产业发展不安全的因素有所增多。要在这样特殊的历史时期实现工业现代化，建设工业强国，就必须具备完整的工业体系，在产业链上做到高自主性。同时，电子、生物和新材料等新兴产业的发展也必须由传统产业为其提供能源和原材料，新兴产业生产水平的提高也要以传统产业生产工艺的提高为前提。最后，传统产业保障我国经济增长的速度。传统产业是我国国民经济体系的重要组成部分，是经济快速增长的重要支撑。在应对金融危机挑战的特殊时期，传统产业持续、稳定的发展为保障我国经济增速发挥了积极作用。近年来，全球新兴产业发展速度加快，但就其对国民经济增长的贡献看，还远不及传统产业。以美国为例，其高新产业的增长加上相关的投资对经济增长的拉动作用也不到 3 个百分点。新常态环境下，要保持每年 6%~7%的经济增长率，必须依靠传统产业的发展，从某种意义上说，放弃传统产业就等于放弃中高速增长率。

2. 新兴产业是工业经济发展新动能

“十三五”时期是我国基本实现工业化和由工业大国开始向工业强国转变的重要阶段，新兴产业（特别是具有战略意义的）在产业转型升级和结构调整中将发挥关键的动能作用。首先，新兴产业的发展形成工业结构调整升级的关键动能。新兴产业具有更优的生产函数，具体来讲就是更好的经济效益、更高的技术含量和更集约的资源使用。与传统产业相比，由于其技术、工艺尚不成熟，市场也处于孕育阶段，新兴产业吸收最新科技成果并依靠技术进步创造更高生产效率的愿望最为强烈。近年来，依靠信息技术、能源技术、生物技术、材料技术和制造技术的发展和产业化，新兴产业较传统产业部门更好地突破了当前我国制造业面临的成本上涨、要素紧缺、技术进步缓慢、产能过剩等瓶颈，形成持续的高速增长，正在成为新的支柱产业。在宏观经济下行的特殊时期，新兴产业对经济增长的支撑作用更加显著。例如，在我国工业总体利润率出现负增长的 2015 年上半年，新兴产业重点行业收入和利润增速均超过 10%，新兴工业部门收入的增速是同期工业部门平均值的 5 倍以上，利润同比增长超过 15%。在我国进入经济中高速增长的新常态背景下，新兴产业正在成为新的支柱产业，是中国经济在“十三五”时期稳步增长的重要保障。其次，新兴产业在发展方式转变和产业转型升级中起到示范和带动作用。新兴产业的产品能满足其他产业转型的需要，如信息化、高端化、绿色化是我国产业转型升级的重要方向，而信息通信、高端装备和节能减排等新兴产业提供了转型升级所需的装备和服务。新兴产业也是新技术、新工艺和新业态的重要物质载体。新兴产业有更强的吸收创新成果的能力，不仅自身技术工艺水平和经营管理能力不断提高，还能够通过扩散效应波及其他产业，促进整个经济系统的技术、管理进步，实现整体的产业升级。新兴产业的发展能够提高要素水平、优化要素结构。新兴产业的发展对投入要素提出新的要求，能够刺激要素产品的升级和结构调整。同时，新兴产业对高端技术人员、高端管理人员、技能型工人，以及相关的法律、市场、金融专业人才需求的增长，还能够刺激教育体制和人才培养机制的改革，优化人力资源结构。最后，新兴产业发展实现新知识和新技能的积累。由于历史原因，我国技术禀赋落后，开创性创新少，且技术轨迹多次被打断，技术发展缺乏连续性。相比较，工业化国家在一些传统产业领域有上百年的知识和技能积累，而积累的主体多是历史悠久的跨国企业。从发达国家的经验看，产业是持续创新和延续技术路线的最佳载体，缺少产业和企业产业化支撑，新知识和新技能无法有效地积累和传承，必然导致技术断代的问题。近年来，我国企业作为技术创新主体的地位不断加强，通过产业化创造的收益进一步反哺技术创新也取得了良好的成效。“十三五”时期，新兴产业应成为新知识和新技能的重要物质载体。

### 12.2.2　“十三五”时期传统产业发展面临的主要问题

虽然近年来我国传统产业改造升级取得了显著的成就，但依然面临严峻的形势。根据国家统计局的数据，自 2005 年以来，黑色金属冶炼及压延加工业、有色金属冶炼及压延加工业、造纸及印刷制品业等传统产业部门经济效益指标提高的幅度并不大，在个别年份甚至出现下降，这说明制约传统产业改造升级的障碍依然存在。

第一，传统产业缺乏完善的技术系统和完整的技术链条。由于历史原因，传统产业领域绝大多数基础技术和核心专利掌握在发达国家跨国公司手中，包括中国在内的发展中国家虽能构建完整的工业体系，但受自身发展时间短、技术实力弱和外部知识产权保护的影响，难以掌握完整的技术体系。同时，中国传统产业部门技术轨迹多次被打断，技术发展缺乏连续性。中华人民共和国成立初期，大量引进苏联技术，20 世纪 60 年代转向以自我探索为基础，广泛吸收来自日本、欧洲和美国的相关技术，改革开放之后适应大规模吸引外资的要求，一大批自主研发项目被迫下马，技术路线再次被重新设定。21 世纪之后，中国提出自主创新战略，技术的连续性有所加强，但仍然受“任期行为”等人为因素的影响。第二，对传统产业的技术改造模式有待改变。对企业技术改造的投资不断提高，规模以上工业企业技术改造经费支出从 2000 年的 1291.5 亿元提高到 2016 年的 3016.6 亿元，2011 年曾达到 4293.7 亿元，投入力度明显强于购买或引进技术经费支出和消化吸收经费的支出。但是，技术改造工作还存在对新时期技术改造的认识有待深化、技术改造的长效机制亟待建立、投资方向缺乏有效引导、项目管理有待进一步完善、财政激励和引导力度需要进一步加大等问题。第三，社会对传统产业关注度较低。在股票等资本市场，投资者对传统产业的关注度普遍低于新兴产业，除石油等垄断行业，传统产业企业对人才的吸引力也低于新兴产业。从海外上市情况看，在美国纽约证券交易所、纳斯达克及英国伦敦证券交易所、东京证券交易所等境外交易所主板上市的中国企业除了能源之外几乎都属于新兴产业部门，纺织、冶金等传统产业企业境外上市的步伐相对滞后。第四，高新产业对传统产业改造升级的带动不足。中国传统产业改造受制于人的状况并没有得到根本改变，在高档数控机床、汽车电子产品、可编程控制器等很多领域还大量依赖进口，电子信息产业的发展还不能完全满足传统产业改造的要求。第五，不同传统产业行业差异和水平差距较大，造成政策设计不能兼顾每个行业的特征和需要。从技术路线上看，传统产业分属于流程型（如化工、钢铁、食品等）和架构型（如造船），不同类型行业转型升级的方式和方向也有所不同，流程型行业的转型升级对生产设备依赖性较强，架构型行业的转型升级对工艺水平的依赖较强。不同传统行业的产业组织结构存在区别，不同行业、不同企业的技术实力、信息化水平参差不齐，所处的转型升级阶段也不同，这些都对政策设计造成了困难。

### 12.2.3 “十三五”时期新兴产业发展趋势与不足

党的十八大以来，在金融危机的冲击下，我国新兴产业的发展仍然成效显著，高档数控机床、工业机器人、新型智能终端等产业技术水平、国内外市场占有率显著提高，高技术产业、新兴产业的年均增长高于 GDP 增速 3~4 个百分点，高于工业平均增速 5~6 个百分点。新兴产业的专业化产业集群逐步形成。目前中国很多省区市在发展新兴产业方面有着很好的产业基础，医药制造业、航空航天器制造业、电子及通信设备制造业、电子计算机及办公设备制造业、医疗设备及仪器仪表制造业等产业有着良好的发展基础，在全国范围内，已经初步形成了若干个各具特色、拥有国际竞争力和较大发展潜力的新兴产业基地。从微观看，企业的国际竞争力不断增强。全球范围内新能源、节能环保、物联网等产业的快速发展加快了我国新兴产业中企业参与全球分工的进程，目前我国已经发展出若干个在全球具有较大知名度和较强竞争力的企业。例如，2018 年，全球十大光伏组件生产厂商中，中国占据了九个席位。从风电设备制造商来看，华锐风电科技（集团）股份有限公司、新疆金风科技股份有限公司、中国东方电气集团有限公司、国电联合动力技术有限公司等企业均位于全球十大风电设备制造企业行列。新兴产业技术创新取得了积极进展。近年来，生物、生化制品制造业，航空航天器制造业，通信设备制造业，雷达及配套设备制造业，集成电路制造业，医疗设备及仪器仪表制造业等产业在专利申请数和有效发明专利数方面均保持了较高增速水平，反映了这些产业领域的技术进步。

但是，新兴产业仍然以粗放式增长为主，依靠投资增大产量仍然是很多地区发展新兴产业的主要方式，规模扩大的同时，技术进步对新兴产业发展的带动作用还很有限，新兴产业向全球价值链高端攀升进展缓慢，新能源、新材料、电子信息等行业还出现产能过剩的情况。同时，产业政策对新兴产业的促进作用开始减弱，一些曾经有效的调控手段和措施随着发展环境的变化反而成为影响产业发展的障碍，产业政策在促进“做强”上的效果远低于“做大”，突出表现为干预性、短期性和重叠性的问题。

## 12.3 促进智能制造与服务型制造发展

科技革命和产业革命将同时对生产力和生产关系产生影响。马克思在《资本论》中就指出，一种特定的生产方式是历史的、暂时的和局限的。新技术不断涌现，使得生产资料、生产力及生产关系的内容和现实形式都在不断地发生变化。马克思还指出，生产力范畴也包括科学技术（主要是指应用科学，而不是科学理论）。新的技术革命，为社会经济形态的更替提供了基础的劳动工具，促进了生产力的发展。因为技术的发展极大地促进了社会分工，降低了物化劳动消耗，提高了生产的效率。随着科学技术的不断变革，社会经济形态也在不断发生变化。与此同时，社会化大生产和生产资料私人占有矛盾日益凸显。社会主义公有制经济形态将替代资本主义私有制，进一步释放社会化大生产的潜力。当前，新科技革命和产业变革表现出两大特征，从技术的角度，智能制造将成为未来工业最重要和最基础的生产力提升方向；从方式的角度，三次产业的边界将越来越模糊，服务型制造将成为未来工业转型升级的重要模式。

### 12.3.1 智能制造的发展与影响

1. 智能制造的发展

国际金融危机之后，为了刺激本国经济增长，重新塑造在实体经济领域的竞争力，许多发达国家都实施了一系列国家战略，如美国的“先进制造业伙伴计划”、德国的“工业 4.0”计划、日本的“再兴战略”、韩国的“新增长动力战略”、法国的“新工业法国”等。尽管这些战略或计划各有侧重点，但都包括：对新兴产业的补贴和扶持，对前沿技术（未来技术）研发的扶持，对中小企业的扶持；对竞争环境的优化，对新产品市场的培育，对人才培育的改革等，通过发展以智能制造为重点的智能经济适应新的要素和市场环境也是这些战略或计划的重要内容。

为应对新科技革命和产业变革的挑战，我国中央政府、地方政府和部分企业先后制定并实施了一系列促进智能制造发展的战略和措施。随着这一系列国家层面的战略、规划、政策的颁布和实施，我国智能制造发展的重点和方向逐渐清晰，支持智能制造发展的政策框架也基本完成。为了加快推进智能制造标准化工作，完善智能制造标准体系，由工信部牵头制定的《国家智能制造标准体系建设指南

（2018 年版）》于 2018 年 8 月发布，这一标准颁布将作为我国智能制造发展最基础的技术文件，对确定我国智能制造技术路线、提高相关技术的应用示范效果有积极的作用。地方层面，一些发达地区利用技术、资金、人才和市场上的优势率先启动智能制造发展，如浙江省 2012 年开始部署“全面推进机器换人”，广东东莞自 2014 年起每年支出 2 亿元财政资金扶持企业“机器换人”，江苏、上海、广东、洛阳等省市先后成立工业机器人产业技术创新联盟。

得益于技术研发能力增强、产业升级步伐加快、政府和企业加强投入，我国智能制造发展取得显著进展，部分领域实现了与国家领先的同步。例如，高性能大型金属构件激光增材制造装备、分布式控制系统（distributed control system，DCS）等一些关键技术与装备取得重大进展，探索形成网络协同制造、大规模个性化定制等一批较成熟、可复制、可推广的智能制造新模式，国家、地方和企业层面的智能制造国际合作持续深化发展中。

2. 智能制造与工业升级的关系

智能制造是新一轮科技革命和产业变革的重要内容，将对制造业的投入、产出和生产过程产生巨大影响，最终彻底改变工业的面貌，促进工业的升级。具体来看，智能制造将从制造方式、生产组织、要素组合和产品功能四个方面改造传统的制造业。

智能制造作为一种全新的制造方式，将促进制造业由过去的生产自动化向生产智能化转型和升级，这是智能制造最直接的影响。与历史上新生产方式和新生产工具的应用一样，智能制造的出现和普及不仅能大大提高制造业生产效率，同时还提高了制造业的加工水平，使一些之前停留在实验室阶段的设计、构想和创意能够产业化和商业化。一方面，智能化能够优化生产流程和任务安排，减少人为因素造成的对生产过程的不良干预，显著提高生产节拍，有效缩短设备调试、重组和纠错的时间，这将在保障产品质量的前提下大幅度提高生产效率。例如，通过互联网技术及其他智能化手段，中联重科股份有限公司建设了全球第一条塔机和升降机标准节智能化生产线，30 台联网工业机器人并行完成整个制造过程，不仅能够实现根据订单自动匹配物料，还能够在同一生产线上同时实现 10 种不同规格和标准的产品生产，生产效率提高到之前的 4.8 倍。另一方面，智能制造代表更高的生产精度和质量控制，使制造业能够满足更加苛刻的用户需求。例如，以 3D 打印为代表的基于智能软件和装备的增材制造能够一次成型更加复杂的产品，满足更加精密和独特的加工要求，这促进了新能源、装备、航空航天等产业的发展。

智能制造在一定程度上改变了传统的全球制造业分工体系。新一代互联网技术催生了虚拟产业集群，使得全球供应链管理向网络化和虚拟化转变。这里需要指出的是，智能制造将使制造业大规模回流发达国家的说法并不准确，比较优势仍然是国际贸易和分工的基本原则，虽然智能制造可能改变当前国际制造分工格局，但并不会使发展中国家“无事可做”，随着发展中国家智能制造的普及，国际制造分工会朝着更加公平和合理的方向发展。

智能制造还将影响制造业的投入要素组合。智能制造在整体提升制造业生产效率，降低生产成本的同时，也能改变不同投入要素之间的比重关系。由于生产工艺的改进、生产管理更加有效，制造业的能耗、物耗将大大降低；柔性化的生产系统、自我纠错功能和研发制造的一体化缩短了产品从设计到投入市场，以及生产线调整、调试的周期，与时间相关的成本也将显著下降；智能制造业也在改变人力资源需求结构，对知识型、技能型劳动者需求增加的同时对非技能型普通劳动者的需求会减少。

智能制造能够促进制造产品由传统功能向融合服务、嵌入网络功能转变。从广义上理解，智能制造不仅包括制造过程的变革，也包括产品的升级换代。一方面，智能制造将促进制造业服务化转型。由于实现了与用户需求的有效互动，产品用户不仅能够以低成本获得个性化定制产品，还可以参与到产品设计、制造、销售的各个环节，甚至能够在过程中随时改变决策。相应地，企业也可以在产品制造之外提供更加丰富的服务组合，如在农化产品销售趋于稳定的情况下，为农户提供测土配方、农技咨询、销售信息的一整套农业解决方案成为农业化学企业新的增长点。另一方面，传统产品与互联网功能的结合，实现智能化功能能够形成新的增长。例如，在传统家具、家电产品上嵌入互联网功能，使家电与安防、监控、医疗、健康、通信相融合，能够实现家居生活的智能化；在传统工程机械装备上嵌入互联网功能，能够实现对机械的远程定位、监控、维护，方便制造企业提供售后服务，也方便业主实时掌握机械使用情况。

### 12.3.2　服务型制造的发展与影响

#### 1. 服务型制造的发展

目前，制造业出现新的智能化、数字化和网络化发展趋势，这对制造业的中间投入提出了新的要求，可以肯定，“十三五”以来，服务要素在制造业投入中的比重显著提高。首先，制造过程对传统要素需求越来越集约，但对产品设计、生产工艺、技术标准的需求提高，高精度、高强度的制造需要很多服务环节的支撑，如根据国际机器人联合会的统计，工业机器人的采用虽然减少了一线工人的数量，但每 10 台机器人则需要至少 1 名后台技术人员进行服务支撑，即传统的劳动力投入减少了，但服务的劳动投入却增加了。其次，网络化催生新的商业模式，众包、用户参与、社会化生产、电子商务、二三产业融合、社区工厂等新的制造业运营模式开始普及，这使得商业、金融、银行、保险、物流、广告、咨询、检测、设备维修等服务业更多作为中间投入参与到实物产品的制造过程中，提高制造业中间投入的服务比重。

制造业投入服务化的同时，产出也呈现越来越明显的服务化趋势。现在，已经很难判断一个产品属于工业产品还是服务产品，传统的三次产业之间的界限也越来越模糊，在装备、电子、汽车等产品出现产出服务化趋势之后，服装、食品等产品也开始包含越来越多的服务。

随着工业化的推进、技术进步和市场环境的变化，我国服务型制造的趋势也不断增强。一方面，家电、汽车、通信设备制造、IT、机械制造领域，出现了不同程度的服务化。设计、研发、实验等专业化服务，检测、维修、部件定制服务，工程总承包、交钥匙工程、整体解决方案，第三方物流、供应链管理优化等是服务化的重要方向和领域，制造业企业已经在一定程度上运用服务来增强企业竞争力，服务质量的差异化确实对企业绩效产生了显著影响。另一方面，部分制造企业服务化程度加深，成为竞争力提升的重要来源。一些企业锐意创新，利用互联网信息技术，积极探索服务型制造发展路径，从设计服务提升、制造效能提升、客户价值提升和拓展服务提升四个方面，形成了一批具有典型性的服务型制造模式，如表 12-1 所示。随着新技术的发展和企业的持续创新，符合中国制造业的服务型制造模式将不断涌现，推动制造业的服务化转型。

**表 12-1　国内服务型制造发展典型模式**

| 服务型制造领域 | 典型模式 | 典型企业（平台、品牌） |
|---|---|---|
| 设计服务提升 | 设计研发引领模式 | 中车株洲电力机车研究所有限公司 |
| | 低成本大规模定制模式 | 红领西服 |
| 制造效能提升 | 供应链整合模式 | 中石化易派客 |
| | 网络协同制造模式 | 韩都衣舍 |
| | 服务外包模式 | 海尔日日顺 |
| 客户价值提升 | 全生命周期管理模式 | 三一重工股份有限公司 |
| | 系统解决方案模式 | 华为技术有限公司 |
| | 信息增值模式 | 鱼跃医疗 |
| 拓展服务提升 | 金融租赁模式 | 陕西鼓风机（集团）有限公司 |
| | 综合资源网络化模式 | 阿里云 |

与发达国家相比，我国服务型制造发展总体上依然滞后，这与我国制造大国的地位和制造强国的发展方向不符，不能满足制造业转型和市场变化的要求。从

意识看，对服务型制造的理解不深。尽管服务型制造可以追溯到工业革命初期，但其概念的形成时间并不长，加之互联网技术和手段的普及，服务型制造对我国政府和企业来说还是一个新生事物。虽然一些企业开展服务型制造业务，但是对服务型制造的概念和内涵、服务型制造的发展趋势仍然不清楚，政府部门对服务型制造潜的影响力也认识不足。从发展水平看，服务型制造的发展层次较低，不同行业和区域发展极不平衡。受认识不足、制造业和服务业发展水平、信息化水平、技术水平的影响，我国服务型制造的成熟模式少、服务性活动占企业收入比重低，缺少能够提供个性化定制和整体解决方案的服务型制造提供商。同时，服务型制造发展呈明显的不平衡性，新兴产业、与信息化结合紧密的产业服务型制造发展有所突破，但传统制造领域向服务型转型步伐较慢；东部沿海地区服务型制造的发展明显领先中西部地区。从发展环境看，服务型制造的硬件、软件基础薄弱。从硬件看，信息化基础设施还不够完善，一些企业利用移动通信公网甚至 Wi-Fi 传递生产、服务过程中产生的各种数据时，存在巨大的信息泄露隐患；从软件看，服务型制造处于当前行业管理体系分割的中间地带，缺乏行之有效的政策手段，现有的法律法规与服务型制造的发展也存在漏洞和缺陷，同时也缺少对服务型制造企业进行监管的制度和规范，一些支撑服务型制造的技术标准也未形成。

2. 制造业服务化对我国工业转型升级的意义

“十三五”期间，服务型制造的发展不仅是我国工业化进入后期并基本实现工业化发展阶段的重要特征，对制造业自身的技术进步、转型升级起到推动作用，同时，对服务业的发展和升级，破解当前经济发展矛盾与约束，适应新的国际产业分工环境和秩序都有着重要的意义。

（1）服务型制造有助于制造业的转型升级。重化工业粗放式的发展是我国三十余年来工业和国民经济高速增长的主要动力，但随着我国进入工业化的后期，资源、环境约束趋紧，同时重化工业产品出现严重过剩，中国制造业发展方式亟须调整。要实现制造业转型升级，技术、标准、品牌替代低要素成本成为新的竞争力来源，就需要在制造产品的投入中加入更多的服务要素，在制造业的产出中附加更多的服务内容。

（2）服务型制造有助于破解当前面临的发展矛盾与约束。目前，我国制造业发展面临的主要矛盾和约束包括：重工业发展与环境恶化之间的矛盾，传统要素禀赋优势消失和新的竞争优势尚未获得之间的矛盾，以及国内市场发展环境不佳产生的约束。制造业服务化能够在一定程度上缓解这三个方面的矛盾和约束。首先，制造业的投入服务化和产出服务化都有助于形成节约能源、保护环境的新的发展方式。更多服务要素投入到制造业中对节能减排起到积极作用，合同能源管理模式等服务方式使得制造企业，特别是污染较重的重化工业企业能够以较低的成本安装节能环保装备并在使用过程中逐步偿还债务，在实践中取得良好效果。同时，制造业的产出服务化，尤其是在实物产品作为传递服务的媒介和平台的阶段，可以有效降低资源能源消耗，以及废弃物对环境的影响。例如，化学品管理服务模式改变了以前以增加销量获得更多收益的传统化学品销售模式，化学品功能成为交易的基础，顾客按照功能支付报酬，节约使用化学品成为买卖双方的共同目标，形成了新的集约利用资源、提高资源利用效率的方法和途径。其次，制造业服务化有助于突破制造业发展的要素约束。经过三十多年的高速发展，建立在低劳动力、土地等传统要素成本上的发展方式难以为继，亟待培育新的竞争力。研发、设计、专业管理等服务能够为制造业的发展提供新的动力和增长点，以抵消传统要素成本的上升，继续教育、金融租赁、工业地产等服务业还能够优化劳动力、土地要素的结构，以满足人力资源和土地集约要求的提高。最后，制造业服务化有助于培育国内市场。随着我国人均收入的提高，国内市场必定将是我国制造业新的增长点，而国内市场渠道建设、诚信建设、知识产权保护等都需要相关服务业的发展。

（3）服务型制造有助于服务业的快速发展与优化升级。虽然我国服务业增加值占国民经济的比重已经超过第二产业，但总体上看服务业的发展水平还很低，这主要表现在：服务业中中低端生活性服务业所占的比重大，中高端生产性服务业和商业服务所占的比重较低；设计、咨询、法律、财务等高附加值服务业产品需要大量进口或由在华国外企业提供；服务业外向型程度较低，服务业产品出口比重远远低于制造业；服务业从业人员规模大但人力资源水平低于工业。“十三五”期间，制造业服务化发展能够为国内中高端服务业的发展提供巨大市场，由制造业剥离出来的服务环节和项目能够为国内服务企业提供智力和资金支持，这些都有助于国内服务业的升级和服务业结构的优化。

（4）服务型制造有助于自主创新。创新驱动是“十三五”时期制造业发展的重要特征，技术研发、成果转化、成果交易、专利申请、标准制定等对制造业发展和转型升级的重要性越来越大，这就需要相关的技术研发、技术中介机构等服务部门和企业的发展，制造业服务化发展不仅能够提升自身技术研发部门的水平，还能够加强与外部科技资源的联系程度，从而加快制造技术的研发和转化。

## 12.4　促进工业结构调整升级的政策建议

### 12.4.1　促进创新驱动工业结构调整与优化

（1）推动技术创新的补短板。从创新层次看，要在进一步增强实用型创新和应用型创新的同时，加强基础技术研发等原始创新。官办科研机构、政府资助的科研项目要向基础学科和具有使能作用的通用型项目倾斜。从创新的目的看，要加强前沿技术储备。我国已经在一些领域逼近全球技术研发前沿面，技术引进的空间缩小，且在全球技术研发中的角色也正在由“跟跑者”向“并跑者”和“领跑者”转变，中国有能力也有责任承担攻克未来产业发展所需的基础技术、关键技术和核心技术的重任。因此，政府和大型企业（包括国有企业和民营企业）应当加强前沿技术储备，技术研发的规划和路线图设计要有更长的周期。从创新的行业分布看，要加强基础工业的技术研发投入。目前，我国创新资源在行业间的分布并不均衡，为了追求短期性和更好的经济收益，技术研发投入集中于那些技术进步较快的行业和领域，这是我国电子信息制造、光伏等行业迅速发展的原因之一。而实际上，在化工、冶金、机械加工等基础工业领域，我国与世界领先还存在巨大差距，并且，这种差距直接遏制了一些重大项目的进展，如高速铁路、大飞机、航空母舰、大型电力装备等仍然在一些关键技术和工艺上受制于人。从创新的区域分布看，要增强中西部经济欠发达地区的技术研发能力。我国经济发展有显著的梯度性特征，产业从东部发达地区向中西部欠发达地区转移形成了当前产业区域分布基本格局。但是，近年来，欠发达地区由于缺乏在特定领域的技术能力，不得不将招商引资的政策限定在传统的地价、税收、补贴优惠上，这加剧了地方招商引资的恶性竞争，同时产生地区间产业布局的同质性。因此，要加强对中西部欠发达地区技术创新的支持力度，特别是，各地方要根据自身产业、人才、技术基础确定技术创新的重点方向，这不仅是欠发达地区高质量发展的基础，也是今后我国产业布局合理化的条件之一。

（2）更好地融入全球技术研发分工体系。由于各种原因，我国技术研发与全球（特别是发达国家）技术研发体系的融合程度始终不高。例如，作为全球三大航天大国之一，我国并没有参与全球最大的航天项目——国际空间站。虽然我国以更加开放的姿态融入全球市场，但在技术研发领域，美国、日本、欧盟的政府、企业、科研机构对中国始终有排挤和防范。党的十九大报告提出了“加强创新能力开放合作”①，反映了我国最高层在支持技术创新领域与国外开展深度合作的决心和态度。过去，境内合资是我国获得国外先进技术、工艺和管理方式的重要途径，但这一方式能够转移的资源必定是有限的。在新时期，通过并购国外领先企业，再实现技术的转移、获得技术研发资源是当前我国融入发达国家技术研发体系的重要途径。金融危机之后，我国对外并购掀起新的浪潮，其中不乏一些通过逆向并购获得先进技术和领先技术资源的例子，例如，美的集团对库卡的收购，中国化工集团有限公司对先正达的收购都有望大幅度缩小相关行业与世界领先水

① 参见《人民日报》2017 年 10 月 28 日第 1 版文章：《决胜全面建成小康社会 夺取新时代中国特色社会主义伟大胜利》。

平的差距。

（3）加强产业高端要素的“走出去”。经过中华人民共和国成立以来，特别是改革开放以来的不懈努力,我国在一些产业和领域的技术水平达到了国际领先，但是在具体的市场化过程中，我国自主知识产权的技术、产品、服务在国际市场的推广始终受到不公平待遇。很多产品已经比发达国家有更好的性能和表现，但也必须在进入国际市场时接受发达国家主导的国际组织、机构、委员会的质量认定，这大大增加了我国高技术产品出口的成本和不确定性。在新时期，要加强品牌、技术标准等产业高端要素“走出去”。根据当前我国面临的具体环境，在具体的“走出去”措施中：要弱化“输出”，注重“扩散”。由于标准（特别是技术标准）被认为是较高层级的战略资源，在国际政治、经济关系中较为敏感。无论是发达国家还是发展中国家，政府和产业部门或多或少都会对采用他国技术标准有所防范。特别是对于通信网络、交通线路、水利工程、能源系统等涉及面广的复杂系统，采用何种“标准”绝不仅是单纯的经济效益问题。在这种情况下，我国自主技术标准的“走出去”应当淡化标准“输出”目标定位，只要通过了相关国家和国际组织的必要审查，并不需要过多强调出口产品系统采用了中国自主的标准体系。在产品的出口和对外工程承包过程中，将中国自主标准带出国门，在实现大量出口之后，中国标准也就顺利“扩散”成为国际市场认可的标准。

### 12.4.2 改造传统产业与培育新兴产业并举

#### 1. 调整优化传统产业改造升级的政策建议

（1）加强市场机制的基础作用。当前，我国市场经济体制虽然已经建立起来，但还存在一些不尽完善的地方，未来应不断对社会主义市场经济体制中不完善、不符合国情的地方进行改进，从以下三个方面进一步发挥市场机制在改造升级传统产业上的积极作用。一是优化传统产业竞争环境。从 2009 年开始，中国政府逐步确定了政策重点扶持的七大战略性新兴产业，各项扶持政策和优惠政策开始向这七个产业领域倾斜，这在一定程度上对扶持传统产业的政策产生了挤出效应。发展新兴产业与改造升级传统产业是相辅相成的，应给予传统产业企业相同的发展机遇和竞争环境，依托传统产业基础培育新兴产业，也依靠新兴产业促进传统产业改造升级。二是强化企业市场竞争意识。传统产业部门中国有企业比重较大，受计划经济的影响更深，与新兴产业领域的企业比较，传统产业企业竞争意识弱、竞争手段少。应通过企业改制、引入现代企业管理制度、减少企业社会功能等方式，不断加强传统产业企业的市场化主体地位，使其参与市场竞争。三是提高对传统产业发展的社会关注度。相对于传统产业在国民经济中所占的份额，其在两大证券交易所上市的情况并不乐观，对人才的吸引力也低于新兴产业。应通过加强对传统产业的舆论宣传，扩大相关专业招生数量，加强技术教育等方式，提高传统产业的社会关注度，吸引社会资本投入和人才就业。

（2）奠定传统产业改造升级的技术基础。技术进步是传统产业改造升级的必要条件和重要内容，而共性技术的突破对于产业技术水平的提高具有最直接的效果。应多渠道、多方式加大传统产业共性关键性技术和重大装备的研制开发，加强产业间和产业内各企业间技术联系，解决制约传统产业发展的重大技术瓶颈问题。以全面提升产业竞争力为目标，按照市场规律加速产业重大关键技术的突破，实现产业技术的跨越式发展。制订传统产业共生性技术的发展计划，对造成瓶颈的技术进行重点突破，特别是要按照新型工业化战略要求，增强对信息相关技术的研发力量，加深信息技术和传统产业的融合。建立共性技术的扩散机制，培养高校、政府资助的科研机构成为共性技术研究的主导力量，并通过政府资助鼓励共性技术的扩散，通过专利保护、知识产权市场交易加大共性技术与企业利益之间的结合度。

（3）形成传统产业主动改造升级的内在动力。要支持传统产业企业建立技术中心和研发中心，培育企业自主创新体系。发挥大企业的科研优势，鼓励其培育具有独创性的核心技术能力，完善产业内和产业间的技术渗透体系。鼓励中小企业之间形成技术创新网络，作为核心技术的补充，积极进行应用性创新。加强企业与科研院所的合作，建立产学研交流机制，拓宽企业自主创新的视野，做好发明创造的商业化工作。进一步完善知识产权保护。加强企业申请专利、保护创新成果的意识，设立相应的奖励机制。扩大知识产权保护的广度和深度，加大对违法事件处理力度。建立和完善知识产权交易市场，促进知识流通，鼓励企业参与国际专利交换。加大对企业自主创新的资金支持力度，财政、税收等制度要对实施自主创新工程的企业给予更多优惠政策。支持符合条件的传统产业企业进行资产重组、股票上市，进一步拓宽企业融资渠道。积极利用风险资金等新型融资手段，探索适合传统产业创新的风险投资市场。

（4）将改造升级传统产业政策与其他产业政策相结合。我国产业管理体制的弊端造成了政策制定部门不能掌握政策有效实施的全部资源，因而一些产业政策得不到相关的其他政策的支持，甚至有各部门政策效果相互抵消的情况。为了最大限度地发挥产业政策在促进传统产业转型升级中的积极作用，应加强产业政策与科技政策、财政政策和人才政策的结合。与科技政策结合方面，应加强技术研发投入的同时，着力打通从科学技术到工业产品的通道，促进新技术、新工艺的产业化和商业化，将技术研发上的优势转化为产业和产品的竞争优势。与财政政策结合方面，保障传统产业技术改造资金落实到位，引导国家财政资金更多地投向传统产业等实体经济部门，公共产品、重大项目装备的采购要优先考虑国内传统产业企业。与人才政策结合方面，在国家和地方人才引进计划或目录中，要重点考虑能够促进传统产业改造升级的人才和人才团队的引进，提高传统产业人才待遇，缩小传统产业与新兴产业用人在薪酬、发展和晋升上的差距。

2. 调整创新面向新兴产业的产业政策

（1）通过参与机制创新激发主体活力。产业政策只有满足产业和企业发展真实需要才能够发挥最大的功效，因此，在产业政策制定和实施过程中应广泛吸收企业、协会、商会、企业联合会的参与，使市场经济的主体——企业从被动接受政策转为主动参与政策的制定和实施，达成政企间的共识。促进参与机制的建议包括：一是加强政策制定前期调研和研究，全国性的政策设计要充分了解全球新兴产业技术、市场发展趋势，准确把握我国具有的优劣势；区域性政策的制定则要建立在本区域禀赋的基础和对产业发展状况、企业需求充分了解的基础上。二是强化行业协会在政策制定和实施过程中的积极作用，新兴产业的协会要突破我国传统的行业协会组织方式，协会要为产业和企业服务，成为表达企业政策诉求的重要通道。三是提高企业准确和真实表达政策诉求的能力，企业在加强技术研发的同时也要加大对政策研究的投入，大型企业要设立专门的软课题，外贸型企业和跨国企业还要对国外相关政策有所掌握。四是积极响应企业诉求，通过调研掌握的企业政策诉求要成为战略性新兴产业政策制定和实施的重要参考，减少行政命令对产业政策的影响，使政策能够真正为产业发展服务。

（2）通过协调机制创新形成政策合力。从发达国家和我国部分新兴产业的发展经验与相关政策的具体操作看，产业政策与财政政策、货币政策、金融政策相结合，参与宏观经济的调控能够更好地促进产业发展和升级，这并不是个别国家或个别产业的随意选择。例如，美国的“先进制造业国家战略计划”不仅包含了财政、税收政策，还包括了教育政策的改革，旨在优化美国人力资源结构，适应新兴产业发展和重振制造业对人才及技能型工人的要求。促进协调机制创新的建议包括：一是要充分认识产业政策在形成我国未来国家竞争力和提高综合国力上的关键作用，提高产业政策的作用和地位，其他经济政策和非经济政策要更好地为战略性新兴产业发展服务。二是要形成政策协调的组织保障，在“中国制造2025”等国家战略框架下，国家发展改革委、国务院国有资产监督管理委员会、工信部、财政部、科学技术部、教育部、中国人民银行、自然资源部、生态环境部等相关部委，以及各省区市政府之间要加强沟通，以保障战略性新兴产业政策的完整性、针对性和可操作性。三是要积极利用一些行之有效的经济政策为战略性新兴产业的发展服务，如使用差别化的财税政策鼓励新兴产业领域的投资，促进新产品的市场增长。四是形成相应的政策清单，在针对不同发展问题时进行选择和组合。

（3）通过前瞻机制创新培育未来竞争力。传统产业部门的产业政策一般聚焦于解决已经出现的问题、亟须突破的障碍，而新兴产业的属性决定了其发展的不确定性，产业政策应从技术和市场两个方面，创造良好的发展环境，通过市场机制形成和强化产业在未来的核心能力。同时，产业政策正在成为宏观经济调控的重要手段，战略性新兴产业的政策不仅要更好地适应经济周期的变化规律，也要在一定程度上对宏观经济产生积极影响。促进前瞻机制创新的建议包括：一是在进一步增强模仿创新能力的同时，大力支持战略性新兴产业领域的原始创新，大力支持基础技术的研发、基础工业数据的沉淀和工艺能力的积累。二是制订面向未来的超长期技术储备计划，不仅要加强成熟技术的产业化，也要针对未来五年、十年、三十年的技术制订研发计划并给予长期支持，实现多代技术同时开发。三是企业作为重要的创新主体，垄断企业、大型企业和国有企业要在前瞻性技术研发方面有所担当。四是增强产业政策作为宏观调控手段的作用。增强产业政策对其他宏观经济政策的协调性，如针对“营改增”、结构性减税等对产业和企业发展有较大影响的其他经济政策，产业政策需要有相应的配套。

（4）通过评价机制创新保持政策生命力。评价的科学性是政策可持续性的保障，也是政策不断优化的依据。发达国家对产业政策的评估包括事前、事中和事后完整制度体系，并通过法律的形式加以规范。促进评价机制创新的建议包括：一是科学认识战略性新兴产业的内涵和作用。并非所有新兴产业都具有战略意义，即便是具有战略意义的产业也并非所有环节都需要政策的支持，政策应聚焦于真正能够发挥战略作用的产业和环节，这是政策评价的基本准则。二是彻底改变政策评价的思路，对政策制定和实施部门（通常是政府）不应当考核出台了多少政策，而应当重点考核贯彻落实了多少政策，政策取得了多大的成效。并且，政策的评价结果要用于指导今后新政策的制定和已实施政策的优化。三是减少官员任期对政策评价的影响，减少短期评价，注重长期评价，对支持短期内不能见效的基础技术研发、未来技术储备和市场研究的政策要有专门的评价方法。四是建立分层评价机制，国家的产业政策应注重评价整个产业的发展状况，而地方产业政策则应重点评价具体的环节。

### 12.4.3 促进智能制造与服务型制造发展

#### 1. 促进智能制造发展的思路

（1）政府和企业对智能制造技术、模式研发和示范应用进行持续投入，重点支持基础研究。从以往制造业技术革命的经验看，新的生产方式替代旧的生产方式是一个漫长的过程，第一次工业革命中，蒸汽机在全球的普及用了超过一百年的时间，第二次工业革命中机械化、电气化在全球制造业的实现也用了半个世纪。在信息网络技术和互联网的支持下，技术、工艺和模式的传播速度加快，智能制造依赖的各种装备、人才也能更好地流动，但事物的发展仍然有其逐渐成熟的客观规律。对于大多数国家和地区，以及大多数产业而言，智能制造还只是一个概念，在一个较长时间里，必须持续对智能制造的研发、应用配置更多的资源和要素，特别是，要对基础性技术、共性技术等短期内无法实现收益，且风险巨大的项目给予专项资金支持。国外一般由政府资助的科研机构，或者具有垄断势力的大型跨国公司承担此类研究。我国公立大学、科研机构和中央企业也应当承担此项义务，为智能制造的发展奠定基础，并且，这些基础研究并不仅限于技术，也包括与智能制造相关的生产规则、应用范围、法律、劳动保护的研究。根据智能制造发展的趋势和需求，我国应重点推进智能传感、智能制造规则和限制、工业机器人法规、信息链接权限等方面的制度法规设计。

（2）制定和完善智能制造发展的顶层设计，突破智能制造发展短板。第一，要重视自主软件系统的研发和智能制造标准的制定，利用制造业规模优势占领智能制造发展和智能制造产业的制高点，避免在新一轮的竞争中受制于人。第二，从技术角度，要跳出“市场换技术”的传统发展思路，大力促进智能制造相关基础技术、应用技术的研究与开发，加强知识产权保护和产业化以激励创新。第三，从市场开拓角度，要培育自主智能制造产品品牌，参与和影响国际标准制定，提升国产智能制造产品的国际影响力。第四，要构建全球最大规模的工业大数据库。智能制造是建立在人工智能技术基础之上的，同时自身运转也需要来自产业链各个环节数据的支持，这些都需要构建工业大数据库。我国虽然在信息技术方面与发达国家相较没有优势，但全球最庞大的制造业体系和工业产品市场如果能够嵌入信息网络，无疑将形成其他国家难以复制的工业大数据库，这将是我国制造业和智能制造未来发展最核心的竞争优势之一。第五，要调整教育和培训体制，改善我国人力资源结构。一方面，改革学校教育和继续教育课程安排，培育适应智能制造发展需要的技能型工人、工程师和研发人员；另一方面，改革企事业单位人事制度，积极吸引全球人才为我国智能制造发展服务。

（3）将制造业的智能化升级与进一步挖掘我国比较优势相结合。改革开放之后，我国制造业凭借劳动成本优势接受大量国际产业转移，迅速发展成为全球制造中心。目前，虽然劳动力成本上涨明显，但与发达国家相较仍有优势；与东南亚、南亚、拉美地区比较，我国在产业基础设施、供应链保障和劳动力素质方面有明显的优势。因此，我国既具备发展智能制造的条件和基础，同时为了应对劳动力等要素成本上涨的压力，也有发展智能制造的需求。当然，在相当长一段时期内，我国整体技术水平、劳动力素质与发达国家还有一定差距。“十三五”时期，发展智能制造是为了争取更好的国际分工地位，但同时也是为了弥补部分要素成本上涨对我国产业竞争力的不利影响。例如，通过“机器换人”降低产业的劳动密集程度，减小劳动力成本上涨的冲击。

2. 促进服务型制造发展的思路

（1）高度重视服务型制造发展，破除制造业与服务业融合发展过程中体制障碍。当前，我国产业发展不断改善，但仍然存在一些对制造业、服务业融合发展有显著阻碍作用的体制障碍，如融合后的重复征税问题，税率不等造成的不公平问题，由于难以界定产业部门，企业无法享受优惠政策等问题。“十三五”时期，实现制造业服务化发展的转型，不仅需要制造业自身的变革，更需要破除体制机制障碍，扭转传统思维模式，加大对制造业服务化发展的支持和引导。

（2）加强服务型制造规划，将其提升为国家战略。借鉴发达国家在工业化后期和后工业化时期制造业服务化战略的思想，研究制定国家层面的制造业服务化发展战略，其应与新型工业化、创新型国家、两化（工业化和信息化）融合等已有战略相辅相成。

（3）积极参与国际服务型制造分工。目前，制造业服务化的国际分工格局尚处于调整阶段，这为我国通过发展和提升服务外包参与国际制造业服务化分工提供了重要战略机遇。制造企业要积极开展在岸服务外包，从而扩大生产性服务业内需市场。借助已有的服务外包试点城市，促进产业政策落地，加快公共服务平台建设，推动制造企业与服务外包企业的合作和联盟，建设和推广国家服务外包公共品牌，为我国服务外包产业快速发展提供支撑。

# 本 章 附 录

**附表 12-1 按照主营业务收入计算的规模以上工业结构变化情况**

| 行业 | 2010 年 | 2011 年 | 2012 年 | 2013 年 | 2014 年 | 2015 年 |
|---|---|---|---|---|---|---|
| 煤炭开采和洗选业 | 3.38 | 3.73 | 3.66 | 3.15 | 2.74 | 2.14 |
| 石油和天然气开采业 | 1.52 | 1.53 | 1.26 | 1.14 | 1.03 | 0.71 |
| 黑色金属矿采选业 | 0.88 | 0.96 | 0.94 | 0.95 | 0.84 | 0.65 |
| 有色金属矿采选业 | 0.55 | 0.59 | 0.61 | 0.60 | 0.57 | 0.56 |
| 非金属矿采选业 | 0.43 | 0.44 | 0.45 | 0.47 | 0.48 | 0.49 |
| 其他采矿业 | 0 | 0 | 0 | 0 | 0 | 0 |
| 农副食品加工业 | 4.97 | 5.21 | 5.61 | 5.78 | 5.75 | 5.89 |
| 食品制造业 | 1.60 | 1.65 | 1.70 | 1.77 | 1.84 | 1.98 |
| 饮料制造业 | 1.31 | 1.40 | 1.46 | 1.48 | 1.48 | 1.57 |
| 烟草制品业 | 0.81 | 0.79 | 0.81 | 0.81 | 0.81 | 0.84 |
| 纺织业 | 4.03 | 3.84 | 3.47 | 3.51 | 3.46 | 3.60 |
| 纺织服装、鞋、帽制造业 | 1.72 | 1.57 | 1.86 | 1.87 | 1.90 | 2.00 |

续表

| 行业 | 2010年 | 2011年 | 2012年 | 2013年 | 2014年 | 2015年 |
|---|---|---|---|---|---|---|
| 皮革、毛皮、羽毛（绒）及其制品业 | 1.11 | 1.04 | 1.21 | 1.21 | 1.26 | 1.32 |
| 木材加工及木、竹、藤、棕、草制品业 | 1.03 | 1.05 | 1.11 | 1.17 | 1.20 | 1.25 |
| 家具制造业 | 0.62 | 0.59 | 0.61 | 0.63 | 0.66 | 0.71 |
| 造纸及纸制品业 | 1.46 | 1.40 | 1.35 | 1.31 | 1.22 | 1.26 |
| 印刷业和记录媒介的复制 | 0.50 | 0.45 | 0.49 | 0.51 | 0.61 | 0.67 |
| 文教体育用品制造业 | 0.44 | 0.37 | 1.11 | 1.17 | 1.35 | 1.43 |
| 石油加工、炼焦及核燃料加工业 | 4.20 | 4.43 | 4.24 | 3.95 | 3.71 | 3.12 |
| 化学原料及化学制品制造业 | 6.80 | 7.14 | 7.29 | 7.42 | 7.51 | 7.53 |
| 医药制造业 | 1.64 | 1.72 | 1.87 | 2.00 | 2.11 | 2.32 |
| 化学纤维制造业 | 0.72 | 0.79 | 0.73 | 0.71 | 0.65 | 0.65 |
| 橡胶和塑料制品业 | 2.78 | 2.68 | 2.60 | 2.65 | 2.70 | 2.79 |
| 非金属矿物制品业 | 4.48 | 4.67 | 4.73 | 4.98 | 5.19 | 5.30 |
| 黑色金属冶炼及压延加工业 | 7.81 | 7.83 | 7.70 | 7.42 | 6.71 | 5.68 |
| 有色金属冶炼及压延加工业 | 4.18 | 4.38 | 4.44 | 4.52 | 4.64 | 4.63 |
| 金属制品业 | 2.82 | 2.73 | 3.13 | 3.19 | 3.29 | 3.36 |
| 通用设备制造业 | 4.93 | 4.77 | 4.09 | 4.16 | 4.25 | 4.24 |
| 专用设备制造业 | 3.05 | 3.10 | 3.09 | 3.11 | 3.15 | 3.23 |
| 交通运输设备制造业 | 7.89 | 7.50 | 7.21 | 7.49 | 7.77 | 8.12 |
| 电气机械及器材制造业 | 6.04 | 5.96 | 5.87 | 5.93 | 6.05 | 6.23 |
| 通信设备、计算机及其他电子设备制造业 | 7.91 | 7.54 | 7.58 | 7.50 | 7.72 | 8.25 |
| 仪器仪表及文化、办公用机械制造业 | 0.91 | 0.89 | 0.72 | 0.74 | 0.75 | 0.79 |
| 废弃资源和废旧材料回收加工业 | 0.34 | 0.31 | 0.31 | 0.32 | 0.33 | 0.34 |
| 电力、热力的生产和供应业 | 5.81 | 5.59 | 5.67 | 5.33 | 5.15 | 5.10 |
| 燃气生产和供应业 | 0.36 | 0.38 | 0.36 | 0.40 | 0.47 | 0.57 |
| 水的生产和供应业 | 0.16 | 0.14 | 0.14 | 0.14 | 0.15 | 0.17 |

注：总变化数值由原始数据计算后保留两位小数得到；统计数据四舍五入的原因导致每列合计不等于100

# 第 13 章　供给侧改革背景下的工业结构升级政策研究

当前，中国经济进入高质量发展的新阶段。构建现代化经济体系和高质量工业经济体系，要通过配套产业政策的转变，推进工业领域的供给侧结构性改革。工业结构调整升级需要选择性产业政策与功能性产业政策的协同，以改造传统产业、培育新兴产业、提升产业创新能力等为导向。短期内工业结构调整政策的重点是“三去一降一补”任务。长期来看，工业结构调整升级的关键在于发挥功能性产业政策作用，推进要素和生产端的改革。工业结构升级政策要由注重数量、外部引进、产业培育，转向注重发展质量、自主创新和环境优化。

## 13.1　研究背景及视角

中国经济已由高速度增长转向中高速增长的新常态。2015 年 11 月，中央财经领导小组第十一次会议强调，在适度扩大总需求的同时，着力加强供给侧结构性改革，着力提高供给体系质量和效率，增强经济持续增长动力，推动我国社会生产力水平实现整体跃升。此后，供给侧改革的概念不断深化，“三去一降一补”的具体任务相继提出。政府在过剩产能出清、地方政府债务化解等去杠杆，企业减税降费等降成本，扶贫与绿色发展等补短板方面出台了一系列具体措施，并取得了一定阶段性成效，短期矛盾逐步有所缓解。

2017 年党的十九大召开，指出中国特色社会主义经济发展进入了新时代。新时代最主要的标志之一是社会主要矛盾已经转化为人民日益增长的美好生活需要和不平衡不充分的发展之间的矛盾。这一主要矛盾与中国经济的现实发展相适应，表明了中国经济已由高速度增长转向高质量发展的新阶段。在高质量发展阶段，要通过实现质量变革、效率变革、动力变革的“三大变革”，建设现代化经济体系。

工业经济作为现代化经济体系的主要组成部分，在整个国家经济中具有支撑作用。改革开放以来，中国工业经济取得了长足的发展，形成了较为完善的工业体系，工业制造能力大幅提升，形成了门类齐全的工业产品体系。21 世纪初期工业经济占国民经济比重达到了一半，之后随着服务业不断发展壮大，工业产值占比呈下降趋势。当前，我国已进入工业化后期阶段，工业对经济增长贡献率呈下降趋势。2017 年，工业对 GDP 的增长贡献率为 30.9%，工业对经济增长的拉动下降到 2.1%（图 13-1）。

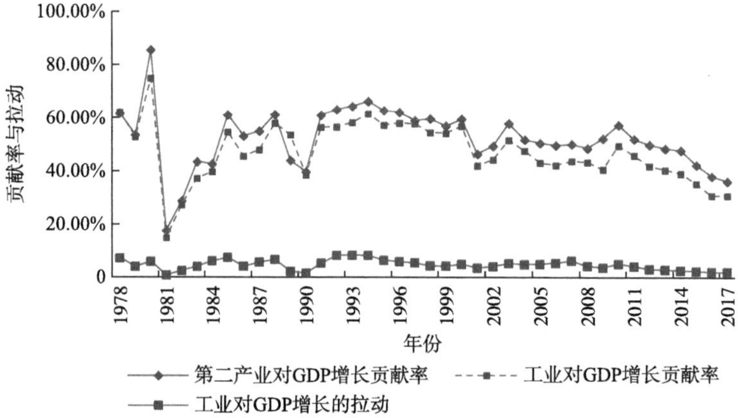


图 13-1　工业对 GDP 增长贡献率与拉动

资料来源：Wind 资讯

从全球范围内来看，2009 年金融危机之后，世界各国纷纷开启了“再工业化”浪潮，高端制造业成为全球科技经济竞争的焦点。与此同时，新一代信息技术革命仍在不断深化，大数据、人工智能等数字经济领域与工业制造领域融合不断推进，新业态、新模式迭代加快。基于这样的背景，工业经济对于当前国家经济发展至关重要，可以说工业经济发展的方向深刻影响着国民经济形态，是实现经济质量提升、效率改进与动力转换等的主要载体。

站在这一新的历史起点之上，工业结构调整升级的方向要与现代经济体系建立的目标一致。因此，工业结构调整要适应新时代的经济特征，以供给侧结构性改革为主线，推动工业经济发展质量、效率、动力的全方位变革，实现工业经济高质量发展。产业政策是供给侧改革的抓手，从供给侧发力，通过补齐薄弱行业领域的短板、改造传统行业落后产能、激发新兴市场主体创新活力等产业政策，在工业领域推进供给侧结构性改革，实现工业经济高质量发展。面对新时代的新要求，如何继续坚持供给侧结构性改革的主线，合理确定未来工业结构调整的方向，服务于经济高质量发展，是本书试图回答的问题。

## 13.2　当前工业经济运行面临的主要问题

总供给与总需求是刻画宏观经济运行的两个重要方面。近年来，尤其是 2009 年金融危机后，我国宏观经济管理侧重于需求管理，以需求侧的消费、投资、出口“三驾马车”作为重点。这为我国经济带来了规模上的扩张，中国已成为世界第二大经济体。但是这种强调需求管理的短期刺激方式，在带来高速度增长的同时，也加重了工业经济的结构性矛盾。具体表现为工业需求结构与供给结构难以匹配：一方面，钢铁、煤炭等传统产业的外延式扩张、盲目投资及重复建设等，造成低端产品产能过剩；另一方面，先进制造业等产业发育较缓慢，造成高端产品供给不足、有效需求难以满足，大量高端需求纷纷流向海外。我国工业经济发展中面临的突出问题表现在以下几个方面。

### 13.2.1　传统产业领域产能过剩，库存波动突出

目前，我国已经成为名副其实的制造业大国，在 500 多种工业产品中我国 220 多种产品的产量位居世界第一。随着我国工业化逐步深入，产能过剩的问题日渐突出。2013~2018 年，我国工业产能利用率逐渐维持在 75%左右的水平。2016 年第一季度，工业产能利用率仅为 72.9%，为近年来的最低点。其中，煤炭开采和洗选业的产能利用率在“十三五”初期，仅为 58.4%（图 13-2）。产能过剩有多方面的影响，不仅造成资源浪费，而且过度竞争压低了产品价格，降低了企业利润，对宏观经济造成冲击。因此，积极稳妥化解产能过剩是当前工业结构调整的重点。在化解过剩产能的同时，运用先进技术改造传统产业，提升传统产业的技术水平，增强传统产业的竞争力也是“十三五”时期乃至未来一段时期工业发展的方向。

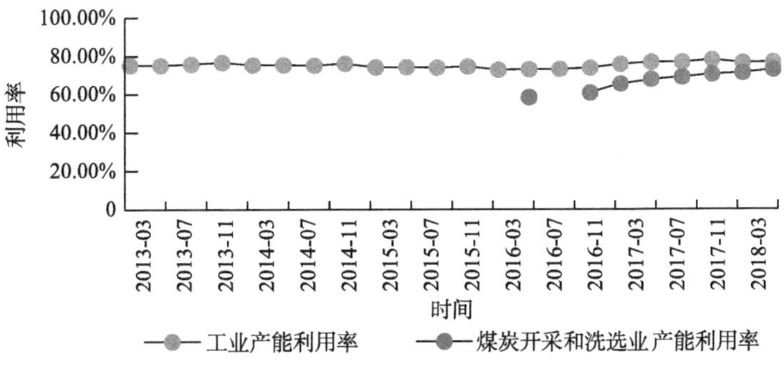


图 13-2　工业产能利用率

资料来源：Wind 资讯

此外，工业领域产能过剩，带来了库存过高等问题。与产能过剩问题相比，

库存问题波动性也较为突出。工业领域去库存也是当前工业供给侧结构性改革的重要内容。合理的库存是企业经营的重要条件，但过多库存却增加了企业负担，挤压了企业合理的利润，降低企业利润率，同时也造成了资源的浪费，干扰了正常的市场秩序。

### 13.2.2 企业高杠杆率和高成本，工业运行风险较大

我国企业杠杆率在国际上处于相对较高水平。企业部门的杠杆率呈增长态势，2017 年达到了 156.9%，2015 年全社会杠杆率就已达到了 249%（图 13-3）。从企业经营角度来看，合理的杠杆率有助于提高企业的资金运营效率，促进企业发展，然而如果杠杆率过高，则会增加企业的成本和经营风险，而且可能会引起整个经济的系统风险。近年来，我国企业债务规模快速增长，企业杠杆率过高已经成为制约经济发展的重要因素。

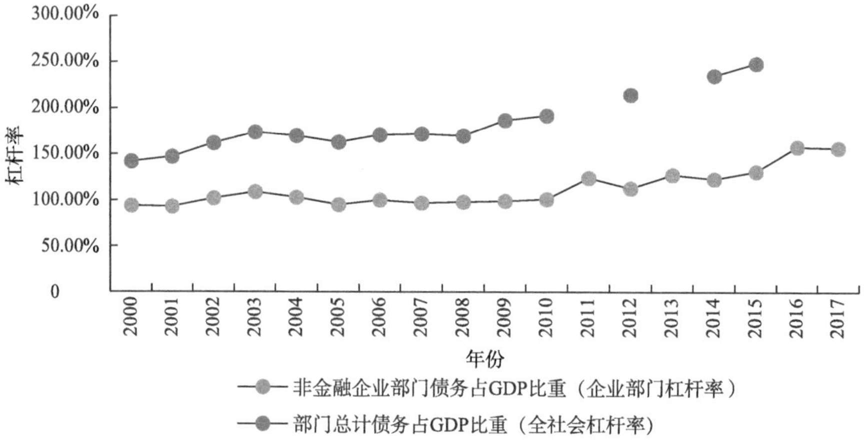


图 13-3 全社会及企业部门杠杆率

资料来源：Wind 资讯

同时，随着我国工业化深入，要素成本正在发生重要变化，加之相关制度不完善造成了我国制造业面临高成本压力。国家信息中心对我国制造业生产成本进行了国际比较分析，通过制度性交易成本、用工成本、税费成本、资金成本、能源原材料成本、物流成本、土地成本、汇率成本等比较显示，我国制造业成本整体偏高。企业成本高不仅会降低企业利润率和竞争力，而且也不利于企业创新能力和整体水平的提高，特别是在发展中国家加速工业化和发达国家“再工业化”双重冲击下，降低企业非正常成本直接关系到我国工业整体竞争力的提升。2017 年，《人民日报》对 3 省 6 市的 100 多家实体企业进行了深入调查，调查显示成本偏高依然是企业面临的最大困难。

### 13.2.3　工业创新能力仍比较薄弱

无论是传统产业的改造升级，还是新兴产业的培育，关键在于创新能力的形成，创新能力是促进产业结构升级的根本动力。特别是在我国进入新的发展时期，提升创新能力已经成为我国提升工业整体水平的核心所在。按照传统的产业升级理论，随着工业化水平的提升，在工业化后期工业在产业中的比重将逐渐下降，但通常新兴产业在工业中的比重则会不断上升。新兴产业是随着新的科研成果和新兴技术的发明，应运而出现的新的部门和行业。该产业领域往往代表着先进生产技术水平，相对而言具有更强的价值创新能力，是产能升级的方向。特别是目前新一轮技术革命和产业革命方兴未艾，新兴产业层出不穷，新型的工业体系初见端倪，以新兴产业为代表的现代工业体系成为“新一轮工业化”的发展契机，同时新兴产业的竞争决定了一个国家在未来国际竞争中的地位。

中国已经成为全球第一制造业大国，2010 年开始，我国制造业占全球制造业的比重上升到 19.8%。近年来，我国制造业整体创新水平有了较快提升，战略性新兴产业、高技术产业发展迅速，并保持了持续快速增长。即使我国已经成为名副其实的制造业大国，但整体上，我国制造业创新能力还有待提高。尽管不同的评价指标略有差别，但我国制造业创新能力与发达国家仍存在明显差距，企业自主创新能力和基础研究能力整体较为薄弱，与我国工业转型升级要求还有较大距离。2010 年制造业研发投入仅占世界制造业研发投入的 3%。并且整体看，中国工业生产技术水平和创新能力还比较低，技术与知识密集型产业的国际竞争力还较弱，工业劳动生产率与国际先进水平差距还较大，工业企业平均规模还较小，可持续发展能力还较差，许多传统产业还存在着“贫困化”增长的现象。据测算，2010 年中国制造业劳动生产率、增加值率较低，只相当于美国的 4.38%、德国的 5.56%。中国制造业在质量上与发达国家仍存在差距。从中间投入贡献系数来看，发达国家 1 个单位价值的中间投入大致可以得到 1 个单位或更多的新创造价值，而中国只能得到 0.56 个单位的新创造价值，价值创造能力相差巨大。反观美国，金融危机以来，美国企业通过缩短工时压缩用工投入，从而削减劳工成本，劳动生产率得以持续提高。

新兴产业在国民经济中的比重依然较低，对经济的拉动力有待提高。2018 年上半年，高技术制造业占规模以上工业增加值的比重仅为 13%。从目前我国工业发展来看，高新技术产业比重依然较低，重点领域的核心技术还没有掌握，部分行业还处于产业链的低端，这些都是我国工业转型升级亟待解决的现实问题，而造成上述现实问题的根本性原因是我国工业创新能力还需要进一步提升。加快新兴产业培育，提高新兴产业在国际产业链分工中的地位同样也是未来较长一段时间内，我国工业结构调整的重点。

### 13.2.4　产业升级机制有待完善

产业结构升级具有内在规律性，无论是早期的配第、克拉克，还是后来的库兹涅茨等都在探寻产业结构变化的规律。总体上看，影响产业结构的因素包括产品的需求结构、消费结构、消费倾向、投资结构、要素相对价格、技术进步、国际贸易等，产业结构变动是上述因素综合作用的结果。尽管产业结构升级受内在因素的影响，但合理规划和良好的发展环境有助于促进产业结构优化。在这方面，日本学者筱原三代平、佐贯利雄等的研究具有代表性，他们认为合理的政策对于后发国家的赶超具有重要作用，相关理论对于日本的产业政策制定及日本经济发展提供了支撑。目前，我国正处于产业结构升级的关键时期，2015 年第三产业在国民经济中的比重超过 50%，2016 年第二产业在国民经济中的比重已经低于 40%。形成较为完善的产业结构升级机制，为产业结构优化创造良好的制度环境，对于我国跨越中等收入陷阱具有重要的现实意义。

## 13.3　工业领域的供给侧改革问题分析

由于工业领域产能过剩、库存波动、杠杆率高企及负担过重等原因，工业增速有所放缓，竞争力提升面临一定挑战。2015 年，国家正式提出供给侧结构性改革。出台了“三去一降一补”等一系列具体措施。供给侧结构性改革取得了阶段性的显著成效。

### 13.3.1　去产能成效显著

传统行业产能过剩是现阶段我国面临的突出问题，也是制约工业发展的重要因素，积极稳妥化解产能过剩成为供给侧结构性改革的核心内容。一般而言，在完全竞争市场中，产品的供给和需求会达到一致，也就是实行了市场均衡。但在现实经济中，无论生产者和消费者数量，还是市场信息，都很难达到完全竞争市场的条件，这就必然会造成供给与需求之间的偏离，反映在价格上就是价格会围绕均衡价格波动。因此，供给与需求适当偏离符合客观的经济现实。而目前我国的产能过剩情况是某些行业的生产能力明显超过了社会需求，产能利用率明显偏低。造成这种情况的原因既有企业相互恶性竞争，也有地方政府为了追求经济增长而形成的重复投资，还有行政垄断造成的价格机制失效等。总体来看，产能过剩并非由于市场信息不完善而形成的，而是由市场基础作用没有充分发挥而造成的。

“十三五”以来，我国重点行业去产能不断深入。从 2016 年起，钢材、煤炭、建材等产能过剩领域纷纷制定了去产能的指导意见，提出短期内去产能的具体目标，包括推进行业兼并重组、优化产业结构，提高产能利用率等具体措施（表 13-1）。

**表 13-1　部分去产能文件**

| 时间 | 文件 | 目标 |
|---|---|---|
| 2016 年 2 月 | 《国务院关于钢铁行业化解过剩产能实现脱困发展的意见》 | 从 2016 年开始，用 5 年时间再压减粗钢产能 1 亿~1.5 亿吨 |
| 2016 年 2 月 | 《国务院关于煤炭行业化解过剩产能实现脱困发展的意见》 | 从 2016 年开始，用 3 至 5 年的时间，再退出产能 5 亿吨左右、减量重组 5 亿吨左右 |
| 2016 年 5 月 | 《国务院办公厅关于促进建材工业稳增长调结构增效益的指导意见》 | 到 2020 年，再压减一批水泥熟料、平板玻璃产能，产能利用率回到合理区间；水泥熟料、平板玻璃产量排名前 10 家企业的生产集中度达 60%左右 |

在相关政策的推动下，重点行业去产能取得了突出进展。2016 年全国共压减了钢铁过剩产能 6500 万吨，超额完成 4500 万吨的年度目标；2017 年化解粗钢产能 5000 万吨以上，不仅超额完成年度目标，而且实现 1.4 亿吨“地条钢”产能全面出清。2016 年，全国压减煤炭产能 2.9 亿吨以上，超额完成煤炭去产能 2.5 亿吨的任务目标；2017 年，在煤炭价格反弹的情况下，煤炭去产能 1.5 亿吨的目标也提前完成。随着去产能工作的推进，我国工业产能利用率持续回升，2017 年工业产能利用率为 77%，比 2016 年回升 3.7 个百分点，为 2013 年以来的最高水平。

### 13.3.2　工业企业库存趋于稳定

库存是企业生产过程中储存的货物，既包括生产所需要的原材料和零部件，也包括企业的产成品，是现代企业保持连续生产、调整市场供给的重要管理手段。合理的库存是企业经营的重要条件，但过多库存却增加了企业的负担，挤压了企业合理的利润，降低了企业利润率，同时也造成了资源的浪费，干扰了正常的市场环境。工业领域库存过高与产能过剩有一定的相关性，虽然有企业管理水平、信息化水平较低的原因，但究其根本，市场机制不完善是重要原因。在加强房地产领域去库存的同时，工业领域去库存也是供给侧结构性改革的重要内容。

产成品资金占用能够在一定程度上反映库存。2014 年以来，工业企业产成品资金增长率持续下降。尤其“十三五”以来，我国工业去库存逐渐深化。经初步季节调整，2016 年四个季度工业企业产成品资金同比增速分别为 0.7%、–1.1%、–1.6%和 0.5%（图 13-4），其中第二季度和第三季度均为同比负增长，四个季度增速分别较上年同期下降了 7.8 个百分点、8.2 个百分点、7.3 个百分点和 4.1 个百分点。自 2016 年以来，工业产成品资金增速与主营业务收入增速实现反转，第一季度开始产成品资金同比增速低于主营业务收入同比增速，反映出去库存效果显著。但仍要关注库存波动性问题，2017 年工业产成品资金同比增速出现了一定程度反弹（部分是由于 2016 年基数较低），但整体上产成品资金同比增速仍低于主营业务收入同比增速，反映出实际库存在 2016 年大幅度调整之后开始趋于稳定。

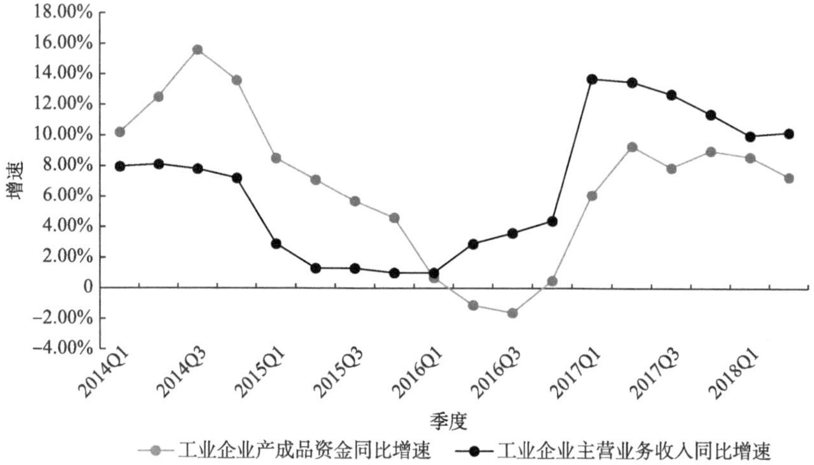


图 13-4　工业企业产成品与主营业务收入同比增速

资料来源：中经产业景气指数报告

Q 表示季度

### 13.3.3　企业转向结构性去杠杆

通俗而言，加杠杆就是通过较小的资金带动较大资金的过程，杠杆分为多个层次，既有国家层面的整体杠杆，又有企业层面的经营杠杆。从企业经营角度来看，合理的杠杆率有助于提高企业的资金运营效率，促进企业发展，然而如果杠杆率过高，则会增加企业的成本和经营风险，而且可能会引起整个经济的系统风险。

近年来，我国企业债务规模快速增长，企业杠杆率过高已经成为制约经济发展的重要因素。相比较而言，去杠杆工作具有一定的系统性和复杂性。2016 年 10 月，国务院印发了《关于积极稳妥降低企业杠杆率的意见》，从推进兼并重组、完善现代企业制度强化自我约束、盘活存量资产、优化债务结构、有序开展市场化银行债权转股权、依法破产、发展股权融资等方面布置去杠杆工作。在此基础上，相关部门研究出台了《市场化银行债权转股权专项债券发行指引》《中国银行业监督管理委员会办公厅关于适当调整地方资产管理公司有关政策的函》《国家发展改革委办公厅关于发挥政府出资产业投资基金引导作用推进市场化银行债权转股权相关工作的通知》《关于落实降低企业杠杆率税收支持政策的通知》等一系列配套支持政策，去杠杆取得了初步成效。

根据中国社会科学院发布的《中国国家资产负债表 2018》，非金融部门杠杆率从 2017 年末开始出现下降，从 157%降到 2018 年第三季度末的 154.5%。虽然整体上我国工业企业杠杆率处于中等水平，但债务驱动的经济模式使结构性杠杆问题突出，尤其是部分国有“僵尸企业”。未来工业领域去杠杆的重点在于如何妥善处置“僵尸企业”去产能相关债务。

### 13.3.4　降成本组合拳发力

成本是企业生产经营过程所支付的费用，企业生产必然包括如原材料采购等各方面的成本，而成本是决定企业利润的重要因素。

“十三五”以来，有关部门采取多种措施降低企业成本。2016 年，有关部门积极开展降低实体经济企业成本行动，出台了一系列降成本政策。根据《国家发展改革委关于降低燃煤发电上网电价和一般工商业用电价格的通知》，自 2016 年 1 月 1 日起，全国燃煤发电上网电价平均每千瓦时下调约 3 分钱（含税），全国一般工商业销售电价平均每千瓦时下调约 3 分钱（含税）。2016 年 4 月，国务院减轻企业负担部际联席会议发布了《关于做好 2016 年减轻企业负担工作的通知》，从推动涉企行政事项的公开透明、清理取消与行政职权和垄断挂钩的不合理中介服务项目、制止各种违规违法行为、促进各项惠企减负政策的落实、夯实减轻企业负担工作的基础五个方面落实“降成本、减负担”的要求。2016 年 8 月，国务院印发了《降低实体经济企业成本工作方案》，要求经过 1~2 年努力，降低实体经济企业成本工作取得初步成效，3 年左右使实体经济企业综合成本合理下降，盈利能力较为明显增强，并对合理降低税费负担、有效降低融资成本、降低制度性交易成本、合理控制人工成本上涨、降低能源成本、大幅度降低物流成本等提出具体目标、措施及责任分工。2017 年 6 月，国家发展改革委等部门联合印发了《关于做好 2017 年降成本重点工作的通知》，要求进一步减税降费，继续适当降低“五险一金”等人工成本；进一步深化改革，完善政策，降低制度性交易成本，降低用能、物流成本。

一方面，经过上述努力，降成本工作初见成效。降成本工作继续推进，工业企业综合成本继续下降。2018 年前三季度规模以上工业企业百元主营业务收入中的成本是 84.31 元，比 2018 年上半年下降 0.11 元，同比下降 0.29 元；每百元主营业务收入中的成本和费用合计为 92.6 元，同比下降 0.31 元。但另一方面，降成本工作仍面临较大压力。2017 年，《人民日报》对 3 省 6 市的 100 多家实体企业进行了深入调查，调查显示成本偏高依然是企业面临的最大困难。

### 13.3.5　工业企业补短板成为重点

工业部门的短板问题是制约发展长期性、根本性的问题，该问题的解决对于发展具有决定性影响。对目前我国工业发展而言，高新技术产业比重依然较低，重点领域的核心技术还没有掌握，部分行业还处于产业链的低端，这些都是我国工业转型升级亟待解决的现实问题，而造成上述现实问题的根本性原因是我国工业创新能力还需要进一步提升。

针对我国制造业大而不强的现实问题，2015 年 5 月，我国发布了《中国制造 2025》，提出了中国制造业创新发展的目标，即到 2020 年，基本实现工业化，制造业大国地位进一步巩固，制造业信息化水平大幅提升；到 2025 年，制造业整体素质大幅提升，创新能力显著增强，全员劳动生产率明显提高，两化融合迈上新台阶；到 2035 年，我国制造业整体达到世界制造强国阵营中等水平；新中国成立一百年时，制造业大国地位更加巩固，综合实力进入世界制造强国前列。近年来我国制造业整体创新水平提升较快。2017 年，装备制造业和高技术产业增加值分别比上年增长 11.3%和 13.4%，增速分别高于整个规模以上工业 4.7 个百分点和 6.8 个百分点，较上年分别提高 1.8 个百分点和 2.6 个百分点；2017 年企业研发经费为 13 733 亿元，比上年增长 13.1%，连续两年实现两位数增长。全面提升工业企业创新能力，将成为下一步推进供给侧结构性改革的主攻方向和重点任务。

### 13.3.6　以“破、立、降”巩固深化供给侧改革

2018 年底的中央经济工作会议提出，我国经济运行主要矛盾仍然是供给侧结构性的，必须坚持以供给侧结构性改革为主线不动摇，更多采取改革的办法，更多运用市场化、法治化手段，在“巩固、增强、提升、畅通”八个字上下功夫。要巩固“三去一降一补”成果，推动更多产能过剩行业加快出清，降低全社会各类营商成本，加大基础设施等领域补短板力度。

深化供给侧结构性改革，要巩固“三去一降一补”成果，加大“破、立、降”力度。首先，“破”为继续运用市场化、法治化手段，推进过剩产能的化解。把处置“僵尸企业”作为重要抓手，大力破除无效供给。国家发展改革委等多个部门要联手，巩固去产能的阶段性成果。在煤炭行业，一批达不到安全环保质量要求的煤矿加速退出，一批优质先进产能有序释放。在钢铁领域，在控制产能总量的前提下，调整优化存量，倒逼落后产能加快退出。为了进一步巩固去产能成果，要进行统筹安排，积极推进职工安置、资产债务处置、兼并重组、转型升级等工作，推进优化存量，加快“僵尸企业”出清。要坚决防止已退出产能死灰复燃，增强去产能工作的系统性和协同性，推动资源配置效率、生产率和潜在增长率的

提升。据统计，2018 年前三季度，得益于优质产能对落后产能的取代，全国生铁、粗钢和钢材产量同比分别增长 1.19%、6.07%和 7.21%；经过持续 3 年的努力，煤炭行业产业集中度逐步提高，优质产能占比进一步提升并稳步释放，大型现代化煤矿已成为全国煤炭生产的主体，行业供给质量和效率大幅提升。随着各项工作的推进，我国已经全面转入结构性去产能、系统性优产能的新阶段。

其次，“立”就是要大力培育新动能，形成要素向新动能流动的机制，为经济持续健康发展注入新的力量。深化供给侧结构性改革，必须加快培育发展新产业、新产品、新技术、新业态，并推动传统产业在优化升级中形成新动能。要围绕世界科学前沿和我国战略需求，努力攻克一批关系发展全局的战略前沿和核心技术。确立企业在科技创新中的主体地位，培育一批具有全球竞争力的创新型领军企业。改革科研管理体制，构建利于创新资源高效配置和创新潜能充分释放的体制环境，构建营造良好的创新生态。2019 年以来，我国创业创新蓬勃发展，新技术研发布局加快，关键核心技术攻关有序推进，新业态、新模式蓬勃发展。2019 年上半年，高技术制造业和高技术服务业投资同比分别增长 10.4%和 13.5%，比全部投资分别高 4.6 个百分点和 7.7 个百分点；战略性新兴制造业增加值同比增长 7.7%，比规模以上工业高 1.7 个百分点；新能源汽车、太阳能电池产量分别增长 34.6%和 20.1%。

最后，“降”就是要通过改革降低制度性交易成本、用能和物流成本，使实体经济“轻装上阵”。2019 年以来，国家陆续出台了降低制造业增值税税率、进一步清理规范涉企收费、延长阶段性降低失业和工伤保险费率、再降低一般工商业平均电价 10%等一系列降成本政策。

## 13.4　供给侧改革中工业结构升级要处理好的关系

供给与需求是经济学中两个对立统一的概念，是市场经济最基本的两个方面。经济政策通过影响供给或需求来发挥作用。与强调投资、消费和出口三驾马车，通过财政政策和货币政策进行需求侧总量管理不同，供给侧结构性改革侧重于要素与生产端的改革。

供给学派认为经济增长的源泉在于供给侧，强调减税手段对经济的刺激及减少政府的经济干预。供给侧经济学派始于 19 世纪初的萨伊定律，随后侧重于需求侧的凯恩斯主义对其进行了否定，之后发展为里根时代的供给侧宏观调控，再到凯恩斯主义复辟。直到 2008 年金融危机爆发，凯恩斯主义再次受到质疑，美国开始对本国经济实行供给管理。

历史上较为成功的供给侧改革有 20 世纪 80 年代美国的“里根经济学”改革

和英国的“撒切尔主义”改革。英国强调国企的私有化、减税、废除物价管制等政策，使得当时滞胀局面得到控制。美国则采取减税、减少政府干预、缩减政府开支等手段重塑美国经济。两国改革具有相似的滞胀经济环境，采用较为相似的政策手段。经过供给侧改革的阵痛之后，美国与英国经济均逐渐摆脱了滞胀困境，实现了企业利润的大幅增长。两国在1980~1989年，第三产业比重提高的速度显著高于1970~1979年。但与此同时，供给侧改革也给美国和英国带来了一定的负面的影响。由于大规模减税、削减社保开支等，美国联邦政府财政赤字在1980~1989年为1970~1979年的4.5倍，直至1998年才出现财政盈余。而英国企业由于追求企业利润，削减人力成本，带来了短期内的高失业率的问题，通过类似的国企私有化，减少了约50%的国企就业岗位，在1980~1989年年均失业率达到了9.9%，为20世纪70年代的一倍。

为避免供给侧结构性改革带来的阵痛，要科学地借鉴英美的经验教训。我国当前在供给侧结构性改革中，要面向经济发展的实际问题，采取有针对性的措施。比如，面对当前在金融、电信、能源等壁垒仍然较高，价格管制普遍存在，以及企业税收负担过重，经营难度较大等问题，供给侧结构性改革就要有针对性地在放松价格管制、降低企业成本、打破行政垄断等方面积极作为。同时，要充分发挥市场在资源配置中的决定性作用，释放土地、劳动力、资本与技术等生产要素的潜力，有针对性地借鉴国外在相关领域的改革经验。

供给侧结构性改革的内涵丰富，但如果聚焦到工业经济领域，其核心在于通过调整生产要素配置与生产组织结构，培育工业经济增长的新动力。就本质而言，与以需求扩张为代表的需求管理政策相反，供给侧结构性改革更加注重生产领域的调整，更加着眼于经济发展的长期效果，体现经济增长数量和质量的结合。我们认为，坚持供给侧结构性改革的主线，推进工业结构转型升级，要在发展目标、政策手段、重点领域等方面处理好相应的关系问题。

### 13.4.1　坚持问题导向，兼顾短期结构性目标与长期转型升级目标

就工业发展来说，坚持供给侧结构性改革的主线，就是坚持以解决工业经济运行发展中的实际问题为导向。当前，中国工业发展中面临短期调整与长期升级的双重压力。短期内，要继续有针对性地化解产能过剩、库存波动、高杠杆率及高成本等问题。相应地，要在去产能、去库存、去杠杆、降成本上继续下功夫。长期内，针对工业创新能力不高、体制机制不完善等问题，要在补短板上多加努力，通过创新驱动发展，以及体制机制改革，实现工业经济高质量发展（图13-5）。

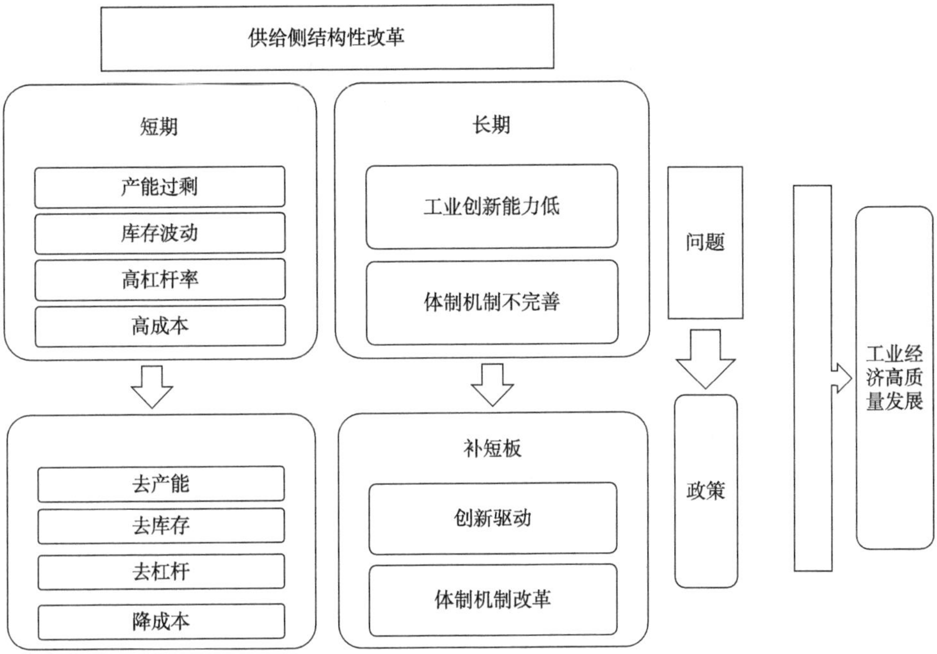


图 13-5　兼顾短期与长期政策目标

因此，当前工业经济高质量发展，要坚持供给侧结构性改革，短期内做好结构调整、平衡好市场供求。在工业领域加强优质供给，减少无效供给，扩大有效供给，提高全要素生产率，使供给体系更好适应需求结构变化。而长期内要坚持创新驱动发展，提升供给体系质量与效率，实现消费升级与供给升级的同步提升，不断提高经济发展质量。更强调通过补短板，完善工业经济供给侧，注重实现创新驱动工业经济发展，通过体制机制改革和合理的产业政策，推动工业经济发展，坚持工业质量提升、工业效率改进、工业动力转换的政策方向，构建中国特色的工业结构升级的政策体系。

### 13.4.2　注重政策协调，加强选择性产业政策与功能性产业政策的配合

产业政策是供给侧政策的重要组成部分，供给侧结构性改革的实施要落实到产业政策的转变上。产业政策是我国实行宏观经济管理的重要手段，供给侧改革要通过产业政策来实施。

在工业经济领域，推动工业经济的结构调整与转型升级，要以合理的工业结构政策作为支撑，要实现工业结构政策的转型。回顾产业政策理论，产业政策来源于二战后日本等发展中国家通过政府干预、挑选赢家等方式，进行产业选择和

扶持。根据相关学者的研究，产业政策可以划分为选择性产业政策与功能性产业政策（Lall，1994）。选择性产业政策强调对特定产业的挑选，以政府扶持手段为主，旨在实现特定赶超目标，这类政策具有明显的市场干预、限制竞争特点，即日本在经济恢复和赶超阶段所采取的倾斜式扶持等政策，实现了较短时间内的跨越式发展。功能性产业政策则不倾向于具体产业，更强调普惠性、功能性政策，注重构建良好营商环境，竞争导向、创新驱动的体制机制。通过创新补贴、人力资本提升等手段，降低交易成本，促进有序竞争、激励创新等。目前形成普遍共识的是产业政策要逐渐从以往的选择性产业政策为主，转向增加功能性产业政策的作用，强调市场竞争机制、营商环境的改善，通过知识产权保护、人力资本等方面促进要素自由流动、市场机制有效运行。

结合工业发展面临的现实问题，深化供给侧结构性改革要注重巩固“三去一降一补”的成果（图 13-6）。其中去产能、去库存、去杠杆这三个任务，是由需求导向的快速扩张而产生的，是一种短期内的结构性失衡问题。该任务的实施需要通过选择性产业政策进行，即通过淘汰落后产能、关停并转等结构性的调整，有序实现市场出清、淘汰改造落后产能。降成本任务更多侧重于功能性产业政策，要通过税收优惠、简政放权等措施给市场主体减负，目的在于激发微观主体创新活力。对于补短板任务，则需要选择性产业政策与功能性产业政策两者配合。对于市场失灵的前沿创新领域，需要选择性产业政策的介入，通过加大政府投入、产学研合作等方式提早布局，尽快实现关键核心技术突破。而对于一般性创新领域，要更多依赖功能性产业政策，通过研发激励、知识产权保护等激励大众创业、万众创新，实现创新资源的有效配置。

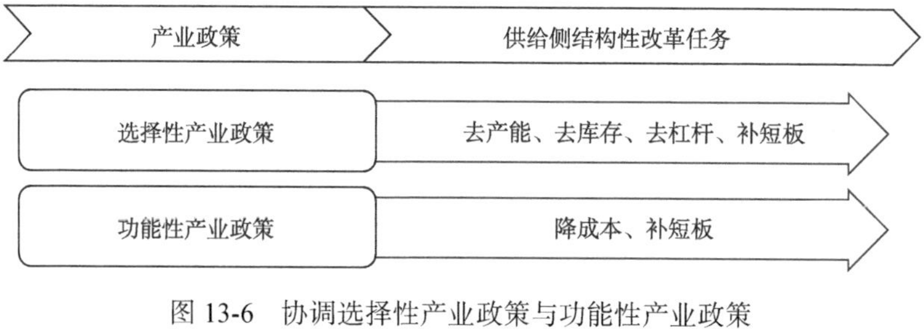


图 13-6　协调选择性产业政策与功能性产业政策

当前面对前期积累的突出结构性矛盾和长期内实现高质量发展的双重任务，要发挥选择性产业政策与功能性产业政策的协同作用，构建适应供给侧结构性改革的产业政策体系，即产业供给侧结构性改革的政策体系。通过产业政策的协调配合，推动工业领域加强优质供给，减少无效供给，扩大有效供给，提高全要素生产率。

### 13.4.3　找准政策对象，加强改造传统产业与培育新兴产业之间的衔接

一方面，在短期内要做好结构调整，通过传统产业的改造、新兴产业的培育等方面，继续引导扶持，优化产业结构，促进工业结构合理化。当前我国进入工业化后期，工业经济具有明显的转型升级的特点，表现为新兴产业比重不断提高，而传统产业的比重则不断下降（图 13-7）。另一方面，逐渐强化功能性产业政策的作用，改造促进创新驱动战略实施，不断提升产业创新能力。通过体制机制改革，释放市场主体竞争活力，促进要素高效自由流动，提升高技术产业、先进制造业等占比，实现工业结构不断高级化。

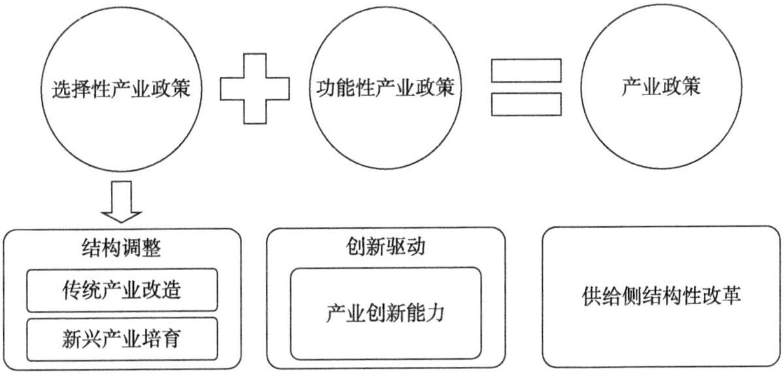


图 13-7　做好传统产业与新兴产业衔接

具体来说，为配合供给侧结构性改革的深入实施，工业结构政策包括以下三个方面。

一是传统产业的改造升级。从目前产业发展的特点和发展战略的转变来看，传统产业通常是指劳动密集型和资本密集型产业。这些产业曾经在我国经济发展中发挥了重要作用，同时在我国目前经济体系建设中肩负着重要责任。

随着我国工业化进入后期阶段，传统产业过剩的问题日渐突出。产能过剩不仅造成资源浪费，而且过度竞争压低了产品价格，降低了企业利润，对宏观经济造成冲击。因此，积极稳妥化解产能过剩是“十三五”期间工业结构调整的重点。在化解过剩产能的同时，运用先进技术改造传统产业，提升传统产业的技术水平，增强传统产业的竞争力也是“十三五”期间乃至未来一段时期工业发展的方向。

二是新兴产业的培育发展。按照传统的产业升级理论，随着工业化水平提升，在工业化后期工业在产业中的比重逐渐下降，但通常新兴产业在工业中的比重则会不断上升，特别是目前新一轮技术革命和产业革命方兴未艾，新兴产业层出不穷，新型的工业体系初见端倪，以新兴产业为代表的现代工业体系成为“新一轮

工业化”的发展契机，同时新兴产业的竞争决定了一个国家在未来国际竞争中的地位。“十二五”以来，我国战略性新兴产业、高技术产业发展迅速，保持了持续快速增长，但在国民经济中的比重依然较低，对经济的拉动力有待提高。加快新兴产业培育，提高新兴产业在国际产业链分工中的地位同样也是“十三五”期间我国工业结构调整的重点。

三是产业创新能力的提升。无论是传统产业的改造升级，还是新兴产业的培育，关键在于创新能力的形成，创新能力是促进产业结构升级的根本动力。特别是在我国进入新的发展时期，提升创新能力已经成为我国工业整体水平的核心所在。我国先进制造业等领域的部分关键技术仍然严重依赖进口，我国自主创新能力仍然落后于发达国家。部分行业处于全球价值链的低端，面临新一轮技术革命的挑战，提高工业创新能力刻不容缓。

需要注意的是，坚持以供给侧结构性改革为主线，并非意味着完全忽略需求侧的改革。事实上，供给侧改革的目标就在于解决需求侧的矛盾，即解决人民的美好生活需要与不平衡不充分发展之间的矛盾。因此，要注重需求侧改革与供给侧改革之间的对接机制。这其中的核心在于用好市场无形之手的力量，让有效的市场需求，能够真正在供给端得到响应。企业基于追求自身的商业价值目标，能够有效满足消费者的需求，形成良性互动，实现消费升级、工业经济发展质量升级的同步推进。

## 13.5 工业结构演进与转型升级要求

### 13.5.1 国外工业结构演进规律的启示

纵观发达国家的工业化进程，工业结构演进过程可以分为欧美发达国家市场化自然演进及新兴工业化国家后发赶超等类型。根据相关研究，欧美发达国家的工业化演进历程，可以概括为以下几点（图 13-8）。一是在工业化初期，以轻工业等劳动密集型产业为主导。通过轻工业的发展，摆脱商品短缺时代的卖方市场，并为工业化积累一定的物质基础与生产经验。二是在工业化中期，由以轻工业为中心向以资本技术密集型工业为主的重化工业不断发展，即重（化）工业化。这一时期，钢铁、化工、石油等资本密集型行业大幅度发展，重工业规模不断扩大，工业结构由以轻工业为主转向了重工业化发展阶段。三是在工业化中后期，在重化工业占主导地位的基础上，重工业化的内涵由以原材料工业为中心向以深加工、组装工业为中心的阶段演变，呈现工业加工程度深化的高加工度化特点，产品附加值不断提高。四是在工业化后期，技术取代高加工度化阶段资本的主导地位，成为生产要素中的重要因素，技术集约化趋势明显。

这一时期，高技术产业成为国民经济增长的引擎，信息技术、微电子技术、生物工程、新能源等成为重点产业。

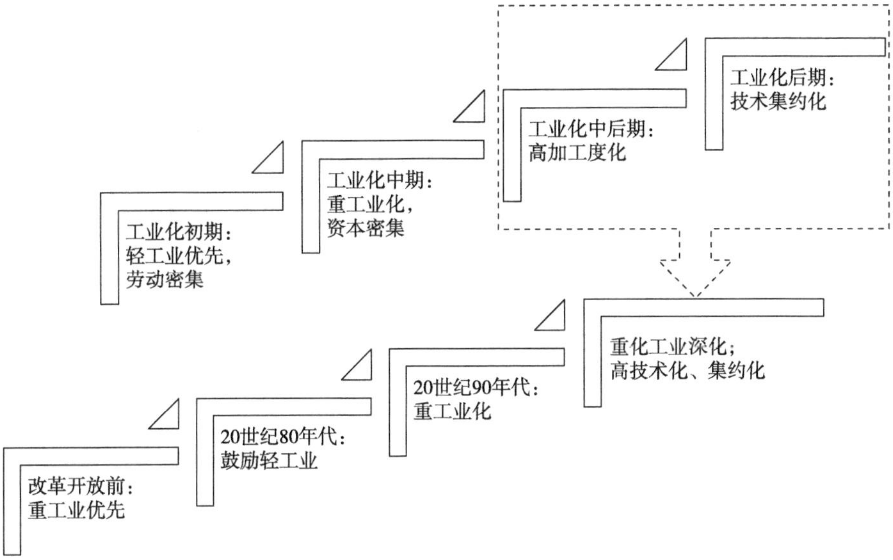


图 13-8　工业结构演进对比：欧美国家（上）与中国（下）

整体上，欧美发达国家工业结构演进是在市场机制与资源环境约束下推进的，主要依赖经济结构内部的自我平衡与调节，产业政策等外部政策力量作用是间接的。与此相对应，在新型的后发工业国家走着另一条更有借鉴意义的工业化之路。例如，日本、韩国、新加坡等新兴工业化国家的工业化进程呈现不同的路径。其最大的特点是如何快速地由一个资源匮乏、技术落后的国家发展为发达的工业化国家。从 20 世纪 60 年代开始，以上国家只用了 40 年的时间就快速完成了工业化的赶超过程。总结这些国家的经验，其最大特点在于充分利用后发优势。基于全球化产业转移和电子信息、生物科技、新材料等科技革命的背景和机遇，在积极承接发达国家产业转移的基础上，主动通过各种渠道引进先进技术、加大自主研发投入。与此同时，注重市场机制与政府政策配合，发挥国家产业培育功能，通过实施特定领域的产业政策，积极培育壮大市场主体，侧重于大企业支撑，强调政府规划，多种渠道进行产业扶持，加快相关的经济立法等。通过大力度的干预推动了新兴产业迅速成长壮大。这种干预型模式的优势是注重发挥市场机制的作用，政府措施在于激发市场主体活力，弥补市场失灵严重领域。

### 13.5.2　我国工业结构的历史演进分析

回顾中华人民共和国成立以来我国的工业化之路，整体上我国工业化进程符合工业结构演变的一般规律，同时又呈现后发优势国家的干预型特点。

首先，改革开放前，我国实施优先发展重工业战略，工业结构具有超前特征，呈现出轻重工业的失衡状态。这一时期，重工业发展过快，带有“自我扩张、内部循环”的不合理特征。到 1978 年，工业结构中轻重比例为 42.7 : 57.3，制造业内部呈现出重工业化特征。然后，到了 20 世纪 80 年代初期，轻重工业结构失调局面开始扭转。这一时期，开始鼓励轻工业发展。出台了一些工业调整政策，比如：对轻纺工业实行政策倾斜，即在原材料、能源、投资、出口等方面，向轻纺工业进行倾斜。同时，对重工业推行重转轻、军转民等方式，调整投资结构，加强农业、能源等领域建设。经过长足的努力，生产要素投入加大，轻工业实现了快速发展，改善了轻重结构的失衡状态，并逐步摆脱了商品短缺与卖方市场的困境。

进入 20 世纪 90 年代，重工业化进程再次推进。与欧美国家类似，在轻工业发展到一定阶段，工业生产能力有所剩余之后，加工工业与燃料、动力、电力及能源等重化工业矛盾加剧；工业技术有待升级，新的消费增长点有待培育。这一时期，一系列产业政策颁布。例如，《90 年代国家产业政策纲要》提出，要将机械电子、汽车制造、石油化工和建筑业列为国民经济的支柱产业。出台一系列的引导与激励政策，鼓励工业领域的固定资产投资。这一时期，重工业比重不断提高，到了 2000 年，重工业占比上升到了 60.2%，而轻工业占比下降到了 39.8%。尤其是与消费升级相关联的工业领域产值不断增加，如汽车等交通设备制造业、电子通信制造业等。这一时期的工业组织结构也发生了剧烈变化，民营经济在国民经济中的比重不断增加，国有企业纷纷开始建立现代企业制度，推动产权制度改革。但伴随着重工业化的推进，发展方式呈现出明显的粗放型和外延式特点。其后果是资源消耗高、环境破坏严重。这种粗放型、要素驱动的发展模式对于经济可持续性造成了一定的挑战。到了“十一五”时期（2006~2010 年），我国逐渐进入重化工业深化发展阶段。虽然这一阶段，劳动成本有所提升、资源能源消耗日益严重。同时高技术产业发展加快，与传统产业开始加快融合。技术密集型产业占整个工业比重不断加大，生产工艺与生产流程不断优化，技术进步也推动了节能减排发展。同时新一轮的科技和产业革命、信息时代新经济及与传统产业融合发展为中国工业化带来了新机遇。这一时期，电子信息产业保持迅猛增长势头，产品销售收入、工业增加值及进出口总额不断攀升。信息技术应用范围不断扩大，工业设计研发信息化、生产装备数字化、生产过程智能化和经营管理网络化水平迅速提高。

### 13.5.3 当前工业结构升级面临的问题与挑战

当前，我国已经进入工业化后期阶段，工业发展正处于重化工业深化发展与高技术化、集约化同时发展的叠加阶段。这一时期，工业发展面对着新旧动能转换、传统产业与新兴产业竞争、产能过剩与结构短缺等具有矛盾性的局面。2010年，中国社会科学院工业经济研究所课题组曾对工业结构存在的突出问题进行了总结，包括八大问题：一是区域产业同构引发的资源低效率配置；二是重化工业中落后产能引发高能耗及高污染现象；三是信息化成本过高、两化融合的关键技术障碍有待突破；四是中国制造依然处于全球价值链低端；五是产业组织结构体系存在一定的不合理性；六是生产性服务业与制造业没有形成协同发展机制；七是促进战略性产业发展的政策体系有待完善；八是现有人力资本结构无法满足中国产业升级需要。

进入中国特色社会主义发展的新时代，上述问题中有些已经有所改善，如当前落后产能问题有所缓解、两化融合步伐不断加快，但许多问题及其矛盾仍然存在，需要持续努力去加以解决。总体来看，一方面，重化工业化进程具有明显粗放型和外延式特点，高能耗和高污染给资源环境造成巨大压力，煤炭、钢铁等工业品出现历史需求峰值，产能过剩和产品库存问题凸显。另一方面，制造业大而不强，以加工贸易、组装工业为主，核心技术和关键设备对外依赖度高，技术密集度、研发能力、自主创新能力较低，仍位于全球产业价值链的低端。此外，产业组织结构有待优化，虽然大众创业、万众创新背景下，涌现出一批创业创新型小微企业，但其整体实力较薄弱，仍缺乏世界级的跨国创新企业。

应当看到，我国工业结构调整面临新的挑战与机遇。国际金融危机后主要发达国家开始反思脱实向虚的发展模式，聚焦实体经济“再工业化”战略。而我国劳动力成本优势减弱，一些新兴经济体具有低成本比较优势，新“世界工厂”等承接国际产业转移趋势明显。与此同时，以信息网络技术加速创新与融合工业化等为特征的工业革命机遇正兴起，新工业革命与制造业强国战略融合，是新一轮培育产业竞争优势的机遇。

### 13.5.4　我国工业结构升级的要求

基于当前我国工业发展的阶段，结合我国工业发展面临的问题与挑战，工业结构升级的具体目标包括：推进工业结构朝着高附加值、高加工度化、高技术化方向转变，建立资源节约、环境友好型的工业结构，不断提升国际分工地位、不断提高工业结构高度等。

因此，当前我国工业经济转型要注重平衡短期结构性目标与长期转型升级目标，处理好短期矛盾化解与长期转型发展之间的关系。要用好“有力政府”与“有效市场”两只手，注重选择性产业政策与功能性产业政策的协调。一方面，既要制定合理的选择性产业政策，引导重工业等领域有序、有节奏地去产能，在市场失灵的基础科学研究、先进制造业等领域加大创新投入，引导工业结构合理优化。另一方面，要通过功能性产业政策，利用税收优惠、体制机制改革等方式，激发市场主体的创新活力，引导企业从“策略性创新”转向“实质性创新”，实现工业结构的不断高级化。具体来看，工业结构调整和优化升级包括以下一系列内容：提高工业创新能力，深入推进工业化和信息化深度融合；优化行业结构、大力发展装备制造业、高技术产业及节能环保低碳产业；引导产业转移、推动区域布局合理化；促进产业组织结构优化，形成各类企业在竞争合作基础上共同发展的产业组织格局；以行业准入和企业兼并重组为重要手段，抑制产能过剩行业的新增投资，提高产业集中度和资源配置效率；形成一批具有较强国际竞争力的大企业和企业集团，并推动中小企业向专精特方向发展。

总而言之，要通过深化改革促进劳动力、资本、技术等要素实现有序自由流动，通过营造有利于市场竞争的机制激发市场主体的活力，破除阻碍市场在资源配置中发挥作用的体制机制障碍，使市场在资源配置中发挥决定性作用，更好地发挥政府作用，而非更多地发挥政府作用。

## 13.6 未来工业供给侧改革的政策取向

工业整体是供给体系的重要组成部分，传统的工业结构调整政策也带有供给侧的含义。但综合来看，基于供给侧结构性改革的工业结构调整政策与传统工业结构调整政策还是存在明显差异的，具有自身鲜明的特征。面对全新的挑战与机遇，在工业领域推进供给侧结构性改革，构建高质量的工业经济体系，是我国现阶段工业化进程的必然要求，也是工业结构调整升级政策的目标。我国工业发展目标路径和工业经济运行中的突出问题，共同决定了我国工业结构调整升级的政策取向。无论是短期内缓解过剩产能、降低企业杠杆率和经营成本，还是长期以创新驱动产业升级，大力深化工业领域的供给侧结构性改革，都是工业结构转型升级的必然选择。

中国供给侧改革不能简单照搬国外减税、放松管制等政策手段，不仅要强化减税降息、降成本等政策，更要注重平衡短期结构性目标与长期经济转型升级目标，工业结构政策手段要注重选择性产业政策与功能性产业政策的协调配合。金碚（2016）认为，供给体系归根结底发挥了两种作用，即资源配置和价值创造，供给的力量就是基于资源配置的价值创造功能，在一定经济体系中，资源配置追求有效性，价值创造追求合意性。黄群慧（2016）提出，供给侧结构性改革可以拆分为“供给侧＋结构性＋改革”，对应“问题—原因—对策”逻辑线路，即当前突出的问题在于“供给侧”，而“结构性”矛盾是问题的原因，“改革”是解决问题的对策。当前供给侧结构性改革的重点任务，是推进要素和生产端的改革。要优化要素配置，促进劳动力、资本、技术等一系列要素资源充分、合理及自由流动；调整生产结构，通过合理的产业政策化解工业发展的体制机制障碍，推动工业结构高级化，提升全要素生产率，为经济增长注入新动力。

基于供给侧结构性改革的框架，我国工业结构调整政策体系逐步形成。“三去一降一补”的具体任务是对中国经济开出的一个“外科手术”式的应急治疗方案，着重解决供给侧短期面临的突出问题。长期来看，工业经济领域的供给侧结构性改革要聚焦于劳动者素质提升、技术进步与全要素生产率改善，涉及生产要素、工业企业、重点行业，具体包括工业行业结构、技术结构、要素结构、产品结构、组织结构等内容。工业供给侧结构性改革的目标在于构建高质量工业经济体系。概括而言，基于供给侧结构性改革的工业结构调整政策侧重于以下三方面转变。

一是由注重产业间数量关系向注重发展质量转变。产业结构是指国民经济中各产业的比例关系，这种比例关系往往会随着经济社会发展而发生变化。工业结构变迁包括合理化与高度化两个维度。合理化衡量工业结构协调度和资源有效利用程度，高度化衡量工业结构升级，前者侧重于现有资源要素的合理配置，表现为数量关系；后者强调增量价值的创造，侧重于质量提升（图 13-9）。改革开放以来，我国工业化快速推进，工业结构调整政策重点是促进产业结构合理化，政府部门将工作重点和目标放在调整产业数量比例上，在工业化快速发展中这种政策具有一定的合理性。然而，伴随我国进入工业化后期阶段，工业在国民经济中的比重持续下降，单纯依靠数量关系的调整很难再发挥工业的作用，在强调数量关系的同时要更加注重发展质量，政策重点要转向工业结构的高度化。在信息时代，工业结构高度化表现为高技术化、高知识化和高附加值化等，这也是工业结构升级政策的长期目标。基于供给侧结构性改革的工业结构政策，要引导高质量工业经济发展，向国际先进质量看齐，打造优质产品、培育世界级品牌企业，推动工业经济绿色低碳发展。

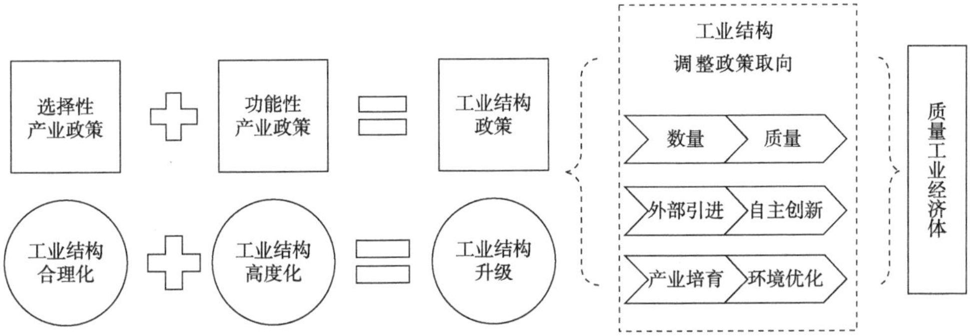


图 13-9　基于供给侧结构性改革的工业结构调整政策

二是由外部引进为主向自主创新为主转变。受经济发展阶段、资源禀赋条件等因素的影响，不同国家或地区产业存在一定的差异和梯度。这也就是著名的比较优势理论，即专注各自擅长的产业，整体收益将提高。当然，这种比较优势也可以随着条件变化而出现变化，比较优势具有动态性。正是由于国家间、区域间产业梯度的存在，才形成了国际产业转移，产业向更适合自身资源特征的区域转移。在工业化前期和中期，我国与发达国家之间在资金、技术等方面存在巨大差距，这一方面造成我国产业发展面临较大困难，另一方面发达国家产业具有向我国转移的内在需求。在这种情况下，积极引进国外的资本和技术成为我国工业化的重要途径。然而，随着我国制造业能力的大幅度提升，传统产业产能出现过剩，同时受到发展中国家工业化和发达国家“再工业化”的双重挤压，而新兴产业与发达国家之间的竞争关系大于合作。在新的发展阶段，在继续加大改革开放的同时，必须更加注重自身产业发展能力的培育，针对工业发展中存在的关键问题、核心问题补短板，切实提高企业自主创新能力和产业内在发展动力，这成为我国新时期工业结构调整政策的核心内容。

三是由选择性产业培育向功能环境优化转变。从直观上理解，产业结构应该更多集中于产业间关系的调整。主导产业选择和培育在传统的产业结构政策中占据重要地位，主导产业是指在国民经济中占据主导地位，具有很强关联性的产业，能够对经济发展发挥很强的带动作用。围绕着主导产业选择形成了众多理论和标准，具有代表性的包括赫希曼基准、罗斯托基准、筱原基准等，尽管不同的标准有所差别，但均强调主导产业的带动性。在相当长的一段时期，我国产业结构政策本质上更加倾向于培育主导产业。各省（自治区、直辖市）、市、县往往根据自身的条件和发展阶段确定若干重点发展产业，通过建立工业园区、开发区等，开展招商引资，特别是针对重点产业给予土地、税收优惠，从而促进区域产业结构的优化升级。这种以产业培育为主导的工业结构调整政策在我国工业化过程中发挥了重要作用，在很大程度上推动了我国工业化进程。然而，这种发展模式在一定程度上也造成了区域间恶性竞争、重复投资、生态环境恶化等方面的问题。同时，随着我国工业化进程进一步推进，传统制造业生产能力趋于饱和，简单产业培育模式已经很难适应现阶段产业的发展。未来我国工业结构政策要更多发挥功能性产业政策的作用。就本质而言，工业结构升级，无论是传统产业改造，还是高新技术产业发展，主要依赖良好的市场环境，良好的环境是工业结构升级的保障。要推进土地、劳动力及技术创新等方面的体制机制改革，同时进行产业和企业领域改革。目前，要切实调整和改革各类扭曲的政策和制度安排，真正形成公平竞争、优胜劣汰的市场环境和机制，转变政府职能、简政放权，着力降低企业成本，完善创新机制。构建良好的创新环境，加快培育新的动能，这不仅是促进我国工业长期发展的根本动力，对于现阶段我国工业结构调整也具有重要的现实意义。

# 服务业优化发展篇

# 第14章　“十三五”时期服务业发展的趋势与政策取向

在我国现代产业体系中，服务业变得越来越重要，在“十三五”期间，服务业占比已经显著超越了第二产业，而且对第一产业和第二产业的渗透和支撑力越来越凸显，在结构优化、经济增长、劳动就业和惠及民生等诸多方面发挥着越来越重要的作用。在这一背景下，研究和把握服务业发展趋势与政策取向，有着极为重要的意义。

## 14.1　服务业在我国产业结构调整升级中的地位和作用

当前，我国经济总量已经跃居世界第二，但产业结构不合理、产业层级较低，在全球价值链分工处于较低环节等问题仍然突出，推进产业结构调整和优化升级，是应对全球经济困局、转变经济发展方式、适应我国经济发展新常态的关键举措。要实现这一宏伟目标，必须结合我国当前面临的现实问题找准突破口。随着我国服务业的快速发展，服务业已经成为国民经济的第一大产业，我国经济正加快从工业主导向服务业主导转变，可以说，重视服务业特别是生产性服务业发展的质量和水平是推动我国产业结构优化升级的重要内容。

提升服务业的质量有助于“三去一降一补”任务的完成，一是服务业的无库存特征将拉低整个供给系统的库存率；二是一些资金门槛较低的服务业将拉低杠杆率；三是许多轻资产的服务业可以灵活调整自身产能；四是现代生产性服务业的繁荣可以降低市场交易成本；五是服务业是农业、制造业及其本身补短板的重要抓手。

基于服务业产出的功能分类出发，本章将服务业发展对我国产业结构调整和升级的重要作用分为三个方面。

### 14.1.1　服务业发展有利于推动实现农业现代化

促进传统农业向现代化农业转变，符合我国当前构建现代化经济体系的根本要求，对于践行绿色发展、提质增效等新时代重要战略有着重要的现实意义。现代农业是一个大农业的概念，要实现农业现代化，不能仅仅局限于种植业的发展，还需要特别关注农业的产前、产后问题，关注拓展产业链条之后的附加值和综合效益问题。

而农业的产前、产后问题，已经属于服务业的发展范畴，发达国家经验和我国这些年农业发展的实践表明，大力针对农业的生产性服务业，建立社会化的农业产业化服务体系，是实现农业现代化、低碳化和可持续发展的有效手段。要建立起强大、高效、高附加值的现代化农业，就必须加快构建和完善现代农业综合服务体系，通过发展包括农村金融、农业科技、涉农物流、动植物疫病防控、农产品质量安全监管、农村劳动力培训、农机租赁等为农服务的产业，以现代服务业促进农业现代化（夏杰长和田侃，2015）。同时，农业和服务业的深度融合发展正在成为农业经济发展的重要方向，农业产业链中的服务元素越来越多，延伸出了许多高附加值的边缘新业态，现代农业越来越多地成为第一产业和服务业的综合体（王会欣，2017）。

服务业服务于现代农业的发展，主要表现在三个层面：一是产业层次的影响和渗透，具体表现为由于融合发展而产生的许多新业态，如农业旅游、乡村旅游、创意农业等，原有种植生产功能被赋予了旅游功能，带动了食、住、行、游、娱、购等一系列的农业生产和乡村休闲体验活动，产业附加值大大提升的同时，又带动当地村民就业，提升了当地村民的收入水平，尤其是在欠发达地区，可持续绿色化的农业旅游开发，有利于对当地发展形成良性的产业支撑，对我国乡村振兴工作有着积极的作用，是实现乡村振兴的经典发展模式。二是企业层次的融合发展，主要表现在服务业企业向农业领域的渗透或者农业企业向服务业领域的渗透，中粮集团有限公司从贸易商向全产业链供应商的转型就是典型案例。三是在服务业参与农业生产过程中，最为典型的是信息化技术在农业生产中的创新应用。

### 14.1.2　服务业发展有利于推动制造业转型升级

随着经济的不断发展，特别是技术的不断进步和广泛应用，现代制造业已经不再是传统的制造业，现代服务业也不再是传统的服务业，制造业和服务业之间正在越来越多地互动与融合，彼此影响，互为支撑。一方面，制造业内不断将一些非生产性的活动外包，从而导致服务业比重不断增加；另一方面，制造业的结构转型，使得生产过程中对中间性、服务性投入的需求也越来越多。可以说，制造业和服务业融合发展是现代化产业体系所具有的重要特征。

从发达国家产业演变历史看，从 20 世纪 70 年代制造业柔性化生产模式取代福特制生产模式以来，生产性服务业对制造业的作用日趋突显，生产性服务业的产业地位开始不断提升，制造业外购从制造业内部分化的或从市场内生发展来的生产性服务，作为中间投入要素，改善投入结构以提升自身效率和竞争力，更好地满足市场需求，争取更大的价值。发达国家普遍存在两个 70%的现象，即服务业产值占 GDP 的 70%，生产性服务业产值占整个服务业产值的 70%。世界 500 强企业中，56%的企业从事服务业。改革开放以来，我国迅速成长为世界制造业大国，但在国际分工体系中偏重于组装和制造环节，长期处于价值链的低端环节，而价值链两端的高端环节仍被发达国家控制。大力发展生产性服务业，以嵌入知识密集型服务要素提升制造业附加值并向生产价值链中高端迈进，符合我国的实际情况和发展要求。

生产性服务业的繁荣发展，为制造业转型创造了许多有利的条件：一是提供技术支持，市场化、专业化的研发设计与创新应用服务为制造业转型提供了智力支持；二是提供了资金支持，金融业的发展降低了企业的资金成本，有利于合理有序配置资源的同时，降低制造业企业的投资风险；三是提供了广阔的市场空间，服务业涉及的面非常宽，融合发展的趋势和业态创新使得对服务业的消费需求会进一步带动相关制造业的发展与壮大，形成共赢互促的发展局面；四是有利于制造业企业实施现代化管理流程，管理咨询、营销服务等专业化、社会化的服务有利于提高制造业企业的运营效率。

面向制造业的生产性服务业是制造业和服务业深度融合发展的重要表现形式，是制造业转型升级的重要支撑。摆脱传统的粗放型制造，大力发展生产性服务业，把高端服务元素嵌入到制造业之中，提高制造业的知识服务含量和产出品质，有利于提升我国制造业的国际竞争力，是实现由制造业大国向制造业强国转变的重要途径。

### 14.1.3 服务业内部的优化升级是产业结构调整的重要内容

长期以来，对服务业的定义大多基于“剩余法”，这使得服务业成为一个异质性很强的庞大产业，囊括了各种不同特征的服务部门，尽管服务业在国民经济中的比重不断上升被普遍认为是产业结构升级的重要体现，但服务业内部的优化升级问题更是服务经济时代应该关注的课题。随着我国经济发展进入新常态，我们已经认识到，与发达国家的现代服务业发展水平相比，我国服务业发展存在不小的差距，仍然存在许多亟待解决的突出问题，基于此，服务业内部的高质量发展问题被提出来，成为服务业内部进一步优化升级的重点。

从发展效果上看，促进服务业内部的优化升级，实现服务业的高质量发展，可以从增长速度、生产效率、服务品质、服务创新、绿色发展、营商环境等多方面来判断和评价。从产业结构上来看，服务业内部的优化升级可表现在具有现代发展特征的部门地位提升上，在经济服务化明显的背景下，这种结构上的变动趋势对整个产业体系调整和优化有着深远的影响。对于现代发展特征的界定目前仍然没有绝对统一的标准，本书总结相关观点，从要素投入特征、融合发展程度和绿色发展效果三个方面加以概括说明。

一是从要素投入特征上看，表现为资金和技术密集型部门的地位提升，而资金和技术密集型行业多分布在价值链微笑曲线的两端，这在一定程度上代表了服务业整体竞争力和效率的提升。从发达国家的发展经验来看，劳务型服务业的比重下降、知识型服务业的比重上升，是服务业现代化发展的重要特征，自 1980 年开始，美国的知识型服务业就已超过劳务型服务业，韩国在 2005 年也出现了同样的发展态势。

二是从融合发展程度上看，表现为影响作用大、关联程度高的部门地位得到提升，这些部门的融合带动作用，包括了产业附加值的增加、生产率的提升、新业态的出现、就业的促进和发展动力的衍生等诸多方面。具体来看，一方面是生产性服务业的繁荣发展，这是服务业和农业、制造业的互融共进的发展基础，也是服务业内部高质量发展的重要体现；另一方面，一些传统服务业通过改变发展战略，对接现代需求，也表现出了融合发展的强大后劲，这在一定程度也加快了传统服务业转型升级的进程，如旅游业近些年一直在强调整合资源，通过产业发展带动产业域、空间域和管理域的综合提升。

三是从绿色发展效果上看，表现为环境友好型部门的地位提升。随着我国绿色发展理念的应用越来越受到重视，我国在产业规制方面的政策导向越发明显。党的十八大以来，绿色发展理念越来越受到重视，对绿色产业的相关研究越来越多，成果数量逐年增加的趋势非常明显。由于长期以来我们已经习惯了传统的三次产业划分方式，关于绿色产业的界定与分类迄今仍未完全统一，但大多都会强调绿色产业的一些共同特征，如绿色产业在生产、消费、管理的过程中必须突显绿色化、高效率、高效益、可持续性、创新性等特征。这些特征也成为服务业内部乃至整个产业体系优化调整的重要方向。

综上所述，从产业发展实践的趋势来看，经济服务化成为现代化经济体系的重要特征，我国的产业结构服务化的发展趋势非常明显。在我国经济增速换挡、结构优化、动能转换等新常态背景下，服务业越来越能在产业结构调整和优化升级中发挥“稳定器”的作用，在增长速度、增加值占比、吸纳就业和对经济增长的贡献方面日益成为三大产业之首，促进服务业内部的高质量优化提升，进一步深化服务业和农业、制造业的深度融合发展，有利于我国整体产业体系的转型和升级，对我国构建现代化经济体系有着保障性的作用。

### 14.1.4　服务业对外开放是产业结构升级的助推器

通过服务贸易进口获得的技术溢出显著促进我国技术进步，服务贸易进口通过技术效应促进中国产业结构升级。这是许多学者的共识。例如，陈启斐和刘志彪（2015）基于 47 个国家的服务贸易面板数据的研究结果发现，服务贸易进口的研发溢出显著提升东道国的全要素生产率，而且促进作用主要体现在技术效率的改善。沈鸿和顾乃华（2017）认为无论从服务贸易数量角度还是服务业对外开放政策角度，中国服务贸易开放均显著促进了中国制造业全要素生产率的提高。姚战琪（2019a）则使用中介效应检验法，系统考察了我国服务业对外开放对产业结构升级的影响。

1. 模型构建

本书使用中介效应检验法，通过 Sobel 检验法来检验中介效应是否显著（Barro，1996）。在中介效应方程中，解释变量对被解释变量的影响不单表现为直接影响被解释变量，解释变量也通过若干中介变量间接影响被解释变量，即中介变量是联系解释变量和被解释变量的纽带。本书建立以下中介效应模型：

$$\text{inst}_{it} = \alpha_0 + \eta_1 \text{simp}_{it} + \sum_{k=2}^{5} \eta_k \text{control}_{it} + \alpha_i + \lambda_{it}$$

$$M_{it} = \beta_0 + \gamma_1 \text{simp}_{it} + \sum_{k=2}^{5} \gamma_k \text{control}_{it} + \beta_i + \rho_{it}$$

$$\text{inst}_{it} = \chi_0 + \sigma_1 \text{simp}_{it} + mM_{it} + \sum_{k=2}^{5} \sigma_k \text{control}_{it} + \chi_i + \kappa_{it}$$

式中，$\alpha$ 表示随机扰动项；control 表示控制变量；inst 表示产业结构升级变量；simp 表示通过服务业进口获得的国外研发资本存量；$M$ 表示中介变量，本书中介变量包括中国服务业对外开放的就业效应、贸易效应、资本效应、技术效应。本书从反映产业结构合理化、产业结构高级化程度的产业结构层次系数两个方面测算我国产业结构升级。

2. 变量选取及描述性统计

1）被解释变量

被解释变量为产业结构合理化和产业结构高级化，使用第三产业产值与第二产业产值之比计算各省区市产业结构合理化变量（inst1），使用以下方法计算反映产业结构高级化程度的产业结构层次系数：

$$\text{inst2} = \sum_{l=1}^{n} \sum_{m=1}^{i} q_m$$

即对三次产业所占比重（$q_m$）进行加权求和，并按三次产业层次高低依次赋权，

inst2 值越大，该地区产业结构层系数越大，表明产业结构高级化程度越高。其中 $l$=1,2,3,⋯,$n$ 表示产业部门，$q_m$ 表示产业 $m$ 占比。

2）核心解释变量

使用以下方法计算中国各省区市通过服务业进口获得的国外研发资本存量：

$$\mathrm{simp}_{it} = \left(\kappa_i \times \mathrm{im}_{it} / \mathrm{im}_t\right) \mathrm{re}_t^{\mathrm{ip}}$$

$$\mathrm{re}_t^{\mathrm{ip}} = \sum_{j=1}^{34} \omega_j \times \left(\mathrm{im}_{jt} / \mathrm{gdp}_{jt}\right) \mathrm{rdo}_{jt}$$

式中，$\mathrm{im}_{jt}$ 表示 $t$ 期我国从 $j$ 国进口的总额；$\mathrm{rdo}_{jt}$ 表示 $j$ 国研发资本存量；$\mathrm{gdp}_{jt}$ 表示 $j$ 国 GDP；$\omega_j$ 表示我国从 $j$ 国的服务贸易进口额占比，由于该数据不可得，使用中国服务贸易进口占中国进口额比重；$\mathrm{im}_{it}/\mathrm{im}_t$ 表示 $t$ 期 $i$ 省（自治区、直辖市）进口额占我国进口额比重；$\kappa_i$ 表示各省区市服务贸易进口占比。

3）控制变量

使用以下方法计算通过服务业外商投资获得的国外研发资本存量：

$$\mathrm{fdip}_{it} = \left(\theta_i \times \mathrm{fdi}_{it} / \mathrm{fdi}_t\right) \mathrm{re}_t^{\mathrm{fdi}}$$

$$\mathrm{re}_t^{\mathrm{fdi}} = \sum_{j=1}^{34} v_j \times \left(\mathrm{fdi}_{jt} / \mathrm{gdp}_{jt}\right) \mathrm{rdo}_{jt}$$

式中，$\mathrm{fdi}_{jt}$ 表示 $t$ 期进入我国的 $j$ 国外商投资额；$v_j$ 表示 $j$ 国流入我国服务业的外商投资额占比，由于该数据不可得，使用服务业外商投资额占我国外商投资额比重；$\mathrm{fdi}_{it}/\mathrm{fdi}_t$ 表示 $t$ 期 $i$ 省（自治区、直辖市）外商投资额占我国外商投资额比重；$\theta_i$ 表示各省区市服务业外商投资额占比。

hcz 为各省区市人均人力资本，使用 Barro 等的方法计算 $i$ 省（自治区、直辖市）$t$ 时期的人力资本存量：$\mathrm{hcz}_{it}$=6×各省区市小学比重+9×初中比重+12×高中比重+16×大专及以上比重，各省区市就业人员受教育程度比重来源于《中国劳动统计年鉴》。lrengdp 为各省区市劳动生产率的对数，以此表示劳动生产率。rdp 为各省区市人均研发资本存量。

4）中介变量

本书选择以下中介变量，分别反映服务业开放的就业效应、服务业开放的技术效应、服务业开放的资本效应、服务业开放的贸易效应。①各省区市第三产业就业人数占总就业人数比重。我国服务业贸易具有显著的就业效应，不但不断增加的服务贸易进口促进就业增加，服务业开放也通过服务业进口获得的国外研发资本存量促进就业率不断增长，本书选择各省区市第三产业就业人数占比来衡量。②各省区市技术效率。当前各省区市服务业开放显著推动我国技术效率提升，同时技术效率在促进该地区产业结构升级的进程中具有重要作用，本书选择技术变动指数作为各省区市技术效率，即使用数据包络分析（data envelopment analysis，DEA）方法计算各省区市不同时期技术进步水平。③各省区市投资。本书使用各省区市固定资产投资额占该省区市生产总值的比重来衡量。④各省区市出口。本书使用按经营单位所在地分货物出口总额的各省区市出口额的对数来衡量。

3. 数据来源及描述性统计

各变量的含义和描述性统计结果见表 14-1。本书使用的数据来源于 2005~2016 年《中国统计年鉴》、国际货币基金组织数据库、Wind 数据库和商务部网站，本书样本为 30 个省（自治区、直辖市），不包括西藏、香港、澳门、台湾，本书数据均采取 Stata 13.0 进行处理。

**表 14-1　各变量描述性统计**

| 变量类型 | 变量符号 | 变量名称 | 均值 | 最大值 | 最小值 | 标准差 | 平均值标准误 |
|---|---|---|---|---|---|---|---|
| 被解释变量 | inst1 | 产业结构合理化 | 5.472 8 | 5.624 8 | 5.355 3 | 0.047 7 | 0.002 5 |
| | inst2 | 产业结构高级化 | 0.930 6 | 3.658 5 | 0.497 1 | 0.458 8 | 0.024 2 |
| 解释变量 | simp | 通过服务进口获得的技术溢出 | 0.003 0 | 0.019 8 | 0.000 2 | 0.003 5 | 0.000 2 |
| 控制变量 | fdip | 通过服务业 FDI 获得的技术溢出 | 368.641 0 | 4 305.086 0 | 9.541 1 | 579.957 8 | 31.089 0 |
| | hcz | 人均人力资本 | $3.28\times10^{-5}$ | $1.43\times10^{-4}$ | $8.51\times10^{-6}$ | $3.05\times10^{-5}$ | $1.63\times10^{-6}$ |
| | lrengdp | 劳动生产率 | 10.070 8 | 11.563 9 | 8.216 4 | 0.693 7 | 0.036 6 |
| | rdp | 人均研发资本存量 | 2 150.075 0 | 28 549.170 0 | 46.856 6 | 3 759.715 0 | 201.541 9 |
| 中介变量 | emp | 就业效应 | 0.348 4 | 0.773 2 | 0.149 3 | 0.099 0 | 0.005 2 |
| | lex | 贸易效应 | 25.149 9 | 29.015 5 | 21.265 9 | 1.668 7 | 0.087 9 |
| | guper | 资本效应 | $5.99\times10^{-9}$ | $1.24\times10^{-8}$ | $2.54\times10^{-9}$ | $1.94\times10^{-9}$ | $1.02\times10^{-10}$ |
| | tech | 技术效应 | 0.977 1 | 1.174 0 | 0.862 0 | 0.059 7 | 0.003 3 |

4. 实证结果

1）基准回归结果

表 14-2 为服务业开放对我国产业结构升级影响的基准回归结果。模型 1、模型 3 为通过服务贸易进口获得的技术溢出对产业结构高级化和产业结构合理化影响的回归结果。研究结果显示通过服务贸易进口获得的技术溢出对产业结构升级的两个变量均有显著影响，通过服务贸易进口获得技术溢出变量的估计系数分别为 3.666、27.664，并且通过了 1%的显著性检验。模型 2、模型 4 分别为加入通过服务业 FDI 获得的技术溢出、各省区市人均人力资本、各省区市劳动生产率、各省区市人均研发资本存量等控制变量后的回归结果，模型 2 和模型 4 的回归结果显示，中国通过服务贸易进口获得的技术溢出变量的估计系数分别为 4.483 和 22.452，并且通过了 1%的显著性检验，同时加入控制变量后的模型 2 和模型 4 中的服务业开放对我国产业结构升级的影响并未有太大波动。也可看到，中国通过服务贸易进口获得的技术溢出对产业结构合理化有促进作用，中国通过服务

贸易进口获得的技术溢出对我国产业结构高级化也具有促进作用。这主要是因为中国服务贸易进口能促进反映中国产业结构整体升级状况的产业结构高级化不断提升，但由于体制性因素、技术因素、劳动力因素和金融因素，在中国经济快速增长的背景下出现国内产业结构整体升级缓慢，步履迟缓，抑制了我国产业结构整体升级的步伐。

**表 14-2　服务业开放对我国产业结构升级的影响**

| 变量 | 产业结构高级化 | | 产业结构合理化 | |
|---|---|---|---|---|
| | 模型 1 | 模型 2 | 模型 3 | 模型 4 |
| simp | 3.666*** | 4.483*** | 27.664*** | 22.452*** |
| | (3.05) | (18.45) | (2.86) | (3.35) |
| fdip | | $-4.000\times10^{-6}$*** | | $-8.600\times10^{-5}$*** |
| | | (−2.68) | | (−2.57) |
| hcz | | 1322.328*** | | 5330.686*** |
| | | (8.58) | | (4.72) |
| lrengdp | | 0.017*** | | −0.162*** |
| | | (9.68) | | (−12.27) |
| rdp | | $1.000\times10^{-6}$* | | $9.200\times10^{-5}$*** |
| | | (1.81) | | (17.92) |
| _cons | 5.461*** | 5.240*** | 0.846*** | 2.168*** |
| | (703.14) | (267.65) | (10.40) | (16.64) |
| $R^2$ | 0.303 | 0.586 | 0.147 | 0.739 |
| $N$ | 348 | 348 | 348 | 348 |

注：括号内为 $t$ 检验值

***、*分别表示 1%、10%的显著水平

在本书选择的控制变量对我国产业结构升级的影响结果中，通过服务业 FDI 获得的技术溢出对我国产业结构合理化和产业结构高级化的影响均为负，这表明 FDI 进入我国服务业带来的技术溢出并不能促进我国产业结构升级，外商投资进入我国对我国劳动密集型产业既存在后向关联效应也存在前向关联效应，外商投资对我国资本密集型产业和技术密集型产业的前向关联效应显著为负，因此外商投资进入中国并不能促进我国知识和技术密集型产业攀升全球价值链。各省区市人均人力资本对我国产业结构合理化的影响显著为正。各省区市劳动生产率显著促进我国产业结构高级化，但对我国产业结构合理化的影响显著为负，主要是因为第三产业的劳动生产率小于第二产业，而本书使用第三产业与第二产业之比来计算我国产业结构合理化。最后可以看到，各省区市人均研发资本存量对我国产业结构合理化和产业结构高级化的影响为正。

2）服务业开放促进我国产业结构升级的中介效应检验

表 14-3 为分别考虑服务业开放的就业效应和贸易效应时，服务业开放对我国产业结构升级的中介效应检验结果。从表 14-3 的模型 5、模型 6 和模型 7 的检验

结果可看到，我国服务业开放对产业结构合理化的中介效应检验显著，因此本书着重分析服务业开放影响我国产业结构合理化的中介效应检验。可看到，模型 7 的Sobel检验、Goodman 检验1、Goodman 检验2均显著，中介效应比例为27.03%。模型 7 说明我国服务业开放具有显著的就业效应，中国服务业开放对我国就业效应具有显著的促进作用，即我国通过服务贸易进口获得的技术溢出显著促进我国就业增长，这表明服务业的就业效应在服务业开放对我国产业结构升级的影响中存在中介效应。因此，中国服务业开放借助就业效应促进我国产业结构升级的假设得到验证。国内其他研究成果也研究了服务贸易的就业效应和服务业外商直接投资的就业效应（李杨等，2015），但他们没有研究服务贸易通过何种渠道促进中国产业结构升级。

**表 14-3 服务业开放对我国产业结构升级的中介效应检验**

| 变量 | 就业效应 | | | 贸易效应 | | |
|---|---|---|---|---|---|---|
| | *M* | 产业结构高级化 | 产业结构合理化 | *M* | 产业结构高级化 | 产业结构合理化 |
| | 模型 5 | 模型 6 | 模型 7 | 模型 8 | 模型 9 | 模型 10 |
| simp | 3.005*** | 3.602*** | 16.564*** | 38.165*** | 2.144*** | 21.915*** |
| | (2.35) | (3.76) | (2.62) | (12.63) | (2.09) | (3.08) |
| fdip | $-1.400\times10^{-5}$*** | $-1.100\times10^{-5}$*** | $-5.400\times10^{-5}$* | $-4.200\times10^{-5}$*** | $-9.000\times10^{-6}$* | $-8.500\times10^{-5}$*** |
| | (−2.19) | (−2.28) | (−1.74) | (−2.57) | (−1.86) | (−2.54) |
| hcz | 764.096*** | 57.067 | 3953.183*** | 82.768 | 127.640 | 5437.590*** |
| | (3.34) | (0.40) | (3.45) | (0.19) | (0.85) | (4.55) |
| lrengdp | 0.033*** | 0.031*** | −0.231*** | 0.009* | 0.021*** | −0.167*** |
| | (13.56) | (13.34) | (−15.21) | (1.47) | (5.89) | (−6.83) |
| rdp | $8.000\times10^{-6}$*** | $1.000\times10^{-6}$ | $7.500\times10^{-5}$*** | $-1.100\times10^{-5}$*** | $5.000\times10^{-7}$ | $9.200\times10^{-5}$*** |
| | (8.31) | (1.27) | (14.32) | (−4.39) | (0.62) | (17.78) |
| *M* | | −0.085*** | 2.041*** | | 0.007*** | 0.004 |
| | | (−2.07) | (7.68) | | (2.68) | (0.24) |
| _cons | −0.039* | 5.170*** | 2.238*** | −0.003 | 5.065*** | 2.098*** |
| | (−1.63) | (268.10) | (18.49) | (−0.05) | (113.70) | (6.77) |
| $R^2$ | 0.778 | 0.502 | 0.732 | 0.849 | 0.562 | 0.737 |
| *N* | 348 | 348 | 348 | 348 | 348 | 348 |
| Sobel 检验 | | 0.120***<br>(*z*=−1.5528) | 0.024***<br>(*z*=−2.2497) | | 0.008***<br>(*z*=2.6177) | 0.808<br>(*z*=0.2423) |
| Goodman 检验 1 | | 0.101***<br>(*z*=−1.6386) | 0.023***<br>(*z*=−2.2674) | | 0.008***<br>(*z*=2.6256) | 0.807<br>(*z*=0.2431) |
| Goodman 检验 2 | | 0.101***<br>(*z*=1.6391) | 0.023***<br>(*z*=2.2647) | | 0.008***<br>(*z*=2.6295) | 0.809<br>(*z*=0.2407) |
| 中介效应比例 | | 未通过 Sobel 检验 | 0.2703 | | 0.1161 | 未通过 Sobel 检验 |

注：括号内为 *t* 值，其中 Sobel 检验和 Goodman 检验 1、Goodman 检验 2 结果中括号内的数字为统计量的 *z* 值

***、*分别表示 1%、10%的显著水平

从模型 8、模型 9 和模型 10 的检验结果可看到，在考虑服务业开放的贸易效应时，服务业开放对产业结构高级化的中介效应检验显著。模型 10 说明我国服务业开放显著促进我国出口增长，中国服务业开放对我国出口增长具有显著的促进作用，即我国通过服务贸易进口获得的技术溢出显著促进我国出口增长，从而可以加快中国产业结构升级步伐。但模型 9 的中介效应比例仅为 11.61%，并且模型 10 的 Sobel 检验、Goodman 检验 1、Goodman 检验 2 均不显著。因此，我国服务业开放通过出口增长促进我国产业结构合理化的作用极其有限，这与我国的实际情形相符。当前我国面临产业结构升级的艰巨任务，而出口产品的结构和方式较为单一，出口促进我国产业结构升级的作用很有限。

表 14-4 为使用资本效应和技术效应等中介变量后服务业开放对我国产业结构升级的中介效应检验结果。模型 13 说明我国服务业开放显著促进我国固定资产投资增长，中国服务业开放对我国各省区市固定资产投资额增长具有显著的促进作用。从模型 13 的检验结果可看到，服务业开放对产业结构合理化的中介效应检验显著，并且模型 13 的 Sobel 检验、Goodman 检验 1、Goodman 检验 2 也显著，中介效应比例为 21.83%。因此，我国服务业开放通过资本效应对我国产业结构合理化具有一定程度的促进作用。

**表 14-4　服务业开放对我国产业结构升级的中介效应检验及使用全部中介变量检验**

| 变量 | 资本效应 | | | 技术效应 | | | 使用全部中介变量 | |
|---|---|---|---|---|---|---|---|---|
| | *M* | 产业结构高级化 | 产业结构合理化 | *M* | 产业结构高级化 | 产业结构合理化 | 产业结构高级化 | 产业结构合理化 |
| | 模型 11 | 模型 12 | 模型 13 | 模型 14 | 模型 15 | 模型 16 | 模型 17 | 模型 18 |
| simp | $1.500\times10^{-7}$*** | 2.874*** | 16.868*** | 4.267*** | 3.927*** | 18.913*** | 2.682*** | 14.640*** |
| | (2.73) | (3.11) | (3.47) | (3.09) | (10.54) | (16.50) | (2.50) | (2.17) |
| fdip | $-5.420\times10^{-13}$*** | $-1.300\times10^{-5}$*** | $-2.520\times10^{-4}$*** | $-2.200\times10^{-5}$*** | $-6.000\times10^{-6}$*** | $-3.800\times10^{-4}$*** | $-1.200\times10^{-5}$*** | $-5.600\times10^{-5}$* |
| | (−2.17) | (−2.60) | (−4.19) | (−2.36) | (−2.76) | (−37.59) | (−2.45) | (−1.78) |
| hcz | $9.000\times10^{-6}$ | 4.797 | 10 621.220*** | 251.316*** | 1 568.211*** | 10 736.140*** | 156.802 | 3 803.666*** |
| | (0.46) | (0.04) | (6.15) | (2.70) | (8.60) | (47.81) | (0.99) | (3.30) |
| lrengdp | $2.900\times10^{-9}$*** | 0.043*** | −0.393*** | 0.061*** | 0.012*** | −0.242*** | 0.036*** | −0.271*** |
| | (24.57) | (12.01) | (−11.80) | (11.89) | (4.69) | (−24.99) | (6.25) | (−7.45) |
| rdp | $-1.510\times10^{-13}$*** | $-1.000\times10^{-6}$ | $1.720\times10^{-4}$*** | $-4.000\times10^{-7}$ | $1.000\times10^{-6}$*** | $1.360\times10^{-4}$*** | $1.000\times10^{-6}$ | $7.500\times10^{-5}$*** |
| | (−3.35) | (−0.83) | (17.96) | (−0.40) | (2.34) | (115.58) | (0.71) | (13.35) |
| *M* | | −4 871 676*** | 31 400 000*** | | 0.051*** | −0.710*** | | |
| | | (−4.64) | (6.43) | | (20.84) | (−33.92) | | |

续表

| 变量 | 资本效应 | | | 技术效应 | | | 使用全部中介变量 | |
|---|---|---|---|---|---|---|---|---|
| | $M$ | 产业结构高级化 | 产业结构合理化 | $M$ | 产业结构高级化 | 产业结构合理化 | 产业结构高级化 | 产业结构合理化 |
| | 模型 11 | 模型 12 | 模型 13 | 模型 14 | 模型 15 | 模型 16 | 模型 17 | 模型 18 |
| emp | | | | | | | $-0.088^{***}$ | $2.106^{***}$ |
| | | | | | | | (−2.12) | (7.84) |
| lex | | | | | | | 0.003 | 0.026 |
| | | | | | | | (1.36) | (1.46) |
| guper | | | | | | | $-4\ 516\ 026^{***}$ | $20\ 300\ 000^{***}$ |
| | | | | | | | (−3.99) | (2.88) |
| tech | | | | | | | $0.042^{***}$ | $-0.451^{***}$ |
| | | | | | | | (2.00) | (−3.49) |
| _cons | $-2.000\times10^{-8}$ | $5.063^{***}$ | $4.078^{***}$ | $0.343^{***}$ | $5.235^{***}$ | $3.530^{***}$ | $5.007^{***}$ | $2.272^{***}$ |
| | (−25.91) | (167.85) | (13.12) | (6.78) | (209.99) | (39.93) | (102.01) | (7.23) |
| $R^2$ | 0.786 | 0.543 | 0.751 | 0.838 | 0.617 | 0.747 | 0.488 | 0.741 |
| $N$ | 348 | 348 | 348 | 319 | 319 | 319 | 319 | 319 |
| Sobel 检验 | | $0.018^{***}$ ($z$=−2.359 0) | $0.011^{***}$ ($z$=2.520 8) | | $0.002^{***}$ ($z$=3.058 4) | $0.002^{***}$ ($z$=−3.079 2) | | |
| Goodman 检验 1 | | $0.016^{***}$ ($z$=−2.400 0) | $0.010^{***}$ ($z$=2.547 0) | | $0.002^{***}$ ($z$=3.061 9) | $0.002^{***}$ ($z$=−3.080 0) | | |
| Goodman 检验 2 | | $0.016^{***}$ ($z$=2.394 6) | $0.011^{***}$ ($z$=2.539 0) | | $0.002^{***}$ ($z$=3.060 0) | $0.002^{***}$ ($z$=3.078 5) | | |
| 中介效应比例 | | 未通过 Sobel 检验 | 0.218 3 | | 0.052 7 | 未通过 Sobel 检验 | | |

注：括号内为 $t$ 值，其中 Sobel 检验和 Goodman 检验 1、Goodman 检验 2 结果中括号内的数字为统计量的 $z$ 值
***、*分别表示 1%、10%的显著水平

模型 15 说明我国服务业开放显著促进我国技术效率增长，我国通过服务贸易进口获得的技术溢出显著促进我国技术效率增长，我国技术效应在服务业开放对我国产业结构高级化的影响中存在中介效应，中国服务业开放对我国各省区市技术效率具有一定程度的促进作用。但从模型 15 的检验结果可看到，服务业开放对产业结构高级化的中介效应比例仅为 5.27%，因此我国服务业开放通过技术效率增长促进我国产业结构高级化的作用很有限。这是因为对外开放的工业行业具有较高的技术效率，而服务业具有较低的技术效率，在服务业对外开放进程中，服务业对我国资本和劳动要素的需求不断增长，服务业开放度提高在一定程度上能增加而不是减少对我国劳动力和资本的需求。

模型 17 和模型 18 分别将就业效应、贸易效应、资本效应和技术效应所有的中介变量加入回归方程，从估计结果可看到，加入所有中介变量后，我国通过服务贸易进口获得的技术溢出对我国产业结构高级化和产业结构合理化的影响系数分别为 2.682、14.640，与基准回归结果中我国通过服务贸易进口获得的技术溢出对我国产业结构升级的影响系数（分别为 4.483、22.452）相比明显下降，但从总体上看，我国通过服务贸易进口获得的技术溢出可以通过就业效应、贸易效应、资本效应和技术效应间接促进我国产业结构升级。

## 14.2 服务业供需互动趋势的理论和实践分析

### 14.2.1 服务业供给和需求之间互促共进

供求关系是市场经济内在关系的两个基本方面，只有需求和供给彼此相互适应才能使市场有序、正常运转，供给和需求在总量及结构层面的动态平衡推动了经济的持续健康增长。需求的变化趋势及其出现的问题会影响供给相应的变化和调整方向；反过来，许多新供给又会影响和激发市场需求发生新的变化，二者在市场经济的矛盾运动中互动发展。

因此，供给和需求两侧也是管理和调控宏观经济的两个基本手段，在实际运用中，要将二者统一起来辩证看待，要基于问题导向，不能顾此失彼。随着我国经济发展水平和人民生活品质的不断提升，我国经济的供需矛盾已经不再是总量上的矛盾，而是结构性的供求不平衡，主要表现为无效供给过多，有效供给不足，低端供给过多，中高端供给不足。为了最大限度解放和发展生产力，以解决供需之间结构性失衡为导向，从生产、分配、流通、消费等环节出发，供给侧结构性改革被提出来，成为解决新时代“不平衡”“不充分”问题的发展主线。

当前，我国经济存在的结构性失衡问题在服务业领域表现得也非常明显，服务业供给和需求的关系既存在普遍共性，又因其特质不同而表现出自身特征。

服务不同于有形商品需求，其参与性、互动性和体验性更强，对消费效用和质量的要求更高，对满意度及其品牌声誉的要求也更高；同时服务需求和有形商品的需求又具有密切的联系，现代服务业一个显著的特征就是对商品和服务需求的结合，需要二者的配合才能形成完整的消费体验，这也体现了现代服务消费的融合型趋势。

按服务内容的不同，可将现代服务大致分为生产性服务、生活性服务和社会性服务等类型，不同类型的服务因其消费对象的不同，又呈现出不同的特征。具体来看，生产性服务需求主要是指生产企业除了购买投入要素之外，还需要购买的中间投入品，主要分布于农业、制造业和服务业内部，这使得生产性服务根植于服务对象的生产价值链的全过程之中，如研发设计、营销管理等内容，这些服务因为生产需要的不同而呈现出更加多元化、定制化的特征，这一特征要求生产性服务供给富有弹性，且对接生产需要。生活性服务业关系到人们生活品质的提升，如家政服务、休闲娱乐服务等，随着人们收入水平不断提升，生活性的消费需求也逐渐向马斯洛需要层次理论的高层次需求迈进，人们对生活性服务的需求显得更加个性化和品质化，对生活性服务供给的品质和质量有着越来越高的要求。社会性服务需求主要集中在健康、养老、文化、体育等公共服务领域，更多是属于基本公共服务必需品，对服务供给的要求更多偏向于均等化、完善化和可持续性。

服务业需求和供给的时代性特征明显，总体上看，其范围和重点随着时代的变化而发生变动，如美国学者丹尼尔·贝尔认为，在农业社会，服务业的需求主要集中在个人服务和家庭服务方面；在工业社会，服务业需求主要围绕生产活动展开，以运输和商业服务为主；而在后工业社会，服务需求更多地以技术性、知识性的服务和公共服务为主，发达国家服务业内部结构的变迁也印证了这一判断。

此外，随着新一代信息技术的不断应用，传统的服务供需特征也在发生着变化，如原有的规模性小、标准化程度低、即时性差等问题正在发生改变，服务业的供给出现了个性化和标准化并存的特征，交易成本和服务模式也在持续创新，现代服务的需求与供给也出现了规模经济和范围经济的发展趋势。

服务业的供给和需求同样是互相影响的辩证关系，长期看，二者是一个互促共进的发展过程。市场需求的变化影响着服务业企业的经营方向，服务业企业通过不断创新自身服务产品来满足消费需求，同时，服务业基于技术进步和模式创新也在不断产生新的供给，这在一定程度上又引领和激发了服务需求的方向。二者之间是一个动态的互动关系。

### 14.2.2 服务业供需的结构性失衡仍然存在

2013 年我国服务业增加值占 GDP 的比重达到 46.1%，首次超越第二产业，标志着我国经济结构发生了历史性重大变化。到了 2017 年，我国服务业增加值占 GDP 的比重已达到 51.6%，服务业增加值比重稳居第一。然而我国服务业发展仍然表现为“大而不强”，服务业供给质量有待进一步提高。

从服务业供给结构上看，传统服务供给占比偏高，知识密集型服务供给占比仍然较低，高端供给不足。从供给分布上看，服务业供给水平的区域差距非常明显，服务业资源有向大城市集聚的趋势，服务供给分布不平衡。

从服务业分类来看，一是生产性服务业供给仍然有很大的差距，产业融合或黏合度不强，服务业对制造业的渗透力和支撑力不够，远不能满足我国实现

“中国服务”和“中国制造”互促共进的发展要求。二是生活性服务业和社会性服务业的供给增速跟不上需求规模的扩张速度，供给品质远不能满足日益提高的民生诉求。

1. 生产性服务业供给仍然不能满足制造业转型升级的需要

近些年，我国生产性服务业总体发展较快，但其总体的创新能力不足，对制造业的支撑不够，在一定程度上影响了我国企业的国际竞争力。

1）传统的发展思维定式使得生产性服务业市场化程度偏低

发达经济体生产性服务业经历了从企业内部化到市场化的演进过程，但我国的生产性服务业发展受到传统思维定式和体制机制等因素的影响，使得我国的生产性服务业的市场化程度偏低，无论从规模上还是在层次上，与发达国家的水平还有很大差距，这是我国建设制造业强国和推进服务业高质量发展的进程中亟待解决的问题。一方面，我国在制造业的中间需求中，对农业、矿产资源和制造业本身的需求占比很高，对生产性服务业的需求占比很低，远达不到欧美发达国家制造业对生产性服务业需求的水平，同时，在生产性服务业的中间需求中，我国制造业对流通等传统领域的需求比重过大，对技术型、知识型服务的需求比重过低。另一方面，传统发展模式的惯性使得我国的企业长期保持“大而全、小而全”的组织结构，最终导致这些只服务于企业内部经营活动的环节专业化程度不高，实力不强，成本较高，包括研发设计、营销管理等方面的竞争力非常低，企业无法在价值链的竞争中赢得优势，这种发展惯性最终导致了生产性服务供给数量和水平的差距。

在供给和需求都存在问题的情况下，我国生产性服务业的市场化程度发展就会出现较明显的滞后，这直接影响了产业向价值链高端提升的进程。受此影响，我国在全球竞争中多为单兵突进，缺少技术研发、市场研究、法律顾问、融资安排、风险管理等诸多生产性服务业协同作战的体系，在全球范围内配置资源的竞争中无法掌握主动权，发展显得尤为被动。在我国正在积极推进“一带一路”倡议的大背景下，生产性服务业发展问题直接影响到我国制造业整体的转型升级。

2）长期的发展惯性抑制了生产性服务业的良性供给

改革开放以来，我国凭借劳动力成本优势迅速成长为“世界制造工厂”，稳居世界制造业大国之首，但在国际分工体系中偏重于组装和制造环节，长期处于价值链的低端环节，而价值链上游（如研发设计）和下游（如市场营销、品牌管理）等高端环节仍被发达国家控制，在全球价值链分工中面临被“低端锁定”的风险。长期以来，外商直接投资的竞争割裂了生产性服务业和制造业的良性互动，尤其是抑制了研发和投入等高端生产性服务业的发展积极性，这种发展模式上的惯性，使得我国生产性服务业缺乏发育土壤，供给水平有限。

总之，无论是在总量上还是在结构上，我国生产性服务业供给水平远不能支撑起我国建设制造业强国的发展需要。推进我国制造业的转型升级，需要发达的现代生产性服务业与之对应，我国的生产性服务业发展仍然有很长的路要走。

2. 生活性服务业和社会性服务业供给仍然不能满足人们对美好生活的需要

我国社会主要矛盾已经转化为人民日益增长的美好生活需要和不平衡不充分的发展之间的矛盾。从恩格尔系数来看，自 1995 年以来，中国城乡居民家庭的恩格尔系数均呈现出下降趋势。城镇居民家庭的恩格尔系数从 1995 年的 50.1%下降到 2018 年的 27.7%，农村居民家庭的恩格尔系数从 1995 年的 58.6%下降到 2018 年的 30.1%。①我国居民的消费需求已经从最初的基本物质需要转为更高层次的需要。历年《中国统计年鉴》的相关数据显示，1995 年以来，城乡居民家庭的服务消费占比呈上升态势，到 2017 年，城镇居民家庭人均年服务消费占总消费支出的比重为 32.5%，比 1995 年提高了约 14.9 个百分点（表 14-5），2017 年农村居民家庭的服务消费比重为 34.1%，比 1995 年提高了 20.5 个百分点（表 14-6）。1995 年以来，城乡居民家庭人均服务消费均保持 13%左右的年复合增长率。

**表 14-5 1995~2017 年中国城镇居民家庭人均年消费支出结构**

| 年份 | 食品 | 衣着 | 家庭设备用品及服务 | 居住 | 杂项商品及服务 | 服务消费 |
|---|---|---|---|---|---|---|
| 1995 | 50.1% | 13.5% | 7.4% | 8.0% | 3.2% | 17.6% |
| 2000 | 39.4% | 10.0% | 7.5% | 11.3% | 3.4% | 28.3% |
| 2005 | 36.7% | 10.1% | 5.6% | 10.2% | 3.5% | 33.9% |
| 2010 | 35.7% | 10.7% | 6.7% | 9.9% | 3.7% | 33.3% |
| 2015 | 29.7% | 8.0% | 6.1% | 22.1% | 2.7% | 31.4% |
| 2016 | 29.3% | 7.5% | 6.2% | 22.2% | 2.6% | 32.2% |
| 2017 | 28.6% | 7.2% | 6.2% | 22.8% | 2.7% | 32.5% |

资料来源：《中国统计年鉴 2018》

注：依据国家统计局的统计口径，这里的服务消费只包含交通通信、医疗保健、教育和文化娱乐服务这四大项。因“食品”支出项中的“在外用餐服务”、“衣着”支出项中的“加工服务”、“居住”支出项中的“物业管理服务”及“家庭设备用品及服务”支出项中的“家庭服务”缺乏连续的统计数据，并且这一部分支出相对于总消费支出比重较小，对整体统计结果不会产生较大影响

① 数据来源于国家统计局《2018 年国民经济和社会发展统计公报》。

**表 14-6 1995~2017 年中国农村居民家庭人均年消费支出结构**

| 年份 | 食品 | 衣着 | 家庭设备用品及服务 | 居住 | 杂项商品及服务 | 服务消费 |
|---|---|---|---|---|---|---|
| 1995 | 58.6% | 6.9% | 5.2% | 13.9% | 1.8% | 13.6% |
| 2000 | 49.1% | 5.7% | 4.5% | 15.5% | 3.1% | 22.0% |
| 2005 | 45.5% | 5.8% | 4.4% | 14.5% | 2.1% | 27.7% |
| 2010 | 41.1% | 6.0% | 5.3% | 19.1% | 2.1% | 26.3% |
| 2015 | 33.0% | 6.0% | 5.9% | 20.9% | 1.9% | 32.3% |
| 2016 | 32.2% | 5.7% | 5.9% | 21.2% | 1.8% | 33.2% |
| 2017 | 31.2% | 5.6% | 5.8% | 21.6% | 1.8% | 34.1% |

资料来源：《中国统计年鉴 2018》

总之，可以预计，随着城乡居民收入增加、中等收入群体的崛起、新一代信息技术在生活服务领域更加广泛和深刻的运用，以及居民闲暇时间的增加和幸福理念的转变，我国未来对生活性服务业和社会性服务业的消费需求有着巨大的增长空间，对服务质量和品质的要求也会越来越高。

### 14.2.3 增加高质量服务供给是满足日益扩大的服务需求的根本保障

我国服务业发展面临的主要问题，固然有总体滞后的问题，但主要还是结构性问题，是供给和需求的不匹配、不平衡和不协调，矛盾的主要方面在服务业的供给上，主要表现为服务业供给跟不上需求结构升级的变化，有效供给和中高端供给不足。未来我国服务业发展，需要重视需求管理和供给侧改革的有效结合，既要激励适度扩大服务消费需求，释放市场潜力，又要有效引导和增加服务供给，提高服务供给质量，高水平实现服务业的供需匹配和平衡协调。总之，实现良性服务业的供需互动发展，是服务业高质量发展战略的客观要求，是我国供给侧结构性改革的重要内容和基本要求。

## 14.3 促进我国服务业高质量发展的政策取向

### 14.3.1 推进供给侧结构性改革

1. 加大服务业领域对内改革和对外开放的力度

进一步优化服务业高质量发展的顶层设计，全面推进“准入前国民待遇和负面清单”管理模式，逐步放宽市场准入，进一步减少负面清单内容。对内，深化垄断性行业的市场化改革，增加中国经济的发展活力；对外，持续扩大服务业对外开放，鼓励境外服务业跨国企业进入中国市场，逐渐缩小负面清单，给予其国民待遇，不断丰富市场主体的所有制形态。同时鼓励中资生产性服务业“走出去”，接受国际市场的洗礼与竞争。最终通过新一轮的“对内改革，对外开放”，促进服务业高质量发展，提升服务业内在发展潜力，提升全要素生产率，实现生产性服务业的健康可持续发展。

2. 重视创新创业在提升全要素生产率中的作用

创新创业对国民经济和社会发展的重要性不言而喻，在生产性服务业领域，科技研发、专业服务、教育培训、金融等都是创新资本比较关注的赛道。而通过创新创业，可以有效地促进资本、技术和市场三者之间的资源配置的最大化，从而促进科学技术水平和整体研发实力的提升，最终提高生产性服务业的全要素生产率，促进生产性服务业领域供给侧结构性改革目标的顺利实现。

3. 弥补服务业发展短板

从服务业内部来看，部分附加值高、产业带动性强的生产性服务业发展还相对滞后，是我国服务业发展最为凸显的短板。例如，工业设计服务，与生产有关的数字内容服务行业，生产性互联网接入及相关服务、信息系统集成和物联网技术、运行维护服务等领域，对外依赖度比较高。针对经济结构、产业结构中的短板，要通过供给侧结构性改革，在重点领域寻求突破，逐步解决制约我国生产性服务业发展的瓶颈问题，全面提升生产性服务业的发展水平，应该是我国产业结构转型升级和高质量发展的首要目标和题中之义。

4. 通过供给侧改革实现服务业更高水平的供需平衡

在供给侧，要明确发展重点，以制造业的产业升级需求为导向，重点发展能对现代农业和先进制造业形成有效支撑的生产性服务业，如研究设计、商务服务等领域，充分发挥生产性服务业、新兴服务业在转型升级方面的引领带动作用。在需求侧，要通过减税降费等方式，促进消费结构升级，培养居民对发展和享受型服务消费的支出，适当扩大新兴服务进口，提高消费对经济增长的贡献率。最终实现更高水平上的供需结构平衡。

5. 全力提升服务业供给质量

更好地满足居民和企业对高质量服务产品日益增长的消费需求。加快服务业的供给侧结构性改革，促进服务业的高质量发展。从生产性服务业的角度来讲，要加快形成“互联网+”生产服务体系，鼓励有条件的城市和地区开展生产性服务业集聚示范区建设，有效引导生产性服务业发展，应对经济社会转型升级背景下，对高质量生产性服务业产品和服务需求升级的新状况。从生活性服务业（消费性服务业）的角度讲，要推进生活性服务业规范化、标准化、精细化和便利化，提升服务质量水平，应整合、充实、升级家庭服务业公共平台，健全服务网络；推进规模经营和网络化发展，创建一批知名生活服务品牌。健全服务质量治理与促进体系，推广优质服务承诺标志与管理制度（刘奕和夏杰长，2018）。互联网、大数据和人工智能与服务业的深度融合，催生了新的服务方式、服务业态和服务内容，这对提高资源利用效率、拓宽就业方式、便利人民生活、提升消费质量、扩大服务消费市场有着积极的作用，是形成强大国内市场的重要动能，为中国经济持续健康稳定增长注入了新生力量。我们要丰富这个领域的服务供给内容，提高新兴服务消费供给质量，更好地满足日益增长的人民群众对美好生活的向往（夏杰长，2019）。

### 14.3.2 推动中国服务和中国制造的深度融合

1. 推动制造业和生产性服务业融合发展

生产性服务业与制造业的融合发展，是促进产业转型升级，将不同产业之间的禀赋优势最大化，最终实现整个产业协同发展的主要表现形式。在产业边界日益模糊化的今天，加快产业融合和创新发展，是促进服务业结构升级的关键钥匙。具体来说，就是要围绕产业链的上下游进行跨行业整合。例如，制造业企业向研发设计领域进军，不断掌握核心技术；通过借助现代技术，延伸产业链，提供更多、更好、更适应市场需求的产品和服务，发挥好数字化在提升劳动生产率、变革生产方式上的重要作用。

2. 扩展生产性服务业创新业态容忍边界

加快创新驱动战略在整个生产性服务行业内全领域的落地生根，以迎合并有效应对新技术向新服务业转化的大趋势，加快发展以“新行业、新业态、新模式”为代表的生产性服务业产业链。推进生产性服务业在交叉领域的创新突破、跨界融合和数字化发展。通过促进生产性服务要素的重新组合和高效整合，打造真正有市场、有生产能力的创新业态产业链，从而促进生产性服务业的高效发展。

3. 培育一批具有较强国际竞争力的生产性服务业企业

当今世界经济的竞争，在很大程度上是通过跨国公司来实现的，在促进生产性服务业与制造业融合发展的过程中，必须把培育一批具有较强国际竞争力的企业作为主要抓手。例如，在金融服务领域，要不断扩大金融业的对外开放，丰富国内金融机构和金融市场的产业形态，提升金融生产要素的资源配置效率，壮大国内金融机构的实力和服务实体经济的能力。在专业服务领域，要形成一批和国际巨头相比具有竞争力的企业。在商业领域，要形成以 BATJ（百度、阿里巴巴、腾讯、京东）、华为企业为主队列，以广大中小企业为“队员”的中国企业航海矩阵，在国际竞争力中形成合力，维护中国经济利益。

### 14.3.3 推动服务业创新发展

1. 推进技术手段创新，带动服务方式革新和服务内涵提升

坚持以新市场需求为依托，以物联网、云计算、大数据、移动互联网、人工智能等新一代信息技术在服务领域的创新应用为基础，推动创意设计、网络视听、数字娱乐、互联网金融、电子商务、知识产权服务、人力资源服务、征信服务、检验检测、精准营销、远程医疗、智慧社区等引发产业体系变革的新兴服务行业迅速成长，创造更高的服务价值，推动服务与技术的深度融合和迭代创新（刘奕和夏杰长，2018）。

2. 培育服务创新主体，推动组织创新和管理创新

引导服务企业依托先进科技以培育自主品牌和自主知识产权为重点，加大研发投入力度，推进服务企业管理创新和技术创新。支持服务企业利用高新技术优化组织结构、再造业务流程，构建敏捷型、学习型服务企业，提升市场竞争力。在整体解决方案、技术服务运营、内容提供和定制服务领域重点培育一批服务企业，带动服务业新领域的拓展和新业态的成长。支持服务企业建立客户大数据库，开展用户消费行为分析，推动服务企业利用微信、微博、客户端等建立营销体系，提升精准营销、精细服务水平（刘奕和夏杰长，2018）。

3. 创新监管思路，坚持底线思维，增强政策灵活性和时效性

传统的市场监管体系，主要是靠行政力量或个人的意志，难以适应平台经济、分享经济、体验经济或产业跨界融合衍生出来的新经济、新服务。要根据“政府管理平台，平台制定细则”的监管准则，对传统的监管方式进行变革，走协同治理、多边共商的监管之路（刘奕和夏杰长，2016）。此外，在分享经济、平台经济背景下，劳动者与平台企业的关系发生了重要变化，不再是传统企业的雇佣与被雇佣关系。因此，要注意构建数字经济时代的新型劳动关系，在劳动者与平台、新业态与传统企业之间寻找推动新业态发展和社会进步的最大公约数。还要积极推进政企数据合作，利用大数据开展监管和社会诚信体系建设。例如，对于分享经济平台而言，评级系统和互信机制非常重要。在政府逐步开放公共数据，培育信用认证市场，制定严格的个人信息保护条例过程中，平台企业应全力做好信用安全审查，通过与政府数据共享，建立科学的安全管理体系和信用体系等（刘奕和夏杰长，2016）。

### 14.3.4 全力提升服务业对外开放水平

1. 服务业要更大力度地有序开放，全面实施负面清单制准入措施

对那些涉及企业生产和居民生产生活的健康医疗、文化教育、科学技术、金

融服务、商务和旅游服务等对外资限制较多的重点领域，持续放宽对外资的进入限制，放宽外资的资质要求，对外资的准入门槛、营业区域、股权比例、业务范围等给予更多的国民待遇。修订出台外商投资准入的负面清单，持续加强金融服务业、交通运输、商贸物流、专业服务等领域的双向开放力度。

2. 重视生产性服务业的外资引进，稳步提升生产性服务业对外投资的便利化水平

既要通过加强知识产权保护和优化营商环境，继续促使外资和先进技术“引进来”，也要积极推动服务业“走出去”，不断深化对外投资管理体制改革，继续推进境外投资便利化，鼓励支持有能力、有条件的企业开展真实合规的对外投资活动。推动中国技术、产品、设备和服务走出去。推动服务业对外经济合作向更高水平延伸，在开放竞争中提升中国企业利用两种资源和两个市场的能力。

3. 持续推动营商环境的改革优化，探索与新兴贸易相适应的管理体制

重点是尽快推动与数字贸易等新型贸易形式相适应的管理机制，在跨境电子商务、无纸化通关通检等方面进行与时俱进的监管创新。加大智能化通关一体化系统的改革力度，探索跨境电子商务的分类监管模式，吸引境外消费的回流。逐步完善口岸服务功能，打造国内一流、国际先进的安全、高效、透明、便捷的服务贸易综合示范区。持续发出中国声音，推广中国标准。最终构建服务贸易健康发展的长效机制。

4. 重点推动金融服务业的开放，建立健全双向开放的金融服务体系

支持境外金融机构在华设立分支机构，扩大其经营地域和经营产品的范围边界，不断丰富国内金融市场的内外资企业层次，丰富产品和机构形态。同时，要视发展需求，对特定区域和特定行业的金融机构业务创新发展给予支持。支持跨国公司总部企业外汇资金集中运营管理，深化外汇管理体制改革。加快推进人民币国际化，探索更为有效的资本账户管控措施，支持银行业金融机构对企业境外项目投放人民币贷款，鼓励保险机构开展跨境人民币业务创新试点。鼓励支持私募股权投资和风险投资机构的发展壮大，不断引导资金流向实体经济，加大金融服务实体经济的力度。

# 第 15 章　新常态下服务业发展和结构升级的重点

中国经济发展进入新常态，经济运行中的一个重要趋势是产业结构变动幅度加大、速度加快，主要表现之一是服务业快速发展，在国民经济中的比重提高到第一位并继续上升。对于我国服务业发展的这种趋势，以及服务业能否在快速发展中实现结构升级优化的问题，需要深入分析研究，并提出政策思路建议。

## 15.1　研究背景及视角

改革开放四十多年来，我国经济社会发展取得了举世瞩目的成就。但随着经济总量的不断增大，一系列新情况和新问题也不容忽视。突出表现在增长速度进入换挡期、结构调整面临阵痛期、前期刺激政策进入消化期的“三期叠加”。在这种大环境下，长期以来高速增长积累的结构矛盾突出表现出来。

面对错综复杂的经济金融形势和国际环境，以习近平同志为核心的党中央提出了我国经济发展进入新常态的科学判断。在新常态下，经济增长速度从高速向中高速换挡；经济结构不断优化升级，发展方式从规模速度扩张转向质量效率提升，经济结构调整从增量扩能为主转向调整存量、做优增量并举；发展动力从主要依靠资源和低成本劳动力等要素投入转向创新驱动。

认识、适应和引领经济新常态，是当前和今后一段时间我国经济社会发展的大逻辑。就服务业的发展而言，虽然近年来取得了显著成就，但也存在一些新的问题，对产业结构的转型升级和消费结构升级形成了一定的制约。

具体来说，领域宽、范围广，涉及人民群众生活方方面面，与经济社会发展密切相关的生活性服务业发展仍然相对滞后，有效供给不足、质量水平不高、消费环境有待改善等问题突出，迫切需要加快发展。而涉及农业、工业等产业多个环节，专业性强、创新活跃和带动作用明显，处于全球产业竞争战略制高点的生产性服务业，也存在着发展相对滞后、水平不高和结构不合理等突出问题。

为了更好地促进服务业的发展，党的十九大报告指出，“支持传统产业优化升级，加快发展现代服务业，瞄准国际标准提高水平”。[①]“十三五”规划纲要也提出，加快推动服务业优质高效发展，促进生产性服务业专业化、提高生活性服务业品质、完善服务业发展体制和政策。以产业升级和提高效率为导向，发展工业设计和创意、工程咨询、商务咨询、法律会计、现代保险、信用评级、售后服务、检验检测认证、人力资源服务等产业。加快教育培训、健康养老、文化娱乐、体育健身等领域发展。开展服务业扩大开放综合试点，面向社会资本扩大市场准入，扩大政府购买服务等。

在经济发展新常态下，随着供给侧改革的深入推进，服务业发展和结构升级的重点领域是什么？出现了哪些新的业态？存在什么新的问题？服务业结构升级的条件和目标又是什么？这些问题，都值得我们深入研究。

## 15.2 服务创新推动结构升级的模式与机制

### 15.2.1 服务创新推动结构升级的模式

从世界服务业的发展趋势来看，受全球经济结构变迁和科技进步的驱使，不同产业之间的融合创新导致了日益模糊的产业边界。服务业的内涵也由此更加丰富，新的业态和商业模式不断涌现。在新一代科技革命的加速推动下，服务业正在呈现出网络化、智慧化、平台化等发展趋势。随着中国经济进入“新常态”，经济发展动力从主要依靠资源和低成本劳动力等要素驱动转向更多依靠创新驱动。在服务业领域，从供给端依靠技术和商业模式的创新改变传统供给方式、提升供给质量，从需求端适应消费者个性化需求、互动式体验等培育出的新的产品和服务需求，正在成为服务业发展的新常态。以服务创新推动中国经济高质量发展，是当前服务业发展的首要之义。

1. 服务创新的数字化

1）重要行业的数字化

数字经济已成为世界公认的新经济、新业态，也正在成为中国经济增长的新动能。在数字经济时代，数字技术与服务业的融合渗透加快了服务业的快速成长和数字产业的蓬勃发展。大数据、云计算等底层技术的日益成熟，推动了数字技术在服务业领域的广泛应用。区块链、人工智能的出现更是几乎从根本上改变了

---

① 参见《人民日报》2017 年 10 月 28 日第 1 版文章：《决胜全面建成小康社会 夺取新时代中国特色社会主义伟大胜利》。

金融、物流等服务业领域的传统商业模式，在给顾客带来更好、更新奇服务体验的同时，也大大促进了资源配置效率。随着供给侧结构性改革的全面深入推进，服务业的数字化、网络化和智能化，正在成为不可阻挡的历史趋势。承载着转变经济发展方式、调整产业结构、建设现代产业体系职能的服务业，其数字化进程至关重要。具体来说，要在加强信息通信服务业发展的基础上，大力推动数字中国建设，重点加快数字技术与金融、科技服务、设计创意、现代物流等行业的融合发展，以重要行业的数字化引领带动整个服务业的数字化与智能化进程。

2）重点企业的数字化

龙头企业的引领带动作用不容忽视，根据中国企业联合会、中国企业家协会发布的 2018 年“中国服务业企业 500 强”名单，国家电网有限公司、工建农中四大行（即中国工商银行股份有限公司、中国建设银行股份有限公司、中国农业银行股份有限公司、中国银行股份有限公司）、中国平安保险（集团）股份有限公司、中国人寿保险（集团）公司、中国移动通信集团有限公司、苏宁控股集团有限公司、华润（集团）有限公司等入围排行榜前十。[①]而根据 2018 年美国《财富》杂志公布的世界 500 强名单，中国科技企业华为在全球的排名仅次于微软公司，在全球排名 72 位，较上年上升了 9 位，来自中国的服务业企业电商阿里巴巴上升了 162 位、互联网企业腾讯上升了 147 位[②]。从这些榜单排名可以看出，加强对重点服务业企业数字化改造的政策扶持力度，培育一批在世界范围内具有深远行业影响力的跨国企业，既是服务创新的落脚点和出发点，也是当前我国服务业发展的首要任务。

3）服务贸易的数字化

随着世界经济向数字化转型，数字贸易的重要性正在引起世界各国的高度重视。数字贸易的早期形式主要表现为跨境电子商务。但实际上，其本质却是以数字化的内容交付为核心的“数据跨境流动”。从表象上来看，数字贸易兴起的直接原因在于数字经济的发展，而根本原因是技术创新引发的生产组织方式的深度变革（夏杰长，2018）。借助于服务创新的数字化，人们可以将原本不可贸易的服务产品变得可贸易化，从而轻松地进行跨境服务的购买、消费与支付。在数字经济时代，依托人工智能、大数据等新技术的创新发展，数字贸易无疑将成为未来世界各国的新的争夺制高点。

4）服务产业链数字化重构

围绕建设现代化经济体系，大力推动基于数字化的服务业跨产业融合和垂直

---

① 《2018 中国服务业企业 500 强榜单公布》，https://www.sohu.com/a/251509354_99983268，2018 年 9 月 2 日。

②《2018 财富世界 500 强出炉：华为排名 72 位，阿里腾讯蹿升》，https://www.huxiu.com/article/253411.html，2018 年 7 月 20 日。

化的数字化产业链整合。利用数字技术对传统服务业产业进行全方位、多角度、全链条的重构和改良，逐步释放数字经济在提升全要素生产率、实现高质量发展方面的放大倍增效应。在横向范围上，深入推动服务业的数字化改造，加快服务业与现代农业、生物技术、新能源技术、新材料技术等的交叉融合。加快数字中国、智慧社会建设力度，充分释放数字红利，以基本公共服务业的数字化改良，推广普及教育、医疗等公共服务在农村地区的普及程度，构建全方位、立体式的数字化产业链，更好满足经济社会转型发展的需求，更好满足人民群众对美好生活的期待。

2. 服务创新的平台化

1）生产性服务业创新的平台化

生产性服务业在产业转型升级中的重要性已不证自明。从自身属性来看，其具有专业性强、创新活跃、产业融合度高、带动作用显著等特点，是发达国家掌握话语权和实现全球价值链竞争优势的关键所在。大量发展实践充分证明，传统的“鲍莫尔–福克斯假说”和国内关于服务业低效率的提法在现阶段的中国并不成立（庞瑞芝和邓忠奇，2014）。推动生产性服务业集聚发展，是提高制造业全要素生产率，推动制造业转型升级的有力手段（余东华和信婧，2018）。在工业设计领域，基于数字技术的广泛传播与应用，消费者可以方便快捷地将自己的个性化需求传导至工厂生产的前端，即生产设计环节，精准匹配市场需求的订单式生产既大大提升了工业生产的效率，也提升了消费者效用。在现代物流领域，基于卫星定位技术和现代科技的精准配送、订单追踪、无人配送和自动货柜服务大大提升了服务效率和客户服务体验。而在掌握资金这一重要生产要素的金融服务业领域，科技对其传统商业模式的变革同样不容小觑。典型如扫码支付使得现代社会的现金使用率大大降低，手机银行使得人们足不出户便可享受方便快捷的金融服务。考虑到生产性服务业的特殊作用，着力培育生产性服务业的新业态、新模式，推动其向专业化和价值链高端延伸，是未来服务业高质量发展、培育核心增长极的有力支撑。

2）生活性服务业创新的平台化

在影音娱乐领域，既有优酷视频、酷狗音乐、哔哩哔哩和爱奇艺等老牌企业，也有全民 K 歌、花椒直播、抖音、虎牙直播和斗鱼等崛起新秀。在实用工具领域，过去需要必须到物理场所才能享受到的服务，如消费贷款、征信和社保查询等，正在被日益兴起的手机银行客户端和各类应用程序（application，APP）所取代。在社交通信领域，微信等即时通信工具的出现极大地提升了通信效率，直接改变了人们过去传统的通信方式，也由此延伸出了“流量”这一新时代的消费商品。在教育领域，扇贝单词、有道翻译官、作业帮等数字化平台的出现，使得人们足不出户就可以随时随地满足自己的教育消费需求。在日常消费领域，饿了么、美团外卖、大众点评等生活性服务平台，正在成为都市居民餐饮消费的重要渠道。而在出行领域，滴滴出行、高德地图、货拉拉等基于手机移动通信平台而衍生出的服务，已逐渐成为人们生活所不可或缺的重要组成部分。此外，还有途家网、Airbnb（爱彼迎）、小猪短租等基于分享经济模式下的旅游住宿服务业，也都在丰富市场层级，满足不同消费者出行需求方面做出了有益的探索。得益于生活性服务业的平台化创新，拼多多、闲鱼、Boss 直聘、丁香医生、贝壳网等产品方能将分散的供给和需求通过自身的平台进行撮合成交。不断提高生活性服务业的技术含量，最终既提升了社会资源的配置效率，也改善了居民的服务体验和生活水平。

3. 服务创新的融合化

1）金融科技

科技对金融的重要性正在引起国内外学者的高度重视，面对互联网技术的"强势入侵"，商业银行在深挖大数据、人工智能、区块链等金融科技方面不遗余力。根据公开资料，四大国有商业银行都制订了数字化转型的发展规划。以中国建设银行为例，根据《中国建设银行转型发展规划》（2017 年），中国建设银行要朝着"综合性、多功能、集约化、创新型、智慧型"方向整体转型。（金磐石，2017）其中，数字化转型是关键的一步。而在 2017 年，中国工商银行在金融科技领域同样动作不断，如组建网络金融部推动互联网金融 e-ICBC2.0 向 e-ICBC3.0 智慧银行战略升级，完成七大创新实验室组建等。[①]此外，科技与金融的深度融合还体现在对互联网金融的影响方面，如作为一家在中国居于领先地位的金融科技平台，京东金融并没有聘用传统的信贷员，而是创建了 3000 多个与风险管理或者数据分析相关的工作岗位，用以完善数字化借贷的算法。[②]整体来看，现代科技的发展带来边界的模糊化，正在对传统的金融业商业模式产生影响深远的系统性变革。

2）智慧物流

数字技术飞速发展的大背景下，基于"互联网+"的智慧物流正在成为新趋势（陈雄善，2019）。"输入单号便可轻松掌握快件的实时轨迹""无人车送货"，在当今中国，智慧物流正在深刻地改变着人们的生活。随着"互联网+物流"深入推进，大数据、云计算、机器人等现代信息技术和装备在电子商务与快递物流领域的商业化应用日益常见，物流行业也迎来了一场新时代的产业变革。仓储、运输、配送等环节智能化水平显著提升，广泛使用的自动装卸传输分拣和冷链物流技术，取代了传统物流企业的人工操作。数据信息的集成应用，推动了物流行

---

① 《工商银行：战略升级，金融科技打造智慧银行》，https://www.treasurychina.com/post/1553.html，2018 年 3 月 16 日。

② 世界银行发布的《2019 年世界发展报告》（会议版本），18 页。

业业务平台的一体化、智能化，不仅实现了快件的自动分拨和快速运转，更是提高了运输服务的安全保障和客户满意度。机器人、无人机配送等基于互联网的物流新理念、新科技、新模式、新业态正在成为行业发展新动力。

3）柔性制造

柔性制造诞生于日益模糊的制造业和服务业边界，是未来产业发展的重要方向。Grant 和 Yeo（2018）研究发现，虽然不同行业之间存在差异，但制造业的服务化和服务型制造能够显著提高制造业企业或服务业企业的绩效指标。以消费市场的客户偏好为导向的小批量生产为例，整个生产、营销、物流链条有着精准敏捷的反应能力，这就是业界所谓的柔性生产。在传统生产方式下，一个产品从厂商到消费者手中，遵从的是“生产—物流—分销商—消费者”的模式，消费者对产品的偏好和个性化需求，无法快速反馈给生产者，但随着服务业与制造业的融合不断加深，传统的生产和供应链发生了根本性的改变。客户需求、产品决策、设计生产、物流运输和销售环节实现了集成化、自动化。基于信息控制、物料储运和数字控制加工设备的柔性制造新理念，正在掀起一场颠覆性的生产力革命。

4）现代农业

“三农”问题是关系国计民生的根本性问题。但在广大的农村地区，受制于地理区位、资源禀赋和产业发展等多种因素的制约，农业发展和农民增收还存在一些明显的短板，突出表现在城乡之间较大的服务业发展鸿沟，以及农村地区公共服务的匮乏。随着乡村振兴战略的全面实施，基于农村地区三产融合的创新模式正在发挥积极的作用。农民合作社、家庭农场等新型经营主体不断涌现，并涌现出了绿色生产、乡村旅游、订单生产、休闲农业、特色农产品加工等多种新型的农业生产方式。已有研究发现，依托现代农业发展起来的休闲农业，是实现乡村振兴的有力武器（秦俊丽，2019）。财政、金融、保险、科技的要素支撑效应明显，农村地区三次产业的融合发展，成为新时代助力农村地区脱贫攻坚取得最终胜利的强大原动力。

5）人工智能

“智能音箱”“扫地机器人”在生活中已较为常见，在专业服务业领域，如金融系统，“智能投顾”不仅可以通过机器学习算法，根据客户设定的收益率、资产和收入、风险承受能力等综合指标自动调整投资组合，还能够根据对用户行为的追踪和分析，建立异常特征自动识别机制，达到防范金融欺诈目的。随着人工智能的日益普及，包括语音识别、语音合成等的语音类技术，生物识别、图像识别、视频识别在内的视觉技术，神经网络、人机交互、决策树、模糊逻辑在内的机器学习技术，以及包括机器翻译、文本挖掘、情感分析在内的自然语言处理类技术已经迅速兴起。人工智能与工业应用联系密切，包括智能机器人、智能驾驶、无人机、增强现实/虚拟现实、大数据及数据服务，以及各类垂直领域内的“AI+”。

4. 服务创新的标准化

1）服务内容的标准化

服务业与工业的最典型区别之一是在服务经济中的大量参与者是人而非机器。正是不同“经济人”的广泛参与，造成了提供服务产品的异质性和消费者在感官上、体验上的差异化。但是，通过服务创新，在金融服务业领域，借助技术研发而开发出的一系列自助设备，可以提供从账户查询、市政缴费、转账与理财产品购买，甚至是信贷申请等一系列标准化的服务。在这种模式下，金融服务的供给双方从“银行销售人员与客户”，转变成了“机器设备与客户”。现代计算机技术的广泛参与，使金融服务的标准化水平越来越高。此外，在公共服务领域，依托技术创新和理念更新的公共服务也越来越普遍。在出入境方面，和过去不同的是，民众可以自由选择时间，通过电脑或手机等移动终端接入平台进行出入境业务预约、证件申请、缴费查询等服务。公共服务的标准化，给居民个人提供了极大的便利。随着服务创新的力度不断加强，在全国各地，这样的标准化服务已随处可见。服务标准化，极大地提升了服务业的整体发展水平。

2）标准的国际化接轨

服务创新的标准化带来的影响还体现在更多深远的领域。典型的是，在金融服务业的发展过程中，借助于标准化的服务创新，使得国内金融市场与国际市场的对接更加顺畅。在国际金融市场，标准化的金融产品是提升市场效率的重要支撑。但长期以来，服务创新的滞后使中国金融业与国际市场的接轨程度还存在较大的提升空间。但近年来，服务创新的提速使得这一顽疾正在被攻克。2016 年 2 月，中国外汇交易中心开发的《金融服务：金融业通用报文方案》（ISO 20022）注册发布，这是国际标准组织（International Organization for Standardization，ISO）首次发布中国金融领域相关报文，填补了 ISO 20022 标准在外汇交易后相关业务过程的空白（刘泉江，2017）。从长远来看，依托不断的服务创新，将中国标准进行国际化推广，是提升中国全球治理话语权的重要实现途径之一。

5. 服务创新的品质化

1）创新带来了品质提升

在金融服务行业，服务创新的主要模式主要体现在智能化终端机的大量采用，这不仅提升了商业银行物理网点的业务办理效率，便捷化的服务还使业务办理时间进一步缩短，大大改善了顾客服务体验。在电力服务行业，依托“互联网+”的供电服务模式创新，供电企业可以提高运行效率，而透明化、公开化的信息服务，又缩短了对客户服务的响应时间。在物业服务领域，各种智能化的监控设备将业主与物业反馈终端联系起来，提升了对业主服务需求的响应速度，同时基于

“服务+”的创新，物业服务还延伸到了为业主提供居家养老及代订机票、酒店等增值服务。综合来看，服务创新使服务业走上了一条高品质发展道路。

2）精细化服务日益普遍

随着居民生活水平的提高，其对个性化的服务需求也与日俱增。与传统的服务提供方式不同，服务创新能够通过个性化的针对性服务供给，满足居民不断增长的精细化“靶向性”服务需求。比如，在酒店餐饮业，“海底捞”就是通过为客户提供特色、差异和人性化的服务，赢得了市场的高度认同。而在社区管理服务中，通过管理方式的创新，实施网格化的社会治理模式，责任被层层分解、服务被逐项压实，居民的服务需求能够在最短时间内得到反馈。服务方式的创新，使得精细化的服务成为可能。

3）专业化服务更为常见

在服务创新的过程中，各种专业服务业依托创新和技术进步，探索出了一条品质化发展的坦途。比如，保险服务业通常被认为是从业门槛较低的“完全竞争市场”，在业务模式上，无非是线上和线下的人海战术。但是，借助于专业化的服务创新，这一行业的传统模式正在被改写。据2017年《中国保险报》报道，大童保险销售服务有限公司2017年收到了国家版权局颁发的“作品登记证书”（国作登字—2017-L-00370134），这意味着由大童保险销售服务有限公司作为著作权人的“需求导向型、解决方案式咨询服务模式”成为获得国家版权局著作保护与版权认证的咨询服务模式（冯娜娜，2017）。在服务业的发展过程中，这样的例子还很多。正是不断的专业化创新，使得传统服务业的发展潜力得到了充分的释放。服务业的专业化集聚与高质量发展，成为服务业转型升级的重要推动力量。

### 15.2.2 服务创新推动转型升级的机制

1. 服务创新是助力企业攀升全球价值链的主要渠道和途径

虽然经济全球化和自由贸易受到了一定的挑战，但全球经济已经深度一体化的事实却不容否认。各国根据自己在劳动力、资本和技术等生产要素方面的比较优势，积极分工合作，充分共享经济全球化的红利，形成了你中有我、我中有你的全球价值链体系。在这个体系中，以跨国公司为代表的各国企业通过在全球范围内配置资源，最大限度降低了生产成本，提高了产品和服务质量，实现了企业与企业之间、企业与消费者之间的共赢[①]。

积极融入全球价值链，不仅是发达国家提升全球资源配置效率的有效手段，也是发展中国家参与国际分工，充分发挥自己比较优势，实现互利共赢的重要途径。程大中（2015）通过跨国投入-产出表分析发现，中国大多数行业倾向于从

① 国务院新闻办公室：《关于中美经贸摩擦的事实与中方立场》白皮书，2018年9月。

较高收入经济体进口较多的高附加值产品或服务，中国通过产出供给和投入需求两个渠道非常深入地融入了全球价值链。但是，丁宋涛和刘厚俊（2013）研究发现，在全球价值链分工体系下，发达国家通过工序剥离，主要是将低附加值的环节分配给欠发达国家和地区，而自己则通过对核心技术研发及品牌管控等高附加值环节的掌控，着力挤压后发工业国向上攀升的空间。如此一来，后发工业国难免会陷入“低端锁定”的国际分工地位。对此，张为付和戴翔（2017）基于改进版的出口上游度测算方法，利用 WIOD 数据对中国在全球价值链中位置进行测算后发现，中国在全球价值链中的分工位置确实处于中低端，而且服务业价值链分工地位仍趋于恶化。

服务业在全球价值链分工地位的恶化，在一定程度上和西方发达国家的经济全球化战略布局及我国的要素资源禀赋约束有关。自 20 世纪 70 年代，以美国为首的西方国家基于国际分工理论，将附加值较低的生产制造环节向发展中国家转移，自己则占据附加值较高的生产设计、品牌管控等服务业环节。考虑到较低的劳动力成本和自然资源优势，我国代工产业迅猛发展。但是长此以往，造成了制造业附加值的低端化和服务业发展的滞后。

从产业升级的角度来看，服务业的创新发展就显得尤为重要。因为从全球价值链的角度来讲，中国承接了跨国公司的生产制造环节，使得以美国为首的发达国家能够将更多资金等要素资源投入创新和管理环节，集中力量发展高端制造业和现代服务业，带动产业向更高附加值、高技术含量领域升级。较高的服务业发展水平，使得发达国家在全球价值链分工中的优势地位得到了进一步的巩固。

尤其是在全球经济结构从制造业为主向以服务业为主导转型的大环境下，服务业的内涵更加丰富、分工更加细化、业态更加多样、模式不断创新。在新一轮科技革命的驱使下，服务业在产业升级中的作用更加突出。加快服务业的创新发展，是摆脱全球价值链“低端锁定”，实现全球价值链位置攀升的重要途径和突破口。

2. 服务创新是解决经济社会发展中存在结构性矛盾的关键

党的十九大报告指出“中国特色社会主义进入新时代，我国社会主要矛盾已经转化为人民日益增长的美好生活需要和不平衡不充分的发展之间的矛盾”[①]。这是对我国进入新的发展阶段后，对经济社会发展进行综合权衡和全面把握后进行的新的更为精准的判断。

透过现象看本质，发展不平衡主要体现在区域的不平衡，如东部地区、沿海地区的发展水平普遍高于中西部内陆地区，城市发展水平要显著高于农村地区；

① 参见《人民日报》2017 年 10 月 28 日第 1 版文章：《决胜全面建成小康社会 夺取新时代中国特色社会主义伟大胜利》。

群体不平衡，收入差距有拉大的趋势，部分群众生活还比较困难，橄榄型的社会分配格局有待成型；领域不平衡，有的领域在世界名列前茅，但也有不少领域长期没有质的突破，具体到各个领域内，如实体经济与金融发展的不平衡，国有企业与民营企业的发展不平衡等问题。

而发展不充分则主要体现在高质量发展的动力转换机制尚未形成、市场潜力发挥不够充分、高质量供给不足、发展方式有待升级、生态环境有待改良、体制机制需要变革等多个方面。例如，发展成果的普惠性、共享性机制尚未健全，经济发展的粗放型特征比较明显。科技对经济增长的贡献和西方发达国家相比还有较大差距，整体创新能力不强和部分行业核心性技术的缺失，导致发展的动力和后劲还不够充分。

对于这种不平衡不充分的结构性问题，解决方法归根结底来说，还是需要依靠结构性改革和产业转型升级。尤其是随着我国经济进入新常态，过去依靠廉价劳动力和资源投入的粗放式发展道路，要让位于依靠科技进步的内涵式发展。

而如何适应新常态，解决发展不平衡不充分的问题，体现到工作中就是要稳中求进。前者主要是稳就业、稳外贸、稳投资、稳金融、稳外资、稳预期，确保经济运行在合理的区间，防范系统性风险；而后者则主要把重点放在调整经济结构和深化改革开放上，确保转变经济发展方式和创新驱动发展取得新成效（马建堂，2019）。

沿着这个逻辑出发，从抓住事物主要矛盾的角度来讲，占据国民经济半壁江山的服务业是解决我国社会主要矛盾变化的有力手段。国家统计局公布的数据显示，2018 年，我国服务业增加值实际增长 7.6%，连续 6 年实现对 GDP 和第二产业的“双超越”，服务业增加值占比为 52.2%，服务业对 GDP 增长的贡献率达到 59.7%，比 2017 年提高 0.1 个百分点，比第二产业高 23.6 个百分点。从这个角度来讲，对于当前我国经济社会突出存在的结构性矛盾，服务业创新发展是较好的切入点。

一方面，服务业的创新发展，可以切实解决发展不平衡的问题。以服务业促进农业现代化，就是缩小城乡差距非常有效的途径。服务要素主要集中在城市，但在乡村振兴和推进农业农村现代化过程中，又离不开服务业的支持。为此，必须采取切实措施，明确具体策略，推动“服务下乡”，把聚集在城市的服务要素与农村、农业、农民的现实需求有机耦合起来，切实缩小城乡差距。而另一方面，知识密集型服务作为技术进步的主要使用者，服务业创新与技术进步存在紧密的关系，是服务部门增长的引擎和催化剂，如通过科学技术服务业创新发展的“外溢效应”，提升经济发展的全要素生产率水平，实现经济结构的转型升级。国内外的实践经验表明，服务业的创新发展是解决发展不平衡不充分问题的有效途径。

### 15.2.3　服务业创新是供给侧改革和需求侧协同的重要结合点

关于供给侧结构性改革，习近平有个经典论断，“当前和今后一个时期，制约我国经济发展的因素，供给和需求两侧都有，但矛盾的主要方面在供给侧”①。深入推进供给侧结构性改革，需要从供给和需求两端同时发力并实现更高水平的供需平衡。

具体到服务业来说，其大致可以分为生产性服务业和生活性服务业。按照国家统计局的定义，生产性服务业包括为生产活动提供的研发设计与其他技术服务，货物运输、通用航空生产、仓储和邮政快递服务，信息服务，金融服务，节能与环保服务，生产性租赁服务，商务服务，人力资源管理与职业教育培训服务，批发与贸易经纪代理服务，生产性支持服务。②从这些行业属性不难看出，与制造业不同，生产性服务业本身的优势，恰好是制造业转型升级和攀升全球价值链的关键核心。

深层次的供给侧结构性改革，是实现新时代高质量发展目标的主要路径。而高质量发展的重要体现之一，就是制造业的高质量发展并深度融入和攀升全球价值链。在此过程中，如果没有研发、物流和商务服务等生产性服务业的创新发展，转型升级和产业链从低端向中高端的迈进将无从谈起。实际上，生产性服务业的蓬勃发展和与传统制造业的融合互动，恰好是经济高质量发展的重要驱动因素。许和连等（2018）的研究发现，离岸外包有助于承接国提升生产率从而改善其服务业在全球价值链中的地位。从这个角度来讲，在供给侧结构性改革中，生产性服务业的创新主要发力在供给端，是重要的动力源泉。

生活性服务业是满足居民最终消费需求的服务活动，主要包括居民和家庭服务、健康服务、养老服务、旅游游览和娱乐服务、体育服务、文化服务、居民零售和互联网销售服务、居民出行服务、住宿餐饮服务、教育培训服务、居民住房服务、其他生活性服务等。从其内涵来看，在供给侧结构性改革中，生活性服务业领域宽、范围广，涉及人民群众生活的方方面面，要提高居民生活质量，必须在供给侧结构性改革方面下功夫。

作为市场经济内在矛盾的两个基本方面，供给和需求二者相互依存、不可偏废。在供给侧，通过创新引领加快发展研发设计、第三方物流、信息技术服务等生产性服务业。在需求侧，加快生活性服务业的创新发展，解决人民群众对高质量生活性服务日益增长的需求，最终推动经济增长的动力转换，实现经济提质增

---

①《习近平在重庆调研时强调确保如期实现全面建成小康社会目标》: http://www.xinhuanet.com/politics/2016-01/06/c_1117691671.htm，2016 年 1 月 6 日。

②《生产性服务业统计分类（2019）》: http://www.stats.gov.cn/tjsj/tjbz/201904/t20190417_1660042.html，2019 年 4 月 17 日。

效升级。因此，从这个角度来讲，服务业的创新发展，是当前供给侧结构性改革和需求侧协同的关键契合点，也是高质量发展的有力抓手。

## 15.3　服务业产业融合的理论与实践

### 15.3.1　服务业产业融合的理论分析

1. 当前世界经济发展的大方向与大趋势

从世界经济发展的里程来看，人类从农耕文明进入工业社会，再从工业社会进入服务业社会，借助于现代技术的蓬勃发展，农业、工业和服务业之间的物理界限正在日益模糊。在工业社会，农民借助农业机械提升工作效率，到了服务业社会，大量的观光农业、体验农业和农产品的精加工，正在迅速占领都市人的生活。发达国家的经验证明，在信息技术革命的背景下，制造业发展模式正在发生深刻的变革。

制造业企业不再只销售物质产品，而是出售包含设计、营销服务和售后服务等产品，消费者很难明确区分购买的产品是货物还是服务。许多大型跨国制造业企业逐步转型为服务公司，制造业企业中从事生产的工人数比例逐渐减小，而与服务有关的职员（管理、设计、财务、会计和法律）比例上升的趋势也越发明显，生产性服务业对制造业的渗透日益强烈，主要体现在制造业服务化、服务业制造化、服务外包等模式创新驱动的全产业链制造创新的快速发展。

总体上看，企业的内部结构正在发生较大变化，制造业企业不只是进行纯制造活动，服务业企业也不是只进行服务活动，产业边界被逐渐打破。服务业与制造业的界限日益模糊，表现出你中有我、我中有你。推进制造和服务互促共进、双赢发展，坚持走“双轮驱动”战略，是目前和未来一段时间各国产业政策的共同取向。

2. 市场经济发展到一定阶段的必然选择

经过改革开放四十多年的飞速发展，我国市场经济的发展使得中国经济与世界市场的联系日益密切。在当前经济全球化和高新技术快速发展的背景下，产业融合不仅是一种发展趋势，更是未来产业发展的必然选择。产业边界逐渐模糊和消融，传统产业与新兴产业之间，农业、制造业与服务业之间，服务业内部产业部门之间加速融合发展催生了新的技术、产品和服务，带来市场供给和需求的变化，改变了服务业传统的发展方式。以创新为主线，以新一代信息技术为依托，产业的跨领域、跨行业深度融合，在未来将成为价值的主要增长点和经济增长最具活力的源泉与动力。

从单纯生产物质产品，到产业链延伸、向服务综合方案商转型，或者走服务型制造道路，对中国传统制造企业是一个巨大的挑战，但也是必须跨越的“坎”。如今，人类正从工业社会向服务社会过渡，“服务经济”事实上已经成为大多数国家国民经济的主力军，许多发达经济体的经济重心正从制造业向服务业转变，通过发展服务业增强制造业竞争力已经是大势所趋。需要指出的是，我们强调这种趋势，强调走“制造服务化”和“服务型制造”道路，绝不是放弃制造业或者所谓的“去制造化”，而是打造中国制造的“升级版”。

即便是现代服务业最为发达的美国，其既强调要抓住新一轮科技革命和产业变革的契机，进一步推动制造业服务化转型，也非常重视制造业的再崛起，前些年提出了“再工业化”战略，力求通过实施再工业化战略来抢占全球战略性新兴产业和先进制造业的制高点。未来较长一段时间，实体经济的主体依然是制造业，振兴实体经济的核心落脚点也只能是制造业，“制造服务化”和“服务型制造”战略是换一种思路发展制造业、振兴制造业，同时也是为服务业特别是生产性服务业创造更大的发展空间和更高的发展平台。

3. 解决当前中国高质量发展的必由之路

在当今全球生产网络体系中，生产过程日益碎片化和专业化。过去的三十多年，我国凭借劳动力成本优势迅速渗透到全球价值链体系中组装和制造环节，成为名副其实的“世界制造工厂”，稳居世界制造业第一大国的地位，但规模大、附加值低、品牌缺失的基本格局没有实质性改变，长期处于价值链的低端环节，而西方发达国家控制着价值链的上游（如研发、设计）和下游（如市场营销、品牌）的高端环节。这种格局如继续下去，我们可能在全球价值链上被“低端锁定”。

我国经济已由高速增长阶段转向高质量发展阶段，先进制造业和服务业是现代产业体系的重要组成部分。我国要构建强大的现代产业体系，必须有先进制造业和现代服务业做支撑。产业发展的多年实践表明，制造业和服务业不是彼此孤立的，两者共生促进、融合互动。全面建成小康社会、迈向现代化强国，必须有坚实的产业基础。既要努力建设现代制造业强国，也要唱响“中国服务”品牌，做大、做强、做优“中国服务”，实现中国制造和中国服务的双融双赢。

以第二产业、第三产业融合为例，随着服务业分工深化与服务创新，一方面服务业领域不断拓宽，另一方面服务业与制造业之间界限日趋模糊，两者实现融合发展日渐重要。促进生产性服务业和新兴服务业对制造业生产和价值链组织方式的渗透，未来主要体现在制造业服务化、服务业制造化、服务外包等模式创新驱动的全产业链制造创新的快速发展上。此外，服务企业的制造化过程也在加速，服务产业链逐步向制造业延伸，形成全产业链。总体上看，未来中国的企业内部结构将发生较大变化，制造业企业不只是进行纯制造活动，服务企业也不是只进行服务活动，在产业边界被逐渐打破的同时，产业间建立在细化分工基础上的融合将成为产业发展的主旋律。

4. 现阶段供给侧结构性改革的重要手段

2015 年，国务院印发了《中国制造 2025》的通知，这个文件明确了迈向制造业强国的目标、时序和路径，是我们打造现代制造业强国的行动指南。经国务院同意，国家发展改革委印发了《服务业创新发展大纲（2017—2025 年）》，该文件对指导服务业创新发展、扩大服务业对外开放和深化服务业改革有着重要意义。这个文件提出的“推动中国服务与中国制造互促共进”，既为服务业发展特别是生产性服务业发展指明了方向，也为现代制造业发展找到了新思路、新路径，更是抓住了推进产业融合和产业升级的“牛鼻子”。

在供给侧改革的大背景下，随着我国制造业产业向价值链高端不断攀升，必然催生对服务产品投入的大量需求，加之制造业剥离生产性服务业及服务业市场化程度的不断提高，制造服务化进程将明显提速。从生产型制造转变为服务型制造，既是这一时期重要而华丽的一跃，也是化解我国经济发展方式转变过程中诸多矛盾的重要出路。

比如说，服务业就业弹性明显高于制造业，服务业单位投资所创造的劳动就业岗位数约是重化工业的 2.5 倍，从而化解了我国多年来经济增长和劳动就业增长不一致的矛盾。这几年，在经济新常态下，经济增长速度已经回落到 6.8%左右，但就业问题总体解决得不错，这在很大程度上要归功于服务业的发展特别是新服务、新业态的不断涌现。

此外，服务业对能源的消耗也远低于制造业，更加符合可持续发展的要求，如每创造 1 万元的 GDP，服务业的能耗只是制造业的 25%。

因此，我们要鼓励以产业转型升级需求为导向，进一步加快生产性服务业发展，引导企业进一步打破“大而全”“小而全”的格局，分离和外包非核心业务，向价值链高端延伸，促进我国产业逐步由生产制造型向生产服务型转变，提高制造业竞争力，推动制造业迈向中高端。

### 15.3.2 产业融合的实证分析：以产业融合对劳动生产率的影响为例

生产性服务业与传统制造业的融合发展，是推动传统制造业改造升级，实现高质量发展的重要途径。本书拟利用世界投入-产出表，根据跨国面板数据测算融合度指数对劳动生产率的影响。

1. 实证模型

为了研究生产性服务业与传统制造业的融合发展对劳动生产率的影响，我们在借鉴李琳和罗瑶（2019）、王小波等（2016）的研究的基础上，设立如下模型：

$$Labor_{tc} = \alpha_1 + \alpha_2 Merge_{tc} + \alpha_3 R\&D_{tc} + \alpha_4 TiVA_{tc} + \alpha_5 FDI_{tc} + \alpha_6 Infra_{tc} + \varepsilon_{tc} \quad (15\text{-}1)$$

式中，$t$ 表示年份；$c$ 表示国家；$Labor_{tc}$ 表示劳动生产率，我们用每小时劳动创造的单位 GDP 来衡量，数据来源于 OECD 数据库；$Merge_{tc}$ 表示融合度指数，考虑到我们主要研究的是生产性服务业与传统制造业融合发展对劳动生产率的影响，所以采用的是正向融合度指数；$R\&D_{tc}$ 表示研发投入，我们用其来衡量一国的科技研究投入水平，在具体处理中，我们采用的是各国 R&D 经费在 GDP 中的比重；$TiVA_{tc}$ 表示各国的增加值贸易指标，我们用其来衡量各国参与全球价值链的程度，OECD 数据库已提供原始数据；$FDI_{tc}$ 表示各国吸引外商直接投资值，我们将其纳入模型，主要是想探究外资对一国劳动生产率的影响；$Infra_{tc}$ 表示衡量基础设施投资水平的变量，考虑到数据的可得性，我们用各国交通基础设施的建设和维护费用来表示。

除融合度指数数据来自世界投入–产出表之外，回归模型的其他所有数据皆来自 OECD 数据库，其由共计 36 个国家组成。但是，WIOD 公布的世界投入–产出表有 43 个国家和地区，经过匹配我们发现，OECD 组织中的智利、冰岛、以色列和新西兰共计 4 个国家在世界投入–产出表中的数据缺失。因此，在实际处理中，我们将其删除，最终的回归样本内包含的国家数量为 32 个[①]。

各变量的描述性统计如表 15-1 所示。

**表 15-1　变量的描述性统计**

| 变量 | 样本量 | 均值 | 标准误 | 最小值 | 最大值 |
|---|---|---|---|---|---|
| $Labor_{tc}$ | 190 | 0.1831 | 1.5054 | −6.9448 | 3.9795 |
| $Merge_{tc}$ | 320 | 0.1702 | 0.0509 | 0.0711 | 0.5000 |
| $R\&D_{tc}$ | 308 | 1.7822 | 0.9284 | 0.3700 | 4.2900 |
| $TiVA_{tc}$ | 320 | 0.0526 | 0.1407 | −0.2979 | 0.3851 |
| $FDI_{tc}$ | 320 | −0.3680 | 2.5766 | −2.7425 | 6.2206 |
| $Infra_{tc}$ | 307 | 0.0318 | 0.2085 | −0.6410 | 0.9923 |

1）各变量选择依据

被解释变量 $Labor_{tc}$ 为每小时劳动创造的单位 GDP，我们用其表示劳动生产率。就传统制造业而言，其往往凭借廉价的劳动力成本优势在市场中求得生存，而生产性服务快速发展，使得生产性服务业与传统制造业的融合程度加深，如服

① 这些国家分别是：澳大利亚、奥地利、比利时、加拿大、捷克共和国、丹麦、爱沙尼亚、芬兰、法国、德国、希腊、匈牙利、爱尔兰、意大利、日本、韩国、拉脱维亚、立陶宛、卢森堡、墨西哥、荷兰、挪威、波兰、葡萄牙、斯洛伐克、斯洛文尼亚、西班牙、瑞典、瑞士、土耳其、英国和美国。

务型制造和制造业的服务化，这些都会从根本上改变传统制造业的发展模式，从而提升产业效率和劳动生产率。因此，将其作为被解释变量来考察生产性服务业与传统制造业的融合发展对劳动生产率的潜在影响，具有较强的理论和现实意义。

解释变量 $Merge_{tc}$ 为生产性服务业与传统制造业的融合度指标，也是我们模型拟重点关注的解释变量。我们认为，从二者的经济逻辑来看，生产性服务业通常是知识密集型或者资本密集型的行业，和传统制造业相比，其在技术、高素质劳动力、资本等生产要素方面具有相对比较优势，而这些生产要素往往又是传统制造业短板所在。在制造业发展过程中，这些匮乏的生产要素和资源，成为制约制造业转型发展的重要短板。因此，二者融合发展，能够有效弥补传统制造业在转型升级方面所缺乏的要素资源，从而通过提升制造业的发展水平，促使劳动生产率改善。

解释变量 $TiVA_{tc}$，选择将其作为衡量一国或一地区增加值贸易指标的原因在于，虽说经济全球化近年来有“回潮”趋势，但一个不争的事实却是，生产过程在全球的日益碎片化，各国根据比较优势参与世界市场分工。典型如苹果手机，在美国设计、中国组装、全球销售。而组装和生产环节，往往就属于传统制造业。得益于 OECD 的工作，目前我们已经可以拿到全球大部分经济体基于全球价值链分工的细分增加值贸易数据。而发展中经济体，往往可以通过低端制造切入全球价值链，参与全球生产，逐步解决自身在人才、技术研发和资金要素方面的瓶颈。发展中国家的这些短板，恰好也是传统制造业转型升级的必备要素。因此，将该指标纳入模型，具有较强的合理性。

再看研发投入指标 $R\&D_{tc}$，我们将其纳入模型的主要考量在于，研发投入往往会通过技术水平提升和产业的更新换代，作用于劳动生产率的提升。对于赶超型经济体而言，通过加大技术研发投入，可以迅速在技术领域占据优势，从而最大限度地提升经济增长的潜力，实现高质量发展和弯道超车。而对于发达经济体而言，较强的技术研发投入，可以保持自己的核心优势，实现较高的单位劳动产出。因此，考察研发投入对劳动生产率的影响，具有较强的现实意义。

此外，我们还将外商直接投资指标 $FDI_{tc}$ 纳入了模型，外商直接投资一方面可以帮助跨国公司在全球配置资源，延长技术市场价值的生命周期，实现自身利益的最大化；另一方面，也可以通过技术外溢，提升被投资国的生产技术水平，进而间接提升其劳动生产率。

最后，作为衡量基础设施投资的指标 $Infra_{tc}$，我们将其纳入模型的主要考量在于，作为拉动经济增长的三驾马车之一，投资一直是推动各国经济增长并实现劳动生产率提升的重要工具。考虑到我们的被解释变量是劳动生产率，将其纳入模型，考察在生产性服务业与传统制造业融合发展的大背景下，投资对劳动生产率的可能影响，具有较强的合理性。

2）内生性问题的分析和解决

在本模型中，被解释变量为劳动生产率，从解释变量的构成来看。首先，生产性服务业融合发展有可能通过技术水平的提升和生产要素的丰富，提升劳动生产率。但反过来，劳动生产率较高的国家，有可能其生产性服务业与传统制造业的融合程度比较高，典型如美国。因此，二者可能存在相互决定的内生性问题。而较强的技术研发投入，同样会作用于劳动生产率的提升，同理，一个经济体较高的劳动生产率，也会使得其有实力加大研发投入。因此，劳动生产率和研发投入指标，也有可能存在相互决定的内生性问题。

其次，从增加值贸易指标来看，一国或地区可以通过融入全球价值链参与全球生产，从而最大化自身的生产要素并继而提升劳动生产率。但劳动生产率提升，是否就一定能促使该国融入全球价值链？如果考虑到不同国家在生产要素禀赋方面的异质性，这一传输路径则并不清晰。比如，一个自身具有强大市场并且生产要素禀赋十分丰富的经济体，其融入世界市场的欲望与那些生产要素禀赋并不丰富、国内市场狭小的经济体相比，就会小得多，典型如美国和日本。因此，对于二者是否存在相互作用的内生性问题，尚不清晰。

再次，看外商直接投资指标。从外商投资的发展历程来看，这一过程往往是发达国家凭借自身的资金优势，投资发展中国家，发展中国家在获得发展所迫切需要的资金要素后，发挥自身在劳动力和生产原料方面的成本优势，融入世界市场，进而提升劳动生产率，这一传输路径逻辑清晰。但反过来，劳动生产率的提升使得一国从外商投资的输入国变成输出国，这一转变的决定因素还有很多，如一国的金融政策（资本账户的开放水平和金融管制等）、跨国企业的发展水平和国际市场大环境等多种因素。因此，二者并不存在互相决定的内生性问题。同理，基础设施投资会通过改善经济发展的环境，为经济增长提供正的外部性，从而作用于劳动生产率的提升。但反过来，劳动生产率高的经济体，通常为发达经济体，其基础设施通常也已经比较完善，劳动生产率的提升，并不会作用于基础设施的改善。因此，二者并不存在相互决定的内生性问题。

最后，为解决模型可能存在的内生性，我们引入了工具变量，即 OECD 国家 20~24 岁的人口比重，从实际年龄分布来看，这个区间的人口往往正在上大学，可以作为大学生人数及人口创新活力的一个替代指标。我们认为，该指标能在很大程度上衡量一个经济体的创新能力和劳动力发展的潜力，其会直接作用于劳动生产率。因此，将其作为工具变量具有一定的合理性。此外，为了更好地解决可能存在的内生性问题，我们还采用了系统 GMM 的方法。

2. 回归分析

1）面板数据回归

具体回归结果如表 15-2 所示。无论加入何种变量，生产性服务业与传统制造业的融合度指数都与劳动生产率之间呈正相关关系并且十分显著。这说明，作为与制造业直接相关的配套服务业，生产性服务业与传统制造业的融合发展，能显著促进传统制造业的技术进步、产业升级和生产效率的改善，并继而促进劳动生产率的改善。

**表 15-2　生产性服务业与传统制造业融合对劳动生产率的影响**

| 变量 | （一） | （二） | （三） | （四） | （五） |
|---|---|---|---|---|---|
| $Merge_{tc}$ | 0.8082***<br>（0.010） | 0.3170***<br>（0.006） | 0.5300***<br>（0.008） | 0.4879***<br>（0.008） | 0.6769**<br>（0.036） |
| $R\&D_{tc}$ | | −1.4229**<br>（0.015） | −1.1193*<br>（0.062） | −1.1206*<br>（0.063） | −1.2146**<br>（0.033） |
| $TiVA_{tc}$ | | | 1.8349*<br>（0.063） | 1.8317*<br>（0.064） | 1.8275**<br>（0.051） |
| $FDI_{tc}$ | | | | 0.0003**<br>（0.053） | 0.0003**<br>（0.055） |
| $Infra_{tc}$ | | | | | −0.4878<br>（0.529） |
| 常数 $C$ | −2.5747**<br>（0.025） | 0.4499<br>（0.785） | −0.1894<br>（0.910） | −0.1798<br>（0.915） | 1.2396<br>（0.598） |
| $R^2$ | 0.1428 | 0.2864 | 0.2663 | 0.2666 | 0.3281 |
| $F$ 值 | 6.76<br>（0.0102） | 6.20<br>（0.0026） | 5.38<br>（0.0015） | 4.01<br>（0.0040） | 2.60<br>（0.0280） |
| 样本量 | 190 | 178 | 178 | 178 | 165 |

***、**、*分别表示在 1%、5%和 10%的置信区间内显著

此外，外商直接投资和增加值贸易，也对劳动生产率的改善起着促进作用。从经济属性来看，外商直接投资往往通过技术外溢，提升了投资目的国的技术升级和劳动生产率。而增加值贸易可以作为一国或地区参与全球价值链分工的重要衡量指标，参与全球生产分工，可以充分将自身的比较优势最大化，从而更好地融入全球市场，分享世界市场的红利，在竞争合作中提升自己的科技水平，从而也提升了劳动生产率。

回归系数为负两个变量分别是研发投入和基础设施投资，基础设施投资对劳动生产率影响为负，因为劳动生产率提升和改善，更多的是依靠集约式发展，而作为投资的替代指标，其表征的是粗放式发展模式。因此，基础设施投资并不能提高劳动生产率，这一发现基本和我们的经济直觉相似，通过生产性服务业与传统制造业的融合发展，积极融入世界市场，是促进劳动生产率提升重要途径。

值得注意的是研发投入指标，其对劳动生产率的促进作用并不符合我们的经

济直觉，造成这一现象的主要原因可能在于，我们的变量数据主要来自 OECD 国家，这些样本国家以发达经济体居多。其本身已具有较高的劳动生产率，因此即使增加了研发投入，也没有显著作用于劳动生产率的改善。另外一个可能的原因则是，我们的样本大多为高福利国家，具有较低的生育率，居民相对更愿意享受闲暇，居民参与生产的意愿往往比较低。但更具可行性的解释则有可能是，发达经济体依靠技术的改善和自动化设备的广泛使用提高了生产率，但并没有显著提升自然人劳动生产率，这主要是被解释变量数据统计口径所决定的。

2）系统 GMM 回归

为了更好地解决模型可能存在的内生性问题，我们借鉴张鹏杨和唐宜红（2018）的方法，将模型（15-1）扩展为

$$\begin{aligned}\text{Labor}_{tc} = \alpha_1 + \alpha_2\text{labor}_{t-1,c} + \alpha_3\text{Merge}_{tc} + \alpha_4\text{R\&D}_{tc} + \alpha_5\text{TiVA}_{tc} \\ + \alpha_6\text{FDI}_{tc} + \alpha_7\text{Infra}_{tc} + \varepsilon_{tc}\end{aligned} \tag{15-2}$$

式中，$\text{labor}_{t-1}$ 表示滞后一期的劳动生产率指标，其他变量含义同模型（15-1）。

回归结果如表 15-3 所示。

**表 15-3　系统 GMM 回归结果分析**

| 变量 | （一） | （二） | （三） | （四） | （五） |
|---|---|---|---|---|---|
| $\text{labor}_{t-1,c}$ | $0.0815^{***}$<br>（0.000） | $0.3349^{***}$<br>（0.000） | $0.3359^{***}$<br>（0.000） | $0.3408^{***}$<br>（0.000） | $0.1636^{***}$<br>（0.000） |
| $\text{Merge}_{tc}$ | $0.8647^{**}$<br>（0.017） | $0.2224^{***}$<br>（0.000） | $0.1189^{***}$<br>（0.000） | $0.8906^{***}$<br>（0.000） | 0.3417<br>（0.395） |
| $\text{R\&D}_{tc}$ | | $-0.8732^{**}$<br>（0.029） | $-0.8701^{**}$<br>（0.030） | $-0.7372^{***}$<br>（0.012） | −0.9074<br>（0.452） |
| $\text{TiVA}_{tc}$ | | | $1.4014^{***}$<br>（0.000） | −1.1556<br>（0.122） | 2.0194<br>（0.030） |
| $\text{FDI}_{tc}$ | | | | −0.0017<br>（0.567） | 0.0003<br>（0.944） |
| $\text{Infra}_{tc}$ | | | | | $-1.2962^{*}$<br>（0.078） |
| 常数 *C* | $-0.9788^{**}$<br>（0.038） | $-2.8593^{***}$<br>（0.003） | $-2.8511^{***}$<br>（0.003） | $-2.5170^{**}$<br>（0.015） | 0.2757<br>（0.958） |
| 时间固定效应 | 控制 | 控制 | 控制 | 控制 | 控制 |
| 地区固定效应 | 控制 | 控制 | 控制 | 控制 | 控制 |
| AR(1) | −3.4810<br>（0.0005） | −2.9507<br>（0.0032） | −2.9567<br>（0.0031） | −3.1584<br>（0.0016） | −3.1934<br>（0.0014） |
| AR(2) | −1.9001<br>（1.0000） | −2.9473<br>（1.0000） | −2.9303<br>（1.0000） | −2.8623<br>（1.0000） | −3.2386<br>（1.0000） |
| Sargan 值 | 15.8256<br>（0.0574） | 16.6445<br>（0.0032） | 16.6663<br>（0.0034） | 17.1346<br>（0.0042） | 16.0015<br>（0.0012） |
| 样本量 | 171 | 160 | 160 | 160 | 147 |

***、**、*分别表示在 1%、5%和 10%的置信区间内显著

可以看出，无论加入何种解释变量。融合度指标 $\text{Merge}_{tc}$ 对劳动生产率的影响

都为正，这说明，生产性服务业与传统制造业的融合发展，是促进劳动生产率提升的有力手段。滞后一期的劳动生产率，同样会对本期的劳动生产率产生积极的影响。此外，和上文的发现基本一致，增加值贸易和外商直接投资，会显著促进一国或地区劳动生产率的改善。而简单粗放的基础设施投资，并不能改善劳动生产率。生产性服务业与传统制造业的融合发展，是解决传统制造业发展瓶颈的重要手段和提升劳动生产率的重要抓手。

3. 稳健性检验

为了进一步增强模型的可信性，保证研究结论切实有效，我们进行稳健性检验。具体为：引入工具变量进行 GMM 分析，并将被解释变量替换为制造业的产值增长率再次进行实证检验，观察加入工具变量和使用制造业产值增长率作为被解释变量的回归结果有何异同。回归结果如表 15-4①所示。

**表 15-4 工具变量回归结果分析**

| 变量 | （一） | （二） | （三） | （四） | （五） |
|---|---|---|---|---|---|
| $labor_{t-1,c}$ | $0.3414^{***}$<br>（0.000） | $0.3434^{***}$<br>（0.000） | $0.3446^{***}$<br>（0.000） | $0.3437^{***}$<br>（0.000） | $0.1607^{***}$<br>（0.000） |
| $Merge_{tc}$ | $0.4093^{*}$<br>（0.092） | $0.1737^{***}$<br>（0.001） | $0.2392^{***}$<br>（0.001） | $0.2867^{***}$<br>（0.001） | 0.2531<br>（0.360） |
| $R\&D_{tc}$ | | $-0.4877^{*}$<br>（0.066） | $-0.4917^{*}$<br>（0.063） | −0.3906<br>（0.218） | −0.8613<br>（0.474） |
| $TiVA_{tc}$ | | | $1.1819^{*}$<br>（0.055） | $1.5058^{*}$<br>（0.073） | $2.0894^{**}$<br>（0.029） |
| $FDI_{tc}$ | | | | −0.0016<br>（0.585） | 0.0004<br>（0.918） |
| $Infra_{tc}$ | | | | | $-1.3383^{*}$<br>（0.071） |
| 常数 $C$ | $-2.0988^{**}$<br>（0.051） | $-2.0176^{*}$<br>（0.075） | $-2.0224^{*}$<br>（0.075） | $-2.2895^{**}$<br>（0.045） | −0.1119<br>（0.983） |
| 时间固定效应 | 控制 | 控制 | 控制 | 控制 | 控制 |
| 地区固定效应 | 控制 | 控制 | 控制 | 控制 | 控制 |
| AR(1) | −3.2269<br>（0.0013） | −3.1245<br>（0.0018） | −3.1299<br>（0.0017） | −3.4095<br>（0.0007） | −3.1146<br>（0.0018） |
| AR(2) | −1.8067<br>（1.0000） | −2.7231<br>（1.0000） | −2.7000<br>（1.0000） | −2.8253<br>（1.0000） | −3.2134<br>（1.0000） |
| Sargan 值 | 18.2132<br>（0.0708） | 15.8001<br>（0.0065） | 15.8002<br>（0.0069） | 15.4776<br>（0.0047） | 15.9683<br>（0.0013） |
| 样本量 | 168 | 159 | 159 | 159 | 146 |

***、**、*分别表示在 1%、5%和 10%的置信区间内显著

① 使用制造业产值增速作为被解释变量的回归结果说明，生产性服务业与传统制造业的融合发展是提升制造业产值的有力推手。受篇幅所限，本书未给出具体的回归结果，留存备索。

我们重点分析第（五）列，在工具变量回归下，滞后一期的劳动生产率对本期的劳动生产率影响为正并且在 1%的置信区间内显著。这说明，具有较高劳动生产率的经济体往往会保持自身在劳动生产率方面的优势并将其延续。而作为我们重点考察的指标，生产性服务业与传统制造业的融合度指标，和前文的回归结果一致，虽然作用系数明显降低，但其对劳动生产率的影响系数依旧为正。这说明，产业融合发展是提升劳动生产率的重要决定变量。

再看其他变量，和前文的回归结果相似，增加值贸易指标和外商直接投资指标对劳动生产率的影响依旧为正，表征基础设施投资的指标对劳动生产率的影响也依旧为负。这说明，在当前的全球分工模式下，大力促进生产性服务业与传统制造业的融合发展，积极融入世界市场，参与全球分工，吸引外资，走集约式发展道路是提升劳动生产率，实现高质量发展的重要路径。

4. 结论

从跨国面板的回归结果来看，国际经验告诉我们，生产性服务业与传统制造业的融合发展，是提升劳动生产率的重要途径。在当前全球价值链深度互联的大背景下，生产性服务业与传统制造业融合发展促进劳动生产率提升，还需要一国或地区积极融入世界市场，持续改善营商环境，提升对外商直接投资的吸引力，走集约式的发展道路。唯有如此，才能改善在全球价值链分工地位和促进经济发展高质量目标的实现。

### 15.3.3　服务业产业融合的实践

1. 服务业与农业的融合

党的十八大以来，在以习近平同志为核心的党中央坚强领导下，我国全面深化农村改革，扎实推进农业的现代化。但是，考虑到发展阶段和历史因素的制约，在我国广大的农村地区和农业生产领域，还存在一些这样或那样的问题。突出表现在农产品的供给质量有待提升、阶段性的供需失衡现象较为普遍、城乡之间生产要素的二元化藩篱仍然存在。农业发展不平衡不充分的问题依然较为突出，在一定程度上成了我国乡村振兴的主要薄弱点和重要突破口。对此，我国“十三五”规划纲要明确提出，要推进农村一二三产业融合发展，积极发展农产品加工业和农业生产性服务业。加快服务业与农业的融合发展。

（1）现代科学技术与农业的融合发展。随着国民生活水平的不断提高，优质、安全、多样性的农产品市场需求也随之增加。这也对农产品的供给质量提出了新的要求。但是，在当前的农业生产中，优质高效的农业生产和农产品质量监控追溯系统尚未完全建立。突出表现在优质农产品的缺乏、知名品牌的缺失和监控体系的缺位。我国农业迫切需要一场深层次的品质革命。而借助科技服务业与农业的融合互动，可以推广生产技术，以绿色生产、生态养殖等先进的理念，有效提升农产品生产的技术含量，增加优质、绿色、高质量农产品的供给。

（2）旅游观光产业与农业的深度互动。旅游与农业的结合在国内已较为普遍，除了传统的休闲娱乐农家乐、体验式农庄、民俗文化游等，以现代农业科技园区为重点，开发高新农业技术和品种并将其作为高端旅游项目的现代农业示范园也日益丰富起来，如位于北京小汤山的现代农业科技示范园等。这些有益的探索，最终拓展了农业的多种功能，推进了农业与旅游休闲、教育文化、健康养生等深度融合，衍生出了观光农业、体验农业、创意农业等新业态。在激活农村生产要素的市场价值，深度挖掘农业价值链，多渠道增加农民财产性收入方面起到了积极的作用。

（3）远程技术提升农村地区教育水平。就教育服务业而言，虽然我国政府在持续加大教育经费的投入力度，但一个不争的事实是农村地区的义务教育发展仍低于全国平均水平。在教育服务业领域，借助于数字通信技术的发展，远程教育可以方便快捷地将城市的优质教育资源通过网络传播辐射到农村地区，大大提升农村地区的教育水平。

（4）涉农金融服务模式创新作用重大。农村金融一直是“三农”领域的薄弱环节，主要原因在于在现有的投融资体制下，传统商业银行的渠道下沉不到广袤的农村。但随着现代服务业的飞速发展，金融与“三农”的融合创新不断迸发出蓬勃的生机和活力。比较常见的模式主要有：一是以蚂蚁金融和京东金融为代表的基于电商平台的农村金融服务模式，其基于电商平台沉淀的大数据，根据农户、中小型农企的信用水平给予相应的授信额度。二是以宜信等为代表的 P2P 网络借贷平台，其同大数据金融云、物联网和其他金融创新科技，以创新模式帮助用户建立信用，释放信用价值，为用户提供信息咨询、信用信息审核、信息披露、借贷交易撮合及与网络借贷相关的多样化增值服务。在农村地区，宜信于 2009 年推出了公益助农项目——宜农贷。通过宜农贷，社会爱心人士可以将资金出借给贫困地区需要帮助的农村借款人，支持他们发展生产、改善生活。

（5）农村地区电子商务飞速发展。农村地区拥有广阔的消费市场，根据第六次全国人口普查数据，我国农村人口约 6.741 亿人，占总人口数的 50.32%。[①]在农业农村领域，基于大数据和数字技术的农村电子商务方兴未艾，农产品的追溯技术、农村跨境电商、互联网金融正在成为农村地区农民增收、美丽乡村建设和乡村振兴战略的重要抓手。为顺应农村地区蓬勃发展的电商市场，阿里巴巴抛出了“智慧农村”的概念。从 2014 年起，阿里巴巴启动“千县万村计划”。根据

---

① 《2010 年第六次全国人口普查主要数据公报（第 1 号）》，http://www.stats.gov.cn/tjsj/tjgb/rkpcgb/qgrkpcgb/201104/t20110428_30327.html，2011 年 4 月 28 日。

其“村淘 3.0”战略，除购物和卖货外，村淘将接入阿里系从电商、金融、健康到文娱的全部资源，实现整个服务体系的下沉。与之相对，京东农村电商则提出了“3F 战略”：一是工业品进村战略（factory to country）——家电、3C[①]数码等相关产品卖到农村去；二是农村金融战略（finance to country）——围绕农村、农民开展信贷、支付、理财、众筹等互联网金融业务；三是生鲜电商战略（farm to table）——农产品进城。

2. 服务业与工业的融合

随着全球价值链的深入发展，全球服务业和工业已经表现出与以前明显不同的本质特征。一方面，工业产品的生产融入越来越多的服务作为中间投入要素，并且在产品的消费过程中还要消费大量的互补性服务，工业将逐渐向服务化发展；另一方面，服务业的制造化现象日渐显著，服务将摆脱过去的小生产方式而融入更多的工业化生产方式，从而提高服务业规模经济和生产率，在一定程度上克服服务业领域长期以来被业界诟病的“低效率”问题。例如，服务产业链逐步向制造业延伸，形成全产业链。一些在全球价值链上处于领导地位的服务企业，凭借其研发、设计、管理、销售渠道等优势，通过贴牌生产、连锁经营等方式嵌入制造企业共同为消费者提供服务。又如，研发企业拥有自己的发明专利、设计机构拥有自主创新设计、物流公司拥有自己的网络等，这些企业为了寻求全产业价值链的增值，利用自身在产业链高端的控制力，建立起自己的制造工厂。总之，企业的内部结构都在变化，制造业企业不只是进行纯制造活动，服务企业也不是只进行服务活动，制造业服务化和服务产品化的趋势日益凸显，这在很大程度上颠覆了传统制造和传统服务的概念。在工业领域，基于传统分工而形成的全球价值链贸易模式正在发生剧变，廉价劳动力套利的时代已逐渐淡出工业制造的舞台，取而代之的是以更接近消费者的小规模定制生产、更加满足个性化需求的柔性制造。在移动数字时代，通过物联网、云计算和人工智能等技术进行高效率生产的工业企业，正在成为数字化转型时代的大趋势。

（1）制造服务化。从国际上看，制造服务化已成为引领制造业产业转型升级和保持可持续发展的重要力量，不少大型跨国制造业集团已经成功实现了主营业务收入由制造业向服务业的转型升级。尽管目前我国制造业服务化水平总体偏低，但近年来出现了加速发展态势，已成为经济新常态下我国传统制造业未来发展的重要出路，它是制造业结构优化、产业转型升级的必然结果，也是推动制造业节能减排、实现绿色发展的重要出路，还是更好地满足顾客需求、创造竞争优势、拓展延伸产业链、发现新优势和提升制造业的劳动生产率的有效途径。张虎和韩

① 3C 是计算机（computer）、通信（communication）和消费电子产品（consumer electronics）三类电子产品的简称。

爱华（2018）的研究也发现，中国城市制造业与生产性服务业的规模分布之间，存在着良好的稳健性关系。

（2）服务型制造。在新技术的推动下，服务型制造能力成为决定制造企业竞争力的关键及利润主要来源，许多传统的制造企业将业务重心从生产型制造向服务型制造转移，全球制造业发展正呈现出制造业服务化，即以生产过程为主向服务型制造转型的趋势。《中国制造 2025》指出要“加快制造与服务的协同发展，推动商业模式创新和业态创新，促进生产型制造向服务型制造转变”，将发展服务型制造业作为制造业发展的一项任务。国家发展改革委颁布的文件《服务业创新发展大纲（2017—2025 年）》又再次强调“发展服务型制造”“有序推动双向融合，促进有条件的制造企业由生产型向生产服务型转变”。可见，制造与服务双向融合问题、服务型制造问题，已经引起国家和有关部委高度重视。

服务型制造具有绿色、柔性、协同、智能等特点，是制造与服务融合发展的新型产业形态，是制造业转型升级的重要方向，是顺应新一轮科技革命和产业变革的主动选择，是服务业领域供给侧结构性改革的题中之义。通过发展服务型制造，有助于实现中国制造业从劳动密集型向资本和技术密集型、从高能耗向低能耗、从低效率向高效率、从制造大国向制造强国转变，不断攀升全球价值链，也可以更好地满足客户个性化需求、更有效地实现供需对接。

3. 服务业自身与现代科技的融合

除了横向范围内的融合，现代服务业内部垂直领域的融合同样不容忽视。在服务经济时代已全面来临的大背景下，当前全球产业结构加速由“工业型经济”向“服务型经济”转型。在当今的科学技术条件下，现代服务业与科技的融合创新正在成为新趋势。例如，以云计算、大数据、移动互联网、物联网和新型终端技术等为代表的新一代信息技术带动了服务计算、知识图谱等的深入研究和应用，为现代服务业发展提供了更好的技术基础和更大的发展空间。而随着新材料、新能源和生物科学等领域的研究不断深入，信息技术与各个不同产业之间的交叉融合速度正在加快，促使第一产业、第二产业与服务业融合程度加深，催生了云制造、数字医疗等新业态，现代服务业呈现出明显的“跨界融合”趋势。行业融合、垂直整合、平台经济、特种定制、一站式集成等商业模式正在成为服务创新的新常态，现代服务业正在走向全球化、专业化和网络化。

现代科技与生产性服务业的融合是科技与服务业融合的典范。截至目前，通过“十二五”期间的科技攻关，我国在现代物流、电子商务等领域取得了重大突破，初步构建了现代服务业发展所需的技术支撑体系，形成了一批如顺丰速运、阿里巴巴等有影响力的现代服务业企业。

进入“十三五”时期，我国经济的“新常态”和供给侧结构性改革与风云变幻的国际政治经济环境交织，推动生产性服务业向专业化和价值链的高端延伸，通过服务业的优质高效发展和提质增效，提升整个经济结构转型升级步伐的目标更加清晰、责任更加重大。需要我们加快发展以移动互联网、物联网、务联网和新型终端技术等为代表的新技术体系，满足服务业创新的需求，提升服务业产品、产业创新的整体水平。

而现代科技与新兴服务业的融合，则显著提升了我国经济的内生增长动力和人民生活水平。以新兴服务业为例，其主要是指新一代信息技术与新兴服务业基于“互联网+”而衍生出的新业态和新模式，具体如下。

（1）在数字生活领域。通过数字家庭、社区网络信息共享及网络互通技术的研发、集成和应用，开展数字生活社区试点，建设集家政、物业、购物、社区政务、社区交流等为一体的综合性数字生活服务平台。

（2）在健康养老领域。随着人口老龄化程度的不断加深和人民生活水平的逐步提高，老年群体多层次、多样化的服务需求持续增长，对扩大养老服务有效供给提出了更高要求。近年来，受益于现代科技的进步，大数据、云计算、物联网、人工智能和可穿戴设备推动了医疗健康服务业的跨越式发展，由此兴起了基因检测、疾病预测、远程医疗、智能诊断等领域的推广应用。智慧养老服务的新业态不断涌现，使得养老服务业供给侧结构性改革的进程进一步加快，人民群众的获得感进一步提升。

（3）在数字教育领域。作为现代科技和教育服务融合发展的新阶段，数字教育是基于物联网、云计算、大数据、移动通信、增强现实等先进信息技术的增强型数字教育（enhanced e-education）。其发展根基是信息科技的研究水平，截至目前，我国信息科技发展在诸多领域取得了历史性成就：以量子通信、高性能计算机为代表的核心技术取得创新突破，全球最大的固定光纤网络、4G（4th-generation，第四代移动通信技术）网络先后建成，北斗卫星导航系统技术研发等一批重大项目有力推进，“互联网+教育”的条件已十分完备。智能化导学、教育数据挖掘、个性化教育、大规模在线课程资源的制作与开发都是数字化时代背景下智慧教育新业态的集中体现。

（4）在智慧交通领域。智慧交通的发展起源于越来越普遍的城市病，一方面严重滞后的城市基础交通设施、不合理的道路与城市规划和单一的交通结构，无法满足日益增加的人口出行需求。而另一方面，人工智能和大数据的兴起，也为人们解决日益严重的城市病提供了新的思路。在此背景下，具备云计算、大数据、人工智能能力和人才优势，掌握交通数据的互联网企业得以方便快捷地切入这一领域。目前，在智慧交通行业，活跃着百度、阿里巴巴、腾讯、华为、滴滴等国内企业。其中，阿里巴巴的四款人工智能视觉平台：天曜、天鹰、天机、天擎，可以通过城市一体化的计算平台，实现对城市的交通事件、事故进行全方位实时感知和自动巡逻。而腾讯的优图天眼交通平台，可以在技术层面，实现车辆检测、车辆追踪、车牌识别、以图搜图等功能。百度在这一细分领域的主要优势是基于百度地图的交通指引系统和基于人工智能系统的 Apollo 自动驾驶开放平台，目前百度的全景地图已经覆盖了国内大部分城市的街道全景。此外，滴滴通过云计算、海量数据和机器学习，开发了一套出行方面的大数据决策智能系统，可以在路径规划、时间预估、拥堵分析、交通引导等方面为用户提供精准服务。而一贯低调务实的华为，在智能交通领域同样一直在默默发力，从公开资料来看，其主要是选择安防作为突破口，通过城市智能监控系统，实现城市运行可视化，提升城市应急处置能力，促进城市管理和决策科学化与智能化。

（5）在数字文化领域。数字技术的大力发展，同样在深刻地改变着人们对文化产品的获取和消费方式，如一部手机的碎片式阅读解决了传统阅读时代携带沉重纸质书的麻烦，网络付费购买下载所需的小说或者文献，足不出户便可登录电子图书馆查询所需的资料，在数字技术的影响之下，人们的传统阅读方式和获取文化知识的渠道发生了深刻的变化。而在影音领域，传统影音技术存在的难以储存、无法回放、缺少互动等被动式消费模式，正在被数字技术所颠覆。传输画面高清、内容丰富多样、自主选择范围广泛的数字音视频，成了现代人利用音视频娱乐消遣的重要方式。我国居民对网络影音接受程度和付费消费的习惯正在成形。“互联网+”在文化领域正在展现出蓬勃的发展之姿。

（6）在智慧旅游领域。借助互联技术的“互联网+旅游”的智慧旅游是指利用云计算、物联网等新技术，通过互联网、无线网络，借助便携的终端设备，实现各类旅游信息的自动感知、及时传送和挖掘分析，提升游客在食、住、行、游、购、娱等旅游活动中的自主性、互动性，为游客带来超出预期的旅游体验和无处不在的旅游服务。实际上，如果上升到文化的高度，智慧旅游应该再加入一个重要的概念，即旅游资源的数字化。例如，对敦煌文物、兵马俑、三峡库区等旅游资源进行数字化处理，借助虚拟现实等技术，使人们可以突破地理空间的界限，方便快捷逼真地享受到此类文化产品的消费。

## 15.4　新常态下生产性服务业发展的重点方向

生产性服务业具有专业性强、创新活跃、产业融合度高、带动作用显著等特点。李平等（2017）研究发现，生产性服务业较高的技术进步水平及对资本要素和劳动要素较强的集聚能力，可以提升宏观经济总体全要素生产率，进而推动中国经济的可持续发展和高质量增长，完全可以成为新常态下中国经济高质量增长的新动能。促进生产性服务业向专业化和价值链高端延伸，是实现“中国制造向中国创造、中国速度向中国质量、中国产品向中国品牌”三个转变的重要抓手，是探索绿色低碳、智能高效的新型工业化发展道路的重要支撑。从增长前景看，随着社会经济由“以生产为中心”向“以服务为中心”转型，生产性服务业将成为我国服务经济中增长幅度最快的门类。国家“十三五”规划纲要明确提出促进生产性服务业专业化。以产业升级和提高效率为导向，发展工业设计和创意、工程咨询、商务咨询、法律会计、现代保险、信用评级、售后服务、检验检测认证、人力资源服务等产业。深化流通体制改革，促进流通信息化、标准化、集约化，推动传统商业加速向现代流通转型升级。加强物流基础设施建设，大力发展第三方物流和绿色物流、冷链物流、城乡配送。实施高技术服务业创新工程。引导生产企业加快服务环节专业化分离和外包。建立与国际接轨的生产性服务业标准体系，提高国际化水平。

### 15.4.1　促进生产性服务业与农业和制造业融合发展

生产性服务业发展受产品市场范围的影响，当最终制成品的市场范围扩大时，产品生产环节的分工程度会进一步细化，整个生产链或生产迂回程度会延长，需要更多的各类中间产品和服务投入。从我国现有的生产模式看，一方面，生产性服务业本身发展不够壮大；另一方面，产业之间的联系还不够紧密。生产性服务业并没有完全切入生产的各个环节之中。例如，我国现有的科技研发服务、设计服务等，均与产业联系的紧密性不够。以工业设计为例，很多设计企业都是以其自身的美学观点为出发点设计产品，而不是立足于企业的需求。很多研发机构都是从科学原理出发进行研发，而不是从企业所面临的技术问题出发。在第三方物流方面，真正能够切入企业供应链提供无缝服务的企业还不多。在信息技术方面，能够为企业量身打造工业互联网及工业大数据体系的服务企业不多，现有的服务企业系统并没有把企业的潜力完全挖掘出来。现有的产业发展模式也不利于这种整合。由于技术水平和管理理念的一致性，外商投资的加工贸易出口企业与外资服务供应商之间形成了一个符合彼此标准的封闭供需循环圈。

### 15.4.2　推动我国产业从生产制造向制造与服务融合转型

生产性服务业发展滞后已经困扰我国产业结构升级多年，这些年我国采取了许多措施和政策支持，但总体看还是适应不了其现代产业发展的需求。生产性服务业发展不足的一个重要原因是我国现有的发展模式的某些弊病。我国现有产业发展模式的核心是抓住了全球经济模块化制造的机遇，积极参与全球产业链分工，充分发挥我国的劳动力资源优势与低成本优势，通过加工贸易的形式加入全球产业价值链。由于模块化生产具有核心功能集成化和整体功能模块化的特点，因此，跨国公司把高创新率、高附加值和高进入壁垒的核心部件的生产保留在发达国家内部，而将惯例化的、低附加值的、几乎没有进入壁垒的和劳动密集型的非核心部件的加工、制造和组装环节转移到中国，将中国打造为全球制造基地。为了压制中国产业的崛起，跨国公司还通过对制造业产品的研发、设计等生产性服务活动及整个产业价值链的生产性服务活动进行控制，把中国全面压制在报酬递减的低附加值活动中，如加工组装等简单环节。跨国公司不仅将高知识密集型活动和高研发投入的研发、设计的生产性服务业都留在了发达国家，而且原料采购、物流运输、金融保险、终端零售等诸多环节，也被跨国公司掌控，只有加工、组装、制造等中间环节转移到中国，这使中国长期处于产业链低端。这样，生产性服务业难以获得快速成长的良好外部环境。

### 15.4.3　加快生产性服务业创新和对内对外双向开放

服务业允许外资参股的政策显著提高了下游制造业的出口倾向和出口额，服务中间品市场的开放改革，可以进一步优化我国出口市场结构，提高出口绩效（孙浦阳等，2018）。从总体来看，虽然我国生产性服务业在近年来发展较快，但是，服务业创新能力和对内对外开放水平仍有待进一步加强。研发设计方面，在核心技术环节，众多企业核心技术“空化”问题十分严重，研发设计服务的创新能力不足。在生产性服务业的影响力方面，中国没有在全球范围内配置资源的能力、主要产品生产环节处于全球价值链低端。一些与生产直接相关的战略性资源（尤其是软性战略性资源，如品牌、文化、科技、金融），中国仍不能通过生产性服务业的发展而快速提升。

这些方面生产性服务业的创新能力不足，其影响不亚于核心技术领域。以商务咨询服务为例，在审计、资信评级等与金融相关的核心服务方面，普华永道中天、德勤华永、安永华明、毕马威华振会计师事务所在中国境内共设有分所或办事处数十家，基本垄断了我国高端核心审计服务。在资信评级方面，美国信用评级机构已控制了我国 2/3 的信用评级市场。外资控制的评级机构还参与到中国重大债务融资活动，进入我国经济腹地和敏感性行业，并可以方便地获取我国的政务信息、国有骨干企业信息、国防工业和特种行业乃至国家全面的经济和技术信息，从而掌握我国技术发展动态和重大商业机密。这些服务能力的不足，使中国企业缺乏全球资源配置能力，仅局限于产业内的某一个环节，在全球并购与资源配置方面处于劣势。例如，近几年来，资金雄厚的中国优质企业都热衷于全球并购，从实际效果看，这些并购的结果都不甚理想。这使人想起，外国资本在中国市场上攻城略地，如入无人之境，频频得手。这种状况出现的根本原因在于，中国企业走出去时，以产业资本进行单兵突进，缺乏一个包括技术研发、市场研究、管理咨询、财务顾问、法律顾问、融资安排、风险分散等诸多生产性服务业协同作战的体系。

## 15.5 服务业结构升级的条件和目标

### 15.5.1 服务业结构升级的条件

1. 进一步夯实服务业发展的基础

大力发展服务业，在量的积累中实现质的提升，是服务业结构升级的基础和出发点。改革开放以来，我国服务业得到了长足的发展，服务业增加值占国民经济的比重持续提升，占据了“半壁江山”，预示着服务经济时代正在全面来临。

我国在服务业发展方面取得了一定的成绩。但是和西方发达国家相比，存在的问题同样也不容忽视。突出表现在服务业行业的附加值率偏低，传统服务业比重偏高，新兴服务业发展不足；东部地区和中西部地区的服务业发展水平差距较大，存在一定的区域鸿沟；在产业融合方面，制造业服务化、服务型制造和生产性服务业发展水平偏低；生活性服务业的创新和融合发展程度不够高，还不能完全满足人民群众日益增长的美好生活需求；服务贸易的国际竞争力弱，服务贸易逆差近年来有持续扩大的趋势等问题。

综合来看，服务业存在的结构性不合理、创新能力的缺乏、服务产品供给的低质量和企业竞争力不强等问题，给服务业的转型升级带来了一定的困难，也是服务业提质增效的主要制约因素。但辩证地看，中国拥有广袤的国内市场和经济高质量发展的巨大增量空间。无论外部环境如何改变，服务业长期向好的趋势没有变。

中国改革开放四十多年的经验也已经雄辩地证明，发展是解决一切问题的有效手段和根源。因此，从这个角度来讲，进一步夯实服务业发展的根基，是服务业结构升级的首要之义。

2. 供给侧结构性改革取得关键性进展

供给学派的核心观点是强调供给会自动创造需求，主张重点通过减税从供给着手推动经济发展。而我国的供给侧结构性改革和其突出区别是强调“结构性”，重点是用改革的办法推进结构调整，减少无效和低端供给，扩大有效和高端供给，增强供给结构对需求变化的适应性和灵活性，最终提升经济增长的质量和潜力。

结合到服务业来说，我国服务业供给侧结构性改革的制约因素主要体现在三个方面：一是行业垄断导致的低效率，如国家对电力、民航、铁路、石油、天然气、市政公用等自然垄断行业的准入限制，导致了这些行业缺乏竞争，造成了经营机制的僵化，迫切需要提质增效。二是和批发零售业、交通运输业等传统行业的占比相比，研发设计、物流快递、计算机服务和软件等生产性服务业的占比还相对较低，国际竞争力不足。三是发展所需的深层次体制机制障碍尚未破除，如服务业企业的价值评估体系尚未成熟，无法有效满足服务业企业的融资需求。

因此，在通过服务业供给侧结构性改革促进服务业结构升级的过程中，需要从供给和需求两个角度发力。党的十九大报告指出，“深化商事制度改革，打破行政性垄断，防止市场垄断，加快要素价格市场化改革，放宽服务业准入限制，完善市场监管体制”[①]。

具体来说，在供给侧，采用负面清单管理方式，进一步简政放权，放宽市场准入，减少行政审批项目。深化垄断性行业改革，以培育有效竞争为目标导向深化我国垄断性行业改革，面向社会资本扩大市场准入，增强竞争活力进而降低服务价格。通过强化创新能力，积极推动新业态、新技术、新模式和新产业的发展，推动服务业的融合化、数字化和智能化，最终提升服务业的绿色发展水平，提升服务业全要素生产率。

在需求侧，大力促进文化体育、旅游健康等消费业态的创新发展。壮大对高质量产品、创新性服务业产品的市场需求。培育、发展、形成一批具有较强国际影响力的服务品牌，扩大市场规模。最终通过供给和需求的有效互动，推动服务业供给侧结构性改革取得关键进展。

### 3. 以监管方式的创新应对市场新业态

移动互联网、物联网、云计算、大数据等新一代信息技术在经济社会各个领域广泛渗透，催生了网络约车、移动办公、互联网金融、智能家庭、远程医疗、共享汽车等一批新业态，传统商业模式逐渐被取代，新模式快速成长。而随着产融结合向纵深推进，整合商流、物流、信息流、资金流的服务型制造模式，也催生了一批如智能网联、云服务、智能装备制造、医药健康云等创新案例。

服务业创新业态的发展，带来了一系列监管政策与市场发展需求的冲突。一方面，市场需求的发展受制于落后的监管体制而没有得到有效的释放，在一定程度上政策法规在实际执行层面存在事实上的真空地带，也使得服务业新业态的发展存在较大的不确定性。而另一方面，监管层出于社会管理和经济社会稳定发展的考量，对创新业态天然存在着一定的排斥和回避态度。

一个不容否认的事实是，在面临服务业发展所出现的新产品、新业态和新模式时，政府监管部门和市场创新主体之间存在着“隔阂”，目前还缺乏一个有效的交互平台。但矛盾的主要方面在于，政策规制往往落后于市场发展的需要。在市

---

① 参见《人民日报》2017 年 10 月 28 日第 1 版文章：《决胜全面建成小康社会 夺取新时代中国特色社会主义伟大胜利》。

场创新面前，这样的滞后往往是“致命”的。迫切需要寻找到一个符合双方关切，做到既满足监管需要，又能保护市场新业态发展的试错容忍体系和保护创新创业的体制机制。

综合来看，与服务业的转型升级紧密相伴的是不断涌现的服务业新业态。这既是服务业结构升级的基础，也是服务业结构升级的主要表现形式。从前期经验来看，简单粗暴地扼杀和放任自流，都不是应对创新发展的有力手段。在服务业创新、结构升级和高质量发展的过程中，迫切需要我们在监管方式方面与时俱进。例如，可以参考设立负面清单、给予创业企业更多的财税、金融、人才政策等优惠措施。最终助力服务业转型升级。

4. 推动全方位对外开放格局基本成形

我国制造业对外开放的成绩已经雄辩地说明，社会主义市场经济不是故步自封的，积极参与全球竞争是优化资源配置，提升国际竞争力的重要推动力量。闭门造车是行不通的。但在我国服务业的对外开放进程中，考虑到国家经济安全、部分行业发展水平和特殊行业属性等因素，我国服务业对外开放水平和西方发达国家相比还不够高。

中共十九大报告和 2017 年中央经济工作会议分别指出，“扩大服务业对外开放”[①]“大力发展服务贸易”[②]。从国际形势来看，服务业的更高水平、立体和全方位对外开放，既是对西方国家对中国发展模式片面指责的回应，也是中国经济结构转型的内在要求。

在服务业结构升级的过程中扩大服务业开放，就是要在综合权衡国家经济安全的基础上，稳步推进银行、证券、保险、医疗、航运、旅游、软件、零售、支付、文化等行业的双向开放，通过加强国际合作、大力引进外资和鼓励国内企业走出去，明确具体的路径和时间表。

最终通过全方位对外开放格局的形成，提升利用两种资源、两个市场的能力，提升服务业企业在全球配置资源的能力、提升服务业的国际竞争力，助力服务业结构升级目标的实现。

### 15.5.2　服务业结构升级的目标

服务业供给侧结构性改革的核心在于提高供给侧对需求侧变化的适应性，更好满足广大人民群众多样化、多层次的需求，而落脚点则是服务业的结构升级。

---

① 参见《人民日报》2017 年 10 月 28 日第 1 版文章：《决胜全面建成小康社会 夺取新时代中国特色社会主义伟大胜利》。

② 《中央经济工作会议举行　习近平李克强作重要讲话》：http://www.xinhuanet.com/fortune/2017-12/20/c_1122142392.htm，2017 年 12 月 21 日。

具体来说，服务业结构升级的目标主要有以下五个方面。

1. 服务业发展水平显著提升

一是服务业发展的短板得到弥补。从服务业内部来看，部分附加值高、产业带动性强的生产性服务业发展还相对滞后。一些和居民生活息息相关的公共产品与服务的短板效应还比较突出。当前我国居民对健康、养老、文化等服务产品的需求旺盛，但服务业短板问题的存在，使得服务业发展无法满足生产需要和人民消费升级的需求。典型如医疗服务的相对不足，教育资源分布的不均衡和高端文化产品的短缺等。因此，针对经济结构、产业结构中的短板，通过供给侧结构性改革，在重点领域寻求突破，解决制约我国服务业发展的瓶颈问题，全面提升现代服务业的发展水平，应该是我国服务业结构升级的首要目标。

二是服务业供给质量显著提升。我国“十三五”规划提出，要开展加快发展现代服务业行动，推动生产性服务业向专业化和价值链高端延伸、生活性服务业向精细和高品质转变。更好地满足居民对高质量服务产品日益增长的消费需求。加快服务业的供给侧结构性改革，促进服务业的高质量发展。具体来说，一方面，从生产性服务业的角度来讲，加快形成“互联网+”生产服务体系。牢牢把握“互联网+”背景下由数字化时代进入智能化时代的趋势，注重“互联网+”在生产性服务领域的渗透，把互联网全面融入研发设计、生产、流通、管理、人力资源开发、售后服务等各个环节，发展数字化设计、网络协同研发、现代化供应链管理、个性化定制、在线检测、远程诊断和维护等基于互联网和信息技术的服务功能创新，促进生产模式和组织方式变革，形成网络化、智能化、服务化、协同化的产业发展新形态。另一方面，鼓励有条件的城市和地区开展生活性服务业集聚示范区建设。通过生活性服务业集聚示范区的建设，有效引导生活性服务业发展，构建综合性生活性服务业消费升级的载体。

三是扶持与监管政策更加完善。顺应新经济、新服务的要求，创新监管思路，坚持底线思维，增强政策灵活性和时效性。传统的市场监管体系实行的是工商登记、行政许可、商品检验、年检、行政处罚、刑事责任、专项行动等监管方式，其主要是靠行政力量或个人的意志，对平台经济、分享经济、体验经济或产业跨界融合衍生出来的新经济、新服务不一定适用。因为新经济、新服务借力互联网平台把交易体系放大成巨大的非现场交易场景，过去的监管政策、监管手段甚至监管队伍对新经济、新服务的管理已经难以胜任。必须创新监管思路，坚持底线思维，增强政策灵活性和时效性。对分享经济、平台经济这样新经济、新服务的监管，要从单一监管走向协同治理、多边共商，实施“政府管理平台，平台制定细则”的监管准则。此外，在分享经济、平台经济背景下劳动者与平台企业的关系发生了重要变化，不再是传统企业的雇佣与被雇佣的关系。因此，要注意构建新型劳动关系，在维护劳动者权益、平台企业利益、市场秩序和传统企业利益之间寻找平衡，寻求最大公约数。还要积极推进政企数据合作，利用大数据开展监管和社会诚信体系对于分享经济平台而言，评级系统和互信机制非常重要。在政府逐步开放公共数据，培育信用认证市场，制定严格的个人信息保护条例过程中，平台企业全力做好信用安全审查，平台企业通过与政府数据共享，建立科学的安全管理体系和信用体系。要以大数据为基础，加强政企合作，建立社会诚信体系。

2. 高质量发展目标基本实现

一是服务业全要素生产率进一步提升。服务业高质量发展顶层设计进一步优化，继续推进和深化垄断性行业改革，逐步放开可引入竞争的环节，通过增强竞争活力来降低服务价格、提高服务质量。推动高附加值、高技术含量的生产性服务业对外开放，引导外资投向商务、设计、电信等领域。营造国际化、法治化、市场化的营商环境，吸引更多外资进入服务业领域。分类推进重点领域标准研制，逐步建立与国际接轨的服务业标准体系等。最终通过服务业的高质量发展，提升服务业的内在发展潜力，提升全要素生产率。

二是创新驱动和新动能培育基本成形。发挥市场准入负面清单制度改革的牵引作用，清理、修改不合时宜的法律法规和规范性文件，推行承诺式准入，加快“照后减证”试点，破除对创新创业的不合理束缚。同时，探索包容创新的审慎监管制度，建立跨界融合新行业和新业态的协同监管机制，把改革红利转化为发展新动能。加强知识产权保护与运用，提高知识产权侵权代价和违法成本，制定在线创意、众创众包、研发设计等新领域创新成果的知识产权保护规则，进一步完善知识产权中介服务体系。以服务业提质增效升级为着力点，更多运用改革、开放、创新的办法，使服务业发展跃上一个新台阶，以此加快发展方式转变、经济结构优化和增长动力转换。

三是供需结构在更高水平上的平衡发展。一方面在供给侧。以产业升级需求为导向，增强服务业对先进制造业、现代农业的全产业链支撑能力，构建交叉渗透、协同共进的产业生态系统。适当扩大新兴服务进口，充分发挥技术和知识溢出效应，改善国内服务业供给结构。充分发挥生产性服务业、新兴服务业在转型升级方面的引领带动作用。另一方面，促进消费结构的升级，培养居民对发展和享受型服务消费的支出，提升消费对经济增长的贡献率。

3. 融合创新引领效应更明显

一是服务业与其他产业的融合程度更高。把加快产业融合和创新发展作为服务业结构升级的关键钥匙。首先是要把结构升级的基点放到创新上来，为服务业各行业的创新发展营造良好的制度环境，坚持在发展中解决问题。从财税金融等领域为服务业创新创造条件，促进虚拟现实、大数据、人工智能、生命科学和区块链等新技术研发及其在服务领域的转化应用，充分发挥创新这一生产要素的作用。其次是要有的放矢，集中精力在服务业关键领域和薄弱环节寻求突破，推动服务产品数字化、个性化、多样化发展。加强数据资源在服务领域的开发利用和云服务平台建设，推动服务业的数字化和智能化发展，最终通过生产模式和组织方式的创新降低成本。最后是要坚持深化改革，打破影响制约服务业结构升级的体制机制障碍。例如，通过构建绿色普惠和开放高效的现代金融服务体系，通过电力价格的市场化改革，降低服务业的融资和用能成本等。

二是服务业创新能力更强，新业态不断涌现。牢牢把握新技术向新服务转化大趋势，加快实施创新驱动发展战略，以市场需求为核心打造价值链，从技术维度的单一创新转向以“新行业、新业态、新模式”为代表的服务集成创新。着力推动服务理念、商业模式和服务技术创新，培育服务创新主体，将科技创新成果真正落到服务业发展上。推动服务理念创新，大力发展供应链管理、企业流程再造和精益服务，加快由单一服务环节向提供全过程服务转变，由提供一般服务向多层次、综合性服务转变。打破垂直分布的产业链及价值链，推动交叉领域多点突破、融合互动和跨界发展，鼓励通过平台经济、共享经济、并购整合、跨界应用、异业联盟、集成创新、迭代平移等方式，实现服务要素的重新高效组合和协同创新。以培育网络化、智能化、协同化的服务新业态为抓手，鼓励传统服务领域通过产业链整合、供应链集成、价值链提升及生态链维护，衍生叠加出新的服务环节和服务活动，推动协同设计、众包、众筹、解决方案、需求管理、系统流程服务、生命周期管理等生产性服务新业态的发展。

三是培育一批具有核心竞争力的龙头企业。从全球价值链分工的角度来看，世界范围的大型跨国公司因为自身强大的技术、资金和规模优势，在全球价值链分工中牢牢占据着附加值较大的生产分工环节。实际上，在服务业领域，全球这样的“独角兽”企业现象也同样存在。在美国，除了亚马逊、eBay，还有StubHub、Classifieds，以及C2C（consumer to consumer，个人对个人）的Etsy和电子游戏、软件电商平台 Steam。这些行业龙头企业是美国打造服务业企业全球竞争力，形成有利于本国企业参与全球竞争国际游戏规则的重要平台。从我国来看，虽然阿里巴巴已跻身世界前十大公司行列，但和世界巨头相比，尤其是在行业细分领域，对我国来说，除了继续加强对 BATJ 等已经初具国际竞争力的相关企业给予支持外，还要通过财税金融、人才引进等手段，鼓励形成一批在服务业其他细分领域的企业成长壮大。例如，制造业的服务化和服务业企业的数字化，最终形成一批综合性大型企业带动，细分行业龙头效益明显的服务业企业发展格局。

4. 服务贸易国际竞争力进一步增强

一是积极推动服务贸易创新发展试点。为全国服务贸易创新发展探索路径，根据《深化服务贸易创新发展试点总体方案》，目前在北京、天津、上海、海南、深圳、哈尔滨、南京、杭州、武汉、广州、成都、苏州、威海和河北雄安新区、重庆两江新区、贵州贵安新区、陕西西咸新区等省市（区域）深化服务贸易创新发展试点。对此，应该及时总结经验教训，进一步完善体制机制，坚持重点突破、创新驱动、协同发展，不断适应服务贸易新形势、新特点，有序深化改革，持续推进创新。逐项落实试点任务，不断总结推广经验，稳步推进服务贸易全方位改革发展。在试点地区开展经验分享，最终推动服务贸易的全面发展。

二是鼓励扶持新兴业态出现。秉持开放包容的心态，吸收借鉴国际市场具有较强服务贸易竞争力国家的发展经验，积极关注服务贸易领域的新变化，容忍并保护新业态发展，重点关注基于数字经济的服务业呈现出的新特征、新苗头。一方面，加大对电子计算机技术的研发、投入和应用力度，鼓励国民经济各产业部门“互联网+”和“手机+”，积极探索基于互联网技术的商业模式创新，鼓励腾讯、阿里巴巴、华为等一批在国际市场具有一定竞争力的企业做大做强，到国际服务贸易市场参与竞争。另一方面，高度重视中小企业发展，鼓励基于互联网技术的创新创业，可在全国范围内设置一定额度服务贸易创新发展基金，发挥财政资金杠杆引领作用，鼓励风险投资基金和天使投资进入服务贸易领域，甚至在必要条件下，鼓励地方国资控股企业对服务业创投企业进行战略投资，扶持创新创业类企业发展。此外，既要鼓励优质服务业企业做大做强，也要对制造业服务化给予足够的支持，在财税金融和海关等领域给予制造业服务化等新业态创造发展空间。

5. 最终形成全面开放的新格局

一是重点领域的市场准入限制更少。在健康医疗、文化教育、科学技术、金融服务、商务和旅游服务等外资限制较多的重点领域，持续放宽对外资的进入限制，放宽外资的资质要求，对外资的准入门槛、营业区域、股权比例、业务范围等给予更多的国民待遇。修订出台外商投资准入的负面清单，稳步扩大金融业的开放，持续推进交通运输、商贸物流、专业服务等服务业领域的开放。

二是稳步提升对外投资便利化水平。积极推动服务业“走出去”。不断深化对外投资管理体制改革，继续推进境外投资便利化。建立健全以备案为主、核准为辅的境外投资管理模式，支持有能力、有条件的企业开展真实合规的对外投资活动。推动中国技术、产品、设备和服务走出去。推动服务业对外经济合作向更高水平延伸，在开放竞争中提升中国企业利用两种资源和两个市场的能力。

三是探索与服务贸易相适应的管理体制。加快推进与数字贸易等新型贸易形式相适应的管理机制，在跨境电子商务、无纸化通关通检等方面进行与时俱进的监管创新。加速智能化通关一体化系统的改革力度，探索跨境电子商务的分类监管模式，吸引境外消费回流。逐步完善口岸服务功能，打造具有国际先进水准的安全、高效、透明、便捷的服务贸易综合示范区。最终构建服务贸易健康发展的长效机制。

四是建立健全双向开放的金融服务体系。支持境外金融机构在华设立分支机构，不断丰富在华境外金融机构的结构，鼓励特定区域和特定行业的金融机构创新发展。支持跨国公司总部企业外汇资金集中运营管理，深化外汇管理体制改革。加快推进人民币国际化，支持银行业金融机构对企业境外项目投放人民币贷款，鼓励保险机构开展跨境人民币业务创新试点。支持股权投资基金发展，不断引导资金流向实体经济，加大金融服务实体经济的力度。

五是逐步完善新常态下的监管体制。通过“互联网+”，加快大数据、人工智能等新技术在风险防控方面的积极作用，探索建立服务业重点领域的产业安全预警机制。建立健全国家诚信分类体系和社会创新的容错纠错机制。推动信用社会建设，健全司法保障体系，逐步完善多元化的商事争议解决体系，最终形成企业、行业、社会和政府监管有效融合的社会共治新机制。

# 第 16 章　推动我国服务业的改革开放和优化发展

深化改革开放是促进我国产业结构调整升级的根本动力，对于快速发展中的服务业也是如此。坚持以供给侧结构性改革为引领积极有序推进服务业改革开放，是实现中国服务业高质量发展，建设现代服务业强国的根本保障。

## 16.1　研究背景及视角

1978 年 12 月，党的十一届三中全会在北京隆重召开。以此为标志，中国拉开了改革开放的序幕。服务业是现代产业体系的重要组成部分，中国服务业正是在这四十多年波澜壮阔的改革开放大潮中逐渐地壮大发展起来的。在 1978 年，中国三次产业增加值在 GDP 中的比重分别为 27.7%、47.7%和 24.6%，而到了 2018 年，该数据则变为 7.2%、40.7%和 52.2%。历经四十多年的改革开放，服务业从过去的“无足轻重”到如今在国民经济中占据“半壁江山”，其地位和作用还在不断提升。

这一成绩不是偶然的。它既是经济发展和产业结构演进的客观规律，更是借助改革开放的动力赢得了快速高质发展机遇的体现。在全球经济缓慢复苏大背景下，服务业的发展和在我国经济地位的不断攀升，服务业的改革开放和优化发展在我国产业转型升级方面的作用日益突出，值得我们高度关注。

党和政府非常重视服务业发展问题。党的十九大报告指出，要实行高水平的贸易和投资自由化便利化政策，全面实行准入前国民待遇加负面清单管理制度，大幅度放宽市场准入，扩大服务业对外开放。深化商事制度改革，打破行政性垄断，防止市场垄断，加快要素价格市场化改革，放宽服务业准入限制[①]。

---

① 参见《人民日报》2017 年 10 月 28 日第 1 版文章：《决胜全面建成小康社会 夺取新时代中国特色社会主义伟大胜利》。

从目前我国服务业改革开放和优化发展的角度来看，我国服务业的增加值比例和就业比重与英美等发达国家还存在一定的差距，出现了代表经济转型方向的生产性服务业发展不足，健康、养老和医疗等高端生活性服务业的供给还不能满足居民日益增长的生活需要；行业垄断和限制过多、行政审批的效率还不能适应现代服务业新业态、新模式的快速变化；服务贸易的逆差有扩大的趋势，外资的准入限制还比较多等问题。

在服务经济时代，深入推动服务业的供给侧结构性改革，优化服务业发展水平，既是对服务业发展不足，促进国内服务业高质量发展的检视，更是积极推动经济全球化，建设现代化经济体系的客观需要。提升服务业整体发展水平、优化服务业结构、提升服务贸易国际竞争力，打破垄断、提高对外开放水平，既与我国的经济社会发展阶段相适应，也符合国情实际，是拉动经济增长，提高国际竞争力和稳就业、稳贸易、稳外资的重要保证。

在迈向社会主义现代化强国的征途上，我们要充分正视我国服务业发展、改革和开放的短板，把握好服务业发展的机遇，始终以改革开放为主线推进服务业的优化发展。

本章的研究正是从此角度出发，试图在对中国服务业改革开放文献进行系统性梳理的基础上，厘清服务业改革开放和优化升级的理论逻辑，并从当前服务业开放和供给侧改革的现状及问题出发，找到服务业推动服务业改革开放和优化升级的可行性路径。

## 16.2 相关文献综述

从现有文献来看，服务业改革开放问题的研究从 20 世纪 90 年代中期开始起步，截至目前，大致经历了以下三个阶段。

第一阶段：1978~2001 年，服务业改革开放研究的兴起。随着改革开放的不断深入，国际贸易对经济发展的拉动需求变得更为迫切。20 世纪 80 年代末期，中国启动了“复关”谈判，正式申请恢复关贸总协定[①]（General Agreement on Tariffs and Trade，GATT）缔约国地位。1995 年 WTO 成立后，中国“复关”谈判改为“入世”谈判。在此前后，出于对现实问题的呼应，中国学术界开始出现针对服务业开放的零星研究。王玉平（1992）从关贸总协定乌拉圭回合多边贸易谈判的进程出发，研究了市场准入、国民待遇、透明度原则、最惠国待遇和发展中国家

① 关贸总协定，是 1947 年由美国在内的共计 23 个国家在瑞士日内瓦发起成立的国际贸易协议，目的是通过消减关税和其他贸易壁垒促进国际贸易的自由化。关贸总协定为处理国际贸易提供了一个基本准则，关贸总协定是 WTO 的前身。

的特殊待遇对中国的影响，对国内存在的“少开放或不开放最好”的声音予以批驳，认为金融服务业不是开不开放的问题，而是如何开放的问题。为了促进服务业的发展，1992 年，中共中央、国务院发布《关于加快发展第三产业的决定》，提出要依靠深化改革、扩大开放加快发展第三产业。冯晴和王晓萍（1993）认为，将国内服务业与世界市场融为一体是大势所趋，对此需要立即着手调查服务业的各行业现状，尤其是要改革现行国民经济核算体系，建立与国际接轨的服务业统计指标体系。在随后的研究中，卢进勇（1996）将分析的视角转到了即将回归的香港，在分析了内地主要服务行业对外资开放的现状，并对香港服务贸易的结构进行分析后其指出，香港服务业今后的发展因素中，影响最大的是内地服务业的不断开放所带来的机遇。考虑到中国服务业整体发展水平的滞后，薛荣久和张汉林（1997）指出，服务业与农业、制造业相比，有其复杂性、特殊性，服务业的对外开放必须坚持国家主权自主原则与遵守国际通行的商务通则相结合的原则。对于中国服务业对外开放的策略选择，庄英和任健（1998）从发展中国家服务业对外开放的经验出发，再次强化了这个观点，认为依靠人为地设置重重服务贸易壁垒来挡住外资进入本国服务业是难以奏效的，我国传统服务业的对外开放，应遵循的总原则是加快这些部门和行业对外开放的速度，并在竞争中尽快形成优势产业。随着加入 WTO 的进程日益临近，许多学者开始关注服务细分行业的开放问题。陈炳才（1999）研究了中国金融服务业与西方发达国家的差距，认为时下过早参与国际金融的自由化，将对中国产生不利的影响。孙南申（1999）则从外国保险业进入中国市场及其经营活动的法律调整出发，认为应该改革不适应开放条件下保险业监管的相关法律规章，从外资保险机构的组织形式、设立条件、保险资金应用监管、法律责任等角度进行立法。此外，黄金老（2000）研究了中国银行业服务市场的对外开放问题，刘辉煌（2000）从金融危机的角度，对中国金融服务业开放路径进行了探索，认为应该采取循序渐进的开放策略。此外，还有一些学者将研究的视野投向了地区和国际的比较研究。比如，封小云（2000）研究了我国台湾地区服务业开放的历程，认为其最值得借鉴的经验就是服务业和其他行业的开放一样，采取了循序渐进的做法。王江（2001）从外国律师资格获取、从业范围、外国律师事务所设立和登记、对外国律师事务所的管理和惩戒违法行为规定等角度，对德国法律服务业的开放经验进行了总结。认为应该遵循一个渐进的开放历程，在引入国际竞争机制的同时，深化中国法律服务业的改革开放。

综合来看，这段时期关于服务业改革开放的研究，始于 1978 年“对内改革、对外开放”的新起点，并伴随着“复关”与“入世”谈判进程的提速而深化。围绕加入 WTO 承诺及关贸总协定的开放要求，中国学者做了大量的工作。从行业研究来看，其集中在金融服务和法律服务两个领域。通过对细分行业和国际及地区的比较研究，中国学界基本达成了必须开放的共识，同时针对中国服务业发展相对滞后的事实，认为应该遵循循序渐进的总体开放策略。

第二阶段：2002~2012 年，服务业改革开放研究的拓展。2001 年 12 月 11 日，中国正式加入 WTO，成为其第 143 个成员。加入 WTO，是中国现代化建设中的一个里程碑式事件，标志着中国对外开放进入一个新阶段。学术界对服务业改革开放的研究也进入了一个新时期，时任中国证券监督管理委员会主席的周小川（2002）研究了在加入 WTO 形势下资本账户进一步开放的问题，认为虽然资本项目货币可兑换市场的开放并不属于 WTO 的范畴，但随着整个开放进程的推进，资本项目可兑换也是要向前迈出步伐的。刘戒骄（2002）分析了服务业与工业之间日益强化的唇齿相依的关系及开放服务业给工业带来的挑战和机遇，得出了服务业开放将对中国工业竞争力产生积极影响的结论。

这段时期的大量研究，首先集中于服务业开放溢出效应的影响。郑长娟（2004）研究发现，服务型跨国公司因其独特的所有权优势及资本密集度较低等特点，一般具有追求高控制度的内在动力，更多地采用独资的进入方式，而独资经营与合资及合作等低控制度的进入模式相比，后者对东道国的技术扩散效应更为明显，更有利于东道国吸收先进的管理经验、技术和技巧，提高国内服务业的竞争力。陈凯（2006）认为服务业开放水平对生产性服务业比重的影响为负值，这主要是本国处于比较劣势的服务部门，有可能由主要从国外输入相应服务而导致发展趋于缓慢。该项研究也从侧面说明了中国生产性服务业的发展还相对滞后，在开放国内市场后，大量外资生产性服务业进入中国，对内资生产性服务业企业形成了挤压。这一观点，在随后林艳（2007）的研究中也可以找到共识，其研究发现，服务业跨国公司的扩张在优化东道国产业结构、形成技术扩散效应的同时，也容易带来人才流失和潜在的挤出效应。在进一步的研究中，更多的中国学者开始将视角投向服务业改革开放的溢出效应上来，殷凤和陈宪（2008）通过建立计量模型进行回归后发现，虽然服务业与制造业之间存在着双向溢出效应，但在中国，二者之间的良性互动尚未形成，中国生产性服务业发展滞后、专业化程度低、服务成本高，难以为制造业提供高端、高效、优质、价廉的产前和产后服务，导致制造业自我服务，这与内部服务活动外部化的总体趋势相左。顾乃华（2010）以对外开放程度为门槛变量，发现对外开放能够正向调节服务业的外溢效应，这主要由于开放度的提高有利于形成一个新的市场规则，改变原有的通过行政性力量配置资源的做法，降低整个社会的交易成本，使真正有市场竞争力的企业得以生存和发展，提高市场配置资源的效率（严冀等，2005）。对于对外开放对产业结构的影响，夏京文和刘彩兰（2011）从服务业的贸易开放和外资开放两个角度实证分析了其与广东产业结构之间的动态关系，研究发现，服务业的外资开放度对产业结构优化的作用更加灵敏。随着研究方法的改进和数据可获得性的增强，关于服务业改革开放外溢效应的研究进一步走向深入，姚星等（2012）使用系统 GMM 的方法，在有效地克服内生性等问题后发现，对外开放对生产性服务业的外溢效应起着正向调节作用，贸易开放度较低的省区市生产性服务业的发展对制造业效率提高的促进作用大于贸易开放度较高的省区市。至此，服务业开放的积极溢出效应，基本在国内学术界达成了共识。

其次，围绕服务业外商直接投资开展的相关研究。针对加入 WTO 后服务业外商直接总体增速加快的现象，王建华和马永喜（2003）认为，应该在产业政策制定上合理引导，加大薄弱环节服务业外商投资的引进力度。在随后的研究中，服务业外商直接投资对服务业发展过程中的积极作用得到了进一步的确认，如施文慧（2003）研究发现服务业外商直接投资有利于提升我国服务业的整体竞争力。戴枫（2005）的研究再次支撑了该发现，其利用 20 年的数据，在建立 VAR 模型及格兰杰因果关系检验模型的基础上，对外商直接投资与中国服务业发展的协整关系和因果关系进行了检验，认为外商直接投资是促进中国服务业发展的因素之一。实际上，作为服务业对外开放的重要维度，服务业外商直接投资的研究，一直是服务业对外开放的热点领域。庄丽娟和贺梅英（2005）利用 1984~2003 年中国服务业利用外商直接投资与经济增长关系进行了实证研究，发现技术效应、贸易效应和就业效应是中国服务业外商直接投资对经济增长最为显著的增长路径。在进一步的深入研究中，魏作磊（2006）通过一个扩展的 C-D 生产函数测算了 1984~2003 年外商直接投资对我国农业、工业和服务业增长的平均贡献率，发现外商直接投资对我国工业的平均贡献率远远超过农业和服务业。但这主要是由于在吸引外资的过程中，发展工业的需求更为迫切。为了更好地厘清在对外开放的进程中服务业外商直接投资的作用，还有学者将研究的视角投向了国际比较研究，张诚和唐琳（2007）以美国为例，对服务业外商直接投资与东道国就业的关系进行了比较，发现无论短期还是长期，服务业外商直接投资可以增加产业内就业人数，但会减少国家总就业人数。而对于服务业外商直接投资的影响因素，陈景华（2007）借助计量经济模型，对 1995~2005 年日本服务业对华外商直接投资的决定因素进行经验分析后发现，日本服务业对华外商直接投资主要由中国的市场规模、中国对日本市场的开放程度及中国服务业增量三个变量所决定。在对美国的进一步研究中，唐保庆等（2011）借助 1985~2006 年美国对 OECD 中 24 个国家直接投资的面板数据，研究发现生产者服务业外商直接投资的区域分布大多不受东道国市场规模因素与政治环境因素的影响，而且与工资水平呈正相关关系。谭洪波和郑江淮（2012）通过对国外学者在服务业外商直接投资流动、服务业外商直接投资对生产率的影响及其福利效应研究方面的追踪发现，随着专业化分工的进一步深化及科学的飞速发展，一些服务行业将从原有的制造业或者农业中分离出来。当然，也有其他学者从效率评估的角度对服务业开放和服务业外商直接投资进行了研究，如何骏等（2012）采用 DEA 方法对我国 28 个省（自治区、直辖市）服务业外商直接投资的引进效率进行了评价与分析，发现就总体效率而言，我国各省区市在服务业领域引进外商直接投资的业绩和效率极不平衡，部分经济发达省区市引进效率不高，经济较为落后省区市引进效率则更低。总体而言，不管中国学者的研究角度如何，在扩大服务业对外开放中，服务业外商直接投资所扮演的积极效应，基本是国内学者的共识。

最后，关于服务贸易的相关研究。张碧琼（2006）研究发现，加入 WTO 以来，随着服务业开放的保护性安排逐渐结束，新兴服务业如金融、电信、信息、咨询等行业的贸易逆差增大，这是中国服务贸易缺乏竞争力的集中体现。在对印度服务贸易进行量化分析后，杜莉和谢皓（2006）发现，虽然印度服务业的总体发展速度落后于中国，但从显性比较优势指数（index of revealed comparative advantage，RCA）来看，印度服务贸易竞争力强于中国，并且在计算机与信息服务方面优势明显。对于在扩大开放背景下发展服务贸易的战略意义，陈文玲（2007）在对欧美等经济发达国家的战略意图进行研究后发现，发达国家重视发展服务贸易，是凭借少消耗和占用资源、能源却能获得产业高端附加值的服务产品，在全球产业链、价值链分工中攫取了极大的利益，维持了其发展水平领先的优势。这些研究基本形成了扩大服务业开放，提升服务贸易国际竞争力的共识。但中国服务贸易的开放度该如何把握？程涛和邓一星（2008）的研究填补了这一领域的空白，其通过引入二级行业权重值和分贸易模式，对具体承诺条款进行赋值，最终计算出了服务贸易各行业的承诺开放度，发现旅游业承诺开放度和实际开放度都较高，说明开放程度合适，但通信行业、金融业和运输业存在开放不足和过度开放的问题。围绕如何开放，开放度拿捏和开放政策取向的研究同样是中国学者关注的热点，蒙英华和蔡宏波（2009）研究发现，在服务贸易自由化进程中，把“服务贸易自由化”等同于对服务业“解除管制”的观点是错误的，政府必须寻求对外降低管制（对外降低服务业进入壁垒）与对内加强管制（规范与完善服务业的市场机制）两者的结合。自由与管制两者在服务贸易中并不冲突。对此，李晓慧和杨丹丹（2010）认为，应该在 WTO 法律承诺的框架下，借鉴发达国家的经验，完善我国的相关行业立法，从法律角度进行治理的规范化。可见盲目地扩大开放，并不利于本国服务贸易竞争力的提升，在随后的研究中，王佃凯（2011）的发现进一步支撑了该观点，其通过对比我国与其他国家的服务业市场开放程度与贸易竞争力的关系后发现，市场开放对服务贸易竞争力的提高并没有确定的正面影响。在形成原因的分析中，其认为应该加强对国内服务业领域的体制改革，放松对服务业的管制，而不是单纯地提高对外开放程度。

可见，在从服务贸易的角度对服务业扩大开放的研究中，中国学者基本达成了扩大开放、规范立法、放松管制、有序开放的共识。综合来看，这段时期服务业改革开放问题的研究主要聚焦于服务业开放对经济社会发展的积极或消极影响。中国学者从服务业对外开放的溢出效应，服务业外商直接投资的积极影响和如何发挥好其正向促进作用，以及服务贸易的开放度测算和有效管制三个角度，对服务业对外开放进行了深入细致的研究，并通过理论和实证分析，得出了服务业开放有利于中国经济增长，应该进一步扩大服务业开放的基本共识。

第三阶段：2013 年至今，服务业改革开放研究的深化。党的十八大再次明确了对外开放的基本国策，提出改革开放是坚持和发展中国特色社会主义的必由之路。为了贯彻落实党的十八大关于全面深化改革的战略部署，2013 年 11 月 12 日，中国共产党第十八届中央委员会第三次全体会议研究了《中共中央关于全面深化改革若干重大问题的决定》，提出要适应经济全球化新形势，推动对内对外开放相互促进、引进来和走出去更好结合，以开放促改革；推进金融、教育、文化、医疗等服务业领域有序开放，放开育幼养老、建筑设计、会计审计、商贸物流、电子商务等服务业领域外资准入限制。中国服务业开放开始进入历史新时期。

对于如何构筑我国服务业对外开放的新格局，夏杰长和姚战琪（2013）认为，当前我国服务业对外开放面临的问题主要集中在：结构不合理，服务业外商直接投资过多地集中于房地产等利润较高的行业，本土生产性服务业大多被压制在产业链的低端等。因此，必须依靠积极有序地推动我国服务业对外开放，放松生产性服务业的投资限制，提高服务业内资企业的技术水平。裴长洪（2013）认为中国（上海）自由贸易试验区（以下简称上海自贸区）应该成为服务业扩大开放的试点。迟福林（2014）认为，到 2020 年中国能否从工业大国走向服务业大国，既是经济转型升级的关键点，又是主攻方向。实现这一转型，可以在结构升级的基础上形成 7%左右的中速增长新常态，从而为从中等收入国家迈入高收入国家创造有利条件。要实现从工业大国向服务业大国的转型升级，根本在于改革。

可见，党的十八大之后，开放和改革成为服务业的强大共识。这段时期中国学术界关于服务业改革开放的研究，主要集中在服务业开放的顶层设计、服务业真实开放度的测算及影响几个方面。

在服务业改革开放的战略路径选择上，夏杰长和李勇坚（2015）认为，服务业将是我国下一步对外开放的重中之重。按照准入前国民待遇加负面清单的管理模式，着力推进金融、教育、医疗、文化、体育等领域的对外开放，更大力度地放宽服务贸易的准入和投资限制，实现服务要素在全国、全球范围内的互联互通。对于接下来的改革取向，迟福林（2015）指出，服务业市场开放是激活市场、推进调结构和转方式的关键，并成为牵动影响转型增长全局的重要因素。“十三五”期间推动市场化改革，重点是服务业领域的市场开放。要以破除垄断为重点加快推进服务业市场开放。一是打破服务业市场的行政垄断与市场垄断，无论是生产性服务业，还是生活性服务业都面临着行政或市场垄断；二是推进服务业市场的便利化改革，使社会资本可以进入相关的服务领域，激发服务领域的市场活力；三是主动放开服务业市场价格。而对于深化改革和扩大开放的原则，林桂军（2015）认为重要的是明确服务业开放的基本目标定位，并确定不同服务业开放的先后顺序，第一个要明确的原则就是服务业开放的最重要目的是提高国内的劳动生产率，按照交通运输服务业、金融业，直到卫生和社会工作等顺序进行开放。叶辅靖（2018）认为，服务市场的准入自由化仍需进一步扩大新的外商投资准入负面清单。对改革开放四十年来服务业发展中的轨迹、逻辑和战略转变进行总结归纳后，凌永辉和刘志彪（2018）提出新时代背景下的中国服务业发展亟须转向内需主导型战略的重要命题，主张以国内市场主体的有效需求为主导，虹吸国内外优质生产要素为我所用，在差异化的垄断竞争中，促进当前及未来服务业的创新和发展。

在明确了战略方向、重点目标和具体路径之后，部分学者围绕具体问题展开了深入的研究。其中之一就是关于服务业真实开放度的测算及其影响，姚战琪（2015a）对我国加入 WTO 以来服务业的开放度进行了测算，发现在建筑、金融、通信等行业服务业的开放度仍较低。而且服务业企业的生产率并没有因为“走出去”而有所提升。但在进一步的研究中，通过分析加入 WTO 以来中国服务业真实开放度的提升对中国服务业国际竞争力的影响，实证结果发现，服务业真实开放度促进了中国服务业显示性比较优势指数的增长（姚战琪，2015b）。考虑到在全球价值链贸易日益取代传统的制成品贸易，成为当今世界主流贸易形势的特征事实，姚战琪（2019a）认为虽然中国服务贸易进口、服务业外商投资、服务业对外直接投资能显著促进中国攀升全球价值链，但中国服务业真实开放度仍较低，总体竞争力还不够强，因此无法对全球价值链攀升形成有效支撑。万红先等（2019）基于修正后的 Hoeckman 频度测量法指标体系分析了中国服务业的部门开放度及开放特征，发现分销、旅游服务业开放水平较高，教育、通信和商业服务业开放水平较低，建筑和娱乐服务业贸易开放政策尚不健全，服务业外资企业行政审批手续相对繁杂。对于开放的积极影响，陈明等（2019）基于灰色系统理论模型和增长核算框架，分析了自 2004 年以来生产服务业开放对三次产业产出增长的贡献后发现，生产服务业及其细分行业开放对服务业的贡献率最高，在生产服务业细分行业中，研发设计与其他技术服务和信息服务的开放对该产业的贡献始终居前两位。而针对管理模式的改革问题，谭文君等（2019）通过合成控制法，实证分析了负面清单管理制度的实施对上海自贸区服务业资本流动的影响效果和渠道，发现2013年9月开始在上海自贸区实施的负面清单管理制度最重要的一项影响是在很大程度上推动了服务业开放，特别是服务业资本的快速流动。这说明负面清单管理制度在推进中国行政管理透明度、构建公平合理的竞争环境等方面发挥了重要的作用。可以看出，在对服务业开放度进行量化分析后，中国学术界的基本共识是中国服务业开放空间有待提升，而且应该重点发展研发设计等生产性服务业，依托管理模式的创新，发挥改革开放对劳动生产率和经济增长的积极作用。

最后是国际经验借鉴和比较的研究。邵宇（2017）从历史的大视角出发，就中美贸易和全球化进行了分析，认为 2001 年中国放开了制造业，随之而来的就是中国制造业的崛起，WTO 的 2.0 应该是服务业的全面开放。在服务贸易领域，张悦和崔日明（2017）通过对美欧的战略进行研究后发现，随着世界贸易自由化趋势的不断发展，区域经济合作逐渐取代多边谈判，服务贸易成为贸易自由化的核心。美欧通过力推跨大西洋贸易与投资伙伴关系协定（transatlantic trade and investment partnership，TTIP）、国际服务贸易协定（trade in service agreement，TISA）等高标准贸易谈判来巩固并扩大其在世界服务贸易中的优势地位，延伸在发展中国家的产业链。而关于信息服务业开放的不同作用，杨巧（2018）利用全球 152 个国家 2005~2015 年的面板数据，实证分析发现，发达国家的互联网普及对服务贸易出口的促进作用要强于发展中国家，而发展中国家互联网普及对服务贸易进口的促进作用则强于发达国家。这一发现随后也得到了陈军和林瑜璟（2019）的进一步支持，其通过对全球最大的经济体美国自 20 世纪 50 年代初就转入以服务业为主导的时代特征进行了经验研究，认为如果没有美国金融业和信息服务业为代表的现代服务业的发展和开放，美国不可能有今天的地位。

总体来看，这段时期服务业改革开放的研究主要是基于经济发展新常态下，服务业进一步扩大开放和深化改革的战略路径选择。我们认为服务业的真实开放度还不够高，在新的历史条件下进一步扩大开放应该是今后一个时期中国全球经济战略的重要取向，这一路径的实现，需要依托管理模式的创新，不断扩大负面清单目录，重点开放金融和信息服务业等生产性服务业来实现。

## 16.3　服务业供给侧结构性改革的趋势与问题

### 16.3.1　服务业的杠杆率问题

经过改革开放四十多年的飞速发展，我国经济总量实现了质的跃升，工业生产能力和居民生活水平都得到了巨大的改善。但是，长期积累的深层次矛盾正在不断释放，突出表现在劳动力、生态环境、资源禀赋等生产要素价格的约束日益增强，依靠廉价劳动力、大量投资的粗放式发展模式及不能适应经济结构转型升级的时代要求。

2015 年 11 月，习近平在中央财经领导小组第十一次会议上首次提出“着力加强供给侧结构性改革”①；同年 12 月，中央经济工作会议将“去产能、去库存、去杠杆、降成本、补短板”作为 2016 年推进供给侧结构性改革的五大任务。

“十三五”规划也提出，“以供给侧结构性改革为主线，扩大有效供给，满足有效需求，加快形成引领经济发展新常态的体制机制和发展方式”。至此，实施供给侧结构性改革成为我国当前及整个“十三五”时期重要的经济发展战略和宏观调控内容。

在金融服务业领域，供给侧结构性改革的主要任务和出发点是去杠杆。当前我国金融业供给侧结构性改革的突出矛盾集中表现在，宏观杠杆率上升较快，非金融部门（非金融企业+居民+政府）债务/GDP、M2/GDP、银行广义信用/GDP 杠杆率持续上升，金融部门的扩张速度连续多年超过了实体经济部门的增长速度。货币、信贷的过快增速，引发了资产价格的快速上涨，加剧了系统性风险隐患。

与此同时，粗放式的金融业发展模式，使得金融资源过度集中于大企业、国有企业、政府项目、房地产领域，对“三农”、中小企业等薄弱环节支持不够。部分资产管理计划，以表外的方式从事表内业务，积累了部分系统性风险。而资金在表内和表外、银行和非银行之间进行资产和负债的腾挪，不当的金融套利盛行，使得金融行业脱实向虚的风险隐患不断累积。

### 16.3.2　服务业的成本问题

“十三五”规划提出，要优化服务业发展环境，加快推动服务业优质高效发展。服务业在国民经济中的地位正不断上升。从数据来看，自改革开放以来，服务业在国民经济中的比重逐年增加。2019 年，服务业增加值占 GDP 的比重达到了 53.9%，服务业牢牢占据了 GDP 的主导地位，我们正在奔向服务经济时代。但是，在看到成绩的同时，也不能忽视影响我国服务业发展的制约因素。一个突出表现是，我国服务业成本高企的现象很严重。具体来说，主要问题集中在以下三个方面。

一是服务业承受的税费负担下降幅度并不明显。服务业“营改增”改革已全面启动，但由于具体征收细则的不完善，导致在过渡期税收抵扣链条的不完整，不少企业的进项税无法抵扣，无形中还有可能增加服务业企业的税收负担。此外，游离于政府和市场之间的各种不合理收费行为，也是服务业税费成本增加的重要来源。

二是服务业生产所需生产要素的成本相对偏高。除了土地等生产要素服务业面临着与工业不同的成本之外，服务业在用人、用能、用电、发展所需资金等方

---

① 《习近平主持召开中央财经领导小组第十一次会议》，http://www.xinhuanet.com/politics/2015-11/10/c_1117099915.htm，2015 年 11 月 10 日。

面的成本都显著高于工业企业。相对较高的生产要素成本，阻碍了服务业转型升级和高质量发展的步伐。

三是还存在着较多的无形制度性交易成本。虽然中央政府多次强调要优化营商环境，但是根据世界银行《2020 年营商环境报告》，中国在世界排名第 31 位，有了明显进步。但还是存在各类无形的政府干预，围绕各种行政审批的寻租行为和无形制度性交易成本还在困扰着服务业健康发展。

### 16.3.3　服务业高质量发展问题

我国已经是世界第二大经济体、全球制造业大国，但在生产性服务和社会服务方面发展还比较滞后。一方面，煤炭、钢铁、水泥等基础行业和一些低端制造业产能严重过剩，大量商品库存积压，企业经营困难，“僵尸企业”浪费了大量的人力、物力等宝贵资源；另一方面，和民生紧密相关的一些公共产品和公共服务短板现象十分突出。教育资源发展不均衡，学区房价格持续升温。高品质的教育、医疗和养老比较短缺，高端生产性服务业发展严重不足，成为制约我国高质量发展的重要因素。

“十三五”规划提出，要推动服务业优质高效发展。在经济生产中，总产出中不能由要素投入所解释的“剩余”，一般被称为全要素生产率。就服务业来说，受“鲍莫尔-福克斯假说”的影响，一个普遍的观点认为服务业生产率相对滞后，名义工资的上升会使服务业生产成本提高，随着劳动力向服务业的转移，在经济均衡发展的条件下，整个经济的增长率将会下降。随着我国经济新常态的全面来临，经济增速阶段性转换和社会主要矛盾的变化，都对服务业提出了新的要求。

作为衡量经济长期活力的重要指标，全要素生产率是除去劳动、资本等总要素投入之后的“余值”，即经济增长中不能够被资本、劳动力和人力资本等要素投入所解释的部分。可以将其看成是要素配置效率提高、技术进步或者创新等“难以衡量”的因素效率提升所带来的额外经济增长。全要素生产率增长率可以为正值，也可以为负值。正值说明资源配置效率提高，而负值说明配置效率下降（陆旸，2016）。通过采用半参数的 OP（Olley-Pakes）法（Olley and Pakes，1996）对我国 2007~2016 年的服务业全要素生产率进行测算后，我们发现了两个显著的特征。

一是行业发展的不平衡。在服务业全要素生产率为正的细分行业中。房地产业的最高峰出现在 2010 年，之后开始下降，截至 2016 年，房地产业的全要素生产率已经下降至 0.4761（表 16-1），为自 2007 年以来的最低值。这也从侧面说明，中国房地产已迎来了阶段性的重要拐点。反观金融业，其自 2007 年以来基本保持着轻微的增长态势，阶段性高峰出现在 2014 年，随后开始轻微下降，2016 年为 0.3413，基本接近 2012 年的水平。

表 16-1　中国服务业各行业全要素生产率（2007~2016 年）

| 行业 | 2007 年 | 2008 年 | 2010 年 | 2012 年 | 2014 年 | 2016 年 |
|---|---|---|---|---|---|---|
| 房地产业 | 0.7781 | 0.7773 | 0.8258 | 0.7527 | 0.5480 | 0.4761 |
| 公共管理和社会组织 | −0.7577 | −0.7057 | −0.6698 | −0.6094 | −0.5870 | −0.5773 |
| 交通运输、仓储及邮电通信业 | −0.1768 | −0.1338 | −0.0829 | −0.0230 | −0.1370 | −0.1756 |
| 教育业 | −0.8354 | −0.7788 | −0.6900 | −0.6134 | −0.5830 | −0.5691 |
| 金融业 | 0.2257 | 0.2518 | 0.3052 | 0.3506 | 0.4175 | 0.3413 |
| 居民服务和其他 | 0.0962 | 0.1617 | 0.1998 | 0.2865 | 0.2717 | 0.2396 |
| 科学研究、技术服务和地质勘查业 | −0.0829 | −0.0314 | 0.0010 | 0.0526 | 0.0344 | −0.0028 |
| 批发和零售业 | 0.1464 | 0.2304 | 0.3343 | 0.2597 | 0.1881 | 0.1558 |
| 水利、环境和公共设施管理业 | −0.3531 | −0.3020 | −0.2701 | −0.1985 | −0.1761 | −0.2173 |
| 卫生、社会保障和社会福利业 | −0.4760 | −0.4307 | −0.3892 | −0.3118 | −0.2975 | −0.3190 |
| 文化、体育和娱乐业 | 0.0206 | 0.0658 | 0.1182 | 0.2153 | 0.2495 | 0.2301 |
| 信息传输、计算机服务和软件业 | 0.1472 | 0.1904 | 0.1944 | 0.2408 | 0.1836 | 0.1414 |
| 住宿和餐饮业 | 0.3242 | 0.3695 | 0.3724 | 0.2844 | 0.2859 | 0.3277 |
| 租赁和商务服务 | −0.2388 | −0.1967 | −0.1791 | −0.0292 | −0.0914 | −0.1680 |

资料来源：夏杰长等（2019）

整体来看，不同行业之间全要素生产率的差异，在一定程度上也符合一般的经济直觉，即房地产、金融等行业依靠其较强的虹吸效应，吸纳了较多的生产要素资源，与公共管理和社会组织等行业相比，其资源配置效率明显偏高。

二是区域发展的不平衡。从我国四大经济区域的服务业全要素生产率发展趋势来看，如图 16-1 所示，自 2007 年以来，除了西部地区基本没变以外，我国东部、中部和东北地区的服务业全要素生产率都呈现出明显的递增态势。其中，发展质量最高的是东部地区，其均值数一直处于横轴上方。中部地区的服务业虽然配置效率有待提升，但其自 2007 年以来，增长态势非常明显。而表现最为抢眼的是东北地区，在 2007~2016 年，其服务业全要素生产率一路跃升，在 2014 年实现了“由负转正”，这也从侧面验证了我国实施东北振兴战略带来的良好成效，说明东北地区经济发展可持续性不断增强，内生动力逐步夯实和整体竞争力稳中有升的趋势已十分明显。但值得注意的是西部地区的服务业全要素生产率，自 2011 年以来，下降态势明显，并且在 2013 年“由正转负”。这说明我国西部地区的服务业资源配置效率偏低，服务业发展缺乏内生动力，整体发展水平不理想。

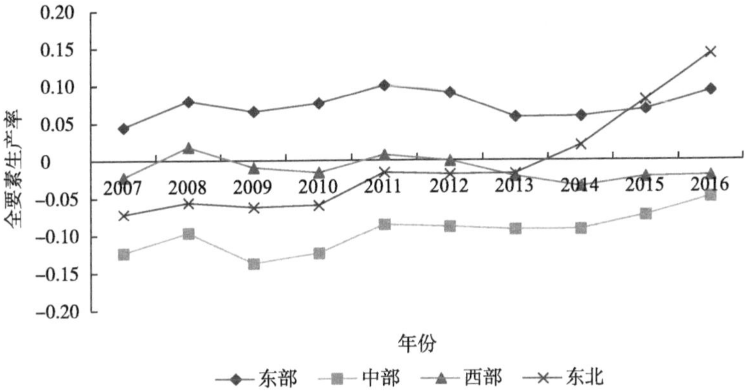


图 16-1　我国四大经济区域服务业全要素生产率的对比

资料来源：夏杰长等（2019）

## 16.4　当前服务业对外开放的状况与问题分析

### 16.4.1　从承诺开放的角度来看

2001 年，中国正式加入 WTO，根据约定，中国开始全面履行《服务贸易总协定》(*General Agreement on Trade in Services*，GATS）开放承诺，中国服务业开放循序渐进，对世界开放的步伐开始加快。

从承诺开放的内容来看，中国的入世承诺存在于三个文件中：以《中国入世议定书》为主，并辅之两份《中国入世工作组报告》。两份《中国入世工作组报告》写明了中国在服务业领域开放的承诺,《中国入世议定书》则全面阐述了中国在服务业领域之外的承诺。

在入世之初，基于对防范国际金融风险的考虑，在服务业的开放领域，我们一直较为谨慎，涉及国民经济命脉的金融行业的对外开放的步伐更是尤为稳健，分析金融服务业自入世以来的承诺开放兑现情况，其基本可以作为我国服务业开放的一个重要观察窗口。

可以看到，在银行服务及其他金融服务承诺开放与实际开放方面（表 16-2），除了在人民币业务和营业许可，以及非银行金融机构从事汽车消费信贷等，我国基本履行入世承诺并且近期重点对外资开放该领域外，在外汇业务、外资金融机构进入中国市场、其他金融服务等领域，中国已完全履行入世承诺。

**表 16-2 银行服务及其他金融服务承诺减让表（不包括保险和证券）**

| 范畴 | 承诺内容 | 执行时间 | 兑现情况 |
|---|---|---|---|
| A | 外汇业务：取消地域限制；允许外资金融机构在华提供外汇服务，没有服务对象限制<br>人民币业务：开放上海、深圳、天津和大连<br>营业许可：中国金融服务部门营业许可的发放条件完全是审慎性的（即对营业许可的发放没有经济需求测试或数量限制）<br>外资金融机构在中国设立外资独资银行或者外资独资财务公司的资质条件：提出申请前一年年末总资产不少于 100 亿美元<br>外资金融机构在中国设立外国银行分行的资质条件：提出申请前一年年末总资产不少于 200 亿美元<br>外资金融机构在中国设立中外合资银行或者中外合资财务公司的资质条件：提出申请前一年年末总资产不少于 100 亿美元<br>外资金融机构经营人民币业务的资质条件：在华开业 3 年以上，且在提出申请前连续两年赢利；除此之外没有其他限制条件<br>金融租赁：允许外资金融租赁公司与中国公司在相同的时间提供金融租赁服务 | 加入时 | √ |
| | 人民币业务：开放广州、珠海、青岛、南京和武汉 | 加入后 1 年内 | √ |
| | 人民币业务：开放济南、福州、成都和重庆；允许外资金融机构向中国企业提供服务 | 加入后 2 年内 | √ |
| | 人民币业务：开放昆明、北京和厦门 | 加入后 3 年内 | √ |
| | 人民币业务：开放汕头、宁波、沈阳和西安 | 加入后 4 年内 | √ |
| | 人民币业务：取消所有地域限制；允许外资金融机构向所有中国客户提供服务。设在中国某一地区并拥有人民币业务营业许可的外资金融机构可以向其他已开放人民币业务地区的客户提供服务<br>营业许可：取消所有现存的对所有权、经营以及外资金融机构企业设立形式，包括对分支机构和许可发放的非审慎措施 | 加入后 5 年内 | 虽已基本履行入世承诺，但外资持股比例限制、业务范围限制等开放力度还有待扩大 |
| B | 对跨境交付方式不作限制<br>中国金融服务部门营业许可的发放条件完全是审慎性的（即对营业许可的发放没有经济需求测试或数量限制）。允许外国机构设立分公司 | 加入时 | √ |
| C | 不允许跨境提供除上述其他金融服务以外的服务，除此之外没有限制 | 加入时 | 部分限制近期已开始解除 |

注：①承诺内容来自《加入 WTO 后中国金融业对外开放的内容与时间》，《中国人民银行文告》，2001 年 25 期，附表 1-2。②银行服务及其他金融服务（不包括保险和证券）的负责执行单位为中国人民银行。③对外开放内容的覆盖范畴如下。A 为银行服务：a）接受公众存款和其他应付基金承兑；b）所有类型的贷款，包括消费信贷、抵押信贷、商业交易的保理和融资；c）金融租赁；d）所有支付和汇划服务，包括信用卡、收费卡和借记卡，旅行支票和银行汇票（包括进出口结算）；e）担保和承兑；f）为自有账户或客户提供的外汇交易。B 为其他金融服务：k）其他金融服务提供者从事金融信息、金融数据处理及有关软件的提供和交换；l）就 a）至 k）项所列的所有活动进行的咨询、中介和其他附属服务，包括信用调查和分析，投资和有价证券的研究和咨询，为公司收购、重组和制定战略提供建议。C 为非银行金融机构从事汽车消费信贷。④“√”表示已完全兑现承诺

再看证券服务业领域的开放情况，如表 16-3 所示，无论是从外资证券机构可以从事的业务范围，还是外资的持股比例，以及中外合作的方式等方面，中国在加入 WTO 和加入后三年内，已完全履行了入世开放承诺。

**表 16-3　证券服务承诺减让表及执行情况**

| 承诺内容 | 执行时间 | 兑现情况 |
|---|---|---|
| 对跨境提供和境外消费的服务没有限制<br>外国证券机构可以（不通过中方中介）直接从事 B 股交易<br>外国证券机构驻华代表处可以成为所有中国证券交易所的特别会员<br>允许外国服务提供者设立合营公司，从事国内证券投资基金管理业务，外资比例可以达到 33%<br>中国金融服务业营业许可的发放条件完全是审慎性的（即没有经济需求测试或数量限制） | 加入时 | √ |
| 从事国内证券投资基金管理业务的中外合营公司中，外资比例可以达到 49%<br>允许外国证券公司设立合营公司，外资比例不超过 1/3。合营公司可以（不通过中方中介）从事以下业务：A 股的承销，B 股和 H 股、政府和公司债券的承销和交易，基金的发起 | 加入后 3 年内 | √ |

注：①承诺内容来自《加入 WTO 后中国金融业对外开放的内容与时间》，《中国人民银行文告》，2001 年 25 期，附表 2-2。②负责执行单位为中国证券监督管理委员会、对外经济贸易部。③“√”表示已完全兑现承诺

最后看保险及其相关服务业的承诺开放与实际开放情况。如表 16-4 所示，在入世之初，我国就保险经纪、寿险、非寿险、再保险及法定分保四个领域，分别按照入世后的时间范围，制订了稳健有序的开放计划。截至入世后第五年，我国已完全兑现了在入世承诺之初对保险服务业的开放。

**表 16-4　保险及其相关服务承诺减让表及执行情况**

| 承诺内容 | | | | 执行时间 |
|---|---|---|---|---|
| 保险经纪 | 寿险 | 非寿险 | 再保险及法定分保 | |
| 允许外国保险经纪公司跨境从事大型商业险经纪，国际海运、航空和运输保险经纪及再保险经纪业务。允许外国保险经纪公司在上海、广州、大连、深圳和佛山设立合资公司，外资比例可以达到 50%。允许上述公司从事大型商业险经纪，再保险经纪，国际海运、航空和运输险及其再保险经纪业务；同时允许其在国民待遇的基础上提供“统括保单”经纪业务<br>营业许可的发放不设经济需求测试或许可数量限制，申请设立公司的最低年末总资产要求为 5 亿美元，其余条件与寿险公司相同 | 允许外国寿险公司在上海、广州、大连、深圳和佛山设立合资公司，外资比例不超过 50%，外方可以自由选择合资伙伴。允许上述公司向外国公民和中国公民提供个人（非团体）寿险服务<br>营业许可的发放不设经济需求测试或许可数量限制，设立条件如下：①投资者应为在 WTO 成员境内有超过 30 年经营历史的外国保险公司；②必须在中国设立代表处连续 2 年；③在提出申请前一年的年末总资产不低于 50 亿美元 | 允许外国非寿险公司跨境从事国际海运、航空和运输保险业务。允许外国非寿险公司在上海、广州、大连、深圳和佛山设立分公司或合资公司，外资比例可以达到 51%。允许上述公司从事没有地域限制的“统括保单”和大型商业险保险业务，允许提供境外企业的非寿险业务、在华外商投资企业的财产险、与之相关的责任险和信用险服务<br>营业许可的发放不设经济需求测试或许可数量限制，设立条件与寿险公司完全相同 | 允许外国保险公司跨境从事再保险业务。允许外国保险公司以分公司、合资公司或独资子公司的形式提供寿险和非寿险的再保险业务，没有地域限制或发放营业许可的数量限制<br>营业许可的发放不设经济需求测试或许可数量限制，设立条件与寿险公司完全相同（除设立条件外，没有其他限制）<br>外资保险公司不允许经营法定保险业务<br>加入时，必须就非寿险、个人事故和健康险的基本风险的所有业务向一家指定的中国再保险公司进行 20%的分保 | 加入时 |

续表

| 承诺内容 | | | | 执行时间 |
|---|---|---|---|---|
| 保险经纪 | 寿险 | 非寿险 | 再保险及法定分保 | |
| 申请设立公司的最低年末总资产要求为4亿美元 | | | 分保比例为15% | 加入后1年内 |
| 申请设立公司的最低年末总资产要求为3亿美元 | 开放地域扩大到北京、成都、重庆、福州、苏州、厦门、宁波、沈阳、武汉和天津 | | 分保比例为10% | 加入后2年内 |
| 取消地域限制，外资比例不超过51% | 取消地域限制，允许合资寿险公司向中国公民和外国公民提供健康险、团体险和养老金/年金险服务（除外资比例不超过 50%及设立条件限制外，没有其他限制） | | 分保比例为5% | 加入后3年内 |
| 申请设立公司的最低年末总资产要求为2亿美元 | | | 取消强制分保 | 加入后4年内 |
| 允许设立外商独资子公司（除设立条件外和业务范围限制外，没有其他限制） | | | | 加入后5年内 |
| √ | √ | √ | √ | |

注：①承诺内容来自《加入 WTO 后中国金融业对外开放的内容与时间》，《中国人民银行文告》，2001 年 25 期，附表 3-2。②负责执行单位为中国保险监督管理委员会。③最后一行表示执行情况，"√" 表示已完全兑现承诺

实际上，在经济全球化日益普及的今天，广泛开放服务市场，是一国或一地区经济社会快速发展的必备条件，这一认识早在中国形成了广泛共识。大力推动服务业各领域快速发展，依托开放的国内市场，提高服务业对国民经济的贡献，一直是我国重要的经济战略之一。综合来看，就承诺开放而言，在 WTO 分类的十二大类服务部门的 160 个分部门中，中国承诺开放九大类的 100 个分部门，接近发达成员平均承诺开放 108 个分部门的水平。截至 2007 年，中国服务贸易领域开放承诺已全部履行完毕。

同时，为了促进服务业的快速健康发展，我国服务业的开放步伐还在持续加快，一系列减少限制措施的政策相继出台。逐步降低服务领域外资准入门槛，按期取消服务领域的地域和数量限制，不断扩大允许外资从事服务领域的业务范围。其中，在快递、银行、财产保险等 54 个服务分部门允许设立外商独资企业，在计算机、环境等 23 个分部门允许外资控股，在电信、铁路运输、旅游等 80 个分部门给予外资国民待遇。2010 年，中国服务业吸引外商直接投资额首次超过制造业，2017 年吸引外商直接投资额占比达到 73%。[①]服务业正在迎来一个全新的开放时代。

### 16.4.2　从服务贸易的角度来看

服务贸易是服务业对内对外双向开放的重要组成部分，一国服务贸易竞争力的强弱，在很大程度上可以作为服务业对外开放和融入国际市场的重要参考。现

① 国务院新闻办公室：《中国与世界贸易组织》白皮书，2018 年 6 月 28 日。

代市场经济已经表明，一个开放的市场有利于本国或本地区企业充分利用国际国内（境内境外）两个市场、两类生产要素，从而互通有无，在充分利用先进技术溢出效应的同时，提升本地区的劳动生产率和技术效率，促进国际竞争力的提升。因此，一般来说，在其他条件不变的情况下，服务业开放和服务贸易竞争力提升，是相互促进的关系。

从服务贸易的基本数据来看，如表 16-5 所示，在 1982 年，中国服务贸易进出口额为 47 亿美元，其中出口 27 亿美元，进口 20 亿美元；随着改革开放进程的加快，中国融入世界市场的步伐不断提速，到了加入 WTO 之后的 2002 年，中国服务贸易进出口额达到了 928 亿美元，当年服务出口 462 亿美元，进口 465 亿美元，贸易逆差为 3 亿美元。截至 2017 年，中国服务贸易进出口额已达到了 6957 亿美元，其中出口 2281 亿美元，进口 4676 亿美元，和改革开放初期的 1982 年相比，进出口总额增长了 147 倍，其中出口额增长了 83 倍，进口额增长了 232.8 倍。进出口的不平衡，导致了服务贸易逆差的持续扩大。自 1998 年，中国服务贸易逆差仅仅只有 18 亿美元，到了 2017 年，其上升至 2395 亿美元，逆差数整整增长了 132 倍。从逆差数据的变化来看，自改革开放以来，真正意义上连续逆差的出现，有几个关键节点，一是 1998 年，二是 2009 年，但逆差数据的激增，始于 2013 年。结合这几个时间节点中国和世界经济的重大事件，我们不难得出中国经济已经深度融入世界的基本结论。但持续扩大的逆差，说明服务业虽然已经深度融入了世界，但整体国际竞争力不强，仍然需要加快发展。

**表 16-5　历年中国服务进出口统计**

| 年份 | 中国进出口额 | | 中国出口额 | | 中国进口额 | | 差额/亿美元 |
|---|---|---|---|---|---|---|---|
| | 金额/亿美元 | 同比 | 金额/亿美元 | 同比 | 金额/亿美元 | 同比 | |
| 1982 | 47 | — | 27 | — | 20 | — | 7 |
| 1983 | 48 | 2.1% | 28 | 3.6% | 20 | -1.5% | 8 |
| 1984 | 59 | 22.9% | 31 | 11.7% | 29 | 43.3% | 2 |
| 1985 | 56 | -5.5% | 31 | 0.3% | 25 | -11.7% | 6 |
| 1986 | 61 | 9.2% | 39 | 24.6% | 23 | -9.8% | 16 |
| 1987 | 66 | 8.1% | 41 | 5.7% | 25 | 9.2% | 16 |
| 1988 | 87 | 32.5% | 51 | 24.9% | 36 | 45.0% | 15 |
| 1989 | 101 | 16.2% | 62 | 21.6% | 39 | 8.5% | 23 |
| 1990 | 124 | 22.8% | 81 | 30.0% | 44 | 11.3% | 37 |
| 1991 | 137 | 10.1% | 95 | 18.4% | 41 | -5.3% | 54 |
| 1992 | 220 | 61.0% | 126 | 31.7% | 94 | 128.9% | 31 |
| 1993 | 266 | 20.9% | 146 | 15.9% | 120 | 27.6% | 25 |

续表

| 年份 | 中国进出口额 | | 中国出口额 | | 中国进口额 | | 差额/亿美元 |
|---|---|---|---|---|---|---|---|
| | 金额/亿美元 | 同比 | 金额/亿美元 | 同比 | 金额/亿美元 | 同比 | |
| 1994 | 365 | 37.1% | 202 | 38.5% | 163 | 35.4% | 39 |
| 1995 | 496 | 36.0% | 244 | 20.9% | 252 | 54.7% | -8 |
| 1996 | 506 | 1.9% | 280 | 14.6% | 226 | -10.5% | 54 |
| 1997 | 622 | 23.0% | 342 | 22.4% | 280 | 23.8% | 63 |
| 1998 | 519 | -16.6% | 251 | -26.8% | 268 | -4.0% | -18 |
| 1999 | 610 | 17.6% | 294 | 17.2% | 317 | 17.9% | -23 |
| 2000 | 712 | 16.7% | 350 | 19.3% | 362 | 14.3% | -11 |
| 2001 | 784 | 10.2% | 392 | 11.8% | 393 | 8.6% | -1 |
| 2002 | 928 | 18.2% | 462 | 18.0% | 465 | 18.5% | -3 |
| 2003 | 1066 | 15.0% | 513 | 11.0% | 553 | 18.9% | -40 |
| 2004 | 1452 | 36.2% | 725 | 41.3% | 727 | 31.5% | -2 |
| 2005 | 1683 | 15.9% | 843 | 16.3% | 840 | 15.5% | 3 |
| 2006 | 2038 | 21.1% | 1030 | 22.1% | 1008 | 20.1% | 21 |
| 2007 | 2654 | 30.2% | 1353 | 31.4% | 1301 | 29.0% | 52 |
| 2008 | 3223 | 21.4% | 1633 | 20.7% | 1589 | 22.1% | 44 |
| 2009 | 3025 | -6.1% | 1436 | -12.1% | 1589 | 0 | -153 |
| 2010 | 3717 | 22.9% | 1783 | 24.2% | 1934 | 21.7% | -151 |
| 2011 | 4489 | 20.8% | 2010 | 12.7% | 2478 | 28.2% | -468 |
| 2012 | 4829 | 7.6% | 2016 | 0.3% | 2813 | 13.5% | -797 |
| 2013 | 5376 | 11.3% | 2070 | 2.7% | 3306 | 17.5% | -1236 |
| 2014 | 6520 | 21.3% | 2191 | 5.9% | 4329 | 30.9% | -2137 |
| 2015 | 6542 | 0.3% | 2186 | -0.2% | 4355 | 0.6% | -2169 |
| 2016 | 6616 | 1.1% | 2095 | -4.2% | 4521 | 3.8% | -2426 |
| 2017 | 6957 | 5.1% | 2281 | 8.9% | 4676 | 3.4% | -2395 |

资料来源：商务部网站

注：进口额、出口额、进出口额均为四舍五入后的数据，同比数值为用原始数据计算得出

关于中国服务贸易逆差持续扩大的原因解释，或许从服务业开放和服务贸易国际竞争力的辩证关系中可以窥见端倪，如表 16-6 和表 16-7 所示。在表 16-7 中，我们给出了部分 OECD 国家 2018 年的服务贸易限制指数（services trade restrictiveness index，STRI），首先，从行业的均值来看，如表 16-7 最后一列所示，当年在这些国家之间，物流货运服务业的限制指数为 0.2083、物流仓储为 0.1847、物流货运代理为 0.1812、物流报关经纪为 0.1815、会计为 0.2519、建筑为 0.2125、工程为 0.1775、法律为 0.3212、电影为 0.1721、广播为 0.2370、影音为 0.1717、

电信为 0.1925、航空运输为 0.4041、海洋运输为 0.2312、公路货运为 0.1649、铁路货运为 0.2987、快递为 0.2731、配送服务为 0.1486、商业银行为 0.1898、保险服务为 0.1858、计算机服务为 0.1918、施工服务为 0.1969。相比之下，在金砖国家内部，各细分行业的服务贸易限制指数分别为 0.2570~0.5781。不难看出，金砖国家内部细分行业的服务贸易限制指数整体大于表 16-7 所列的发达国家。

**表 16-6　金砖国家服务贸易限制指数（2018 年）**

| 行业 | 巴西 | 中国 | 印度 | 俄罗斯 | 南非 | 均值 |
|---|---|---|---|---|---|---|
| 物流货运 | 0.3509 | 0.4124 | 0.4037 | 1.0000 | 0.3681 | 0.5070 |
| 物流仓储 | 0.3197 | 0.3611 | 0.3997 | 1.0000 | 0.2901 | 0.4741 |
| 物流货运代理 | 0.2562 | 0.3402 | 0.3162 | 0.3374 | 0.2811 | 0.3062 |
| 物流报关经纪 | 0.2836 | 0.3363 | 0.3283 | 0.3745 | 0.2779 | 0.3201 |
| 会计 | 0.3031 | 0.7543 | 0.8271 | 0.3247 | 0.2701 | 0.4958 |
| 建筑 | 0.2833 | 0.2325 | 0.6845 | 0.3102 | 0.2355 | 0.3492 |
| 工程 | 0.2577 | 0.2543 | 0.3026 | 0.3202 | 0.2448 | 0.2759 |
| 法律 | 0.3090 | 0.5317 | 0.8861 | 0.2513 | 0.3105 | 0.4577 |
| 电影 | 0.2943 | 0.6146 | 0.3190 | 0.3432 | 0.2203 | 0.3583 |
| 广播 | 0.4802 | 0.7072 | 0.4386 | 0.4325 | 0.4225 | 0.4962 |
| 影音 | 0.2216 | 0.4984 | 0.2801 | 0.3031 | 0.2176 | 0.3041 |
| 电信 | 0.2668 | 0.6822 | 0.4213 | 0.3809 | 0.3063 | 0.4115 |
| 航空运输 | 0.5604 | 0.4795 | 0.5730 | 0.5709 | 0.4640 | 0.5295 |
| 海洋运输 | 0.3127 | 0.3585 | 0.3951 | 0.4357 | 0.2721 | 0.3548 |
| 公路货运 | 0.2303 | 0.2727 | 0.3152 | 0.2939 | 0.1727 | 0.2570 |
| 铁路货运 | 0.2620 | 0.2984 | 1.0000 | 0.9939 | 0.3140 | 0.5737 |
| 快递 | 0.5449 | 0.8809 | 0.5698 | 0.4053 | 0.4896 | 0.5781 |
| 配送服务 | 0.2204 | 0.2653 | 0.4449 | 0.2632 | 0.2230 | 0.2834 |
| 商业银行 | 0.4426 | 0.4093 | 0.5169 | 0.3540 | 0.3361 | 0.4118 |
| 保险服务 | 0.3684 | 0.4442 | 0.5652 | 0.3900 | 0.1981 | 0.3932 |
| 计算机服务 | 0.2932 | 0.3422 | 0.3767 | 0.3770 | 0.2273 | 0.3233 |
| 施工服务 | 0.2470 | 0.3407 | 0.3658 | 0.3645 | 0.2411 | 0.3118 |
| 均值 | 0.3231 | 0.4462 | 0.4877 | 0.4467 | 0.2901 | |

资料来源：OECD 数据库

注：各国的数据只展示到小数点后四位

**表 16-7　部分 OECD 国家服务贸易限制指数（2018 年）**

| 行业 | 澳大利亚 | 法国 | 德国 | 以色列 | 英国 | 美国 | 日本 | 均值 |
|---|---|---|---|---|---|---|---|---|
| 物流货运 | 0.2181 | 0.1887 | 0.1495 | 0.2842 | 0.1596 | 0.2475 | 0.2104 | 0.2083 |
| 物流仓储 | 0.1678 | 0.1925 | 0.1508 | 0.2273 | 0.1615 | 0.2204 | 0.1727 | 0.1847 |
| 物流货运代理 | 0.1678 | 0.1458 | 0.1356 | 0.2597 | 0.1356 | 0.2223 | 0.2014 | 0.1812 |
| 物流报关经纪 | 0.1659 | 0.1581 | 0.1367 | 0.2646 | 0.1480 | 0.2373 | 0.1599 | 0.1815 |
| 会计 | 0.1828 | 0.4191 | 0.1828 | 0.3441 | 0.2698 | 0.1686 | 0.1963 | 0.2519 |
| 建筑 | 0.1502 | 0.3499 | 0.1853 | 0.2635 | 0.1863 | 0.2044 | 0.1480 | 0.2125 |
| 工程 | 0.1320 | 0.1500 | 0.1967 | 0.2726 | 0.1516 | 0.2212 | 0.1183 | 0.1775 |
| 法律 | 0.1311 | 0.5800 | 0.2448 | 0.3664 | 0.1818 | 0.2057 | 0.5384 | 0.3212 |
| 电影 | 0.1515 | 0.2347 | 0.1552 | 0.2259 | 0.1794 | 0.1551 | 0.1027 | 0.1721 |
| 广播 | 0.1892 | 0.2299 | 0.1849 | 0.3599 | 0.1712 | 0.2665 | 0.2575 | 0.2370 |
| 影音 | 0.1433 | 0.2032 | 0.1374 | 0.2801 | 0.1545 | 0.1775 | 0.1059 | 0.1717 |
| 电信 | 0.1727 | 0.1479 | 0.1110 | 0.3195 | 0.1715 | 0.1721 | 0.2529 | 0.1925 |
| 航空运输 | 0.3048 | 0.3936 | 0.3717 | 0.4365 | 0.3927 | 0.5338 | 0.3952 | 0.4041 |
| 海洋运输 | 0.1838 | 0.2005 | 0.1669 | 0.3066 | 0.2009 | 0.3688 | 0.1906 | 0.2312 |
| 公路货运 | 0.1333 | 0.2000 | 0.1788 | 0.1636 | 0.1667 | 0.1879 | 0.1242 | 0.1649 |
| 铁路货运 | 0.1446 | 0.2171 | 0.1992 | 1.0000 | 0.1679 | 0.1645 | 0.1980 | 0.2987 |
| 快递 | 0.3691 | 0.1371 | 0.1246 | 0.4695 | 0.1710 | 0.3780 | 0.2624 | 0.2731 |
| 配送服务 | 0.1372 | 0.1907 | 0.1342 | 0.1736 | 0.1162 | 0.1632 | 0.1251 | 0.1486 |
| 商业银行 | 0.1724 | 0.1793 | 0.1604 | 0.2377 | 0.1718 | 0.2063 | 0.2009 | 0.1898 |
| 保险服务 | 0.1948 | 0.1233 | 0.1303 | 0.2504 | 0.1477 | 0.2881 | 0.1661 | 0.1858 |
| 计算机服务 | 0.1605 | 0.1863 | 0.1632 | 0.2892 | 0.1775 | 0.2031 | 0.1629 | 0.1918 |
| 施工服务 | 0.1917 | 0.2023 | 0.1516 | 0.3142 | 0.1452 | 0.2505 | 0.1225 | 0.1969 |
| 均值 | 0.1802 | 0.2286 | 0.1705 | 0.3231 | 0.1786 | 0.2383 | 0.2006 | |

资料来源：OECD 数据库

注：各国的数据只展示到小数点后四位

其次，从国家之间服务贸易限制指数均值来看（表 16-7），在 2018 年，澳大利亚为 0.1802、法国为 0.2286、德国为 0.1705、以色列为 0.3231、英国为 0.1786、美国为 0.2383、日本为 0.2006。相比之下，金砖国家在 2018 年的服务贸易限制指数均值分别为巴西 0.3231、中国 0.4462、印度 0.4877、俄罗斯 0.4467、南非 0.2901（表 16-6）。这一数据也再次验证了上述发现，即发达国家与发展中国家相比，普遍具有较低的服务贸易限制指数。

最后，从中国数据的对比来看，在 2018 年，中国服务贸易限制指数的均值，高于表 16-7 中的所有国家，即使是在金砖国家内部，中国的指数也高于巴西和南非，与俄罗斯和印度旗鼓相当。而在细分行业内部，中国服务业细分行业的服务贸易限制指数，除了铁路货运，全部高于表 16-7 中国家的均值，其中限制指数较高的行业有：会计、法律、电影、广播、电信和快递。

至此，我们基本可以得出中国服务贸易限制指数相对较高的事实，这也说明，中国服务业进一步改革开放的空间还比较大。

### 16.4.3　从服务业外商直接投资的角度来看

服务业外商直接投资也是衡量服务业对外开放水平的重要指标。随着我国服务业发展水平的提高和服务经济时代的全面来临，服务业正在成为吸纳外资的主要阵地。首先，从三次产业的角度进行分析，如图 16-2 所示，在 2010 年，中国三次产业吸纳外商直接投资的项目数量分别为：第一产业 929 个、第二产业 11 625 个、第三产业 14 866 个，到了 2017 年，该数据分别为 579 个、6017 个和 29 066 个。可以看出，在此期间，外商直接投资项目在第一产业基本保持不变，第二产业呈现出明显的下降趋势，第三产业（服务业）吸纳外商直接投资项目的个数直线攀升。服务业成为三次产业中吸纳外商直接投资项目最多的行业。从这个角度来说，我国服务业对外开放度一直在稳步提升。

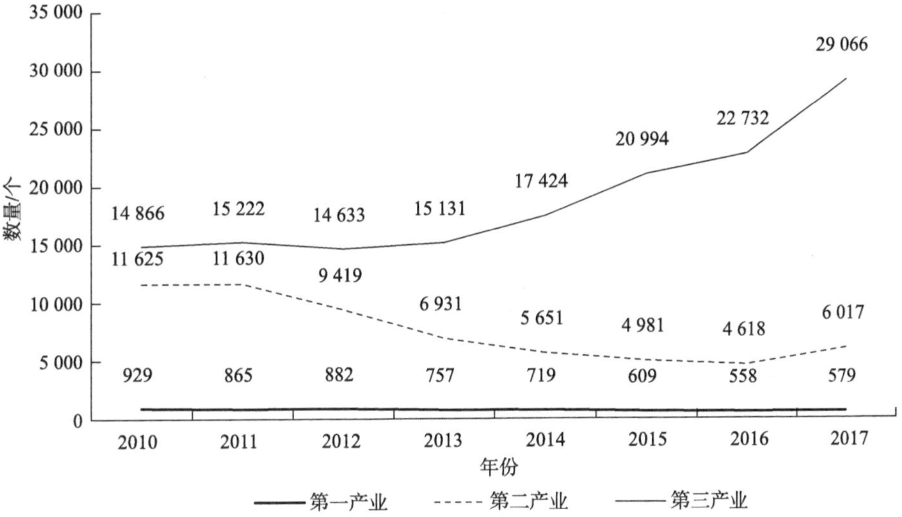


图 16-2　中国三次产业外商直接投资数量（2010~2017 年）

资料来源：商务部《中国外资统计公报》

再看服务业实际使用外资金额，如图 16-3 所示，可以看到在 2010 年，中国三次产业实际使用外资金额分别为第一产业 19.12 亿美元、第二产业 538.6 亿美元、第三产业 589.62 亿美元，到了 2017 年，三次产业实际使用外资金额分别为 7.9 亿美元、409.5 亿美元和 945.8 亿美元。从时间序列的数据对比来看，在此期间，第一产业基本保持不变并大致呈现出下降的趋势。第二产业下降趋势明显，与此形成鲜明对比的是，第三产业呈现出明显递增的发展态势。可以看出，服务业已经成为吸纳外资的主战场。

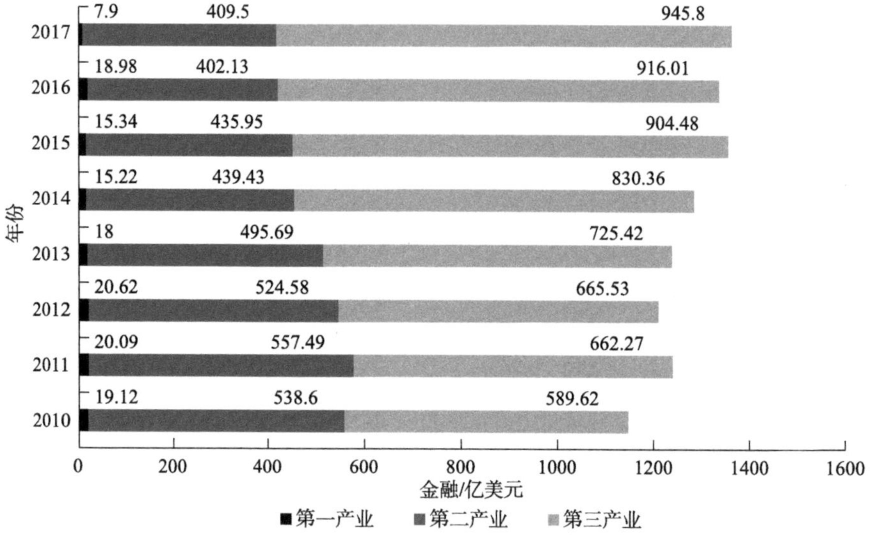


图 16-3 中国三次产业实际使用外资金额（2010~2017 年）

资料来源：商务部《中国外资统计公报》

其次，从细分行业的对比来看，如图 16-4 所示，在 2010 年服务业细分行业中，吸纳外商直接投资项目个数较多的行业集中于批发和零售业（6786 个），租赁和商务服务业（3418 个），科学研究、技术服务和地质勘查业（1299 个），信息传输、计算机服务和软件业（1046 个）。其中，吸引外商直接投资项目个数在 100 以下的共有 4 个行业，分别是金融业（99 个），教育（12 个），卫生、社会保障和社会福利业（12 个），公共管理和社会组织（2 个）。而到了 2017 年，虽然各个细分行业实际吸引外商直接投资的项目个数都基本呈现出了递增的发展态势，但是相对比较集中的行业还是：批发和零售业（12 293 个），租赁和商务服务业（5087 个），科学研究、技术服务和地质勘查业（3391 个），吸引外商直接投资项目较少的行业也依然以公共管理和社会组织为主。

最后，从服务业细分行业吸纳外商直接投资项目的金额对比来看，如图 16-5 所示，在 2010 年服务细分行业实际吸纳外资金额的排名中，房地产业、金融业、租赁和商务服务业分别以 239.86 亿美元、101.22 亿美元和 71.3 亿美元排名前三，卫生、社会保障和社会福利业，教育，公共管理和社会组织在所有行业中排名后三，其实际吸纳外资金额分别为 0.9 亿美元、0.08 亿美元和 0。而到了 2017 年，信息传输、计算机服务和软件业以全年吸纳外资 209.2 亿美元位列所有行业第一名，排名第二的房地产业实际吸纳外资 168.6 亿美元，租赁和商务服务业以 167.4

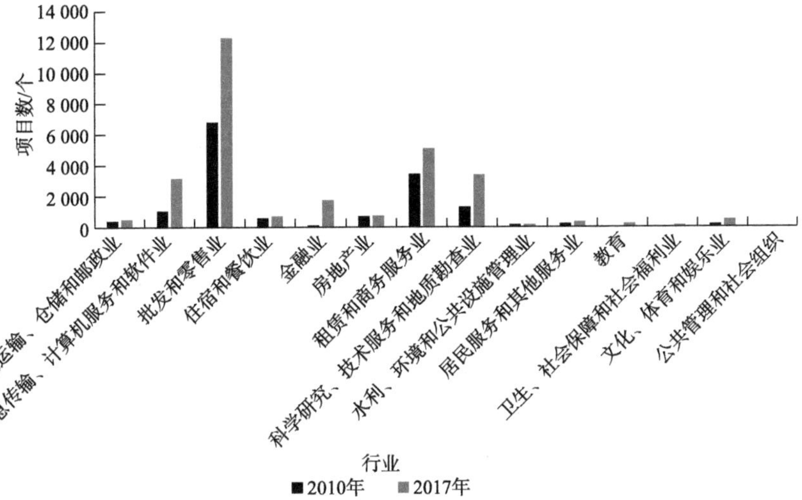


图 16-4　服务业细分行业吸纳外商直接投资项目数

资料来源：商务部《中国外资统计公报》

亿美元位列第三名。与此同时，排名靠后的三个行业和 2010 年相同，依然是卫生、社会保障和社会福利业，教育，公共管理和社会组织。但是，和 2010 年不同的是，虽然其相对金额在服务业中较少，但其行业本身的同比数值实现了明显的递增。总体来看，这段时间，服务业细分行业的对外开放程度都呈现出了不同程度的递增态势，不少行业增长明显。但是，在服务业内部，依然存在着较大的行业差距，不同行业之间吸纳外资的金额相差甚远，这也从侧面反映了行业内部发展的不平衡。

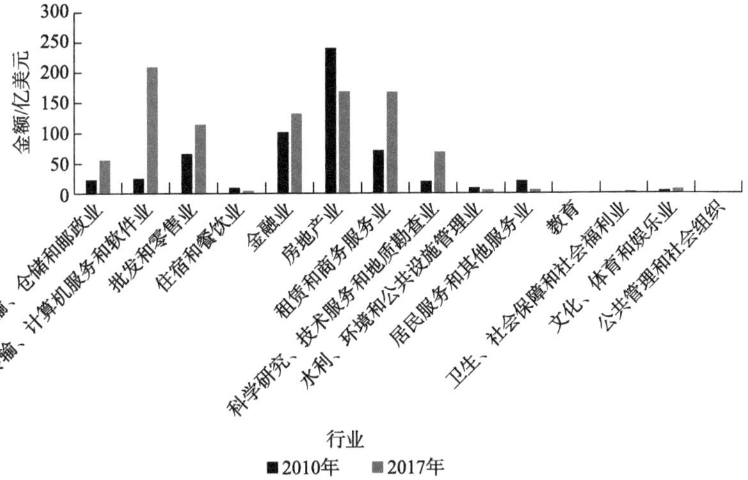


图 16-5　服务业细分行业吸纳外商直接投资项目金额

资料来源：商务部《中国外资统计公报》

## 16.5 推动服务业改革开放和优化升级的政策思路

### 16.5.1 深入推进服务业供给侧结构性改革，深挖服务业发展潜力

1. 稳步推进服务业去杠杆

服务业去杠杆的关键，是化解金融与实体经济的失衡，在降低整个宏观经济杠杆率的同时，把握好"稳增长"与"降杠杆"之间的关系，最终推动实体经济的发展。具体来说，要做好以下三点。

一是要坚持市场的整体导向。按照市场化、法治化的原则推进债转股，坚持减费让利。从宏观、机构和微观三个层面将杠杆率降低至合理水平。同时加快金融体系的改革力度，不断丰富金融业态，扩大金融业的双向开放等。

二是加强金融监管。坚持宏观审慎管理与微观审慎监管相结合、机构监管与功能监管相结合的监管理念。有的放矢、突出重点，重点针对银行资金产出表、影子银行，资产管理业务的多层嵌套、杠杆不清、套利严重、投机频繁等问题，设定统一的标准规制，坚持金融创新的趋利避害、一分为二。做好金融业对内对外双向开放条件下的监管政策的适时调整。

三是做好金融业去杠杆与服务业实体经济之前的平衡。要按照供给侧结构性改革和转型升级的要求，坚持差异化的发展战略，分类施策、区别对待。对于占用较多金融资源的"僵尸企业"，要按照时间表坚决压缩退出。但对于那些具有较好发展前景，只是暂时在资金方面遇到困难的企业，要把杠杆率水平维持在企业生存发展需要的合理区间内，帮助它们脱困发展、转型升级。绝不能搞简单粗暴的"一刀切"。同时，对于部分涉及国计民生、具有较强创新研发能力和产业带动作用的科技型企业，还要通过股权投资、风险投资等方式，坚定不移地给予支持。

2. 努力实现服务业降成本

一是完善服务业"营改增"改革。"营改增"改革涉及面广，改革阻力大。首先是要全力推进服务业"营改增"，杜绝地方税收机关在税收征收中的不规范行为，切实把"营改增"改革的初衷落到实处，在税率降低和税收档位合并方面探索新的空间。

二是要加强税收的征管。在技术层面，对纳税人的身份选择和税率标准进行精准判断，重点阻断利用业务分割进行偷逃税的行为。制定更为完善的税前扣除和征管细则。要针对服务业企业特点，有针对性地对进项税额抵扣范围进行核定，如研发费用和贷款利息支出的抵扣问题，劳动密集型行业和人力支出占比高的高

新技术企业由于无法取得足够进项税发票而无法进行销项税额抵扣等问题。对此，应该出台实施细则，尽快形成和行业内企业日常经营行为相符的完整抵扣链（夏杰长和管永昊，2013）。比如，可以尝试将金融机构贷款利息支出作为增值税的进项税额进行抵扣，将人力资本成本等纳入人员密集型行业进项税抵扣范围等。确保服务业企业不会因为“营改增”而额外增加多余的税负。

3. 推动新一轮降费减税

扩大行政事业性收费免征范围。在全国范围内对涉企收费的范围进行明确和规范，减少各类执法中的自由裁量权，坚决杜绝乱罚款、“以罚代管”等行为。在包括了涉企收费、政府性基金及社会保险费之后的大口径下，中国的企业税费负担远远高于其他国家（吴珊和李青，2017）。造成中国企业税收负担过重的一个重要原因，是当前我国的税收以间接税为主，企业是税收的真实承受者（陈志武，2008）。简单来说，从生产、交换、分配和消费四个环节来看，生产和交换环节的税收较高，影响了经济生产的效率，而在后端即分配、消费、收入这些环节，税收则要增加上去，以真正发挥税收在帮助企业降低负担、创造社会财富，以及调节社会成员收入分配差距方面的作用。在减税浪潮席卷全球的大背景下，按照供给侧结构性改革降成本的要求，新一轮的深远税制改革，继续推动服务业乃至整体税负的下降，任重而道远。要着力解决如下问题。

一是加大涉服行业“简政放权”改革力度。逐步减少服务业行政性审批。要真正降低企业的制度性交易成本，不仅应当把权力往下放，更多的是要削减不必要的行政制约，真正建立服务型政府，一些评估、认证、检测等名目繁多又相似的中介服务，完全可以“合并同类项”。例如，通过政府行政管理制度改革、审批制度改革等，转变政府职能，减少行政审批，坚决打击违规腐败行为。

二是努力降低制度性交易成本。建立与国际接轨的商事制度。比如，完全可以改革商事制度，根据服务业小微企业人员少、所需办公场地不多的特征，创新优化登记方式，在加强监管和充分掌握信息的前提下，实行“一址多照”和“一照多址”，甚至一个邮箱地址等于一个公司，在这一问题上，我国的香港地区，乃至不少西方发达国家的经验都可以借鉴。

三是剥离冗余的监管环节，降低制度性交易成本。应积极有序开展专业化、社会化的职业水平评价，依据法律法规，进一步取消职业资格许可和认定事项，剥离各种检验、认证、校准、评审等不必要环节，减少企业的制度性交易费用。以供给侧结构性改革为抓手，增加特许经营行业的供给主体，进而减少企业付出的垄断成本。

4. 规范市场秩序，培育市场主体

服务业做大做强的关键是要充分发挥市场机制的决定性作用，而企业又是市场的主体，所以要在培育市场主体上做好、做足文章。服务业企业大中小并存，差异化很大。我们既要鼓励服务业企业专业化发展，推动优势服务企业跨地区、跨行业、跨所有制兼并重组，打造跨界融合的产业集团和产业联盟，培育若干有特点、有品牌、有控制力的服务业龙头企业或企业集团；又要积极发展服务业中小企业，让中小企业充满活力和效率。政府支持服务业中小企业发展，不是简单直接地帮扶，而是要从完善社会化服务体系，推进中小企业公共服务平台建设着手，通过平台建设，让企业产需对接，供需匹配。鼓励、支持和引导个体私营企业大力发展服务业，促进国民经济优化产业结构。对法律、行政法规和国务院决定未设定，一些部门和地方自行设定的服务业企业登记前置许可项目，各级市场监管机构一律停止执行。规范服务市场秩序，建立公开、平等、规范的监管制度。坚决查处侵犯服务业企业商标、商号等知识产权的行为，坚决查处服务业市场竞争中的不正当竞争行为、限制竞争行为和垄断行为，保护自主创新，维护消费者合法权益，营造有序竞争的良好市场环境。

5. 促进服务业高质量发展

一是大力促进服务业提质增效。服务业发展水平、发展阶段和发展质量，是决定服务业发展效益的重要指标。单纯的规模增长，并不能带来全要素生产率的提升，即资源配置效应的改善。因此，着力深化改革，优化环境，通过进一步扩大服务业开放，培育新的动能，才是提升服务业资源配置效率的重要途径。

二是稳步提升城市化发展水平。加快城市化发展步伐，把提升城市化发展水平和“美丽乡村”建设有机结合起来，放宽农民工进城落户限制，把农民工的医疗、子女入学等纳入基本公共服务业范畴。形成一批以大城市为核心，以中小城市为单元，依托发达交通组成的高度联系的城市群。最终通过城市化发展水平的提升，改善服务业资源配置效率。

三是努力保持外贸平稳健康发展。支持多边自由贸易，捍卫国际贸易的基本规则，通过扩大开放，有效利用国际国内两个市场、两种资源，在开放竞争中提高服务业发展水平，继而提升服务业全要素生产率。

四是制定切实有效的人口政策。人口作为重要的生产要素资源，是提升服务业全要素生产率的重要变量。当前我国较低的生育率已引起了不少学者的关注。因此，应尽快根据我国经济社会发展需要，对当前的人口政策进行科学评估。在逐步改善员工产休假、小孩入学等多种配套政策保障的基础上，出台符合实际的鼓励生育政策，同样是提升服务业资源配置效率的可行路径（夏杰长和肖宇，2018）。

### 16.5.2　不断扩大服务业双向对外开放水平，激发市场活力

1. 放宽市场准入，扩大对内开放

一是放宽市场准入。根据国家“十三五”服务业发展规划，对于凡国家法律法规未明令禁入的服务业领域，全部向外资、社会资本开放，并实行内外资、内外地企业同等待遇，各类投资者均可以独资、合资、合作等方式进入。各类服务业企业在登记注册时，除国家法律法规规定外，各部门一律不得设置或变相设置前置性审批事项。这一原则应该是我国服务业准入机制改革的基本指导思想，必须切实贯彻实施。

二是打破垄断，平等竞争。目前，在许多垄断行业中，国有资本“一家独大”的现象比较普遍，非国有资本所占比重有限，这种严重不对称的格局导致了在市场竞争方面，国有资本较非国有经济企业具有压倒性的“竞争优势”，而这种竞争优势并非市场能力差异带来的，主要是其高度垄断所致。所以，在非基本公共服务领域，要尽可能打破垄断、取消所有制限制，除了引入外资外，也要为民营企业等多种市场主体创造公平竞争的环境，提供平等竞争的机会，形成政府投资、民间投资、利用外资等多元化投融资机制，并逐渐提高非公有制经济在服务业中的比重。

三是逐步放开非基本公共服务领域，充分发挥市场配置资源的决定性作用。严格界定基本公共服务和产业化、社会化服务，扭转事业单位承办产业化、社会化服务的格局，从而壮大服务业的市场需求。还要加强研究适合新型服务业态和新兴服务产业发展的市场管理办法，以顺应新兴服务业大发展的基本要求（夏杰长，2013）。

四是切实坚持国民待遇准则，不能“厚外薄内”，协调好对内和对外开放的关系，实现双向开放的互促共进。凡是对外开放的也要对内开放。改革开放的初期，国内缺资本、缺技术、缺管理经验，地方政府竞相给予优惠条件，给予外资超国民待遇，这在当时是可以理解的。改革开放进入了新时代，我们不能再以超国民待遇来吸引外资，更要切实贯彻“非禁即入”的政策，推进垄断行业改革，取消对非国有资本或者非本地企业的种种限制，要努力形成政府投资、民间投资、利用外资等多元化投融资的格局，充分调动各类经济主体的积极性（夏杰长，2018）。在当前，发挥扩大服务业对外开放倒逼服务业对内开放的作用十分重要。长期以来，我国服务业对内开放不足，虽然近年来出台了一些关于服务业发展的指导意见，明确表示服务业市场向社会资本开放，向全社会释放出积极的信号，但从现实情况看，金融、电信、邮政、铁路、民航、港口、能源、教育、医疗、健康、文化等众多服务业领域仍存在市场准入门槛过高等问题，行政垄断色彩明显，同时区域间仍存在市场壁垒，这些都不利于形成有效竞争，不利于培育具有国际竞

争力的市场主体——服务企业。而服务业对外开放的提速，则将倒逼对内开放，破除国内服务行业的进入壁垒和地区市场壁垒，从而形成全国统一、开放、公平的服务业市场。

2. 优化营商环境，创新负面清单管理模式

一是对标国际标准，以更高要求和更宽范围持续改善营商环境。虽然近年来我国营商环境优化显著，但是在某些具体指标方面仍然有较大进步空间，如我国在办理施工许可证、纳税方面，2018 年这两个指标在 190 个国家和地区中分别排第 121 位和第 114 位。另外，世界银行《全球营商环境报告》关于营商环境的排名是在检测各个国家（地区）代表城市的基础上打分排序的，其中我国大陆（内地）只有北京和上海两个样本城市，而北京是国务院批准设立的服务业扩大开放综合试点城市，上海又是我国首个自由贸易试验区，因此这两个样本城市可以代表我国营商环境的最高层次。但是我国不同地区之间、不同城市之间在经济发展水平、区位因素、公共服务、行政效率和硬件环境等方面差别较大，所以应继续在全国范围内优化营商环境，积极对标国际标准，缩短施工许可证的处理时间，不断将各个自贸区和服务业综合改革试点的成功改革举措推向全国，最终形成全国统一的优良的营商环境。

二是把更加严格地保护投资者权益，稳定服务企业的投资预期作为优化营商环境的关键选项。产权是市场经济健康运行的基石，是供求双方信任的基础，是市场主体创新的前提，是理解工业革命以来经济增长所有秘密的关键和前提。众所周知，有恒产者方有恒心。但当前不少民营企业家顾虑不少，资本流出现象时有发生，其对投资权益能否得到有效保护有所顾虑。为此，要重点规范产权制度保护，全面落实 2016 年 11 月 4 日中共中央和国务院颁布的《关于完善产权保护制度依法保护产权的意见》,要把文件提出的意见切实落实落地,形成良好的预期，增强各类经济主体创新动力。

三是创新负面清单管理模式，制定公平的市场准入制度。行政垄断和市场管制是当前制约服务业发展的突出难题。国有企业在教育、文化传媒、医疗卫生、金融、交通运输和公用事业等领域的投资占比超过 2/3。要改变这些状况，就必须大胆地进行制度创新，参照国际通行的做法，以市场准入负面清单为核心，逐步减少市场准入制度中的行政垄断，深化服务业市场化改革，通过投资审批许可制度改革，放松或取消管制，破除行业垄断，实施负面清单管理，除对少数垄断行业及关系到国家安全的重点服务业制定“否定”或“限制”行业目录外，其他的一概实施“非禁即入”的准入制度，取消对非国有资本和国际资本的限制，以形成多元竞争的大格局。当前，特别要面向社会资本扩大服务业市场准入领域，加快开放电力、民航、铁路、石油、能源、邮政、市政等行业竞争性业务。

3. 更大力度扩大对外开放，创新对外开放方式，提高对外开放水平

一是实现对外开放是“引进来”和“走出去”的有机统一，并举发展。服务业“引进来”成绩斐然，而且从过去单纯的引资转向引资、引智、引技三者并举，不仅带动了服务业水平提升，而且带动了相关企业攀升全球产业链、价值链和创造链。我国越来越多的服务业企业开始大踏步走向国际市场，参与国际分工与竞争，商品和服务跨境交易现象越来越普遍。但总体看，“走出去”依然是服务业开放的短板，要弥补这个短板，企业提高自身竞争力是根本出路，但也需要政府利用财政税收、信用担保、金融支持、法律维权等手段助推服务业企业走出去，积极参与国际市场竞争（夏杰长和姚战琪，2018）。

二是在维护国家安全前提下扩大服务业开放。毫不动摇地扩大对外开放，是我们的基本国策。这几年，我国外商投资负面清单越来越少就是一个明证。但是，服务业对外开放又有其特殊性，服务业很多领域的开放关系到国家经济安全和政治安全，如文化、基础教育、医疗、资讯、互联网、新闻传媒和图书出版等。为此，在我国服务业的后续开放过程中，除了要关注外资流入带来的经济收益和技术溢出，也应当重视外资流入对经济和政治安全的影响，遵循“有所为，有所不为”的原则，审慎选择适合开放的行业和领域，合理确定对外资开放的程度，并通过相关政策和法律法规规范外资企业的生产和经营行为，强化对敏感行业外资企业的监管，必要的负面清单仍然是不可或缺的，必须在开放的同时保障国家的安全。

三是健全服务业开放相关法律制度。当前中国服务业相关法律法规还不够健全，尤其是部分加入 WTO 时所承诺的部门尚未立法，因此，亟须根据服务业相关部门的重要性，结合时刻表的进度，健全中国服务业的相关法律制度。探索服务业利用外资新模式，要实行准入前国民待遇和负面清单制度，推出新的负面清单，不断缩小负面清单的范围。建议以负面清单为基础，改革外资管理体制。外资的管理体制是外资开放的重要问题之一。我国对外资的管理主要集中在以正面清单为核心的事前审核管理方面，与目前新一代国际投资规则所要求的负面清单模式和事后监管模式存在一定的差距，已不能适应新形势下服务业总体扩大开放的要求。为此，我们应当结合国际投资规则的最新发展趋势，探索试行外资流入的负面清单管理制度。在加强对相关领域调查研究的基础上稳妥设定负面清单，并不断缩小负面清单范围。

四是充分发挥“数字+”在服务开放中的作用。数字技术的飞速发展，是 21 世纪最为卓越的发明创造之一。在服务业领域，数字技术正在飞速地融入人们生产生活的各个方面，如电子政务及各种依托于数字技术而诞生的细分生产和生活服务产品供给平台。在制造业领域，“互联网+”与传统制造业深度融合，不仅大

大改善了企业生产的效率，提高了企业对市场需求的响应速度。在数字化时代，服务贸易的传统组织方式也发生了变化，贸易形式不再拘泥于跨境交付、商业存在、自然人流动和境外消费四种形式，也由此诞生出来一种全新的业态——数字贸易。数字贸易兴起的直接原因在于数字经济的发展，而根本原因是技术创新引发的生产组织方式的深度变革。发展数字贸易，既是满足居民日益增长的美好生活需要的重要抓手，也是实现中国经济由高速增长向高质量发展转换的重要手段（夏杰长，2018）。从世界发达国家的产业动向来看，其无一例外都把数字贸易及国内规则的国际化作为重点发展方向。因此，在扩大服务业开放和产业转型升级的过程中，必须高度重视数字贸易的发展及国际规则的变化，积极鼓励新业态、包容数字技术与服务融合中产生的新业态，并积极参与国际规则的制定，为数字经济国际规则的制定贡献中国智慧。

# 参考文献


阿里研究院. 2015. 互联网+：从 IT 到 DT. 北京：机械工业出版社.

安场保吉，猪木武德. 1997. 高速增长. 连湘，译. 北京：生活·读书·新知三联书店.

安苑，宋凌云. 2016. 财政结构性调整如何影响产业结构？. 财经研究，(2)：108-120.

蔡昉. 2010a. 刘易斯转折点与公共政策方向的转变——关于中国社会保护的若干特征性事实. 中国社会科学，(6)：125-137，223.

蔡昉. 2010b. 人口转变、人口红利与刘易斯转折点. 经济研究，(4)：4-13.

蔡昉. 2013. 理解中国经济发展的过去、现在和将来——基于一个贯通的增长理论框架. 经济研究，48(11)：4-16，55.

曹吉云. 2007. 我国总量生产函数与技术进步贡献率. 数量经济技术经济研究，24(11)：37-46.

曹永琴. 2010. 中国货币政策产业非对称效应实证研究. 数量经济技术经济研究，(9)：18-30，42.

陈炳才. 1999. 中国金融服务业开放战略研究. 世界经济，(11)：17-21.

陈景华. 2007. 日本服务业对华直接投资的决定因素分析——基于母国和东道国的双向考虑. 国际贸易问题，(11)：66-71.

陈军，林瑜璟. 2019. 美国服务业发展开放的现状与经验启示. 黑龙江社会科学，(3)：70-76.

陈凯. 2006. 中国服务业内部结构变动的影响因素分析. 财贸经济，(10)：53-58.

陈明，韦琦，邝明源. 2019. 生产服务业开放对中国产业生产率的影响及其国际比较. 广东财经大学学报，(1)：4-13.

陈启斐，刘志彪. 2015. 进口服务贸易、技术溢出与全要素生产率——基于 47 个国家双边服务贸易数据的实证分析. 世界经济文汇，(5)：1-21.

陈文玲. 2007. 加快发展服务贸易具有重大的战略意义. 中国金融，(24)：15-16.

陈雄善. 2019. “互联网+”背景下智慧物流的发展分析. 智库时代，(1)：292-293.

陈友余. 2013. 中国经济增长影响因素分析及其预测. 统计与决策，(3)：133-136.

陈志武. 2008-02-25. 中国政府的规模有多大. 东北之窗，(7)：27-29.

成峰，席鹏辉. 2017. 财政民生支出对居民消费的区域效应研究——基于 CFPS 数据的实证分析. 经济问题探索，(7)：153-162.

程大中. 2015. 中国参与全球价值链分工的程度及演变趋势——基于跨国投入-产出分析. 经济研究,（9）：4-16，99.
程立茹. 2013. 互联网经济下企业价值网络创新研究. 中国工业经济,（9）：82-94.
程涛，邓一星. 2008. 我国服务贸易适度开放问题之研究——基于承诺开放度的分析. 国际贸易问题,（12）：78-83.
迟福林. 2014-11-18. 从工业大国走向服务业大国. 上海证券报，A01.
迟福林. 2015-10-29. “十三五”改革应以服务业开放为重点. 经济参考报，008.
迟福林. 2016. “十三五”：以经济转型为主线的结构性改革. 上海大学学报（社会科学版），33（2）：1-13.
崔俊富，张烜，崔伟. 2014. 调整“三驾马车”着力点 保持中国经济平稳较快增长. 石家庄经济学院学报,（4）：1-5.
戴枫. 2005. 中国服务业发展与外商直接投资关系的实证研究. 国际贸易问题,（3）：64-70.
丁宋涛，刘厚俊. 2013. 垂直分工演变、价值链重构与“低端锁定”突破——基于全球价值链治理的视角. 审计与经济研究,（5）：105-112.
董敏杰，梁泳梅，张其仔. 2015. 中国工业产能利用率：行业比较、地区差距及影响因素. 经济研究,（1）：84-98.
杜莉，谢皓. 2006. 中国与印度服务贸易国际竞争力的比较研究. 国际商务（对外经济贸易大学学报）,（6）：35-41，46.
范剑勇. 2004. 市场一体化、地区专业化与产业集聚趋势——兼谈对地区差距的影响. 中国社会科学,（6）：39-51，204-205.
范洁. 2016. 供给侧改革促进经济转型升级：“美英案例”及其启示. 新金融,（8）：60-64.
封小云. 2000. 台湾开放服务业与服务贸易的做法及启示. 特区与港澳经济,（5）：18-19.
冯娜娜. 2017-05-08. 保险专业化需要创新服务模式——专访大童保险服务执行副总裁、咨询服务模式 DOSM 创始人李晓婧. 中国保险报，007.
冯晴，王晓萍. 1993. 乌拉圭回合与我国服务业市场的对外开放. 经济科学,（1）：39-43，49.
付凌晖. 2010. 我国产业结构高级化与经济增长关系的实证研究. 统计研究,（8）：79-81.
“改革的重点领域与推进机制研究”课题组. 2013. 改革攻坚（上）：改革的重点领域与推进机制研究. 北京：中国发展出版社.
干春晖，郑若谷. 2009. 改革开放以来产业结构演进与生产率增长研究——对中国 1978~2007 年“结构红利假说”的检验. 中国工业经济,（2）：55-65.
高波，陈健，邹琳华. 2012. 区域房价差异、劳动力流动与产业升级. 经济研究，47（1）：66-79.
高远东，张卫国，阳琴. 2015. 中国产业结构高级化的影响因素研究. 经济地理,（6）：96-101，108.
耿修林. 2010. 固定资产投资对产业结构变动的影响分析. 数理统计与管理,（6）：1104-1114.
谷卿德，石薇，王洪卫. 2015. 房地产价格上涨对产业结构升级的影响探析——基于中国 257 个城市的实证研究. 现代管理科学,（2）：27-29，47.

顾乃华. 2010. 对外开放门槛与服务业的外溢效应——基于省际面板数据的实证检验. 当代经济科学,（6）：74-81，125.

郭兵. 2014. 中低技术制造业技术创新效率的行业比较研究. 科学学与科学技术管理,（5）：64-71.

郭怀英. 2013. 制造业服务化：国际趋势及其启示. 全球化,（9）：100-108，128.

郭杰,郭琦. 2015. 信贷市场有限竞争环境中财政引发的国有部门投资的宏观影响——基于扩展RBC模型的研究. 管理世界,（5）：28-40.

郭凯明,杭静,颜色. 2017. 中国改革开放以来产业结构转型的影响因素. 经济研究,（3）：32-46.

郭克莎. 1992a. 三次产业增长因素及其变动特点分析. 经济研究,（2）：51-61.

郭克莎. 1992b. 我国资源总配置效应分析. 经济研究,（9）：30-37，45.

郭克莎. 1999. 我国产业结构变动趋势及政策研究. 管理世界,（5）：73-83.

郭克莎. 2000. 中国工业化的进程、问题与出路. 中国社会科学,（3）：60-71，204.

郭克莎. 2003. 工业化新时期新兴主导产业的选择. 中国工业经济,（2）：5-14.

郭克莎. 2016. 中国经济发展进入新常态的理论根据——中国特色社会主义政治经济学的分析视角. 经济研究,（9）：4-16.

郭克莎. 2017-09-06. 抓纲新常态 慎言新周期. 中国证券报，A04.

郭克莎，杨阔. 2017. 长期经济增长的需求因素制约——政治经济学视角的增长理论与实践分析. 经济研究,（10）：4-20.

郭明,钱筝筝,黄顺绪. 2009. 我国银行信贷对三次产业增长贡献度的差异研究. 产业经济研究,（1）：26-32.

郭庆旺，贾俊雪. 2006. 地方政府行为、投资冲动与宏观经济稳定. 管理世界,（5）：19-25.

郭文轩，周雄飞，云伟宏，等. 2003. 积极财政政策执行效果及隐忧问题研究——H省执行情况个案分析. 经济研究,（4）：13-21，91.

郭晔，赖章福. 2011. 政策调控下的区域产业结构调整. 中国工业经济,（4）：74-83.

国家发改委产业经济与技术经济研究所课题组，姜长云. 2016. 中国产业发展：从“十二五”到“十三五”. 经济研究参考,（27）：4-31.

国家发改委宏观经济研究院课题组，杨合湘. 2008. 我国的工业结构演变与工业政策调整. 经济学动态,（5）：44-50.

韩瑾，韩翌飞. 2011. 区域产业结构与银行信贷结构的动态关系研究. 统计与决策,（15）：117-118.

韩俊莹. 2014. 我国信贷政策对产业结构的影响效应研究. 湖南大学硕士学位论文.

韩俊莹. 2016. 货币政策冲击对我国商业银行信贷资产的影响研究. 湖南大学博士学位论文.

韩乾，洪永淼. 2014. 国家产业政策、资产价格与投资者行为. 经济研究,（12）：143-158.

韩永辉，黄亮雄，邹建华. 2016. 中国经济结构性减速时代的来临. 统计研究，33（5）：23-33.

何骏，郭岚，朱妍娜. 2012. 中国引进服务业FDI效率评价与分析. 经济地理,（7）：93-99.

何青，张策，田昕明. 2016. 中国工业企业无利润扩张之谜. 经济理论与经济管理，( 7 )：58-70.
何贤杰，朱红军，陈信元. 2008. 政府的多重利益驱动与银行的信贷行为. 金融研究，( 6 )：1-20.
贺灿飞，谢秀珍. 2006. 中国制造业地理集中与省区专业化. 地理学报，( 2 )：212-222.
贺俊，吕铁. 2015. 从产业结构到现代产业体系：继承、批判与拓展. 中国人民大学学报，( 2 )：39-47.
洪银兴. 2018. 完善产权制度和要素市场化配置机制研究. 中国工业经济，( 6 )：5-14.
侯一麟，马海涛. 2016. 中国房地产税设计原理和实施策略分析. 财政研究，( 2 )：65-78.
侯一麟，任强，马海涛. 2016. 中国房地产税税制要素设计研究. 北京：经济科学出版社.
胡立君，薛福根，王宇. 2013. 后工业化阶段的产业空心化机理及治理——以日本和美国为例. 中国工业经济，( 8 )：122-134.
胡向婷，张璐. 2005. 地方保护主义对地区产业结构的影响——理论与实证分析. 经济研究，( 2 )：102-112.
胡小梅. 2016. 财税政策对产业结构升级的影响机制与效应研究. 长沙：湖南大学.
黄金老. 2000. 从加入 WTO 角度看中国金融服务业的开放. 经济导刊，( 6 )：7-16.
黄茂兴，李军军. 2009. 技术选择、产业结构升级与经济增长. 经济研究，( 7 )：143-151.
黄平. 2006. 我国房地产“财富效应”与货币政策关系的实证检验. 上海金融，( 6 )：32-34，51.
黄群慧. 2014. “新常态”、工业化后期与工业增长新动力. 中国工业经济，( 10 )：5-19.
黄群慧. 2016. 论中国工业的供给侧结构性改革. 中国工业经济，( 9 )：5-23.
黄群慧. 2017. 论新时期中国实体经济的发展. 中国工业经济，( 9 )：5-24.
黄群慧，黄阳华，贺俊，等. 2017. 面向中上等收入阶段的中国工业化战略研究. 中国社会科学，( 12 )：94-116，207.
黄群慧，李芳芳，等. 2017. 中国工业化进程报告 ( 1995—2015 ). 北京：社会科学文献出版社.
黄显林. 2013. 财税政策演进对地区产业结构发展水平的影响研究——基于分权背景下的省级面板数据分析. 经济经纬，( 6 )：149-155.
黄阳华. 2016. 工业革命中生产组织方式变革的历史考察与展望——基于康德拉季耶夫长波的分析. 中国人民大学学报，30 ( 3 )：66-77.
黄阳华. 2018. 从美国学派看后全球金融危机时代的美国产业政策. 学习与探索，( 10 )：141-148.
黄阳华，林智，李萌. 2015. “互联网+”对我国制造业转型升级的影响. 中国党政干部论坛，( 7 )：73-75.
黄忠华，吴次芳，杜雪君. 2008. 房地产投资与经济增长——全国及区域层面的面板数据分析. 财贸经济，( 8 )：56-60，72.
贾康，苏京春. 2014. 探析“供给侧”经济学派所经历的两轮“否定之否定”——对“供给侧”学派的评价、学理启示及立足于中国的研讨展望. 财政研究，( 8 )：2-16.
江飞涛，陈伟刚，黄健柏，等. 2007. 投资规制政策的缺陷与不良效应——基于中国钢铁工业的考察. 中国工业经济，( 6 )：53-61.

江飞涛，耿强，吕大国，等. 2012. 地区竞争、体制扭曲与产能过剩的形成机理. 中国工业经济，（6）：44-56.
江飞涛，李晓萍. 2010. 直接干预市场与限制竞争：中国产业政策的取向与根本缺陷. 中国工业经济，（9）：26-36.
江飞涛，武鹏，李晓萍. 2014. 中国工业经济增长动力机制转换. 中国工业经济，（5）：5-17.
江小涓. 2011. 服务业增长：真实含义、多重影响和发展趋势. 经济研究，（4）：4-14，79.
江小涓. 2017. 高度联通社会中的资源重组与服务业增长. 经济研究，（3）：4-17.
江小涓，李辉. 2004. 服务业与中国经济：相关性和加快增长的潜力. 经济研究，（1）：4-15.
蒋冠. 2010. 中国货币政策区域分配效应研究——基于区域产业结构差异的分析. 思想战线，（5）：46-49.
蒋为，张龙鹏. 2015. 补贴差异化的资源误置效应——基于生产率分布视角. 中国工业经济，（2）：31-43.
金碚. 2005. 竞争秩序与竞争政策. 北京：社会科学文献出版社.
金碚. 2016. 供给侧结构性改革论纲. 广州：南方出版传媒，广东经济出版社.
金磐石. 2017. 以科技提升银行数字化竞争力——以中国建设银行为例. 银行家，（12）：120-122.
荆林波. 2016-07-29. 深刻影响经济发展方式：互联网是经济发展新动力. 人民日报，007.
鞠蕾，高越青，王立国. 2016. 供给侧视角下的产能过剩治理：要素市场扭曲与产能过剩. 宏观经济研究，（5）：3-15，127.
阚闯，宋鸽. 2017. 产能过剩与银行信贷资源配置问题研究. 现代经济信息，（2）：288-289.
孔令池. 2018. 新时代中国经济增长动力机制转换与发展战略. 首都经济贸易大学学报，（2）：3-12.
孔宪丽，米美玲，高铁梅. 2015. 技术进步适宜性与创新驱动工业结构调整——基于技术进步偏向性视角的实证研究. 中国工业经济，（11）：62-77.
库兹涅茨 S. 1985. 各国的经济增长. 常勋，等译. 北京：商务印书馆.
黎文靖，郑曼妮. 2016. 实质性创新还是策略性创新？——宏观产业政策对微观企业创新的影响. 经济研究，（4）：60-73.
李钢，廖建辉，向奕霓. 2011. 中国产业升级的方向与路径——中国第二产业占 GDP 的比例过高了吗. 中国工业经济，（10）：16-26.
李海舰，田跃新，李文杰. 2014. 互联网思维与传统企业再造. 中国工业经济，（10）：135-146.
李杰. 2015. 工业大数据：工业 4.0 时代的工业转型与价值创造. 邱伯华，等译. 北京：机械工业出版社.
李锦玲，李延喜，栾庆伟. 2011. 关系融资、银行信贷与新创企业绩效的关系研究. 国际金融研究，（6）：66-75.
李京文，李军. 2000. 当代中国宏观经济模型与经济发展. 中国社会科学院研究生院学报，（2）：5-11，79.

李琳，罗瑶. 2019. 中国产业融合对制造业创新效率的影响研究. 区域经济评论，(1)：84-94.
李梦玄，曹阳. 2013. 我国房地产市场泡沫的测度及成因分析——基于行为金融理论的视角. 宏观经济研究，(9)：86-91.
李平，付一夫，张艳芳. 2017. 生产性服务业能成为中国经济高质量增长新动能吗. 中国工业经济，(12)：5-21.
李平，张玉，杨立娜，等. 2015. 中国房地产泡沫对宏观经济影响的演变路径. 经济问题探索，(4)：37-42.
李仁君. 2010. 中国三次产业的资本存量测算. 海南大学学报(人文社会科学版)，28(2)：47-52.
李寿喜. 2007. 产权、代理成本和代理效率. 经济研究，(1)：102-113.
李巍，张志超. 2011. 通货膨胀与房地产价格对实体经济的冲击影响——基于不同货币政策规则的 DSGE 模型分析. 华东师范大学学报（哲学社会科学版），(4)：82-94，154-155.
李贤沛，等. 1994. 工业经济学. 北京：经济管理出版社.
李祥，高波，李勇刚. 2012. 房地产税收、公共服务供给与房价——基于省际面板数据的实证分析. 财贸研究，(3)：67-75.
李翔，刘刚，王蒙. 2016. 第三产业份额提升是结构红利还是成本病. 统计研究，33(7)：46-54.
李晓华. 2016. "互联网+"改造传统产业的理论基础. 经济纵横，(3)：57-63.
李晓慧，杨丹丹. 2010. 法律承诺框架下我国高等教育服务贸易的立法完善. 新西部，(12)：80，52.
李筱乐. 2015. 契约制度影响制造业利用生产性服务的实证分析. 中央财经大学学报，(10)：104-112.
李扬. 2012. 改革是中国银行业的生命线. 中国金融，(1)：18-20.
李杨，张鹏举，黄宁. 2015. 中国服务业开放对服务就业的影响研究. 中国人口科学，(6)：80-90，128.
李勇刚，罗海艳. 2017. 土地资源错配阻碍了产业结构升级吗?——来自中国 35 个大中城市的经验证据. 财经研究，(9)：110-121.
李玉梅. 2017. 中国产业结构变迁中"逆库兹涅茨化"效应测量及分析. 数量经济技术经济研究，(11)：98-114.
梁云芳，高铁梅. 2006. 我国商品住宅销售价格波动成因的实证分析. 管理世界，(8)：76-82.
梁云芳，高铁梅. 2007. 中国房地产价格波动区域差异的实证分析. 经济研究，(8)：133-142.
梁云芳，张同斌，高玲玲. 2013. 房地产资本税对房地产业及国民经济影响的实证研究. 统计研究，(5)：37-46.
林桂军. 2015-10-13. 自贸区服务业开放的定位和顺序. 中国社会科学报，004.
林亚楠. 2010. 地方财政保护对区域产业结构差异的影响及政策建议. 统计与决策，(15)：156-158.
林艳. 2007. 全球服务业跨国公司的扩张对中国经济的影响. 东北财经大学硕士学位论文.

林毅夫. 2007. 潮涌现象与发展中国家宏观经济理论的重新构建. 经济研究，(1)：126-131.
林毅夫. 2012. 新结构经济学：反思经济发展与政策的理论框架. 苏剑，译. 北京：北京大学出版社.
林毅夫. 2017. 产业政策与我国经济的发展：新结构经济学的视角. 复旦学报（社会科学版），(2)：148-153.
林毅夫，李永军. 2001. 中小金融机构发展与中小企业融资. 经济研究，(1)：10-18，53-93.
林毅夫，巫和懋，邢亦青. 2010. “潮涌现象”与产能过剩的形成机制. 经济研究，(10)：4-19.
林毅夫，张军，王勇，等. 2018. 产业政策：总结、反思与展望. 北京：北京大学出版社.
凌永辉，刘志彪. 2018. 中国服务业发展的轨迹、逻辑与战略转变——改革开放 40 年来的经验分析. 经济学家，(7)：45-54.
刘航，孙早. 2014. 城镇化动因扭曲与制造业产能过剩——基于 2001—2012 年中国省级面板数据的经验分析. 中国工业经济，(11)：5-17.
刘辉煌. 2000. 金融服务贸易自由化论纲——兼论中国金融服务业的对外开放. 中国社会科学院研究生院博士学位论文.
刘继国，李江帆. 2007. 国外制造业服务化问题研究综述. 经济学家，(3)：119-126.
刘戒骄. 2002. 服务业的开放及其对工业的影响. 管理世界，(6)：54-63，74.
刘兰娟，董万好，徐鑫. 2013. 财政科技投入对产业结构的影响——城镇化过程中劳动报酬占比的视角. 上海财经大学学报，(4)：73-80.
刘明康，陈永伟. 2016. 中国的全要素生产率现状、问题和对策//吴敬琏. 比较. 北京：中信出版社：18-53.
刘泉江. 2017-08-04. 机制和服务创新敢为人先金融标准国际化填补空白. 金融时报，001.
刘蓉，张巍，陈凌霜. 2015. 房地产税非减（豁）免比率的估计与潜在税收收入能力的测算——基于中国家庭金融调查数据. 财贸经济，(1)：54-64.
刘水杏. 2004. 房地产业与相关产业关联度的国际比较. 财贸经济，(4)：81-87.
刘伟，蔡志洲. 2015. 我国工业化进程中产业结构升级与新常态下的经济增长. 北京大学学报（哲学社会科学版），(3)：5-19.
刘伟，张辉. 2008. 中国经济增长中的产业结构变迁和技术进步. 经济研究，(11)：4-15.
刘小玄，周晓艳. 2011. 金融资源与实体经济之间配置关系的检验——兼论经济结构失衡的原因. 金融研究，(2)：57-70.
刘鑫. 2017. 新技术革命背景下生产力相关理论研究. 当代经济，(17)：134-135.
刘奕，夏杰长. 2016. 共享经济理论与政策研究动态.经济学动态，(4)：116-125.
刘奕，夏杰长. 2018. 推动中国服务业高质量发展：主要任务与政策建议. 国际贸易，(8)：53-59.
刘元春. 2017-05-25. 推进供给侧结构性改革理论和实践创新. 人民日报，007.
刘志彪. 2018. 建设现代化经济体系：基本框架、关键问题与理论创新. 南京大学学报（哲学·人文科学·社会科学），(3)：5-12，157.

卢进勇. 1996. 大陆服务业对外资的进一步开放及其对香港服务业发展的影响. 国际贸易问题,（4）: 33-37.
陆铭，陈钊，严冀. 2004. 收益递增、发展战略与区域经济的分割. 经济研究,（1）: 54-63.
陆旸. 2016. 中国全要素生产率变化趋势. 中国金融,（20）: 40-42.
罗国银. 2010. 房地产投资对地区经济增长的贡献差异——基于面板数据的分析. 求索,（9）: 27, 50-51.
罗珉，李亮宇. 2015. 互联网时代的商业模式创新：价值创造视角. 中国工业经济,（1）: 95-107.
吕铁，贺俊. 2015. "十三五"中国工业发展的新形势与政策调整. 学习与探索,（6）: 78-83.
吕铁，贺俊，黄阳华. 2012-07-26. 如何应对第三次工业革命的影响. 中国经济时报，005.
吕铁，江鸿. 2017. 从逆向工程到正向设计——中国高铁对装备制造业技术追赶与自主创新的启示. 经济管理，39（10）: 6-19.
吕炜，高帅雄，周潮. 2016. 投资建设性支出还是保障性支出——去杠杆背景下的财政政策实施研究. 中国工业经济,（8）: 5-22.
马光荣，杨恩艳，周敏倩. 2010. 财政分权、地方保护与中国的地区专业化. 南方经济,（1）: 15-27.
马海涛，任强. 2016. 个人所得税改革对各收入群组税负的影响. 税务研究,（4）: 8-13.
马化腾，张晓峰，杜军，等. 2015. 互联网+国家战略行动路线图. 北京：中信出版社.
马建堂. 2019. 伟大的实践 深邃的理论——学习习近平新时代中国特色社会主义经济思想的体会. 管理世界,（1）: 1-12.
马骏，徐剑刚. 2012. 人民币走出国门之路. 北京：中国经济出版社.
马文涛，马草原. 2018. 政府担保的介入、稳增长的约束与地方政府债务的膨胀陷阱. 经济研究,（5）: 72-87.
毛净. 2017. 中国经济增长影响因素的实证分析. 时代金融,（15）: 13.
毛军，刘建民. 2014. 财税政策下的产业结构升级非线性效应研究. 产业经济研究,（6）: 21-30.
蒙英华，蔡宏波. 2009. 福音还是诅咒？——管制政策在服务贸易中的两难. 南开经济研究,（6）: 100-111.
宁吉喆. 2017-06-09. 继续深化供给侧结构性改革. 学习时报，001.
庞念伟. 2016. 货币政策在产业结构升级中的非对称效应. 金融论坛,（6）: 16-26.
庞瑞芝，邓忠奇. 2014. 服务业生产率真的低吗？. 经济研究，49（12）: 86-99.
裴长洪. 2013-11-18. 自贸区扩大服务业开放的设想. 中国社会科学报，B02.
朴馥永，黄阳华. 2013. 以经济转型跨越"中等收入陷阱"——来自韩国的经验. 经济社会体制比较,（1）: 1-11.
钱爱民，付东. 2017a. 供给侧改革、金融关联与企业产能过剩. 吉林大学社会科学学报,（3）: 17-30, 204.
钱爱民，付东. 2017b. 金融生态环境、金融资源配置与产能过剩. 经济与管理研究,（5）: 54-65.

钱纳里 H，鲁宾逊 S，赛尔奎因 M. 1995. 工业化和经济增长的比较研究. 吴奇，王松宝，等译. 上海，上海三联书店，上海人民出版社.

秦俊丽. 2019. 乡村振兴战略下休闲农业发展路径研究——以山西为例. 经济问题，(2)：76-84.

邱晓东，吴福象. 2017. 外来人口、产业结构与房地产市场调控. 经济与管理研究，(2)：24-33.

渠慎宁. 2017. ICT 与中国经济增长：资本深化、技术外溢及其贡献. 财经问题研究，(10)：26-33.

茹少峰，魏博阳，刘家旗. 2018. 以效率变革为核心的我国经济高质量发展的实现路径. 陕西师范大学学报（哲学社会科学版），(3)：114-125.

阮健弘，郑桂环. 2017. 固定资产投资目前为何不是判断经济形势的好指标？. http://www.sohu.com/a/209062902_257448[2017-12-07].

邵宇. 2017-09-06. 中美百日计划雏形凸显，高端服务业开放曙光初现. 华夏时报，029.

沈鸿，顾乃华. 2017. 服务贸易开放能否提高制造业生产率. 经济与管理研究，(3)：72-81.

沈立人，戴园晨. 1990. 我国“诸侯经济”的形成及其弊端和根源. 经济研究，(3)：12-19，67.

沈利生，乔红芳. 2015. 重估中国的资本存量：1952—2012. 吉林大学社会科学学报，(4)：122-133，252.

沈敏. 2018. 现代化经济体系的双擎驱动：技术创新和制度创新. 财经科学，(8)：56-67.

盛丹，王永进. 2013. 产业集聚、信贷资源配置效率与企业的融资成本——来自世界银行调查数据和中国工业企业数据的证据. 管理世界，(6)：85-98.

施东辉. 2018. 探索构建资本市场的宏观审慎政策. 清华金融评论，(5)：39-42.

施文慧. 2003. FDI 与我国服务业发展关系的研究. 南京理工大学硕士学位论文.

宋凌云，王贤彬. 2013. 政府补贴与产业结构变动. 中国工业经济，(4)：94-106.

苏振兴，张勇. 2011. 拉美经济增长方式转变与现代化进程的曲折性. 拉丁美洲研究，33(5)：3-12，33，79.

孙军，高彦彦. 2012. 产业结构演变的逻辑及其比较优势——基于传统产业升级与战略性新兴产业互动的视角. 经济学动态，(7)：70-76.

孙琳琳，郑海涛，任若恩. 2012. 信息化对中国经济增长的贡献：行业面板数据的经验证据. 世界经济，(2)：3-25.

孙南申. 1999. 我国保险服务业的市场开放与法律调整. 南京大学法律评论，(2)：48-60.

孙浦阳，侯欣裕，盛斌. 2018. 服务业开放、管理效率与企业出口. 经济研究，53(7)：136-151.

谭洪波，郑江淮. 2012. 国外服务业贸易与 FDI 演进：文献综述及引申. 改革，(8)：98-106.

谭文君，崔凡，杨志远. 2019. 负面清单管理模式对上海自贸区服务业资本流动的影响——基于合成控制法的分析. 宏观经济研究，(5)：117-132.

汤婧，于立新. 2012. 我国对外直接投资与产业结构调整的关联分析. 国际贸易问题，(11)：42-49.

唐保庆，孙少勤，杨继军. 2011. 什么影响了生产者服务业 FDI 的区域分布——来自美国的经验证据：1985—2006. 财贸经济，(5)：92-99，137.

陶然，袁飞，曹广忠. 2007. 区域竞争、土地出让与地方财政效应：基于 1999~2003 年中国地级城市面板数据的分析. 世界经济，(10)：15-27.

田利辉. 2005. 国有产权、预算软约束和中国上市公司杠杆治理. 管理世界，(7)：123-128，147.

万红先，钱蒙蒙，焦鹏举. 2019. 中国服务业开放水平测度——基于修正的 Hoeckman 频度指数的分析. 合肥工业大学学报（社会科学版），(1) :1-8.

万兴，杨晶. 2017. 互联网平台选择、纵向一体化与企业绩效. 中国工业经济，(7)：156-174.

王佃凯. 2011. 市场开放对服务贸易竞争力的影响——基于中国服务业市场开放的分析. 财贸经济，(12)：82-88，135.

王华，龚珏. 2013. 完善支持科技创新的财税政策 推动产业结构调整. 税务研究，(3)：3-9.

王会欣. 2017-06-30. 延伸农业产业链促农业增效农民增收. 河北日报，007.

王建华，马永喜. 2003. 加入世贸组织后我国服务业外商直接投资的发展趋势与对策. 国际贸易问题，(7)：5-8，33.

王江. 2001. 德国法律服务业开放的管窥和启示. 德国研究，(3)：54-57，80.

王军，李萍. 2017. 新常态下中国经济增长动力新解——基于“创新、协调、绿色、开放、共享”的测算与对比. 经济与管理研究，(7)：3-13.

王君，周振. 2016. 从供给侧改革看我国产业政策转型. 宏观经济研究，(11)：114-121.

王可，李连燕. 2018. “互联网+”对中国制造业发展影响的实证研究. 数量经济技术经济研究，(6)：3-20.

王立国，鞠蕾. 2012. 地方政府干预、企业过度投资与产能过剩：26 个行业样本. 改革，(12)：52-62.

王鹏，尤济红. 2015. 产业结构调整中的要素配置效率——兼对“结构红利假说”的再检验. 经济学动态，(10)：70-80.

王钦，邓洲，张晶. 2017. “十三五”战略性新兴产业发展的政策选择——能力导向与机制创新. 北京师范大学学报（社会科学版），(2)：140-148.

王文. 2018-07-26. 中国有能力跨越“中等收入陷阱”. 人民日报，007.

王文，孙早. 2017. 产业结构转型升级意味着去工业化吗. 经济学家，(3)：55-62.

王文甫，明娟，岳超云. 2014. 企业规模、地方政府干预与产能过剩. 管理世界，(10)：17-36，46.

王小波，陈赤平，文美玲. 2016. 生产性服务业与制造业融合发展研究. 湖南科技大学学报（社会科学版），(6)：98-103.

王小波，李婧雯. 2016. 中国制造业服务化水平及影响因素分析. 湘潭大学学报（哲学社会科学版），40（5）：53-60.

王小广. 2007. 过度依赖房地产将严重阻碍经济结构升级. 中国物价，(1)：62-64.

王晓明，吴慧敏. 2008. 开征物业税对我国城镇居民的影响. 财贸经济，(12)：63-68.

王雪珍. 2012. 产业结构调整中的财政政策支持分析. 中国市场，(14)：91-93.

王宇，刘志彪. 2013. 补贴方式与均衡发展：战略性新兴产业成长与传统产业调整. 中国工业经济，(8)：57-69.
王宇新，姚梅. 2011. 我国省域间技术创新能力的不均衡：2006—2008. 中国科技论坛，(7)：69-74.
王玉平. 1992. GATT金融服务贸易规范与我国金融对外开放. 国际经贸探索，(5)：53-58.
魏福成，邹薇，马文涛，等. 2013. 税收、价格操控与产业升级的障碍——兼论中国式财政分权的代价. 经济学(季刊)，(4)：1491-1512.
魏后凯. 2001. 从重复建设走向有序竞争. 北京：人民出版社.
魏作磊. 2006. FDI对我国三次产业结构演变的影响——兼论我国服务业增加值比重偏低现象. 经济学家，(3)：61-67.
温忠麟，叶宝娟. 2014. 中介效应分析：方法和模型发展. 心理科学进展，(5)：731-745.
文宗瑜，谭静，宋韶君. 2015. "十三五"时期产业结构调整的方向和政策. 经济研究参考，(62)：58-69.
毋姣. 2017. 中国产业结构升级影响因素分析. 时代金融，(2)：42-43.
吴利学，刘诚. 2018. 项目匹配与中国产能过剩. 经济研究，(10)：67-81.
吴珊，李青. 2017. 当前我国企业宏观税负水平与结构研究——企业宏观税负的国际比较及政策启示. 价格理论与实践，(1)：31-35.
吴义爽，盛亚，蔡宁. 2016. 基于互联网+的大规模智能定制研究——青岛红领服饰与佛山维尚家具案例. 中国工业经济，(4)：127-143.
吴意云，朱希伟. 2015. 中国为何过早进入再分散：产业政策与经济地理. 世界经济，(2)：140-166.
伍晓鹰. 2013. 测算和解读中国工业的全要素生产率//吴敬琏. 比较. 北京：中信出版社：1-27.
武康平，丑婷. 2005. 从房地产市场看土地需求及对土地政策的建议. 经济经纬，(4)：57-60.
武康平，胡谍. 2011. 房地产价格在宏观经济中的加速器作用研究. 中国管理科学，(1)：29-35.
武康平，闫勇. 2012. 土地财政：一种"无奈"选择更是一种"冲动"行为——基于地级城市面板数据分析. 财政研究，(10)：56-60.
武田晴人. 2016. 高速增长. 贺平，译. 香港：香港中和出版有限公司.
席鹏辉，梁若冰，谢贞发，等. 2017. 财政压力、产能过剩与供给侧改革. 经济研究，(9)：86-102.
夏斌. 2010. 宏观审慎管理：框架及其完善. 中国金融，(22)：30-32.
夏杰长. 2013. 打破垄断和完善规制：深化现代服务业改革的关键所在. 北京工商大学学报(社会科学版)，(3)：1-6.
夏杰长. 2018. 数字贸易的缘起、国际经验与发展策略. 北京工商大学学报(社会科学版)，(5)：1-10.
夏杰长. 2019-06-04. 服务业高质量发展助力中国经济行稳致远. 光明日报，016.
夏杰长，管永昊. 2013. "营改增"之际的困境摆脱及其下一步. 改革，(6)：65-72.
夏杰长，李勇坚. 2015-12-28. 服务业将是下一步对外开放的重中之重. 经济参考报，008.

夏杰长，刘诚. 2017. 行政审批改革、交易费用与中国经济增长. 管理世界，(4)：47-59.
夏杰长，田侃. 2015. 以现代服务业促进农业现代化的路径和着力点. 中国发展观察，(10)：71-73.
夏杰长，肖宇. 2018. 构建中国服务贸易持续稳定发展的长效机制. 社会科学战线，(3)：56-64.
夏杰长，肖宇，李诗林. 2019. 中国服务业全要素生产率的再测算与影响因素分析. 学术月刊，(2)：34-43，56.
夏杰长，姚战琪. 2013-12-21. 全力构筑我国服务业对外开放新格局. 光明日报，007.
夏杰长，姚战琪. 2018. 中国服务业开放40年——渐进历程、开放度评估和经验总结. 财经问题研究，(4)：3-14.
夏京文，刘彩兰. 2011. 服务业对外开放度对产业结构影响的实证分析——基于广东省1990—2008年数据. 产经评论，(4)：11-23.
夏明. 2009. 从投入产出数据看房地产发展对我国经济的影响. 经济学动态，(11)：11-15.
小宫隆太郎，奥野正宽，铃村兴太郎. 1988. 日本的产业政策. 黄晓勇，韩铁英，吕文忠，等译. 北京：国际文化出版公司.
谢莉娟. 2015. 互联网时代的流通组织重构——供应链逆向整合视角. 中国工业经济，(4)：44-56.
徐桂民，綦建红，鞠磊. 2007. 劳动力外移、国际贸易与产业结构调整——基于1984—2004年中国数据的协整分析与格兰杰因果检验. 中国工业经济，(7)：22-28.
徐建国. 2016. 追求强劲的服务业//庄巨忠，范登堡 P，黄益平. 中国的中等收入转型. 张成智，等译. 北京：社会科学文献出版社：519-542.
许和连，成丽红，孙天阳. 2018. 离岸服务外包网络与服务业全球价值链提升. 世界经济，(6)：77-101.
许宪春. 2002. 中国未来经济增长及其国际经济地位展望. 经济研究，(3)：27-35，93.
薛荣久，张汉林. 1997. 论中国服务业对外开放. 国际贸易问题，(2)：39-43.
严冀，陆铭，陈钊. 2005. 改革、政策的相互作用和经济增长——来自中国省级面板数据的证据. 世界经济文汇，(1)：27-46.
颜筱桑. 2016. 我国金融深化与经济增长关系的实证研究——基于面板数据门限模型. 华侨大学博士学位论文.
杨达. 2011. 中国货币政策的产业非对称效应——基于门限向量自回归模型的实证研究. 东北大学学报（社会科学版），(5)：398-403.
杨德明，刘泳文. 2018. “互联网+”为什么加出了业绩. 中国工业经济，(5)：80-98.
杨飞虎. 2010. 中国经济增长因素分析：1952—2008. 经济问题探索，(9)：1-7.
杨家伟，乔家君. 2013. 河南省产业结构演进与机理探究. 经济地理，(9)：93-100.
杨其静，吴海军. 2016. 产能过剩、中央管制与地方政府反应. 世界经济，(11)：126-146.
杨巧. 2018. 互联网普及对服务贸易的影响——来自全球152个国家的经验证据. 首都经济贸易

大学学报，(2)：62-71.
杨瑞龙，王元，聂辉华. 2013. “准官员”的晋升机制：来自中国央企的证据. 管理世界，(3)：23-33.
杨天宇，曹志楠. 2015. 中国经济增长速度放缓的原因是“结构性减速”吗？. 中国人民大学学报，(4)：69-79.
杨兴全，尹兴强，孟庆玺. 2018. 谁更趋多元化经营：产业政策扶持企业抑或非扶持企业？. 经济研究，(9)：133-150.
杨振. 2013. 激励扭曲视角下的产能过剩形成机制及其治理研究. 经济学家，(10)：48-54.
姚明明，吴东，吴晓波，等. 2017. 技术追赶中商业模式设计与技术创新战略共演——阿里巴巴集团纵向案例研究. 科研管理，(5)：48-55.
姚树洁，冯根福，韦开蕾. 2006. 外商直接投资和经济增长的关系研究. 经济研究，(12)：35-46.
姚星，杨锦地，袁东. 2012. 对外开放门槛、生产性服务业与制造业生产效率- —基于省际面板数据的实证分析.经济学动态，(5)：24-28.
姚战琪. 2009. 生产率增长与要素再配置效应：中国的经验研究. 经济研究，(11)：130-143.
姚战琪. 2015a. 入世以来中国服务业开放度测算. 经济纵横，(6)：20-26.
姚战琪. 2015b. 服务业真实开放度的提升对我国服务业竞争力的影响. 北京工商大学学报（社会科学版），(6)：22-30.
姚战琪. 2019a. 服务业对外开放对我国产业结构升级的影响. 改革，(1)：54-63.
姚战琪. 2019b. 全球价值链背景下提升中国服务业真实开放度研究. 河北学刊，(1)：124-129.
叶辅靖. 2018. 我国服务业扩大开放的主攻方向. 国际贸易，(12)：44-47.
殷凤，陈宪. 2008. 改革开放以来中国制造业与服务业双向溢出效应的实证分析. 上海：上海人民出版社.
于良春，余东华. 2009. 中国地区性行政垄断程度的测度研究. 经济研究，(2)：119-131.
余东华，信婧. 2018. 信息技术扩散、生产性服务业集聚与制造业全要素生产率. 经济与管理研究，39(12)：63-76.
袁青松. 2011. 支持战略性新兴产业发展的信贷政策研究. 宏观经济管理，(5)：51-52.
约翰逊 C. 2010. 通产省与日本奇迹：产业政策的成长(1925—1975). 唐吉洪，金毅，许鸿艳，译. 吉林：吉林出版集团有限责任公司.
曾五一，李想. 2011. 中国房地产市场价格泡沫的检验与成因机理研究. 数量经济技术经济研究，(1)：140-151.
曾五一，孙蕾. 2006. 中国房地产价格指数的模拟和预测. 统计研究，(9)：27-30.
张碧琼. 2006. 开放条件下我国服务贸易结构性失衡与对策. 国际金融研究，(11)：69-73.
张斌，茅锐. 2016. 工业赶超与经济结构失衡. 中国社会科学，(3)：80-98，206.
张诚，唐琳. 2007. 制造业和服务业外国直接投资对东道国就业影响的比较研究——以美国为例. 人口与经济，(3)：33-37.

张红伟，冉芳. 2016. 货币供给、资产价格波动与实体经济增长——基于2001—2015年月度数据的实证分析. 经济问题探索，(3)：17-23.
张虎，韩爱华. 2018. 中国城市制造业与生产性服务业规模分布的空间特征研究. 数量经济技术经济研究，(9)：96-109.
张军，章元. 2003. 对中国资本存量K的再估计. 经济研究，(7)：35-43，90.
张军扩. 1991. “七五”期间经济效益的综合分析——各要素对经济增长贡献率测算. 经济研究，(4)：8-17.
张莉，朱光顺，李夏洋，等. 2017. 重点产业政策与地方政府的资源配置. 中国工业经济，(8)：63-80.
张连城. 2009. 经济周期的制度特征与中国经济的复苏. 经济与管理研究，(7)：10-14.
张鹏杨，唐宜红. 2018. FDI如何提高我国出口企业国内附加值？——基于全球价值链升级的视角. 数量经济技术经济研究，35（7）：79-96.
张平，侯一麟. 2016. 房地产税的纳税能力、税负分布及再分配效应. 经济研究，(12)：118-132.
张平，任强，侯一麟. 2016. 中国房地产税与地方公共财政转型. 公共管理学报，(4)：1-15，151.
张其仔. 2016. 中国产业竞争力报告（2016）. 北京：社会科学文献出版社.
张强，韩俊莹. 2015. 中国信贷政策对产业结构调整效应研究. 金融经济学研究，(1)：43-54.
张少华，蒋伟杰. 2017. 中国的产能过剩：程度测算与行业分布. 经济研究，(1)：89-102.
张圣兵，刘伟杰，周绍东. 2018. 新科技革命推动的生产方式演进——基于马克思主义政治经济学视角的解读. 改革与战略，(6)：23-31.
张同斌，高铁梅. 2012. 财税政策激励、高新技术产业发展与产业结构调整. 经济研究，(5)：58-70.
张为付，戴翔. 2017. 中国全球价值链分工地位改善了吗？——基于改进后出口上游度的再评估. 中南财经政法大学学报，(4)：90-99.
张维迎. 2017. 产业政策争论背后的经济学问题. 学术界，(2)：28-32.
张维迎，马捷. 1999. 恶性竞争的产权基础. 经济研究，(6)：11-20.
张伟，郑婕，黄炎龙. 2014. 货币政策的预期冲击与产业经济转型效应分析——基于跨产业DSGE模型的视角. 金融研究，(6)：33-49.
张文魁. 2017. 国有企业债务分析. 中国金融，(6)：50-52.
张馨艺. 2015. 新常态下的产业结构特征与财税政策选择. 税务研究，(7)：95-99.
张玉明，王春燕. 2017. 企业创新要素视角下供给侧改革实施路径研究. 科技进步与对策，(20)：72-77.
张月友，董启昌，倪敏. 2018. 服务业发展与“结构性减速”辨析——兼论建设高质量发展的现代化经济体系. 经济学动态，(2)：23-35.
张悦，崔日明. 2017. 美欧服务贸易自由化对中国经济的影响及对策. 理论学刊，(3)：80-86.
张忠宇. 2014. 信贷政策促进产业结构调整的机制与效果评估. 中国商贸，(28)：213-214.

赵昌文，许召元，朱鸿鸣. 2015. 工业化后期的中国经济增长新动力. 中国工业经济，(6)：44-54.
赵剑波，吕铁. 2016. 中国企业如何从“逆向并购”到“逆向吸收”？——以工程机械制造业跨国并购为例. 经济管理，(7)：35-47.
赵楠，高娜. 2014. 财政政策支持产业结构升级的策略研究. 云南民族大学学报（哲学社会科学版），(2)：131-135.
赵儒煜. 2013. “后工业化”理论与经济增长：基于产业结构视角的分析. 社会科学战线，(4)：46-60.
赵文哲，杨继东. 2015. 地方政府财政缺口与土地出让方式——基于地方政府与国有企业互利行为的解释. 管理世界，(4)：11-24.
赵一婷，刘继国. 2008. 制造业服务化：概念、趋势及其启示. 当代经济管理，(7)：45-48.
赵振. 2015. “互联网+”跨界经营：创造性破坏视角. 中国工业经济，(10)：146-160.
赵志耘，刘晓路，吕冰洋. 2006. 中国要素产出弹性估计. 经济理论与经济管理，(6)：5-11.
郑长娟. 2004. 服务业外商投资进入模式与中国服务业发展研究. 哈尔滨工程大学博士学位论文.
郑江淮，宋建，张玉昌，等. 2018. 中国经济增长新旧动能转换的进展评估. 中国工业经济，(6)：24-42.
中国经济增长与宏观稳定课题组，张平，刘霞辉，等. 2008. 外部冲击与中国的通货膨胀. 经济研究，(5)：4-18，115.
中国人民大学宏观经济分析与预测课题组，刘凤良，阎衍，等. 2013. 我国产业结构调整的新取向：市场驱动与激励相容. 改革，(10)：41-53.
中国社会科学院工业经济研究所，日本总合研究所. 1982. 现代日本经济事典. 北京：中国社会科学出版社，日本总研出版股份公司.
中国社会科学院工业经济研究所课题组，李平. 2010. “十二五”时期工业结构调整和优化升级研究. 中国工业经济，(1)：5-23.
钟春平. 2015. “以人为本”的服务业目标改革与市场化模式选择. 经济纵横，(4)：61-64.
钟春平，刘诚. 2017. 经济下滑背景下民生问题的新趋势. 中国发展观察，(11)：33-35.
钟宁桦，刘志阔，何嘉鑫，等. 2016. 我国企业债务的结构性问题. 经济研究，(7)：102-117.
周昌林，魏建良. 2007. 产业结构水平测度模型与实证分析——以上海、深圳、宁波为例. 上海经济研究，(6)：15-21.
周克. 2017. 结构变化、生产率波动与中国经济增长减速. 宏观质量研究，5(1)：1-10.
周黎安. 2004. 晋升博弈中政府官员的激励与合作——兼论我国地方保护主义和重复建设问题长期存在的原因. 经济研究，(6)：33-40.
周小川. 2002. WTO 入世后中国加快开放资本市场服务业. 财经界，(1)：62-63.
周小川. 2012. 逐步推进利率市场化改革. 中国金融家，(1)：24-27.
周永文. 2017. 产业结构变化与生产率增长——基于中国国民经济分门类行业的实证检验. 暨

南学报（哲学社会科学版），39（4）：1-17，130.
周振华. 2003. 产业融合：产业发展及经济增长的新动力. 中国工业经济，（4）：46-52.
朱默涵. 2007. 高房价对产业结构升级抑制作用分析. 中国物价，（6）：56-58，63.
祝惠春. 2018-09-12. 新经济对国内 GDP 贡献度提升. 经济日报，006.
庄丽娟，贺梅英. 2005. 服务业利用外商直接投资对中国经济增长作用机理的实证研究. 世界经济研究，（8）：75-81.
庄英，任健. 1998. 中国服务业对外开放的对策思考. 福建论坛（经济社会版），（8）：20-22.
邹朋飞，刘佳，谢凤鸣. 2016. 信贷资源配置影响经济增长的机制——基于 2006~2014 年动态面板数据的实证研究. 金融论坛，（8）：33-41.
Acemoglu D，Autor D，Dorn D，et al. 2016. Import competition and the great U.S. employment sag of the 2000s. Journal of Labor Economics，34：141-198.
Albornoz F，Corcos G，Kendall T. 2009. Subsidy competition and the mode of FDI. Regional Science and Urban Economics，39（4）：489-501.
Allen F，Qian J，Qian M J. 2005. Law，finance，and economic growth in China. Journal of Financial Economics，77（1）：57-116.
Ang J S，Cole R A，Lin J W. 2000. Agency costs and ownership structure. The Journal of Finance，55（1）：81-106.
Aoki K，Proudman J，Vlieghe G. 2004. House prices，consumption，and monetary policy：a financial accelerator approach. Journal of Financial Intermediation，13（4）：414-435.
Autor D H，Dorn D，Hanson G H. 2013. The China syndrome：local labor market effects of import competition in the United States. The American Economic Review，103：2121-2168.
Bah E. 2008-09-19. Structural transformation in developed and developing countries. MPRA Paper No. 10655.
Bai C，Hsieh C，Song Z. 2014. Crony capitalism with Chinese characteristics.Working Paper.
Barro R J. 1996. Democracy and growth. Journal of Economic Growth，（1）：1-27.
Barros P P，Cabral L. 2000. Competing for foreign direct investment. Review of International Economics，8（2）：360-371.
Baumol W J. 1967. Macroeconomics of unbalanced growth：the anatomy of urban crisis. The American Economic Review，57（3）：415-426.
Baumol W J，Bowen W G. 1996. Performing Arts：The Economic Dilemma. Aldershot：Gregg Revivals.
Bertrand M，Mullainathan S. 2003. Enjoying the quiet life? Corporate governance and managerial preferences. Journal of Political Economy，111（5）：1043-1075.
Bloom N，Draca M，van Reenen J. 2016. Trade induced technical change? The impact of Chinese imports on innovation，IT and productivity. The Review of Economic Studies，83：87-117.

Bond E W, Samuelson L. 1986. Tax holidays as signals. The American Economic Review, 76 ( 4 ): 820-826.

Bosworth B, Collins S M. 2010. Rebalancing the U.S. economy in a postcrisis world. ADBI Working Papers.

Buera F J, Kaboski J P. 2012. The rise of the service economy. The American Economic Review, ( 6 ): 2540-2569.

Cabral M, Silva J. 2006. Intra-industry trade expansion and employment reallocation between sectors and occupations. Review of World Economics, 142: 496-520.

Cai F. 2012. The coming demographic impact on China's growth: the age factor in the middle-income trap. Asian Economic Papers, 11 ( 1 ): 95-111.

Cai F, Lu Y. 2013. Population change and resulting slowdown in potential GDP growth in China. China & World Economy, 21 ( 2 ): 1-14.

Case K E, Quigley J M, Shiller R J. 2005. Comparing wealth effects: the stock market versus the housing market. Advances in Macroeconomics, 5 ( 1 ): 1-34.

Castelnuovo E, Nisticò S. 2010. Stock market conditions and monetary policy in a DSGE model for the U.S.. Journal of Economic Dynamics and Control, 34: 1700-1731.

Castillo M, Neto A. 2016. Premature Deindustrialization in Latin America, ECLAC- Production Development Series ( 205 ) . http://www.gbv.de/dms/zbw/867951451.pdf[2021-12-27].

Chenery H, Syrquin M. 1975. Patterns of Development: 1950-1970. London: Oxford University Press.

Chirinko R S, Wilson D J. 2008. State investment tax incentives: a zero-sum game?. Journal of Public Economics, 92: 2362-2384.

Clark C. 1940. The Conditions of Economic Progress. London: Macmillan.

Coulson N E, Kim M S. 2000. Residential investment, non-residential investment and GDP. Real Estate Economics, 28: 233-247.

Cruz M. 2015. Premature de-industrialisation: theory, evidence and policy recommendations in the Mexican case. Cambridge Journal of Economics, 39: 113-137.

Dasgupta S, Singh A. 2006. Manufacturing, Services and Premature Deindustrialization in Developing Countries: A Kaldorian Analysis. Helsinki: UNI-WIDER.

Dekle R, Vandenbroucke G. 2012. A quantitative analysis of China's structural transformation. Journal of Economic Dynamics and Control, 36: 119-135.

Dennis B N, İşcan T B. 2009. Engel versus Baumol: accounting for structural change using two centuries of U.S. data. Explorations in Economic History, 46 ( 2 ): 186-202.

Duarte M, Restuccia D. 2010. The role of the structural transformation in aggregate productivity. The Quarterly Journal of Economics, ( 1 ): 129-173.

Feenstra R C，Mandel B R，Reinsdorf M B，et al. 2013. Effects of terms of trade gains and tariff changes on the measurement of U.S. productivity growth. American Economic Journal：Economic Policy，5：59-93.

Freeman C. 1988. Japan：a new national system of innovation?//Dosi G，Freeman C，Nelson R，et al. Technical Change and Economic Theory. London：Pinter Publishers：330-348.

Goldin C，Katz L F. 2008. The Race Between Education and Technology. Cambridge：Belknap Press.

Grant D，Yeo B. 2018. A global perspective on tech investment，financing，and ICT on manufacturing and service industry performance. International Journal of Information Management，43（6）：130-145.

Hall R E，Jones C I. 2007. The value of life and the rise in health spending. The Quarterly Journal of Economics，（1）：39-72.

Han L，Kung J K S. 2015. Fiscal incentives and policy choices of local governments：evidence from China. Journal of Development Economics，116（9）：89-104.

Handley K. 2014. Exporting under trade policy uncertainty：theory and evidence. Journal of International Economics，94：50-66.

Hope K R. 1998. Urbanization and urban growth in Africa. Journal of Asian and African Studies，33（4）：345-358.

Imai K，Yamamoto T. 2013. Identification and sensitivity analysis for multiple causal mechanisms：revisiting evidence from framing experiments. Political Analysis，21（2）：141-171.

Johnson C. 1984. The Industrial Policy Debate. San Francisco：Institute for Contemporary Studies.

Kim T J，Knaap G. 2001. The spatial dispersion of economic activities and development trends in China：1952-1985. The Annals of Regional Science，35（1）：39-57.

Koop G，Pesaran M H，Potter S M. 1996. Impulse response analysis in nonlinear multivariate models. Journal of Econometrics，74（1）：119-147.

Koopman R，Wang Z，Wei S J. 2012. Estimating domestic content in exports when processing trade is pervasive. Journal of Development Economics，99：178-189.

Krugman P. 1994. The myth of Asia's miracle. Foreign Affairs，73（6）：62-78.

Krugman P. 1996. Domestic distortions and the deindustrialization hypothesis. NBER Working Paper.

Kuznets S. 1966. Modern Economic Growth. New Haven：Yale University Press.

Kuznets S. 1971. Economic Growth of Nations，Total Output and Production Structure. Cambridge：Harvard University Press.

Kuznets S. 1980. Driving forces of economic growth：what can we learn from history?. Review of World Economics，116（3）：409-431.

Lall S. 1994. The East Asian miracle：does the bell toll for industrial strategy? . World Development，

22（4）：645-654.

Lardy N R. 1995. The role of foreign trade and investment in China's economic transformation. The China Quarterly，144：1065-1082.

Lavoie D. 1985. Rivalry and Central Planning：The Socialist Calculation Debate Reconsidered. Cambridge：Cambridge University Press.

Lee I H，Syed M H，Liu X Y. 2013. China's path to consumer-based growth：reorienting investment and enhancing efficiency. IMF Working Papers.

Li H B，Zhou L A. 2005. Political turnover and economic performance：the incentive role of personnel control in China. Journal of Public Economics，89（9/10）：1743-1762.

MacKinnon D P，Fairchild A J. 2009. Current directions in mediation analysis. Current Directions in Psychological Science，18（1）：16-20.

Maddison A. 1998. Chinese Economic Performance in the Long Run. Paris and Washington D C：Organization for Economic Co-operation and Development.

Merton R C，Bodie Z. 2005. Design of financial systems：towards a synthesis of function and structure. Journal of Investment Management，3（1）：6-28.

Milberg W，Amengual M. 2008. Economic development and working conditions in export processing zones：a survey of trends. International Labor Office，9：76.

Mion G，Zhu L K. 2013. Import competition from and offshoring to China：a curse or blessing for firms? . Journal of International Economics，89：202-215.

Morgenthau H. 1945. Germany Is Our Problem. New York and London：Harper & Brothers Publishers.

Neary J P.1996. Theory and policy of adjustment in an open economy//Greenaway D. Current Issues in International Trade. London：Macmillan：39-58.

Ngai L R，Pissarides C A. 2007. Structural change in a multisector model of growth. The American Economic Review，97（1）：429-443.

Norman G，Pepall L，Richards D J. 2008. Entrepreneurial first movers，brand-name fast seconds，and the evolution of market structure. B E Journal of Economic Analysis & Policy，8（1）：1-26.

Olley G S，Pakes A.1996. The dynamics of productivity in the telecommunications equipment industry. Econometrica，64（6）：1263-1297.

Palma J. 2005. Four Sources of 'de-industrialization' and a new concept of the Dutch disease//Ocampo J. Beyond Reforms：Structural Dynamics and Macroeconomic Vulnerability. New York：Stanford University Press and World Bank：75-93.

Palma J. 2008. De-industrialization，'premature' de-industrialization and the Dutch disease//Durlauf S，Blume L. The New Palgrave Dictionary of Economics. 2nd ed. Basingstoke：Palgrave Macmillan：401-410.

Paus E. 2014. Latin America and the middle-income trap. http://citeseerx.ist.psu.edu/viewdoc/download?doi=10.1.1.950.5184&rep=rep1&type=pdf[2019-09-05].

Peneder M. 2003. Industrial structure and aggregate growth. Structural Change and Economic Dynamics, 14（4）：427-448.

Penrose E. 1953. Economic Planning for the Peace. Princeton：Princeton University Press.

Porter M E. 1985. Competitive Advantage：Creating and Sustaining Superior Performance. New York：Free Press.

Qian Y Y, Weingast B R. 1997. Federalism as a commitment to preserving market incentives. Journal of Economic Perspectives, 11（4）：83-92.

Reinert E S, Ghosh J, Kattel R. 2016. Handbook of Alternative Theories of Economic Development. Cheltenham：Edward Elgar Publishing.

Rodrik D. 2016. Premature deindustrialization. Journal of Economic Growth, 21（1）：1-33.

Romer P M. 1986. Increasing returns and long-run growth. Journal of Political Economy, 94：1002-1037.

Rowthorn R, Ramaswamy R. 1997. Deindustrialization：cause and implications. IMF Working Paper.

Rowthorn R, Wells J. 1987. De-industrialization and Foreign Trade. Cambridge：Cambridge University Press.

Rozen K. 2010. Foundations of intrinsic habit formation. Econometrica, 78：1341-1373.

Rubio-Ramírez J F, Waggoner D F, Zha T. 2010. Structural vector autoregressions：theory of identification and algorithms for inference. The Review of Economic Studies, 77（2）：665-696.

Schott P K. 2008. The relative sophistication of Chinese exports. Economic Policy,（53）：5-49.

Singh A. 1997. UK industry and the world economy：a case of de-industrialization?. Cambridge Journal of Economics, 1（2）：113-136.

Tett G. 2019. Global trade was slowing before the tariff war started. Financial Times, July 18.

Timmer M P, Szirmai A. 2000. Productivity growth in Asian manufacturing：the structural bonus hypothesis examined. Structural Change and Economic Dynamics, 11（4）：371-392.

Tregenna F. 2009. Characterising deindustrialisation：an analysis of changes in manufacturing employment and output internationally. Cambridge Journal of Economics, 33（3）：433-466.

Tregenna F. 2011. Manufacturing productivity, deindustrialization, and reindustrialization. World Institute of Development Economics Research Working Paper.

Tregenna F. 2014. A new theoretical analysis of deindustrialisation. Cambridge Journal of Economics, 38（6）：1373-1390.

Uy T, Yi K M, Zhang J. 2013. Structural change in an open economy. Journal of Monetary Economics, 60（6）：667-682.

Wang D Q, Luo X R. 2019. Retire in peace：officials' political incentives and corporate diversification in China. Administrative Science Quarterly，64（4）：773-809.

Wang J Y. 1990. Growth，technology transfer，and the long-run theory of international capital movements. Journal of International Economics，29：255-271.

Wang Y Y. 2015. The rise of the 'shareholding state'：financialization of economic management in China. Socio-Economic Review，13（3）：603-625.

Warwick K. 2013. Beyond industrial policy：emerging issues and new trends. OECD Science，Technology & Industry Policy Papers.

Weiss J. 2011. Industrial Policy in the Twenty-First Century：Challenges for the Future. World Institute of Development Economics Research Working Paper.

Williams O J. 1993. Inside Chinese bureaucracy：civil service reform in the ministry of light industry. International Journal of Public Administration，16（7）：1035-1051.

Yilmaz G. 2011. Resurgence of selective industrial policy：what turkey needs. Working Papers.